药学从业人员职业技能提升丛书

U0825813

中药购销实务

国家食品药品监督管理总局执业药师资格认证中心　组织编写

中国医药科技出版社

图书在版编目（CIP）数据

中药购销实务 / 国家食品药品监督管理总局执业药师资格认证中心组织编写．—北京：中国医药科技出版社，2016.10

（药学从业人员职业技能提升丛书）

ISBN 978-7-5067-8733-8

Ⅰ．①中… Ⅱ．①国… Ⅲ．①中药材-购销 Ⅳ．①F763

中国版本图书馆 CIP 数据核字（2016）第 245623 号

美术编辑 陈君杞
版式设计 张 璐

出版 中国医药科技出版社
地址 北京市海淀区文慧园北路甲 22 号
邮编 100082
电话 发行：010-62227427 邮购：010-62236938
网址 www.cmstp.com
规格 787×1092mm 1/16
印张 28½
字数 560 千字
版次 2016 年 10 月第 1 版
印次 2016 年 10 月第 1 次印刷
印刷 三河市百盛印装有限公司
经销 全国各地新华书店
书号 ISBN 978-7-5067-8733-8
定价 49.00 元

编写说明

2015 年 11 月，人社部决定对原劳动保障部《招用技术工种从业人员规定》（劳动保障令第 6 号）予以废止。该《规定》废止后，对包括中药购销员、医药商品购销员、中药调剂员等没有法律依据的准入类职业取消准入考试，不得要求劳动者持证上岗。但是，药品是特殊的商品，为保证公众用药安全、有效，药品从业人员必须掌握相关的知识、技能，才能为患者提供服务。取消资格考试和持证上岗后，药学从业人员的在岗自我学习、岗位培训、职业技能提升更凸显其重要性。为促进我国药学从业人员提高职业水平，保障公众用药安全，更新和充实专业知识与技能，国家食品药品监督管理总局执业药师资格认证中心组织专家精心编写了《药学从业人员职业技能提升丛书》。

本丛书包括《中药调剂实务》《中药购销实务》《药学服务实务》三册。编写过程中坚持以职业活动为导向，以提高职业技能为核心的原则，注重知识与技能相结合，对药品经营企业、尤其是药店的药学从业人员规范服务标准，提高从业人员技能具有较强的指导性。

本丛书适用于具体从事中药调剂、中药购销及药学服务的药学专业人员的职业指导，也可作为职业学校教学用书和医药大中专毕业生的实习用书，更可以作为药品经营企业对从业人员进行工作规范和服务技能培训的用书及药品营销人员的自学用书。

本丛书的编写得到了南京中医药大学、北京中医药大学、中国药科大学等单位的大力支持！在此一并表示感谢！

本丛书若有疏漏或不当之处，敬请广大读者予以斧正！

国家食品药品监督管理总局执业药师资格认证中心

2016 年 9 月

目　录

第一章　中医药基础知识

第一节　中医基础概论

中医基础理论来源于长期的医疗实践。它是以脏腑经络、气血津液等为物质基础，以古代的朴素唯物论和辨证法思想为指导，以精气、阴阳、五行学说为哲学基础，形成的一套完整的、独特的理论体系。这个理论最基本、最重要的特点是“整体观念”和“辨证论治”。

一、阴阳五行

阴阳五行学说，包括阴阳学说和五行学说两部分，是我国古代一种朴素的唯物论和自发的辨证法思想。这种学说认为世界是由木、火、土、金、水五种最基本的物质构成的。物质世界不是永恒不变的，而是在阴阳二气的作用下，不断运动和发展着。中医运用阴阳五行学说说明人体的生理功能、病理变化，并指导诊断和治疗。

（一）阴阳学说

1. 阴阳的定义　阴阳源于古人在生产生活过程中对宇宙万物的长期观察。是对自然界相互关联的某些事物和现象对立双方属性的概括。它既可以标识自然界相互关联而又相互对立的事物或现象的属性，也可以标识同一事物内部相互对立的两个方面，如天与地、昼与夜等。通常来说，凡是活动的、外在的、上升的、温煦的、明亮的、功能的、亢奋的都属阳；而沉静的、内在的、下降的、寒冷的、晦暗的、物质的、衰退的都属阴。

必须注意，阴阳不是指具体的事物，而是抽象的属性概念。事物的阴阳属性，并不是绝对的，而是相对的。

2. 阴阳的相互关系

（1）阴阳对立制约：是指相互关联的阴阳双方，彼此存在着互相抑制、排斥、约束的关系。阴阳学说认为自然界一切事物和现象都存在着相互对立的阴和阳两个方面。这体现了矛盾的斗争性，通过对立斗争，双方相互制约，限制对方，不使其过度发展。如动与静，二者一阳一阴，也是相互制约和相互斗争的。如人体劳动之后，就要休息以缓解疲劳，休息之后又要劳动，才能维持生命健康状态。

（2）阴阳互根互用：是指相互对立的阴阳双方又相互依存、相互蕴藏、相互资生，而互为根据的关系。阴阳双方既是对立的，又是相互依存的，所谓“依存”，是指斗争着的双方不能脱离对方而单独存在。例如：上为阳，下为阴。如果没有上，则无所谓下；没有下，就无所谓上。热为阳，寒为阴。如果没有热，则无所谓寒；没有寒，就无所谓热。所有互相对立的双方都是互相依存的，即阳依存于阴，阴依存于阳，每一方都以另一方作为存在的前提和条件。

（3）阴阳消长平衡：是指对立互根的阴阳双方处于不断增长和消减的运动变化之中，并在彼此消长的运动过程中保持着动态平衡。包括阴阳的相互消长和阴阳的协调平衡。事物或现象中相互对立、依存的阴阳双方不是静止不变的，而是处于阴逐渐减弱，阳逐渐增强，或阳逐渐减弱，阴逐渐增长的运动变化中，并在一定限度、一定时间内维持着相对平衡。如一年四季气候的变化，从冬到春至夏，气候由寒逐渐变热，这就是“阴消阳长”；而由夏经秋及冬，气候由热逐渐变冷，这就是“阳消阴长”。四季气候变迁，寒暑更替，实际上是反映了阴阳消长的过程，其中虽有“阴消阳长”“阳消阴长”的不同，但从一年的总体来看，还是处于相对的动态平衡中。

（4）阴阳相互转化：是指对立互根的阴阳双方，在一定条件下彼此向各自相反的方面转化。即阴可以转化为阳，阳也可以转化为阴。如自然界的气候在寒来暑往不断变更过程中，冬寒至极，则经春至夏，转为酷暑，这是由阴转化阳；夏热至极，经秋至冬，转为严寒，这是阳转化为阴。如果说阴阳消长是一个量变的过程，而阴阳转化则属于质变的阶段。《素问·阴阳应象大论》所谓“重阴必阳，重阳必阴”“寒极生热，热极生寒”。就是说阴发展到“重”的阶段就会转化为阳，阳发展到“重”的阶段就会转化为阴；寒发展到“极”的阶段可以转化为热，热发展到“极”的阶段也要向寒的方面转化。

3. 阴阳学说在中医学中的应用 阴阳学说是中医学的指导思想，又是中医学理论的根基，渗透于中医理论体系的各个层面，指导历代医家的医学思维和诊疗实践，用以归纳说明人体的组织结构、生理功能、病理变化，并指导临床诊断和治疗。

（1）说明人体的组织结构：阴阳学说阐述人体的组织结构时，把人体组织结构划分为相互对立又相互依存的若干部分，由于层次不同，脏腑组织的阴阳属性也有区别。就人体部位而言，上部为阳，下部为阴；体表属阳，体内属阴；背部属阳，腹部属阴；四肢外侧属阳，内侧属阴。就人体脏腑而言，六腑中空，传化物而不藏故属阳，五脏内实，贮藏精、血、津液而不泻故属阴。在五脏中，心、肺居于上属阳，肝、脾、肾居于下属阴。所谓“人生有形，不离阴阳”。

（2）解释人体的生理功能：中医学认为人体的正常生命活动，是阴阳两个方面保持着对立统一的协调关系的结果。如生理活动中物质与功能的演变过程，就是对立统一关系的体现。物质属阴，功能属阳，物质是功能的基础，功能则是生命物质的动力。若脏腑功能活动健全，就会产生人体所需要的物质，而营养物质的充足，才能保证脏腑功能的旺盛。只有属阴的物质与属阳的功能协调一致，才能保证正常的生理活动。生命活动就是在这种阴阳彼此不断的消长过程中维持着动态平衡。所以说“阴平阳秘，精神乃治”。

（3）解释人体的病理变化：中医认为疾病是致病因素作用于人体而导致体内阴阳失去相对平衡的结果。疾病的开始，常常是阴阳的偏盛偏衰，而在病证的演变中还会出现阴阳相损，甚至阴阳离决，生命也就因之停息。病邪有阴邪、阳邪之分，正气也包括阴精与阳气两个部分。阳邪致病，可以使阳偏盛而阴伤，因而出现热证；阴邪致病，则使阴偏盛而阳伤，因而出现寒证。阳气虚不能制阴，则出现阳虚阴盛的虚寒证；阴液亏虚，则出现阴虚阳亢的虚热证。

（4）指导疾病的诊断：因为阴阳失调是疾病的发生、发展的根本原因，所以任何疾病，尽管其临床表现错综复杂，千变万化，但都可以用阴阳来概括。例如，患者皮肤色泽鲜明者属阳证，晦暗者属阴证；声音洪亮者属阳证，低微者属阴证。

（5）指导疾病的防治：由于阴阳偏盛偏衰是疾病发生、发展的根本原因，因此，调整阴阳，补偏救弊，使阴阳恢复相对的平衡，是治疗疾病的基本原则。

（6）归纳药物的性能：药物的性能，是指药物的四气、五味、升降浮沉的性质。这些性质都可以用阴阳进行归纳。如药物的四气，即寒、热、温、凉。其中温、热为阳，寒、凉为阴。药物的五味，即酸、苦、甘、辛、咸。其中辛、甘、淡属阳，酸、苦、咸属阴。升降浮沉是药物作用于人体的趋向，其中升浮属阳，沉降属阴。

（7）指导养生防病：由于人体阴阳的变化，常受自然界阴阳变化的影响，因此要保持体内阴阳的平衡，就必须做到与自然界的阴阳变化相适应。故有“和于阴阳，调于四时”的记载，“春夏养阳，秋冬养阴”的具体养生方法。

（二）五行学说

1. 五行学说的基本概念　“五行”是对木、火、土、金、水五种事物属性的概括。利用这五种物质属性的抽象概念来归类事物，并说明一切事物之间相互资生、相互制约的运动规律，这就是“五行学说”。

2. 五行的相生、相克关系

（1）五行相生：是指五行之间按着一定的顺序相互资生、助长和促进。五行相生的次序是：木生火、火生土、土生金、金生水、水生木。

（2）五行相克：是指五行之间按着一定的顺序相互制约、克制。五行相克的次序是：木克土、土克水、水克火、火克金、金克木。

（3）五行制化：是指五行之间既相互资生，又相互制约，生中有克，克中有生，以维持事物间协调平衡的正常状态。

3. 五行学说在中医学中的应用

（1）解释人体的组织结构：五行学说把人体五脏，即肝、心、脾、肺、肾分别归属于木、火、土、金、水五行，用五行的特性分别说明五脏的生理特性，以五行相生、相克理论说明五脏之间的相互关系。

（2）说明五脏疾病的传变规律：中医学运用五行学说的生克乘侮理论，来说明人体在病理情况下，五脏之间的相互影响，疾病之间的相互传变。

（3）指导疾病的诊断：五行学说应用“取类比象”的推演方法，把人体的五脏、五官、九窍作了一定的系统归纳，应用五行生克乘侮的规律，来归纳四诊所收集的病情资料，对于诊断疾病有一定的帮助。

（4）指导疾病的治疗：五行学说认为疾病的发生和发展是由脏腑生克关系的异常引起的，因此，在疾病的治疗时，除了处理病变的本脏外，还必须考虑其他有关的脏腑，采取相应的治疗措施。

二、脏腑

脏腑是人体内脏的总称。包括五脏、六腑和奇恒之腑。心、肝、脾、肺、肾合称“五脏”，其生理功能是化生和储藏精气，功能特点是“藏而不泻”，故“满而不实”。胆、胃、小肠、大肠、膀胱、三焦合称“六腑”，其生理功能是受盛和传化水谷，功能特点是“传化物而不藏”，故“实而不能满”。奇恒之腑即脑、髓、骨、脉、胆、女子胞，这一类器官的形态与六腑相似，而具有类似脏的贮藏精气的作用。

脏腑学说的主要特点是以五脏为中心的整体观。

1. 心与小肠 心是人体最重要的一脏。心的生理功能是主血脉和主藏神，是人体生命活动的中心。

心的主要生理功能表现为：

（1）主血脉：是指心具有推动血液运行的功能。血脉是血液和脉管的总称。全身的血液都在脉管内运行，主要依赖于心气的推动而循环不息，发挥其濡养作用。所以心是血液循环的原动力。

（2）主藏神：是指心脏具有主管生命和精神活动的功能。包括主管人的精神、意识、思维活动等。

心主血脉和主藏神的两种功能是相互关联的。血液是精神活动的物质基础，精神活动能调节和影响血液循环。

（3）开窍于舌，其华在面：窍是孔窍的意思，可作为观察事物的窗口。开窍于舌，是指通过望舌可以了解心的功能是否正常。其华在面，是说心的功能正常与否，常可以从面部的色泽反映出来。

小肠的生理功能是受盛化物和泌别清浊。

（1）主受盛化物：是小肠主受盛和主化物的合称。受盛，接受，以器盛物之意。化物，变化、消化、化生之谓。小肠的受盛化物功能主要表现在两个方面：一是小肠盛受了由胃腑下移而来的初步消化的饮食物，起到容器的作用，即受盛作用；二指经胃初步消化的饮食物，在小肠内必须停留一定的时间，由小肠对其进一步消化和吸收，将水谷化为可以被机体利用的营养物质，精微由此而出，糟粕由此下输于大肠，即“化物”作用。

（2）主泌别清浊：泌，即分泌。别，即分别。清，即精微物质。浊，即代谢产物。所谓泌别清浊，是指小肠对承受胃初步消化的饮食物，在进一步消化的同时，并随之进行分别水谷精微和代谢产物的过程。

心与小肠相表里。

2. 肺与大肠 肺居于胸腔的最高位，覆盖于其他脏腑之上，故有“华盖”之称。肺的生理功能是主气，主宣发肃降，通调水道。

肺的主要生理功能表现为：

（1）主气：肺主气的功能包括主呼吸之气、主管气的生成，以及对全身气机运行的调节。肺是体内外气体交换的场所，通过肺的呼吸，吸入自然界的清气，呼出体内的浊气，以实现内外气体的交换。肺不断地进行体内外气体的交换，吐故纳新，促进了宗气的生成，并调节着气机，从而保证了人体新陈代谢的正常进行。

（2）主宣发、肃降、通调水道：肺具有促进水液输布和排泄的功能，是肺气宣发和肃降对体内水液代谢所起作用的概括。肺气宣发，能使水液向上、向外。肺将水液输到体表，经体表组织器官利用后，一方面化为汗液而排出体外；另一方面通过呼气作用排出部分水分。肺气肃降，能使水液向下、向内。肺将水液输至内脏，经内脏利用后，在肾的气化作用下而化成尿液，再下输膀胱而排出体外；在大肠的传导作用下从大便中排出部分水分。

（3）开窍于鼻，外合皮毛：肺开窍于鼻是指肺的功能表现与五官中的鼻有密切联系；外合皮毛是指肺与皮肤有密切的配合关系，肺的功能正常与否可从皮肤上表现出来，外邪袭表后，也常表现为肺的病变。

大肠的生理功能是传化糟粕和吸收津液。

（1）传导糟粕：大肠主传导是指大肠接受小肠下移的饮食残渣，使之形成粪便，经肛门排出体外的作用。

（2）吸收津液：大肠接受由小肠下注的饮食物残渣和剩余水分之后，将其中的部分水液重新再吸收，使残渣糟粕形成粪便而排出体外。

肺与大肠相表里。

3. 脾与胃　脾的主要生理功能是：主运化、主升和统摄血液。

脾的主要生理功能表现为：

（1）主运化：是指脾具有消化饮食，吸收水谷精微并将其转输至全身的功能，其中包括了水液的输布与代谢。由此，脾主运化，包括运化水谷精微和运化水液两个方面。运化水谷精微，是指对营养物质的消化、吸收与运输的功能。这些营养物质也是化生气血的主要原料，所以称脾为气血生化之源。运化水液，即是脾参与、促进人体水液的输布与代谢。

（2）主升：脾主升的生理作用包括生清和升举两个方面。清是指饮食物中的精微。升清是脾气的运动特点，是水谷精微等营养物质的吸收和上输于心、肺、头目，通过心肺的作用化生气血，以营养全身。升举是指脾气升托内脏，使之维持相对恒定位置而不移动。

（3）主统血：是指脾控制血液在脉管中运行，防止其逸出脉外的功能。

（4）主肌肉、四肢：肌肉的生长、四肢的活动都需要水谷精微，水谷精微的化生、输布均依赖于脾的运化、升清。

（5）开窍于口，其华在唇：脾主运化饮食水谷，水谷从口而入，因而对饮食水谷的受纳与运化，口与脾的功能是统一协调的。脾开窍于口，脾气通于口，脾又主肌肉，所以口唇能反映脾气的盛衰，故称其华在唇。

胃的生理功能是主受纳、腐熟水谷，主通降。

（1）主受纳水谷：受纳是接受和容纳之意。胃主受纳是指胃接受和容纳水谷的作用。

（2）主腐熟水谷：腐熟是饮食物经过胃的初步消化，形成食糜的过程。胃主腐熟指胃将食物消化为食糜的作用。

（3）主通降：胃主通降与脾主升清相对。胃主通降是指胃脏的气机宜通畅、下降的特性。

脾与胃相表里。

4. 肝与胆　肝位于膈下、腹腔之右胁内。肝的主要生理功能是：主疏泄和藏血。

肝的主要生理功能表现为：

（1）主疏泄：是指肝具有疏通全身气机，使之调畅的功能。肝的疏泄功能，影响人体气机，主要表现有以下两个方面。

①调节精神情志：情志活动，是神的表现之一，而神是以精气为物质基础的，精气的生化，与气机密切相关。肝主疏泄，对气机的调畅有着重要作用，人的精神情志活动，除了为心所主外，与肝的关系也很密切。因此，只有在肝主疏泄的功能正常，气机调畅的情况下，人才能气血和平，心情舒畅。如果肝气疏泄失常，气机不调，就会引起情志方面的异常变化。

②促进脾胃消化吸收与输布：因肝的特点是上升、主动，而脾主升清，胃主降浊，故肝的疏泄功能，是脾胃正常升降的一个重要条件。因此肝的疏泄功能对脾胃运化功能的促进作用主要体现在协助脾升胃降和分泌和排泄胆汁。这就是临床上经常出现的精神情绪变化影响消化系统功能的现象。肝的疏泄功能异常还可以通过影响胆汁的分泌和排泄，而导致脾胃运化和受纳功能失常，从而出现胁下胀痛、口苦、纳呆，甚则黄疸等症。

（2）主藏血：肝藏血是指肝具有贮藏血液、调节血量及防止出血的功能，在正常情况下，人体的血液是运行不息的，但肝内必须贮存一定量的血液，以应付人体在特殊情况下的需要。肝的藏血功能还体现于女子的月经来潮。

（3）开窍于目，其华在爪：目指眼睛，具有“视万物，别黑白，审长短”的功能。眼睛视力和色觉能力的强弱能反映肝藏血和主疏泄的功能。爪甲，包括指甲和趾甲，肝血的盛衰，从爪甲的荣枯上能得到充分的反映。

胆的生理功能是贮藏和排泄胆汁。

胆汁由肝脏形成和分泌出来，然后进入胆腑贮藏、浓缩之，并通过胆的疏泄作用而入于小肠。

肝与胆相表里。

5. 肾与膀胱 肾位于腰脊两旁，左右各一。由于肾藏有“先天之精”，为脏腑阴阳之本，生命之源，故称之为“先天之本”。它的主要生理功能是：藏精，主生长、发育、生殖，主水液及纳气。肾的主要生理功能表现为：

（1）主藏精：是指肾具有闭藏精气的功能。精气是构成人体的基本物质，也是人体生长发育及各种功能活动的物质基础。肾中精气可以概括为肾阴和肾阳两个方面。对机体各个脏腑组织器官起着滋养、濡润作用的称为肾阴；对机体各个脏腑组织器官起着推动、温煦作用的称为肾阳。

（2）主水液：是指肾中精气的气化功能，具有主持和调节人体水液代谢平衡的功能。

（3）主纳气：是指肾有摄纳肺所吸入的清气，防止呼吸表浅，协助肺完成呼吸的功能。肾之功能正常才能保证体内外气体的正常交换。

（4）开窍于耳及二阴，其华在发：肾开窍于耳及二阴是指肾通过经络及功能表现与耳和二阴有密切联系；发为血之余，肾藏精，精能生血，血能养发，故称其华在发。

膀胱的主要生理功能是：贮尿和排尿。

（1）贮存尿液：在人体津液代谢过程中，水液通过肺、脾、肾三脏的作用，布散全身，发挥濡润机体的作用。其被人体利用之后，即是“津液之余”者，下归于肾。经肾的气化作用，升清降浊，清者回流体内，浊者下输于膀胱，变成尿液。

（2）排尿：尿液贮存于膀胱，达到一定容量时，通过肾的气化作用，使膀胱开合适度，则尿液可及时地从溺窍排出体外。

肾与膀胱在水液代谢方面关系密切，又有经络相连属，故肾与膀胱相表里。

三、经络

经络是人体运行气血、联络脏腑、沟通内外、贯穿上下的径路。“经”，有路径的含义，为直行的主干，纵行于人体的深部；“络”，有网络的含义，为经脉所分出的小支，遍布于人体的浅部。正常情况下，经络具有沟通表里上下，感应传导等生理功能，在病变时，就成为传递病邪和反映病变信息的通路。经脉和络脉纵横错杂，交会衔接，将人体紧密地联结成一个统一的整体。经脉中运行的经气来源于脏腑，经气的盛衰决定于脏腑的盛衰，所以经络变化可以表明人的生理功能和病理变化。

四、气血津液

气、血、津液，是构成人体的基本物质，是脏腑、经络等进行生理活动的物质基础。

1. 气　气是指构成人体和维持人体生命活动、具有很强活力的精微物质，是构成人体的最基本物质，又是维持人体生命活动的最基本物质。

人体的气来源于父母的先天精气、饮食物中的营养物质（水谷精气）和存在于自然界的清气，通过肺、脾、胃和肾等脏器的综合作用，将三者结合而成。

气的生理功能主要有六个方面。

（1）推动作用：气是很强的精微物质，能促进人体的生长发育，推动各脏腑、经络等组织器官的生理活动，推动血的生成和运行，以及津液的生成、输布和排泄等。

（2）温煦作用：是指气通过运动变化能够产生热量，温煦人体。各脏腑、经络等组织器官，也要在气的温煦作用下进行正常的生理活动；血和津液等液态物质，也要靠气的温煦作用，进行正常的循环运行。

（3）防御作用：主要体现在护卫全身的肌肤，抗御外邪。

（4）固摄作用：是指气对血、津液等液态物质具有固护统摄和控制，防止其无故流失的作用。具体表现在：固摄血液，可使血液循脉而行，防止其逸出脉外；固摄汗液、尿液、唾液、胃液、肠液和精液等，控制其分泌排泄量，以防止其无故流失。

（5）气化作用：气化是指通过气的运动而产生的各种变化。具体而言，是指气具有促进精、气、血、津液各自的新陈代谢及其相互转化的功能。

（6）营养作用：气分布于全身各个脏腑组织中，为各个脏腑器官提供必需的营养成分。

气的运动和运动形式：气的运动，称作“气机”。气的运动形式可归纳为升、降、出、入四种。

2. 血　血是运行于脉，富有营养和滋润作用的红色的液体，是构成人体和维持人体生命活动的基本物质之一，主要由营气和津液所组成。营气和津液，都来自经脾胃消化吸收而生成的水谷精微，所以说脾胃为气血生化之源。

血具有营养和滋润全身的功能。血在脉中循行，内至脏腑，外达皮肉筋骨，运行不息，不断地对全身的组织器官起着充分的营养和滋润作用，以维持正常的生理活动。

血的运行，主要依赖气的推动和固摄作用的协调平衡。血在脉管中运行而不至于逸出脉外，也是气的固摄作用的体现。

3. 津液 津液是体内一切正常水液的总称，包括各脏腑组织的内在体液和正常的分泌液，如胃液、肠液、涕、泪等。津液同气和血一样，是构成人体和维持人体生命活动的基本物质。

津液的生成、输布和排泄，是一个复杂的生理过程，是多个脏腑相互配合的结果。

津液具有滋润营养、生化血液及运载的生理功能：布散于肌表的津液，具有滋润皮毛肌肤的作用；流注于孔窍的津液，具有滋润和保护眼、鼻、口等孔窍的作用；渗入于血脉的津液，具有充养和滑利血脉的作用，而且也是正常血液的基本物质；注入于组织器官的津液，具有滋润和营养各组织器官的作用；渗入于骨的津液，具有充养和濡润骨髓、脊髓和脑髓等作用。

4. 气、血、津液三者的关系 气、血、津液的生成、性状及功能，各自不同。但是，这三者又都是构成人体和维持人体生命活动的最基本物质，三者的正常，均离不开脾胃运化而生成的水谷精气。三者的生理功能，又存在着相互依存、相互制约和相互为用的关系。因此，无论在正常或病理情况下，气、血、津液之间均存在着密切的关系。

（1）气和血的关系：气属阳，主动，主温煦；血属阴，主静，主濡润。气和血之间，存在着“气为血之帅”“血为气之母”的密切关系。

气为血之帅是指气能生血、气能行血、气能摄血。气能生血是指气能参与并促进血液的生成；气能行血是指血的运行，有赖于气的推动；气能摄血是指血在脉中循行而不逸出脉外，主要依赖于气对血的固摄作用。

血为气之母是指血能化气、血能载气。血能化气是指当机体对气的需求量增加时，血中蕴藏的清气和水谷精气便从血中释放；其次是血能营养与气生成相关的内脏。血能载气是指血是气的载体，具有运载水谷精气、自然清气的功能。由于气的活力很强，易于逸脱，所以气必须依附于血和津液，而存在于体内。

（2）气和津液的关系：津液的生成、输布和排泄，全赖于气的升降出入运动和气的气化、温煦、推动和固摄作用；而气在体内的存在，不仅依附于血，也依附于津液，故津液也是气的载体。主要表现在气能生津、气能行津、气能摄津、津液载气、津液化气。

（3）血和津液的关系：血和津液，都是液态物质，也都有滋润和营养作用，与气相对而言，二者都属于阴。血和津液的生成都来源于水谷精气，由水谷精气所化生，津液渗注于脉中，即成为血液的组成部分。其生理关系主要表现为“同源”和“互化”。

五、病因病机

（一）病因

病因，即致病因素，又称病原、病邪等，泛指能破坏人体相对平衡状态而导致疾病的原因。一般将病因分为：外感性致病因素，包括六淫、疠气；内伤性致病因素，包括七情内伤、饮食所伤、劳逸过度等；其他致病因素，如外伤和虫兽伤等；另外，以往疾病发展过程中形成的某些病理产物，如痰饮、瘀血等，也可成为某些疾病的致病因素。

1. 六淫 所谓六淫，是风、寒、暑、湿、燥、火六种外感病邪的统称，六淫是一类因六气变化破坏了人体相对动态平衡，能引起外感病的致病因素。

（1）风邪的性质和致病特征：风性轻扬，善行数变，风胜则动，为百病之长，这是风邪的基本特点。

①轻扬开泄：风为阳邪，其性轻扬升散，具有升发、向上、向外的特性。

②善行数变：风善动不居，易行而无定处。

③风为百病之长：风邪是外感病因的先导，寒、湿、燥、热等邪，往往都依附于风而侵袭人体。

（2）寒邪的性质和致病特征：寒邪以寒冷、凝滞、收引为基本特征。

①寒易伤阳：寒为阴气的表现，故寒为阴邪，“阴盛则寒”。

②寒性凝滞：凝滞，即凝结阻滞之意。易使气血凝结阻滞，涩滞不通，不通则痛，故疼痛是寒邪致病的重要特征。

③寒性收引：收引，即收缩牵引之意。寒性收引是指寒邪具有收引拘急之特性。

（3）暑邪的性质和致病特征：暑为火所化，主升散，且多挟湿。

①暑性炎热：暑为夏月炎暑，盛夏之火气，具有酷热之性，火热属阳，故暑属阳邪。暑邪伤人多表现出一系列阳热症状。

②暑性升散：升散，即上升发散之意，故暑邪浸入人体，可直入气分，致腠理开泄而大汗。汗多伤津亏液，致口渴喜饮，唇干舌燥，尿赤短少等。在汗出同时，往往气随津泄，而导致气虚，常可见到气短乏力，甚则突然昏倒，不省人事之中暑，暑热之邪，还可扰动心神，而引起心烦不宁。

③暑多挟湿：暑季不仅气候炎热，且常多雨而潮湿，故湿胜必多兼感。

暑邪致病的基本特征为热盛、阴伤、耗气，又多挟湿。

（4）湿的性质和致病特征：湿为阴邪，阻碍气机，易伤阳气，其性重浊黏滞、趋下。

①湿为阴邪，易损伤阳气，阻滞气机。湿邪侵犯人体脏腑经络，最易阻滞气机，从而使气机升降失常。

②湿性重浊：湿为重浊有质之邪。所谓“重”，即沉重、重着之意。故湿邪致病，主要表现为沉重的特性，如头重身困、四肢酸楚沉重等。

③湿性黏滞：所谓黏滞是指湿邪致病具有黏腻停滞的特性。这种特性主要表现在两个方面：一是症状的黏滞性，二是病程的缠绵性。

④湿性趋下：指湿邪有下趋之势，易于伤及人体下部。

（5）燥邪的性质和致病特征：燥性干涩，易于伤肺，为燥邪的基本特征。

①燥性干涩伤津：燥邪为害，最易耗伤人体的津液，致阴亏津损的病变，表现出各种干涩的症状和体征，诸如皮肤干燥、口咽干燥、毛发干枯不荣、小便短少、大便秘结等。

②燥易伤肺：肺为五脏六腑之华盖，性喜清肃濡润而恶燥，称为娇脏。燥邪最易伤肺。燥邪犯肺，使肺津受损，宣肃失职，表现为干咳少痰，或痰黏难咯，或痰中带血，以及喘息、胸痛等。

（6）火邪的性质和致病特征：火为阳邪、其性上炎、耗气伤津、生风动血。

①火性灼热：故为阳邪，火邪致病，机体以阳气过盛为其主要病理机制，临床上表现出高热、烦渴、汗出、脉洪数等症。

②火性上炎：火为阳邪，其性升腾向上。故火邪致病具有明显的炎上特性，其病多表现于上部。如舌尖红赤、口舌糜烂、生疮、目赤肿痛、齿龈肿痛等。若火热之邪上炎扰心则出现心烦失眠，狂躁妄动，甚至神昏谵语等症。

③生风动血：火邪易于引起肝风内动和血液妄行。生风：火热之邪侵袭人体，而致肝风内动，称为热极生风。临床上表现为高热、神昏谵语、四肢抽搐、颈项强直、角弓反张、目睛上视等。动血：火热之邪，灼伤脉络，使血热妄行。

④易致肿疡：火热之邪入于血分，聚于局部，腐肉败血，则发为痈肿疮疡。

2. 疠气 疠气是一类具有强烈传染性的病邪。称之为疫、疫疠、瘟疫（或温疫）等。

疠气致病的特点是发病急骤，病情较重，传染性强，易于流行，疠气致病的病位与病种根据疠气的种类不同有特异性，疠气有的只感染动物，有的只感染人，一般不互相传染。

3. 七情 七情是指喜、怒、忧、思、悲、恐、惊等七种正常的情志活动，七情是人对客观事物的不同反映，在正常的活动范围内，一般不会使人致病。只有突然强烈或长期持久的情志刺激，超过人体本身的正常生理活动范围，使人体气机紊乱，脏腑阴阳气血失调，才会导致疾病的发生，故又称“内伤七情”。

七情的致病特点：七情致病，直接伤及脏腑，能够引起脏腑气机紊乱，如喜伤心、怒伤肝、恐伤肾、思伤脾、忧伤肺。七情损伤，使脏腑气机紊乱，血行失常，阴阳失调。不同的情志变化，其气机逆乱的表现也不尽相同。怒则气上，喜则气缓，悲则气消，思则气结，恐则气下，惊则气乱。

4. 饮食失宜 饮食是健康的基本物质条件。饮食所化生的水谷精微是化生气血，维持人体生长、发育，完成各种生理功能，保证生命生存和健康的基本条件。但饮食失宜，常是导致许多疾病的原因。

（1）饮食不节：饮食应以适量为宜，过饥过饱均可发生疾病。过饥，则摄食不足，缺乏化生之源，终致气血衰少；过饱，超过脾胃的消化、吸收功能，可导致饮食阻滞，出现脘腹胀满、嗳腐泛酸、厌食、吐泻等。

（2）饮食偏嗜：饮食种类合理搭配，膳食结构合理，才能获得充足的营养，维持正常的健康生理需要。饮食宜寒温适中，否则多食生冷寒凉，可损伤脾胃阳气，寒湿内生，发生腹痛泄泻等症。多食辛温燥热，可使胃肠积热，出现口渴、腹满胀痛、便秘，口舌生疮。

（3）饮食不洁：食不洁，会引起多种胃肠道疾病，出现腹痛、吐泻、痢疾等，若进食腐败变质有毒食物，可致食物中毒，常出现腹痛、吐泻，重者可出现昏迷或死亡。

5. 劳逸适度 劳逸，包括过度劳累和过度安逸两个方面。正常的劳动和体育锻炼，有助于气血流通，增强体质。必要的休息，可以消除疲劳，恢复体力和脑力，不会使人致病。只有比较长时间的过度劳累，或过度安逸，才能成为致病因素而使人发病。

过劳分为三个方面：劳力过度、劳神过度和房劳过度。

（1）劳力过度：主要指较长时期不适当的活动和超过体力所能负担的过度劳力。劳力过度可以损伤内脏功能，致使脏气虚少，可出现少气无力、四肢困倦、懒于语言、精神疲惫、形体消瘦等，即所谓“劳则气耗”。

（2）劳神过度：指思虑劳神或脑力劳动过度。劳神过度可耗伤心血，损伤脾气，出现心悸、健忘、失眠、多梦及纳呆、腹胀、便溏等症，甚则耗气伤血，使脏腑功能减弱，正气亏虚，乃至积劳成疾。

（3）房劳过度：是指性生活不节，房事过度。正常的性生活，一般不损伤身体，但房劳过度会耗伤肾精，可致腰膝酸软、眩晕耳鸣、精神萎靡，或男子遗精滑泄、性功能减退，甚或阳痿。

过逸是指过度安逸。不劳动，不运动，又不思考。不劳动，不运动使人体气血运行不畅，筋骨柔脆，脾胃呆滞，体弱神倦，或发胖臃肿，动则心悸、气喘、汗出等，还可继发其他疾病。

长期不动脑，不思考，则会出现反应迟缓，记忆减退，精神萎靡从而导致精神疾病。

（二）病机

病机，即疾病发生、发展和变化的机理。主要包括三个方面。

1. 邪正斗争　邪正斗争在证候上的反映，主要表现虚实的变化。《素问·通评虚实论》说："邪气盛则实，精气夺则虚"。实，以邪气亢盛为主要矛盾的一种病理反映。一般多见于疾病的早期或中期。如痰涎涌盛，食积不化，瘀血内阻，水湿泛滥及壮热、狂躁，声高气粗，腹痛拒按，二便不通，脉实有力等，均为实证。虚，以正气虚损为主要矛盾的一种病理反映。如大病久病后的神疲体倦，面容憔悴，心悸气短，自汗盗汗或五心烦热，畏寒肢冷，脉虚无力等，均为虚证。邪正斗争还可以概括疾病转归，正胜邪衰则病退，正虚邪实则病进。

2. 阴阳失调　六淫、七情、饮食劳倦等各种因素作用于人体，也必须通过体内的阴阳失调，才能形成疾病。所以，阴阳失调又是疾病发生、发展的内在依据。阴阳失调的病理变化，主要表现为阴阳盛衰、阴阳互损、阴阳格拒、阴阳转化，以及阴阳离决等几个方面。

3. 升降失常　人体气的运动可概括为升降出入，是脏腑经络、阴阳气血矛盾运动的基本过程。因此升降失常，可导致五脏六腑，表里内外，四肢九窍发生各种病理变化。如肺失宣降的胸闷咳喘，胃失和降的呃逆呕恶等。在升降失常中，尤以脾胃升降失调至为重要，因为脾胃是升降运动的枢纽，影响着整体机能活动，所以治脾胃注意调升降是至关重要的原则。

六、辨证治则

辨证治则，是指中医认识疾病和治疗疾病的基本原则，是在整体观念和辨证论治精神指导下制订的总治疗原则，为临床立法、处方、用药的先导。辨证治则的基本内容包括未病先防、既病防变、治病求本、调整阴阳、扶正祛邪、标本缓急、正治反治、同病异治、异病同治、三因制宜等。

第二节　中药基础知识概论

一、中药的起源与发展

中药是指在中医理论指导下，用于预防、治疗、诊断疾病并具有康复与保健作用的物质。中国医药学已有数千年的历史，是中国人民长期同疾病作斗争的经验总结，对于中华民族的繁荣昌盛有着巨大的贡献。在氏族社会就有了神农尝百草之说，《史记·补三皇本纪》云："神农氏以赭鞭鞭草木，始尝百草，始有医药。"在夏商周时期，人工酿酒和汤液的发明与运用，对医药学的发展起了巨大的推动作用。西周时期的《山海经》记载了动物药 67 种，植物药 52 种，矿物药 3 种，水 1 种，另 3 种不详，共计 126 种。春秋时期《黄帝内经》的问世，奠定了我国医学发展的理论基础，对中药学的发展同样产生了巨大的影响。同时《内经》对中药的临床应用也产生了很大的影响。现知的最早本草著作称为《神农本草经》，一般认为该书约成于西汉末年至东汉初年。《神农本草经》全书共三卷，收载药物包括动、植、矿三类，共 365 种，每药项下载有性味、功能与主治，按药物功效的不同分为上、中、下三品，是对汉以前中国药物知识的总结，并为以后的药学发展奠定了基础。到了南北朝，梁代陶弘景（公元 452～536 年）将《神农本草经》整理补充，著成《本草经集注》一书，其中增加了汉魏以来名医所用药物，载药 730 种，首创按药物自然属性分类的方法。每药之下不但对原有的性味、功能与主治有所补充，并增加了产地、采集时间和加工方法等，大大丰富了《神农本草经》的内容。南朝刘宋时期，雷敩的《雷公炮炙论》，是我国第一部炮制专著。

唐代，由于生产力的发展，为了适应形势需要，于显庆四年（公元 659 年）出版《新修本草》(《唐本草》)，此书由当时的政府修订和颁行，是中国也是世界上最早的一部药典。这部本草载药 844 种，并附有药物图谱，开创了中国本草著作图文对照的先例，不但对中国药物学的发展有很大影响，而且不久即流传国外，对世界医药的发展作出了重要贡献。到宋朝，由于火药、指南针、活字印刷术的发明，又促进了药物学的发展。如宋代的《开宝本草》《嘉祐补注本草》。到了北宋后期，蜀医唐慎微编成了《经史证类备急本草》(简称证类本草)。他将《嘉祐补注本草》与《图经本草》合并，增药 476 种，共载药 1558 种，收集了医家和民间的许多单方验方，这种方药兼收，图文并重的编写体例，较前代又有了较大的进步，为《本草纲目》的诞生奠定了基础。元代忽思慧于 1330 年编著的《饮膳正要》是饮食疗法的专门著作。此外还有王好古的《汤液本草》等。

明代，由于商品经济的迅速发展，医药知识的不断丰富，随着时代的发展和社会需求，伟大医药学家李时珍（公元 1518～1593 年），在《证类本草》的基础上进行彻底的修订，编成了 200 多万字的中医药科学巨著《本草纲目》。此书共 52 卷，载药 1892 种，附方 11096 首，改绘药图 1160 幅。他按药物的自然属性，分为十六纲，六十类，每药之下，分释名、集解、修治、主治、发明、附方及有关药物等项，体例详明，用字严谨，是中国本草史上最伟大的著作，也是中国科学史中极其辉煌的成就。这部书在十六世纪初就流传中外，曾经多次刻印并被译成多种文字，不但对世界医学作出了伟大的贡献，也是研究动植矿物的重要典籍。炮制方面，缪希雍的《炮炙大法》是明代影响最大的炮制专著，书中的“雷公炮制十七法”对后世影响很大。清代乾隆年间赵学敏编成《本草纲目拾遗》一书，对《本草纲目》作了一些正误和补充，增药 716 种。此外还有清代道光年间，吴其浚的《植物名实图考》，张仲岩的《修事指南》，将历代各家有关炮制的记载综合归纳而成。其余如地方性的《滇南本草》(明·兰茂)、专记外来药物的《海药本草》(唐·李询)、记载食物疗法的《食疗本草》(唐·孟诜)、侧重药物鉴别的《本草衍义》(宋·寇宗奭)。

民国时期，成就和影响力最大是陈存仁主编的《中国药学大辞典》，既广罗古籍，又博采新说，且附有标本图册，受到药界推崇。

在中华人民共和国成立以后，历版的《中华人民共和国药典》，对药学的发展起到了极大的促进作用。

二、中药的命名

中药来源广泛，品种繁多，名称各异，因此中药的命名方法也丰富多彩。现将分类方法介绍如下。

（一）中药的传统命名

1. 因药物突出的功效而命名　如益母草功擅活血调经，主治妇女血滞经闭、痛经、月经不调、产后瘀阻腹痛等，为妇科经产要药；防风功能祛风息风，防范风邪，主治风病；决明子功擅清肝明目，主治眼科疾病，为明目佳品等。

2. 因药用部位而命名　中药材来源广泛，包括了植物、动物、矿物等。植物、动物类药材药用部位各不相同，以药用部位命名，是中药常用的命名方法之一。植物药中芦根、茅根用根茎入药；苦楝皮、桑白皮即以根皮入药；桑叶、大青叶、苏叶等用叶片入药；桑枝、桂枝等以植物的嫩枝入药；牛蒡子、苏子、莱菔子、枳实、榧子等即以果实、种子入药；菊花、旋覆花、款冬花、芫花等即以花入药。动物药如龟甲、鳖甲、刺猬皮、水牛角、羚羊角、熊胆、全蝎等则分别是以入药部分甲壳、皮部、角、胆、全部虫体等不同的组织器官来命名的。

3. 因形态而命名　中药的原植物和生药形状，往往有其特殊之处，能给人留下深刻的印象，因而人们常常以它们的形态特征而命名。如大腹皮，即以形似大腹而命名；乌头，因其块根形似乌鸦之头而命名；人参状如人形，功参天地，故名；罂粟壳、金樱子都是因其形状似罂（口小腹大的瓶子）而得名；牛膝的茎节膨大，似牛的膝关节，故名牛膝等。

4. 因气味而命名　某些中药具有特殊的气味，因而成了药物命名的依据。如麝香，因香气远射而得名；丁香、茴香、安息香、檀香等香料药，因具有特殊的香气，故以"香"字命名；而败酱草、臭梧桐等，则因具有特殊臭气而得名；鱼腥草，以其具有浓烈的鱼腥气味而命名。

5. 因滋味而命名　每种中药都具有一定的味道，某些药物就是以它们所特有的滋味来命名。如五味子，因皮肉甘酸，核中辛苦，全果皆有咸味，五味俱全而得名；甘草以其味甘而得名；细辛以味辛而得名；苦参以其味苦而得名；酸枣仁以其味酸而得名。

6. 因颜色而命名　许多中药都具有各种天然的颜色，因而药物的颜色就成了命名的依据。如色黄的中药有黄芩、黄连、黄柏、黄芪、大黄等；色黑的中药有黑丑、墨旱莲等；色白的中药有白芷、白果、白矾、葱白、薤白等；色紫的中药有紫草、紫花地丁等；色红的中药有红花、红枣、红豆蔻、丹参、朱砂、赤芍等；色青的中药有青黛、青皮、青蒿等；色绿的中药有绿萼梅、绿豆等。

7. 因生长、采收季节而命名　如半夏在夏季的一半（农历五月间）采收，故名半夏；夏枯草等都是生长到夏至后枯萎，故冠以夏字；金银花以花蕾入药，花初开时洁白如银，数天后变为金黄，黄白相映，鲜嫩悦目，故名金银花，其中以色白的花蕾入药为好，故简称银花。

8. 因进口国名或译音而命名　某些进口药材是以进口国家或地区的名称来命名的。如安息香。有的在药名上冠以"番""胡""西"等字样，以说明当初并不是国产的药物，如番泻叶、西洋参等。有些外来药，由于没有适当的药名，则以译音为名，如诃黎勒、曼陀罗等。

9. 因避讳而命名 在封建时代，为了避帝王的名讳，药物也改换名称。如延胡索，始载《开宝本草》，原名玄胡索，简称玄胡，后因避宋真宗讳，改玄为延，称延胡索、延胡，至清代避康熙（玄烨）讳，又改玄为元，故又称元胡索、元胡。

10. 因人名而命名 有些中药的用名带有传说色彩，这些药多半是以发现者或最初使用者的名字来做药名。如使君子，相传是潘州郭使君治疗儿科病的常用药；刘寄奴是南朝宋武帝刘裕的小名，传说这个药是由刘裕发现的；杜仲一药，相传是古代有一位叫杜仲的人，因服食此药而得道，后人遂以杜仲而命。

11. 因秉性而命名 如肉苁蓉，为肉质植物，补而不峻，药性从容和缓，故名肉苁蓉；王不留行性走而不守，其通经下乳之功甚速，虽有帝王之命也不能留其行，故名王不留行；沉香以体重性沉降命名等。

12. 因产地而命名 我国疆域辽阔，自然地理状况十分复杂，水土、气候、日照、生物分布等生态环境各地不完全相同，甚至南北迥异，差别很大。因而各种药材的生产，无论产量和质量方面，都有一定的地域性，所以自古以来医药学家非常重视“道地药材”。如黄连、黄柏、续断等以四川产者为佳，故称川黄连、川黄柏、川断；茯苓以云南产的最好，故名云苓；橘皮以广东新会产者为佳，故称新会皮、广陈皮；地黄以河南怀庆产者最佳，故称怀地黄等。

（二）中药饮片命名

中药饮片系指中药材经过净制、切制或炮制后的加工品，其名称应与中药材名称相对应。

1. 净制、切制的生用饮片，按原中药材命名。特殊管理的毒性药材，在名称前应加“生”字。如：生草乌、生天南星等。鲜品饮片在名称前应加上“鲜”字。如：鲜薄荷。

2. 以炒、蒸、煅等方法炮制的中药饮片，在中药材名前冠以炮制方法或后缀以炮制后的形态名。如：煨肉豆蔻、煅石膏（炮制方法）；巴豆霜、地榆炭（炮制后的形态名）。加辅料炮制的中药饮片，应冠以辅料名。如：酒白芍、清半夏（应冠以辅料名）。

（三）中药提取物命名

中药提取物系指净药材或炮制品经适宜的方法提取、纯化制成的供中成药生产的原料。

1. 中药提取物的名称一般以中药材名称加提取物构成，如银杏叶提取物。

2. 已提纯至某一类成分的应以药材名加成分类别命名，如三七总皂苷。

三、中药材的采收加工

影响中药质量的因素有很多，除了药材的品种、产地和栽培技术外，还有药材的生长年龄、药用部位、采收时间、产地加工和炮制方法等等。这些因素的变化可以引起中药内在成分和外观性状发生较大的变化。

（一）中药材的采收

中药材的传统采收方法：传统采收方法的确定通常要考虑诸多自然因素，如中药基原的生物学特性、药用部位的生长特点、成熟程度、采收的难易和产量等，以决定每种中药材的采收时间和采收方法。

1. 植物药类

（1）根及根茎类：根及根茎类药材一般在春初或秋初即 2 月、8 月采收为佳。此时为植物生长停止或休眠期，根或根茎中贮藏的营养物质最为丰富，通常含有效成分也比较高，如大黄等。部分中药由于植株生长周期较短，植株枯萎时间较早，则可在夏季采收，如半夏、太子参等。

（2）茎：茎类药材一般在秋、冬季节植物落叶后或春初萌芽前采收，如大血藤等；若与叶同用的药材，则宜在植物的花前期或盛花期采收，如忍冬藤等。

（3）皮类：皮类药材一般在春、夏时节植物生长旺盛，植物体内浆液充沛时采集。因为此时皮内养料丰富，浆汁充足，皮部和木部容易剥离，剥离后的伤口较易愈合，有利于药材的再生长，如杜仲等。根皮则以秋末冬初采收为宜，并趁鲜抽去木心，如牡丹皮等。

（4）叶类：叶类药材通常在花前盛叶期或花盛期时采收。此时，植物枝叶生长茂盛，药力雄厚，分批采叶对植株影响不大，且可增加产量，如枇杷叶、荷叶等。个别经冬不凋的耐寒植物或药用部位特殊者，则须在深秋经霜后采收，如桑叶等。有的还可与其他药用部位同时采收，如人参叶等。部分应采集落叶，如银杏叶等。

（5）花、花粉类：花类药材一般采收未开放花蕾或初开的花朵，这时花中水分少、香气足。通常应选择在晴天、上午露水初干时采摘，如辛夷等；也有部分药材在花开放时采收，如洋金花等；花朵陆续开放的植物，应分批采摘，以保证质量，如红花等。有些药材不宜迟收，过期则花粉会自然脱落，影响产量，如蒲黄等。

（6）果实、种子类：果实类药材一般多在充分生长近成熟或完全成熟后采收，如瓜蒌等。少数药材如青皮、枳实，则须在近成熟或幼果时采收。种子类药材必须在完全成熟后方可采收。

（7）全草类：全草类药材多在植物充分生长，茎叶茂盛时采收，有的在花开时采收。一般割取地上部分，如薄荷等；有的则以全株入药，如柴胡等；亦有在初春采其嫩苗的，如茵陈。

（8）藻、菌、地衣及孢子类：藻类、菌类、地衣类及孢子类药材的采收情况不一，如茯苓在立秋后采收质量较好；马勃宜在子实体刚成熟期采收；冬虫夏草在夏初子实体出土孢子未发散时采挖；海藻在夏、秋二季采捞；松萝全年均可采收。孢子必须在成熟期及时采收，过迟则孢子飞落。

（9）树脂或以植物液汁入药的其他类：此类药材一般是根据植物的不同采收时间和不同药用部位决定采收期和采收方式，如安息香采香多在 4～10 月，于树干上割成“V”形切口，其汁顺切口流出凝固成香后采收。

2. 动物药类

动物类药除了要根据其种类的不同，选择适宜的采收期外，还需要根据各种药用动物的生长习性和活动规律而采取不同的采收方法。如诱捕、网捕、活体收取药用部分等。

动物昆虫类药材，为保证药效也必须根据生长活动季节采集，如一般潜藏在地下的小动物全蝎、土鳖虫、地龙、蟋蟀、蝼蛄、斑蝥等虫类药材，大都在夏末秋初捕捉其虫，此时气温高，湿度大，宜于生长，是采收的最好季节；桑螵蛸为螳螂的卵鞘，露蜂房为黄蜂的蜂巢，这类药材多在秋季卵鞘、蜂巢形成后采集，并用开水煮烫以杀死虫卵，以免来年春天孵化成虫；再如蝉蜕为黑蝉羽化时蜕的皮壳，多于夏秋季采取；蛇蜕为锦蛇、乌梢蛇等多种蛇类蜕下的皮膜，因其反复蜕皮，故全年可以采收，唯 3～4 月最多；蟾酥为蟾蜍耳后腺分泌物干燥而成，此药宜在春秋两季蟾蜍多活动时采收，此时容易捕捉，腺液充足，质量最佳；再如哈蟆油即林蛙的干燥输卵管，此药宜在白露节前后林蛙发育最好时采收；又石决明、牡蛎、海蛤壳、瓦楞子等海生贝壳类药材，多在夏秋季捕采，此时发育生长旺盛，钙质充足，药效最佳；一般大动物类药材，虽然四季皆可捕捉，但一般宜在秋季猎取，唯有鹿茸必须在春季清明节前后雄鹿所生幼角尚未骨化时采质量最好。

3. 矿物药类 矿物类药材，可全年采挖，一般没有季节性限制，择优采选即可。一般应选择杂质少的矿石作药用，质量最佳，如盐石类，多来自盐湖中，系天然自行结晶而成，不需要加工。有些矿物药系经人工冶炼或升华方法制得，如密陀僧、轻粉、红粉等。

（二）中药材的加工

中药材采收后，除少数要求鲜用外，绝大多数需要进行产地加工。其主要目的在于：除去杂质和非药用部分，保持其纯净；进行初步处理，如蒸、煮、熏、晒等，促使其干燥，以符合商品的要求；通过整形和分等，筛选出不同规格或等级，便于按质论价；包装成件，便于储存和运输。

1. 药材产地加工通则

（1）植物药类：植物类药材除少数如鲜生地、鲜石斛、鲜芦根等鲜用外，大多数药材在采收后需要根据不同药用部位进行适当加工。

①根及根茎类：根及根茎类中药一般于采挖后去净地上茎叶、泥土和毛须等，迅速晒干、烘干或阴干；有的须先刮去或撞去外皮使色泽洁白，如桔梗等；质地坚硬或较粗的药材，需趁鲜切片或剖开而后干燥，如天花粉等；富含黏液质或淀粉类药材，需用开水稍烫或蒸后再干燥，如白及等。

②皮类：皮类中药一般在采收后须修切成一定大小而后晒干；或加工成单卷筒、双卷筒状，如厚朴等；或削去栓皮，如黄柏等。

③叶类及全草类：这类中药含挥发油的较多，故采后宜置通风处阴干；有的则需先行捆扎，使成一定的重量或体积后干燥，如薄荷。

④花类：花类中药在加工时要注意花朵的完整和保持色泽的鲜艳，一般是直接晒干或烘干，并应注意控制烘晒时间。

⑤果实类：果实类中药一般采后直接干燥；有的需经烘烤、烟熏等加工过程，如乌梅等；或经切割加工使成一定形态，如枳实等；有的为了加速干燥，可在沸水中微烫后，再捞出晒干，如木瓜等。

⑥种子类：种子类中药通常在采收的果实干燥后取出种子，或直接采收种子干燥；也有将果实直接干燥储存，用时取种子入药，如砂仁。

（2）动物药类：药用动物捕捉后进行产地加工的方法多种多样，一般要求加工处理必须及时得当，常用的方法有洗涤、净选、干燥、冷冻或加入适宜防腐剂等，特别是干燥处理法最为常用。如蜈蚣在捕收烫死后，应及时选用与虫体长宽相近的竹签，将虫体撑直，然后曝晒使干燥；若遇阴雨天，可用无烟炭火烘干，温度一般不宜超过80℃。

（3）矿物药类：矿物类药材的产地加工主要是清除泥土和非药用部位，以保持其纯净度。

2. 常用的加工方法

（1）洗涤与挑选：洗涤主要是洗除药材表面的泥沙与污垢，多用于根及根茎类药材，如人参等。但直接晒干或阴干的药材多不洗。挑选主要是清除药材中的杂质或非药用部分，同时初步分出等级，以便分别加工和干燥。如牛膝去芦头、须根，白芍刮去外皮等；具有芳香气味的药材一般不用水淘洗，如薄荷、细辛等。

（2）修整与去皮：修整是运用修剪、切削、整形等方法，去除非药用部位和不合规格的部分，或使药材整齐，利于捆扎、包装等。修整的工艺要根据药材的规格等级、质量要求来确定。有的应在干燥前完成，有的则在干燥后完成。较大的根及根茎类、茎木类和肉质的果实类药材大多趁鲜切块片，以利干燥；而剪除残根、芽苞、切削或打磨表面使平滑等，则在干燥后完成。去皮、壳主要用于果实种子类、根及根茎或皮类药材，以使其表面光洁，符合药用的品质标准，又易于干燥和贮藏。

（3）蒸、煮、烫：含黏液质、淀粉或糖类成分多的药材，用一般方法不易干燥，须先经蒸、煮或烫的处理后干燥。加热时间的长短及采取的方法，视其性质而定，如明党参煮至透心、红参蒸透、太子参置沸水中略烫等。药材经加热处理后，不仅容易干燥，还有利于进行其他方面的加工，保证药效。

（4）发汗：发汗是将某些药材用微火烘至半干或微蒸煮后，堆置起来发热，使其内部水分外溢，质地变软、变色、增加香味或减少刺激性，有利于干燥，这种方法习称“发汗”。如厚朴、玄参等。

（5）干燥：干燥是除去药材中的大量水分，避免发霉、虫蛀以及有效成分的分解和破坏，利于贮藏。常用的干燥法有：晒干、烘干、阴干、焙干、远红外加热干燥、微波干燥等。各种干燥方法的采取，因药材的性质而异。

（6）挑选分等：挑选分等是指对以上加工后的药材，按商品中药区分规格等级的加工方法。这是产地加工的最后一道工序。中药的规格等级是其品质的标志之一，也是商品“以质论价”的依据。中药采购人员必须熟知商品规格、等级标准，把住中药进入流通领域的第一道质量关。

四、中药饮片炮制目的及方法

中药饮片的炮制工艺是中药传统技艺的集中体现和核心所在，是在历代中医药长期医疗实践中产生，并不断积累和发展起来的。中药炮制是根据中医药理论，依照辨证施治用药的需要和药物自身性质以及调剂、制剂的不同要求，所采取的一项制药技术，是中医药学的一大特色。

（一）中药炮制的起源与发展概况

对中药炮制的文字记载始于战国时代。我国现存最早的医学典籍《黄帝内经》，其治疗“目不瞑”的半夏秫米汤中就有“治半夏”的记载，表明当时治疗疾病已经使用了药物常规炮制品。到了汉代，据有关资料记载，炮制方法已非常之多，如蒸、炒、炙、煅、炮、炼、煮沸、火熬、烧、斩断、研、锉、捣膏、酒洗、酒煎、酒煮、水浸、汤洗、刮皮、去核、去翅足、去毛等。同时，炮制理论开始创立。我国第一部本草书籍《神农本草经》写道：“药……有毒无毒，阴干暴干，采造时月，生熟，土地所出，真伪陈新，并各有法……若有毒宜制，可用相畏相杀，不尔勿合用也”。在南北朝刘宋时代，我国第一部炮制专著《雷公炮炙论》问世，记载的炮制方法主要有蒸、煮、炒、焙、炙、炮、煅、浸、飞等。该书对后世中药炮制的发展，产生了极大的影响，某些炮制方法，现今仍有很大的参考价值。明代时期，中药炮制发展得较为全面，在理论方面，陈嘉谟在《本草蒙筌》中曾系统地论述了若干炮制辅料的作用原理，记载为：“酒制升提；姜制发散；入盐走肾仍仗软坚；用醋注肝经且资住痛；童便制除劣性降下；米泔制去燥性和中；乳制滋润回枯助生阴血，蜜制甘难化增益元阴；陈璧土制窃真气骤补中焦；麦麸皮制抑酷性勿伤上膈；乌豆汤、甘草汤渍曝并解毒至令平和……”。他还强调：“凡药制造，责在适中，不及则功效难求，太过则气味反失。”著名的医药学者李时珍集诸家之大成，在其巨著《本草纲目》中专列了“修治”一项，收载了各家之法。缪希雍又在《雷公炮炙论》的基础上，增加了当时常用的炮制方法，在他的著作《炮制大法》中，提出了著名的炮炙十七法。中华人民共和国成立以后，各地有关部门都对散在本地区的具有悠久历史的炮制经验进行了文字整理。并在此基础上，全国大部分地区制订、出版了炮制规范。同时，国家在药典中也收载了中药炮制内容，并相继出版了一批炮制专著。如《中药炮制经验集成》《中药炮制学》等。

（二）中药炮制的目的

1. 洁净药物保证用量准确 原药材含有非药用部分，如：植物的根、茎、叶、花、果等夹有泥沙杂物；动物的皮、肉、骨、筋、角等残留腐肉、恶血。使用前进行清除杂物，洗去泥沙、污垢，筛去灰屑，除去霉烂变质之物和非药用部位，可使药物清洁纯净，保证临床用药剂量准确。

2. 切制饮片，便于调剂制剂 植物的根及根茎类、藤木类、果实类经炮制后加工成一定规格的饮片，如切成片、丝、段、块等，便于调剂时分配制量和配方。矿物类、贝壳类、动物骨甲类如自然铜、磁石、代赭石、牡蛎、石决明、穿山甲等药物质地坚硬，难于粉碎，不便于调剂和制剂，而且在短时间内又不易煎出有效治疗的成分，因此必须经过特殊的炮制方法使其质地变脆变酥，易于粉碎，而且使有效成分易于煎出。

3. 降低或消除药物的毒、副作用 一些中药虽有较好的疗效，但因其毒性或副作用太大，临床应用不安全。经炮制后可以降低其毒副作用，如巴豆压油取霜、醋制甘遂等。

4. 改变或缓和药物的性能，扩大应用范围 中医采用寒、热、湿、凉及辛、酸、苦、咸来表达中药的性能。如太寒伤阳，太热伤阴，过酸损齿伤筋，过苦伤胃耗液，过甘生湿助满，过辛损津耗气，过咸助痰湿等。如生地黄清热凉血，滋阴生津，酒炙成熟地黄后，则具有滋阴补血，益精填髓之功。还有其可以通过炒、蜜炙等方法来缓和药性，故有“甘能缓”“麸炒以缓其药性”的说法。

5. 增强药物功能，提高临床疗效 中药通过适当的炮制，可以提高中药的疗效。首先可以提高有效物质的溶出而增强疗效。明代《医宗粹言》写道：“决明子、萝卜子、芥子、苏子、青葙子、凡药用子者俱要炒过，入煎方得味出。”这便是现代“逢子必炒”的根据和用意。其次，药物之间相互配合起协同作用，起到增强疗效的效果，如款冬花和紫菀等化痰止咳作用的药物，经蜜炙后其作用增强。最后，炮制可以引药入经及改变作用部分从而提高疗效。如大黄苦寒，其性沉而不浮，其作用是走而不守，酒制后，就能上行而清上焦热邪引起的牙痛、口舌生疮等。

6. 矫味矫臭，利于服用　动物类或其他具有腥气异味的药物，为了便于服用，常将此类药物采用相应的炮制方法来去掉其不良的气味，如用酒制乌梢蛇，醋制乳香。

7. 干燥药材，利于贮藏　在加工炮制过程当中，都经过干燥处理，避免霉烂变质，有利于贮存。昆虫类、动物类药物经过加热处理，如蒸、炒可杀虫卵，防止孵化，便于贮存。植物的种子类经过加热处理，能终止种子萌发，而便于保存不易变质。含有特殊成分的药物经加热处理，可破坏酶的活性，避免有效成分被酶解损失。

8. 引药入经　有些药物经炮制后，可以在特定脏腑经络中发挥治疗作用。如知母、杜仲经盐炒后，可以增强入肾经的作用。

（三）中药炮制的方法

炮制方法是历代逐渐发展和充实起来的，参照前人的记载，根据现代实际炮制经验，炮制法大致可分为五类。

1. 净制

（1）清除杂质和非药用部位：采用挑、拣、簸、筛、刮、刷等方法，去掉灰屑、杂质及非药用部分，使饮片清洁纯净。如拣去合欢花中的枝、叶，刷除枇杷叶的绒毛，刮去厚朴的粗皮等。

（2）粉碎：采用捣、碾、镑、锉等方法，使药物粉碎，以符合制剂和其他炮制法的要求。如牡蛎、龙骨捣碎便于煎煮，川贝母捣粉便于吞服；羚羊角切成薄片或锉成粉末，便于制剂和服用。

（3）切制：采用切、铡的方法，把药物切制成一定的规格，使药物有效成分易于溶出，并便于进行其他炮制，也利于干燥、贮藏和调剂时称量。根据药材的性质和医疗需要，切片有很多规格。如天麻、槟榔宜切薄片，泽泻、白术宜切厚片，黄芪、鸡血藤宜切斜片，白芍、甘草宜切圆片，肉桂、厚朴宜切圆盘片，桑白皮、枇杷叶宜切丝，白茅根、麻黄宜铡成段，茯苓、葛根宜切成块等。

2. 炒　炒有炒黄、炒焦、炒炭等程度不同的清炒法。炒黄、炒焦使药物易于粉碎加工，并缓和药性；种子类药物炒后则煎煮时有效成分易于溶出。如炒牛蒡子，焦山楂等。炒炭能缓和药物的烈性、副作用，或增强其收敛止血的功效。如地榆炭。还有拌固体辅料如土、麸、米炒的，可减少药物的刺激性，增强疗效，如土炒白术、麸炒枳壳、米炒斑蝥等。与砂或滑石、蛤粉同炒，药物受热均匀酥脆，易于煎出有效成分或便于服用，如砂炒穿山甲、蛤粉炒阿胶等。

3. 炙　炙是用液体辅料拌炒药物，使辅料渗入药物组织内部，以改变药性，增强疗效或减少副作用的炮制方法。通常使用的液体辅料有蜜、酒、醋、姜汁、盐水等。如蜜炙黄芪、甘草可增强补中益气作用；蜜炙百部、款冬花可增强润肺止咳作用；酒炙川芎可增强活血之功；醋炙香附可增强疏肝止痛之效；盐炙杜仲可增强补肾功能；酒炙常山可减轻催吐作用等。

4. 煅 煅是将药物用猛火直接或间接煅烧，使质地松脆，易于粉碎，充分发挥疗效。坚硬的矿物药或贝壳类药多直接用火煅烧，以煅至红透为度，如紫石英、海蛤壳等。间接煅是置药物于耐火容器中密闭煅烧，至容器底部红透为度，如制血余炭、棕榈炭等。

5. 煨 利用湿面粉或湿纸包裹药物，置热火灰中加热至面或纸焦黑为度，可减轻药物的烈性和副作用，如煨生姜、煨甘遂、煨肉豆蔻等。

6. 烫 先在锅内加热中间物体，如砂石、滑石等，温度可达 150℃～300℃，用以烫炙药物，使其受热均匀，膨胀松脆，不能焦枯，烫毕，筛去中间物体，冷却即得。如砂烫穿山甲等。

7. 煮 用清水或液体辅料与药物共同加热的方法。如醋煮延胡索，可增强止痛功效。甘草水煮远志，可减其苦燥之性。

8. 蒸 利用水蒸气或隔水加热药物的方法。如酒蒸大黄可缓和泻下作用。何首乌用黑豆汁制，增加了补肝肾、益精血的作用。

9. 潬 潬是将药物快速放入沸水中短暂潦过，立即取出的方法。常用于种子类药物的去皮和肉质多汁类药物的干燥处理。如潬杏仁、桃仁。

10. 其他制法 常用的有制霜、水飞、制绒等。其目的在于改变药物原有性能，增加新的疗效，减少毒性或副作用，巴豆的去油取霜，西瓜的加工制霜；朱砂水飞等。

五、中药的性能

药物性能的认识和论定，是前人在长期实践中对为数众多的药物的各种性质及其医疗作用的了解与认识不断深化，进而加以概括和总结出来的。主要有性、味、归经、升降沉浮及有毒、无毒等方面，统称为药物的性能。

（一）四气和五味

1. 四气 四气是寒、热、温、凉四种药性，其中温热与寒凉属于两类不同的性质。而温与热，寒与凉则分别具有共同性；温次于热，凉次于寒，即在共同性质中又有程度上的差异。对于有些药物，通常还标以大热、大寒、微温、微寒等予以区别。药物的寒、热、温、凉，是从药物作用于机体所发生的反应概括出来的。是与所治疾病的寒、热性质相对而言。

能够减轻或消除热证的药物，一般属于寒性或凉性，如黄芩、栀子对于发热口渴、咽痛等热证有清热解毒作用，表明这两种药物具有寒性。反之能够减轻或消除寒证的药物，一般属于温热性，如附子、干姜对于腹中冷痛、脉沉无力等寒证有温中散寒作用，表明这两种药物具有热性。在治则方面，《神农本草经》云："疗寒以热药，疗热以寒药"。《素问・至真要大论》云："寒者热之，热者寒之"。这是基本的用药规律。

此外，还有一些平性药，是指药性寒、热之性不甚显著、作用比较和缓的药物。

2. 五味 五味就是辛、甘、酸、苦、咸五种味。有些药物具有淡味或涩味，实际上不止五种。但是，五味是最基本的五种滋味，所以仍然称为五味。不同的味有不同的作用，味相同的药物，其作用也有相近或共同之处。

辛：有发散、行气、行血作用。一般治疗表证的药物，如麻黄、薄荷，或治疗气血阻滞的药物，如木香、红花等，都有辛味。

甘：有补益、和中、缓急等作用。一般用于治疗虚证的滋补强壮药，如党参、熟地；

和拘急疼痛、调和药性的药物，如饴糖、甘草等，皆有甘味。甘味药多质润而善于滋燥。

酸：酸有收敛、固涩作用。一般具有酸味的药物多用于治疗虚汗、泄泻等证，如山茱萸、五味子涩精敛汗，五倍子涩肠止泻。

涩：与酸味药的作用相似。多用于治疗虚汗、泄泻、尿频、精滑、出血等证，如龙骨、牡蛎涩精，赤石脂能涩肠止泻。

苦：有泄和燥的作用。泄的含义甚广，有指通泄的，如大黄，适用于热结便秘；有指降泄的，如杏仁，适用于肺气上逆的喘咳；有指清泄的，如栀子，适用于热盛心烦等证。至于燥，则用于湿证。湿证有寒湿、湿热的不同，温性的苦味药如苍术，适用于前者；寒性的苦味药如黄连，适用于后者。此外，前人的经验，认为苦还有坚阴的作用，如黄柏、知母用于肾阴虚亏而相火亢盛的痿证，即具有泻火存阴（坚阴）的意义。

咸：有软坚散结、泻下作用。多用于治疗瘰疬、痰核、痞块及热结便秘等证，如瓦楞子软坚散结，芒硝泻下通便等。

淡：有渗湿、利尿作用。多用于治疗水肿、小便不利等证，如猪苓、茯苓等利尿药。

（二）升降沉浮

升降浮沉理论是医家根据不同的病位病势采用不同药物所取得的治疗效果而总结出来的用药规律。各种疾病常表现出不同的病势：向上如呕吐、呃逆、喘息，向下如泻痢、崩漏、脱肛，向外如盗汗、自汗，向内如病邪内传等。在病位上则有：在表如外感表证，在里如里实便秘，在上如目赤头痛，在下如腹水尿闭等。消除或改善这些病证的药物，相对来说需要分别具有升降或浮沉等作用趋向。升浮与沉降是两种对立的作用趋向。一般来说，升浮药能上行向外，有升阳举陷、解散表邪、透发麻疹、托毒排脓、涌吐、开窍、散寒等作用，病变部位在上在表、病势下陷的宜用升浮药；沉降药能下行向里，有泻下通便、清热降火、利水消肿、重镇安神、潜阳息风、消积导滞、降逆止呕、止呃、平喘、收敛固涩等作用，病变部位在下在里、病势上逆的宜用沉降药。

（三）有毒无毒

有毒无毒是中药药性理论的中药组成部分，中医药对中药的毒性概念的认识，古今有很大的差异，有狭义与广义两个方面。

1. 广义的毒性概念　广义的“毒”或有毒，具体有二：①“毒药”一词，在古代医药文献中常是药物的总称，即指凡药均可谓之为“毒”，凡能除病者，皆可称之为毒药。②指药物对人体的某种偏性。中医学认为，药物之所以能治疗疾病，就在于它具有某种或某些特定的、有别于其他药物的偏性。临床医生每取其偏性，以祛邪，调节脏腑功能，从而纠正阴阳之盛衰，最终达到愈病蠲疾，强身健体之目的。

《神农本草经》把药物分为上中下三品，就是根据药物的有毒无毒来分类的，大体上是把攻病愈疾的药物称有毒，而可以久服补虚的药物看作无毒。

2. 狭义的毒性概念　所谓狭义的“毒”或“有毒”指药物对人体的毒害性，包括毒性、烈性、副作用。凡有毒的药物，大多性质强烈、作用峻猛，故易毒害人体，常用治疗量幅度较小或极小，安全性低，用之不当，药量稍有超过常用治疗量，即可对人体造成伤害，轻者损伤人体，重者毙命。唐《新修本草》和现行药典在部分药物性味之下标明的“大毒”“有毒”和“小毒”，高等医药院校教材《中药学》所说的“中药的毒性”，大多是指一些具有一定毒性或副作用的药物，即是此狭义的毒性概念。药如砒石、千金子、巴豆、芫花、乌头、马钱子等。

六、中药材与中药饮片的应用

（一）中药材的应用

1. 中药材 中药包括中药材、中药饮片和中成药 3 种主要商品形式。中药材是指在中医理论指导下应用的原生药材。由于历史文化、地理环境和社会发展水平不同等多种原因，各地区的中药资源开发利用程度和应用范围存在着很大的差异，形成了具有不同内涵、相对独立又相互联系的三个部分，即中药材、民间药和民族药。

2. 中药材的应用 中药材不可直接入药，必须经过炮制成中药饮片以后才能入药，因此，中药材是制备中药饮片的原料。

（二）中药饮片的应用

1. 中药饮片 饮片系指药材经过炮制后可直接用于中医临床或制剂生产使用的处方药品。【性味与归经】【功能与主治】【用法与用量】【注意】等内容均为中药饮片的属性。

中药材炮制成为中药饮片的过程，是在中医理论指导下，依照辨证施治用药的需要和药物自身性质进行的。炮制前后中药的性味、归经、作用趋向均可发生改变，成分发生变化，药效也有差别，因此，性味归经等中药的医疗属性是中药饮片的属性，而不是药材的属性。

2. 中药饮片的应用 中药饮片，可用于中医师通过临床辨证开具处方，调配后制备成中药汤剂或其他剂型。中药制剂生产所用的原料必须是中药饮片，而不是药材，因此，中药制剂生产企业也必须采购或将药材加工成质量合格的中药饮片作为生产的原料。

对于药食两用和符合保健食品应用的中药饮片可作为制备保健食品的原料。

药食两用的饮片还可作为普通食品的食材，如大枣、绿豆、生姜等。

七、中成药的命名与分类

（一）中成药的命名

中成药品种繁多，掌握其命名规律将有助于更好地理解和使用中成药。通过药物名称可了解该药的处方来源、主要药物、主要功效、主治病证、使用方法等某一方面的特点，对于正确理解和使用中成药有一定的帮助。

中成药的命名无论单味药制剂还是复方制剂，一般均应写明剂型的类别，中成药的命名规律介绍如下。

1. 以处方中主要药物组成命名 如板蓝根颗粒、双黄连口服液、益母草颗粒、桂枝茯苓丸等。

2. 以中成药的主要功能命名 如补中益气丸、龙胆泻肝丸、活血止痛散、清热解毒颗粒等。

3. 以处方内主要药材名称的缩写命名 如香连丸、参苓白术散、双黄连合剂。

4. 以主要药材和功能结合命名 如龙胆泻肝丸、柏子养心丸、参松养心胶囊。

5. 采用药味数与主要药材或药味数与功能命名 如六味地黄丸、十全大补丸。

6. 以中成药治疗的主要疾病的病名命名 如速效救心丸、鼻炎康片、口腔溃疡散、宫炎平片等。

7. 以创始人、产地或厂家命名　如马应龙痔疮膏、季德胜蛇药、云南白药、阿胶。

8. 以炮制法、方药比、服用量、服用法命名　如十灰散、六一散、十滴水、五粒回春丹、川芎茶调散。

9. 以取类比象法命名　如华佗再造丸、追风透骨丸、脑心通丸等。

10. 以处方来源命名　如金匮肾气丸、局方至宝丹、济生肾气丸。

（二）中成药的分类

中成药分类，各有不同目的，均是为了更好地服务于临床，满足临床用药的需要。其归纳起来，大致有以下几个方面。

1. 按功效分类　此种分类方法便于中医辨证的临床应用。如解表剂、祛暑剂、泻下剂、温里剂、止咳平喘剂、开窍剂、固涩剂、扶正剂等。

2. 按剂型分类　此种分类方法便于经营保管。如蜜丸、水丸、糊丸、散剂、膏滋、膏药、药酒、片剂等。

3. 按病证分类　此种分类方法便于临床对证应用。如感冒类、咳嗽类、头痛类、胃痛类、食滞类、便秘类、腹泻类、眩晕类、失眠类等。

4. 按临床各科和功能结合分类　便于临床分科选用。如内科类、外科类、妇科类、儿科类、骨伤科类、皮肤科类、五官科类等。

5. 按笔画拼音分类　此种分类方法便于查阅。如《中华人民共和国药典》。

八、中成药的处方来源与组方原则

（一）中成药的处方来源

1. 古典名方　是指古典医籍中方证明确，组方严谨，疗效可靠的著名方剂。如《伤寒论》《金匮要略》《千金要方》《太平惠民和剂局方》《温病条辨》等著名方书所载之方。

2. 名医验方　是指由中医临床各科中长期从事临床实践、经验丰富的著名医生所开具的处方。

3. 医院处方　亦称“协定处方”。是指医院以名医的经验方或针对临床常见病、多发病、疑难病，由中医名家集体拟定处方，做成的医院内部制剂。

4. 民间验方　是指流传在民间的大量秘方、验方。这类处方具有药味精专、药效奇特的特点，是中医药处方的特色之一。

5. 科研处方　是指某些单位承担的科研课题中所研究的处方。

（二）中成药的组方原则

君臣佐使是《内经》提出来的中医组方的基本规律，是中医的制方之道。中成药的配方组成也是在辨证论治、理法方药理论的指导下，按照君臣佐使的规律而确立的。此外，也有用主、辅、佐、使表示的。

1. 君药（主药）　是在方剂中针对主病或主证起主要治疗作用的药物，是方剂中必不可少的主要药物。

2. 臣药（辅药）　是辅助主药加强治疗作用的药物或者是针对兼证或兼病起治疗作用的药物。

3. 佐药 包括三种含意：①佐助药，即协助君、臣药，治疗兼证或次要症状的药物。②佐制药，即用以消除或减弱君、臣药的毒性，或抑制峻烈之性的药物。③反佐药，即在病重邪甚，产生拒药时，配用与主药性味相反，而又能起到相成作用的从治药物。

4. 使药 有两种含意：①引经药，即能引方中诸药直达病所的药物。②调和药，即具有调和方中诸药作用的药物。

综上所述：中成药的处方构成一般包括君药（主药）、臣药（辅药）、佐药、使药四个部分，典型处方君臣佐使悉俱，但由于病情繁简不一，药物功效多寡不等，亦不必概全。然而，每一处方中主药是必不可少的，因为它是整个处方的核心。

九、中成药的常用剂型与特点

中成药的剂型历史悠久，有着丰富的理论知识和宝贵的实践经验。秦汉时期的《黄帝内经》中就有关于汤、酒、丸、散、膏等剂型制备和应用的记载。此后，历代又有较大的丰富和发展。到了明代，李时珍《本草纲目》中收载的包括口服、外用及五官科各类剂型已有约40种。1949年新中国成立以来，中成药在继承、改进、提高传统剂型的同时，又研制了口服、舌下、注射给药等多种新剂型，进一步扩大了中成药的剂型种类，目前中成药剂型已达50种左右。常用的中成药剂型简述如下。

（一）固体剂型

固体剂型与其他剂型相比较具有稳定好，携带、贮存和运输方便，作用时间一般较液体剂型长的特点。

1. 散剂 系指中药饮片或提取物经粉碎、均匀混合而制成的粉末状制剂，分为内服散剂和外用散剂。散剂粉末的粒径小，容易分散，起效快。覆盖面积大，可发挥保护创面的作用。散剂的剂量易于控制，便于婴幼儿服用。散剂由于分散度大而易造成吸湿性、化学活性、气味、刺激性等增强。制剂如冰硼散、口腔溃疡散等。

2. 颗粒剂 系指中药饮片的提取物与适宜的辅料或饮片细粉制成具有一定粒度的颗粒状剂型。颗粒剂既保持了汤剂作用迅速的特点，又克服了汤剂临用时煎煮不便的缺点，且口味较好、体积小。根据辅料不同，可分为无糖颗粒剂型和有糖颗粒剂型，制剂如一清颗粒、板蓝根颗粒等，根据溶解性不同分为可溶性颗粒和混悬颗粒。

3. 胶囊剂 系指将中药饮片用适宜方法加工后，加入适宜辅料填充于空心胶囊或密封于软质囊材中的制剂，可分为硬胶囊、软胶囊（胶丸）等，主要供口服。硬胶囊剂系指将一定量的饮片提取物与药粉或辅料制成均匀的粉末或颗粒，或将饮片粉末直接分装于空心胶囊中制成。软胶囊剂系指将一定量的饮片提取物密封于球形或椭圆形的软质囊材中，可用滴制法或压制法制备。胶囊剂可掩盖药物的不良气味，易于吞服；能提高药物的稳定性及生物利用度；对药物颗粒进行不同程度包衣后，还能定时定位释放药物。制剂如桂枝茯苓胶囊、牛黄清感胶囊等。

4. 丸剂 系指中药饮片细粉或提取物加适宜的黏合剂或其他辅料制成的球形或类球形制剂。分为蜜丸、水蜜丸、水丸、糊丸、浓缩丸、蜡丸等类型。

（1）蜜丸：系指饮片细粉以炼制过的蜂蜜为黏合剂制成的丸剂。其中每丸重量在0.5g（含0.5g）以上的称大蜜丸，每丸重量在0.5g以下的称小蜜丸。蜜丸具有作用缓慢持久的特点。如银翘解毒丸、柏子养心丸、补中益气丸、逍遥丸等。

（2）水蜜丸：系指饮片细粉以炼制过的蜂蜜和水，按适当比例混匀为黏合剂制成的丸剂。水蜜丸的特点与蜜丸相似，作用缓慢、持久，因制成后经过干燥，故含水量低、易保存和服用，如香砂养胃丸、养阴清肺丸。

（3）水丸：系指饮片细粉以水或根据制法用黄酒、醋、稀药汁等为黏合剂制成的丸剂。水丸体积小，表面致密光滑，便于吞服，不易吸潮；一般较蜜丸崩解快，便于吸收。如逍遥丸、黄连上清丸、防风通圣丸等。

（4）糊丸：系指饮片细粉以米粉、米糊或面糊等为黏合剂制成的丸剂。糊丸质地坚硬，在体内崩解慢，能减少某些毒性药物的释放或减缓刺激性药物对胃肠的刺激。一般刺激性较大或有毒药物宜制成糊丸，如小金丸等。不含毒性或刺激性药物制成的糊丸可含化或加水磨成汁服用。

（5）蜡丸：系指饮片细粉以蜂蜡为黏合剂制成的丸剂。蜡丸是中成药传统的长效剂型，溶化极其缓慢，可延长药效，防止药物中毒或对胃引起强烈的刺激作用。处方中含较多的剧毒或强刺激性的药物，可制成蜡丸。

（6）浓缩丸：系指饮片或部分饮片提取浓缩后，与适宜的辅料或其余饮片细粉，以水、蜂蜜或蜂蜜和水为黏合剂制成的丸剂。根据所用黏合剂的不同，分为浓缩水丸、浓缩蜜丸和浓缩水蜜丸。浓缩丸体积小，有效成分含量大，易于服用，贮运方便。如六味地黄丸、防风通圣丸等。

5. 滴丸　系指中药饮片经适宜的方法提取、纯化、浓缩，并与适宜的基质加热熔融混匀后，滴入不相混溶的冷凝液中，收缩冷凝而制成的球形或类球形制剂。滴丸剂服用方便，起效迅速，可含化或吞服，制剂如脑安滴丸、速效救心丸等。

6. 片剂　系指中药提取物、中药提取物加饮片细粉或饮片细粉与适宜辅料混匀压制或用其他适宜方法制成的圆片状或异形片状的制剂，有浸膏片、半浸膏片和全粉片等，是常用的现代剂型之一。片剂以口服普通片为主，另有含片、咀嚼片、泡腾片、阴道泡腾片和肠溶片等。中药片剂具有体积小，剂量准确，易崩解，起效快，且具有生产效率高、成本低、服用及储运方便的优点。如银翘解毒片、益心舒片、宫炎平片等。

7. 胶剂　系指以动物的皮、骨、甲、角等为原料，水煎取胶质，经浓缩干燥制成的固体块状内服制剂，含丰富的动物水解蛋白类等营养物质。

8. 栓剂　系指中药提取物或饮片细粉与适宜基质制成供腔道给药的固体制剂。栓剂因施用腔道的不同，分为直肠栓、阴道栓和尿道栓。直肠栓为鱼雷形、圆锥形或圆柱形等；阴道栓为鸭嘴形、球形或卵形等；尿道栓一般为棒状。栓剂既可起局部作用，也可起全身作用。栓剂可避免肝脏首过效应，也可减少对胃的刺激性和药物对肝脏的毒副作用。如保妇康栓。

9. 贴膏剂　系指中药提取物、饮片细粉或化学药物与适宜的基质和基材制成的供皮肤贴敷，可产生局部或全身性作用的一类片状外用制剂。广泛用于治疗皮肤病、骨伤科和外科疾病。贴膏剂包括橡胶膏剂、凝胶膏剂和贴剂等。如云南白药膏、复方南星止痛膏、消痛贴膏、通络祛痛膏等。

10. 膏药　系指中药饮片、食用植物油与红丹（铅丹）或宫粉（铅粉）炼制成膏料，摊涂于裱背材料上制成的供皮肤贴敷的外用制剂。前者称为黑膏药，后者称为白膏药。膏药是中成药的传统剂型，既可起局部作用，也可起全身作用。如狗皮膏。

11. 茶剂 系指饮片或提取物（液）与茶叶或其他辅料混合制成的能内服的制剂，可分为块状茶剂、袋装茶剂和煎煮茶剂。

（1）块状茶剂：可分为不含糖块状茶剂和含糖块状茶剂。不含糖块状茶剂系指饮片粗粉、碎片与茶叶或适宜的黏合剂压制成块状的茶剂；含糖块状茶剂系指提取物、饮片细粉与蔗糖等辅料压制成块状的茶剂。

（2）袋装茶剂：系指茶叶、饮片粗粉或部分粗粉吸收提取液经干燥后，装入袋的茶剂，其中装入饮用茶袋的又称袋泡茶剂。

（3）煎煮茶剂：系指将饮片适当碎断后，装入袋中，供煎煮的茶剂。

12. 膜剂 系指药物与适宜的成膜材料经加工制成的膜状制剂。

13. 曲剂 系将药末与面粉混合掺匀，使之不干不湿，经发酵后切块而成固体制剂，具有助消化、散风寒的作用。

14. 熨剂 系指煅制铁砂与药汁、米醋拌匀，晾干而成的外用固体制剂，主要外用敷于患处，有驱散风寒的作用。

15. 灸剂 系指将艾叶捣、碾成绒状，或另加其他药料卷烟状或其他形状，供熏灼穴位或其他患处的外用制剂。

（二）半固体剂型

1. 煎膏剂 系指中药饮片用水煎煮，取煎煮液浓缩，加炼蜜或糖（或转化糖）制成的半流体制剂，又称膏滋。具有作用持久，便于服用的特点，并有滋养补虚、润肺止咳的作用，用于治疗慢性病和久病体虚者，如益母草膏、养阴清肺膏等。

2. 软膏剂 系指中药提取物、饮片细粉与适宜基质均匀混合制成的半固体外用制剂。根据基质不同，常分为油脂性软膏、水溶性软膏和乳剂型软膏，其中乳剂型软膏又称为乳膏剂，按基质的不同，可分为水包油型乳膏剂与油包水型乳膏剂。如马应龙麝香痔疮膏、京万红软膏等。

3. 凝胶剂 系指中药提取物与适宜基质制成的、具凝胶特性的半固体或稠厚液体制剂。按基质不同，凝胶剂可分为水性凝胶与油性凝胶。可用于皮肤、黏膜及腔道。

（三）液体剂型

1. 合剂 系指中药饮片用水或其他溶剂，采用适宜方法提取制成的口服液体制剂，根据包装剂量不同可分为合剂和口服液，多剂量灌装者为合剂，如归脾合剂、生血宝合剂；单剂量灌装者为口服液，如小儿热速清口服液、双黄连口服液、小儿消积止咳口服液。合剂可根据需要加入适宜的附加剂，如防腐剂，山梨酸和苯甲酸等；矫味剂，如蔗糖等，蔗糖含量应不高于 20%（g/ml）。合剂可发挥中药的综合作用，吸收快、奏效迅速。

2. 酒剂 系指中药饮片用蒸馏酒提取制成的澄清液体制剂，又称药酒，可加糖或蜂蜜矫味，多供内服。酒剂不易霉败，小儿、孕妇及对酒精过敏者不宜服用，如风湿液。

3. 酊剂 系指中药饮片用规定浓度的乙醇提取或溶解而制成的澄清液体制剂，也可用流浸膏稀释制成，可供内服和外用。剂量准确，吸收迅速，起效快不易霉败，小儿、孕妇及对乙醇过敏者不宜服用，如藿香正气水、十滴水、骨痛灵酊等。

4. 糖浆剂 系指含有中药提取物的浓蔗糖水溶液，含蔗糖量应不低于 45%（g/ml）。可根据需要可加入适宜的附加剂。如防腐剂，山梨酸和苯甲酸，也可加入其他附加剂，如矫味剂等，根据所加的附加剂不同，可分为含糖型、无糖型或无蔗糖、炼蜜。糖浆剂具有味甜量小，服用方便，吸收较快等特点。较适宜儿童使用，糖尿病人慎用，如强力枇杷露、急支糖浆、金刚藤糖浆。

5. 露剂　指含挥发性成分的中药饮片用水蒸气蒸馏法制成的芳香水剂。

6. 搽剂　系指中药饮片用乙醇、油或其他适宜溶剂制成的供无破损患处揉擦用的液体制剂。其中以油为溶剂的又称油剂。

7. 洗剂　系指中药饮片经适宜的方法提取制成的供皮肤或腔道涂抹或清洗用的液体制剂。洗剂一般以水为溶媒。

8. 涂膜剂　系指中药饮片经适宜溶剂和方法提取或溶解，与成膜材料制成的供外用涂抹，能形成薄膜的液体制剂。其优点是作用时间长，且可以在伤口形成一层保护膜，对伤口具有保护作用。

（四）气体剂型

1. 气雾剂　系指中药提取物、饮片细粉与适宜的抛射剂共同封装在具有特制阀门装置的耐压容器中，使用时借助抛射剂的压力将内容物喷出呈雾状、泡沫状或其他形态的制剂。其中以泡沫形态喷出的可称泡沫剂。

2. 喷雾剂　不含抛射剂，借助手动泵的压力或其他方法将内容物以雾状等形态喷出的制剂称为喷雾剂。

气雾剂和喷雾剂按内容物组成分为溶液型、乳状液型或混悬型。可用于呼吸道吸入、皮肤、黏膜或腔道给药等。如云南白药气雾剂。

（五）无菌剂型

1. 注射剂　系指中药饮片经提取、纯化后制成的供注入体内的溶液、乳状液及供临用前配制成溶液的粉末或浓溶液的无菌制剂。注射剂作用迅速，起效快，适用于急救。注射剂可分为注射液、注射用无菌粉末和注射用浓溶液。

注射液包括溶液型或乳状液型注射液。可用于肌内注射、静脉注射或静脉滴注等。其中，供静脉滴注用的大体积（除另有规定外，一般不小于100ml）注射液也称静脉输液。如清开灵注射液、丹参注射液、脉络宁注射液、生脉注射液、参麦注射液、柴胡注射液等。

注射用无菌粉末系指供临用前用适宜的无菌溶液配制成溶液的无菌粉末或无菌块状物。可用适宜的注射用溶剂配制后注射，也可用静脉输液配制后静脉滴注。无菌粉末用冷冻干燥法或喷雾干燥法制得；无菌块状物用冷冻干燥法制得。如注射用血塞通（冻干）、注射用血栓通（冻干）。

2. 眼用制剂　系指由中药提取物、饮片制成的直接用于眼部发挥治疗作用的无菌制剂。眼用制剂可分为眼用液体制剂（滴眼剂）、眼用半固体制剂（眼膏剂）等。眼用液体制剂也有以固态药物形式包装，另备溶剂，临用前配成溶液或混悬液的制剂。常用的眼用制剂如珍珠明目滴眼液。

十、中成药的合理应用

（一）“辨证论治”对中成药疗效的影响

中成药是在中医药理论指导下研制而成。中医药治疗学的一大特色就是辨证论治，中成药作为这一内容中“治”的工具，其临床应用必然符合“辨证论治”的用药原则。故每一种中成药都有其特定的适应范围（证）。对证用药，是保证中成药疗效的关键。如就失眠证而言，能治疗失眠的药物有多种：如朱砂安神丸、柏子养心丸、天王补心丹、孔圣枕中丹等。但这些药物治疗失眠不宜互代或通用。朱砂安神丸清心除烦安神，适用于火扰心神之失眠；柏子养心丸补气养血安神，适用于心气虚寒之失眠；天王补心丹补血滋阴，适用于阴血亏虚之失眠；孔圣枕中丹则滋阴潜阳，重镇安神，适用于阴虚阳亢之失眠等。应用时当按证候选用。

为了适应临床的需要，中成药中也有一些对病治疗的药物，如治疗类风湿病的昆明山海棠片、雷公藤片，治疗冠心病的心脉宁，以及一些对症药如治疗疼痛症状的元胡止痛颗粒、治疗发热症状的柴胡口服液等。这些药物的应用可不强调辨证选药。但在用药时如能同时注意对证，则疗效和安全性均将得到更大程度的保障。

一般而言，中成药标签上都标有该药的功能，主治病证或症状。临床应用，应在医师或执业药师指导下，针对证候类型、疾病、症状，有目的选用。盲目使用，往往既造成浪费，延误病情，又可能引起不良后果。

（二）剂量对中成药疗效的影响

中成药都要标明常用剂量，因此，无论医生临床处方还是患者根据经验自购用药，均按规定剂量使用。

剂量与临床疗效关系密切。若剂量不足，有效成分达不到有效血药浓度，必然会使疗效降低。但若剂量过大，往往又会导致不良反应的发生，特别是对含有毒性成分的中药如蟾酥、马钱子、乌头、巴豆等制剂，应严格控制使用剂量，中病即止。

（三）配伍对中成药疗效的影响

配伍应用是中药应用的主要形式，中成药亦不例外。为了治疗需要常常采用配伍联合的用药形式，包括中成药与中成药、中成药与汤药、中成药与西药等。中成药之间的配伍应借鉴中药相须、相使、相畏、相杀、相恶、相反的“七情理论”及方剂的组方原则进行合理的配伍，避免不合理的配伍。合理的配伍往往能弥补中成药治疗的局限性，适应复杂的病情需要，提高临床疗效，降低毒性和副作用。若配伍不当，药物的疗效将受到影响，甚至会引起不良后果。在中成药联合使用时，应避免出现“十八反”“十九畏”中药物合用的情况。

（四）服药时间对中成药疗效的影响

自古以来，中医对人体时间节律及服药规律极为重视，《伤寒论》中之论述，如桂枝汤“半日许，令三服尽”，理中汤“日三四服，夜二服”，皂荚丸“日三夜一服”等等。

昼夜的不同时辰，人体生理功能有相应的变化，即使等量药物，在人体内的作用强度也不尽相同，因而显示出疗效的差异。用药时间的选择，应以药物的剂型特点和主药的性质而酌定。前人认为，解表类成药午前服用顺应阳气升浮，有助药力，有利于发汗解表。滋补药则宜于饭后服用，使之与食物中营养成分一并吸收，以利身体健康。对胃有刺激性的药物，应于饭后服用，以减轻胃肠道的反应。驱虫药、攻下药宜空腹服用，因药力集中，奏效迅速。安神药宜在睡前服。止咳平喘药宜于病发前一定时间服等。

（五）饮食对中成药疗效的影响

饮食对中药及中成药疗效的影响，前人早有认识并明确指出了服药时的饮食禁忌，一般来说，服药期间宜少食豆类、肉类、生冷及其他不易消化的食物，以免增加病人的消化负担，脾胃虚弱的患者更应如此。对于起效时间及其有效性受胃排空速率影响的药物，则应注意服药时间及饮食的调整。

此外，服人参，应忌茶、萝卜，以防其降低人参的药效。服解表药、透疹药，宜少食生冷及酸味食物，因冷物、酸味均有收敛作用，能影响解表、透疹药作用等。

（六）依从性对中成药疗效的影响

依从性也称顺从性、顺应性，指病人按医生规定进行治疗、与医嘱一致的行为，习惯称病人“合作”；反之则称为非依从性。从临床治疗的角度而言，减少医嘱用药对于中成药疗效的发挥影响较大。如患者自购药或门诊病例，不能按照说明书或医嘱服用规定的剂量和用足疗程，都可能导致血药有效浓度不足而降低中成药疗效，甚至无效。

第三节　中药常规鉴别方法

中药包括中药材、饮片及中成药。为了保证临床用药的安全有效，需要对中药品种的真伪、质量的优劣进行鉴定，遵循中药鉴定的程序和鉴定依据，运用科学的方法，作出正确的结论。

一、中药鉴定的依据

中药鉴定的依据是国家标准和地方标准。

（一）国家标准

国家标准包括《中华人民共和国药典》及增补本，国家医药卫生管理部门颁布的标准。

1.《中华人民共和国药典》的版本及特点　《中华人民共和国药典》（简称《中国药典》），是国家药品质量管理的法定技术标准。它规定了药品的来源、质量要求和检验方法，是全国药品生产、供应、使用和检验单位都必须遵照执行的法定依据。新版《中国药典》一经颁布实施，其同品种的上版标准或其原有的国家标准即同时停止使用。自中华人民共和国成立以来，党和政府十分重视人民的医药卫生保健工作，迄今为止，先后出版了十版药典。目前使用的2015版《中国药典》是第10版。

2. 国家医药卫生管理部门颁布的标准　是由国务院药品监督管理部门颁布的药品标准，主要收载药典中未收载的品种或内容。《新药转正标准》《中药成方制剂（1～20册）》《注册标准》《进口药品标准》《地标升国标品种药品标准》《保健品转药品标准》《藏、蒙、维民族药标准》。

（二）地方药品标准

包括各省、自治区、直辖市的中药材标准和各省、自治区、直辖市的中药炮制规范。

1. 各省、自治区、直辖市的中药材标准　地方药品标准是各省、自治区、直辖市制定的中药材标准，收载的药材多为国家药品标准尚未收载的品种，或是各省、自治区、直辖市的地区性习惯用药，该地区的药品生产、供应、使用、检验和管理部门必须遵照执行，而对其他地区无约束力。当其所收载的品种和内容与《中国药典》或《部颁标准》有矛盾时，首先应按《中国药典》执行，其次按《部颁标准》执行。

2. 各省、自治区、直辖市的中药炮制规范 中药饮片的鉴定首先执行国家标准，但国家标准没有规定的，必须执行各省、自治区、直辖市的中药炮制规范。

二、中药鉴定的一般程序

中药鉴定就是依据国家标准、地方标准等，对检品的真实性、纯度、质量进行评价和检定。中药鉴定程序分为取样、鉴定和结果判断三部分。

1. 取样 药材的取样是指选取供鉴定用的药材样品。所取样品应具有代表性、均匀性并留样保存。取样的代表性直接影响到鉴定结果的准确性。因此，必须重视取样的各个环节。

（1）取样前，应注意品名、产地、规格、等级及包件式样是否一致，检查包装的完整性、清洁程度以及有无水迹、霉变或其他物质污染等，作详细记录。凡有异常情况的包件，应单独检验。

（2）取样原则：①同批药材总包件数在 100 件以下的，取样 5 件； 100～1000 件按 5%取样；超过 1000 件的，超过部分按 1%取样；不足 5 件的逐件取样；对于贵重药材，不论包件多少均逐件取样。②对破碎的、粉末状的或大小在 1cm 以内的药材，可用采样器（探子）抽取样品，每一包件至少在不同部位抽取 2～3 份样品，包件少的抽取总量应不少于实验用量的 3 倍；包件多的，每一包件的取样量一般药材 100～500g；粉末状药材 25g；贵重药材 5～10g。③个体大的药材，在包件不同部位（从 10cm 以下的深处）分别抽取。可根据具体情况抽取有代表性的样品。

（3）取样方法：所取样品混和拌匀，即为总样品。对个体较小的药材，应摊成正方形，依对角线划“×”字，使分为四等分，取用对角两份；再如此操作，反复数次至最后剩余的量足够完成必要的试验以及留样数为止，此为平均样品；个体大的药材可用其他适当方法抽取平均样品。

（4）平均样品的数量一般不得少于实验所需用量的 3 倍，即 1/3 供实验室分析鉴定用，另 1/3 供复核用，其余 1/3 则为保存留样，保存期至少 1 年。

2. 鉴定 根据所抽取的不同样品及检测要求，选择不同的鉴定方法进行鉴定。中药品种（真伪）鉴定内容，包括原植（动）物鉴定、性状鉴定、显微鉴定、理化鉴定和生物鉴定等项。中药的质量（优劣）鉴定是检查样品中有无杂质及其数量是否超过规定的限量。杂质包括中药原植（动）物的非药用部分、有机和无机杂质。无机杂质（如砂石、泥块、尘土等）的检查一般采用过筛及灰分、酸不溶性灰分定量等方法来测定。中药品质优良度主要通过杂质检查、水分、灰分、浸出物、有效成分的含量来确定。

3. 结果判断 对药检工作人员来说，检验者接受检品后，除应写明检品来源，包括抽检和送检单位、时间、数量等内容外，凡在实验过程中的一切数据、现象及结果均应详细记录，不得任意涂改。检验完毕后，要及时填写检验报告单，包括来源、处理意见及该检品鉴定的法定依据等内容。每一个检品检验结束，应将记录本、样品及检验报告书存根交其他人员审核，检验结果经复查没有疑义后，抄送有关部门备案。

三、中药鉴定的方法

中药鉴定的样品非常复杂，有完整的药材，也有饮片、碎块或粉末。因此，中药鉴定的方法也是多种多样的。常用的鉴定方法有：来源（原植物、动物和矿物）鉴定、性状鉴定、显微鉴定和理化鉴定等方法。各种方法有其特点和适用对象，有时还需要几种方法配合使用，这要根据检品的具体情况和要求灵活掌握。

（一）基原鉴定

基原鉴定又称“来源鉴定”，是应用植（动、矿）物的分类学知识，对中药的来源进行鉴定研究，确定其正确的学名，以保证应用品种的准确无误。这是中药鉴定的根本，也是中药生产、资源开发及新药研究工作的基础。以原植物鉴定为例，其步骤包括观察植物形态、核对文献和核对标本。

（二）性状鉴定

性状鉴定法就是用感观来鉴定中药性状是否与规定的标准相符合的一种方法。性状鉴定法传承了前人的鉴别经验，用眼看、手摸、鼻嗅、口尝、感试等十分简便的方法来鉴别中药的品种、纯度或粗略估计其质量，具有简单、易行、迅速的特点。性状鉴定内容，主要包括形状、大小、色泽、表面、质地、断面、气、味、水试、火试等内容。

1. 药材

（1）形状：药材的形状与药用部位及加工方法有关，每种药材的形状一般比较固定。如根类药材有圆柱形、圆锥形、纺锤形等；皮类药材有卷筒状、板片状等；种子类药材有圆球形、扁圆形等。而叶和花类药材多皱缩，鉴定时须先用热水浸泡，展平后观察。

（2）大小：药材的大小指长短、粗细（直径）、厚薄。要得出比较正确的大小数值，应观察较多的样品。药材的大小，一般有一定的幅度。有些很小的种子类药材，如葶苈子、芥子、车前子、菟丝子等，应在放大镜下测量。

（3）颜色：是指日光下观察药材的颜色及光泽度。药材的色泽变化与药材质量相关，如丹参色红，紫草色紫，乌梅色黑，黄连以断面红黄色者为佳。黄芩断面变绿、当归断面呈绿褐色则质次不可药用。药材色泽的描述包括表面和断面色泽的内容。药材的颜色为复合色，如“黄棕色”，通常以后一种色调为主。

（4）表面特征：指药材表面是光滑还是粗糙，有无皱纹、皮孔或毛茸等。有些药材表面特征是鉴定该药材的重要依据，如杭白芷表面横向皮孔样突起多呈四纵行排列，使全根呈圆锥形而具四纵棱，因此易与白芷区别。

（5）质地：指药材的软硬、坚韧、疏松、致密、黏性或粉性等特征。在经验鉴别中，用于形容药材质地的术语很多，如质轻而松、断面多裂隙，谓之“松泡”，如南沙参；药材富含淀粉，折断时有粉尘散落，谓之“粉性”，如山药；质地柔软，含油而润泽，谓之“油润”，如当归；质地坚硬，断面半透明状或有光泽，谓之“角质”，如郁金等。

（6）折断面：指药材折断时的状况，如易折断或不易折断，有无粉尘散落等及折断时的断面特征。如茅苍术易折断，断面放置能“起霜”（析出白毛状结晶）；杜仲折断时有胶丝相连；黄柏折断面裂片状分层；牡丹皮折断面平坦；厚朴折断面可见亮星等。药材断面特征非常重要，可通过观察皮部与木部的比例、维管束的排列方式、射线的分布、油点的多少等特征区别易混品药材。对于横切面特征的描述，经验鉴别也有很多术语，如黄芪有“菊花心”；粉防己有“车轮纹”；茅苍术有“朱砂点”；大黄根茎可见“星点”；何首乌有“云锦纹”；商陆的断面有“罗盘纹”等。

（7）气：有些药材有特殊的香气或臭气，这是由于药材中含有挥发性物质的缘故，也成为鉴别该药材的主要依据之一，如薄荷揉搓后有清凉的香气，阿魏有强烈而持久的蒜臭气，白鲜皮嗅之有羊膻气等。对气味不明显的药材，可切碎后或用热水浸泡后再闻。

（8）味：药材性状的味是鉴别药材时口尝的实际滋味，药材的味与四气五味的味不同，与其含有的成分有关，每种药材的味感是比较固定的，也是衡量药材品质的标准之一，如乌梅、木瓜、山楂均以味酸为好；黄连、黄柏以味苦为好；甘草、党参以味甜为好等。由于舌的各个部位对味的敏感度不同，通常舌尖对甜味敏感，舌根对苦味敏感，舌两侧前部对咸味敏感，舌两侧中部对酸味敏感。口尝时要取少量在口里咀嚼约 1 分钟，使舌头的各部分都接触到药液，得到一个客观的味觉评价。但对有强烈刺激性和剧毒的药材，口尝时要特别小心，取样要少，尝后应立即吐出漱口并洗手，以免中毒，如草乌、雪上一支蒿、半夏、白附子等。

（9）水试：水试法是利用药材在水中或遇水发生沉浮、溶解、颜色变化、透明度、膨胀性、旋转性、黏性、酸碱变化等特殊现象进行鉴别药材的一种方法。这些现象常与药材中所含有的化学成分或组织构造有关。如西红花加水浸泡后，水液染成金黄色；秦皮水浸，浸出液在日光下显碧蓝色荧光；苏木投热水中，水显鲜艳的桃红色。葶苈子、车前子等加水浸泡，则种子变黏滑，且体积膨胀；熊胆粉末投入清水杯中，即在水面旋转并呈黄色线状下沉而不扩散。

（10）火试：有些药材用火烧之，能产生特殊的气味、颜色、烟雾、闪光和响声等现象，作为鉴别手段之一。如降香微有香气，点燃则香气浓烈，有油流出，烧后留有白灰；麝香少许用火烧时有轻微爆鸣声，起油点如珠，似烧毛发但无臭气，灰为白色；海金沙易点燃而产生爆鸣声及闪光，而松花粉及蒲黄无此现象，可资鉴别。

在长期的生产实践中，老药工们总结出了形象生动的经验鉴别术语，易懂易记。如山参的主要特征被形象地描述为“芦长碗密枣核艼，紧皮细纹珍珠须”；海马的外形为“马头蛇尾瓦楞身”等。

2. 饮片 饮片是指药材经过炮制后，可直接用于中医临床或制剂生产使用的处方药品。中药饮片的性状鉴别与中药材相比，改变了形状、大小、颜色及气味，增加了鉴别的难度。

（1）形状：不同类别的药材有不同的形状，根及根茎类、木本茎类饮片多为类圆形或椭圆形切片，如黄芪、鸡血藤等；草质茎饮片多为段状如麻黄，圆柱形如金钱草，或方柱形如益母草；皮类饮片多为弯曲的条片状，如牡丹皮、厚朴饮片；果实种子类饮片多为圆球形。

（2）大小：饮片常见的规格有片、段、块、丝等。其大小通常为：极薄片 0.5mm 以下、薄片 1～2mm、厚片 2～4mm；短段 5～10mm、长段 10～15mm；8～12mm 的方块；细丝宽 2～3mm、宽丝宽 5～10mm。

（3）表面：饮片的表面分为外表面和切面，最具有鉴别意义。

外表面通常为光滑、粗糙，有时外表面呈鳞片状脱落。如根及根茎类饮片外表面有横纹、须根、鳞叶残痕等。

切面多为横切面，特征较多。有的切面可见异常构造，如云锦花纹、星点、罗盘纹；有的切面可见分泌组织，如朱砂点等。

此外，还应注意色泽、质地、气、味的鉴别。

（三）显微鉴定

显微鉴定法是利用显微镜来观察药材的组织构造、细胞形态以及内含物的特征，用以鉴定药材品种和质量的方法。适用于破碎的药材或以药材原粉入药的中成药的鉴别。显微鉴定的主要仪器为各类光学显微镜或电子显微镜。显微鉴定时，要根据观察的对象和目的，制备不同的显微制片，包括横切或纵切片、解离组织片、表面制片、粉末制片以及矿物药磨片等。

（四）理化鉴定

利用某些物理的、化学的或仪器分析方法，鉴定中药的真实性、纯度和品质优劣程度，统称为理化鉴定。理化鉴定法主要针对中药的药效成分、有害成分或非药用成分等进行鉴定，以检查中药的品质和纯度等。常用的理化鉴定方法如下。

1. 物理常数的测定　包括相对密度、旋光度、折光率、硬度、黏稠度、沸点、凝固点、熔点等的测定。适用于挥发油、油脂类、树脂类、液体类药（如蜂蜜等）和加工品类（如阿胶等）药材的真实性和纯度的鉴定。药材中如掺有其他物质时，物理常数就会随之改变，如 2015 年版《中国药典》规定蜂蜜的相对密度在 1.349 以上；冰片（合成龙脑）的熔点为 205～210℃；肉桂油的折光率为 1.602～1.614 等。

2. 一般理化鉴别　包括化学定性分析、泡沫反应和溶血指数的测定、微量升华、显微化学反应、荧光分析等。

3. 色谱法　色谱法又称层析法，是中药化学成分分离和鉴别的重要方法之一，可分为纸色谱法、柱色谱法、薄层色谱法、气相色谱法、高效液相色谱法等。其中，薄层色谱法已成为中药鉴定中定性鉴别最常用的重要方法之一；高效液相色谱法广泛用于中药的质量分析，已成为中药有效成分含量测定的首选方法；气相色谱法适用于含挥发油或其他挥发性成分的药材或中成药的分析，常用于药品的鉴别、含量测定、水分测定、农药残留量的测定等。

4. 光谱法　是通过测定物质在特定波长处或一定波长范围内光的吸收度对该物质进行定性和定量分析的方法。一般常用波长为：紫外光区 200～400nm，可见光区 400～850nm，红外光区 2.5～15μm（或按波数计为 4000cm^{-1}～667cm^{-1}）。所用仪器为紫外分光光度计、可见分光光度计（或比色计）、红外分光光度计和原子吸收分光光度计。

5. 浸出物测定　对于有效成分尚不明确或尚无精确定量方法的中药，一般可根据已知成分的溶解性质，选用适当的溶媒，测定中药中可溶性物质的含量，以示中药的品质。通常选用水、一定浓度的乙醇（或甲醇）、乙醚作浸出物测定。

6. 含量测定　中药材含有多种成分，以中医理论为指导，结合现代科学研究，选择其具生理活性的主要化学成分，作为有效或指标性成分之一，进行含量测定，用以鉴定评价中药质量。有效成分或指标性成分清楚的可进行针对性定量；有效成分尚不清楚而化学上大类成分清楚的可对总成分如总黄酮、总生物碱、总皂苷、总蒽醌等进行含量测定；含挥发油成分的可测定挥发油含量。含量测定的方法常用的如高效液相色谱法、气相色谱法、分光光度法等。

（五）生物鉴定法

生物鉴定法是利用中药或其所含有的化学物质对生命体的作用强度，以及用生命信息物质的特异性遗传标记特征或基因表达差异等鉴别中药品质的一种方法。常见的有生物效应鉴定法和基因鉴定法两大类。生物效应鉴定法包括免疫鉴定法、细胞生物学鉴定法等；基因鉴定法包括 DNA 遗传标记鉴定法和 mRNA 差异显示鉴定法。其中 2015 年版《中国药典》采用 DNA 遗传标记鉴定法用于川贝母、蕲蛇和乌梢蛇的鉴别。

四、中药的常规检测项目

1. 水分测定 2015 年版《中国药典》中水分测定方法有四种，即烘干法（干燥失重法）、甲苯法、减压干燥法和气相色谱法。烘干法适用于不含或少含挥发性成分的中药；甲苯法适用于含挥发性成分的中药；减压干燥法适用于含有挥发性成分的贵重中药。

2. 杂质检查 中药杂质主要包括来源与规定相同，但其性状或药用部位与规定不符的物质；来源与规定不符的有机质；无机杂质如砂石、泥土等。中药杂质的存在，不仅影响了药材的纯度，更直接影响了中药的质量和使用剂量的准确性，降低临床疗效。

3. 灰分测定 2015 年版《中国药典》规定灰分测定法包括总灰分和酸不溶性灰分测定法。将中药粉碎、加热，高温灼烤至灰化，则细胞组织及其内含物灰烬成为灰分而残留，由此所得的特异性灰分称为“总灰分或生理灰分（不挥发性无机盐类）”。测定灰分的目的是限制药材中的泥沙等杂质，各种中药的生理灰分应在一定范围以内，如所测定灰分数值高于正常范围时，有可能在加工或运输储存等环节中有其他无机物污染或掺杂。有些组织中含草酸钙结晶较多的中药，总灰分本身差异较大，如大黄，测其酸不溶性灰分，即加 10%盐酸处理，得到不溶于 10%盐酸灰分。这就使总灰分中的钙盐等溶去，而泥土、砂石等主要是硅酸盐因不溶解而残留。这样就能较精确地反映中药的质量。除酸不溶性灰分外，亦可测定硫酸化灰分，即样品在炽灼前，加一定浓度的硫酸适量处理，然后升温至 600℃，灼烧灰化。

4. 膨胀度检查 膨胀度是衡量药品膨胀性质的指标，主要用于含黏液质、胶质和半纤维素类的药材。如南葶苈子和北葶苈子，外形不易区分，但两者的膨胀度差别较大，药典要求北葶苈子膨胀度不得低于 12，南葶苈子膨胀度不得低于 3，故可以区分。

5. 酸败度检查 酸败度是指油脂或含油脂的种子类药材，在贮藏过程中发生的变质现象，影响药材的感观性质和内在质量。通过酸值、羰基值或过氧化值的测定，以控制含油脂种子类药材的酸败程度。如 2015 年版《中国药典》规定苦杏仁的过氧化值不得超过 0.11；郁李仁的酸值不得超过 10.0、羰基值不得过 3.0、过氧化值不得过 0.050。

6. 色度检查 含挥发油类成分的中药，常易在贮藏过程中氧化、聚合而致变质，称为“走油”。药典规定检查白术的色度，就是利用比色鉴定法，检查有色杂质的限量，也是了解和控制其药材走油变质的程度。

五、中药的安全性检测

药品作为防病治病的特殊商品，在重视有效性的同时，安全性也不容忽视。因此，在中药品质鉴定和研究中，有害物质的检查是一项重要内容。中药的有害物质主要有内源性有害物质和外源性有害物质。

1. 内源性有害物质 主要是中药中危害人体健康的毒性成分和毒性药材。常见的有：①生物碱、苷类或矿物药中的某些成分，如乌头碱、苦杏仁苷、士的宁、斑蝥素及朱砂、雄黄、信石等；②肝肾毒性和胚胎毒性成分吡咯里西啶生物碱，如千里光碱、野百合碱、主要存在于千里光、野百合、款冬等 38 种药材中；③肾毒性成分马兜铃酸，主要存在于马兜铃属植物的广防己、关木通、马兜铃、天仙藤、青木香等药材中。

目前多采用高效液相色谱法、高效毛细管电泳及其与质谱联用技术测定中药中的内源性有害物质。如 2015 年版《中国药典》采用高效液相色谱法对制川乌、制草乌、附子中的毒性成分双酯类生物碱进行限量检测；采用高效液相色谱法–质谱法对国产千里光、川楝子、川楝皮中的毒性成分进行限量检测。

2. 外源性有害物质 主要来源于外界环境条件如土壤、大气、水、化肥及农药等因素，同时与植物本身的遗传特性和对该类元素的富集能力等有关。主要有重金属及有害元素、残留的农药、黄曲霉毒素和二氧化硫等。

（1）重金属和有害元素的检测：重金属是指在实验条件下能与硫代乙酰胺或硫化钠作用显色的金属杂质。对人体危害极大的重金属主要有铅、镉、汞、铜等，有害元素主要指砷。中药材生长环境中的水、土壤、大气以及中药材种植过程中使用过的农药、化肥等都有可能造成重金属的超标。2015 年版《中国药典》规定采用硫代乙酰胺或硫化钠显色反应比色法测定重金属总量；采用古蔡氏法或二乙基硫代氨基甲酸银法测定中药中砷盐的限量或含量。并规定采用原子吸收光谱法和电感耦合等离子体质谱法测定单个重金属元素如铅、镉、汞、铜，规定甘草、黄芪、丹参、白芍、西洋参、金银花、阿胶中含铅不得过百万分之五；镉不得过千万分之三；汞不得过千万分之二；铜不得过百万分之二十；砷不得过百万分之二。

（2）残留农药的检测：主要有有机氯农药、有机磷农药和拟除虫菊酯类农药。中药材在种植、采收、加工、包装、运输和贮藏的各环节中都存在被农药污染的可能。2015 年版《中国药典》采用气相色谱法检测中药中的残留农药并规定甘草中六六六不得过千万分之二；滴滴涕不得过千万分之二；五氯硝基苯不得过千万分之一。

（3）黄曲霉毒素的检测：黄曲霉毒素是黄曲霉菌的产毒菌株所形成的代谢产物，是一种强致癌物质。中药在采收、加工、贮藏不当，特别是未及时干燥或含水量超过 15% 以上时，极易发生霉变，一些油性大的药材更易受到黄曲霉的污染而影响药材的安全性。2015 年版《中国药典》规定采用高效液相色谱法测定药材、饮片中的黄曲霉毒素限量，如桃仁、僵蚕、酸枣仁、陈皮、胖大海等。

（4）二氧化硫的检测：药材在加工贮藏过程中使用硫黄熏蒸可以达到防虫和漂白药材的目的，但这种方法在不同程度上改变了药材原有的特性并污染了环境，而且导致药材中二氧化硫含量超标危害人体健康。因此 2015 年版《中国药典》采用蒸馏法测定亚硫酸盐（以二氧化硫计）的残留量，并规定山药、天麻、党参、白芍、白术等 10 味中药的二氧化硫残留量不得过 400mg/kg。

第四节 中药商品储存与养护基本知识

一、中药品质变异现象

中药的品质变异是指中药在贮藏保管过程中处理不当，在外界因素和自身性质的相互作用下，发生虫蛀、霉变、变色、泛油、变味、气味散失、风化、潮解、粘连、融化、腐烂、自燃等质变现象。这些现象有的可导致中药组织的破坏，有效成分发生改变或散失，影响中药的质量和疗效；有的造成中药数量的损失。因此，采取有效措施防止这些质变现象的产生，是中药贮藏与养护工作的主要内容。

1. 虫蛀 是指中药被害虫啮蚀的现象，是中药贮藏过程中危害最严重的质变现象之一。

（1）虫蛀药材的特点：表面有虫蛀孔洞、破碎，严重时中药内部蛀空，重量减少变轻，内部可见虫的尸体或活体、虫的分泌异物、排泄粪便等，花类药材容易散瓣，外形遭到破坏。

（2）虫蛀的危害：药材有效成分降低，质量下降，甚至失去疗效，虫蛀造成药材不洁和被污染，不仅对患者疾病的治疗无益，而且可能危害人体健康；有的药材品种被害虫蛀蚀后，容易引起进一步的质变，如黄精、当归、党参等容易泛油；花类药材被虫蛀后，外形易被破坏而加大损耗，带来一定的经济损失。

2. 霉变 是指药材受潮后，在适宜的温度下造成药材表面或内部霉菌滋生和繁殖的现象，生霉是中药贮藏过程中危害最严重的质变现象之一。

（1）霉变药材的特点：在药物表面或内部布满菌丝，组织结构被破坏，颜色与气味与正常药材有别，即使经过特殊加工处理后，也会使气味变淡、色泽变暗、品质降低。

（2）霉变危害：分解药材体内的有机质，有效成分降低，引起药材的质变，甚至腐烂以致失去疗效。霉菌的繁殖和分泌物，会造成对中药的污染，影响中药疗效。使中药腐烂变质，失去药用效力。

3. 变色 是指由于贮藏保管不当，使中药的固有颜色发生了变化。

（1）变色药材的特点：原有的颜色变淡或变暗，或变为其他颜色。

（2）变色的危害：药材颜色发生变异，使中药质量下降，甚至失去疗效。

4. 泛油 又称“走油”，是指某些药材的油质泛出药材表面，或药材因受潮、变色、变质后表面泛出油样物质的现象。

（1）“泛油”药材的特点：“走油”后的药材有的颜色变深，表面泛出油脂样物质，有败油气、哈喇味，如柏子仁、郁李仁、苦杏仁、桃仁等；有的质地变软，糖分外渗颜色变深，如枸杞子、天冬等；有的动物类药材产生异味，如刺猬皮。

（2）“泛油”的危害：中药出现泛油后，除油质成分损失外，药物的成分也已经发生了变化，同时伴随着变色、变质等现象，因此，已经泛油中药不能再入药使用。

5. 散气走味 是指中药的口味和气味发生改变的现象，每一种药材都具其固有的、正常的气味，药材的气味都与药物所含的化学成分相关，是其质量评价的重要标志之一。

（1）变质药材的特点：变质药材的特点是与药材固有的、正常的气味不同，发生了改变，包括：①变味，口尝到的味道的变化，如变苦、变酸、变涩等。②嗅到气味的变化，如败油气。③气味的变淡或散失。

（2）变质药材的危害：药材质量降低；药材失效；药材变有毒，气味发生改变的同时，成分也发生了变化，甚至产生有毒成分。

6. 风化 是指某些含有结晶水的矿物类中药，经风吹日晒或过分干燥而逐渐失去结晶水成为粉末的现象。某些矿物药风化失水，使药物外形改变，也影响到药物的质量，如芒硝风化失水成为玄明粉。

7. 潮解　是指某些含盐类成分的固体药物容易吸收空气中的水分，使其表面慢慢融化成液体状态的现象。潮解影响了药材的质量，并造成了损失。

8. 粘连或融化　粘连是指某些熔点较低的中药受热后容易粘结成块的现象。例如阿魏、芦荟、儿茶、乳香、没药、阿胶等药材的软化点和熔点都较低，环境温度升高时，会逐渐被软化而失去原有的外观状态。当受热到一定温度时，便会产生粘连或融化。

9. 腐烂　是指某些鲜活的中药，在温度、空气及微生物等因素的影响下会发热，使微生物的繁殖和活动增加，导致药物酸败、腐臭，如鲜生姜、鲜石斛、鲜地黄、鲜茅根、鲜佩兰等。这类中药材在贮藏过程中，由于水分过大，或药材表皮破损及温度过高等，往往容易引起腐烂，失去疗效。

10. 自燃　又称“冲烧”，是指中药由于本身含水量过高且堆放过紧而使热量不能散发，当热量积聚到一定程度时便会有烟雾从货垛内部冲出，一些质地菲薄的药材甚至出现燃烧现象，如甘松、艾叶、菊花、红花等。另外，一些富含油脂的药材，如果层层堆置重压，内部产生的热量散发不出去，局部温度增高，会先焦化以致燃烧，如柏子仁、紫苏子、海金沙等。

二、影响中药品质变异的因素

（一）中药变异的主观因素

1. 中药的含水量　中药的含水量直接影响其质量与重量，控制水分是中药（特别是中药材）养护的首要问题。中药的品种繁多，属性复杂，分为植物类、动物类和矿物类中药，其中以植物类的药材最多，由于受自然条件的影响和其本身性质的关系，都含有一定的水分，而含水量又因其组成成分和内部结构不同各有差异。中药在贮存过程中影响其质量变化的因素很多，其含水量则是诸因素中的主要因素。由此可见，水分含量的控制和测定，是中药养护过程中进行监测和监控的主要指标。一般来说，如果空气湿度不超过70%，温度在15℃以下，药材本身含水量在10%以下，药材可以安全贮存。

2. 中药的化学成分及其性质　中药的成分较复杂，通常可分为非水溶性物质和水溶性物质两大类。属于非水溶性物质的有纤维素、半纤维素、原果胶、脂肪、脂溶性维生素、挥发油、树脂、蛋白质、淀粉、部分生物碱、不溶性矿物质等。属于水溶性物质的有糖、果胶、有机物、鞣质、水溶性维生素、部分生物碱、色素、苷类及大部分无机盐类。在药材的加工干燥、炮制以及贮存过程中，其化学成分不断发生变化，由此会引起质量改变，以致影响药效。药材的贮存和加工的目的，就在于控制药材中的化学成分，使它符合医疗的要求。因此只有了解中药化学成分的特性及其变化的规律，才能创造良好的贮存条件，达到防止中药变质的目的。

（二）中药变异的客观因素

中药在贮存过程中，由于客观因素影响，极易发生各种变化。引起变化的客观因素主要有生物因素、物理因素，这些因素能使中药产生复杂的物理和化学变化而影响中药的质量。

1. 生物因素　主要包括霉菌、害虫及鼠害。

（1）霉菌：是指真菌中不形成大的子实体的全部丝状菌类，常寄生于有机体或附生于粮食、食品、药材或其他产品上，使之发霉变质，有的霉菌还可产生毒素，危害人与动物的健康。一般常见的霉菌有黑酵菌、云白霉、绿霉菌、蓝霉菌等。霉变又称发霉，是霉菌在中药表面或内部的滋生现象。中药表面附着的霉菌在适宜的温度（20℃～35℃）、湿度（相对湿度 75%以上或药材含水量超过 13%）和足够的营养条件下，进行生长繁殖,分泌的酶溶蚀药材组织，以致使中药有效成分发生变化而失效。

（2）害虫：是指在贮存保管过程中危害中药的昆虫。由于它们常在仓库内危害，故又称“仓虫”。蛀食中药的害虫，分布面广，繁殖迅速，适应力强。因此，不论在药材仓库、产地加工场、运输车站、购销机构以及使用单位等的中药仓库中都有它们的踪迹。一旦气候环境适宜，就会大量生长繁殖，危害中药。当其蛀入中药组织内部后，排泄粪便，分泌异物，有时也把中药蛀成许多小孔，甚至成粉，使中药外观、色泽、气味等发生根本改变，或者药材有效成分丢失，降低或失去疗效，甚至带来危害。据统计，在常用的 600 余种中药，易被虫蛀的品种约占 40%。根据世界各国记录的资料，已定名的仓库害虫有 300 多种，国内已发现的仓库害虫也有五六十种之多。常见的药材害虫有：谷象、米象、大谷盗、赤拟谷盗、药谷盗、锯谷盗、日本标本虫、烟草甲虫、赤毛皮蠹、地中海粉螟、印度谷螟、粉斑螟、粉螨等。

（3）鼠害：对中药贮品的危害极大，是中药贮存中重点防治的对象之一。鼠类是啮齿动物，它的咀嚼功能和消化功能都很强。鼠对药材的偷食，不仅使数量直接减少，也使药材的性状遭到破坏，从而影响药材的品质。鼠类喜食的药材，都是一些淀粉、蛋白质、脂肪、糖类等营养物质含量较高的品种，它们在偷食饱足以后，还随处排泄粪便，对药材造成严重污染，危害人类健康。鼠类是传播病原微生物的媒介，把一些病毒、致病菌带到药材上，如鼠疫等，其危害是难以估计的。我国发现的家鼠和野鼠约有 80 种。中药仓鼠常见的有褐家鼠、小家鼠、黄胸鼠等。

2. 物理因素 主要是自然因素，包括空气、温度、湿度与光照等。

（1）空气：空气是氮（78%）、氧（21%）、氩（0.93%）和其他气体（氖、臭氧等）的混合物。空气中的氧和臭氧对药材的变质起着积极的作用。臭氧在空气中的含量虽然微少（每 100m^3 空气含 2.5mg 的臭氧），但是却对药材的质量产生极大的影响。因为臭氧作为一个强氧化剂，可以加速药材中有机物质，特别是脂肪油的氧化变质。另外对于药材颜色的改变，氧也起着很大的作用。因药材所含化学成分的结构中含有酚羟基，在酶的参与下，经过氧化、聚合等作用，形成大分子化合物，所以在贮存中，中药的色泽往往由浅加深，这种变色是氧化变色。

（2）温度：这里的温度是指一般自然气温。温度对于中药的影响最大。药材对气温有一定的适应范围，在常温（15℃～20℃）下，药材成分基本稳定，利于贮存。当温度升高时，物质分子运动加快，药材水分蒸发，失去润泽，甚至干裂；各种氧化、水解反应加快，中药泛油、气味散失亦加快；动物胶类和部分树脂类，会发生变软、变形、黏结、融化等现象。当温度 0℃以下时，某些鲜活中药（如鲜姜、鲜石斛等）所含水分就会结冰，使其药材组织内的细胞间隙结成冰晶，细胞壁及内容物受到损伤，引起局部细胞坏死；某些液体制剂的中成药则会变稠，浓度增大，产生沉淀，甚至凝固。

（3）湿度：是指空气中水蒸气含量多少的程度，也就是指空气潮湿的程度。湿度大小可引起中药的潮解、融化、霉变等各种变化。中药的含水量，一般应控制在 13%左右，室内相对湿度应控制在70%以内。当空气相对湿度超过70%以上时，中药的含水量也随之增加。含糖质多的中药，如糖人参及蜜制品，会吸潮发软、发霉乃至虫蛀。盐制药物（盐附子等）及钠盐类的矿物药（芒硝等）会潮解风化。当空气相对湿度在60%以下时，空气中的水蒸气含量即显著降低，中药的含水量又会减少，含结晶水较多的矿物药，如胆矾（硫酸铜 $CuSO_4 \cdot 5H_2O$）、芒硝（硫酸钠 $Na_2SO_4 \cdot 10H_2O$）则易风化（失去结晶水）。叶类、花类、胶类中药因失水而干裂发脆，蜜丸易失润发硬，从而影响中药质量。

（4）光照：指日光照射。日光蕴含大量的能量，不合理的直射日光会使中药成分发生氧化、分解、聚合等光化反应，如油脂的酸败、苷类及维生素的分解、色素破坏等，而引起中药变质。如含有色素的中药（番红花、红花等）会逐渐变色；绿色的全草、叶类等植物药（薄荷、藿香、大青叶等）的颜色也会由深色褪为浅色；含有挥发油类中药会降低或散失芳香味，从而影响中药质量。但光线中的紫外光有较强的杀菌作用，可以利用日光曝晒杀灭微生物和害虫。

三、中药的分类贮存方法

中药的分类贮存是指把性质相似、变化相同的中药品种归为一类，选择合适的贮存处所，采取针对性较强的保管措施，达到保护该类药品质量的目的。需要特殊保管的中药，也可根据性质进行分类，使贮存更安全可靠。鉴此，通常将中药分为药材、饮片和中成药。药材又分为动物类、植物类、矿物类，其中植物类又按药用部位分为根及根茎类、茎类、皮类、叶类、花类、全草类、果实和种子类、树脂类等。每类中药各有特点，将药材分类存放，便于库房安排和出入库收发管理，同时可根据每类药材的特点采取不同的管理措施。如矿物类药材，体积小，重量大，占地少，但空间不好利用，该类药不生霉，不虫蛀，较易存放，可放在低矮洁净的库房。动物类药材，带有皮肉者易生蛆、腐烂，应保持阴凉通风；有的易虫蛀，与大蒜、花椒同贮，可以防治。植物类药材亦可按各类的具体情况实施养护办法，如有些全草类含挥发性成分，应置阴凉干燥处，而果实种子类应特别注意防虫和防鼠等。

分类存放还包括将毒性中药、易燃中药、稀贵中药及盐腌中药等单独分库存放。对用药安全、防火、防盗及保证中药质量都很重要。现将各种中药的分类贮存具体分述如下。

（一）植物类药材

1. 重点养护品种 最容易虫蛀、霉变、泛油、变色的品种，需要进行重点养护。这类药材的种类很多，如山药、党参、当归、黄芪、苷草、杏仁、佛手片、柏子仁等。贮存这些商品的仓库（库房）应选择建筑结构牢固、干燥、凉爽、四周整洁、温湿度管理严格、具有药物熏蒸的条件和设备，且能做到及时检查质量，可有效地防止虫霉现象的产生。

2. 花类品种 花类药材都具有各种不同的色泽和芳香气味，如果保管不善容易产生褪色和散失气味，甚至发霉生虫。贮存花类药材的关键是要防止受潮，故必须严格控制湿度。对有些色泽特别艳丽，气味浓郁而且又容易变色的花类（玫瑰花、腊梅花等），还应具备必要的固定吸潮容器进行吸潮（生石灰等），或采取小件缺氧充氮等方法进行保管，以确保花类药材的完整和气味。

3. 全草及地上部分品种 此类中药品种很多，由于体轻质泡，贮存时占用面积很大。多数品种只要自身干燥，一般不容易发生变化，可以贮存在普通仓库内，有的还可以堆码露天货垛。但是，全草类中药具有怕潮湿怕风吹的特点，因此，必须采取盖严隔潮等措施，不使它遭受雨淋、风吹和日晒。

4. 盐腌品种 盐腌药材含盐分丰富，具有潮解、溶化的现象，会造成贮存处所经常潮湿不干，影响其他药材的正常贮藏。故贮存这类药材应选择阴凉的仓库（库房），尽力防止潮湿空气的侵入。集中贮存这类品种，应采取防潮隔湿措施，控制潮解。

5. 鲜活品种 鲜活药材要有特殊的贮存条件，如需要保持水分，要有通风凉爽日照的环境，夏日要防热，冬天要防冻。必要时还须进行栽植养护，要有专人管理，以保持它的鲜活状态。

（二）动物类药材

动物类药材主要有皮、肉、骨、甲和蛇虫躯体，它们极易生虫和泛油，并具有腥臭气味，保管养护比一般药材困难。可采取小库房专门贮存，贮存条件要与密封库相似，四周无鼠洞，壁角无虫迹，并须有通风设备，必要时可调节库内空气。防治害虫所进行的药剂熏蒸比一般药库的熏蒸要多 1～2 次。这类药材的品种虽多，但每种的数量较少，可采用货架分层存放，既可避免压叠，方便进出，又可提高仓位使用效率。

（三）矿石贝壳类药材

这类药材一般不受外界影响，都可贮存在条件较差的仓库或露天货场。

（四）特殊类型药材

1. 细（稀）贵品种 指人参、洋参、牛黄、麝香、熊胆、西红花、冬虫夏草等经济价值高的药材，必须严格管理。保管这些药材应有安全可靠的设备，做到万无一失。其中极易发生虫蛀或霉变现象的品种，需要加强养护。

2. 易燃品种 药材中有遇火极易燃烧的品种，如硫黄、火硝、樟脑、干膝、海金沙，必须按照消防管理要求贮存在安全地点，建筑物四周旷阔，要间隔 50m 以上，并具有安全和消防设施。

3. 毒性品种 指毒性剧烈、治疗剂量与中毒剂量相近，使用不当会致人中毒或死亡的药材。须由熟悉中医药的药师、药士或经县以上卫生行政审查登记的药剂人员负责管理。需建立健全验收、保管、领发、核对等管理制度，划定仓间、仓位，专柜加锁由专人保管。毒性中药材的包装容器上必须印有毒药标志，标示量应准确无误，称量用具专用，用后妥善处理，误做它用。

（五）中成药

成药一般按照剂型的性质特点，结合养护上的要求来分类贮存。

1. 液体及半固体成药 如药酒、花露、糖浆、素膏、油膏、膏药等成药属于这一类型。它们都怕热、怕光，应该贮存在阴凉干燥的处所。同时这些成药大多都是液体，包装体积大，质量重，宜贮存在底层库房，并且是进出操作方便的仓位。

2. 一般固体剂型成药 如散剂、曲剂、丸剂（含脂肪、挥发油等品种以及水丸）、片剂（压制片）等。这些都是较难保管的品种，容易产生受潮散气、发霉虫蛀和泛油等变质现象，都宜贮存在密封库内，并采取吸潮措施，保持经常干燥，防止各种变异现象的产生。

3. 特殊固体成药和针剂　如丸剂（蜜丸）、片剂（糖衣片）、颗粒剂、注射剂等都是怕潮怕热的成药，可贮在干燥的库房。

4. 胶剂　贮存要求比较特殊，既怕潮、又怕热，过分干燥又会产生碎裂。宜用小室密封，控制合适的温湿度。

四、中药养护技术

（一）养护基本要求及人员要求

药品养护的基本要求：贯彻“以防为主”的原则，根据药品的基本性质和特点进行养护，研究影响药品质量的各种因素，掌握药品质量变化的规律，及时采取相应的预防措施，提高科学养护水平。中药养护的主要任务包括研究贮藏养护新技术、保证药品质量与数量；研究药品贮藏易发生的变化与救治。

从事药品养护工作的人员，应具有中专以上医药或相关专业学历，或高中以上文化程度，经岗位培训和地市级以上药品监管部门考核合格后，取得岗位合格证书方可上岗。

（二）养护主要内容及养护技术

1. 根及根茎类药材的养护　根及根茎类中药材系指根和各类植物的地下茎的统称。其中根类药材是指植物地下根的主要部分，如人参、当归、牛膝等；而根茎类药材是各种药用植物地下茎的总称，通常包括有根状茎、鳞茎、球茎及块茎等。由于根茎类药材的外形与根类药材很相似，故商品学上将两者统称为根及根茎类药材。

此类养护，多采用密封贮藏，一般都能起防虫防霉的作用。泽泻采用“对抗”贮藏的方法，防虫效果好。川芎、山药、莪术、姜等因其含水量较大，采用烘烤的方法进行干燥，可使其在较短的时间内干透，从而保证药材的质量。羌活如有生虫现象，可用热蒸法进行杀虫，但因其含有芳香挥发油，所以不宜久蒸，以免影响其质量。此外，对生虫的根及根茎类药材，可以采用氯化苦、磷化铝或硫黄进行熏蒸。

2. 茎、皮类药材的养护　茎类中药材多为木本植物的茎，包括茎藤、茎枝，如鸡血藤、木通、桑枝、桂枝；带叶茎枝，如忍冬藤、石楠藤、桑寄生；带钩的茎刺，如钩藤；茎生棘刺，如皂角刺；茎的髓部，如通草等等。茎类中药材与根及根茎类中药材一样，在贮存中也易发生霉蛀。

皮类中药材主要是指裸子植物和木本双子叶植物的茎、根、枝的形成层以外的部分。皮类中药材以茎皮入药为多（如厚朴、肉桂），根皮（如牡丹皮、香加皮）和枝皮（如秦皮、桂枝皮）入药者较少。无论是茎皮、根皮或是枝皮，采收加工、贮存不善时，均易发生散气走味、虫蛀等变异现象。

茎、皮类药材的主要养护方法有防霉、防蛀、密闭、晾晒、熏蒸等。

3. 叶、花、全草类药材的养护　叶类药材是指采用植物的完整单叶或复叶供药用，有些药材虽常带有花枝或嫩枝，但主要还是用叶。花是种子植物所特有的繁殖器官。花类药材通常包括干燥的花、花序或花的某一部分，如柱头、花粉、花蕾、开放的单花（洋金花、红花）、花序（菊花、款冬花）等。花类药材在贮存中常发生褪色、发霉、虫蛀、散气、花冠脱落变形等现象，在贮存时应根据各花类药的特点，选用不同的方法贮存。主要养护方法有晾晒法、药剂熏蒸法等，有条件者还可用气调养护法。

4. 果实与种子类药材的养护　果实类中药通常采用近成熟或完全成熟的果实，也有采用果穗、完整果实以及采用的部分或全部等等。新入库的果实类中药，有较强的呼吸作用，不仅能吸潮发热，也能因之发霉。若采收时未充分干燥，霉变更易发生。果实霉变大多发生在其内的种子团或种子表面，如栀子、使君子、金樱子、瓜蒌等。果实类中药虫蛀也较为常见，蛀蚀部位通常先由外果皮开始，然后逐渐蛀蚀中果皮、内果皮（如无花果、槐角等）。有些含糖质多的果实，如桑椹、枸杞子、大枣等，害虫蛀蚀更烈，严重时不堪入药。果实类药材的养护，应按其不同性质特点和商品实际需要结合实施。除桂圆肉、五味子、母丁香、大茴香、乌梅、荜澄茄等不宜日晒，其他品种均可晾晒。桂圆肉、枸杞子等适宜密封养护。除母丁香、荜澄茄、鸦胆子、大茴香、牛蒡子、草果等外，其他果实类药材均可用磷化铝熏蒸防治仓虫。枸杞子、桂圆肉、大枣、广佛手片等品种在高温季节适合采用低温法（冷风库）养护。五味子、山茱萸轻度发霉，可用醋喷擦。

种子类中药大多采用成熟完整的种子，也有用种子的某一部分，如假种皮（龙眼肉）、种皮（绿豆衣）、去掉子叶的胚（莲子心），或用其发芽或加工制品（如大豆卷、淡豆豉等）。种子类药材在贮存中极易回潮、发霉等。由于种子类中药含有脂肪、蛋白质、糖类等成分，而这些成分是害虫发育不可缺少的养料，也是它们喜于蛀蚀的物质，故常被害虫危害。种子类中药被蛀程度大小和部位，常因品种不同而异，应区别不同品种，采取相应措施贮存养护。种子类中药的养护除肉豆蔻、胡桃仁外，其余品种均可晾晒，但应注意晾晒时间、方法、操作等事项。柏子仁、胡桃仁、肉豆蔻、使君子仁等均宜密封贮存。少量柏子仁若受潮、泛油，可采用麸皮炒炙法进行养护。柏子仁、胡桃仁、肉豆蔻等高温季节易泛油的品种，经包装加固后，宜置冷库贮藏保质。新货榧子、白果、橘核等的种仁一时不易干燥，可采用烘烤法。使用磷化铝等熏蒸可防治种子类药材的虫蛀。

（三）中药饮片与炮制品的养护

1. 中药饮片和炮制品的变异现象 凡是直接供中医临床调配处方用药，或成为中成药制剂前须行加工炮制的所有中药，均统称为饮片。饮片的片型和规格标准必须符合《中华人民共和国药典》，或《全国中药炮制规范》及《饮片标准通则（试行）的规定》。

古代陈嘉谟在《本草蒙鉴》中指出："凡药贮藏，宜常提防，倘阴干、曝干、烘干，未尽去湿，则蛀蚀霉垢朽烂不免为殃，见雨久着火频烘，遇晴明向日旋曝。粗糙悬架上，细腻贮坛中"。可见，历代医家对饮片的贮藏是十分关注的。

饮片与炮制品的贮藏保管是否得当，直接对药物质量产生影响，从而关系到临床用药的安全与有效，决不可等闲视之。为了做好饮片与炮制品的贮藏和养护，必须首先了解掌握饮片与炮制品的变异现象，从而采取相应的防治措施。

（1）虫蛀：是指饮片与炮制品被蛀蚀的现象。一般易在饮片重叠空隙处或裂痕以及碎屑中发生。虫蛀的饮片有圆形洞孔，严重的被蛀空而成粉末。饮片中含淀粉、糖、脂肪、蛋白质等成分，是害虫生长繁殖有利的营养来源，故最易生虫。

（2）发霉：是饮片贮藏的最常见变异现象之一，且其危害巨大。我国地处温带，特别是长江以南地区，夏季炎热、潮湿，饮片最易发霉。发霉是指饮片受潮后在适宜温度条件下其表面或内部寄生和繁殖了霉菌。开始时先见到许多白色毛状、线状、网状物或斑点，继而萌发成菌丝，这些菌逐渐分泌一种酵素，溶蚀药材组织，使很多有机物分解，不仅可使饮片腐烂变质，而且有效成分也遭到很大的破坏，以致不堪药用。

（3）泛油：又称“走油”。是指饮片中所含挥发油、油脂、糖类等，因受热或受潮而在其表面出现油样物质和返软、发黏、颜色改变、发出败油气味等现象。饮片泛油是一种酸败变质现象，影响疗效，甚至可产生不良反应。含油质多的饮片，常因受热过高而使其内部油质易于溢出表面而造成走油现象，如柏子仁、桃仁、炒苏子、当归、炒酸枣仁、炒莱菔子等。含糖量多的饮片，常因受潮而造成返软而“走油”，如牛膝、麦冬、天冬、熟地、黄精等。

（4）变色：是指饮片的天然色泽起了变化。各种药物都有固有的色泽，也是检查中主要的质量标志之一。由于保管不善，常使某些药物的颜色由浅变深，如泽泻、白芷、山药、天花粉等；或由白色变黄色，由深变浅，如黄芪、黄柏等；或由鲜艳变黯淡，如花类中药红花、菊花、金银花、腊梅花等。因此，色泽的变化不仅改变饮片的外观，而且也影响药物内在的质量。

（5）气味散失：是指饮片固有的气味在外界因素的影响下，或贮藏日久气味散失或变淡薄。药物固有的气味，是由各种成分组成的，这些成分大多是治病的主要物质。如芳香性药物薄荷、细辛、荆芥、白芷、冰片等，其有效成分也随着气味的散失而受到不同程度的减少。因此，气味散失也是饮片质量受到严重影响的标志。

（6）风化：是指某些含结晶水的矿物类饮片，因与干燥空气接触，日久逐渐脱水而成为粉末状态。风化了的饮片是由于失去结晶水，改变了成分结构而发生的，其质量和药性也随之改变。易风化的药物有硼砂、芒硝等。

（7）潮解溶化：是指固体饮片吸收潮湿空气中的水分，并在湿热气候影响下，其外部慢慢溶化成液体状态，如青盐、咸秋石、芒硝等药物。

（8）粘连：是指某些熔点比较低的固体树脂类饮片或胶类药物，受潮后粘连成块。如乳香、阿魏、没药、芦荟、阿胶、儿茶、龟板胶、鹿角胶等。

（9）挥发：含挥发油的饮片，因受温度和空气的影响及贮藏日久，使挥发油挥散，失去油润，产生干枯破裂现象，如沉香、肉桂等。

（10）腐烂：是指某些鲜活饮片，因受温度和空气中微生物的影响，引起发热，有利于微生物繁殖和活动而导致腐烂，如鲜生姜、鲜生地、鲜石斛、鲜芦根等。饮片一经腐烂，即不能再入药。

2. 饮片与炮制品的贮藏方法 我国中药品种繁多，加工炮制方法不同，制成饮片后，性状各异，除了饮片本身的成分不同，有些饮片尚加入了不同辅料共同炮制，这就更增加了其所含成分的复杂性，给贮存养护带来更多的困难。因此要根据饮片的类型及其特性进行经常性的养护，才能避免遭受虫蛀、霉变，以保证中药用药的安全和有效。

饮片仓库必须建立管理制度，保持经常性的检查，保证库房干燥、清洁、通风，避免日光的直接照射，室温应控制在 25℃以下，相对湿度保持在 75%以下为宜。注意外界温度、湿度的变化，及时采取有效措施调节室内温度和湿度。饮片入库前应详细检查有无虫蛀、生霉等情况。入库后要进行分类保管。毒剧饮片和细贵饮片应设立专库、专柜存放，专人保管。要勤检查，勤翻晒，经常灭鼠，发现问题及时处理。要按炮制日期先后，贯彻先进先出的原则，以免贮存日久，发生变质。各类饮片贮存养护方法简介如下。

（1）净选类：净选类饮片在加工时只去除了泥土杂质和非药用部位，自然属性并未改变。受贮存中的内在及外在因素的影响，与原料药材相同，其质量变化主要是泛油、变色、气味散失和虫蛀、霉变等。因此其贮存养护方法与其原药材类相同。

（2）切制类：在生产中经过烘干干燥的切制类饮片，其成品含水量较原料药材要低，一般为8%～12%（原药材为12%～15%），当库房相对湿度超过70%时，切制饮片表现出较强的吸湿性。切制类饮片的吸湿能力与饮片的表面积有直接关系。原料药材经切制后，其表面积增大。通常饮片表面积大、含亲水性胶体（水溶性糖、果胶、纤维素等）成分的切制类饮片比表面积小，不含亲水性成分的饮片吸湿能力强。贮存中的切制类饮片常具有明显吸湿性，普遍增重。吸湿超过安全水分，则易发生霉坏变质。

由于切制类饮片成品含水量较低，这在一定程度上抑制了植物体内不同种酶的活性。而且切制类饮片经过烘干过程，可以较有效地杀灭大部分原药材携带的仓虫、虫卵和霉菌，使饮片成品携带的虫卵和菌量大为减少，这就保证了饮片在短期内贮存较为稳定。如果贮存时间过长或保管不当，这类饮片仍然会受仓储环境中生物因素影响而发生虫蛀、霉变。虫蛀、霉变从垛体表面向垛体中心部位发展，垛体下部要比上部严重。这主要因为商品垛表层直接受仓储环境中的生物因素和温湿度的影响，而货垛底部较潮湿。

切制类饮片成分被氧化的程度要较原药材高，这是某些饮片切面发生变色的主要原因之一。这种原因无疑与饮片裸露于空气中的表面积增大有关。饮片中若含有具酚羟基的黄酮、蒽醌、鞣质或能分解产生糠醛的糖类等成分，易发生氧化、聚合、缩合形成大分子的有色物质，从而使饮片切面变色。

因此，要严格控制切制类饮片中的水分在 9%～13%间，且需根据饮片的性质，选用适当的密封容器贮存。一般可贮存于木箱、纤维纸箱中，最好置严密封口的铁罐、铁桶中，以防止湿气的侵入。有些应置于陶瓷罐、缸或瓮中，并加入石灰或硅胶等干燥剂。至于量多者可暂时用竹篓、筐贮存，但不宜久放，以免霉蛀。例如，对于含淀粉多的药材如泽泻、山药、葛根、白芍等，切成饮片后要及时干燥，并防止污染，应贮于通风、干燥、阴凉处，并注意防虫蛀。凡含挥发油多的药材，如薄荷、当归、木香、川芎、荆芥等切成饮片后，干燥温度不能高，一般在60℃以下，以免损失有效成分。贮存时室温不能太高，否则容易散失香气或泛油，湿度大亦易吸湿霉变和虫蛀，应置阴凉、干燥处贮存。

（3）炮制类：根据各种饮片的性质、不同辅料和不同加工方法，采取合理的措施对其进行分类保管。现将各种炮制类饮片的贮存与养护概括如下。

①酒炒、醋炒饮片：在炮炙过程中，组织内部浸润了酒醋的汁液，表面被酒醋汁液包裹。在干燥后，内部含有酒醋的成分，表面形成一层酒醋成分的干膜，因此具有驱虫、防虫和防霉的作用。但长期贮存，仍然会发生虫蛀、霉坏等现象。这是因为黄酒中乙醇含量与食醋中醋酸含量均较低，且在常温下易挥发，加上饮片易吸湿使乙醇、醋酸浓度再次降低，这些因素均导致乙醇和醋酸的浓度逐渐下降甚至消失，而影响防虫、防霉效果。因此加酒炮制的饮片如当归、常山、大黄等，以及加醋炮制的饮片如芫花、大戟、香附、甘遂等，若长期贮存，均应贮于密闭容器中，置阴凉处。

②盐炙饮片：饮片的贮存易受盐分的影响。在夏季高温、高湿情况下，盐分吸收水蒸气，发生潮解，使饮片增加了水分（饮片本身也吸湿）而返软，且易受噬盐菌侵染而

发生变质。在冬季的干燥空气中，盐炙饮片又会析出盐的结晶。因此凡用盐炙的饮片如泽泻、知母、车前子、巴戟天等，很容易吸收空气中的湿气而受潮，若温度高且空气过于干燥，则盐分又会从表面析出。故应贮于密闭容器内，但不应用铁质容器，宜用瓦质容器，且置通风干燥处。

③蜜炙饮片：夏季贮存时，因蜜炙饮片糖分含量高，容易受潮变软或粘连成团，若温度过高则蜜可融化；冬季贮存时，质地坚硬成坨。蜜炙饮片的贮存质量与炼蜜的含水量及品质有关，特别是品质不好的蜂蜜虽经提炼，饮片经其蜜制后，在贮存中仍可发生酸败现象。饮片在用炼蜜炮炙时，其表面黏附炼蜜的程度也对贮存有一定影响。因此蜜炙的饮片如款冬花、甘草、枇杷叶等，容易被污染、虫蛀、霉变或鼠咬，通常贮于缸、罐内，尽量密闭，以免吸潮，并置通风、干燥、凉爽处保存养护。

④酒蒸、水煮饮片：常含有较多的水分，如熟地黄、肉苁蓉、天冬、党参等。蒸煮后尤其易受毛霉的侵染，在商品表面可见霉菌菌丝体附着。贮存中不宜堆码过高，以避免重压。应贮于密闭容器内，置通风干燥处贮存。

⑤其他饮片：对于炒制的种子类药材因炒制增加了香气，包装不坚固易受虫害及鼠咬，故多贮存于缸、罐中封闭保管，如紫苏子、莱菔子、薏苡仁、扁豆等。对于某些矿物类饮片如硼砂、芒硝、石膏等，在干燥空气中容易失去结晶水而风化，故应贮于密封的缸、罐中，置于凉爽处。

第二章　中药商品购销基础知识

第一节　中药商品流通概述

一、中药商品流通购销方式

（一）流通环节

1. 采购　采购是中药商品流通的起点，也是组织中药货源的手段。中药商品采购必须遵照国家的有关规定，在市场需要的前提下，坚持品种、规格、质量、数量、价格同时并重的原则，做到按需进货，择优选购。中药商品采购的基本程序：排查库存、了解市场信息与行情、编制采购计划、选择合法的货源、签证采购合同。中药商品采购的方式：一是产地采购，对于企业长期经营、市场销售稳定的大宗药品，可以从药材主产地或生产厂家直接采购，此种方式采购到的中药价格低、质量好、贮藏时间短。二是调剂采购，许多非大宗药品，可以在中药商业企业之间相互调剂，用这种方式采购到的中药品种全、到货及时，但价格高、商品贮藏时间较长。三是储备采购，对于一些季节性强、市场短缺或销售量大的药品，可以一次性大批量采购储存备用，这种采购方式占用仓储，风险也较大，但如果判断准确，则可以获得较好的社会效益和经济效益。

2. 运输　运输是商品流通环节之间必须经过的移动过程。采取正确的运转方式，合理地减少中药运输的中间环节，可以加速中药商品流通、降低流通费用、节约运输力和劳动力，并能取得较好的社会效益和经济效益。中药商品企业要严格遵守药品运输的有关管理条例，按照“及时、准确、安全、经济”的运输原则，合理地组织商品的运输。

3. 储存　储存是指中药商品离开生产领域，尚未进入消费领域以前，在流通过程中的暂时停留。库存是药品流通中的必要条件和环节。中药商品在储存中必须遵循保证供应、分类储存、保证质量、以销定进的原则，实现药品在数量、时间、结构上库存的合理性，保证供应，并在经费上力求经济合理。中药商品储存的基本任务是安全储存、科学养护、降低损耗、保证质量、收发迅速、避免事故。

4. 销售　销售是商品流通的终点，药品只有售出后其价值才能实现，药品生产的基本作用是直接满足医疗、预防的消费需求，只有把药品商品直接送到消费者手上才能不断提高服务质量，销售中药的商业企业，必须是取得《药品经营许可证》及《营业执照》的合法企业。销售包括批发销售、零售两大类。近年来医药行业密切配合，积极探索把流通体制改革作为软科学重点研究。一些地区已经形成了“全国总代理—地区分销商—零售连锁经营”等中药商品流通体制的新格局。

（二）中药商品采购业务基本程序

1. 排查库存　中药商品的库存情况，是中药商品采购业务工作的基础资料，只有通过认真排查库存，掌握了本单位的实际库存后，才能确定哪些品种的库存不足，需要购进，哪些品种的库存合理，不需购进，哪些品种的库存积压，需要通过外调进行调整。

排查库存一般以商品台帐为依据，现在大多实行微机化处理。需要注意的是要加强管理，落实帐物核对制度，保证帐物相符。避免由于商品台帐与库存不符造成的采购上的失误。

2. 了解市场信息与行情　中药商品的信息与行情包括中药商品的质量信息、产量信息、用户及患者反映信息、社会需求增减信息和市场行情价格变化的信息等内容。只有掌握和了解中药商品的信息与行情，才能采购到质优价廉、适销对路的药品。

3. 编制采购计划　编制采购计划总的原则是“根据市场需求，结合库存情况和药品质量特性，选择适当货源，满足医疗市场和经营之需。制订采购计划应留有余地，留足库存，以防疫情、灾情。社会效益与经济效益同时考虑。对于市场上紧张的品种和急救用药，即使是微利也应该做到品种全，以保障医疗单位及患者用药。

编制采购计划的依据是：国家政策法令、历史资料、市场情况和生产情况。

4. 选择合法的货源　中药经营企业要严把进货渠道关，明确供货单位目录，并与供货单位建立相对稳定的关系，签订供货质量契约。做到进货渠道明晰、责任清楚、交易规范。提倡实行统进分销、连锁经营模式。货源的选择包括：（1）多种货源的选择。即同一种中药可以从不同供货单位选择或采购。对数量多、金额大的中药应采取多种货源采购为宜，这样可以在某一厂家或供应商不能履行合同的情况下保障稳定的货源；（2）单一货源的选择。即同一种中药来源于一个供应商。单一货源采购，买卖双方关系稳定，互相了解，共同合作，采购数量多，在价格上可以优惠。凡是品种多、数量较少的中药最好集中在信誉好、品种多、质量可靠的单一药材站或中药厂进货，以降低采购费用。出现质量问题也便于查询解决。所有货源，必须是来自合法的单位。所谓合法，系指中药生产企业应具有《药品生产许可证》和《营业执照》；中药经营企业则应具有《药品经营许可证》和《营业执照》。所有中药饮片和中成药必须在确保质量合格的前提下，从证照齐全的中药饮片厂、中药厂或药品经营企业购进。

毒性药品的收购、经营由各级药品监督管理部门指定的药品经营单位负责，其他任何单位和个人都不得从事毒性药品的收购和经营。

如直接进口药品，一是通过有进出口权的中药经营企业，向国外订货；二是对进口的药品，供货单位必须提供《进口药品注册证》和《进口药品检验报告书》的复印件并加盖供货单位的公章。

新产品的经营，应按药品监督管理部门的规定进行。

5. 签订采购合同　采购中药商品是一种购销双方之间的经营行为，因此必须依法签订合同。签订中药商品采购合同的原则要求：一是签订合同的当事人必须具备法人资格；二是必须符合国家的法令、法律、方针和政策，手续和程序必须符合有关合同管理的条例、要求；三是供求双方都应仔细地调查和进行市场预测，认真考查对方是否具备履行合同的各种条件和能力；四是签订合同必须贯彻平等互利的原则；五是鉴于合同是双方的法律行为，双方当事人的意见必须一致，合同才能成立。这是一切合同最基本的法律特征。除按《合同法》签订一般条款外，就中药而言，还必须注明质量条款。如系中药厂供货，应注明该药品出厂的具体法定产品质量标准，如《中国药典》2015 版等；如系商商之间签订购销合同，可注明“符合规定的质量标准”字样。另外，根据需要还可注明中药的厂方负责期、生产日期、包装标志、包装要求等。如进口药品，应将进口药品的质量标准和必要的标准品、难以取得的化学试剂等提供给进口单位，以便签订在合同内。如系商商之间调入进口药品，应要求供货方提供加盖供货方公章的《进口药品注册证》和《进口药品检验报告书》的复印件。

二、中药商品流通的药事管理

（一）药事管理相关概念

药事是指与药品有关的事，指与药品的研制、生产、流通、使用、价格、广告、信息、监督等活动相关的事。药事活动包括药物研究、药品生产、经营、检验、价格、广告、使用、管理、药学教育。

药事管理包括药事公共行政和药事部门行政。药事公共行政在我国称药政管理，即国家依照法律、行政法规、规章对药品及药事活动中有关重要环节和行政组织体制的监督管理。药事部门管理即药事单位的管理，主要包括医药生产、经营企业管理，医疗机构药房管理等。药事管理学是药学科学法定组成部分，它与物理药学、药理学、药物化学、临床药学同样重要。药事管理学是药学的二级学科，是一个知识领域，但不同于药剂、药化、药理等学科，它具有社会科学性质。

（二）中药流通的药事管理

中药商品流通是中药产业的重要环节，合理组织中药商品流通，打击违法犯罪活动，维护消费者利益是必不可少的。从事中药流通活动必须遵守有关法律法规、规章制度。

1. 中药管理有关规定

（1）国家保护野生药材资源，鼓励培育中药材。

（2）“城乡集贸市场”不得出售中药材以外的药品。

（3）“药品经营企业”销售中药材，必须标明产地。

（4）中药饮片的炮制，必须按照国家药品标准炮制。

（5）“生产新药或者已有国家标准的药品”，须经国家药品监督管理部门批准。

（6）生产中药饮片，应当选用与药品质量相适应的包装材料和容器。

2. 中药品种保护 中药保护品种的等级划分：分为一级和二级。

（1）申请中药一级保护品种应具备的条件：对特定疾病有特殊疗效的；相当于国家一级保护野生药材物种的人工制成品；用于预防和治疗特殊疾病的。

（2）申请中药二级保护品种应具备的条件：符合上述一级保护的品种或者已经解除一级保护的品种；对特定疾病有显著疗效的；从天然药物中提取的有效物质及特殊制剂。

（3）中药一级保护品种的保护措施：该品种的处方组成、工艺制法在保护期内不得公开；向国外转让中药一级保护品种的处方组成、工艺制法，应当按照国家有关保密的规定办理；需要延长保护期的，在该品种保护期满前 6 个月重新申请，延长的保护期限，不得超过第一次批准的保护期限；擅自仿制中药保护品种，以生产假药论处。

（4）野生药材资源保护：国家对野生药材资源实行保护、采猎相结合的原则，并创造条件开展人工种养。国家重点保护的野生药材物种分为三级管理。一级保护野生药材物种：系指濒临灭绝状态的稀有珍贵野生药材物种。二级保护野生药材物种：系指分布区域缩小，资源处于衰竭状态的重要野生药材物种。三级保护野生药材物种：系指资源严重减少的主要常用野生药材物种。

（5）中药品种保护的目的意义：中药品种保护是保护中药生产企业的合法权益的行政措施，现行《中药品种保护条例》是中药品种保护工作的法律依据，解决了中药品种的低水平重复问题。

三、中药商品流通的现代营销

（一）市场营销观念

1. 市场的概念

——狭义：商品买卖双方进行交换的场所、领域

——广义：商品交换关系的总和。在市场营销中：在一定时空条件下某类商品现实需求与潜在需求总和

市场是三个要素的综合体现,或者是三个变量的函数。市场=f（x,y,z）

X——消费者（人口）

Y——购买力（收入）

Z——购买意向（购买欲望与习惯）

2. 市场营销的概念 市场营销是企业围绕市场所开展的一切活动,其目的是创造销售产品的机会。市场营销——是个人和群体通过创造并同他人交换产品和价值以满足需求和欲望的一种社会和管理过程。（菲利普·科特勒的定义）

3. 市场营销观念（营销革命概念） 是一种以顾客的需要和欲望为导向的经营哲学,它以整体营销为手段来取得顾客的满意，从而实现企业长远利益。

营销观念的4个主要支柱是：①目标市场。②顾客需要。③整合营销。④盈利能力。

顾客需要可以分为：①表明了需要：顾客需要一辆不贵的汽车。②真正的需要：顾客需要的汽车是运营成本低，而不是首次购买的价格。③未表明的需要：顾客期望从销售商处得到好的服务。④令人愉悦的需要：顾客在购买汽车时，意外地得到了美国的交通地图册。⑤秘密的需要：顾客想要找到一个以价值导向的理解顾客心思的朋友。

（二）中药商品零售的特点

1. 中药商品零售的销售对象一般是直接消费者，而不是转售或加工。

2. 销售数量一般是零星的，不是大批的。

3. 商品一经售出，便离开流通领域而进入消费领域。

（三）中药市场营销价格策略

1. 新产品定价策略

（1）高价策略：就是指在新产品上市初期，把价格定得很高，以便在较短的时间内就获得最大的利润。一些中成药新产品，常常采用这种定价策略。其优点是：新上市的中成药市场需求弹性较小，运用顾客求新猎奇的购买动机，用偏高的价格刺激顾客，既能提高商品的信誉，又能扩大营销；有较大的活动余地，一旦发现定价不当，可以随时主动降价，打击竞争者；高价可使市场需求不致发展过快，有利于生产企业在生产能力

有限的条件下应付市场上的初期需求，并且高价下取得的短期利润可用于扩大投资，以减少对外部资金来源的依赖。缺点价格远远高于成本。损害消费者利益，不利于与消费者建立长期和谐的关系；在产品声誉尚未建立起来的时候，高价推销不利于市场的开拓；一旦声誉确立、销路打开，又会使竞争者大量增加，企业不易达到取得满意的长期利润的目的。

（2）低价策略：又称为渗透定价策略。是指在新产品投入市场时，把价格定得低一些，使消费者很容易接受，以便快速打开市场。低价策略一般适用于那些能尽快大批量生产、特点不突出、易仿制、技术简单的中药产品。其优点是：能迅速打开产品销路，扩大销售量，从多销中增加利润，占领市场份额，能有效地阻止竞争对手加入，有利于控制市场。缺点是：回收投资所需时间较长，如果产品不能迅速打开市场，或遇到强有力的竞争对手，会给企业造成重大损失。

（3）中等价格策略：又称满意价格策略。它吸取上述两种定价策略的长处，采取比高价低、比低价高的适中价格。这样既能保证企业获得一定的初期利润，又能为消费者所接受。主要适用于大量生产、大量销售、市场较为稳定的中药商品。

2. 地区定价策略 这是一种考虑了用户的地理位置，需要增加运费负担采取的定价策略。由于用户所在的地理位置距离企业的远近不同，因而商品运输费用的多少也就存在着很大的差别。有些用户距离较远，所需运费较多，这些费用若由企业来承担，其在变动成本中所占比重大，会导致价格太高，从而影响销售。这就要求企业需要根据不同的情况，采用不同的价格。

（1）产地定价策略：这种策略是以产地价格或出厂价格作为标准，运输费用全部由买方来负担，这种定价策略最便利、最单纯，适用于一切中药企业。

（2）统一运送定价策略：就是把运费加在产品的价格之中，不论距离多远，所加的费用都是相同的，按照统一价格，由卖主负责将货物运送到目的地，采用这种策略可使买主认为运送是一项免费的附加服务，有利于巩固卖主的市场地位，但它仅适用于运费在变动成本中所占比重较小的产品。

（3）分区运送价格策略：即把整个市场划分为几个大的区域，再根据这些区域的距离远近确定其价格，每个区域内实行的价格是一样的。产品由卖主负责运送到买主所在地。

（4）津贴运费定价策略：这种定价策略与产地定价策略相同。为了减轻较远买主的运费负担，给他们一部分或全部运费作为补贴，或者减收一部分价款。

（5）基点定价策略：即由中药企业选取各地主要城市作为基点，将基点价格加上从基点到买方地的运费构成交货价格。此策略有利于生产企业扩大市场范围。

3. 心理定价策略 就是运用心理学的原理，根据不同类型的消费者在购买商品时的不同心理要求来制定价格，以诱导消费者增加购买量。

（1）整数定价策略：这种定价策略是把中药商品的价格定成整数，不带零头。这主要适用于一些比较贵重的中药。有些消费者笼统地认为，越贵重的中药，治疗效果就会越好，所以整数价格有时会提高这些中药的“身价”从而利于销售。

（2）零头定价策略：这种定价策略是把产品的价格用零头结尾，而不是整数。这主要适用于中药批发企业，因为他们为了经济效益，尽量压低中药的进价，而零头价格会使其产生便宜感。但对直接消费者来说，对一般中药的价格并不是很关心，他们看重的是中药的治病效果。

（3）声望定价策略：这是根据消费者对某些中药、某些厂家的信任心理而使用的定价策略。在长期的市场营销过程中，有些中药品种或厂家在消费者心目中产生了很高的威望，因此这些中药品种或厂家就可以采用较高的价格进行销售，采用这种定价策略要以高质量作为保证。

公共关系是促销组合的一个重要组成部分，是一种以长期目标为主的间接促销手段。其定义不仅仅限于促销，而在于通过争取对企业有利的宣传报道，建立和保持企业的良好形象，以及消除和处理对企业不利的谣言、传说和事件。

公共关系具有下述职能。

①及时、有效地对外宣传，创造良好的舆论气氛，把有关产品及企业的信息传递给新闻媒介，以吸引公众注意力，并取得其对企业及其产品的好感。

②信息沟通。一方面收集各方面的信息，如公众对产品、企业形象等的意见和反应；另一方面，认真答复公众的各种询问，迅速处理公众的批评意见，以消除不良影响。

③建立与政府、社会各界和团体的各种联系，增进理解，争取支持，争取社会良好印象。

④塑造企业的整体形象。

（四）中医市场营销促销策略

企业的促销组合多种多样，各不相同，但其基本的促销策略可归纳为两种，即“推动”策略和“拉引”策略。

1.“推动”策略　所谓“推动”策略，就是企业运用人员营销和营业推广等促销方式，将自己的产品推向市场。中药生产企业可以用“推动”策略将产品推向中药批发企业，中药批发企业再把产品销售给中药零售企业，中药零售企业再把产品推荐给每一个消费者。因此“推动”促销策略是一种普遍采用的促销策略。它有以下几种常用的方法。

（1）产品营销人员携带样品或产品目录走访客户进行销售。

（2）建立和健全产品销售网点，扩大销售。

（3）通过服务“推动”销售。

（4）举办药品推广会。

2.“拉引”策略　所谓“拉引”促销策略，就是企业利用广告及其他促销宣传方式，引导消费者对其产生兴趣，从而吸引他们购买的一种促销组合策略。它的特点就是以广告宣传为主，其他促销方式为辅。几种常见的方式如下。

（1）通过广泛宣传促进销售。

（2）组织产品展销会、订货会促进销售。

（3）通过代销、试销促进销售。

（4）通过创名牌、树信誉、增加消费者的信任来促进销售。

第二节　中药商品采购的基本要求

中药商品采购，是指中药商品采购人员，在购进中药的过程中，所进行的业务活动的总称，狭义的中药商品采购，包括进货合同的签订和履行过程。广义的中药商品采购，还包括中药市场调查、分析、预测、购进计划编制等有关内容。

一、中药商品采购的原则

（一）质量原则

采购中药必须遵循下列质量原则：

1. 采购中药应符合《药品管理法》和《药品生产质量管理规范》等有关法律法规。

2. 采购中药材或中成药必须符合国家药品标准。

3. 采购地区性民间习用药材，必须符合所在省、市、自治区《习用药材标准》或其药品监督部门登记注册的品种。

4. 中药饮片必须符合国家药品标准或购进地《中药饮片炮制规范》的质量要求。

5. 中成药必须从具有药品生产、经营资格的企业购进。药品包装必须按照规定印有或者贴有标签并附有说明书。标签或说明书上必须注明药品的通用名称、成分、规格、生产企业、批准文号、产品批号、生产日期、有效期、功能主治、用法、用量、禁忌、不良反应和注意事项。

6. 药品内外包装必须适合药品质量的要求，方便储存、运输和医疗使用。

7. 出厂日期较久的品种，应注意其质量变化情况，对不符合质量标准的产品不得采购。

8. 对质量有疑问的中药材和饮片，应采取先寄小样检验，合格后再发货的原则，以免往返运输。

9. 采购中药商品应坚持货到验收付款的原则。

10. 财务部门应对商品质量实行财务监督，商品入库凭证付款联上无验收人员签章的应拒绝付款。

（二）加强核算，合理库存的原则

在遵循质量第一原则的前提下，中药商品的采购还要注重利润和效益的大小。由于中药商业企业是独立核算、自负盈亏的经济实体，这又决定了他们在取得社会效益的同时，还必须取得较好的经济效益。这又要求中药商品采购人员在保证质量的前提下，加强经济核算，以最低的价格，购进最好的药品。既为患者减轻经济负担，又为企业增加经济效益。

中药商品有一定的时效性。由于存放时间太长，可能导致其有效成分的分解和转化而降低疗效。这就要求药品的采购必须遵循合理库存的原则，尽可能地做到既不超出正常的库存定额，又不造成品种脱销，既可保证人民群众用药的需要，又可减少库存商品所占用的资金。同时也避免了由于库存积压而造成的药品报废损失，减少保管费用，为企业提高经济效益。

（三）适销对路原则

适销对路原则，有两个方面的含义：一是以需定购，客户需要什么品种，就及时购进什么品种，需要多少数量，就及时购进多少数量。二是以购促销，指企业利用自身采购方面的优势，购进适销对路、质优利大的品种促进销售量的明显增加。即依据不同的销售对象、不同季节、不同商品特点和货源情况及时灵活的组织进货，以保证中药品种的适销对路和正常流转。对季节性强的品种进货要做到季前准备、迎季备齐、季中添补、季末压缩。对货源时断时续、供不应求的紧缺品种，应多渠道购进补充调剂，力求有较大库存以满足需求。从当地进货要少进勤进。由外地进货要根据实际情况适当多进，以便储备。

（四）勤进快销原则

勤进快销，是指对经营药品，随时购进随时销售，采取小步快跑的措施。进货次数要勤，数量以保证正常和合理库存为限。进销结合，是指在购进药品时，将购进与销售有机地结合起来。在采购时，既要考虑到市场行情的变化，又要考虑到正常的年、季、月的销售量。购进来的药品要预想到在短期内是否能销售出去。需要大批量采购的，一定要大批量采购，需要小批量购进的，一定要小批量购进。例如牛蒡子，若其正常年销量为200千克，单纯从销售角度考虑，一次最大采购量不得超过正常半年销售量，即100千克，如果牛蒡子的市场行情发生了变化，短期内有大幅度上长的趋势，若以大批量采购后，可在短期内出售，可以从市场行情的角度考虑，一次可购进几百千克，甚至更多。

（五）协调利益原则

中药商品的采购过程，本身涉及供货方和采购方两个方面的关系。没有卖方的销售，买方的采购也就无从谈起，没有买方的采购，卖方的销售也就成了一句空话。购销双方是矛盾着的统一体，如果采购方只考虑自己本身的利益，商品采购价格压得太低，超过卖方自身承受的能力，其买卖就很难做成。即使侥幸做成了其业务关系也不会长久，长此下去，采购就成了无源之水，无本之木。因此，医药商品的采购在考虑自己一方利益的同时，必须主动考虑卖方的切身利益，价格不可压得太低，应与市场行情价格相接近，且让卖方能够接受。除此之外，对与本企业采购业务往来有关系的各方，如运输单位、包装材料供货单位等都应主动考虑他们的利益，这就是协调各方面利益的采购原则。只有这样，采购业务工作才能立于不败之地。

对于中药零售企业还要注意遵循“以药等病”和“就近进货”的原则。对一些不常用、价低利薄又是治疗不可缺少的品种和需要药店特殊加工的品种，都必须按必备商品目录备齐备足，保证供应，反对片面追求利润。

二、采购人员的素质要求

（一）思想素质

思想素质是指中药商品采购人员的思想觉悟、经营观念和道德水平。中药经营企业采购人员要坚持正确的经营方向，讲究精神文明，注重商业道德，全心全意地为患者服务，能急用户所急，想用户所想，廉洁奉公，不谋私利。对企业经营有高度的责任感，对工作认真负责，兢兢业业，任劳任怨。

（二）业务素质

业务素质是指中药商品采购人员必须掌握中药商品采购的业务知识。既要有理论知识，又要有实践经验，这就要求采购人员刻苦学习中药理论知识，在实际工作中积累实践经验，勤奋好学，不断提高自己的业务素质和水平。要熟悉《药品管理法》《合同法》《会计法》和《企业成本管理条例》等法律知识，能熟练地编制采购计划，签订购销合同，处理有关经济方面的事宜，掌握上级业务部门制定的经济法规和有关医药采购供应方面的规章制度。

要学习和精通中药商品的基础知识，包括各种药材商品的产地、产季、加工方法、规格、等级、质量标准、用法、销量、功能主治等方面的常识和技术。要通晓一定的地理和历史知识，了解药品主要产地和历史发展知识，了解主要“道地药材”的原产地和发展情况，掌握名、优、特药品的生产厂家。

要懂得药材的生产技术知识，了解家种和野生药材的产量及收购情况。了解各大药厂的拳头产品和一般药厂主要产品的生产情况。

要善于进行市场信息的调查、研究，掌握各种药材的丰收、欠收、进出口情况，掌握中成药的生产投料动态，掌握各种药品的市场供需矛盾和价格变化情况。

（三）身体素质

身体素质是指中药商品采购人员必须具有健康的身体和充沛的精力。同时也要求业务采购人员在旅途中要注意饮食卫生和住宿卫生，加强体育锻炼，以适应采购工作的需要。中药商品采购工作辛苦，在外工作的时间较多，早出晚归，顶风冒雪，这就要求业务采购人员必须有强壮的身体，以适应艰辛的工作和不同气候的变化。这是采购人员不可忽视的素质和条件之一。

第三节　中药商品验收的基本要求

一、中药商品验收的原则

中药材入库验收的目的是保证入库药材数量准确、质量完好、防止假冒、伪劣药材入库，中药材来源复杂、品种繁多，同名异物，同物异名的现象多，各地用药习惯不同，因此中药材验收是一项技术性很强的工作。

企业应当按照规定的程序和要求对到货药品逐批进行收货、验收，防止不合格药品入库。药品到货时，收货人员应当核实运输方式是否符合要求，并对照随货同行单（票）采购记录核对药品，做到票、帐、货相符。随货同行单（票）应当包括供货单位、生产厂商、药品通用名称、剂型、规格、批号、数量、收货单位、收货地址、发货日期等内容，并加盖供货单位药品出库专用原印章。

企业应当按照验收规定，对每次到货药品进行逐批抽样验收，抽取的样品应当具有代表性。

验收药品应当做好验收记录，包括药品的通用名称、剂型、规格、批准文号、批号、生产日期、有效期、生产厂商、供货单位、到货数量、到货日期、验收合格数量、验收结果等等。验收人员应当在验收记录上签署姓名和验收日期。

中药材的验收记录应当包括品名、规格、批号、产地、生产日期、生产厂商、供货单位、到货数量、验收合格数量等内容，实施批准文号管理的中药饮片还应当记录批准文号。验收不合格的还应当注明不合格事项及处置措施。

二、验收人员的素质要求

（一）任职资格

从事中药材、中药饮片验收工作的，应当具有中药学专业中专以上学历或者具有中药学中级以上专业技术职称；直接收购地产中药材的，验收人员应当具有中药学中级以上专业技术职称。

（二）工作要求

1. 从事中药材、中药饮片的验收人员必须经过中药专业知识培训、持证上岗，熟悉中药材及中药饮片知识，了解各项质量验收标准的内容。

2. 验收员依据有关标准、购货合同及质量保证协议对购入药品进行逐批验收，并作好验收记录。

3. 在质量管理部门负责人的领导下，负责按法定产品标准和合同规定的质量条款及公司各相关规定逐批号进行验收药品。

4. 负责按规定标准进行验收，重点验收标识、外观质量和包装质量，对销货退回、贵重、特殊、效期、进口等药品应加强验收。

5. 对验收合格的药品填写药品入库验收记录，药品移入合格品库区。对验收不合格药品应填写拒收报告单，报质量管理组审核确认后通知采购人员，并做好不合格药品的处理工作。

6. 负责规范填写验收记录，字迹清楚，内容真实、项目齐全、批号、数量准确，并签字负责，按规定保存备查。

三、中药商品验收业务的基本程序

药品验收工作的简单程序：首先是收货员在接货现场进行大数点收和包装外观检查，然后是验收员在库内进行细数验收、质量验收，验收员根据供货单所列的各项要求进行检查，按规定抽样、化验；最后做好验收记录并且签字保存。

商品入库时，仓库验收员和保管员应根据原始凭证对品名、规格、产地、数量件数、外观质量、包装质量、生产批号等进行验收，并做好入库记录，准确无误，方可入库。验收人员对货单不符、质量异常、包装破损、标志不清等商品有权拒收。在质量验收时，对真伪、优劣难以确定或有质量疑问的商品，验收员报质管员处理。

对验收中查出的伪劣或质量问题的商品应及时记录，并单独存放不合格区。标志要明显，妥善保管。按规定及时处理。

第四节　中药商品销售的基本要求

一、中药商品销售的基本原则

（一）社会性原则

中药材是一种自然资源，所以在药品、食品生产企业，学校，科研等部门也有广泛的应用。一些中药商品还具有毒麻性质，也有一些来源于国家保护动、植物，其经营涉及社会的方方面面，保证中药商品的供应，对于满足人民群众日益增长的医疗、预防、保健需求，保持社会安定具有重要的意义。因此中药商品的营销，应当具备大社会观念，要注意分析了解社会各行各业的中药商品消费状况，做好计划和收购进货，以保障社会需要。

（二）经济性原则

中药商品的营销是一种经济活动，因此，必须讲求经济效益，贯彻经济性原则。这表现在两方面，其一，从宏观方面说，中药是中国的国粹，随着我国加入世界贸易组织（WTO），中药的生产和经营有着很好的发展前景，是我国国民经济发展的重要组成部分。这就要求中药商品的营销，在保证质量的前提下，必须取得最好的经济效益。其二，从微观方面说，中药商品的经营部门，必须按经济规律办事，提高效益水平。

（三）适应性原则

针对客户的需求、疾病的流行和中药商品特点开展营销活动。中药商品的营销应当适应销售区域内的气候特点、自然灾害特点、疾病发生特点、该区域内地方用药习惯或医生用药习惯等。

（四）有效性原则

所谓有效性，是指中药商品所必须具有的、由有关法律法规所规定的各有关性能、功效等质量指标。中药商品的有效性是中药商业企业销售的根本目的，也是建立和维系销售信誉的重要保证。销售环节是保证中药商品有效地进入消费环节的最后一关。必须采取切实可行的方法来保证中药商品的有效性。

（五）安全性原则

中药材主要来源于动、植物及矿物类，属于天然药物。而许多动、植物，特别是植物的某些部位都非常类似，因此中药材的伪品很容易进入到流通领域中来，特别是一些有毒的伪品，对人民群众的用药安全造成一定的威胁。因此，中药商品的销售，必须时刻体现安全性原则。

（六）稳定性原则

中药商品的营销，在特定的地区，往往有特定的消费对象，有一定的消费幅度，也就是说有较为稳定的市场。因此，中药商品的营销还要贯彻稳定性原则，以保障市场需求，保障人民群众的用药需要。

二、销售人员的素质要求

（一）积极的工作态度

正确的态度是成功的保证。作为销售员，需要具备三种态度。

1. 成功的欲望　任何销售员的脱颖而出，都源自于成功的欲望，这种成功的欲望最初的出发点很可能是对金钱或者物质的欲望，即销售多少产品以后能获得多少物质收获，以便使其个人生活和家庭生活变得更加美满幸福。这种成功的欲望正是促使销售员不断向前的推动力。

2. 强烈的自信　销售员的第二个态度是强烈的自信。这种自信不仅仅是对自己的自信，更重要的是对销售工作的自信。任何一名成功的销售员都对自己的职业充满由衷的热爱，对事业充满强烈的信心，而这也正是一个销售员所应具备的第二个态度。

3. 锲而不舍的精神　销售员需要具备的第三个态度就是锲而不舍的精神。销售是从失败开始的，整个销售过程都充满艰辛和痛苦，因此锲而不舍的精神是销售成功的重要保证。无数次实践证明：在销售之前遇到的挫折越大，克服挫折产生的成绩就会越大。

（二）良好的工作能力

1. 沟通交流　销售员的沟通交流能力好比司机的两双手一样重要，是其生存的主要根基之一。无论是总代理还是终端业客户，各个层级的经销都离不开沟通交流，包括进货谈判、重要客户的管理、促销的谈判、价格制定和维持、窜货的处理、客诉的处理，也包括向领导汇报工作、申请促销等等，可见沟通的重要。良好的沟通是销售员开拓市场过关斩将的主要利器，是与顾客建立关系的基础。而在营销领域内，关系也是生产力。没有良好的关系，要想达成交易，需要克服许多困难。

语言是沟通交流的重要工具，要把握语言交流的技术与艺术，要懂得“到什么山上唱什么歌”。在任何可能的机会中，和客户交流，和业务伙伴交流，和老板交流，和同事交流。并时刻提醒自己：永远不挫伤他们的自尊心。

沟通交流的目的在于增进了解，相互理解，是建立感情的基本途径。使每一个客户都应该成为朋友，而且不是酒肉朋友，是相互信任的朋友。有了朋友才有回头客。另一方面，每一个朋友都可能是潜在的客户，每一个朋友都可能是客户的来源。其实，即便没有生意，朋友多了岂不是好事？

优秀的销售员通过沟通交流不仅知道他的目标客户是属于哪一阶层，还要知道他人的心理承受能力、行为习惯；他们最关心什么，最担心什么；甚至连他们爱看什么报纸、爱在什么地方消费、爱和什么人交往等都要有所了解。了解顾客的购买动机和购买行为，善于展示和介绍自己的产品，善于接近顾客，善于排除顾客的异议直至达成交易。

当然，人的性格决定一个人的工作方式。你可以很热情也可以很婉约，但是你必须要与人沟通交流，学会和任何人、在任何地点都能够找到合适的话题。沉默是金——在销售员的素质中是绝对的错误！

2. 纯熟的销售技巧　销售员应该掌握纯熟的销售技巧。销售员最需要的就是销售的技巧。关于销售，有一系列专业的销售技巧，包括客户管理技巧、时间管理技巧、服务技巧等等。这些技巧可以帮助一个普通的销售员脱颖而出成为一个杰出的销售员，也只有具备了专业技巧和专业销售行为的销售员，才有可能成为一名专业的优秀销售员。

（1）销售的两个基本原则：

①见客户：销售工作需要遵循的第一个原则就是见客户。如果没有见到客户，再高明的技巧、再渊博的知识都没有用处，所以要多花时间和客户一起度过。

②销量与拜访量成正比：每一个销售员都想销售更多的产品。其实，最根本且永不过时的方法，就是使你的销量和拜访量永远成正比。如果说对销售技巧的掌握有时比较困难，自己不好控制，那么拜访客户的数量完全可以由自己来决定。作为销售员，必须牢牢记住，你的销量与你拜访客户的数量永远是成正比的。

以上就是销售的两条最基本的原则，不管你是否掌握了高深的技巧，你都应该严格遵循这两条原则。

（2）销售员的主要工作示意图：

①甄选潜在客户：销售员要做的第一项工作就是甄选潜在客户。通过报刊、杂志、广告、互联网、亲朋好友等多种途径去了解哪些客户有可能会购买你的产品，哪些客户有可能会成为大客户。这是销售员非常重要的工作，特别是对于新的销售员来说，更需要多花时间来做这部分的工作。

②拜访客户：销售员的第二项工作是面对客户、拜访客户。所谓“销售诀窍”“专业的销售技巧”都是指在拜访客户的过程中所要用到的各种技巧。

③保持与老客户的良好关系：销售员的第三项工作就是保持和老客户之间长期良好的关系，避免老客户流失。这也是非常重要的工作，但是却被很多销售员忽视了。

研究数据表明，维持一个老客户是开发一个新客户的成本的 1/5，但是很多销售员认为同老客户已经很熟了，不用再花太多的时间去照顾，而一旦发现老客户突然转到竞争对手那里时，后悔已经来不及了。因此，维护与老客户长期良好的关系也是销售工作的一个重要部分。对于一个老的销售员来说更是如此——维持与老客户的关系在工作时间里所占的比重会越来越大，常常超过 1/3。成功销售员的经验告诉我们，老客户往往可以帮助你完成销售定额，而开发新客户则是为了超额完成销售任务，从而拿到额外的奖金。

3. 灵活创新的能力 销售本身就是一种创造性极强的活动，销售员接触的顾客很多，他们不同的性别、年龄，不同的文化背景、社会阅历、生活习惯，需求有所不同。要使大多数的顾客满意，就要求销售员具有较灵活的反应能力，对消费者的不同要求及时做出正确反应。尤其是顾客产生异议时，能够迅速地做出判断，及时地采取对策。销售无常法，机遇不常存。销售员唯有以灵敏的观察和反应力，才能使每一位顾客感到自己是最受重视的。不同的产品有不同的“性格”，也有不同的需求对象，周边环境更是难以“同质”，因此，没有“放之四海而皆准”的销售方法，只有营销理论与现实产品、目标市场密切结合，才能创造出有针对性的销售技巧。

高效率的销售员，善于利用新方法、新思维，从不墨守成规、因循守旧，更不放过任何可能产生销售效果的机会。他们的思维是创造性的，在销售过程中解决问题的方法是非常规的和有效的，是标新立异、独具一格、突破传统的，并且又是为顾客所接受的。他们为了实现“销售”这个结果，销售办法层出不穷。

现代社会的生产力发展突飞猛进，新技术、新产品此起彼伏。我们的国家也已迈入技术创新时代，新的市场呈现出新的问题，更需要所有有志于企业营销、产品销售的人员，开动脑劲，灵活创新。

（三）自我管理能力

销售人员的自我管理包括很多方面的内容，比如时间的安排、自我激励、客户管理以及如何处理工作、学习与生活三者之间的关系，如何处理客户投诉、销售中面对的压力与遭遇的挫折等。其中销售人员自我管理要点主要涵盖以下几方面。

1. 仪表

（1）是否蓬头垢面

（2）服装是否整洁干净

（3）精神状态是否良好

2. 洽谈

（1）洽谈程序是否有误

（2）是否给对方留下了深刻的印象

（3）洽谈过程中，话题是否得体，谈话是否投机

（4）对产品的说明是否详细、清楚易懂

（5）介绍产品时，是否引起了对方的浓厚兴趣

（6）在洽谈过程中，能否做到诱导对方、吸引对方、感染对方

（7）对对方的利益关系是否充分地说明、予以考虑

（8）自己是否对该种产品、该行业知识缺乏，对客户的话题难以应答

3. 客户

（1）在开展业务前，是否对客户进行了认真的调查分析

（2）对某一客户的业务工作有多大的把握

（3）对同一客户的访问频率有多大

（4）如何正确处理老客户和新客户的关系

4. 对内事务

（1）能否及时向上级提供业务报告

（2）能否经常向上级提供合理化建议

（3）能否及时向上级反映客户的意见、建议和批评

（4）能否将自己由于特殊原因不能去处理的事情交代给他人

（5）能否做到与相关部门保持经常的联系，并取得他们的帮助

（6）是否熟悉从营销、定货到支付货款的全部业务手续

（7）客户所需商品名称、数量和品种是否清楚

（8）客户的地址、联系人、电话、银行账户是否清楚

（四）学习能力

销售员应付的是整个社会，是不断变化的各类人和事，知识经济的时代，知识改变命运，因而必须具备多方面的知识和经验。因此掌握市场营销学基本原理，了解国家、当地政府颁发的各种有关产品政策、规定，具有一般社会学、心理学、行为科学知识、消费心理学等的基本常识，附之于自己的专业知识，是销售员自信的基础，也是销售技巧的保证。

学习力是指一个人或一个企业、一个组织学习的动力、毅力和能力的综合体现。学习力是把知识资源转化为知识资本的能力。个人的学习力，一是他的知识总量，即个人学习内容的宽广程度和组织与个人的开放程度；二是他的知识质量，即学习者的综合素质、学习效率和学习品质；三是他的学习流量，即学习的速度及吸纳和扩充知识的能力；四是看他的知识增量，即学习成果的创新程度以及学习者把知识转化为价值的程度，这是最重要的。

做一个好的销售员，必须不断学习以下知识：

1. 市场知识　了解与产品方案最直接的市场状况、竞争态势、现实顾客的购买力情况及分布状况、潜在的顾客的需求量及分布情况，目标市场环境的变化情况等。

2. 客户知识　销售员应了解谁是产品的购买决策者，其购买动机和购买习惯如何；客户及可能成为客户之信用及公司背景；对交易条件、交易方式和交易时间有什么要求，客户与竞争对手来往的情况等。

3. 竞争对手的知识　对手公司的竞争原则、方式、标准及财务有关事项；对手产品的质量、性能和工艺方法，及其优劣点所在；他人之定价、条件及财务政策与我公司之比较；保护我公司产品之包装、设计及功能上之价格；他人发货安排及服务与我公司之

比较；他人之推广方式、媒体选择、目标及费用估计；对手竞争能力的评估和对我方影响的评价等。

4. 本公司的知识 销售员应掌握本企业的历史背景、公司现行组织；在同行业中的地位、生产能力、产品种类、技术水平、设备状况；企业发展战略、定价策略、销售策略、交货方式、付款条件、服务项目等有关公司政策、目标、执行方式的规章制度。

5. 产品知识 销售员必须全面了解产品的技术性能、结构、用途、用法、维修与保养；不同规格、型号和样式的区别；本行业的先进水平；产品性能的发展趋势；现有用户的反应；使用中应注意或避免的问题；与竞争对手产品相比的产品包装、特点和特征及其他有关的商品知识；了解从研究、原料到产品的过程及其质量标准；产品营销方式、广告和公关；价格与销售条件及发货程序等。

6. 语言知识 语言是销售员与顾客沟通的工具。根据客户对象的不同，必要时应掌握普通话、地方话、外语以及语法修辞、语言技巧等。

7. 社会知识 销售员应了解市场所在地区的经济地理知识和社会风土人情，以及与业务活动有关的民族、宗教、心理等多方面的指示，这些知识越丰富、越有利于营销。

可见，作为一名销售员，在销售产品专业方面是一位专家，虽然不一定做到工程师的水平，能回答所有有关产品和技术的问题，但必须应该知道在什么地方可以找到这些问题的答案；同时，销售员也是一位杂家，要了解业界的发展趋势，业界的历史与掌故，周围公司的产品、业界的时事，要有尽可能多的客户领域的知识，学会用客户的术语讲话。如果你有充分的各个方面的常识或业余爱好，你会发现，不管这种知识和爱好是在音乐、文学、历史、体育还是在其他方面，都会对你的销售工作大有帮助。

三、中药商品销售基本流程

（一）中药销售合同

1. 购销双方就中药商品销售合同进行谈判 购销双方应围绕合同的各项条款逐项进行谈判，达成一致意见，并以文字的形式表达出来。中药商品销售合同的内容与中药商品采购合同的内容是一致的，包括：品名、产地规格、单位、数量、价格、金额、约定损耗、交货日期、交货地点、包装、运输、交货时间、付款方式、违约责任及合同附则等。作为销售的主体在拟定合同的内容时一定要注意以下几点。

（1）按照实际的履行能力来确定中药商品的品种、数量、规格、等级和价格，以保证合同的履行。

（2）根据对方的信誉程度和市场情况（品种是否紧缺、占压资金状况等）来确定付款方式。

（3）确定价格及约定损耗要考虑运输、包装等方面的费用，避免签订无利润合同。

2. 中药商品销售合同的签订 合同内容拟定好后，对每一条款的具体内容及语句文法进行审核，待双方审定无误后由双方代表签字。购销双方要注明合同签订的日期，购销双方的单位全称、法人、委托办理人、详细地址、电报挂号、电话号码、开户行、银行账号、邮政编码等。

中药商品销售合同的履行合同签订以后，要根据合同承诺的内容在合同规定时间内，按照合同的要求保质保量、及时组织货源，并发送到指定地点。遇有特殊情况合同不能履行或部分不能履行或合同涉及的部分药品价格发生变化难以履行时，要及时与购方取得联系，以求达到谅解。如对方坚持要求按原合同履行，即便出现损失也要克服困难尽可能全部履行合同，以建立企业信誉，避免发生合同纠纷。

（二）中药商品的营销

绝大多数中药购销员的销售对象主要有三大类：批发商、零售商、患者。

1. 营销前的准备工作

（1）预测市场：通过调查研究，搜集信息，掌握市场供求及竞争对手等方面的情况，掌握目前市场的现实需求和潜在需求，掌握目前市场的特点和发展变化趋势，从而有针对性地设计营销方案。

（2）制订营销计划：掌握了各种市场信息资料后，销售人员应根据市场情况，制定营销计划。在营销计划中，应明确营销品种、重点目标、市场方向，有针对性地选择营销对象，并针对这些不同的营销对象制定不同的营销手段和方案。

2. 执行营销计划 这是最关键的阶段，在这一阶段中，营销人员要充分发挥自己的才能，将顾客吸引住。当然，这一阶段的内容很多，其中包括：引起注意和兴趣、激发欲望、促成交易几个环节。

（1）引起注意和兴趣：引起购买者的注意和兴趣是营销活动顺利开展的前提。引起注意不是只让对方知道营销员和产品的存在，而是要给对方留下好的第一印象。引起注意的关键是想方设法揣度对方的感觉，迎合对方、获得对方的信任，从而迅速形成洽谈气氛。良好的气氛产生后，要及时将对方引到对产品的兴趣上。引起兴趣的方法，除了口头说明，还可运用示范表演和其他辅助手段。

（2）激发欲望：兴趣只是顾客心理上的一面，积极指向，但并不能直接诱发购买行为。只有产生购买欲望，对商品有了迫切的需求，顾客才能做出购买决定。购买欲望是想得到和占有某种产品的愿望，它来源于人们的动机和需要。对此，营销员应有一定的洞察力，只有了解顾客的动机，才能设计有效的策略。

（3）促成交易：这是促销成交阶段，即使顾客有了明显的购买欲望，对营销员来说，也还必须把握时机，消除顾客的最后顾虑，促成交易。在这一阶段，营销员可以为顾客提供一些购买上的方便和优惠，满足顾客某些特殊的要求。

（三）注意事项及相关知识

成功的营销员，都很注重成交后的活动，总是把营销成交看作是营销的开始，他们懂得建立与顾客稳定密切的联系对推广销售的重要意义。因此，成交后注意与顾客联系，发现问题，及时解决，始终与顾客保持良好的购销关系。

1. 保持联系，为顾客服务 药品售后，还必须与顾客保持联系，并继续为其服务，营销员应定期与顾客接触，以便了解他们对药品是否满意。假如他们不满意，就应采取改进措施，免得失去顾客。对顾客的意见和退货，营销员表示愉快地接受并及时处理。同时营销员应履行有关合同中的保证和担保的承诺。

2. 保存记录 营销员应保存下列记录。

（1）顾客的姓名、地址、电话、邮政编码等。

（2）购买药品的品名、规格、数量、价格、总金额、到站、中转单位。

（3）顾客购买药品或不购买药品的原因。

（4）进行营销时顾客提出了哪些反对意见。

（5）顾客对药品和企业提出了哪些建议。

（6）顾客对药品未来的需求。

3. 关键顾客的分析和管理 根据营销员的记录及合同档案，可选择一定的顾客为关键顾客，这些顾客在全部顾客中形成一个核心部分。他们的购买量占企业全部销售量中相当大的比例，他们都是超过平均销售量和平均销售利润额的顾客。还有些个别顾客虽然没有超过平均销售量和平均销售利润，但他们在将来可能成为购买量大的顾客，营销员也必须予以充分注意。

中药商品购销员一般应对企业的基本情况、经营品种、中药商品的一般知识有较系统的了解。中药商品的一般知识包括以下几个方面。

（1）品名：中药商品的品名一般以《中华人民共和国药典》或部颁标准中商品名称为正规名称。但有一些药品常有一些习惯名称，特别是中药材，作为中药商品营销人员应该掌握这些业务知识。在中药商品知识介绍时以商品的正规名称为准，但客户用别名提出问题，营销人员也应正确应答。

（2）产地：中药商品的产地及生产厂家与药品的品质、品牌有直接的关系。营销员应将中药商品的生产厂家和产地的基本情况做一概括的介绍，以增加客户对这些品种生产规模、质量信誉的了解。

（3）价格：指中药商品的出厂价格、批发价格、供货价格等。

（4）功效与临床应用：中药材的功效及临床应用是中药学的基本知识，不作为中药商品知识介绍的主要内容。中药新药多数还不被客户及临床医师所了解。这类药品的功效与临床应用的介绍中，要重点强调药品的突出疗效和临床实验数据。

（5）用法与用量：药品的用法与用量包括常规用量、最大限量、成人用量及儿童用量等。同时还应介绍在一般用量的情况下，一日用量或一个疗程用量的价格。

（6）不良反应和使用注意事项：如实说明中药商品的不良反应和使用注意事项。

（7）有效期：系指该药品被批准的使用期限。

（8）介绍药品有无特殊储藏与保管要求。

（四）防止中药商品销售中的欺诈行为

1. 常见欺诈行为的表现

（1）利用伪造的营业执照或其他信用证、提单等进行欺诈，骗取到货物后借故逃匿。

（2）有真实的合法身份，但信誉极差，签订合同取得药品后，以种种借口拒不付款。即使付诸法律，也常常因地方保护主义或其他原因而致使履行困难而难以追回损失。

（3）利用违约责任欺诈。买方的手段主要是在所购中药商品的品质、履行时间、方式等上面做手脚；诱使卖方订立其根本无法依约履行的买卖合同，然后以卖方违约为由而主张其赔偿违约损失。

2. 防止欺诈行为的方法

（1）提高销售人员的责任心和防范能力。销售人员是具体执行销售计划的最后执行者，销售人员的素质如何直接关系到客户的确定、合同条款的制定及销售任务的完成。因此销售人员要有高度的责任感和良好的职业素质，要具备一定的防范欺诈能力。

（2）由于当前中药市场是买方市场，所以严格审查合同对当事人的主体资格和履约能力显得尤为重要。对信誉不高和不了解的客户，应采用现款现货的交易方法。

第五节　中药商品营销的公关和服务

一、公关基本概念和作用

（一）公关基本概念

关于公共关系的定义，国内外公关学者没有一个公认的统一标准。以下列举国内外常见的几种公共关系的定义，透过不同定义所强调的侧面，可以看到公共关系的多维实质。

1. 美国公共关系学会下的四则定义　其一，公共关系是企业管理机构经过自我检讨与改进后，将其态度公诸社会，借以获得顾客、员工及社会的好感和了解，这样一种经常不断的工作。

其二，首先，公共关系是一个人或一个组织为获取大众的信任与好感，借以迎合大众的兴趣而调整其政策与服务方针的一种经常不断的工作。其次，公共关系是将此种已调整的政策与服务方针加以说明，以获得大众了解与欢迎的一种工作。

其三，公共关系是一种技术，此种技术在于激发大众对于任何一个人或一个组织的了解而对之发生信任。

其四，公共关系是工商管理机构用以测验大众态度，检查本企业的政策与服务方针是否得到大众的了解与欢迎的一种职能。

2. 英国公关协会下的定义　“公共关系是实施一种积极的、有计划的以及持久的努力，以建立及维护一个机构与其公众之间的相互了解”。

3. 斯科特·卡特李普和阿伦·森特在其合著的《实用公共关系学》中下的定义“公共关系是一种通过优良的品格和负责的行为来影响公众舆论的有计划的努力，它建立在双方满意的双向交流的基础上”。

4. 莱克斯·哈罗博士在分析了 472 个公共关系定义后提出　“公共关系是一种特殊的管理功能。它在一个组织及其公众之间建立并保持双向的传播、谅解、接受与合作；它参与处理各种问题与矛盾；它帮助管理部门及时了解舆论并做出反应；它明确和强调管理部门为公众利益服务的责任；它帮助管理部门随时掌握并有效地利用变化的形势，帮助预测发展趋势，以作早期警报系统；它运用研究方法和健全的、正当的传播技术为主要工具”。

5. 居延安所著《公共关系学导论》中的定义　“公共关系是一个社会组织用传播手段使自己与公众相互了解和相互适应的一种活动或职能”。

6. 毛经权主编的《公共关系》中的定义　“公共关系是一个组织运用各种传播手段，在组织与社会公众之间建立相互了解和依赖的关系，并通过双向的信息交流，在社会公众中树立良好的形象和声誉，以取得理解、支持和合作，从而有利于促进组织本身目标的实现”。

上述公共关系定义没有哪两条是完全重合的，它们各有侧重。归纳起来，我们基本上可以看出“公共关系”概述为两个方面：

第一，公关关系具有团体性、公开性等特点，它不是一种人与人之间的私人关系。公共关系是特定社会组织与其他组织、群体或个人之间的一种社会关系。公共关系活动的对象是该特定社会组织与相关的其他组织、群体或个人。

第二，公共关系是一种活动，即“公共关系活动”。它是特定社会组织有目的、有计划地为改善某种公共关系状态而进行的实践活动。公共关系的任务是协调一个组织和它的各类公众之间的关系。在本质上是一个组织借助传播手段开展的一种管理活动。公共关系的职能是在收集信息的基础上，评估一个组织实施的政策和行为在公众中产生的影响，进而提出公共关系活动的具体目标和计划，通过传播沟通的实践活动将其目标和计划付诸实施，最后通过收集反馈信息，对下一步新的行动进行设计。公共关系的目标是为组织树立良好形象，获得内外公众的信任与支持，创造最佳的社会环境。公共关系活动的基本精神是诚实、开放、互惠互利。

根据上述认识，我们这样给公共关系下定义：公共关系是组织在经营管理中运用信息传播沟通媒介，促进组织与相关公众之间的双向了解、理解、信任与合作，为组织机构树立良好的公众形象的管理活动。这个定义强调了公共关系的三个本质特征：公共关系是一种“公众”关系；公共关系是一种传播活动；公共关系是一种管理职能。

（二）公关的作用

公共关系的作用是指公共关系对组织、对社会、对个人所发挥的效能和带来的影响。

1. 监测功能

（1）对内监测功能：是指公共关系对其主体，即社会组织的监测功能。

（2）对外监测功能：是指公共关系对其客体，即公众对社会组织的态度的监测功能。

2. 塑造形象功能　公共关系的基本目标之一就是为组织树立一个良好的组织形象。它通过信息连续不断的、有效的对外传播，从而扩大组织的知名度，提高组织的美誉度，达到建立良好组织形象的目的。

3. 协调功能　公共关系的基本目标之一就是要改善社会组织与公众之间的社会联系状态，使社会组织与公众之间的关系密切、和谐、融洽和平衡。表现为：

（1）避免各种摩擦的产生。

（2）及时防止矛盾的扩大。

4. 凝聚功能

（1）公共关系通过向全体员工灌输组织共同的价值观念，追求目标和利益宗旨，把众多员工的言行引导到组织既定的公共关系目标上来。

（2）通过目标引导，使组织内部的个人目标、部门目标与组织目标高度一致。

（3）通过开展各种活动在组织内部营造良好的公共关系氛围。

5. 应变功能　公共关系承担着处理危机事件的职能，这种职能的发挥具有应变与抵御的功能。

6. 辐射功能　公共关系活动的效果具有强大的辐射效应。即在对组织起作用、为组织服务的同时，客观上也对人和社会产生了某些积极的作用和影响。

二、公关的基本要求

（一）购销活动中的基本礼仪要求

礼仪是对“礼”和“仪”的统称，是指在人或组织之间在交往中形成的为人们所认同和遵守的表达相互敬重、友善并以建立和谐关系为目的的行为准则、程序、方式的总和。礼是礼貌、礼节，仪是仪容、仪表、仪态和仪式，两者结合起来，即是礼仪。礼仪传达着人们之间的相互尊重、敬意和友善。

1. 常用礼节

（1）微笑：人与人相识，第一印象往往是在前几秒钟形成的，而要改变它，却需付出很长时间的努力。良好的第一印象来源于人的仪表谈吐，但更重要的是取决于他的表情。微笑则是表情中最能赋予人好感，增加友善和沟通，愉悦心情的表现方式。

（2）握手：握手是我们日常工作中最常使用的礼节之一。握手时，伸手的先后顺序是上级在先、主人在先、长者在先、女性在先。握手时间一般在 2、3 秒或 4、5 秒之间为宜。握手力度不宜过猛或毫无力度。要注视对方并面带微笑。

（3）鞠躬：鞠躬也是表达敬意、尊重、感谢的常用礼节。鞠躬时应从心底发出对对方表示感谢、尊重的意念，从而体现于行动，给对方留下诚意、真实的印象。

鞠躬时要注意避免以下错误行为：①只弯头或不看对方；②头部左右晃动；③双腿没有并齐。

（4）问候：一天工作的良好开端应从相互打招呼、问候时开始。如公司同事早晨见面时互相问候“早晨好！”“早上好！”等，因公外出应向部内或室内的其他人打招呼，在公司或外出时遇见客人应面带微笑主动上前打招呼。

2. 文明用语

（1）与客户之间的互动

在公司见到客户来访，应面带笑容主动上前打招呼，使用礼貌用语，如：“欢迎光临”“您好”等。同时将客户带至会客区，端上茶水。

在与客户交谈时，认真倾听客户需求，并根据客户需求提出一些可行性建议，多使用礼貌用语，比如：“请”“如果”“如果方便的话”“是否可以”“如果可以，您可以...”“您还满意吗？”等用语。

询问客户联系方法及以下为必要信息项目“对方的姓名、工作单位、住址、联络方法、现在的使用产品、使用目的和用途”；询问时使用如下用语“如果您有名片，能给我一张吗？（没有名片的时候，记在记事便条上）”“请问您贵姓？”“请问您在哪里工作”“如果方便的话，我想拜访公司，是否可以告诉我贵公司的地址和电话号码呢？”“请问您现在保有什么样的产品呢？是如何使用这类产品的呢？”

客户离开，要使用“再见”“欢迎下次光临”等用语送顾客离开。

（2）电话礼仪

①接电话的四个基本原则：电话铃响在 3 声之内接起；电话机旁准备好纸笔进行记录；确认记录下的时间、地点、对象和事件等重要事项；告知对方自己的姓名。

②电话的拨打注意要点：要考虑打电话的时间（对方此时是否有时间或者方便）；

注意确认对方的电话号码、单位、姓名，以避免打错电话；准备好所需要用到的资料、文件等；讲话的内容要有次序，简洁、明了；注意通话时间，不宜过长；要使用礼貌语言；外界的杂音或私语不能传入电话内；讲电话时，如果发生掉线、中断等情况，应由打电话方重新拨打。

3. 座位次序

①会谈时的座位安排：如果会谈桌一端朝向正门，即纵向摆放，则以进门方向为准，右侧为客方，左侧为主方。一般会客室离门口较远的席位为上席。如需译员、记录则分别安排坐在主宾和主人的身后。

②乘汽车时的座位安排：乘汽车时，遵循右为上，左为下，后为上，前为下的原则。一般情况下，司机后排右侧是上宾席。

③乘列车时的座位安排：列车行驶方向靠窗子的座位为上席，然后是其对面的座位；再后是行驶方向靠过路的座位，最后是其对面的座位。

4. 名片的使用方法

名片是工作过程中重要的社交工具之一。交换名片时也应注重礼节。我们使用的名片通常包含两个方面的意义，一是标明你所在的单位，另一个是表明你的职务、姓名及承担的责任。总之，名片是自己（或公司）的一种表现形式。因此，我们在使用名片时要格外注意。

①名片的准备：名片不要和钱包、笔记本等放在一起，原则上应该使用名片夹。名片可放在上衣口袋（但不可放在裤兜里）。要保持名片或名片夹的清洁、平整。

②接收名片：必须应用双手起身接收名片，要认真地看一遍，不可来回摆弄，不要在上面作标记或写字，不要将对方的名片遗忘在座位上，或存放时不注意落在地上。

③递名片：递名片的次序是由下级或访问方先递名片，如是介绍时，应由先被介绍方递名片。递名片时，应说些“请多关照”“请多指教”之类的寒暄语。

④互换名片：应用右手拿着自己的名片，用左手接对方的名片后，用双手托住。互换名片时，也要看一遍对方职务、姓名等。遇到难认字，应事先询问。在会议室如遇到多数人相互交换名片时，可按对方座次排列名片。

（二）购销活动中的公关技巧

1. 正确地理解客户需求的变化　客户的需要是公共关系的业务源头。关注客户需求的变化、保障客户的利益，才能长期稳定的维护好客户。因此，这就需要中药购销员尽可能地了解市场变化、掌握营销知识和手段，为实现客户的目标，贡献应有的作用。

2. 掌握主流发展趋势　无论外部环境如何变化，公共关系的“改变”是离不开行业、市场的洞察，以及和媒体的“黏度”。许多中药购销员花大力气理解客户的业务，但是忽略了行业、市场、竞争产品的研究，导致其对所服务行业发展的形势、市场的竞争模式不了解，无法抓住市场变化、掌握顾客需求变化，最终会被市场所淘汰。

3. 研究政策　国内各行各业或多或少都有“政策市”色彩，关注相关政策趋势，可以避免公共关系的方向“走偏”，也能让“公共关系”更有影响力。

4. 注重效果　及时给予客户评估效果展示，促使自己了解你是否维护了客户利益，同时也让客户信任、放心你的营销策略，并能及时发现营销策略的问题且作出改善。

5. 组织系统支持　销售事业能够得以顺利发展，不只是靠每位员工的个人努力和奋斗，还靠的是集体力量。当面对的客户是组织客户时，以个体力量来应对组织型客户全面、专业的需求，往往显得能力不足，此时可以设立客户开发支持中心，由企业决策层领导与销售经理牵头，专职大客户开发人员与销售部、策划部员工组成。支持中心应设有数据库，包括成功案例、成功技巧、经验教训总结、客户数据信息、企业可提供的支援情况等，这样就可以为业务人员提供很多思考与行动的决策依据，也为组织积累了宝贵的经验与数据财富。

6. 产品定位策略　将一项产品或服务推向市场的方法有很多。在高度竞争和全球化的市场中，找到最合适的策略被称为产品定位。产品定位能够帮助你避免在价格、性能和技术规格上的竞争。坦率地讲，客户真正在乎的并不是你的产品，而是产品带给他们的利益和价值。

7. 找到你独一无二的价值主张　你比其他任何人都擅长的事情是什么？你的公司所提供的哪些产品是竞争对手无法匹敌的？客户为什么会购买一家公司的产品或服务，而不是另一家的？你的竞争优势是什么？这些都是被称为“价值主张”的关键商业概念的定义。如果你想不出一个经得起推敲的价值主张，那么，你就真的需要重新定位你的产品或服务了。

（三）公关方法、对象和模式

1. 公共关系方法　公共关系方法按照其特性分类，可分为宣传性、社会性、征询性、交际性和专门性公共关系方法等，按照作用分类可分为业务拓展公共关系、关系维护公共关系和危机公共关系。

（1）业务拓展公共关系又可根据其发展进度分为开拓型及发展型：开拓型业务拓展公关的作用在于树立形象、开创良好局面，增加可见度、可信度，主动出击性与外部公众进行信息交流，创造外部环境。发展型业务拓展公关的作用在于加强与公众的沟通联系，不断地向公众传递有关信息，通过有效的公关活动，巩固和完善组织的良好形象和建立信誉，巩固和加强与公众建立起来的联系和友谊。持续宣传、扩大影响。

（2）关系维护公关按维护强度分为服务型和巩固型：服务型关系维护公关作用在于增加组织的吸引力。巩固型关系维护公关作用在于有计划地制止或解决萌芽状态的问题；利用不利时机，调整公关方案，理顺与公众的关系，争取公众理解，开创有利局面；建立早期警报系统；积极主动改造环境，摆脱环境的消极影响；勇于承认错误，主动采取弥补措施，争取公众谅解。

（3）与关系维护公关对应，危机公共关系又称矫正型公共关系，按校正力度分为防守型和进攻型。其作用在于迅速平息风波，纠正错误，避免矛盾激化；恢复信任，挽回声誉，重塑形象迅速查清危机原因，确定危机公关方案；确定发言人，保证信息畅通，控制不利舆论特别是谣言流传；与新闻媒体密切合作，争取公正、有同情心的报道；及时把企业采取的行动、措施与公众沟通，迅速取得公众信任，重塑形象。

2. 公关对象　公众是公众关系对象的总称。即与公共关系主体利益相关并相互影响和相互作用的个人、群体或组织。

公众是与某一组织运行有关的整体环境，是指组织运行过程中必须面对的社会和社会舆论的总和，应该将组织面对的公众视作一个完整的环境，要用全面、系统的观点来分析自己面临的公众。

公众是统称，具体的公众形式可以是个人、群体、团体或组织，公众形式的多样性决定了沟通方式和传播媒介的多样性。

公众具有变化性，必须以发展动态的眼光来认识和把握自己的公众。

3. 公关的模式 公共关系模式就是有一定的公共关系目标和任务以及由此所决定的若干技巧和方法所构成的具有某种特定公共关系功能的工作方法系统。

公共关系模式类型：

（1）建设型公共关系：是在社会组织初创时期或新产品、新服务首次推出时期，为开创新局面进行的公共关系活动模式。目的在于提高美誉度，形成良好的第一印象，或使社会公众对组织及产品有一种新的兴趣，形成一种新的感觉，直接推动组织事业的发展。

（2）维系型公共关系：是指社会组织在稳定发展期间，用来巩固良好形象的公共关系活动模式。目的是通过不间断的、持续的公关活动，巩固、维持与公众的良好关系和组织形象，使组织的良好印象始终保留在公众的记忆中。其做法是通过各种渠道和采用各种方式持续不断地向社会公众传递组织的各种信息，使公众在不知不觉中成为组织的顺意公众。

维系型公共关系是针对公众心理特征而精心设计的，具体可分为“硬维系”“软维系”两种形式。“硬维系”是指那些“维系目的”明确，主客双方都能理解意图的维系活动，其特点是通过显露的优惠服务和感情联络来维系同公众的关系。“硬维系”一般用于已经建立了购买关系或业务往来的组织和个人。“软维系”是指那些活动目的虽然明确，但表现形式却比较超脱、隐蔽的公共关系活动，其目的是在不知不觉中让公众不忘记组织。一般是对广泛的公众开展的公共关系活动，保持一定的媒体曝光率，使公众在不知不觉中了解组织的情况，加深对组织的印象。

（3）防御型公共关系：是指社会组织为防止自身的公共关系失调而采取的一种公共关系活动方式。预防的目的是在组织与公众之间出现摩擦苗头的时候，及时调整组织的政策和行为，铲除摩擦苗头，始终将与公众的关系控制在期望的轨道上。

防御型公共关系的特点，在于确切地了解自身组织的公共关系现状，敏锐地发现其失调的预兆和症状，针对失调采取对策，及时消除隐患，同时进一步促使其向有利于良好的公共关系建设方向转化，因此特别适用于组织发展过程中的战略决策，是战略型领导者最重视的公共关系活动之一。

（4）矫正型公共关系：是指社会组织在遇到问题与危机，公共关系严重失调，组织形象受到损害时，为了扭转公众对组织的不良印象或已经出现的不利局面而开展的公共关系活动。其目的是对严重受损的组织形象及时纠偏、矫正，挽回不良影响，转危为安，重新树立组织的良好形象。其特点是“及时”：及时发现问题，及时纠正问题，及时改善不良形象。通常的处理方法为：查明原因、澄清事实，知错就改，恢复信任，重修形象。

（5）进攻型公共关系：是指社会组织采取主动出击的方式来树立和维护良好形象的公共关系活动模式。当组织需要拓展（一般在组织的成长期），或预定目标与所处环境发生冲突时，主动发起公关攻势，以攻为守，及时调整决策和行为，积极地去改善环境，以减少或消除冲突的因素，并保证预定目标的实现，从而树立和维护良好形象。这种模式，适用于组织与外部环境的矛盾冲突已成为现实，而实际条件有利于组织的时候。其特点是抓住一切有利时机，利用一切可利用的条件、手段，以主动进行的姿态来开展公共关系活动。

（6）宣传型公共关系：是运用大众传播媒介和内部沟通方法开展宣传工作，树立良好组织形象的公共关系活动模式，目的是广泛发布和传播信息，让公众了解组织，以获得更多的支持。主要做法是：利用各种传播媒介和交流方式，进行内外传播，让各类公众充分了解组织，支持组织，从而形成有利于组织发展的社会舆论，使组织获得更多的支持者和合作者，达到促进组织发展的目的。其特点是：主导性强，时效性强，传播面广，快速推广组织形象。

根据宣传对象的不同，又可具体分为对内宣传和对外宣传。

对内宣传的主要对象是组织的内部公众，如员工、股东等。宣传的目的是让内部公众及时、准确地了解与组织有关的各方面信息，如组织的现行方针和决策、组织各部门的工作情况、组织的发展成就或困难和挫折、组织正在采取的行动和措施、外界公众对组织的评价以及外部社会环境的变化对组织的影响等，以鼓舞士气，取得内部谅解和支持，做到上下一心，增强凝聚力，形成统一的价值观和企业精神。

对外宣传的对象包括与组织机构有关的一切外部公众，目的是让他们迅速获得对本组织有利的信息，形成良好的舆论。

（7）交际型公共关系：是在人际交往中开展公共关系工作的一种模式。以人际接触为手段，与公众进行协调沟通，为组织广结良缘的公共关系活动。它的目的是通过人与人的直接接触，进行感情上的联络，为组织广结良缘，建立广泛的社会关系网络，形成有利于组织发展的人际环境。所以，交际型公共关系活动实施的重心是：创造或增进直接接触的机会，加强感情的交流。它的特点在于：有灵活性，即利用面对面交流的有利时机，充分施展公共关系人员的交际才能，达到有效沟通和广结良缘的目的。人情味强。以“感情输出”的方式，加强与沟通对象之间的情感交流。一旦建立了真正的感情联系，往往会相当牢固，甚至超越时空的限制。

交际型公共关系具有直接、灵活的特征，是公共关系活动中应用最多、极为有效的一种模式。不过，在开展交际工作时，应该坚持公共关系的原则，不能使用不正当的手段，如欺骗、贿赂等。还应明确社会交际只是公共关系的一种手段，绝不是公共关系的目的，也不要把私人间的一切交际活动都混同于公共关系。

（8）服务型公共关系：是一种以提供优质服务为主要手段的公共关系活动模式，其目的是以实际行动来获取社会的了解和好评，建立自己良好的形象。对于一个企业或者社会组织来说，要想获得良好的社会形象，宣传固然重要，但更重要的还在于自己的工作，在于自己为公众服务的程度和水平。所谓“公共关系就是百分之九十要靠自己做好”，其含义即在于此。

（9）社会型公共关系：是组织通过举办各种社会性、公益性、赞助性的活动，来塑造良好组织形象的模式。它实施的重点是突出活动的公益性特点，为组织塑造一种关心社会、关爱他人的良好形象。目的是通过积极的社会活动，扩大组织的社会影响，提高其社会声誉，赢得公众的支持。社会型公共关系的特征是：公益性、文化性、社会性、宣传性。实践证明：经过精心策划的社会型公共关系活动，往往可以在较长的时间内发挥作用，显示出潜移默化地加深公众对组织美好印象的功能，取得比单纯商业广告好得多的效果。

（10）征询型公共关系：是以采集社会信息为主、掌握社会发展趋势的公共关系活动模式，其目的是通过信息采集、舆论调查、民意测验等工作，加强双向沟通，使组织了解社会舆论、民意民情、消费趋势，为组织的经营管理决策提供背景信息服务，使组织行为尽可能地与国家的总体利益、市场发展趋势以及民情民意一致；同时，也向公众传播或暗示组织意图，使公众印象更加深刻。征询型公共关系活动实施的重心在于操作上的科学性以及实施过程中的精细和诚意。具体的实施过程是：当组织进行一项工作后就要设法了解社会公众对这项工作的反应。经过征询，将了解到的公众意见进行分类整理加以分析研究，然后提出改进工作的方案，直至满足公众的愿望为止。

（11）文化型公共关系：是指社会组织或受其委托的公共关系机构和部门在公共关系活动中有意识地进行文化定位，展现文化主题，借助文化载体，进行文化包装，提高文化品位的公共关系活动。

文化型公共关系的活动形式：根据公众的文化心态，我们可以采用不同的活动方法，开展公共关系活动，对公众施加文化影响。如文化包装，文化包装是大多数社会组织经常采用的一种公共关系活动方式。它运用文化装饰的手段，形成公共关系的文化氛围，以鲜明的文化特性赋予公共关系活动以鲜明的文化色彩。这对提高公共关系活动的文化品位，满足公众的文化需求，具有重要的意义。

（12）网络型公共关系：其作为一种新型的公共关系类型，是指社会组织借助联机网络、计算机通讯和数字交互式媒体、在网络环境下实现组织与内外公众双向信息沟通与网上公众协调关系的实践活动。这种新型的公共关系由于其独特的价值效应，日益受到广泛重视。

互联网络提供了一种新的传播媒介方式，它通过一对一的沟通，结合文字、声音、影像、图片，用动态或静态的方式，全方面地介绍社会组织的经营理念、产品性能、服务宗旨、服务内容。网络可以提高社会组织知名度，完善组织形象。而且用户不再是被动接受信息，而是主动接受信息。更重要的是，这种公共关系活动不受时间和地域限制。

社会组织的形象宣传在网络中通过电子布告板与公众可以直接交流，了解公众的看法、态度和意见，极大地缩短了组织与公众的沟通距离。而且网络的使用成本低廉，通过网络公共关系，可以创造“虚拟公众代表”，提供更为广泛的信息渠道，使组织获得公众市场低成本的竞争优势。

网络克服了传统公关传播方式速度慢、人为因素多、组织控制力差等缺点，使组织能有效地掌握公关的主动权，对其公众产生直接而积极的影响的同时与新闻媒介公众建立良好关系。互动的特性使网络公关具有创建组织与公众“一对一”关系的优势，随着与公众进行双向沟通了解公众的需求，把握公众对组织的评价，保持与公众的长期友好关系。

网络型公共关系除了上述的优势外，还能建立具有个性的组织网络，在网络论坛设立组织站点，提高站点的影响力和组织的知名度，还可消除误导信息，通过网络信息监督的方式，及时纠正对组织的误解，避免组织形象受到损失。

三、服务的基本概念和作用

（一）现代营销服务新理念

市场经济的特点就是竞争，而市场竞争的表现形式则是多方面、多层次的。理性的竞争带来的是进步与发展，是企业规模的扩大，积累的增加和生产要素的进步，是行业的整体实力的提高，服务竞争不是某一个层次、某一领域的竞争，而是企业综合实力的较量，是企业参与市场竞争的重要方面。

1. 服务竞争是价格战后的唯一选择　近几年来，在市场经济条件下，企业的营销环境发生了巨大的变化，高科技的广泛应用，信息高速流动，产品硬件标准趋同；公平、有序的市场竞争环境逐渐形成；商品的品种、质量和价格大体相当；利润已低到接近成本，这一切使价格竞争达到极限。所以，谁能为顾客提供优质服务，谁就能赢得顾客，赢得市场。服务竞争正是适应这一规律应运而生的，它是对传统的竞争模式的变革。

2. 营销服务是留住顾客的有效办法　在买方市场中，求生存的最佳途径是提高顾客满意度。首先，顾客所购买的不是产品，而是期望，他们不是仅要获得冷冰冰的实体产品，更多的是要在获得实体产品的同时获得心理满足。根据《美国营销策略谋划》的研究结果：91%的顾客会避开服务质量低的公司，其中 80%的顾客会另找其他方面差不多，但服务更好的企业，20%的人宁愿为此多花钱。美国哈佛商业杂志 1991 年发表的一份研究报告显示，“再次光临的顾客可为公司带来 25%～85%的利润，而吸引它们再次光临的因素首先是服务质量的好坏，其次是产品本身，最后才是价格”，因此，做好服务工作，以真诚和温情打动消费者的心，培养“永久顾客”，刺激重复购买，才是谋求企业长远利益的上策。

其次，不满意的顾客将带来高成本。调查表明，企业失去的客户有 68%是因为对服务质量的不满意，每 1 位投诉的用户背后都有 26 位同样不满但却保持沉默的用户，而他们会把自己的感受告诉 8 至 16 个人，所以走掉一位老顾客的损失是要争取 10 多位新客户才能弥补的，不满意的顾客会带来高成本。换句话说，良好的服务所节省的最大成本就是换回老顾客要投入的成本。

（二）服务的重要性

所谓企业“服务危机”现象是指在企业经营活动的过程中出现了一种消费者的信任危机，这种危机极大地影响了企业市场的开拓和产品的销售。

短视的经营观念会导致“服务危机”。第一，大多数企业都不了解产生服务危机的根源，他们或许看到顾客日益不满带来的某种威胁，但并未真正体会到这一问题的严重性。第二，用来衡量服务和顾客满意程度的指标会对企业造成误导，这些数字很容易使他们误认为问题并不像实际上那么严重。第三，很少有企业真正了解营销服务的精髓。经营者短视的经营哲学，使他们只重视短期的财务成果，以及削减成本，删除对利润没有明显帮助的企业活动，营销服务就成为最容易忽视的方面。

重视营销服务是市场营销观念发展的结果。企业经营目标的实现必须建立在生产出令消费者满意的产品，以满足他们的需要，赢得高于竞争对手的满意度。通俗地说，就是一个企业在面对企业、消费者和社会三方利益分配时的态度问题，是必须以消费者利益为中心。因而，营销服务必须贯穿整个经营管理过程，这便是市场营销的精髓。

有时，营销服务的绝对品质并未下降，顾客却日渐感到不满，究其原因是顾客的期望在日渐提高。随着消费者收入的增加，生活水平的改善，人们的消费不再是传统型的消费模式，而是逐步向重视物质和精神二者共同享受的消费方式转变，对企业销售的产品和提供的服务要求越来越高，要求产品和服务具有形象感和实体感、美感、亲切感和方便感。

当前，人们的需求具有多层次、多样化和个性化的倾向，营销服务的需求也出现了新的特点：第一，因为市场经济的发展，参与市场竞争的企业越来越多，市场上的商品日益丰富，消费者开始持币待购，企业能否提供优质服务，对顾客来讲就显得格外重要。第二，随着人们生活水平的提高，人们不仅要购买产品，还要购买服务，人们在满足生理需求的同时也要满足心理上的需求，而且后者的比重在不断上升。因此，作为直接满足顾客各种需求的营销服务将发挥更大的作用，优质服务往往比优质产品更能使顾客在心理上得到更大的满足。第三，生产力发展和科学技术的提高，使服务与人们生活、工作、学习的关系越来越密切。这一切既反映了人们对服务的需求，也反映了人们已经把服务作为未来生活和工作的最基本保障。

四、服务的基本要求

（一）购销员自我心态的调整

销售是营销人员充分发挥自主性和能动性，靠智慧和坚毅取得成功并实现自我价值的职业，是不断迎接挑战，让顾客的需求得以满足，通过帮助别人而成就自己——使自己在精神上得到满足，在物质上不断丰富，并不断完善自我的工作。

寻求“实现销售”和“满足需求”二者之间的平衡点，是营销人员永恒的任务。如果要实现理想的销售业绩，就必须要调整自己的心态，揣摩顾客的态度，满足顾客的需求。

1. 成功地扮演自己的角色，建立正确与良好之服务态度

（1）了解自己工作所扮演的角色。

（2）尊重自己工作所扮演的角色。

（3）注意工作情绪的控制。

营销人员应拥有积极的心态，不但善于从自我的角度进行心理调适，还要善于从顾客的角度，进行换位思考。整个销售过程中，营销人员始终要关心两个问题：一个是顾客的心理变化，一个是销售任务的完成。这两个问题的不同处理方式，反映出不同的营销人员在销售中的不同心态。

根据营销人员对待这两个问题的态度，可以将营销人员分为 81 种类型，其中最具代表性的有 5 种。

①强力营销型：这类营销人员成就感与事业心比较强，渴望成功和完成任务，过分关注销售，却在一定程度上忽视了顾客的需要和利益。他们千方百计地说服顾客，甚至强行推销，以自我为中心，站在自己的角度考虑问题。

②迁就顾客型：这类营销人员过分地重视与顾客的关系，主动迎合顾客，树立自己的良好形象，力求和顾客建立良好的人际关系。但他们却忽视了销售任务的完成，把主要的关注点都放在了处理同顾客的人际关系上，宁可做不成生意，也绝不得罪顾客。在实际销售中，顾客的需要不同，对营销的反应也不同。即便是最好的产品，顾客也会从各自的角度提出反对意见，甚至包括误解和偏见。营销人员如果一味地顺从顾客、讨好顾客，让顾客牵着鼻子走，顾客难免就会提出一些无法满足的条件和要求，导致销售无法实现，销售任务自然也就难以完成。因此，做“好好先生”，过分地关注“顾客关系”不利于促成销售。

③营销技巧型：这类营销人员的心理特点是能够洞悉顾客心理和购买动机，合理运用营销技巧，善于沟通和说服。他们能用辩证的观点处理二者的关系，既不一味取悦顾客，也不一味强行推销，从而把“关心顾客”和“关心销售”这两个问题处理得恰到好处。运用这种处理方式，会取得一定的成绩，但是这类营销人员虽然特别善于运用技巧，却不能深入地挖掘顾客的需求，容易忽视顾客的真正需要。

④漠不关心型：这类营销人员对待顾客和对待销售都比较漠然，对自己是否完成销售任务，没有明确的目标；对顾客是否购买，持无所谓的态度，没有责任心，自然也就缺乏成就感。

⑤问题解决型：这类营销人员的销售心态极佳，既重视销售结果，更关心顾客的需求。他们对整个销售过程比较注意研究，力求让顾客得到最大满足的同时，自己也完成了销售任务。他们既承认营销人员有完成任务并获取报酬的需要，但更认为，顾客的不同需求才是第一位的。有了顾客的需求，才会有营销人员的需求。只有满足了顾客的需求，才能满足营销人员自己的需求。因此，他们要千方百计地去发现有需求的顾客，尊重其购买人格，揣摩其购买心理，总结其消费特点，并针对其问题进行解答和解决，从而完成自己的销售任务。

问题解决型营销人员大都是营销领域的佼佼者。营销人员只有把满足顾客的需求和实现产品的销售放在一起综合考虑，并以解决顾客的问题、满足顾客的需求为中心，才能真正让顾客满意，为顾客所接受。

销售，是一个实践性非常强的沟通过程。营销人员应合理定位自己同顾客的关系，把握好自己的销售心态并适时调整，才能发现顾客亟待解决的和潜在的问题。只有针对顾客的这些问题展开销售，为顾客真正解决问题，才能实现销售，创造业绩。

2. 保持健全的服务心态　不要期待每位客人都是愉快的、满意的、有礼的。而你的工作职责与挑战正是使不满意的顾客变为满意，不愉快的变为愉快，使不懂礼貌的因为你变得有礼貌。

（1）对工作有荣誉感，以服务为工作宗旨。

（2）随时保持愉快的心情与热忱的态度。

（3）设身处地为对方着想。

（4）工作艺术化。

（二）处理突发事件的技巧

突发事件含义：是指一些突然发生的店内的事故，中断店铺的正常运作、损毁店铺财物及可导致人命伤亡的事件。

1. 遇到电源中断时

（1）应该做的事项：使用应急灯作照明用，请将总电闸关闭，留意货场的货品、顾客、员工安全，通知有关部门紧急修理；如供电局停电请询问恢复电力时间；当电源恢复时，先开总电闸，再逐一开启店内电闸。

（2）不应该做的事项：切勿企图自行修理，不可在电源全恢复后同一时间开启全部电闸，使员工表现慌乱。

2. 遇到抢劫时

（1）应该做的事项：保持镇静，留意劫匪的衣着，模样及逃走的方向；在安全的情况下通知公安；安抚在购物中的顾客；维持现场环境不变，以便公安处理；要及时通知主管。

（2）不应该做的事项：与劫匪争论及对抗；随意追赶或跟踪劫匪；触动现场任何证物；未能确定，私自评估。

3. 遇到盗窃时

（1）应该做的事项：如确定盗窃，应提醒客人到收银台位置；语气婉转力邀客人付款；如盗窃犯已走出门口，则可作为盗窃处理，并报公安；如抓获疑犯，一定要两人同疑犯一起直到公安到场；知会上级主管，所有的紧急事故应及时通知上级主管，店铺应留有紧急事故联系人电话。

（2）不应该做的事项：未确定盗窃，妄下判断；疑犯未走出门口，不可作为盗窃；搜疑犯身体及私自搜手提包。

4. 附近发生事故时

（1）应该做的事项：保持镇静；安排店内员工分区站好，留意货品及人身安全；如所发生事故危及人身安全时请及时知会上级主管，或疏散员工到安全的地方。

（2）不应该做的事项：切勿忽略货场货品安全；如要离开店铺，必须关闸。

5. 当顾客行为不检时

（1）应该做的事项：保持冷静；适当运用语言、非语言。

（2）不应该做的事项：大声尖叫、辱骂、殴打。

第六节　计算机在中药购销活动中的应用

一、中药购销相关流程电脑操作基本知识

1. 采购流程　采购流程主要有采购、质检、财务、仓储四个部门参与。具体操作如下：首先可以由商户提出采购计划申请采购订单，然后由采购部经理进行采购订单审核，当货物到达以后由仓储部门进行相应入库做初步的包装及外观检查。更进一步的入库复核由质检部进行验收检查。这样一个采购入库的流程就完成了。涉及付款结算务必先通

过财务部门进行记账单审核和财务审核，然后才能做相应的付款和复核，一个完整的采购就全部完成了（见图 2–1）。

2. 批发销售流程　批发销售流程主要是销售、质检、财务、仓储四个部门参与，具体流程如下：首先由商户（交易大厅）下销售订单，然后由销售部门经理审核后，财务部进行销售开票和相关审核，根据销售单到仓储部门并经过质检部门检验后方可进行出库。至于付款结算务必先通过财务部门进行记账单审核和财务审核，然后才能做相应的收款和复核。这样一个批发销售流程就完成了（见图 2–2）。

只要严格按照系统流程，那么在 GSP 管理模块相关的查询和报表都是自动生成的。

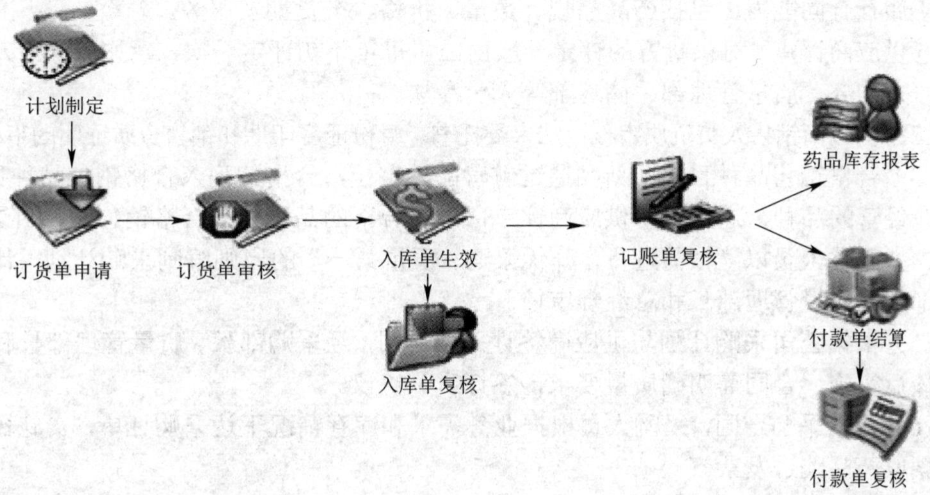

图 2–1　采购流程图

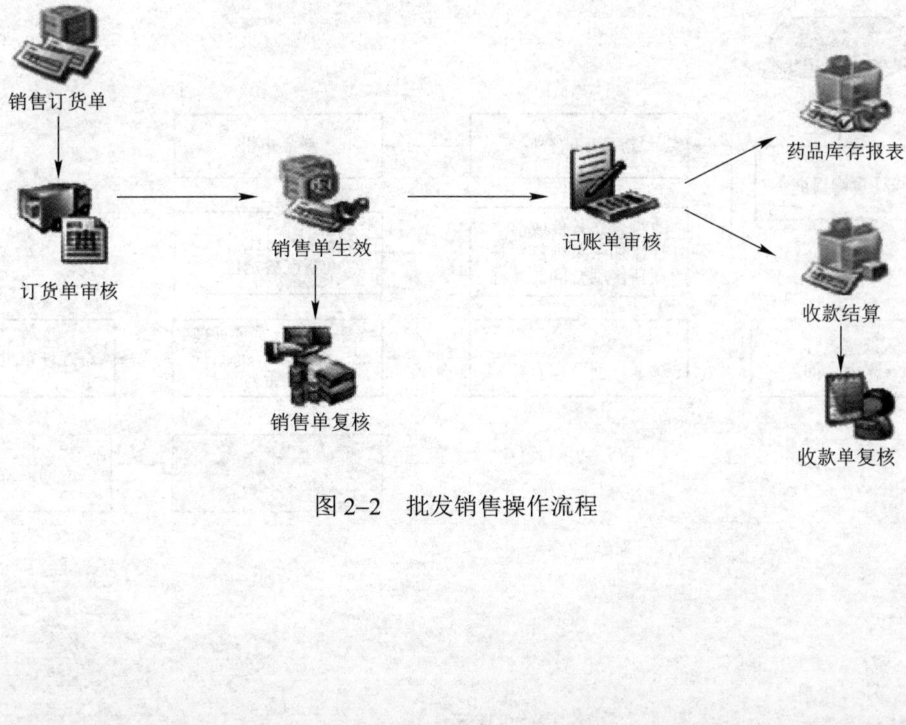

图 2–2　批发销售操作流程

二、各环节计算机操作流程

1. 购进管理操作程序

（1）供货商选择，通过对首营企业的审核和上年度供应商质量评审建立合格供应商目录。

①经营资格：供货方必须具备规定的法定资格，生产企业通过 GMP 认证、经营企业通过 GSP 认证，其经营行为、范围和方式应与证照内容一致。

②质量信誉：以质量文件为依据，主要考察供货方的质量历史,供货方的质量体系状况，同样药品应选择质量信誉好的供货。

③查询 CFDA 及各省药品监督管理部门网站，核实供应商资质的合法性。

④履行合同能力：包括药品品规、数量、价格、交货期及服务。

⑤供应商评审：对供货方的评定一般由公司每年年初评定一次，参加评议的人员应包括：采购部、质量管理部、储运部等人员参加。

（2）供应商销售人员资质审核：法人委托书、身份证复印件和销售资质证明的审核。

（3）合格销售品种目录：新品通过首营品种审核，合格的列入合格销售品种目录；对于在经营的品种，通过每年供应商评审，确定合格的品种列入合格销售品种目录。

（4）采购人员以“按需进货，择优采购、质量第一”的原则编制采购计划，计划经采购部长、质量管理部长和总经理审核。

（5）根据公司采购计划与供应商签订采购合同，经采购部长、质量管理部长和总经理审核后实施，合同需明确质量要求，签订质量协议。

（6）根据采购合同，采购人员根据业务需求和库存情况下达采购订单，实施药品采购，索取药品购进发票。

（7）收货员、验收员对购进的药品根据采购订单、随货同行联及药品实物进行收货和质量验收，确认药品购进，系统生成药品购进记录。

2. 采购合同管理操作程序图

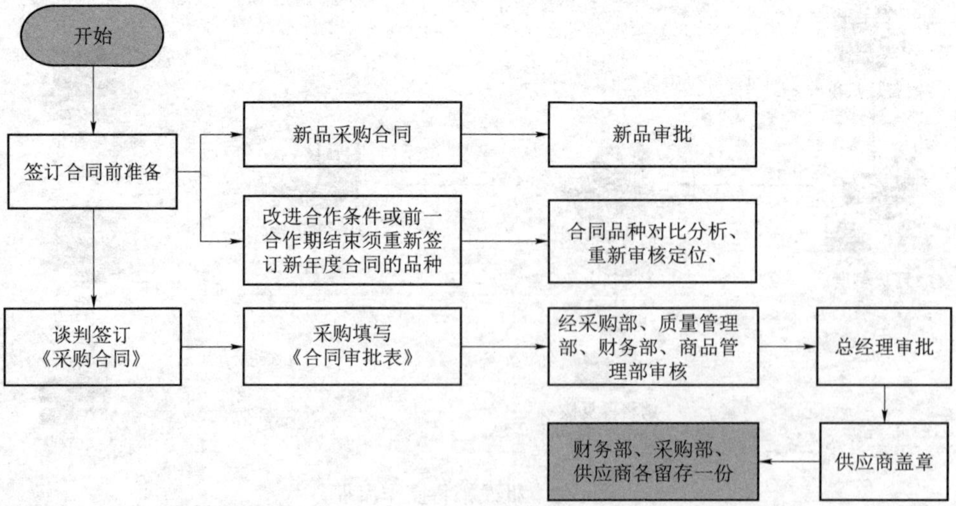

3. 药品储存管理操作程序图

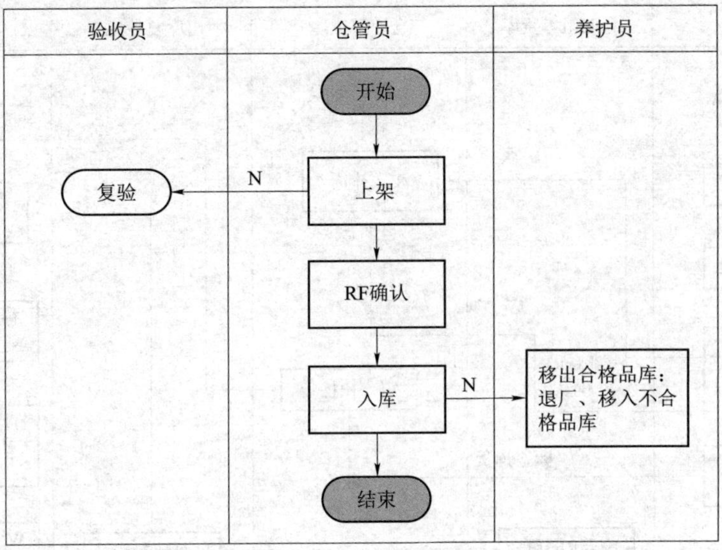

4. 药品养护管理操作程序图

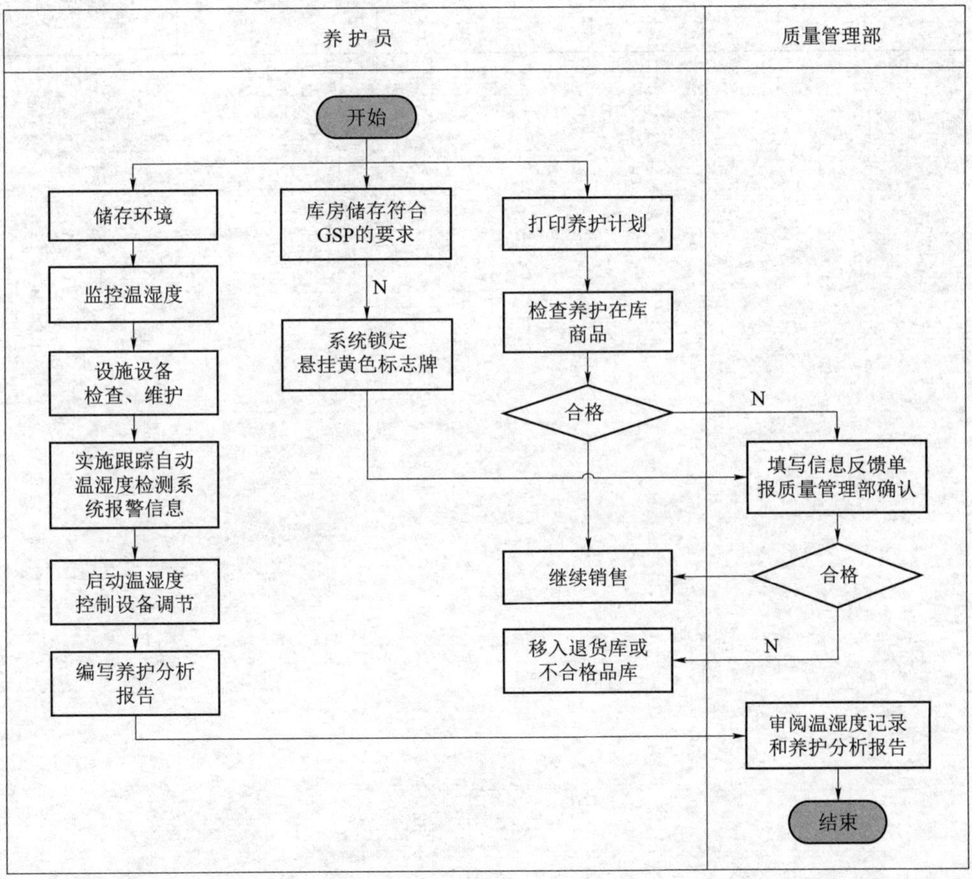

5. 药品出库复核管理操作程序图

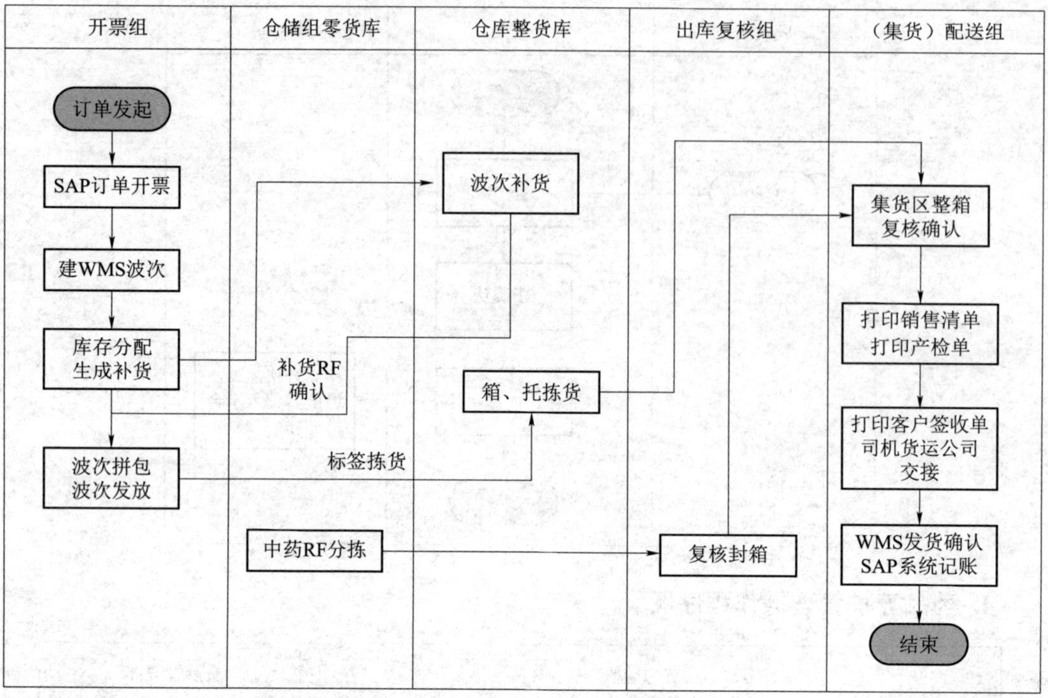

第三章 中药商品采购

第一节 中药市场需求分析

一、中药商品市场需求预测和分析

（一）中药商品市场总趋势

国内药品的现实消费市场是城市居民，农村是巨大的潜在市场，医药市场容量还将进一步扩大，中药包括中成药、中药材、中药饮片，其中中成药是最重要的组成部分，据《2013～2017 年中国中药行业深度调研与投资战略规划分析报告》数据统计，我国有 80%以上的城市居民自行购买过中成药。巨大的需求为国内中药行业的进一步发展提供了巨大的空间。各省市医药、中药、生物医药“十二五”规划显示，大部分省市预计其中药产业增长率在 20%～25%之间，预测“十二五”期间中药工业将保持年均 12%以上速度的增长，到 2015 年总产值超过 5590 亿。综合各省市规划，预计我国中药行业整体增速高于中医药事业发展“十二五”规划的预算，年增长率可达到 20%以上。这些无不标志着中药科学在中国前所未有的发展，同时也展示了中药事业广阔的发展前景。

（二）市场需求预测及数据分析

1. 预测概念　市场预测是指以市场调查所获取的信息资料为基础，运用科学的方法，对未来一定时期内市场发展的状况和发展趋势做出的正确估计和判断。

2. 市场预测的分类

（1）按照预测的范围分：宏观预测、微观预测。

（2）按照预测的时间分：短期预测、近期预测、中期预测、长期预测。

（3）按照预测的结果和性质分：定性预测、定量预测。

（4）按预测的内容分：购买力预测、需求预测、供给预测、资源预测、价格预测、市场占有率预测。

（5）按项目评估的要求分：市场潜量预测、市场发展趋势预测。

（6）按市场预测性质分：综合性预测、专项预测。

3. 市场预测内容

（1）需求预测。

（2）供应预测。

（3）产品价格变动趋势预测。

（4）产品市场占有率和寿命周期预测。

（5）产品的营销范围、方式和费用预测。

（6）产品生产所需的资源预测。

4. 市场预测的程序

（1）确定预测目的。

（2）资料的收集、整理和分析。

（3）选用适当的方法作出预测分析。

（4）分析预测误差，检验预测模型。

（5）选定预测方案、编写预测报告。

二、采购计划审核和修订

（一）采购总成本分析

现代采购中采购成本包括：产品本身的成本、订单处理成本、库存成本、资金成本、仓储成本、运输成本、人员成本及管理成本。

在现代采购中，成本的控制已经由传统的“节约、节省”的观念向现代的效益观念转变。采购成本的控制可以归纳为：价值分析，价值工程，谈判，目标成本法，早期供应商参与，杠杆采购，联合采购，标准化采购等。

采购成本分析 要加强采购成本管理，必须对采购成本进行分析。通过分析，可以实现正确评价企业过去、全面评价企业现状、准确评估企业潜力、充分揭示企业风险等目标。

（1）采购成本：是采购原材料的费用，由两部分构成。一部分为在采购过程中的计划、购买、包装、运输、装卸、接收、检验、存储、配送以及废料处理等采购作业成本，另一部分为人工费、办公费、差旅费、信息传递费等管理成本。

企业经营的根本目标是追求利润最大化。降低成本是企业永恒的追求。在企业降低成本获取利润的分析中，一般把通过减少经营过程中的人工、能源和原材料消耗取得的利润称为第一利润源泉，把扩大产品销售量或销售利润率取得的利润称为第二利润源泉，把通过供应链管理降低物流费用取得的利润称为第三利润源泉，把控制采购费用获取的利润称为第四利润源泉。在供过于求占主导的市场经济中，通过控制采购费用获取的利润要比通过扩大产品销售量或销售利润率获取利润来得容易。因此采购成本管理成为企业管理中的重要工作。

（2）采购成本分析的类型：根据分析主体的不同，可分为内部分析与外部分析。内部分析是企业内部经营者对企业成本状况的分析。内部分析的目的是判断和评价企业采购成本是否正常，及时、准确地发现采购业务的成绩与不足，为企业未来采购业务的顺利进行、提高采购效益和效率指明方向。外部分析是企业外部的投资者及政府部门等根据各自需要或分析目的，对企业的采购成本进行的分析。如政府有关部门通过对采购成本的分析，核算企业对社会经济的贡献状况。

根据分析内容与范围的不同，可分为全面分析和专题分析。根据分析的时期和目的划分，可分为趋势分析、现状分析、潜力分析。

（3）采购成本分析的步骤：第一，采购成本分析准备阶段。包括明确采购成本分析目的；确立采购成本分析标准；制订采购成本分析计划；搜集整理采购成本分析资料。第二，采购成本分析实施阶段。包括整体分析、成本指标分析、基本因素分析。第三，采购成本分析报告阶段。包括提出采购成本分析结论；提出切实可行的措施和建议；编写采购成本分析报告。

（二）市场物料成本调查

物料成本分析是指就供应商所提供的成本逐步审查及评估，以求证成本的合理性和适用性。

物料成本是指制作产品必须的原材料的成本。比如一碗面条的物料成本就是指制作这碗面条所需的一定量的面粉、油、盐、蔬菜、肉、调料、水等的成本。

物料成本分析的内容　物料采购决策通常建立在对物料成本分析的基础上，通过建立订货模型，寻求使总成本最小的订购策略，常用的有存储成本、订货成本、配送成本和缺货成本，现分述如下。

（1）存储成本：为存储保管库存所需的成本，通常也可称为保管成本。其构成要素主要有处理与存储成本、过时损坏与失窃成本、保险与税收成本及资金投资成本（即机会成本）。

①处理与存储成本。存储成本，包括贮藏空间的成本，如仓库成本、设备成本如供暖照明等。如采用现成的仓储设备，则存储成本为固定值，不随库存水平变化而变化，但一旦超出既定的库存水平后，成本就随库存水平增加而上升；处理成本随库存水平大小变化而变化，主要包括物料搬运人员和仓库保管人员所支付的成本，如监督、实地清点物料、搬运等，如遇无效率的存储布置，则会增加处理成本。

②损坏、过时与失窃等成本。许多物料在存储中，会发生变质，从而使物料价值减损，另外，物料会因自然、人为等因素而损坏，损坏程度因物料性质不用而异；过时情况发生在成本市场需求消失后，仓库仍有许多库存，从而造成损失；失窃也会造成资产的损失。

③保险和税收等成本。库存是公司的一种投资，常常需要支付保险费、税收等从而发生成本。

④机会成本。库存需要资本投资，一旦资金用于库存后，即无法用作其他用途，故机会成本决定于该项资金可用于其他备选方案时的投资回报率。

（2）订货成本：采购每批物料时通常需耗费固定成本，此固定成本常称为订购成本。其构成要素常有填写请购单、制造订单、记录订单、追踪订单、质量检验、处理发票或企业报告以及付款准备等事务的工作成本；另外还包括每批物料的价格成本，该成本与批量大小有关。采购成本与每批订购量大小成反比，每批订购量越大，每年订购次数越少，则总采购成本越低。

（3）配送成本：随着供应链各个环节的竞争不断加剧，物流配送近年来被认为是降低成本的最后一个“黑暗大陆”，市场第三方物流公司不断发展壮大，越来越多的生产企业，把物料的运输、配送业务外包给第三方物流公司。在这种情形下，物流配送成本需要单独考虑。

（4）短缺成本：主要内容包括停工待料或无法立即满足需求所发生的各种损失，如加班费、特殊管理费、违约罚款、赶工成本、特殊处理成本、信誉损失成本等。通常情况是发生需求时仓库无库存，且无法立即得到补充，这种缺货会造成失去销售机会，这种销售机会会造成利益的损失，也可能是一种信誉的损失，还可能面临失去顾客的严重后果。

（三）采购计划审核、修订程序

根据 GSP 的要求，制定进货管理程序，其目的是保证供货企业合法、购进药品合法、购进企业的销售人员合法以及购进行为能保证药品质量。

1. 药品进货程序

（1）供货企业的法定资格与质量信誉的确定：通过审核供货单位的生产或经营许可证、营业执照和 GMP、GSP 认证证书，确定供货企业的法定资格和质量信誉。在审核时，要注意确认其证照的有效期和经营范围。同时，要建立合格供货方档案，以防止假劣药品进入流通领域。

（2）购入药品合法性的审查：药品的合法性审核主要包括：药品生产或经营企业是否合法；药品销售人员是否合法；药品是否具有法定的质量标准；药品是否有法定的批准文号和生产批号；是否是合法进口药品；药品包装和标识是否符合有关规定；中药材是否标明产地。

（3）供货单位销售人员合法资格的验证：供货单位销售人员合法资格的验证方式是索取加盖了该企业红色印章的且有企业法定代表人印章或签字的法人授权委托书原件，并审查授权委托书中是否明确规定了授权范围和时间，同时要索取药品销售人员身份证复印件。

（4）首营品种需经审核批准：对首营品种应进行合法性和质量基本情况的审核，审核内容包括：核实药品的批准文号和取得的质量标准，审核药品的包装、标签、说明书等是否符合规定，了解药品的性能、用途、检验方法、储存条件以及质量信誉等。

业务人员索取有关首营品种的相关资料，并填写“首营药品经营审批表”，交由质量管理机构负责人填写审查结果并签字，再报请质量管理机构批准，经企业物价部门签署意见后，由企业负责人签署意见。各方均批注后，业务部门才可进货。

（5）签订有质量条款的合同并执行合同：企业进货应按购货合同中的质量条款执行。合同中的质量标准必须是法定的质量标准，并按购货合同的质量条款执行。

2.《药品经营质量管理规范》中的药品采购规定

第六十一条规定，企业的采购活动应当符合“四项”（详见 GSP）要求，采购中涉及的首营企业、首营品种，采购部门应当填写相关申请表格，经过质量管理部门和企业质量负责人的审核批准。必要时应当组织实地考察，对供货单位质量管理体系进行评价。

第六十二条规定，对首营企业的审核，应当查验加盖其公章原印章的六项资料，确认真实、有效。

第六十三条规定，采购首营品种应当审核药品的合法性，索取加盖供货单位公章原印章的药品生产或者进口批准证明文件复印件并予以审核，审核无误后方可采购；并将以上资料归入药品质量档案。

第六十四条规定，企业应当核实、留存供货单位销售人员“三项”（详见 GSP）资料。

第六十五条规定，企业与供货单位签订的质量保证协议至少包括“七项”（详见GSP）内容。

第六十六条至第七十一条，对采购发票、采购记录、特殊情况下的采购、特殊管理的药品采购及对药品采购的整体情况进行综合质量评审都做了详细的规定（详见GSP）。

3. 药品采购计划的编制　通常情况下，经营的药品系列构成每年都不会有太大的变化，但由于顾客需求的变化及竞争状况的变化，应定时增加或剔除一部分商品；对于每一个药品系列，其种类和数量的确定需要根据销售量、库存量来制订药品的采购计划。制订采购计划时，一般要运用一定的方法，综合考虑各方面的因素。

（1）针对顾客需要确定：根据企业经营目标，通过对企业内部的销售量变化规律、需求人群的分析和企业外部的调查分析，了解消费者的需要，再制订采购计划，力求使采购计划与顾客需要相结合。

（2）ABC分析法确定采购周期：ABC分析法以统计学为基础，它是将所有药品按销售排名划分为A、B、C三类，并采取不同的采购策略。销售排名在前20名的A类药品，采购周期短，安全库存量在3～5天的用量；而B、C类药品的采购周期则适当延长，安全库存量则放宽到1周的用量。

（3）药品品种组合：为使药品的种类齐备，就要求按药品的宽度、深度和高度配置药品。宽度是指药品的类型要齐备。深度是指同一类药品中规格剂型的多寡。高度是指药品的库存量。对于一定的经营场所，首先要规划好药品构成的类别，再按种类决定药品的深度，最后再决定药品的高度，才能最大程度地满足顾客的需要。

（4）订货数量和订货时间的确定：订货数量的确定常用的有三种方法：一是采用经济订货批量模型，使某种药品库存的年费达到最小来确定相应的订货批量；这个模型假定每次的订货量相同，订货提前期固定，需求率固定不变，因此是一个理性的抽象模型。二是采用经济订货批量模型延伸，通过调整运输费率、数量折扣，使订货数量更符合实际。三是采用定期订货法，有些药品的采购数量不多，但总价值却极大，运用单位价值较大的药品来按计划确定购进数量。

订货时间又称再订货点，用于确定再补给药品应在何时启动的问题。当需求情况和完成周期已确定时，很容易确定订货时间；但是，需求情况和完成周期往往受很多因素影响，都是不确定的，因此订货时间需在安全储备的条件下确定。

第二节　中药商品采购监控

一、采购流程规划知识

（一）采购基础知识

采购是企业向供应商购买货物或服务的一种商业行为，是企业物流系统的输入物流。

1. 采购工作的重要性

（1）采购工作是组织商品生产和流通的主要保证：企业经营活动所需的绝大多数原材料、零配件和设备、能源等，必须通过采购从外部获取，并且要在品质、数量、时间等方面得到充分的保证。

（2）采购工作能及时反馈信息：市场供应和销售信息经常处于不断变化的动态之中，如果企业生产的产品不适应市场需要或流通企业所采购的商品在市场上卖不出去，那么采购工作也就会处于被动。采购工作不仅仅是单纯的货物或商品的采购，更重要的是伴随着信息的处理，只有及时接受市场信息，反馈市场信息，才能有助于生产和销售系统。

（3）采购工作是企业经济效益的关键：企业的采购资金占产品的销售额约 40%～60%，这说明采购成本对企业利润将产生很大的影响。

2. 采购管理原则

（1）适质采购管理原则：采购管理中最重要的是合适的品质，即所谓“适当的质量”。①适当性原则。因采购的目标是购买适当的质量。所谓适当的质量并非指尽可能好的质量，而是以满足需求为目的，以符合需要为度，一般应考虑经济和实用。②可行性原则。经过努力可采购得到，即采购计划的可行性。③低成本原则。仅考虑适合性、可行性并不能满足适当质量的要求，成本是考虑质量问题的一个很现实的经济要素，因为采购成本是产品成本的主要构成因素，产品成本的降低有助于提高公司产品销售的竞争力。所有的物料采购，必须依据所要求的各项技术指标进行采购；对于药品的采购，务必要严格按照国家对药品的各项要求进行采购。

（2）适量采购管理原则：适量采购指适当的采购数量。这个“数量”含有两个方面的意思：一是采购方采购的适当数量；二是供应商的生产供应能力是否能够满足采购方采购的适当数量。确定“适当采购数量”是采购部门的一项重要决策任务，“适量”采购就是采购的数量决策。

适量采购是相对的，不是绝对的，也就是说这个“适量”采购是动态的，要根据不同的季节、不同的气候、不同的生产状况、不同的市场需要情况对“适量”采购进行调整。“适量”采购要依“天时”而定，要把采购的时间决策和数量决策结合起来思考分析，尽可能做到有备无患。

在流通领域，采购量的大小还需要结合企业的库存管理、市场价格波动情况、供应商的发货流程和在途时间、供应商销售政策的变化等因素决定。

（3）适时采购管理原则：适时采购是指在最有利的时机购进最适宜的物料，属于采购的时间决策。采购时间过早会导致增加库存量、资金占压采购时间过迟会导致库存量不足，影响销售进度。

因此，在采购工作的管理中采购人员不光要熟悉自己所负责的药品，还需要了解供应商发货的流程、物料在途时间以及付款时间、销售需求等。由于各种药品受生产季节、气候变化、市场供求关系等多种因素影响，价格在不断变化，表现为波浪状的起伏规律。采购部门的主要任务是既要配合企业需要决定何时购入所需的物料，更要为企业的经济利益考虑，在激烈的市场竞争中密切跟踪价格的变化，在经济变化趋势中做出正确的判断，力争在最有利的时机买到最适宜的药品。

①临时性采购。一般在正常采购之外，为应对临时出现的特殊情况必须采取的一种采购方式。临时性采购是需要的时候才采购，这种采购方式的好处是可以减少库存，有利于资金的调度。临时采购多出现在市场价格波动起伏变化较大，没有明显的规律性或者销售部门销售需求的时间不确定或者销售数量不确定的情况。

②适量采购。适量采购多出现在固定的销售客户群体，以该客户群体的需求量和需求周期为基准，计算采购时间和采购量。例如，对于二甲以上医院每月的需求进货时间一般在每月的 25 日前后。根据适时采购的原则，结合物料的在途时间，可以计算出每月的采购时间。

③长期合约采购。长期合约采购可以简化手续，便于缩短采购作业准备时间，避免延误，保障质量水准。长期合约采购已成为现代企业采购和政府采购常用的采购方式之一。长期合约采购就买方而言，可获得稳定的供应，按一定的计划经营，因此可获得比较可靠的利润，便于企业资金调度以及改进质量。采用长期合约采购的质量有保证，采购价格统一且稳定，不受或少受市场缺货的影响，可灵活动用资金而不致物品积压，可节省仓储管理费用，可减少采购工作量，采购效果好。长期合约采购多出现在直接由生产厂家进货的时候。

（4）适地采购管理原则：适地采购原则是利用“地利”的优势来采购。天时不如地利，企业往往容易在与距离比较近的供应商的合作中取得主动权，采购方在选择供应商时最好先选择近距离的供应商来实施，近距离供货使买卖双方沟通更为便捷，处理事务更加快捷。“适地”采购有保证品质、减少采购运输物流成本的作用。

在供应链中，包括原材料供应商、生产制造供应商、继续供应商、分销供应商、零售供应商等。由于供应商每增加一个销售环节都要附加一部分利润和缴纳一定的税额，所以最好从生产制造供应商处采购，以减少中间商的层层加价，扩大利润空间。适地采购多应用在原材料采购中直接由原产地进货，或者在采购环节中有采购方承担物流成本的时候。例如，在中药饮片的采购中讲究道地药材，就需要在相应的地区采购中药饮片，从而保证价格和质量。

（5）适价采购管理原则：适价采购是指在采购过程中能够以适当合理的价格采购到所需要的药品。市场经济中的药品价格在不断变化，何种价格为“适价”这属于采购的价格决策。适价就是定价合适，所采购的药品货有所值。

价格是采购活动的敏感焦点。企业在采购中最关心的要点之一就是采购能节省多少资金，因此采购人员不得不把相当多的时间与精力放在和供应商的“砍价”上。通常采购价格以得到“适当价格”为最高目标，把“适当价格”作为采购决策的上策。

在确保满足其他条件的情况下，力争最低的“适当”采购价格是采购人员最重要的工作。

采购价格的确定方式有两种：根据市场环境确定价格和协议价格。

在采购工作过程中，首先要进行市场的调研分析，也就是采购常说的“货比三家”。如果再深入一些，还需要结合付款的方式进行成本的核算。然后再与供应商进行谈判，也就是常说的议价。作为采购方，在与供应商议价过程中，一方面对于销量大的品种集中采购，通过销量来与供应商议价，降低成本；另一方面可以将物流成本和资金占压成本转嫁给供应商，从而降低成本。

知己知彼，作为采购方要对所要购进的品种有充分地了解，对于供应商所供应的品种在本区域市场有多少销售空间和利润要清楚，同时要了解所购商品中是否还有其他供应商可以供货，是否可以继续降低采购价格。

影响采购价格的因素很多，主要包括：原材料价格的变化，规格与品质，采购数量的多少，季节性的变化，交货期限的长短，付款条件，销售的市场区域，供需关系的强弱，包装成本等。

（6）适供采购管理原则：交货提前期也称交货周期，是指从采购方给供应商下订单到供应商交货，一定有个提前量，也称提前期。交货时间指供应商（卖方）按买卖合同规定将合同货物交付给采购方（买方）或者承运人的期限。交货时间是买卖合同的主要交易条件。适供采购管理要求有一个合适的交货提前期。

采购与供应各环节操作不当，如交货期设定不当，供货方生产、制造、供应能力不足，供货方缺少交货责任感，所需原材料迟延，自身工作技术水平低下，管理不善等，都可能造成延期交货。

现代社会是多元化的时代，由于消费者有多样化的需求，而企业本身又强调“零库存”的管理理念，导致“少量多样”产品的订购越来越普遍，也越来越重要。因此，必须加强适供采购管理工作。

（二）采购运行程序

1. 采购作业流程

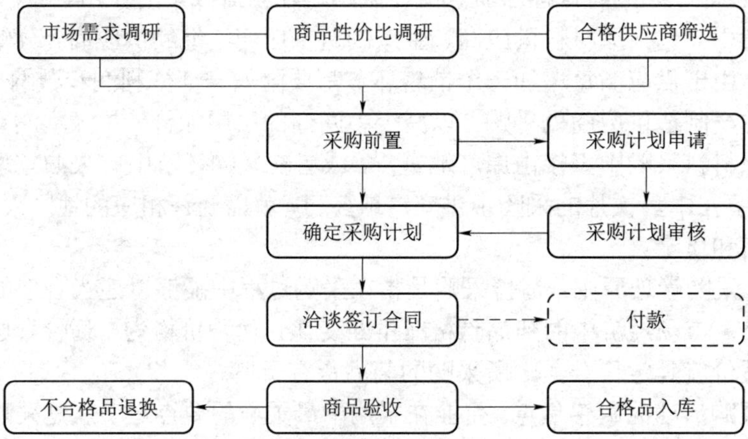

图 3–1　采购活动流程示意图

（1）制定采购计划。采购计划是根据经营部门的计划制定，包括采购的品种、数量、需求日期等内容的计划表格。采购计划的制定工作，包括：采购程序的确定，对经营计划的分析，采购需求情况分析，不同采购意见和主张的协调，填写采购计划表等。

采购计划应达到五个目的：一是预估需要采购药品的数量与时间，防止供应中断，影响产销活动；二是避免采购的药品储存过多，积压资金，占用仓储的空间；三是配合企业运行采购计划与资金运用的协调；四是使采购部门的人员事先准备，选择有利时机购入药品；五是确立药品合理消耗标准，以便控制采购的成本。

（2）进行采购预算。采购预算是一种用数量来表示的计划，是将企业未来一定时期内经营决策的目标通过有关数据系统地反映出来，使经营决策具体化\数量化的表现。

它的主要作用是，保障企业战略计划和作业计划的执行，确保企业组织经营目标的一致。协调企业各部门之间的合作经营，在企业各部门之间合理安排有限的资源，对企业物流成本进行控制、监督管理。

采购预算编制的原则，主要有：实事求是编制原则；积极稳妥、留有余地编制原则；比质比价编制原则。

采购预算主要是进行采购成本预算。采购成本是指企业经营中因采购所产生的费用，包括药品的成本、采购管理成本、存储成本三个部分。采购预算需填写采购预算表。

（3）确定采购方式。采购作业实践方式分日常采购和战略采购。

（4）计算采购数量。

（5）实施采购操作。

2. 采购活动的工作过程

采购活动是个复杂的工作过程，包括收集所采购药品的相关信息，寻找评选供应商，质量认证（标准、品牌、商标、规格、型号），询价、比价、议价、还价、评估、索样、确定、请购、订购、沟通协调、催交、运输、进货验收、入库整理、结算付款、不合格退货等。

二、供应商选择标准

（一）供应商选择

1. 短期标准　选择、评价供应商的短期标准一般是商品质量合适、价格水平低、交易费用少、交付及时、整体服务水平好。

（1）商品质量合适：采购物品的质量是否合乎采购单位的要求是企业生产经营活动正常进行的必要条件，也是采购单位进行商品采购时首要考虑的因素。质量次的商品，虽然采购成本低，但实际上导致了企业的总成本增加。因为质量不合格的产品在企业投入使用的过程中，往往会影响生产的连续性和产品的质量，这些最终都将会反映到企业总成本中去。另一方面，质量过高并不意味着采购物品就适合企业生产所用，因为如果质量过高，远远超过了生产要求的质量，对企业而言也是一种浪费。因此，对于采购中质量的要求是符合企业生产所需，要求过高或过低都是错误的。评价供应商产品的质量，不仅要从商品检验入手，而且要从供应商企业内部去考察，如企业内部的质量检测系统是否完善，是否已经通过了 IS09000 论证等。

（2）成本低：对供应商的报价单进行成本分析，是有效甄选供应商的方式之一。不过成本不仅仅包括采购价格，而且包括原料或零部件使用过程中或生命周期结束后所发生的一切支出。采购价格低对于降低企业生产经营成本，提高竞争力和增加利润，有着明显的作用，因而它是选择供应商的一个重要条件。但是价格最低的供应商不一定就是最合适的，因为在产品质量、交货时间上达不到要求，或者由于地理位置过远而使运输费用增加，因此总成本最低才是选择供应商时考虑的主要因素。所谓总成本包括取得成本、作业成本和处置成本。取得成本，包括下列几项：①开发成本，即寻求、查访、评选供应商的支出，应包括订单处理的费用；②采购价格，即与供应商谈判后购入的成本；③运输成本，如果是从国外采购，供应商以 FOB 报价，买方还需要支付运费，甚至保险费；④检验成本，即进料检验所需支付的检验人员的工资及检验仪器或工具的折旧费用。作业成本，主要包括：①仓储成本，包括仓库租金、仓管人员工资、仓储设备的折旧费用等；②操作成本；③维修成本。

（3）交货及时：供应单位能否按约定的交货期限和交货条件组织供货，直接影响企业生产和供应活动的连续性，因此交货时间也是选择供应商所要考虑的因素之一。企业在考虑交货时间时，一方面要降低原料的库存数量，另一方面又要降低停工断料的风险，因此要审慎供应商的交货时间，以决定其是否能成为公司往来的对象。影响供应商交货时间的因素主要有：①供应商从取得原料、加工到包装所需要的生产周期；②供应商生产计划的规划与弹性；③供应商的库存准备；④所采购原料或零部件在生产过程中所需要的供应商数目与阶层（上下游）；⑤运输条件及能力，供应商交货的及时性一般用合同完成率或委托任务完成率来表示。

（4）整体服务水平好：供应商的整体服务水平是指供应商内部各作业环节，能够配合购买者的能力与态度，如各种技术服务项目、方便订购者的措施、为订购者节约费用的措施等。评价供应整体服务水平的主要指标有以下几个方面。

①安装服务。如空调的免费安装、电脑的装机调试、贴片机的安装调试等都属于供应商提供的安装服务的范畴。对于采购者来讲，安装服务是一大便利。通过安装服务，采购商可以缩短设备的投产时间或应用时间。供应商能否提供非常完善的安装服务是评价供应商服务水平的一个重要指标，同时也是认证人员对供应商进行认证的重要依据。

②培训服务。对采购者来讲，会不会使用所采购的物品决定着该采购过程是否结束。如果采购者对如何使用所采购的物品不甚了解，供应商就有责任向采购者传授所卖产品的使用知识。每一个新产品的问世都应该推出相应的辅助活动（如培训或讲座），供应商对产品卖前与卖后的培训工作情况，会大大影响采购方对供应商的选择。

③维修服务。供应商对所售产品一般都会做出免费保修一段时间的保证。例如，我们到电子市场买一台电脑，我们通常会问卖方提供多长时间的保修，有的提供1年免费保修，有的提供半年。1年免费保修是指买到产品后一年内，因产品质量问题而出现的使用难题都可以得到供应商的免费维修。免费维修是对买方利益的保护，同时也对供应商提供的产品提出了更高的质量要求。供应商会想方设法地提高产品质量，避免或减少免费维修情况的出现。

④升级服务。这也是一种非常常见的售后服务形式，尤其对于现代信息时代的产品就更需要升级服务的支持。信息时代的产品更新换代非常快，各种新产品层出不穷，功能越来越强大，价格越来越低廉，供应商提供免费或者有偿的升级服务是对采购者的一大诱惑，也是供应商竞争力的体现。例如，各种各样的杀毒软件一般都要提供升级服务，只要购买了公司产品就可以随时在网上得到免费升级的服务。

⑤技术支持服务。这是供应商寻求广泛合作的一种手段。采购者有时非常想了解在其产品系统中究竟具有什么样参数的器件最合适，有时浪费大量的时间和费用也不一定能够找到合适的解决办法。这时，如果供应商向采购者提供相应的技术支持，供应商在为采购者解决难题的同时也销售了自己的产品。

（5）履行合同的承诺与能力：企业进行采购，在确定供应商有无履行合同的承诺与能力时，要考虑以下几点。

①先确认供应商对采购的项目、订单金额及数量是否感兴趣。订单数量大，供应商可能生产能力不足；而订单数量少，供应商可能缺乏兴趣。

②供应商处理订单的时间。

③供应商在需要采购的项目上是否具有核心能力。

④供应商是否具有自行研发产品的能力。

⑤供应商目前的闲置设备状况，以了解其接单情况和生产设备的利用率。

2. 长期标准 选择供应商的长期标准主要在于评估供应商是否能保证长期而稳定的供应，其生产能力是否能配合公司的成长而相对扩展，其产品未来的发展方向能否符合公司的需求，以及是否具有长期合作的意愿等。选择供应商的长期标准主要考虑下列4个方面。

（1）供应商内部组织是否完善：供应商内部组织与管理关系到日后供应商供货效率和服务质量。如果供应商组织机构设置混乱，采购的效率与质量就会因此下降，甚至会由于供应商部门之间的互相扯皮而导致供应活动不能及时、高质量地完成。

（2）供应商质量管理体系是否健全：采购商在评价供应商是否符合要求时，其中重要的一个环节是看供应商是否采用相应的质量体系，比如说是否通过ISO9000质量体系认证，内部的工作人员是否按照该质量体系不折不扣地完成各项工作，其质量水平是否达到国际公认的ISO9000所规定的要求。

（3）供应商内部机器设备是否先进以及保养情况如何：从供应商机器设备的新旧程度和保养情况就可以看出管理者对生产机器、产品质量的重视程度，以及内部管理的好坏。如果车间机器设备陈旧，机器上面灰尘油污很多，很难想象该企业能生产出合格的产品。

（4）供应商的财务状况是否稳定：供应商的财务状况直接影响到其交货和履约的绩效，如果供应商的财务出现问题，周转不灵，就会影响供货进而影响企业生产，甚至出现停工的严重危机。

（二）供应商选择方法

供应商评价与选择是企业将投入转换为产出过程的起点，是企业采购管理的重要内容，也是建立供应链合作、联盟甚至战略伙伴关系的基础。选择供应商的方法有许多种，具体的使用要根据供应商的数量、对供应商的了解程度、采购物品的特点、采购的规模以及采购的时间要求等具体确定。目前国内外常用的供应商选择的方法通常有以下几种，适用于不同的情况。

1. 经验评价法 经验评价法是根据征询和调查的资料并结合采购人员的经验对合作伙伴进行分析、评价的一种方法。通过调查、征询意见、综合分析和评价来选择供应商，是一种主观性较强的方法，主要是倾听和采纳有经验的采购人员的意见，或者直接由采购人员凭经验做出判断。

经验评价法根据其评价过程和分析工具的结构化程度分为非结构化方法和结构化方法。

（1）非结构化方法：包括头脑风暴法（brain storming）和德尔斐法（Delphi method）。

①头脑风暴法：是由美国创造学家奥斯本（Alex Faickney Osborn，1888～1966）于

1939年首次提出并于1953年正式发表的一种激发参与者思维的群体决策方法。

头脑风暴法又可分为直接头脑风暴法（通常简称为头脑风暴法）和质疑头脑风暴法（也称反头脑风暴法）。

②德尔斐法：是在20世纪40年代由赫尔姆（Olaf Helmer）和达尔（Norman Dalkey）首创，经过戈登（T.J. Gordon）和兰德公司（RAND corporation）进一步发展而成的一种利用群体智慧预测未来的方法。德尔斐是古希腊的一座城市，相传城中的阿波罗圣殿能预卜未来，德尔斐法便由此命名。德尔斐法依据设定好的程序，采用向专家发出问卷、专家匿名发表意见的方式（即专家之间不得互相讨论，不发生横向联系，只能与调查人员发生关系），通过多轮次调查专家对问卷所提问题的看法，经过反复征询、归纳、修改，最后汇总成专家基本一致的看法，作为预测的结果。

德尔斐法用于决策具有如下特征：①充分利用专家的智慧；②由于采用匿名或背靠背的方式，能使每一位专家独立地做出自己的判断，不会受到面对面讨论问题时权威的影响；③经过问卷—归纳—问卷的多次循环，最终结论会收敛到理想的决策结果。正是由于德尔斐法具有以上这些特点，使它广泛用于诸多决策过程中。这种方法的优点主要是简便易行，具有一定科学性和实用性，可以避免会议讨论时产生的害怕权威而随声附和，或固执己见，或因顾虑情面不愿与他人意见冲突等弊病；同时也可以使大家发表的意见较快收敛，参加者也易接受结论，具有一定程度综合意见的客观性。

（2）结构化方法：将供应商选择评价的维度（或指标）明确下来，并定义出不同的级别，之后再由相关专家基于其经验来评价的方法，就是结构化的经验评价法。结构化经验评价法的具体操作方法是：首先，列举出评价供应商的各项指标；然后，按供应商的优劣档次，分别对各供应商进行评分；最后，将各项得分相加，选得分高者为最佳供应商。

2. 综合评分法 评分法是现行企业应用比较普遍的一种供应商评价选择方法，它比直观判断法更加科学，易于理解，操作起来也较为方便。企业的一般物资大多采用这种方法选择供应商。此外，该方法也易于程序化，虽然在打分过程中不可避免地带有主观色彩，但用打分的方法量化评价效果还是比较好的。其不足之处在于无法体现不同评选指标的不同重要性，这与现实情况并不符合，所以这一方法也渐渐被综合权重评分法或层次分析法等方法所代替。

综合评分法的操作流程是：

（1）针对要采购的资源和内部客户要求列出评价指标和相应的权重。（2）列出所有的备选供应商。（3）由相关人员对各供应商的各项指标打分。（4）对各供应商的所有指标得分加权求和得到综合评分。（5）按综合评分将供应商排序，选择得分最高，也就是综合评价结果最好的供应商。

3. 招标法 招标采购也是一种使用越来越广泛的采购方法，已经受到业界的普遍关注。所谓招标采购，就是通过招标方式寻找最好的供应商的采购方法，它是政府及企业采购中的基本方式之一。招标采购最大的特征就是其公开性，凡是符合资源规定的供应商都有权参加投标。招投标业务通常集中在建设工程、生产设备或资本品采购以及政府采购中。在政府采购过程中，强调公开、公平和公正的原则，招标采购方式具有不可替代的优势。在企业经营活动中，生产性原材料的采购或各类业务外包，也可以用招标来确定一个阶段的最佳供应商。因为招标采购程序复杂，涉及面广，也会产生一定的人、财、物的耗费，所以，并不是所有的物资采购都适合招标的方法。并且，招标确定的供应商在合作过程中一般会产生短期行为，因此，招标采购也会有一些缺点。

采购企业采用招标法选择供应商的流程是这样的。首先，由采购单位提出招标条件；然后，符合条件的各投标单位进行竞标；最后，采购单位决标，并与提出最有利条件的供应商签订协议。

招标方法可以是公开招标，也可以是选择性招标。

公开招标也叫竞争性招标，指由招标人在国家指定的报刊、信息网络或其他媒体上发布招标公告，邀请不特定的企业单位参加投标竞争，招标人从中选择中标单位的招标方式。按照竞争程度，公开招标又可分为国际竞争性招标和国内竞争性招标。

选择性招标也称邀请招标或有限竞争性招标，指由招标单位选择一定数目的企业，一般选择 3～10 家供应商参加较为适宜，向其发出投标邀请书，邀请他们参加投标竞争。由于被邀请的投标者有限，招标方可以节约招标费用，缩短招标有效期，提高每个中标者的中标机会。

具体的招标流程和评标方法参见《中华人民和共和国招标投标法》。招标方法竞争性强，企业能在更广泛的范围内选择适当的供应商，以获得供应条件有利的、便宜而实用的物资。但招标法往往手续繁杂，所需时间长，订购机动性差，有时双方未能充分协商而造成货不对路或不能按时到货。目前，采用招标采购的企业多将该方法与谈判结合使用，以规避招标采购的诸多不足。

4. 协商选择法　在可选择的供应商较多、企业难以抉择时，可以采用协商选择的方法选择供应商，即由企业先选出供应条件较好的几个供应商，同他们分别进行协商，以确定适宜的合作伙伴。和招标法比较，协商选择方法因双方能充分协商，在商品质量、交货日期和售后服务等方面较有保证；但由于选择范围有限，不一定能得到最便宜、供应条件最有利的供应商。当采购时间紧迫、投标单位少、供应商竞争不激烈、订购物资规格和技术条件比较复杂时，协商选择方法比招标方法更合适。

5. 采购成本比较法　对于采购商品质量与交付时间均满足要求的供应商，通常是进行采购成本比较，即分析不同价格和采购中各项费用的支出，以选择成本较低的供应商。采购成本通常包括价格、订购费用、运输费用等。采购成本比较法是通过分析比较各供应商的采购成本，选择采购成本较低的合作伙伴的一种方法。

6. ABC 成本法　ABC 成本法（activity-based costing）又称作业成本分析法，是库珀（Robin Cooper）和卡普兰（Robert.S．Kaplan）在借鉴前人研究成果的基础上，于 1988 年提出的成本控制方法。该方法实际上是以作业量为基础计算产品和服务成本的方法。

7. 层次分析法　层次分析法（analytic hierarchy process，AHP）是美国匹茨堡大学运筹学教授萨蒂（Thomas L．Saaty）于 20 世纪 80 年代提出的一种定性与定量分析相结合的多因素决策分析方法。这种方法将决策者定性的经验判断数量化和结构化，在决策目标、准则以及备选方案结构复杂且缺乏必要数据的情况下使用更为方便，因而在实践中得到广泛应用。AHP 的基本思路与人分析、判断一个复杂的决策问题的过程大体上是一样的。该方法在供应商选择领域也得到了广泛的应用，它克服了综合评分法将各备选方案同时判断、难以给出准确的相对优劣判断结果的困难，同时，也非常便于确定准则（或指标）的相对权重。

AHP 的基本步骤如下

（1）在确定决策的目标后，确定目标决策的准则（或评价指标）并分解（如必要）。在供应商选择问题中，目标是确定最优的供应商。对某种外购原材料或服务供应商的一般评价准则或指标包括产品质量、企业信誉、价格以及交付时间等。如有必要，指标还需进一步分解，如质量还可以分解为使用寿命、可靠性以及外观等。

（2）列出所有备选方案。找出某种外购原材料或服务的所有备选供应商。

（3）建立目标准则—备选方案的多层次结构。

层次结构是 AHP 最主要的分析工具。为了便于分析计算，层次结构中的每一个元素的下属元素不要过多，否则，难以保证比较结果的一致性。一般地，每个元素的下属元素不要多于 7 个，如果多于 7 个，可以通过将指标分类（分组）、增加层次的方法来解决。

8. 平衡计分卡–BSC

平衡计分卡（balance score card，BSC）是绩效管理中的一种新工具，适用于对一个组织或部门绩效的考核，当然也适应于供应商的选择和考核。BSC 是 1992 年由哈佛大学商学院教授罗伯特．S．卡普兰（Robert S．Kaplan）和复兴国际方案总裁戴维．P．诺顿（David P．Norton）最早提出的，与企业战略相关联的全面绩效管理体系。BSC 是一种全方位的、包括财务指标和非财务指标相结合的策略性评价指标体系。平衡计分法最突出的特点是：将企业的愿景、使命和发展战略与企业的业绩评价系统联系起来，注重将企业的使命和战略转变为具体的目标和评测指标，以实现战略和绩效的有机结合。

平衡计分卡分别从 4 个视角分析评价一个组织的绩效

（1）财务类指标：净资产收益率、总资产周转率、资本增值率等；

（2）顾客视角类指标：顾客满意率、合同准时率、优质项目率、投诉降低率等；

（3）内部管理流程类指标：技术、生产效率、设备利用率等；

（4）成长性指标：学习与创新（产品与服务的创新与员工能力提高）、员工满意度、员工保持率、创新数目、合理化建议数等。

（三）现有供应商考评分析

1. 供应商评审管理内容

（1）供应商质量评估、评价分定期和不定期两种方式，采用回顾的方法进行。

①定期供应商质量评估：是指每年年末组织对公司发生业务往来的供应商进行一次全面的质量评审活动。

②不定期供应商质量评估：是指在日常经营工作会议中对供应商及经营品种质量进行评估的活动。

（2）供应商和购货方质量评审主要内容

①提供资质文件、证明材料评审；

②经营品种质量评审：购进、验收、养护、销售各环节出现药品不合格的情况及原因分析；

③对质量保证体系的评审，是否出现质量公告、是否出现在药品监督管理部门的黑名单、是否违规经营、是否经营假、劣药品等不良历史记录；

④对退货品种、滞销品种退货情况及原因分析；

⑤对品种价格分析；

⑥提供相关证明文件、处理各项投诉、到货的及时性及商品的满足率等；

⑦服务的主动性和社会信誉；

⑧提供的销售政策；

⑨其他与质量有关的内容。

2. 供应商评审方法

（1）定期质量评估：在年末供应商和购货方定期评审时，由各部门根据本年度各供应商供货和购货情况（含药品质量），对供应商及其经营品种存在的问题以书面形式报告质量管理部，质量管理部进行汇总，提交年度质量评审会议中讨论，记录评审结果及改进意见，形成质量评审报告，确定淘汰供应商、淘汰品种目录，并在信息系统进行控制，对在评审过程需改进的，根据评审的具体情形由采购部或质量管理部与供应商及购货方沟通改进。

（2）不定期供应商质量评估：各部门在日常经营工作对供应商及其经营品种存在的问题进行汇总，提交质量管理部，在日常经营工作会议时提交会议讨论，对确定淘汰的供应商、淘汰品种由质量管理部在信息系统进行控制。

（3）质量评审工作由质量管理部负责组织，各部门配合完成。

3. 评审报告

质量管理部负责编写药品购进工作年度质量评审报告，报告的主要内容如下。

（1）质量评审的目的、范围和依据。

（2）评审组成员、评审日期和评审内容。

（3）综合评价。

（4）评审发现的主要问题。

（5）对不符合项提出改进意见和措施。

（6）对评审结果应作出明确的结论。

4. 评审结果应用

（1）根据评审结果调整进货渠道和进货方案。

（2）质量管理部对不合格项目改进措施及其有效性进行跟踪，并对跟踪结果记录。

（3）根据供应商和购货方质量评审结果，对质量档案进行动态跟踪管理。不断优化品种结构，提高药品经营质量。

（4）对评审不合格需淘汰的供应商及品种在计算机系统进行控制管理。

三、采购费用控制方法

（一）战略采购成本控制方法

现代采购中采购成本包括：产品本身的成本，订单处理成本，库存成本，资金成本，仓储成本，运输成本和人员成本及管理成本。

在现代采购中，成本的控制已经由传统的“节约、节省”的观念向现代的效益观念转变。采购成本的控制可以归纳为：价值分析，价值工程，谈判，目标成本法，早期供应商参与，杠杆采购，联合采购，标准化采购等。

1. 采购成本控制 做好采购成本控制工作，首先应建立、完善采购制度，做好采购成本控制的基础工作，包括建立与完善严格的采购制度、建立采购计划与预算制度、建立采购作业流程标准化制度、建立采购过程监督制度等。其次是建立供应商档案和准入制度。再次是建立价格档案、价格评价体系。最后是建立考核评价绩效，对采购人员根据工作业绩进行奖罚。

采购成本控制一般通过集中采购法、联合采购法、经济批量采购法、价格控制法（包括招标竞价法、询价法、议价法、定价法、比价法）等方法来实现。

2. 采购活动的控制 采购活动的控制主要包括采购计划授权审批控制、采购与付款合同订单控制、采购商品的验收入库控制、采购与付款制度规范控制、采购与付款实施过程控制，采购与付款有关记录控制和采购与付款业务的职务分离控制。除此之外，在采购活动中还需要对采购合同的执行过程进行控制（包括到货期、运输方式、运输条件等）。

采购活动管理的控制要素，主要包括采购信息、质量、数量、价格、供应商选择与评估、采购谈判与签订合同、请购与催交、进货和验收、结算付款与采购成本等控制的过程管理和结果管理。采购活动控制主要从以下几方面进行：

（1）编写采购手册，规范采购操作。

（2）认识和掌握所采购药品的价格波动规律。

（3）内部控制与审核，该工作重点是注意采购的先后顺序和实效控制，注意关键点设置的控制与审核，注意划分权责或任务，避免作业过程发生摩擦、重复与混乱。

采购程序应适合现实环境，控制和审核程序要适合采购作业方式的发展。

（4）采购异常行为控制。

①无采购申请单的进货控制。一是完善采购进货制度，坚持先申请后进货；二是应用计算机企业资源计划（ERP）系统进行管理，在ERP系统中可以进行强制控制，没有采购单就不能够开入库单。

②进货数量超过采购数量的控制。一是对超过的采购数量，采购方可开一张例外进货单，当作无单采购处理，并注明不需付款；二是在 ERP 系统中加强这方面的管理，如在系统单据中设计进货数量不能超过采购订单的数量，如果超过就不能够审核。

③采购回扣行为的控制。一是加强采购制度建设，控制采购人员拿回扣的现象。主要应建立一套严格完善的管理监控机制，堵塞漏洞，使采购人员拿回扣更加困难，更加容易被发现，并加大惩罚力度，严厉的惩罚机制可减少采购人员拿回扣的风险成本。二是加强检查和监督。三是定期进行考核。四是开放采购渠道。五是提高采购人员的工资和待遇，高薪养廉。六是轮换采购人员。

3. 采购数量的控制 采购数量的控制可以根据适质、适时、适地、适价、适量、适供的采购管理原则，结合实际销售情况和销售计划、库存情况进行采购数量的控制。

影响采购数量的因素包括：企业的采购与库存管理理念；采购批量大小而造成的价格变化，供应商供货价格高低情况，市场状况和价格变化趋势；库存量的变化；资金状况；订货次数和频率；采购管理费用；销量；是否有备用采购渠道或者适销品种；在途期；包装单位等。

根据不同的订货方式，可用不同的方法计算采购量：

（1）定期订货方式，是以 10 天或者 30 天或者一周为单位的订货期间，计算每一次的订货量，即为最佳订货量。订货量=订货周期内和订单下达后在途期间的预计销量+订单周期内和在途期间的安全库存–（现有库存+在途未到货）+目前的销售缺货。

（2）定量订货方式，是按照一定量进行订货，订货时间不定（此类型需要结合安全库存警戒线进行）。订货量=安全库存+在途期内预计销售–现有库存。

（3）物流管理学的经济订购批量，是固定订货批量模型的一种，可以用来确定企业一次订货（外购或自制）的数量。订货量 $=\sqrt{\dfrac{2\times \text{年总需求量}\times \text{单次订货成本}}{\text{单价}\times \text{库存管理费用率}}}$

（二）供应链采购成本管理方法

供应链管理技术是一种新兴的企业成本管理技术。它的定义是“在满足服务水平需要的同时，为了使系统成本最小而采用把供应商、制造商、仓库和商店有效地结合成一体来生产商品，并把正确数量的商品在正确的时间配送到正确的地点的一套方法。”

供应链管理的作用在于通过系统地设计与管理各供应环节，使企业达到两个目的：一是供应链系统的总成本最优，二是更能满足客户需要。这样，供应链管理必然对企业成本管理的诸多方面带来比较大的影响，具体体现在：供应链管理使企业成本管理的目标具有两重性；供应链管理使企业成本管理活动具有层次性；供应链管理使企业成本管理活动具有整体性；供应链管理使企业成本管理更重视信息技术的应用和信息的收集工作。

供应链管理的实现主要通过利用信息技术和供求信息在企业间的整合。因此，这个电子化的供应链系统方案应包括：客户关系管理系统（CRM）、企业资源规划系统（ERP）、供应链管理系统（SCM）、产品资讯系统（PDM）、全球采购管理（GPM）、全球需求管理（GDM）和电子商务（e-Commerce）。实施供应链管理需要耗费大量的时间和财力，在美国，也只有不足 50%的企业在实施供应链管理。Kearney 咨询公司指出，供应链可以耗费整个公司高达 25%的运营成本。但实施这项管理的收益也是巨大的。

1. 控制与信息传递有关的成本 供应链管理要求企业内部成本管理活动与供应商、外部客户分别进行整合，使企业成本控制活动必须重视信息技术的应用和信息的收集工作。在信息技术迅速发展的今天，建立实用可靠的信息技术支撑系统，是供应链有效整合的关键。

要做到各链节之间协同商务，供应链成本控制软件系统需要具有开放的与流行电子商务平台集成的能力，实现财务、人事、物流、运输、生产、供应、营销等管理的整合。系统应具有可扩展性和技术的先进性，以便企业可以在未来随市场环境的变化及时调整相应的业务流程。

通过电子网络将终端客户、经销商、生产企业和配套厂商的信息系统连接在一起，可以相互快速获得信息，提高对客户的响应速度，缩短事务处理周期，减少订货周期，有效控制与企业信息传递有关的成本。美国的福特公司把 EDI（电子数据交换，Electronic Data Interchange）视为调整 JIT（精益生产方式，Just in Time）的关键；GE 通用电器公司通过学习采用 EDI，采购部门的工作效率提高了，节约了订货费用和人力成本。

信息共享是实现供应链管理的基础。信息在企业内部或企业之间的传递，使供应链各节点企业都能及时地掌握到市场的需求信息和整个供应链，如采购、运输、仓储、生产和产品销售等各环节的运行情况，可以帮助企业作出正确的决策。减少因信息失真而导致的过量生产和过量库存，真正做到整个供应链系统的运作与顾客需求一致。

通过信息流的互动，对供应链合作伙伴的资源运用情况，进行实时和适时地沟通了解，保持了供应链各成员企业之间生产与销售节奏的一致性。核心企业和供应链合作伙伴各方可在第一时间得知市场的变化从而调整计划。例如，经销商可通过电子虚拟市场根据集成的生产企业的产品计划信息进行交货期的适时确认；生产企业通过供应商的库存信息进行采购计划的适时调整，可按照客户订单组织生产，可通过与供应商间的电子商务，实现网上采购。这种互动式的成本控制方式，可以实现供应链的资源的最佳组合和调度，极大地降低供应链资源的运作成本和浪费，体现了供应链管理的协调性和同步性，有效地提高供应链的管理效率。

2. 与上下游企业建立合作共赢关系 供应链是由多个企业所组成的企业联盟，成本管理的有效实施有赖于供应链各方的同力协作。法恩教授认为：供应链决定企业核心竞争力，供应链管理必须提出企业如何通过改善经营理念、业务流程、与上游供货商和下游客户之间的关系等软建设来提升效益，增强竞争力。从这个意义上我们也称供应链是一条关系链，上下游企业之间的关系由原来的互为对手的竞争关系转变为现在的互为依存的竞合关系。在供应链管理模式下，所有的环节都被看作一个整体，链上的任何一个企业的决策都会影响其他企业的决策，链上的企业除了自身利益外还应该一同去追求整体的竞争力和盈利能力。一个企业的采购计划、生产计划和库存优化控制等不但要考虑本身的业务流程和所拥有的资源，还要考虑供应链整体情况。链上的企业应积极主动地协调、管理、降低各自的成本、相互间的交易成本，实现整个供应链的利润最大化。最终实现上下游企业的合作共赢。

供应链上下游企业在一定时期内共享信息，形成共担风险、共同获利的协议关系。这种互惠互利的战略伙伴关系应保持一定的稳定性。但是供应链也具有动态性，其动态性除了出于战略需要和适应市场要求的需要而对节点企业进行调整外，还有出于供应链成本控制的考虑；如果某一节点企业引起供应链成本的上升，那么企业就有被取而代之的可能。

供应链上企业通过采购、生产、销售、运输等一系列各不相同但又相互联系的经营活动，从成本上增加了产品的价值，给相关企业带来收益，所以供应链还是一条价值增值链。对供应链进行价值分析，定量描述并确定整条供应链上企业与企业、企业与供应商、企业与顾客之间，以及作业链各环节的成本及价值形成与转移过程，找出各环节占供应链总成本价值的比例和增长趋势，确定各环节的价值活动的结构构成，从而发现企业可在哪些地方，哪些环节能降低成本、增加价值，进而进行成本控制策划，作出有效控制宏观成本与微观成本的决策，不断挖掘企业增加效益的潜力。

3. 采用精益生产方式 JIT 基本思想是“只在需要的时候，按需要的量，生产所需的产品”。企业以市场需求为生产经营的导向，企业根据客户订单弹性组织生产，适时适地适量地进行产、供、销活动，从而有效地加强了企业对目标成本的控制。精，即少而精，不投入多余的生产要素，只是在适当的时间生产必要数量的市场急需产品（或下道工序急需的产品）；益，即所有经营活动都要有益有效，具有经济效益。JIT 成本控制的主要流程环节有以下几个方面：

供应链必须具有灵活快速响应满足市场的能力。准时化生产、准时化销售、准时化配送，使所生产的产品从一个环节尽快转移到下一个环节，通过各节点企业业务流程的快速组合增加供应链的柔性和敏捷性。寻求各种手段压缩供应链业务非增值时间来实现供应链增值。

生产任务安排订单化。主要是按照客户订单数量生产和按照市场需求进行合理的预测，防止过量生产；严格控制生产订单的合理批量，既不能太大也不能太小。

生产计划排程的合理性。充分考虑到生产过程中的异常情况，加强对生产线产能的动态分析，提高生产计划的执行率，减少无效的等待。避免生产节奏的前松后紧或者是前紧后松。

实施即时采购，通过科学的经济批量计算合理安排采购频率和批量，可获得更短的提前期、更好的订货控制，可利用电子商务进行网上采购，即时进行信息交换和在线交易。减少双方为进行交易而投入的人力、物力和财力，提高采购的效率，降低采购成本。

最大限度地减少原材料库存，减少仓储费用以及产品由于过时、过季和供过于求造成的损失。对原材料采购进行集中管理，增加物资采购的透明度。通过集中配料的方法来减少不必要的移动，包括人的移动和物的移动，提高备料的效率。

企业必须要有很强的产品开发能力和快速组织产品生产的能力，为避免产品过时要及时进行产品升级换代，进行项目调研、工艺设计、产品设计，这三阶段决定了产品成本的 70%。对存在问题应逐一分析改进。

JIT 可能会局部提高成本，但从整个供应链的角度看，由于提高了用户满意程度，所带来的利润不但能够抵消这部分成本，还能带来额外利润，最终还是降低了供应链的综合成本。上海汽车工业总公司近年来推行以 JIT 为主要内容的危机管理，桑塔纳轿车生产成本连年下降 5%，劳动生产率连年提高 5%。中国二汽在变速箱厂推行 JIT 一年，产量比原设计能力翻一番，流动资金和生产工人减少 50%，劳动生产率提高一倍。一汽变速箱厂推行 JIT，半年中产值增长 44.3%，全员劳动生产率增长 37%，人均创利增长 25.1%。美国国家半导体公司在两年时间内，通过关闭全球内的六个仓库和从在新加坡新成立的中央配送中心，采取向顾客空运微型集成电路的做法，不仅降低了销售成本，缩短了交货时间，而且增加了销售额。同时实现了改善服务和降低库存水平这两个目标。

（三）现代采购理念

相对于传统采购理念，现代采购理念改变体现在：承担了全面产品开发过程的共同责任；从追求功能到追求协作过程；从追求利润到追求可获利能力；从产品到用户服务；从注重交易到注重关系的建设；从交易产品清单到交易信息。

1. 采购模式的发展与创新

（1）从单纯的采购发展为寻找资源的采购

（2）从为库存采购发展为订单采购

（3）从对采购药品的管理发展为全球化采购

（4）从传统采购发展为电子商务采购

2. 现代采购管理的新发展

（1）JIT 采购管理：JIT 采购又称准时采购，它的基本思想是：在恰当的时间、恰当的地点，以恰当的数量、恰当的质量提供恰当的药品。JIT 采购的核心内容是采购供应的准时化、小批量、多批次、零缺陷、零库存。

（2）MRP 采购管理：MRP 是物料需求计划的缩写，是企业内部的物料计划管理模式。MRP 的基本原理是由主经营计划和主产品的层次结构逐层地求出主产品的出产时间、出产数量。这个计划就叫做物料需求计划。根据这个计划形成采购计划、确实按照这个计划进行采购，不仅能保证产品的交货期，而且还能够降低原材料的库存，减少流动资金的占用。

（3）VMI 采购管理：VMI 是供应商管理库存的缩写，是按照双方达成的协议，由供应链的上游企业根据下游企业的需求计划、销售信息和库存量，主动对下游企业的库存进行管理和控制的供应链库存管理方式，VIN 的核心内容是协作、互惠，保持稳定长久的供需关系，并共同改进相关流程。可使采购库存很少甚至没有库存，把采购方从库存的陷阱中摆脱出来，从而减少资金占用，最终降低采购成本。

第四章　中药鉴别

第一节　中药识别

一、根及根茎类中药

绵马贯众

【来源】本品为鳞毛蕨科植物粗茎鳞毛蕨的干燥根茎和叶柄残基。

【产地】主产于黑龙江、吉林、辽宁等省。

【性状鉴别】药材　呈长倒卵形，略弯曲，上端钝圆或截形，下端较尖，有的纵剖为两半，长 7～20cm，直径 4～8cm。表面黄棕色至黑褐色，密被排列整齐的叶柄残基及鳞片，并有弯曲的须根。叶柄残基呈扁圆形，长 3～5cm，直径 0.5～1.0cm；表面有纵棱线，质硬而脆，断面略平坦，棕色，有黄白色维管束 5～13 个，环列。根茎质坚硬，断面略平坦，深绿色至棕色，有黄白色维管束 5～13 个，环列。气特异，味初淡而微涩，后渐苦、辛。以个大、质坚实、叶柄残基断面棕绿色者为佳。

饮片　呈不规则的厚片或碎块。表面黄棕色至黑褐色，多被有叶柄残基，有的可见棕色鳞片，切面淡棕色至红棕色，有黄白色维管束小点，环状排列。气特异，味初淡而微涩，后渐苦、辛。

绵马贯众炭　呈不规则的厚片或碎片。表面焦黑色，内部焦褐色。味涩。

【功效】清热解毒，止血，杀虫。用于虫积腹痛，疮疡。

大　黄

【来源】本品为蓼科植物掌叶大黄、唐古特大黄或药用大黄的干燥根和根茎。

【产地】掌叶大黄主产于甘肃、青海、西藏、四川等地，多为栽培。产量占大黄的大部分。唐古特大黄主产于青海、甘肃、西藏等地，野生或栽培。药用大黄主产于四川、贵州、云南、湖北等省，栽培或野生，产量较少。

【性状鉴别】药材　呈类圆柱形、圆锥形、卵圆形、不规则瓣块状或段状，长 3～17cm，直径 3～10cm。除尽外皮者表面黄棕色至红棕色，有的可见类白色网状纹理，习称“锦纹”（系类白色薄壁组织与红棕色射线所形成），或有部分棕褐色栓皮残留，多具绳孔及粗纵纹。质坚实，断面淡红棕色或黄棕色，颗粒性。根茎髓部较大，有“星点”（异常维管束）环列或散在；根形成层环明显，木质部发达，具放射状纹理，无星点。

气清香，味苦而微涩，嚼之黏牙，有沙粒感，唾液染成黄色。以个大、质坚实、气清香、味苦而微涩者为佳。

饮片　大黄片为厚片。切面淡红棕色或黄棕色，显颗粒性；根茎切片髓部宽广，有星点环列或散在；根切片木部发达，具放射状纹理，形成层环明显，无星点。气清香，味苦而微涩，嚼之黏牙，有砂粒感。

酒大黄　厚片，表面深褐色，内部棕褐色，微有酒香味。

熟大黄　内外均呈黑色，微有酒香味。

大黄炭　表面焦黑色，内部焦褐色。

【功效】泻下攻积，清热泻火，凉血解毒，逐瘀通经，利湿退黄。用于实热便秘，积滞腹痛，泻痢不爽，温热黄疸，血热吐衄，目赤，咽痛，肠痈腹痛，痈肿疔疮，瘀血经闭，跌扑损伤。外治水火烫伤；上消化道出血。

何首乌

【来源】本品为蓼科植物何首乌的干燥块根。

【产地】主产于河南、湖北、广西、广东等省区。

【性状鉴别】药材　呈团块状或不规则纺锤形，长 6～15cm，直径 4～12cm。表面红棕色或红褐色，皱缩不平，有浅沟，并有横长皮孔样突起和细根痕。体重，质坚实，不易折断，断面浅黄棕色或浅红棕色，显粉性，皮部有 4～11 个类圆形异型维管束环列（云锦花纹），中央木部较大，有的呈木心。气微，味微苦而甘涩。以个大、质坚实而重、红褐色、断面显云锦花纹、粉性足者为佳。

饮片　呈不规则的厚片或块。外表面红棕色或红褐色。切面浅黄棕色或浅红棕色，显粉性，可见云锦花纹，中央木部较大，有的呈木心。气微，味微苦而甘涩。

【功效】解毒，消痈，截疟，润肠通便。用于瘰疬疮痈，风疹瘙痒，肠燥便秘；高脂血症。

制何首乌

【来源】本品为何首乌的炮制加工品。

【性状鉴别】本品呈不规则皱缩状的块片，厚约 1cm。表面黑褐色或棕褐色，凹凸不平。质坚硬，断面角质样，棕褐色或黑色。

【功效】补肝肾，益精血，乌须发，强筋骨，化浊降脂。用于血虚萎黄，眩晕耳鸣，须发早白，腰膝酸软，肢体麻木，崩漏带下，高脂血症。

牛膝

【来源】本品为苋科植物牛膝的干燥根。

【产地】主产河南武陟、泌阳等地。河北、山东、山西、江苏亦产。多为栽培品。

【性状鉴别】药材　呈细长圆柱形，挺直或稍弯曲，长 15～70cm，直径 0.4～1cm。表面灰黄色或淡棕色，有微扭曲的细纵皱纹、稀疏的侧根痕和横长皮孔。质硬脆，易折断，受潮后变软，断面平坦，淡棕色，略呈角质样而油润，中心维管束木质部较大，黄白色，其外周散有多数黄白色点状维管束，断续排列成2～4轮。气微，味微甜而稍苦涩。以根长、肉肥、皮细、黄白色者为佳。

饮片　呈圆柱形的段。外表面灰黄色或淡棕色。切面平坦，淡棕色或棕色，略呈角质样而油润，中心维管束木部较大，黄白色，其外围散有多数黄白色点状维管束，断续排列成2～4轮。气微，味微甜而稍苦涩。

酒牛膝　呈圆柱形的段，表面色略深，偶见焦斑。微有酒香气。

【功效】逐瘀通经，补肝肾，强筋骨，利尿通淋，引血下行。用于经闭，痛经，腰膝酸软，筋骨无力，淋证，水肿，头痛，眩晕，牙痛，口疮，吐血，衄血。

川牛膝

【来源】本品为苋科植物川牛膝的干燥根。

【产地】主产于四川、云南、贵州等省。野生或栽培。

【性状鉴别】药材　呈近圆柱形，微扭曲，向下略细或有少数分枝，长30～60cm，直径0.5～3cm。表面黄棕色或灰褐色，具纵皱纹、支根痕和多数横长的皮孔样突起。质韧，不易折断，断面浅黄色或棕黄色，维管束点状排列成数轮同心环。气微，味甜。

饮片　呈圆形或椭圆形薄片。外表面黄棕色或灰褐色。切面浅黄色至棕黄色。可见多数排列成数轮同心环的黄色点状维管束。气微，味甜。

酒川牛膝　表面棕黑色。微有酒香气。

【功效】逐瘀通经，通利关节，利尿通淋。用于经闭癥瘕，胞衣不下，跌扑损伤，风湿痹痛，足痿筋挛，尿血血淋。

附　子

【来源】本品为毛茛科植物乌头的子根的加工品。

【产地】四川、陕西省为主要栽培产区。

【性状鉴别】药材　盐附子　呈圆锥形，长4～7cm，直径3～5cm。表面灰黑色，被盐霜，顶端有凹陷的芽痕，周围有瘤状突起的支根或支根痕。体重，横切面灰褐色，可见充满盐霜的小空隙和多角形形成层环纹，环纹内侧导管束排列不整齐。气微，味咸而麻，刺舌。以个大、坚实、灰黑色、表面起盐霜者为佳。

黑顺片　为纵切片，上宽下窄，长1.7～5cm，宽0.9～3cm。厚0.2～0.5cm。外皮黑褐色，切面暗黄色，油润具光泽，半透明状，并有纵向导管束。质硬而脆，断面角质样。气微，味淡。以片大、厚薄均匀、表面油润光泽者为佳。

白附片　无外皮，黄白色，半透明，厚约0.3cm。以片大、色白、气清香、味苦而微涩者为佳。

饮片　淡附片　呈纵切片，上宽下窄，长1.7～5cm，宽0.9～3cm，厚0.2～0.5cm。外皮褐色。切面褐色，半透明，有纵向导管束。质硬，断面角质样。气微，味淡，口尝无麻舌感。

【功效】回阳救逆，补火助阳，散寒止痛。用于亡阳虚脱，肢冷脉微，阳痿，宫冷，心腹冷痛，虚寒吐泻，阴寒水肿，阳虚外感，寒湿痹痛。

白　芍

【来源】本品为毛茛科植物芍药的干燥根。

【产地】主产于浙江、安徽、四川、贵州、山东等省，均为栽培。

【性状鉴别】药材　呈圆柱形，平直或稍弯曲，两端平截，长 5～18cm，直径 1～2.5cm。表面类白色或淡棕红色，光洁或有纵皱纹及细根痕，偶有残存的棕褐色外皮。质坚实，不易折断，断面较平坦，类白色或微带棕红色，形成层环明显，木部有放射线纹理。气微，味微苦、酸。以根粗、坚实、无白心或裂缝者为佳。

饮片　呈类圆形的薄片。外表面淡棕红色或类白色，平滑。切面类白色或微带棕红色，形成层环明显，木部有放射线纹理。气微，味微苦、酸。

酒白芍　表面微黄色或淡棕黄色，有的可见焦斑。微有酒香气。

【功效】养血调经，敛阴止汗，柔肝止痛，平抑肝阳。用于头痛眩晕，胁痛，腹痛，四肢挛痛，血虚萎黄，月经不调，自汗，盗汗。

赤　芍

【来源】本品为毛茛科植物芍药或川赤芍的干燥根。

【产地】芍药主产内蒙古和东北等地，河北、陕西、山西等省亦产。川赤芍主产于四川，甘肃、陕西等省亦产。

【性状鉴别】药材　呈圆柱形，稍弯曲，长 5～40cm，直径 0.5～3cm。表面棕褐色，粗糙，有纵沟和皱纹，并有须根痕和横长的皮孔样突起，有的外皮易脱落。质硬而脆，易折断，断面粉白色或粉红色，皮部窄，木部放射状纹理明显，有的有裂隙。气微香，味微苦、酸涩。以根粗壮、断面粉白色、粉性大者为佳。

饮片　呈类圆形切片，外表面棕褐色。切面粉白色或粉红色，皮部窄，木部放射状纹理明显。气微香，味微苦、酸涩。

【功效】清热凉血，散瘀止痛。用于热入营血，温病发斑，吐血衄血，目赤肿痛，肝郁胁痛，经闭痛经，癥瘕腹痛。

黄　连

【来源】本品为毛茛科植物黄连、三角叶黄连或云连的干燥根茎。

【产地】黄连主产于四川石柱县。湖北西部、陕西、甘肃等地亦产。主要为栽培品。三角叶黄连主产于四川洪雅、峨眉等地，为栽培，少有野生。云连主产于云南德钦、碧江及四川等地，原为野生，现有栽培。

【性状鉴别】药材　味连　多集聚成簇，常弯曲，形如鸡爪，单枝长 3～6cm，直径 0.3～0.8cm。表面灰黄色或黄褐色，粗糙，有不规则结节状隆起、须根及须根残基，有的节间表面平滑如茎秆，习称“过桥”。上部多残留褐色鳞叶，顶端常留有残余的茎或叶柄。质硬，断面不整齐，皮部橙红色或暗棕色，木部鲜黄色或橙黄色，呈放射状排列，髓部有的中空。气微，味极苦。

雅连　多为单枝，略呈圆柱形，微弯曲，长 4～8cm，直径 0.5～1cm。“过桥”较长。顶端有少许残茎。

云连　弯曲呈钩状，多为单枝，较细小。

均以粗壮、坚实、断面皮部橙红色，木部鲜黄色或橙黄色者为佳。

饮片　呈不规则的薄片。外表面灰黄色或黄褐色，粗糙，有细小的须根。切面或碎断面鲜黄色或红黄色，具放射状纹理，气微，味极苦。

酒黄连　色泽加深。略有酒香气。

姜黄连　表面棕黄色。有姜的辛辣味。

萸黄连　表面棕黄色。有吴茱萸的辛辣香气。

【功效】清热燥湿，泻火解毒。用于温热痞满，呕吐吞酸，泻痢，黄疸，高热神昏，心火亢盛，心烦不寐，血热吐衄，目赤，牙痛，消渴，痈肿疔疮；外治湿疹，湿疮，耳道流脓。

防己

【来源】本品为防己科植物粉防己的干燥根。

【产地】主产于浙江、安徽、湖北、湖南等地。

【性状鉴别】药材　呈不规则圆柱形、半圆柱形或块状，多弯曲，长 5～10cm，直径 1～5cm。表面淡灰黄色，在弯曲处常有深陷横沟而成结节状的瘤块样。体重，质坚实，断面平坦，灰白色，富粉性，有排列较稀疏的放射状纹理。气微，味苦。以质坚实、粉性足、去净外皮者为佳。

饮片　呈类圆形或半圆形的厚片。外表面淡灰黄色。切面灰白色，粉性，有稀疏的放射状纹理。气微，味苦。

【功效】祛风止痛，利水消肿。用于水肿脚气，小便不利，湿疹疮毒，风寒湿痹；高血压。

延胡索

【来源】本品为罂粟科植物延胡索的干燥块茎。

【产地】主产于浙江东阳、磐安。湖北、湖南、江苏等省亦产，多为栽培。

【性状鉴别】药材　呈不规则的扁球形，直径 0.5～1.5cm。表面黄色或黄褐色，有不规则网状皱纹。顶端有略凹陷的茎痕，底部常有疙瘩状突起。质硬而脆，断面黄色，角质样，有蜡样光泽。气微，味苦。以个大、饱满、质坚实、断面色黄者为佳。

饮片　呈不规则的圆形厚片或碎块。外表面黄色或黄褐色，有不规则细皱纹。切面黄色，角质样，具蜡样光泽。气微，味苦。

醋延胡索　表面和切面黄褐色，质较硬。微具醋香气。

【功效】活血，行气，止痛。用于胸胁、脘腹疼痛，经闭痛经，产后瘀阻，跌扑肿痛。

板蓝根

【来源】本品为十字花科植物菘蓝的干燥根。

【产地】主产于河北、江苏。河南、安徽、陕西等地均有栽培。

【性状鉴别】药材　呈圆柱形，稍扭曲，长 10～20cm，直径 0.5～1cm.。表面淡灰黄色或淡棕黄色，有纵皱纹、横长皮孔样突起及支根痕。根头略膨大，可见暗绿色或暗棕色轮状排列的叶柄残基和密集的疣状突起。体实，质略软，断面皮部黄白色，木部黄色。气微，味微甜后苦涩。以条长、粗大、体实者为佳。

饮片　呈圆形的厚片。外表面淡灰黄色至淡棕黄色，有纵皱纹。切面皮部黄白色，木部黄色。气微，味微甜后苦涩。

【功效】清热解毒，凉血利咽。用于温毒发斑，舌绛紫暗，痄腮，喉痹，烂喉丹痧，大头瘟疫，丹毒，痈肿。

葛　根

【来源】本品为豆科植物野葛的干燥根。

【产地】主产于湖南、河南、广东、浙江等地。

【性状鉴别】药材　呈纵切的长方形厚片或小方块，长5～35cm，厚0.5～1cm。外皮淡棕色，有纵皱纹，粗糙。切面黄白色，纹理不明显。质韧，纤维性强。气微，味微甜。

饮片　呈不规则的厚片、粗丝或边长为5～12mm的方块。切面浅黄棕色至棕黄色。质韧，纤维性强。气微，味微甜。

【功效】解肌退热，生津止渴，透疹，升阳止泻，通经活络，解酒毒。用于外感发热头痛、项背强痛，口渴，消渴，麻疹不透，热痢，泄泻；高血压颈项强痛。

粉　葛

【来源】本品为豆科植物甘葛藤的干燥根。

【产地】主产于广西、广东，多为栽培。

【性状鉴别】药材　呈圆柱形、类纺锤形或半圆柱形，长12～15cm，直径4～8cm；有的为纵切或斜切的厚片，大小不一。表面黄白色或淡棕色，未去外皮的呈灰棕色。体重，质硬，富粉性，横切面可见由纤维形成的浅棕色同心性环纹，纵切面可见由纤维形成的数条纵纹。气微，味微甜。

饮片　呈不规则的厚片或立方块状。外表面黄白色或淡棕色。切面黄白色，有时可见由纤维形成的浅棕色同心性环纹，纵切面可见由纤维形成的数条纵纹。体重，质硬，富粉性。气微，味微甜。

【功效】解肌退热，生津止渴，透疹，升阳止泻，通经活络，解酒毒。用于外感发热头痛，项背强痛，口渴，消渴，麻疹不透，热痢，泻泄，眩晕头痛，中风偏瘫，胸痹心痛，酒毒伤中。

甘　草

【来源】本品为豆科植物甘草、胀果甘草或光果甘草的干燥根和根茎。

【产地】甘草主产于内蒙古、宁夏。甘肃、新疆。胀果甘草以及光果甘草主产于新疆、甘肃等省区。

【性状鉴别】药材　甘草　根呈圆柱形，长25～100cm，直径0.6～3.5cm。外皮松紧不一。表面红棕色或灰棕色，具显著的纵皱纹及横长的皮孔。质坚实，断面黄白色，略显纤维性，粉性，形成层环明显，有的有裂隙。根茎呈圆柱形，表面有芽痕，断面中部有髓。气微，味甜而特殊。

胀果甘草　根和根茎木质粗壮，有的分枝，外皮粗糙，多灰棕色或灰褐色。质坚硬，木质纤维多，粉性小。根茎不定芽多而粗大。

光果甘草　根和根茎质地较坚实，有的分枝，外皮不粗糙，多灰棕色，皮孔细而不明显。

以外皮细紧、色红棕、质坚实、体重、断面黄白色、粉性足、味甜者为佳。

饮片　呈类圆形或椭圆形的厚片，外表面红棕色或灰棕色，断面略显纤维性，黄白色，粉性，形成层环明显，有的有裂隙或中部有髓。气微，味甜而特殊。

炙甘草　切面黄色至深黄色，略有黏性。具焦香气，味甜。

【功效】补脾益气，清热解毒，祛痰止咳，缓急止痛，调和诸药。用于脾胃虚弱，倦怠乏力，咳嗽痰多，脘腹、四肢挛急疼痛，痈肿疮毒，缓解药物毒性、烈性。

黄　芪

【来源】本品为豆科植物蒙古黄芪或膜荚黄芪的干燥根。

【产地】主产于山西、黑龙江、内蒙古等省区。以栽培的蒙古黄芪质量最佳。

【性状鉴别】药材　呈圆柱形，有的有分枝，上端较粗，长30～90cm，直径1～3.5cm。表面淡棕黄色或淡棕褐色，有不整齐的纵皱纹或纵沟。质硬而韧，不易折断，断面纤维性强，并显粉性，皮部黄白色，木部淡黄色，有裂隙。气微，味微甜，嚼之微有豆腥味。以条粗长、断面色黄白、味甜、有粉性者为佳。

饮片　呈类圆形或椭圆形的厚片。外表面黄白色至淡棕褐色，可见纵皱纹或纵沟。切面皮部黄白色，木部淡黄色，有裂隙。气微，味微甜，嚼之有豆腥味。

炙黄芪　具蜜香气，味甜，略带黏性。

【功效】补气升阳，固表止汗，利水消肿，生津养血，行滞通痹，托毒排脓，敛疮生肌。用于气虚乏力，食少便溏，中气下陷，久泻脱肛，便血崩漏，表虚自汗，气虚水肿，痈疽难溃，久溃不敛，血虚萎黄，内热消渴；慢性肾炎蛋白尿，糖尿病。

人　参

【来源】本品为五加科植物人参的干燥根和根茎。

【产地】主产于吉林、辽宁、黑龙江等省。

【性状鉴别】药材　主根呈纺锤形或圆柱形，长3～15cm，直径1～2cm。表面灰黄色，上部或全体有疏浅断续的粗横纹及明显的纵皱，下部有支根2～3条，并着生多数细长的须根，须根上常有不明显的细小疣状突出。根茎（芦头）长1～4cm，直径0.3～1.5cm，多拘挛而弯曲，具不定根（艼）和稀疏的凹窝状茎痕（芦碗）。质较硬，断面淡黄白色，显粉性，形成层环纹棕黄色，皮部有黄棕色的点状树脂道及放射状裂隙。香气特异，味微苦、甘。或主根多与根茎近等长或较短，呈圆柱形、菱角形或人字形，长1～6cm。表面灰黄色，具纵皱纹，上部或中下部有环纹。支根多为2～3条，须根少而细长，清晰不乱，有较明显的疣状突起。根茎细长，少数粗短，中上部具稀疏或密集而深陷的茎痕。不定根较细，多下垂。以条粗、质硬、完整者为佳。

饮片　呈圆形或类圆形的薄片。切面淡黄白色，显粉性，形成层环纹棕黄色，皮部有黄棕色的点状树脂道及放射状裂隙。香气特异，味微苦、甘。

【功效】大补元气，复脉固脱，补脾益肺，生津养血，安神益智。用于体虚欲脱，肢冷脉微，脾虚食少，肺虚喘咳，津伤口渴，内热消渴，久病虚羸，惊悸失眠，阳痿宫冷；心力衰竭，心源性休克。

红　参

【来源】本品为五加科植物人参的栽培品经蒸制后的干燥根和根茎。

【产地】主产于吉林、辽宁、黑龙江等省。

【性状鉴别】药材　主根呈纺锤形、圆柱形或扁方柱形，长 3～10cm，直径 1～2cm。表面半透明，红棕色，偶有不透明的暗黄褐色斑块，具纵沟、皱纹及细根痕；上部有时具断续的不明显环纹；下部有 2～3 条扭曲交叉的支根。质硬而脆，断面平坦，角质样。气微香而特异，味甘、微苦。

饮片　红参片　呈圆形或类圆形的薄片。切面角质样，质硬而脆。气微香而特异，味微苦。

【功效】大补元气，复脉固脱，益气摄血。用于体虚欲脱，肢冷脉微，气不摄血，崩漏下血。

西 洋 参

【来源】本品为五加科植物西洋参的干燥根。

【产地】原产于加拿大和美国。我国东北、华北、西北等地引种栽培成功。

【性状鉴别】药材　呈纺锤形、圆柱形或圆锥形，长 3～12cm，直径 0.8～2cm。表面浅黄褐色或黄白色，可见横向环纹和线形皮孔状突起，并有细密浅纵皱纹和须根痕。主根中下部有一至数条侧根，多已折断。体重，质坚实，不易折断，断面平坦，浅黄白色，略显粉性，皮部可见黄棕色点状树脂道，形成层环纹棕黄色，木部略呈放射状纹理。气微而特异，味微苦、甘。

饮片　呈长圆形或类圆形薄片。切面淡黄白至黄白色，形成层环棕黄色，皮部有黄棕色点状树脂道，近形成层环处较多而明显，木部略呈放射状纹理。气微而特异，味微苦、甘。

【功效】补气养阴，清热生津。用于气虚阴亏，内热，咳喘痰血，虚热烦倦；消渴，口燥咽干。

白　芷

【来源】本品为伞形科植物白芷或杭白芷的干燥根。

【产地】白芷产于河南长葛、禹县者称“禹白芷”；产于河北安国者称“祁白芷”。杭白芷产于浙江、福建、四川等省，称“杭白芷”和“川白芷”。

【性状鉴别】药材　呈长圆锥形，长 10～25cm，直径 1.5～2.5cm。表面灰棕色或黄棕色，根头部钝四棱形或近圆形，具纵皱纹、支根痕及皮孔样的横向突起，习称“疙瘩丁”，有的排列成四纵行。质坚实，断面白色或灰白色，粉性，形成层环棕色，近方形或近圆形，皮部散有多数棕色油点。气芳香，味辛、微苦。以条粗壮、体重、粉性足、香气浓郁者为佳。

饮片 呈类圆形的厚片。外表面灰棕色或黄棕色。切面白色或灰白色，具粉性，形成层环棕色，近方形或近圆形，皮部散有多数棕色油点。气芳香，味辛、微苦。

【功效】解表散寒，祛风止痛，宣通鼻窍，燥湿止带，消肿排脓。用于感冒头痛，眉棱骨痛，鼻塞流涕，鼻鼽，鼻渊，牙痛，带下，疮疡肿痛。

当 归

【来源】本品为伞形科植物当归的干燥根。

【产地】主产于甘肃岷县、武都、漳县、成县、文县等地。主为栽培。

【性状鉴别】药材 略呈圆柱形，长 15～25cm。表面黄棕色至棕褐色，具纵皱纹和横长皮孔样突起。根头（归头）圆钝，有残留的叶鞘和茎基；主根（归身）粗短，下部有支根 3～5 条或更多，上粗下细，多扭曲。质柔韧，断面黄白色或淡黄棕色，皮部厚，有裂隙和多数棕色点状分泌腔，木部色较淡，形成层环黄棕色。有浓郁的香气，味甘、辛、微苦。以主根粗长、油润、外皮色黄棕、断面色黄白、气味浓郁者为佳。

饮片 呈类圆形、椭圆形或不规则薄片。外表面黄棕色至棕褐色。切面黄白色或淡棕黄色，平坦，有裂隙，形成层环黄棕色，并有多数棕色的油点，香气浓郁，味甘、辛、微苦。

酒当归 切面深黄色或浅棕黄色，略有焦斑。香气浓郁，并略有酒香气。

【功效】补血活血，调经止痛，润肠通便。用于血虚萎黄，眩晕心悸，月经不调，经闭痛经，虚寒腹痛，肠燥便秘，风湿痹痛，跌扑损伤，痈疽疮疡。

川 芎

【来源】本品为伞形科植物川芎的干燥根茎。

【产地】主产于四川、江西、湖北、陕西等省区。多为栽培。

【性状鉴别】药材 呈不规则结节状拳形团块，直径 2～7cm。表面黄褐色，粗糙皱缩，有多数平行隆起的轮节，顶端有凹陷的类圆形茎痕，下侧及轮节上有多数小瘤状根痕。质坚实，不易折断，断面黄白色或灰黄色，散有黄棕色的油室，形成层环呈波状。气浓香，味苦、辛，稍有麻舌感，微回甜。以个大、质坚实、断面黄白、油性大、香气浓者为佳。

饮片 呈不规则厚片，习称“蝴蝶片”。外表面黄褐色。切面黄白色或灰黄色，具有明显波状环纹，散生黄棕色油点。质坚实。气浓香，味苦、辛，微甜。

【功效】活血行气，祛风止痛。用于月经不调，经闭痛经，癥瘕腹痛，胸胁刺痛，跌扑肿痛，头痛，风湿痹痛。

防 风

【来源】本品为伞形科植物防风的干燥根。

【产地】主产于东北及内蒙古东部。现有栽培。

【性状鉴别】药材 呈长圆锥形或长圆柱形，下部渐细，有的略弯曲，长 15～30cm，直径 0.5～2cm。表面灰棕色，粗糙，有纵皱纹、多数横长皮孔样突起及点状的细根痕。根头部有明显密集的环纹，习称“蚯蚓头”，环纹上残存棕褐色毛状叶基。体轻，质松，易折断，断面不平坦，皮部浅棕色，有裂隙，木部浅黄色。气特异，味微甘。以条粗壮、断面皮部色浅棕，木部浅黄色者为佳。

饮片　呈圆形或椭圆形的厚片。外表面灰棕色。切面皮部浅棕色，有裂隙，木部浅黄色，具放射状纹理。气特异，味微甘。

【功效】祛风解表，胜湿止痛，止痉。用于感冒头痛，风湿痹痛，风疹瘙痒，破伤风。

柴　胡

【来源】本品为伞形科植物柴胡或狭叶柴胡的干燥根。

【产地】柴胡主产于河北、河南、辽宁、湖北等省，称“北柴胡”。狭叶柴胡主产于湖北、四川、安徽、黑龙江等省，称“南柴胡”。

【性状鉴别】药材　北柴胡　呈圆柱形或长圆锥形，长6～15cm，直径0.3～0.8cm。根头膨大，顶端残留3～15个茎基或短纤维状叶基，下部分枝。表面黑褐色或浅棕色，具纵皱纹、支根痕及皮孔。质硬而韧，不易折断，断面显纤维性，皮部浅棕色，木部黄白色。气微香，味微苦。

南柴胡　根较细，圆锥形，顶端有多数细毛状枯叶纤维，下部多不分枝或稍分枝。表面红棕色或黑棕色，靠近根头处多具细密环纹。质稍软，易折断，断面略平坦，不显纤维性。具败油气。

均以条粗长、须根少者为佳。

饮片　北柴胡片　呈不规则厚片。外表皮黑褐色或浅棕色，具纵皱纹和支根痕。切面淡黄白色，纤维性。质硬。气微香，味微苦。

南柴胡片　呈类圆形或不规则片。外表皮红棕色或黑褐色。有时可见根头处具细密环纹或有细毛状枯叶纤维。切面黄白色，平坦。具败油气。

醋北柴胡　表面淡棕黄色，微有醋香气，味微苦。

醋南柴胡　微有醋香气。

【功效】疏散退热，疏肝解郁，升举阳气。用于感冒发热，寒热往来，胸胁胀痛，月经不调；子宫脱垂，脱肛。

龙　胆

【来源】本品为龙胆科植物条叶龙胆、龙胆、三花龙胆或坚龙胆的干燥根和根茎。前三种习称“龙胆”，后一种习称“坚龙胆”。

【产地】条叶龙胆主产于东北地区。龙胆主产于东北。三花龙胆主产于东北及内蒙古等省区。坚龙胆主产于云南。

【性状鉴别】药材　龙胆　根茎呈不规则的块状，长1～3cm，直径0.3～1cm；表面暗灰棕色或深棕色，周围和下端着生多数细长的根。根圆柱形，略扭曲，长10～20cm，直径0.2～0.5cm；表面淡黄色或黄棕色，上部多有显著的横皱纹，下部较细。质脆，易折断，断面略平坦，皮部黄白色或淡黄棕色，木部色较浅，呈点状环列。气微，味甚苦。

坚龙胆　表面无横皱纹，外皮膜质，易脱落，木部黄白色，易与皮部分离。

均以条粗长、色黄或黄棕者为佳。

饮片　龙胆　呈不规则形的段。切面皮部黄白色至棕黄色，木部色较浅。气微，味甚苦。

坚龙胆　呈不规则形的段。表面黄棕色至深棕色。切面皮部黄棕色，木部色较浅。气微，味甚苦。

【功效】清热燥湿，泻肝胆火。用于湿热黄疸，阴肿阴痒，带下，强中，湿疹瘙痒，目赤，耳聋，胁痛，口苦，惊风抽搐。

紫　草

【来源】本品为紫草科植物新疆紫草或内蒙紫草的干燥根。

【产地】新疆紫草主产于新疆、西藏等自治区。内蒙紫草主产于内蒙古、甘肃。

【性状鉴别】药材　新疆紫草（软紫草）呈不规则的长圆柱形，多扭曲，长7～20cm，直径1～2.5cm。表面紫红色或紫褐色，皮部疏松，呈条形片状，常10余层重叠，易剥落。顶端有的可见分歧的茎残基。体轻，质松软，易折断，断面不整齐，木部较小，黄白色或黄色。气特异，味微苦、涩。

内蒙紫草　呈圆锥形或圆柱形，扭曲，长6～20cm，直径0.5～4cm。根头部略粗大，顶端有残茎1个或多个，被短硬毛。表面紫红色或暗紫色，皮部略薄，常数层相叠，易剥离。质硬而脆，易折断，断面较整齐，皮部紫红色，木部较小，黄白色。气特异，味涩。

均以条粗大、色紫、皮厚者为佳。

饮片　新疆紫草饮片　呈不规则的圆柱形切片或条形片状。外表面紫红色或紫褐色。皮部深紫色。气特异，味微苦、涩。

内蒙紫草片　呈不规则的圆柱形切片或条形片状，有的可见短硬毛。质硬而脆。外表面紫红色或紫褐色。皮部深紫色。气特异，味涩。

【功效】清热凉血，活血解毒，透疹消斑。用于血热毒盛，斑疹紫黑，麻疹不透，疮疡，湿疹，水火烫伤。

丹　参

【来源】本品为唇形科植物丹参的干燥根和根茎。

【产地】主产于安徽、江苏、山东、四川等省。栽培或野生。

【性状鉴别】药材　根茎短粗，顶端有时残留茎基。根数条，长圆柱形，略弯曲，有的分枝并具须状细根，长10～20cm，直径0.3～1cm。表面棕红色或暗棕红色，粗糙，具纵皱纹。老根外皮疏松，多显紫棕色，常呈鳞片状剥落。质硬而脆，断面疏松，有裂隙或略平整而致密，皮部棕红色，木部灰黄色或紫褐色，导管束黄白色，呈放射状排列。气微，味微苦涩。

栽培品较粗壮，直径0.5～1.5cm。表面红棕色，具纵皱纹，外皮紧贴不易剥落。质坚实，断面较平整，略呈角质样。

以条粗壮、紫红色者为佳。

饮片　呈类圆形或椭圆形的厚片。外表面棕红色或暗棕红色，粗糙，具纵皱纹。切面有裂隙或略平整而致密，有的呈角质样，皮部棕红色，木部灰黄色或紫褐色，有黄白色放射状纹理。气微，味微苦涩。

酒丹参　表面红褐色，略具酒香气。

【功效】活血祛瘀，通经止痛，清心除烦，凉血消痈。用于月经不调，经闭痛经，癥瘕积聚，胸腹刺痛，热痹疼痛，疮疡肿痛，心烦不眠；肝脾肿大，心绞痛。

黄　芩

【来源】本品为唇形科植物黄芩的干燥根。

【产地】主产于河北、山西、内蒙古、辽宁等省区。

【性状鉴别】药材　呈圆锥形，扭曲，长8～25cm，直径1～3cm。表面棕黄色或深黄色，上部较粗糙，有扭曲的纵皱纹或不规则的网纹，下部有顺纹和细皱纹。质硬而脆，易折断，断面黄色，中心红棕色；老根中心呈枯朽状或中空，暗棕色或棕黑色。气微，味苦。

栽培品较细长，多有分枝。表面浅黄棕色，外皮紧贴，纵皱纹较细腻。断面黄色或浅黄色，略呈角质样。味微苦。

以条长、质坚实、色黄者为佳。

饮片　呈类圆形或不规则形薄片。外表面黄棕色或棕褐色。切面黄棕色或黄绿色，具放射状纹理。气微，味苦。

酒黄芩　略带焦斑，微有酒香气。

【功效】清热燥湿，泻火解毒，止血，安胎。用于湿温、暑温胸闷呕恶，湿热痞满，泻痢，黄疸，肺热咳嗽，高热烦渴，血热吐衄，痈肿疮毒，胎动不安。

地　黄

【来源】本品为玄参科植物地黄的新鲜或干燥块根。

【产地】主产于河南省温县、博爱、武陟、孟县等地，量大质优。

【性状鉴别】药材　鲜地黄　呈纺锤形或条状，长8～24cm，直径2～9cm。外皮薄，表面浅红黄色，具弯曲的纵皱纹、芽痕、横长皮孔样突起及不规则疤痕。肉质，易断，断面皮部淡黄白色，可见橘红色油点，木部黄白色，导管呈放射状排列。气微，味微甜、微苦。以粗壮、色红者为佳。

生地黄　呈不规则的团块状或长圆形，中间膨大，两端稍细，长6～12cm，直径2～6cm。表面棕黑色或棕灰色，极皱缩，具不规则的横曲纹。体重，质较软而韧，不易折断，断面棕黑色或乌黑色，有光泽，具黏性。气微，味微甜。以块大、体重、断面乌黑色者为佳。

饮片　呈类圆形或不规则的厚片。外表面棕黑色或棕灰色，极皱缩，具不规则的横曲纹。切面棕黑色或乌黑色，有光泽，具黏性。气微，味微甜。

【功效】鲜地黄　清热生津，凉血，止血。生地黄　清热凉血，养阴生津。用于热病舌绛烦渴，阴虚内热，骨蒸劳热，吐血，衄血，发斑发疹。

熟地黄

【来源】本品为生地黄的炮制加工品。

【产地】主产于河南省温县、博爱、武陟、孟县等地。

【性状鉴别】药材　呈不规则的块片、碎块，大小、厚薄不一。表面乌黑色，有光泽，黏性大。质柔软而带韧性，不易折断，断面乌黑色，有光泽。气微，味甜。以块根肥大、软润、内外乌黑有光泽者为佳。

【功效】补血滋阴，益精填髓。用于肝肾阴虚，腰膝酸软，骨蒸潮热，盗汗遗精，内热消渴，血虚萎黄，心悸怔忡，月经不调，崩漏下血，眩晕，耳鸣，须发早白。

桔　梗

【来源】本品为桔梗科植物桔梗的干燥根。

【产地】全国大部分地区均产，以东北、华北产量最大，华东地区质量最佳。

【性状鉴别】药材　呈圆柱形或略呈纺锤形，下部渐细，有的有分枝，略扭曲，长7～20cm，直径0.7～2cm。表面白色或淡黄白色，具纵扭皱沟，并有横长的皮孔样斑痕及支根痕，上部有横纹。有的顶端有较短的根茎（芦头），其上有数个半月形茎痕。质脆，断面可见放射状裂隙，皮部类白色，形成层环棕色，木部淡黄白色，习称“金井玉栏”。气微，味微甜后苦。以根肥大、色白、质坚实、味苦者为佳。

饮片　呈椭圆形或不规则厚片。切面皮部类白色，形成层环棕色，木部淡黄白色，可见放射状裂隙。气微，味微甜后苦。

【功效】宣肺，利咽，祛痰，排脓。用于咳嗽痰多，胸闷不畅，咽痛音哑，肺痈吐脓。

党　参

【来源】本品为桔梗科植物党参、素花党参或川党参的干燥根。

【产地】党参主产于山西、陕西、甘肃、四川等省及东北各地。素花党参又称西党参，主产于甘肃文县，四川南坪、松潘等地。川党参主产于四川、湖北及与陕西接壤的地区。

【性状鉴别】药材　党参　呈长圆柱形，稍弯曲，长10～35cm，直径0.4～2cm。表面黄棕色至灰棕色，根头部有多数疣状突起的茎痕及芽，每个茎痕的顶端呈凹下的圆点状，习称“狮子盘头”；根头下有致密的环状横纹，向下渐稀疏，有的达全长的一半，栽培品环状横纹少或无；全体有纵皱纹和散在的横长皮孔样突起，支根断落处常有黑褐色胶状物。质稍硬或略带韧性，断面稍平坦，有裂隙或放射状纹理，皮部淡黄白色至淡棕色，木部淡黄色，呈“菊花心”状。有特殊香气，味微甜。

素花党参　长10～35cm，直径0.5～2.5cm。表面黄白色至灰黄色，根头下致密的环状横纹常达全长的一半以上。断面裂隙较多，皮部灰白色至淡棕色。

川党参　长10～45cm，直径0.5～2cm。表面灰黄色至黄棕色，有明显不规则的纵沟。质较软而结实，断面裂隙较少，皮部黄白色。

以个大、质坚实、气清香、味苦而微涩者为佳。

饮片　呈类圆形的厚片。外表面灰黄色至黄棕色，有时可见根头部有多数疣状突起的茎痕和芽。切面皮部淡黄色至淡棕色，木部淡黄色，有裂隙或放射状纹理。有特殊香气，味微甜。

米炒党参　表面深黄色，偶有焦斑。

【功效】健脾益肺，养血生津。用于脾肺虚弱，气短心悸，食少便溏，虚喘咳嗽，内热消喝。

木　香

【来源】本品为菊科植物木香的干燥根。

【产地】主产于云南、四川、湖北等地。以云南产者质优。

【性状鉴别】药材　呈圆柱形或半圆柱形，长 5～10cm，直径 0.5～5cm。表面黄棕色至灰褐色，有明显的皱纹、纵沟及侧根痕。质坚，不易折断，断面灰褐色至暗褐色，周边灰黄色或浅棕黄色，形成层环棕色，有放射状纹理及散在的褐色点状油室。气香特异，味微苦。以质坚实、香气浓、油性大者为佳。

饮片　呈类圆形或不规则的厚片。外表面黄棕色至灰褐色，有纵皱纹。切面棕黄色至棕褐色，中部有明显菊花心状的放射纹理，形成层环棕色，褐色油点散在。气香特异，味微苦。

煨木香　形如木香片。气微香，味微苦。

【功效】行气止痛，健脾消食。用于脘腹腹痛，泻痢胀痛，食积不消，不思饮食。

川木香

【来源】本品为菊科植物川木香或灰毛川木香的干燥根。

【产地】川木香主产于四川省及西藏自治区。灰毛川木香主产于四川省。

【性状鉴别】药材　呈圆柱形（习称铁杆木香）或有纵槽的半圆柱形（习称槽子木香），稍弯曲，长 10～30cm，直径 1～3cm。表面黄褐色或棕褐色，具纵皱纹，外皮脱落处可见丝瓜络状细筋脉；根头偶有黑色发黏的胶状物，习称“油头”。体较轻，质硬脆，易折断，断面黄白色或黄色，有深黄色稀疏油点及裂隙，木部宽广，有放射状纹理；有的中心呈枯朽状。气微香，味苦，嚼之黏牙。以条粗、质硬、香气浓者为佳。

饮片　呈类圆形或不规则的厚片。表面黄褐色或棕褐色。断面黄白色或黄色，有深黄色稀疏油点及裂隙，有放射状纹理；有的中心呈枯朽状。气微香，味苦，嚼之黏牙。

【功效】行气止痛。用于胸胁、脘腹胀痛，肠鸣腹泻，里急后重。

白　术

【来源】本品为菊科植物白术的干燥根茎。

【产地】主产于浙江、安徽、湖北、湖南等省。多为栽培。

【性状鉴别】药材　呈不规则的肥厚团块，长 3～13cm，直径 1.5～7cm。表面灰黄色或灰棕色，有瘤状突起及断续的纵皱和沟纹，并有须根痕，顶端有残留茎基和芽痕。质坚硬不易折断，断面不平坦，黄白色至淡棕色，有棕黄色的点状油室散在；烘干者断面角质样，色较深或有裂隙。气清香，味甘、微辛，嚼之略带黏性。以个大、质坚实、断面色黄白、香气浓者为佳。

饮片　呈不规则的厚片。外表面灰黄色或灰棕色。切面黄白色至淡棕色，散生棕黄色的点状油室，木部具放射状纹理；烘干者切面角质样，色较深或有裂隙。气清香，味甘、微辛，嚼之略带黏性。

麸炒白术　表面黄棕色，偶见焦斑。略有焦香气。

【功效】健脾益气，燥湿利水，止汗，安胎。用于脾虚食少，腹胀泄泻，痰饮眩晕，水肿，自汗，胎动不安。

苍　术

【来源】本品为菊科植物茅苍术或北苍术的干燥根茎。

【产地】茅苍术主产于江苏、湖北、河南等省。北苍术主产于河北、陕西、山西、内蒙古等省区。

【性状鉴别】药材　茅苍术　呈不规则连珠状或结节状圆柱形，略弯曲，偶有分枝，长 3～10cm，直径 1～2cm。表面灰棕色，有皱纹、横曲纹及残留须根，顶端具茎痕或残留茎基。质坚实，断面黄白色或灰白色，散有多数橙黄色或棕红色油点，习称“朱砂点”。暴露稍久，可析出白色细针状结晶，习称“起霜”。气香特异，味微甘、辛、苦。

北苍术　呈疙瘩块状或结节状圆柱形，长 4～9cm，直径 1～4cm。表面黑棕色，除去外皮者黄棕色。质较疏松，断面散有黄棕色油室。香气较淡，味辛、苦。

以个大、质坚实、朱砂点多，香气浓者为佳。

饮片　呈不规则类圆形或条形厚片。外表面灰棕色至黄棕色，有皱纹，有时可见根痕。切面黄白色或灰白色，散有多数橙黄色或棕红色油室，有的可析出白色细针状结晶。气香特异，味微甘、辛、苦。

麸炒苍术　表面深黄色，散有多数棕褐色油室。有焦香气。

【功效】燥湿健脾，祛风散寒，明目。用于水肿脚气，小便不利，湿疹疮毒，风寒湿痹；高血压。

麦　冬

【来源】本品为百合科植物麦冬的干燥块根。

【产地】主产于浙江及江苏者称杭麦冬，主产于四川绵阳地区者称川麦冬。

【性状鉴别】药材　呈纺锤形，两端略尖，长 1.5～3cm，直径 0.3～0.6cm。表面黄白色或淡黄色，有细纵纹。质柔韧，断面黄白色，半透明，中柱细小。气微香，味甘、微苦。

饮片　同药材。

【功效】养阴生津，润肺清心。用于肺燥干咳，阴虚劳咳，喉痹咽痛，津伤口渴，内热消渴，心烦失眠，肠燥便秘。

山　药

【来源】本品为薯蓣科植物薯蓣的干燥根茎。按加工方法不同，分为“毛山药”和“光山药”。

【产地】主产于河南。湖南、江西等省亦产。以河南焦作地区产者质优，为“四大怀药”之一。

【性状鉴别】毛山药　略呈圆柱形，弯曲而稍扁，长 15～30cm，直径 1.5～6cm。表面黄白色或淡黄色，有纵沟、纵皱纹及须根痕，偶有浅棕色外皮残留。体重，质坚实，不易折断，断面白色，粉性。气微，味淡、微酸，嚼之发黏。

光山药　呈圆柱形，两端平齐，长9～18cm，直径1.5～3cm。表面光滑，白色或黄白色。

以质坚实、粉性足、色白者为佳。

饮片　呈类圆形的厚片。表面类白色或淡黄白色，质脆，易折断，断面类白色，富粉性。

麸炒山药　表面黄白色或微黄色，偶见焦斑，略有焦香气。用于脾虚食少，久泻不止，肺虚咳喘，肾虚遗精，带下，尿频，虚热消渴。

【功效】补脾养胃，生津益肺，补肾涩精。

干　姜

【来源】本品为姜科植物姜的干燥根茎。

【产地】主产于四川、湖北、广东、广西、福建、贵州等地。均系栽培。

【性状鉴别】药材　呈扁平块状，具指状分枝，长3～7cm，厚1～2cm。表面灰黄色或浅灰棕色，粗糙，具纵皱纹和明显的环节。分枝处常有鳞叶残存，分枝顶端有茎痕或芽。质坚实，断面黄白色或灰白色，粉性或颗粒性，内皮层环纹明显，维管束及黄色油点散在。气香特异，味辛辣。

干姜片　本品呈不规则纵切片或斜切片。外表面灰黄色或浅黄棕色，粗糙，具纵皱纹及明显的环节。切面灰黄色或灰白色，略显粉性，可见较多的纵向纤维，有的呈毛状。气香特异，味辛辣。

【功效】温中散寒，回阳通脉，温肺化饮。用于脘腹冷痛，呕吐泄泻，肢冷脉微，痰饮喘咳。

狗　脊

【来源】本品为蚌壳蕨科植物金毛狗脊的干燥根茎。

【产地】主产于福建、四川等地。

【性状鉴别】药材　呈不规则的长块状，长10～30cm，直径2～10cm。表面深棕色，残留金黄色茸毛；上面有数个红棕色的木质叶柄残基，下面残存黑色细根。质坚硬，不易折断。无臭，味淡、微涩。以肥大、质坚实无空心、外表面有金黄色茸毛者为佳。

生狗脊片　呈不规则长条形或圆形，长5～20cm，直径2～10cm，厚1.5～5mm；切面浅棕色，较平滑，近边缘1～4mm处有1条棕黄色隆起的木质部环纹或条纹，边缘不整齐，偶有金黄色茸毛残留；质脆，易折断，有粉性。

熟狗脊片　呈黑棕色，质坚硬。木质部环纹明显。

狗脊片以厚薄均匀、坚实无毛、不空心者为佳。

【功效】祛风湿，补肝肾，强腰骨。用于风湿痹痛，腰膝酸软，下肢无力。

细　辛

【来源】本品为马兜铃科植物北细辛、汉城细辛或华细辛的干燥根和根茎。前二种习称“辽细辛”。

【产地】北细辛和汉城细辛主产于东北地区。华细辛主产于陕西、河南、山东、浙江等省。

【性状鉴别】药材　北细辛　常卷曲成团。根茎横生呈不规则圆柱状，具短分枝，长1～10cm，直径0.2～0.4cm；表面灰棕色，粗糙，有环形的节，节间长0.2～0.3cm，分枝顶端有碗状的茎痕。根细长，密生节上，长10～20cm，直径0.1cm；表面灰黄色，平滑或具纵皱纹；有须根和须根痕；质脆，易折断，断面平坦，黄白色或白色。气辛香，味辛辣、麻舌。

汉城细辛　根茎直径0.1～0.5cm，节间长0.1～1cm。

华细辛　根茎长5～20cm，直径0.1～0.2cm，节间长0.2～1cm。气味较弱。

均以根灰黄、干燥、味辛辣而麻舌者为佳。

饮片　呈不规则的段。根茎呈不规则圆形，外表面灰棕色，有时可见环形的节。根细，表面灰黄色，平滑或具纵皱纹。切面黄白色或白色。气辛香，味辛辣、麻舌。

【功效】解表散寒，祛风止痛，通窍，温肺化饮。用于风寒感冒，头痛，牙痛，鼻塞流溢，鼻鼽，鼻渊，风湿痹痛，痰饮喘咳。

威灵仙

【来源】本品为毛茛科植物威灵仙、棉团铁线莲或东北铁线莲的干燥根和根茎。

【产地】威灵仙主产于长江以南的江苏、浙江、江西、安徽等省。棉团铁线莲主产于东北及山东省。东北铁线莲主产于东北地区。

【性状鉴别】药材　威灵仙　根茎呈柱状，长1.5～10cm，直径0.3～1.5cm；表面淡棕黄色；顶端残留茎基；质较坚韧，断面纤维性；下侧着生多数细根。根呈细长圆柱形，稍弯曲，长7～15cm，直径0.1～0.3cm；表面黑褐色，有细纵纹，有的皮部脱落，露出黄白色木部；质硬脆，易折断，断面皮部较广，木部淡黄色，略呈方形，皮部与木部间常有裂隙。气微，味淡。

棉团铁线莲　根茎呈短柱状，长1～4cm，直径0.5～1cm。根长4～20cm，直径0.1～0.2cm；表面棕褐色至棕黑色；断面木部圆形。味咸。

东北铁线莲　根茎呈柱状，长1～11cm，直径0.5～2.5cm。根较密集，长5～23cm，直径0.1～0.4cm；表面棕黑色；断面木部近圆形。味辛辣。

均以根较粗长、色黑或棕黑、无地上残基者为佳。

饮片　呈不规则的段。表面黑褐色、棕褐色或棕黑色，有细纵纹，有的皮部脱落，露出黄白色木部。切面皮部较广，木部淡黄色，略呈方形或近圆形，皮部与木部间常有裂隙。

【功效】祛风湿，通经络。用于风湿痹痛，肢体麻木，筋脉拘挛，屈伸不利，骨哽咽喉。

川乌

【来源】本品为毛茛科植物乌头的干燥母根。

【产地】主产于四川、陕西省，为栽培品。

【性状鉴别】药材 呈不规则的圆锥形，稍弯曲，顶端常有残茎，中部多向一侧膨大，长2～7.5cm，直径1.2～2.5cm。表面棕褐色或灰棕色，皱缩，有小瘤状侧根及子根脱离后的痕迹。质坚实，断面类白色或浅灰黄色，形成层环纹呈多角形。气微，味辛辣、麻舌。以饱满、质坚实、断面色白有粉性者为佳。

【功效】祛风除湿，温经止痛。用于风寒湿痹，关节疼痛，心腹冷痛，寒疝作痛，麻醉止痛。

制川乌

【来源】本品为川乌的炮制加工品。

【产地】主产于四川、陕西省。

【性状鉴别】药材 呈不规则或长三角形的片。表面黑褐色或黄褐色，有灰棕色形成层环纹。体轻，质脆，断面有光泽。气微，微有麻舌感。

【功效】祛风除湿，温经止痛。用于风寒湿痹，关节疼痛，心腹冷痛，寒疝作痛，麻醉止痛。

白头翁

【来源】本品为毛茛科植物白头翁的干燥根。

【产地】主产于东北、华北、华东等地。

【性状鉴别】药材 呈类圆柱形或圆锥形，稍扭曲，长6～20cm，直径0.5～2cm。表面黄棕色或棕褐色，具不规则纵皱纹或纵沟，皮部易脱落，露出黄色的木部，有的有网状裂纹或裂隙，近根头处常有朽状凹洞。根头部稍膨大，有白色绒毛，有的可见鞘状叶柄残基。质硬而脆，断面皮部黄白色或淡黄棕色，木部淡黄色。气微，味微苦涩。

饮片 呈圆形的片。外表面黄棕色或棕褐色，具不规则纵皱纹或纵沟，近根头部有白色绒毛。切面皮部黄白色或淡黄棕色，木部淡黄色。气微，味微苦涩。

【功效】清热解毒，凉血止痢。用于热毒血痢，阴痒带下。

地　榆

【来源】本品为蔷薇科植物地榆或长叶地榆的干燥根。

【产地】地榆主产于黑龙江、吉林、辽宁等省。长叶地榆主产于安徽、浙江、江苏等省。

【性状鉴别】药材 地榆 呈不规则纺锤形或圆柱形，稍弯凸，长5～25cm，直径0.5～2cm。表面灰褐色至暗棕色，粗糙，有纵纹。质硬，断面较平坦，粉红色或淡黄色，木部略呈放射状排列。气微，味微苦涩。

绵地榆 呈长圆柱形，稍弯曲，着生于短粗的根茎上；表面红棕色或棕紫色，有细纵纹。质坚韧，断面黄棕色或红棕色，皮部有多数黄白色或黄棕色绵状纤维。气微，味微苦涩。

饮片 呈不规则的类圆形片或斜切片。外表面灰褐色至深褐色。切面较平坦，粉红色、淡黄色或黄棕色，木部略呈放射状排列；或皮部有多数黄棕色绵状纤维。气微，味微苦涩。

【功效】凉血止血，解毒敛疮。用于便血，痔血，血痢，崩漏，水火烫伤，痈肿疮毒。

苦　参

【来源】本品为豆科植物苦参的干燥根。

【产地】主产于山西、河南、河北等省。

【性状鉴别】药材　呈长圆柱形，下部常有分枝，长10～30cm，直径1～6.5cm。表面灰棕色或棕黄色，具纵皱纹和横长皮孔样突起，外皮薄，多破裂反卷，易剥落，剥落处显黄色，光滑。质硬，不易折断，折断面纤维性，黄白色；切面皮部与木部分层明显，具放射状纹理和裂隙，有的具异型维管束，呈同心性环列或不规则散在。气微，味极苦。以条匀、断面色黄白、无须根、味苦者为佳。

饮片　呈类圆形或不规则形的厚片。外表面灰棕色或棕黄色，有时可见横长皮孔样突起，外皮薄，常破裂反卷或脱落，脱落处显黄色或棕黄色，光滑。切面黄白色，纤维性，具放射状纹理和裂隙，有的可见同心性环纹。气微，味极苦。

【功效】清热燥湿，杀虫，利尿。用于热痢，便血，黄疸尿闭，赤白带下，阴肿阴痒，湿疹，湿疮，皮肤瘙痒，疥癣麻风；外治滴虫性阴道炎。

远　志

【来源】本品为远志科植物远志或卵叶远志的干燥根。

【产地】主产于陕西、山西、吉林、河南等省。

【性状鉴别】药材　呈圆柱形，略弯曲，长3～15cm。直径0.3～0.8cm。表面灰黄色至灰棕色，有较密并深陷的横皱纹、纵皱纹及裂纹，略呈结节状。质硬而脆，易折断，断面皮部棕黄色，木部黄白色，皮部易与木部剥离。气微，味苦、微辛，嚼之有刺喉感。以条粗、皮厚、去净木心者为佳。

饮片　呈圆柱形的段。外表皮灰黄色至灰棕色，有横皱纹。切面棕黄色，中空。气微，味苦、微辛，嚼之有刺喉感。

【功效】安神益智，交通心肾，祛痰，消肿。用于心肾不交引起的失眠多梦，健忘惊悸，神志恍惚，咳痰不爽，疮疡肿毒，乳房肿痛。

独　活

【来源】本品为伞形科植物重齿毛当归的干燥根。

【产地】主产于湖北、四川等省。

【性状鉴别】药材　根略呈圆柱形，下部2～3分枝或更多，长10～30cm。根头部膨大，圆锥状，多横皱纹，直径1.5～3cm，顶端有茎、叶的残基或凹陷。表面灰褐色或棕褐色，具纵皱纹，有横长皮孔样突起及稍突起的细根痕。质较硬，受潮则变软，断面皮部灰白色，有多数散在的棕色油室，木部灰黄色至黄棕色，形成层环棕色。有特异香气，味苦、辛、微麻舌。以根条粗壮、油润、香气浓者为佳。

饮片　呈类圆形薄片。外表面灰褐色或棕褐色，具皱纹。切面皮部灰白色至灰褐色，有多数散在棕色油点，木部灰黄色至黄棕色，形成层环棕色。有特异香气。味苦、辛、微麻舌。

【功效】祛风除湿，通痹止痛。用于风寒湿痹，腰膝疼痛，少阴伏风头痛。

升　麻

【来源】本品为毛茛科植物大三叶升麻、兴安升麻或升麻的干燥根茎。

【产地】主产于辽宁、吉林、黑龙江。河北、山西、陕西等省亦产。

【性状鉴别】药材　呈不规则的长形块状，多分枝，呈结节状，长10～20cm，直径2～4cm。表面黑褐色或棕褐色，粗糙不平，有坚硬的细须根残留，上面有数个圆形孔洞的茎基痕，洞内壁显网状沟纹；下面凹凸不平，具须根痕。体轻，质坚硬，不易折断，断面不平坦，有裂隙，纤维性，黄绿色或淡黄白色。气微，味微苦而涩。

饮片　为不规则片状。外表面黑褐色或棕褐色，粗糙不平，有的有硬的细须根残留或具须根痕。体轻，质坚硬，切面裂隙多，纤维性，黄绿色或淡黄白色。气微，味微苦而涩。

【功效】发表透疹，清热解毒。用于风热头痛，齿痛，口疮，咽喉肿痛，麻疹不透，阳毒发斑，脱肛，子宫脱垂。

秦　艽

【来源】本品为龙胆科植物秦艽、麻花秦艽、粗茎秦艽或小秦艽的干燥根。前两种按性状不同分别习称“秦艽”和“麻花艽”，后一种习称“小秦艽”。

【产地】秦艽主产于甘肃、山西、陕西。以甘肃产量最大，质量最好。麻花秦艽主产于四川、甘肃、青海、西藏等地。粗茎秦艽主产于西南地区。小秦艽主产于河北内蒙古及陕西等省区。

【性状鉴别】药材　秦艽　呈类圆柱形，上粗下细，扭曲不直，长10～30cm，直径1～3cm。表面黄棕色或灰黄色，有纵向或扭曲的纵皱纹，顶端有残存茎基及纤维状叶鞘。质硬而脆，易折断，断面略显油性，皮部黄色或棕黄色，木部黄色。气特异，味苦、微涩。

麻花艽　呈类圆锥形，下部由数个小根相互交错纠聚，呈麻花状，长8～30cm，直径可达7cm。表面棕褐色，粗糙，有裂隙呈网状孔纹。质松脆，易折断，断面多呈枯朽状。

小秦艽　呈类圆锥形或类圆柱形，长8～15cm，直径0.2～1cm。表面棕黄色，有纵向扭曲的沟纹。主根通常1个，残存的茎基有纤维状叶鞘，下部多分枝。断面黄白色。

以质实、色黄棕、气味浓厚者为佳。

饮片　呈类圆形的厚片。外表面黄棕色、灰黄色或棕褐色，粗糙，有扭曲纵纹或网状孔纹。切面皮部黄色或棕黄色，木部黄色，有的中心呈枯朽状。气特异，味苦、微涩。

【功效】祛风湿，清湿热，止痹痛，退虚热。用于风湿痹痛，中风半身不遂，筋脉拘挛，骨节酸痛，湿热黄疸，骨蒸潮热，小儿积疳发热。

北沙参

【来源】本品为伞形科植物珊瑚菜的干燥根。

【产地】主产于山东、河北、内蒙古等地。

【性状鉴别】药材　呈细长圆柱形，偶有分枝，长15～45cm，直径0.4～1.2cm。顶端常留有黄棕色根茎残基；中部略粗，下部渐细。表面淡黄白色，略粗糙，偶有残存外皮。全体有细纵皱纹和纵沟，并有棕黄色点状细根痕；质脆，易折断，断面皮部浅黄白色，木部黄色。气特异，味微甘。

饮片　呈细长圆柱形段或圆形厚片。外表面淡黄白色，略粗糙，偶有残存外皮。切面皮部浅黄白色，木部黄色。气特异，味微甘。

【功效】养阴清肺，益胃生津。用于肺热燥咳，劳嗽咳血，胃阴不足，热病伤津，咽干口渴。

玄　参

【来源】本品为玄参科植物玄参的干燥根。

【产地】主产于河南、浙江、湖北、湖南、四川、重庆、贵州等地。

【性状鉴别】药材　呈类圆柱形，中间略粗或上粗下细，有的微弯似羊角状，长6～20cm，直径1～3cm。表面灰黄色或灰褐色，有不规则的纵沟、横长皮孔样突起和稀疏的横裂纹和须根痕。质坚实，不易折断，断面黑色，微有光泽。气特异似焦糖，味甘、微苦。以条粗壮、坚实、断面乌黑者为佳。

饮片　呈类圆形或椭圆形的薄片。外表面灰黄色或灰褐色。切面黑色，微有光泽，有的具裂隙。气特异似焦糖，味甘、微苦。

【功效】清热凉血，滋阴降火，解毒散结。用于热入营血，温毒发斑，热病伤阴，舌绛烦渴，津伤便秘，骨蒸劳嗽，目赤，咽痛，白喉，瘰疬，痈肿疮毒。

南 沙 参

【来源】本品为桔梗科植物轮叶沙参或沙参的干燥根。

【产地】主产于安徽、江苏、浙江、贵州等地。

【性状鉴别】药材　呈圆锥形或圆柱形，略弯曲，长7～27cm，直径0.8～3cm。顶端具1或2个根茎。除去栓皮后表面黄白色或淡棕黄色，凹陷处常有残留粗皮，上部多有深陷横纹，呈断续的环状，下部有纵纹和纵沟。体轻，质松泡，易折断，断面不平坦，具黄白色交错的纹理，多裂隙。气微，味微甘。以色白、粗细均匀、肥壮者为佳。

饮片　呈圆形厚片。外表面黄白色或淡棕黄色。体轻，质松泡，多裂隙。气微，味微甘。

【功效】养阴清肺，益胃生津，化痰，益气。用于温疫时毒，发热咽痛，温毒发斑，丹毒。

天 花 粉

【来源】本品为葫芦科植物栝楼或双边栝楼的干燥根。

【产地】栝楼主产于辽宁、山东、江苏等地。双边栝楼主产于四川。

【性状鉴别】药材　呈不规则圆柱形、纺锤形或瓣块状，长8～16cm，直径1.5～5.5cm。表面黄白色或淡棕黄色，有纵皱纹、细根痕及略凹陷的横长皮孔，有的有黄棕色外皮残留。质坚实，断面白色或淡黄色，富粉性，横切面可见黄色木质部，略呈放射状排列，纵切面可见黄色条纹状本质部。气微，味微苦。以色白、质坚实、粉性足者为佳。

饮片　呈类圆形、半圆形或不规则形的厚片。外表面黄白色或淡棕黄色。切面可见黄色木质部小孔，略呈放射状排列。气微，味微苦。

【功效】清热泻火，生津止渴，消肿排脓。用于热病烦渴，肺燥热咳，内热消渴，疮疡肿毒。

川贝母

【来源】本品为百合科植物川贝母、暗紫贝母、甘肃贝母、梭砂贝母、太白贝母或瓦布贝母的干燥鳞茎。按性状不同分别习称“松贝”“青贝”“炉贝”和“栽培品”。

【产地】川贝母主产于四川、云南、西藏等地；暗紫贝母主产于四川阿坝藏族自治州；甘肃贝母主产于甘肃、青海、四川等地；梭砂贝母主产于云南、四川、青海、西藏等地；太白贝母主要产于陕西、甘肃、四川、湖北等地；瓦布贝母主产于四川西北部。

【性状鉴别】松贝　呈类圆锥形或近球形，高 0.3～0.8cm，直径 0.3～0.9cm。表面类白色。外层鳞叶 2 瓣，大小悬殊，大瓣紧抱小瓣，未抱部分呈新月形，习称“怀中抱月”；顶部闭合，内有类圆柱形、顶端稍尖的心芽和小鳞叶 1～2 枚；先端钝圆或稍尖，底部平，微凹入，中心有 1 灰褐色的鳞茎盘，偶有残存须根。质硬而脆，断面白色，富粉性。气微，味微苦。

青贝　呈类扁球形，高 0.4～1.4cm，直径 0.4～1.6cm。外层鳞叶 2 瓣，大小相近，相对抱合，顶部开裂，内有心芽和小鳞叶 2～3 枚及细圆柱形的残茎。

炉贝　呈长圆锥形，高 0.7～2.5cm，直径 0.5～2.5cm。表面类白色或浅棕黄色，有的具棕色斑点，习称“虎皮斑”。外层鳞叶 2 瓣，大小相近，顶部开裂而略尖，开口习称“马牙嘴”，露出内部细小的鳞叶及心芽。基部稍尖或较钝。

栽培品　呈类扁球形或短圆柱形，高 0.5～2cm，直径 1～2.5cm。表面类白色或浅棕黄色，稍粗糙，有的具浅黄色斑点。外层鳞叶 2 瓣，大小相近，顶部多开裂而较平。

以质坚实、粉性足、色白者为佳。

饮片　同药材。

【功效】清热润肺，化痰止咳，散结消痈。用于肺热咳嗽，干咳少痰，阴虚劳嗽，痰中带血，瘰疬，乳痈，肺痈。

浙贝母

【来源】本品为百合科植物浙贝母的干燥鳞茎。大小分开，大者除去芯芽，习称“大贝”；小者不去芯芽，习称“珠贝”。有时净制，除去芽片后趁鲜切厚片，洗净，干燥，习称“浙贝片”。

【产地】主产于浙江、江苏。

【性状鉴别】药材　大贝　为鳞茎外层的单瓣鳞叶，略呈新月形，高 1～2cm，直径 2～3.5cm。外表面类白色至淡黄色，内表面白色或淡棕色，被有白色粉末。质硬而脆，易折断，断面白色至黄白色，富粉性。气微，味微苦。

珠贝　为完整的鳞茎，呈扁圆形，高 1～1.5cm，直径 1～2.5cm。表面类白色，外层鳞叶 2 瓣，肥厚，略似肾形，互相抱合，内有小鳞叶 2～3 枚和干缩的残茎。

饮片　浙贝片　椭圆形或类圆形，直径 1～2cm，边缘表面淡黄色，切面平坦，粉白色。质脆，易折断，断面粉白色，富粉性。以鳞叶肥厚、质坚粉性足、断面色白者为佳。

【功效】清热化痰止咳，解毒散结消痈。用于风热咳嗽，痰火咳嗽，肺痈，乳痈，瘰疬，疮毒。

知　母

【来源】本品为百合科植物知母的干燥根茎。按加工方法不同，分为“毛知母”和“光知母”（知母肉）。

【产地】主产于河北、安徽等地。

【性状鉴别】毛知母　呈长条状，微弯曲，略扁，偶有分枝，长 3～15cm，直径 0.8～1.5cm，一端有浅黄色的茎叶残痕，习称“金包头”。表面黄棕色至棕色，上面有一凹沟，具紧密排列的环状节，节上密生黄棕色的残存叶基，由两侧向根茎上方生长；下面隆起而略皱缩，并有凹陷或突起的点状根痕。质硬，易折断，断面黄白色。气微，味微甜、略苦，嚼之带黏性。

光知母　表面白色，有扭曲沟纹。

以肥大、质坚实、断面白色、嚼之味苦有黏性者为佳。

饮片　呈不规则类圆形的厚片。外表面黄棕色或棕色，可见少量残存的黄棕色叶基纤维和凹陷或突起的点状根痕。切面黄白色至黄色。气微，味微甜、略苦，嚼之带黏性。

盐知母　形如知母片，色黄或微带焦斑。味微咸。

【功效】清热泻火，滋阴润燥。用于外感热病，高热烦渴，肺热咳嗽，骨蒸潮热，内热消渴，肠燥便秘。

香　附

【来源】本品为莎草科植物莎草的干燥根茎。

【产地】主产于河南、湖北、湖南、广东等地。

【性状鉴别】药材　多呈纺锤形，有的略弯曲，长 2～3.5cm，直径 0.5～1cm。表面棕褐色或黑褐色，有纵皱纹，并有 6～10 个略隆起的环节，节上有未除净的棕色毛须和须根断痕；去净毛须者较光滑，环节不明显。质硬，经蒸煮者断面黄棕色或红棕色，角质样；生晒者断面色白而显粉性，内皮层环纹明显，中柱色较深，点状维管束散在。气香，味微苦。以个大、质坚实、红棕色、香气浓者为佳。

饮片　呈不规则厚片或颗粒状。外表面棕褐色或黑褐色，有时可见环节。切面色白或黄棕色。质硬。气香，味微苦。

【功效】疏肝解郁，理气宽中，调经止痛。用于肝郁气滞，胸胁，脘腹胀痛，消化不良，胸脘痞闷，寒疝腹痛，乳房胀痛，月经不调，经闭痛经。

郁　金

【来源】本品为姜科植物温郁金、姜黄、广西莪术或蓬莪术的干燥块根。前两者分别习称“温郁金”和“黄丝郁金”，其余按性状不同习称“桂郁金”或“绿丝郁金”。

【产地】温郁金主产于浙江；姜黄主产于四川、福建；广西莪术主产布于广西；蓬莪术主产于四川、福建、广东。

【性状鉴别】温郁金　呈长圆形或卵圆形，稍扁，有的微弯曲，两端渐尖，长3.5～7cm，直径1.2～2.5cm。表面灰褐色或灰棕色，具不规则的纵皱纹，纵纹隆起处色较浅。质坚实，断面灰棕色，角质样；内皮层环明显。气微香，味微苦。

黄丝郁金　呈纺锤形，有的一端细长，长2.5～4.5cm，直径1～1.5cm。表面棕灰色或灰黄色，具细皱纹。断面橙黄色，外周棕黄色至棕红色。气芳香，味辛辣。

桂郁金　呈长圆锥形或长圆形，长2～6.5cm，直径1～1.8cm。表面具疏浅纵纹或较粗糙网状皱纹。气微，味微辛苦。

绿丝郁金　呈长椭圆形，较粗壮，长1.5～3.5cm，直径1～1.2cm。气微，味淡。

均以质坚实、外皮皱纹细、断面色黄者为佳。传统认为黄丝郁金质量最佳。

饮片　呈椭圆形或长条形薄片。外表面灰黄色、灰褐色至灰棕色，具不规则的纵皱纹。切面灰棕色、橙黄色至灰黑色。角质样，内皮层环明显。

【功效】活血止痛，行气解郁，清心凉血，利胆退黄。用于经闭痛经，胸腹胀痛、刺痛，热病神昏，癫痫发狂，黄疸尿赤。

射　干

【来源】本品为鸢尾科植物射干的干燥根茎。

【产地】主产于河北、陕西、湖南、贵州等地。

【性状鉴别】药材　呈不规则结节状，长3～10cm，直径1～2cm。表面黄褐色、棕褐色或黑褐色，皱缩，有较密的环纹。上面有数个圆盘状凹陷的茎痕，偶有茎基残存；下面有残留细根及根痕。质硬，断面黄色，颗粒性。气微，味苦、微辛。以粗壮、坚硬、断面色黄者为佳。

饮片　呈不规则形或长条形的薄片。外表面黄褐色、棕褐色或黑褐色，皱缩，可见残留的须根和须根痕，有的可见环纹。切面淡黄色或鲜黄色，具散在筋脉小点或筋脉纹，有的可见环纹。气微，味苦、微辛。

【功效】清热解毒，消痰，利咽。用于热毒痰火郁结，咽喉肿痛，痰涎壅盛，咳嗽气喘。

百　部

【来源】本品为百部科植物直立百部、蔓生百部或对叶百部的干燥块根。

【产地】直立百部和蔓生百部主产于安徽、浙江、江苏湖北等地。对叶百部主产于湖北、广东、福建、四川等地。

【性状鉴别】直立百部　呈纺锤形，上端较细长，皱缩弯曲，长5～12cm，直径0.5～1cm。表面黄白色或淡棕黄色，有不规则深纵沟，间或有横皱纹。质脆，易折断，断面平坦，角质样，淡黄棕色或黄白色，皮部较宽，中柱扁缩。气微，味甘、苦。

蔓生百部 两端稍狭细，表面多不规则皱褶和横皱纹。

对叶百部 呈长纺锤形或长条形，长 8～24cm，直径 0.8～2cm。表面浅黄棕色至灰棕色，具浅纵皱纹或不规则纵槽。质坚实，断面黄白色至暗棕色，中柱较大，髓部类白色。

均以根粗壮、质坚实、色黄白者为佳。

饮片 呈不规则厚片或不规则条形斜片。表面灰白色、棕黄色，有深纵皱纹。切面灰白色、淡黄棕色或黄白色，角质样。皮部较厚，中柱扁缩。质韧软。气微、味甘、苦。

蜜百部 形同百部片，表面棕黄色或褐棕色，略带焦斑，稍有黏性。味甜。

【功效】润肺下气止咳，杀虫灭虱。用于新久咳嗽，肺痨咳嗽，顿咳；外用于头虱，体虱，蛲虫病，阴痒。

泽 泻

【来源】本品为泽泻科植物泽泻的干燥块茎。

【产地】主产于四川、广西等地。

【性状鉴别】药材 呈类球形、椭圆形或卵圆形，长 2～7cm，直径 2～6cm。表面黄白色或淡黄棕色，有不规则的横向环状浅沟纹和多数细小突起的须根痕，底部有的有瘤状芽痕。质坚实，断面黄白色，粉性，有多数细孔。气微，味微苦。

以个大、色黄白、光滑、粉性足者为佳。

饮片 呈圆形或椭圆形厚片。外表面黄白色或淡黄棕色，可见细小突起的须根痕。切面黄白色，粉性，有多数细孔。气微，味微苦。

盐泽泻 形如泽泻片。表面淡黄棕色或黄褐色，偶见焦斑。味微咸。

【功效】利水渗湿，泄热，化浊降脂。用于小便不利，水肿胀满，泄泻尿少，热淋涩痛，高脂血症。

石菖蒲

【来源】本品为天南星科植物石菖蒲的干燥根茎。

【产地】主产于安徽、湖北、湖南等地。

【性状鉴别】药材 呈扁圆柱形，多弯曲，常有分枝，长 3～20cm，直径 0.3～1cm。表面棕褐色或灰棕色，粗糙，有疏密不匀的环节，节间长 0.2～0.8cm，具细纵纹，一面残留须根或圆点状根痕；叶痕呈三角形，左右交互排列，有的其上有毛鳞状的叶基残余。质硬，断面纤维性，类白色或微红色，内皮层环明显，可见多数维管束小点及棕色油细胞。气芳香，味苦、微辛。以条粗、断面类白色、香气浓者为佳。

饮片 呈扁圆形或长条形的厚片。外表皮棕褐色或灰棕色，有的可见环节及根痕。切面纤维性，类白色或微红色，有明显环纹及油点。气芳香，味苦、微辛。

【功效】开窍豁痰，醒神益智，化湿开胃。用于神昏癫痫，健忘失眠，耳鸣耳聋，脘痞不饥，噤口下痢。

黄 精

【来源】本品为百合科植物滇黄精、黄精或多花黄精的干燥根茎。按形状不同，习称“大黄精”“鸡头黄精”“姜形黄精”。

【产地】滇黄精主产于云南、四川、贵州等地；黄精主产于河北、内蒙古、陕西等地；多花黄精主产于四川、贵州、湖南、湖北等地。

【性状鉴别】大黄精　呈肥厚肉质的结节块状，结节长可达10cm以上，宽3～6cm，厚2～3cm。表面淡黄色至黄棕色，具环节，有皱纹及须根痕，结节上侧茎痕呈圆盘状，圆周凹入，中部突出。质硬而韧，不易折断，断面角质，淡黄色至黄棕色。气微，味甜，嚼之有黏性。

鸡头黄精　呈结节状弯柱形，长3～10cm，直径0.5～1.5cm。结节长2～4cm，略呈圆锥形，常有分枝。表面黄白色或灰黄色，半透明，有纵皱纹，茎痕圆形，直径5～8mm。

姜形黄精　呈长条结节块状，长短不等，常数个块状结节相连。表面灰黄色或黄褐色，粗糙，结节上侧有突出的圆盘状茎痕，直径0.8～1.5cm。

均以块大、肥润、色黄、断面角质半透明者为佳。味苦者不可药用。

饮片　呈不规则的厚片，外表面淡黄色至黄棕色。切面略呈角质样，淡黄色至黄棕色，可见多数淡黄色筋脉小点。质稍硬而韧。气微，味甜，嚼之有黏性。

酒黄精　呈不规则的厚片。表面棕褐色至黑色，有光泽，中心棕色至浅褐色，可见筋脉小点。质较柔软。味甜，微有酒香气。

【功效】补气养阴，健脾，润肺，益肾。用于脾胃气虚，体倦乏力，胃阴不足，口干食少，肺虚燥咳，劳嗽咳血，精血不足，腰膝酸软，须发早白，内热消渴。

天　麻

【来源】本品为兰科植物天麻的干燥块茎。按采收时间不同分为“冬麻”和“春麻”。

【产地】主产于四川、云南、贵州等地。

【性状鉴别】药材　呈椭圆形或长条形，略扁，皱缩而稍弯曲，长3～15cm，宽1.5～6cm，厚0.5～2cm。表面黄白色至淡黄棕色，有纵皱纹及由潜伏芽排列而成的横环纹多轮，有时可见棕褐色菌索。顶端有红棕色至深棕色的干枯芽孢，习称“鹦哥嘴”或“红小辫”；或为残留茎基。另端有圆脐形疤痕。质坚硬，不易折断，断面较平坦，黄白色至淡棕色，角质样。气微，味甘。

以质地坚实沉重、有鹦哥嘴、断面明亮，无空心者质佳（冬麻）；质地轻泡、有残留茎基、断面色晦暗、空心者质次（春麻）。

饮片　呈不规则的薄片。外表面淡黄色至淡黄棕色，有时可见点状排成的横环纹。切面黄白色至淡棕色。角质样，半透明。气微，味甘。

【功效】息风止痉，平抑肝阳，祛风通络。用于小儿惊风，癫痫抽搐，破伤风，头痛眩晕，手足不遂，风湿痹痛。

银柴胡

【来源】本品为石竹科植物银柴胡的干燥根。

【产地】主产于辽宁、宁夏、内蒙古、甘肃等地。

【性状鉴别】药材　呈类圆柱形，偶有分枝，长15～40cm，直径0.5～2.5cm。表面浅棕黄色至浅棕色，有扭曲的纵皱纹和支根痕，多具孔穴状或盘状凹陷，习称“砂眼”，从砂眼处折断可见棕色裂隙中有细砂散出。根头部略膨大，有密集的呈疣状突起的芽苞、茎或根茎的残基，习称“珍珠盘”。质硬而脆，易折断，断面不平坦，较疏松，有裂隙，皮部甚薄，木部有黄、白色相间的放射状纹理。气微，味甘。

栽培品　有分枝，下部多扭曲，直径 0.6～1.2cm。表面浅棕黄色或浅黄棕色，纵皱纹细腻明显，细支根痕多呈点状凹陷。几无砂眼。根头部有多数疣状突起。折断面质地较紧密，几无裂隙，略显粉性，木部放射状纹理不甚明显。味微甜。

均以根长均匀、外皮淡棕黄色、断面黄白色者质佳。

【功效】清虚热，除疳热。用于阴虚发热，骨蒸劳热，小儿积疳。

太子参

【来源】本品为石竹科植物孩儿参的干燥块根。

【产地】主产于安徽、福建、贵州等地。

【性状鉴别】药材　呈细长纺锤形或细长条形，稍弯曲，长 3～10cm，直径 0.2～0.6cm。表面黄白色，较光滑，微有纵皱纹，凹陷处有须根痕。顶端有茎痕。质硬而脆，断面平坦，淡黄白色，角质样：或类白色，有粉性。气微，味微甘。以条粗、色黄白、无须根者质佳。

饮片　同药材。

【功效】益气健脾，生津润肺。用于脾虚体倦，食欲不振，病后虚弱，气阴不足，自汗口渴，肺燥干咳。

虎杖

【来源】本品为蓼科植物虎杖的干燥根茎和根。

【产地】主产于安徽、湖北、江西、广西等地。

【性状鉴别】药材　多为圆柱形段或不规则厚片长 1～7cm，直径 0.5～2.5cm。外皮棕褐色，有纵皱纹和须根痕。切面皮部较薄，木部宽广，棕黄色，射线放射状，皮部与木部较易分离。根茎髓中有隔或呈空洞状。质坚硬。气微，味微苦、涩。以粗壮、坚实、断面黄者为佳。

饮片　多为不规则厚片。外皮棕褐色，切面皮部较薄，木部宽广，棕黄色，射线放射状，皮部与木部较易分离。根茎髓中有隔或呈空洞状。质坚硬。气微，味微苦、涩。

【功效】利湿退黄，清热解毒，散瘀止痛，止咳化痰。用于温热黄疸，淋浊，带下，风湿痹痛，痈肿疮毒，水火烫伤，经闭，癥瘕，跌打损伤，肺热咳嗽。

商陆

【来源】本品为商陆科植物商陆或垂序商陆的干燥根。

【产地】商陆主产于河南、湖北、安徽等地；垂序商陆主产于山东、浙江、江西等地。

【性状鉴别】药材　为横切或纵切的不规则块片，厚薄不等。外皮灰黄色或灰棕色。横切片弯曲不平，边缘皱缩，直径 2～8cm；切面浅黄棕色或黄白色，木部隆起，形成数个突起的同心性环轮，习称“罗盘纹”。纵切片弯曲或卷曲，长 5～8cm，宽 1～2cm，木部呈平行条状突起。质硬。气微，味稍甜，久嚼麻舌。

饮片　醋商陆　形如商陆片(块)。表面黄棕色，微有醋香气，味稍甜，久嚼麻舌。

【功效】逐水消肿，通利二便；外用解毒散结。用于水肿胀满，二便不利；外治痈肿疮毒。

白　前

【来源】本品为萝藦科植物柳叶白前或芫花叶白前的干燥根茎和根。

【产地】柳叶白前主产于甘肃、安徽、江苏等地；芫花叶白前主产于江苏、浙江、福建等地。

【性状鉴别】柳叶白前　根茎呈细长圆柱形，有分枝，稍弯曲，长 4～15cm，直径 1.5～4mm。表面黄白色或黄棕色，节明显，节间长 1.5～4.5cm，顶端有残茎。质脆，断面中空。节处簇生纤细弯曲的根，长可达 10cm，直径不及 1mm，有多次分枝呈毛须状，常盘曲成团。气微，味微甜。

芫花叶白前　根茎较短小或略呈块状；表面灰绿色或灰黄色，节间长 1～2cm。质较硬。根稍弯曲，直径约 1mm，分枝少。

饮片　呈段状。表面黄白色或黄棕色，有的有节。质脆，断面中空。节处簇生纤细弯蓝的根。气微，味微甜。

蜜白前　形如白前段。表面深黄色，略带黏性。有蜜香气，味甜。

【功效】降气，消痰，止咳。用于肺气壅实，胸满喘急。

羌　活

【来源】本品为伞形科植物羌活或宽叶羌活的干燥根茎和根。

【产地】主产于四川、青海、甘肃等地。

【性状鉴别】羌活　为圆柱状略弯曲的根茎，长 4～13cm，直径 0.6～2.5cm，顶端具茎痕。表面棕褐色至黑褐色，外皮脱落处呈黄色。节间缩短，呈紧密隆起的环状，形似蚕，习称“蚕羌”；节间延长，形如竹节状，习称“竹节羌”。节上有多数点状或瘤状突起的根痕及棕色破碎鳞片。体轻，质脆，易折断，断面不平整，有多数裂隙，皮部黄棕色至暗棕色，油润，有棕色油点，木部黄白色，射线明显，髓部黄色至黄棕色。气香，味微苦而辛。

宽叶羌活　根茎类圆柱形，顶端具茎和叶鞘残基。根类圆锥形，有纵皱纹和皮孔；表面棕褐色，近根茎处有较密的环纹，长 8～15cm，直径 1～3cm，习称“条羌”。有的根茎粗大，不规则结节状，顶部具数个茎基，根较细，习称“大头羌”。质松脆，易折断，断面略平坦，皮部浅棕色，木部黄白色。气味较淡。

以条粗长、表面棕褐色、环纹紧密、断面油点多、香气浓者为佳。

饮片　呈类圆形、不规则形横切或斜切片。外表面棕褐色至黑褐色，切面外侧棕褐色，木部黄白色，有的可见放射状纹理。体轻，质脆。气香，味微苦而辛。

【功效】解表散寒，祛风除湿，止痛。用于风寒感冒，头痛项强，风湿痹痛，肩背酸痛。

乌　药

【来源】本品为樟科植物乌药的干燥块根。

【产地】主产于江西、浙江、湖南等地。

【性状鉴别】药材　多呈纺锤状，略弯曲，有的中部收缩成连珠状，长6～15cm，直径1～3cm。表面黄棕色或黄褐色，有纵皱纹及稀疏的细根痕。质坚硬。切面黄白色或淡黄棕色，射线放射状，可见年轮环纹，中心颜色较深。气香，味微苦、辛，有清凉感。

质老、不呈纺锤状的直根，不可供药用。

饮片　呈类圆形的薄片。切面黄白色或淡黄棕色，射线放射状，可见年轮环纹。质脆。气香，味微苦、辛，有清凉感。

【功效】行气止痛，温肾散寒。用于寒凝气滞，胸腹胀痛，气逆喘急，膀胱虚冷，遗尿尿频，疝气疼痛，经寒腹痛。

紫　菀

【来源】本品为菊科植物紫菀的干燥根及根茎。

【产地】主产于河北、安徽等地。

【性状鉴别】药材　根茎呈不规则块状，大小不一，顶端有茎、叶的残基；质稍硬。根茎簇生多数细根，长3～15cm，直径0.1～0.3cm，多编成辫状；表面紫红色或灰红色，有纵皱纹；质较柔韧。气微香，味甜、微苦。以身干、条长、色紫、质柔软者为佳。

饮片　呈不规则的段。根外表面紫红色或灰红色，有纵皱纹。切面淡棕色，中心具棕黄色的木心。气微香，味甜，微苦。

蜜紫菀　形如紫菀段。表面棕褐色或紫棕色。具蜜香气，味甜。

【功效】润肺下气，消痰止咳。用于痰多咳喘，新久咳嗽，劳嗽咳血。

三　棱

【来源】本品为黑三棱科植物黑三棱的干燥块茎。

【产地】主产于浙江、江西等地。

【性状鉴别】药材　呈圆锥形，略扁，长2～6cm，直径2～4cm。表面黄白色或灰黄色，有刀削痕，须根痕小点状，略呈横向环状排列。体重，质坚实。气微，味淡，嚼之微有麻辣感。以体重、质坚、去净外皮、表面黄白色者质佳。

饮片　呈类圆形的薄片。外表皮灰棕色。切面灰白色或黄白色，粗糙，有多数明显的细筋脉点。气微，味淡，嚼之微有麻辣感。

醋三棱　形如三棱片。切面黄色至黄棕色，偶见焦黄斑，微有醋香气。

【功效】破血行气，消积止痛。用于癥瘕痞块，痛经，瘀血经闭，胸痹心痛，食积胀痛。

玉　竹

【来源】本品为百合科植物玉竹的干燥根茎。

【产地】主产于黑龙江、辽宁、浙江、河南等地。

【性状鉴别】药材　呈长圆柱形，略扁，少有分枝，长4～18cm，直径0.3～1.6cm。表面黄白色或淡黄棕色，半透明，具纵皱纹和微隆起的环节，有白色圆点状的须根痕和圆盘状茎痕。质硬而脆或稍软，易折断，断面角质样或显颗粒性。气微，味甘，嚼之发黏。以条长、肥壮、黄白色、光泽柔润、不泛油者质佳。

饮片　呈不规则厚片或段。外表面黄白色至淡黄棕色，半透明，有时可见环节。切面角质样或显颗粒性。气微，味甘，嚼之发黏。

【功效】养阴润燥，生津止渴。用于肺胃伤阴，燥热咳嗽，咽干口渴，内热消渴。

白茅根

【来源】本品为禾本科植物白茅的干燥根茎。

【产地】主产于河南、湖北、湖南、四川等地。

【性状鉴别】药材　呈长圆柱形，长30～60cm，直径0.2～0.4cm。表面黄白色或淡黄色，微有光泽，具纵皱纹，节明显，稍突起，节间长短不等，通常长1.5～3cm。体轻，质略脆，断面皮部白色，多有裂隙，放射状排列，中柱淡黄色，易与皮部剥离。气微，味微甜。以条粗肥壮、色白、质润、须根少者为佳。

饮片　呈圆柱形的段。外表面黄白色或淡黄色，微有光泽，具纵皱纹，有的可见稍隆起的节。切面皮部白色，多有裂隙，放射状排列，中柱淡黄色或中空，易与皮部剥离。气微，味微甜。

白茅根炭　形如白茅根。表面黑褐色至黑色。可见淡棕色稍隆起的节。略有焦香气，味苦。

【功效】凉血止盘，清热利尿。用于血热吐血，衄血，尿血，热病烦渴，湿热黄疸，水肿尿少，热淋涩痛。

胡黄连

【来源】本品为玄参科植物胡黄连的干燥根茎。

【产地】主产于云南、西藏等地。

【性状鉴别】药材　呈圆柱形，略弯曲，偶有分枝，长3～12cm，直径0.3～1cm。表面灰棕色至暗棕色，粗糙；有较密的环状节，具稍隆起的芽痕或根痕，上端密被暗棕色鳞片状的叶柄残基。体轻，质硬而脆，易折断，断面略平坦，淡棕色至暗棕色，木部有4～10个类白色点状维管束排列成环。气微，味极苦。以条粗、折断时有粉尘、断面灰黑色、味苦者为佳。

饮片　呈不规则的圆形薄片。外表面灰棕色至暗棕色。切面灰黑色或棕黑色，木部有4～10个类白色点状维管束排列成环，气微，味极苦。

【功效】退虚热，除疳热，清湿热。用于骨蒸潮热，小儿疳热，湿热泻痢，黄疸尿赤，痔疮肿痛。

巴戟天

【来源】本品为茜草科植物巴戟天的干燥根。

【产地】主产于广东。

【性状鉴别】药材　呈扁圆柱形，略弯曲，长短不等，直径 0.5～2cm。表面灰黄色或暗灰色，具纵纹和横裂纹，有的皮部横向断离露出木部。质韧，断面皮部厚，紫色或淡紫色，易与木部剥离；木部坚硬，黄棕色或黄白色，直径 1～5mm。气微，味甘而微涩。以根条肥壮、呈连珠状、肉厚、紫黑色、细润、木心小者为佳。

饮片　巴载肉　呈扁圆柱形短段或不规则块。表面灰黄色或暗灰色，具纵纹和横裂纹。切面皮部厚，紫色或淡紫色，中空。气微，味甘而微涩。

盐巴戟天　形如巴戟肉。表面颜色加深。气微，味甘、咸而微涩。

制巴戟天　形如巴戟肉。表面颜色加深。气微，味甘而微涩。

【功效】补肾阳，强筋骨，祛风湿。用于阳痿遗精，宫冷不孕，月经不调，少腹冷痛，风湿痹痛，筋骨痿软。

仙　茅

【来源】本品为石蒜科植物仙茅的干燥根茎。

【产地】主产于四川、云南等地。

【性状鉴别】药材　呈圆柱形，略弯曲，长 3～10cm，直径 0.4～1.2cm。表面棕色至褐色，粗糙，有细孔状的须根痕和横皱纹。质硬而脆，易折断，断面不平坦，灰白色至棕褐色，近中心处色较深。气微香，味微苦、辛。

饮片　呈圆柱形的段。其余同药材。

【功效】补肾阳，强筋骨，祛寒湿。用于阳痿精冷，筋骨痿软，腰膝冷痛，阳虚冷泻。

骨碎补

【来源】本品为水龙骨科植物槲蕨的干燥根茎。

【产地】主产于四川、贵州、广西、云南等地。

【性状鉴别】药材　呈扁平长条状，多弯曲，有分枝，长 5～15cm，宽 1～1.5cm，厚 0.2～0.5cm。表面密被深棕色至暗棕色的小鳞片，柔软如毛，经火燎者呈棕褐色或暗褐色，两侧及上表面均具突起或凹下的圆形叶痕，少数有叶柄残基和须根残留。体轻，质脆，易折断，断面红棕色，维管束呈黄色点状，排列成环。气微，味淡、微涩。以条粗、色棕者为佳。

饮片　呈不规则厚片或段。表面深棕色至棕褐色，常残留细小棕色的鳞片，有的可见圆形的叶痕。切面红棕色，黄色的维管束点状排列成环。气微，味淡、微涩。

烫骨碎补　形如骨碎补。膨大鼓起，质轻酥松。

【功效】疗伤止痛，补肾强骨。用于跌扑闪挫，筋骨折伤，肾虚腰痛，筋骨痿软，耳鸣耳聋，牙齿松动；外治斑秃，白癜风。

拳　参

【来源】本品为蓼科植物拳参的干燥根茎。

【产地】主产于陕西、甘肃等地。

【性状鉴别】药材　呈扁长条形或扁圆柱形，弯曲，有的对卷弯曲，两端略尖，或一端渐细，长 6～13cm，直径 1～2.5cm。表面紫褐色或紫黑色，粗糙，一面隆起，一面稍平坦或略具凹槽，全体密具粗环纹，有残留须根或根痕。质硬，断面浅棕红色或棕红色，维管束呈黄白色点状，排列成环。气微，味苦、涩。以条粗大、质坚实、断面浅红棕色、无须根者为佳。

饮片　呈类圆形或近肾形的薄片。外表皮紫褐色或紫黑色。切面棕红色或浅棕红色，平坦，近边缘有一圈黄白色小点(维管束)，气微，味苦、涩。

【功效】清热解毒，消肿，止血。用于赤痢热泻，肺热咳嗽，痈肿瘰疬，口舌生疮，血热吐衄，痔疮出血，蛇虫咬伤。

山豆根

【来源】本品为豆科植物越南槐的干燥根和根茎。

【产地】主产于河南、广西、云南等地。

【性状鉴别】药材　根茎呈不规则的结节状，顶端常残存茎基，其下着生根数条。根呈长圆柱形，常有分枝，长短不等，直径 0.7～1.5cm。表面棕色至棕褐色，有不规则的纵皱纹及横长皮孔样突起。质坚硬，难折断，断面皮部浅棕色，木部淡黄色。有豆腥气，味极苦。以条粗壮、质坚实、味苦者质佳。

饮片　呈不规则的类圆形厚片（根茎）或圆形片（根）。外表面棕色至棕褐色。切面皮部浅棕色，木部淡黄色。有豆腥气，味极苦。

【功效】清热解毒，消肿利咽。用于火毒蕴结，乳蛾喉痹，咽喉肿痛，齿龈肿痛，口舌生疮。

紫花前胡

【来源】本品为伞形科植物紫花前胡的干燥根。

【产地】主产于甘肃、贵州等地。

【性状鉴别】药材　多呈不规则圆柱形、圆锥形或纺锤形，主根较细，有少数支根，长 3～15cm，直径 0.8～1.7cm。表面棕色至黑棕色，根头部偶有残留茎基和膜状叶鞘残基，有浅直细纵皱纹，可见灰白色横向皮孔样突起和点状须根痕。质硬，断面类白色，皮部较窄，散有少数黄色油点。气芳香，味微苦、辛。

【功效】降气化痰，散风清热。用于痰热喘满，咯痰黄稠，风热咳嗽痰多。

半夏

【来源】本品为天南星科植物半夏的干燥块茎。

【产地】主产于山东、山西、甘肃、四川、湖北、重庆等地。

【性状鉴别】药材　呈类球形，有的稍偏斜，直径 1～1.5cm。表面白色或浅黄色，顶端有凹陷的茎痕，周围密布麻点状根痕；下面钝圆，较光滑。质坚实，断面洁白，富粉性。气微，味辛辣、麻舌而刺喉。以个大粒圆、皮净色白、质坚实、粉性足者为佳。

饮片　同药材。

清半夏　呈类圆形薄片。切面淡灰色至灰白色，可见灰白色点状或短线状维管束痕。质脆，易折断，断面略呈角质样。气微，味微涩、微有麻舌感。

法半夏　形同半夏。表面淡黄白色、黄色或棕黄色。质较松脆或硬脆。断面黄色或淡黄色，颗粒者质稍硬脆。气微，味淡略甘、微有麻舌感。

姜半夏 形同半夏。表面棕色至棕褐色。质硬脆，断面淡黄棕色，常具角质样光泽。气微香，味淡、微有麻舌感，嚼之略黏牙。

【功效】

半夏 燥湿化痰，降逆止呕，消痞散结。

清半夏 燥湿化痰。

法半夏 燥湿化痰。

姜半夏 温中化痰，降逆止呕。

用于湿痰寒痰，咳喘痰多，痰饮眩悸，风痰眩晕，痰厥头痛，呕吐反胃，胸脘痞闷，梅核气；外治痈肿痰核。

莪 术

【来源】本品为姜科植物蓬莪术、广西莪术或温郁金的干燥根茎。后者习称“温莪术”。

【产地】温郁金主产于浙江；广西莪术主产布于广西；蓬莪术主产于四川、福建、广东。

【性状鉴别】蓬莪术 呈卵圆形、长卵形、圆锥形或长纺锤形，顶端多钝尖，基部钝圆，长 2～8cm，直径 1.5～4cm。表面灰黄色至灰棕色，上部环节突起，有圆形微凹的须根痕或残留的须根，有的两侧各有 1 列下陷的芽痕和类圆形的侧生根茎痕，有的可见刀削痕。体重，质坚实，断面灰褐色至蓝褐色，蜡样，常附有灰棕色粉末，皮层与中柱易分离，内皮层环纹棕褐色。气微香，味微苦而辛。

广西莪术 环节稍突起，断面黄棕色至棕色，常附有淡黄色粉末，内皮层环纹黄白色。

温莪术 断面黄棕色至棕褐色，常附有淡黄色至黄棕色粉末。气香或微香。

饮片 呈类圆形或椭圆形的厚片。外表面灰黄色或灰棕色，有时可见环节或须根痕。切面黄绿色、黄棕色或棕褐色，内皮层环纹明显，散在“筋脉”小点。气微香，味微苦而辛。

醋莪术 形如莪术片。色泽加深，角质样，微有醋香气。

【功效】行气破血，消积止痛。用于癥瘕痞块，瘀血经闭，胸痹心痛，食积胀痛。

穿山龙

【来源】本品为薯蓣科植物穿龙薯蓣的干燥根茎。

【产地】主产于黑龙江、吉林、辽宁、河北、河南、陕西等地。

【性状鉴别】药材 根茎呈类圆柱形，稍弯曲，长 15~20cm，直径 1.0~1.5cm。表面黄白色或棕黄色，有不规则纵沟、刺状残根及偏于一侧的突起茎痕。质坚硬，断面平坦，白色或黄白色，散有淡棕色维管束小点。气微，味苦涩。以条粗、质坚实、断面色白者质佳。

饮片 呈圆形或椭圆形的厚片。外表面黄白色或棕黄色，有时可见刺状残根。切面白色或黄白色，有淡棕色的点状维管束。气微。味苦涩。

【功效】祛风除湿，舒筋通络，活血止痛，止咳平喘。用于风湿痹痛，关节肿胀，疼痛麻木，跌扑损伤，闪腰岔气，咳嗽气喘。

续 断

【来源】本品为川续断科植物川续断的干燥根。

【产地】主产于四川、贵州、云南等地。

【性状鉴别】药材　呈圆柱形，略扁，有的微弯曲，长 5～15cm，直径 0.5～2cm。表面灰褐色或黄褐色，有稍扭曲或明显扭曲的纵皱及沟纹，可见横列的皮孔样斑痕和少数须根痕。质软，久置后变硬，易折断，断面不平坦，皮部墨绿色或棕色，外缘褐色或淡褐色，木部黄褐色，导管束呈放射状排列。气微香，味苦、微甜而后涩。以根条粗壮、断面绿褐色者质佳。

饮片　呈类圆形或椭圆形的厚片。外表面灰褐色至黄褐色，有纵皱。切面皮部墨绿色或棕褐色，木部灰黄色或黄褐色，可见放射状排列的导管束纹，形成层部位多有深色环。气微，味苦、微甜而涩。

酒续断　形如续断片。表面浅黑色或灰褐色，略有酒香气。

盐续断　形如续断片。表面黑褐色，味微咸。

【功效】补肝肾，强筋骨，续折伤，止崩漏。用于肝肾不足，腰膝酸软，风湿痹痛，跌扑损伤，筋伤骨折，崩漏，胎漏。

天 冬

【来源】本品为百合科植物天冬的干燥块根。

【产地】主产于云南、广西等地。

【性状鉴别】药材　呈长纺锤形，略弯曲，长 5～18cm，直径 0.5～2cm。表面黄白色至淡黄棕色，半透明，光滑或具深浅不等的纵皱纹，偶有残存的灰棕色外皮。质硬或柔润，有黏性，断面角质样，中柱黄白色。气微，味甜、微苦。以肥大粗壮、黄白色半透明者质佳。

饮片　为圆形薄片。表面黄白色至淡黄棕色，半透明。

【功效】养阴润燥，清肺生津。用于肺燥干咳，顿咳痰黏，腰膝酸痛，骨蒸潮热，内热消渴，咽干口渴，肠燥便秘。

姜 黄

【来源】本品为姜科植物姜黄的干燥根茎。

【产地】主产于四川、云南等地。

【性状鉴别】药材　呈不规则卵圆形、圆柱形或纺锤形，常弯曲，有的具短叉状分枝，长 2～5cm，直径 1～3cm。表面深黄色，粗糙，有皱缩纹理和明显环节，并有圆形分枝痕及须根痕。质坚实，不易折断，断面棕黄色至金黄色，角质样，有蜡样光泽，内皮层环纹明显，维管束呈点状散在。气香特异，味苦、辛。以质坚实、断面色黄、香气浓者为佳。

饮片　为不规则或类圆形的厚片。其余同药材。

【功效】破血行气，痛经止痛。用于胸胁刺痛，胸痹心痛，痛经经闭，癥瘕，风湿肩臂疼痛，跌扑肿痛。

草 乌

【来源】本品为毛茛科植物北乌头的干燥块根。

【产地】主产于陕西、云南等地。

【性状鉴别】药材 呈不规则长圆锥形，略弯曲，长2～7cm，直径0.6～1.8cm。顶端常有残茎和少数不定根残基，有的顶端一侧有一枯萎的芽，一侧有一圆形或扁圆形不定根残基。表面灰褐色或黑棕褐色，皱缩，有纵皱纹、点状须根痕及数个瘤状侧根。质硬，断面灰白色或暗灰色，有裂隙，形成层环纹多角形或类圆形，髓部较大或中空。气微，味辛辣、麻舌。以个大、质坚实、粉性大、无残茎及须根者质佳。

饮片 制草乌 呈不规则圆形或近三角形的片。表面黑褐色，有灰白色多角形形成层环和点状维管束，并有空隙，周边皱缩或弯曲。质脆。气微，味微辛辣，稍有麻舌感。

【功效】祛风除湿，温经止痛。用于风寒湿痹，关节疼痛，心腹冷痛，寒疝作痛及麻醉止痛。

北 豆 根

【来源】本品为防己科植物蝙蝠葛的干燥根茎。

【产地】主产于山东、河北、河南等地。

【性状鉴别】药材 呈细长圆柱形，弯曲，有分枝，长可达50cm，直径0.3～0.8cm。表面黄棕色至暗棕色，多有弯曲的细根，并可见突起的根痕和纵皱纹，外皮易剥落。质韧，不易折断，断面不整齐，纤维细，木部淡黄色，呈放射状排列，中心有髓。气微，味苦。以条粗长、外皮色黄棕、断面淡黄色者质佳。

饮片 呈圆形厚片。外表面黄棕色至暗棕色，外皮易剥落。切面木部淡黄色，呈放射状排列，中心有髓。气微，味苦。

【功效】清热解毒，祛风止痛。用于咽喉肿痛，热毒泻痢，风湿痹痛。

藁 本

【来源】本品为伞形科植物藁本或辽藁本的干燥根茎和根。

【产地】藁本主产于产湖北、四川、陕西等地；辽藁本主产于吉林、辽宁、河北等地。

【性状鉴别】药材 藁本 根茎呈不规则结节状圆柱形，稍扭曲，有分枝，长3～10cm，直径1～2cm。表面棕褐色或暗棕色，粗糙，有纵皱纹，上侧残留数个凹陷的圆形茎基，下侧有多数点状突起的根痕及残根。体轻，质较硬，易折断，断面黄色或黄白色，纤维状。气浓香，味辛、苦、微麻。

辽藁本 较小，根茎呈不规则的团块状或柱状，长1～3cm，直径0.6～2cm。有多数细长弯曲的根。

饮片 藁本片 呈不规则的厚片。外表面棕褐色至黑褐色，粗糙。切面黄白色至浅黄褐色，具裂隙或孔洞，纤维性。气浓香，味辛、苦、微麻。

辽藁本片 呈不规则的厚片。外表面可见根痕和残根突起呈毛刺状，或有呈枯朽空洞的老茎残基。切面木部有放射状纹理和裂隙。

【功效】祛风，散寒，除湿，止痛。用于风寒感冒，巅顶疼痛，风湿痹痛。

徐长卿

【来源】本品为萝藦科植物徐长卿的干燥根和根茎。

【产地】主产于山东。

【性状鉴别】药材　根茎呈不规则柱状，有盘节，长 0.5～3.5cm，直径 2～4mm。有的顶端带有残茎，细圆柱形，长约 2cm，直径 1～2mm，断面中空；根茎节处周围着生多数根。根呈细长圆柱形，弯曲，长 10～16cm，直径 1～1.5mm。表面淡黄白色至淡棕黄色或棕色，具微细的纵皱纹，并有纤细的须根。质脆，易折断，断面粉性，皮部类白色或黄白色，形成层环淡棕色，木部细小。气香，味微辛凉。以根粗长、香气浓者为佳。

饮片　呈不规则的段。根茎有节，四周着生多数根。根圆柱形，表面淡黄白色至淡棕黄色或棕色，有细纵皱纹。切面粉性，皮部类白色或黄白色，形成层环淡棕色，木部细小。气香，味微辛凉。

【功效】祛风，化湿，止痛，止痒。用于风湿痹痛，胃痛胀满，牙痛，腰痛，跌扑伤痛，风疹，湿疹。

茜　草

【来源】本品为茜草科植物茜草的干燥根和根茎。

【产地】主产于山东、河北、河南、山西、四川等地。

【性状鉴别】药材　根茎呈结节状，丛生粗细不等的根。根呈圆柱形，略弯曲，长 10～25cm，直径 0.2～1cm；表面红棕色或暗棕色，具细纵皱纹和少数细根痕；皮部脱落处呈黄红色。质脆，易折断，断面平坦皮部狭，紫红色，木部宽广，浅黄红色，导管孔多数。气微，味微苦，久嚼刺舌。以条粗长、表面红棕色、断面黄红色者质佳。

饮片　呈不规则的厚片。根呈圆柱形，外表皮红棕色或暗棕色。切面皮部狭，紫红色，木部宽广，浅黄红色，导管孔多数。气微，味微苦，久嚼刺舌。

茜草炭　形如茜草片或段，表面黑褐色，内部棕褐色。气微，味苦、涩。

【功效】凉血，祛瘀，止血，通经。用于吐血，衄血，崩漏，外伤出血，瘀阻经闭，关节痹痛，跌扑肿痛。

漏　芦

【来源】本品为菊科植物祁州漏芦的干燥根。

【产地】主产于河北、河南等地。

【性状鉴别】药材　呈圆锥形或扁片块状，多扭曲，长短不一，直径 1～2.5cm。表面暗棕色、灰褐色或黑褐色，粗糙，具纵沟及菱形的网状裂隙。外层易剥落，根头部膨大，有残茎及鳞片状叶基，顶端有灰白色绒毛。体轻，质脆，易折断，断面不整齐，灰黄色，有裂隙，中心有的呈星状裂隙，灰黑色或棕黑色。气特异，味微苦。

饮片　呈类圆形或不规则的厚片。外表面暗棕色至黑褐色，粗糙，有网状裂纹。切面黄白色至灰黄色，有放射状裂隙。气特异，味微苦。

【功效】清热解毒，消痈，下乳，舒筋通脉。用于乳痈痈痛，痈疽发背，乳汁不通，湿痹拘挛。

重　楼

【来源】本品为百合科植物云南重楼或七叶一枝花的干燥根茎。

【产地】主产于陕西、湖北、四川、广西、云南等地。

【性状鉴别】药材　呈结节状扁圆柱形，略弯曲，长 5～12cm，直径 1.0～4.5cm。表面黄棕色或灰棕色，外皮脱落处呈白色；密具层状突起的粗环纹，一面结节明显，结节上具椭圆形凹陷茎痕，另一面有疏生的须根或疣状须根痕。顶端具鳞叶和茎的残基。质坚实，断面平坦，白色至浅棕色，粉性或角质。气微，味微苦、麻。以粗壮、质坚实、断面色白、粉性足者质佳。

饮片　为圆形片。外表面黄棕色或灰棕色。质坚实。切面白色至浅棕色，粉性或角质。气微，味微苦、麻。

【功效】清热解毒，消肿止痛，凉肝定惊。用于疔疮痈肿，咽喉肿痛，蛇虫咬伤，跌扑伤痛，惊风抽搐。

天 南 星

【来源】本品为天南星科植物天南星、异叶天南星或东北天南星的干燥块茎。

【产地】主产于河北、山东、河南等地。

【性状鉴别】药材　呈扁球形，高 1～2cm，直径 1.5～6.5cm。表面类白色或淡棕色，较光滑，顶端有凹陷的茎痕，周围有麻点状根痕，有的块茎周边有小扁球状侧芽。质坚硬，不易破碎，断面不平坦，白色，粉性。气微辛，味麻辣。以个大、色白、粉性足者质佳。

饮片　制天南星　呈类圆形或不规则形的薄片。黄色或淡棕色，质脆易碎，断面角质状。气微，味涩，微麻。

胆南星　呈方块状或圆柱状。棕黑色，质硬。气微腥、味苦。

【功效】天南星　散结消肿。

制天南星　燥湿化痰，祛风止痉，散结消肿。

胆南星　清热化痰，息风定惊。

外用治痈肿，蛇虫咬伤。

白 附 子

【来源】本品为天南星科植物独角莲的干燥块茎。

【产地】主产于河南、甘肃、湖北等地。

【性状鉴别】药材　呈椭圆形或卵圆形，长 2～5cm，直径 1～3cm。表面白色至黄白色，略粗糙，有环纹及须根痕，顶端有茎痕或芽痕。质坚硬，断面白色，粉性。气微，味淡、麻辣刺舌。以个大均匀、肥壮饱满、色白、质坚体重、粉性足者质佳。

饮片　制白附子片　为类圆形或椭圆形厚片。外表面淡棕色，切面黄色，角质。气微，味淡、麻辣刺舌。

【功效】祛风痰，定惊搐，解毒散结，止痛。用于中风痰壅，口眼歪斜，语言謇塞，惊风癫痫，破伤风，痰厥头痛，偏正头痛。瘰疬痰核，毒蛇咬伤。

土茯苓

【来源】本品为百合科植物光叶菝葜的干燥根茎。

【产地】主产于湖南、贵州、广西、云南等地。

【性状鉴别】呈长圆形或不规则的薄片，厚1～2mm，边缘不整齐。切面类白色至淡红棕色，粉性，可见点状维管束及多数小亮点；以水湿润后有黏滑感。气微，味微甘、涩。

【功效】解毒，除湿，通利关节。用于梅毒及汞中毒所致的肢体拘挛，筋骨疼痛；湿热淋浊，带下，痈肿，瘰疬，疥癣。

甘遂

【来源】本品为大戟科植物遂的干燥块根。

【产地】主产于山西。

【性状鉴别】药材　呈椭圆形、长圆柱形或连珠形，长1～5cm，直径0.5～2.5cm。表面类白色或黄白色，凹陷处有棕色外皮残留。质脆，易折断，断面粉性，白色，木部微显放射状纹理；长圆柱状者纤维性较强。气微，味微甘而辣。

【功效】泻水逐饮，消肿散结。用于水肿胀满，胸腹积水，痰饮积聚，气逆咳喘，二便不利，风痰癫痫，痈肿疮毒。

白蔹

【来源】本品为葡萄科植物白蔹的干燥块根。

【产地】主产于江苏、浙江、安徽等地。

【性状鉴别】药材　纵瓣呈长圆形或近纺锤形，长4～10cm，直径1～2cm。切面周边常向内卷曲，中部有1突起的棱线。外皮红棕色或红褐色，有纵皱纹、细横纹及横长皮孔，易层层脱落，脱落处呈淡红棕色。斜片呈卵圆形，长2.5～5cm，宽2～3cm。切面类白色或浅红棕色，可见放射状纹理，周边较厚，微翘起或略弯曲。体轻，质硬脆，易折断，折断时，有粉尘飞出。气微，味甘。以个大、整齐、断面粉白色、粉性足者质佳。

【功效】清热解毒，消痈散结，敛疮生肌。用于痈疽发背，疔疮，瘰疬，烧烫伤。

白薇

【来源】本品为萝藦科植物白薇或蔓生白薇的干燥根和根茎。

【产地】主产于山东、辽宁、宁夏等地。

【性状鉴别】药材　根茎粗短，有结节，多弯曲。上面有圆形的茎痕，下面及两侧簇生多数细长的根，根长10～25cm，直径0.1～0.2cm。表面棕黄色。质脆，易折断，断面皮部黄白色，木部黄色。气微，味微苦。以根粗壮、无杂质者质佳。

饮片 为段状。表面棕黄色。质脆，易折断。断面皮部黄白色，木部黄色。气微，味微苦。

【功效】清热凉血，利尿通淋，解毒疗疮。用于温邪伤营发热，阴虚发热，骨蒸劳热，产后血虚发热，热淋，血淋，痈疽肿痛。

红大戟

【来源】本品为茜草科植物红大戟的干燥块根。

【产地】主产于福建、广东、海南、广西、云南等地。

【性状鉴别】药材 略呈纺锤形，偶有分枝，稍弯曲，长3～10cm，直径0.6～1.2cm。表面红褐色或红棕色，粗糙，有扭曲的纵皱纹。上端常有细小的茎痕。质坚实，断面皮部红褐色，木部棕黄色。气微，味甘、微辛。以条大肥壮、红褐色、质坚实无须根者质佳。

饮片 为类圆形或不规则厚片。外表面红褐色或红棕色，粗糙，质坚实。切面皮部红褐色，木部棕黄色。气微，味甘、微辛。

【功效】泻水逐饮，消肿散结。用于水肿胀满，胸腹积水，痰饮积聚，气逆咳喘，二便不利，痈肿疮毒，瘰疬痰核。

片姜黄

【来源】本品为姜科植物温郁金的干燥根茎。

【产地】主产于浙江、福建等地。

【性状鉴别】呈长圆形或不规则的片状，大小不一，长3～6cm，宽1～3cm，厚0.1～0.4cm。外皮灰黄色，粗糙皱缩，有时可见环节及须根痕。切面黄白色至棕黄色，有一圈环纹及多数筋脉小点。质脆而坚实。断面灰白色至棕黄色，略粉质。气香特异，味微苦而辛凉。

【功效】破血行气，通经止痛。用于胸胁刺痛，胸痹心痛，痛经经闭，癥瘕，风湿肩臂疼痛，跌扑肿痛。

百合

【来源】本品为百合科植物卷丹、百合或细叶百合的干燥肉质鳞叶。

【产地】主产于甘肃、湖南、四川、云南等地。

【性状鉴别】药材 呈长椭圆形，长2～5cm，宽1～2cm，中部厚1.3～4mm。表面类白色、淡棕黄色或微带紫色，有数条纵直平行的白色维管束。顶端稍尖，基部较宽，边缘薄，微波状，略向内弯曲。质硬而脆，断面较平坦，角质样。气微，味微苦。以肉厚、色白、质坚、味苦者为佳。

饮片 同药材。

蜜百合 形如百合。表面棕黄色，可见焦斑。稍有黏性，具蜜香气，味甜。

【功效】养阴润肺，清心安神。用于阴虚燥咳，劳嗽咳血，虚烦惊悸，失眠多梦，精神恍惚。

高良姜

【来源】本品为姜科植物高良姜的干燥根茎。

【产地】主产于广东。

【性状鉴别】药材　呈圆柱形，多弯曲，有分枝，长5～9cm，直径1～1.5cm。表面棕红色至暗褐色，有细密的纵皱纹和灰棕色的波状环节，节间长0.2～1cm，一面有圆形的根痕。质坚韧，不易折断，断面灰棕色或红棕色，纤维性，中柱约占1/3。气香，味辛辣。

饮片　呈类圆形或不规则形的薄片。外表面棕红色至暗棕色，有的可见环节和须根痕。切面灰棕色至红棕色，外周色较淡，具多数散在的筋脉小点，中心圆形，约占1/3。气香，味辛辣。

【功效】温胃止呕，散寒止痛。用于脘腹冷痛，胃寒呕吐，嗳气吞酸。

川射干

【来源】本品为鸢尾科植物鸢尾的干燥根茎。

【产地】主产于四川、贵州等地。

【性状鉴别】药材　呈不规则条状或圆锥形，略扁，有分枝，长3～10cm，直径1～2.5cm。表面灰黄褐色或棕色，有环纹和纵沟。常有残存的须根及凹陷或圆点状突起的须根痕。质松脆，易折断，断面黄白色或黄棕色。气微，味甘、苦。以个大整齐、断面粉白色、粉性足者质佳。

【功效】清热解毒，祛痰，利咽。用于热毒痰火郁结，咽喉肿痛，痰涎壅盛，咳嗽气喘。

薤白

【来源】本品为百合科植物小根蒜或薤的干燥鳞茎。

【产地】主产于山东、江苏、山西、陕西等地。

【性状鉴别】小根蒜　呈不规则卵圆形，高0.5～1.5cm，直径0.5～1.8cm。表面黄白色或淡黄棕色，皱缩，半透明，有类白色膜质鳞片包被，底部有突起的鳞茎盘。质硬，角质样。有蒜臭，味微辣。

薤　呈略扁的长卵形，高1～3cm，直径0.3～1.2cm。表面淡黄棕色或棕褐色，具浅纵皱纹。质较软，断面可见鳞叶2～3层，嚼之黏牙。

以个大质坚实、饱满、黄白色、半透明者质佳。

【功效】通阳散结，行气导滞。用于胸痹心痛，脘腹痞满胀痛，泻痢后重。

山慈菇

【来源】本品为兰科植物杜鹃兰、独蒜兰或云南独蒜兰的干燥假鳞茎。前者习称“毛慈菇”，后二者习称“冰球子”。

【产地】山慈菇主产于云南、湖北、云南等地。

【性状鉴别】毛慈菇　呈不规则扁球形或圆锥形，顶端渐突起，基部有须根痕。长1.8～3cm，膨大部直径1～2cm。表面黄棕色或棕褐色，有纵皱纹或纵沟，中部有2～3

条微突起的环节，节上有鳞片叶干枯腐烂后留下的丝状纤维。质坚硬，难折断，断面灰白色或黄白色，略呈角质。气微，味淡，带黏性。

冰球子　呈圆锥形，瓶颈状或不规则团块，直径 1～2cm，高 1.5～2.5cm。顶端渐尖，尖端断头处呈盘状，基部膨大且圆平，中央凹入，有 1～2 条环节，多偏向一侧。撞去外皮者表面黄白色，带表皮者浅棕色，光滑，有不规则皱纹。断面浅黄色，角质半透明。

以个大有明显横纹、质坚实、半透明者质佳。

【功效】清热解毒，化痰散结。用于痈肿疔毒，瘰疬痰核，虫蛇咬伤，癥瘕痞块。

白　及

【来源】本品为兰科植物白及的干燥块茎。

【产地】主产于陕西、四川、广西、云南等地。

【性状鉴别】药材　呈不规则扁圆形，多有 2～3 个爪状分枝，长 1.5～5cm，厚 0.5～1.5cm。表面灰白色或黄白色，有数圈同心环节和棕色点状须根痕，上面有突起的茎痕，下面有连接另一块茎的痕迹。质坚硬，不易折断，断面类白色，角质样。气微，味苦，嚼之有黏性。

饮片　呈不规则的薄片。外表面灰白色或黄白色。切面类白色，角质样，半透明，维管束小点状，散生。质脆。气微，味苦，嚼之有黏性。

【功效】收敛止血，消肿生肌。用于于咯血，吐血，外伤出血，痈肿疮毒，皮肤皲裂。

二、茎木类、皮类中药

川木通

【来源】本品为毛茛科植物小木通或绣球藤的干燥藤茎。

【产地】小木通主产于四川、湖南。绣球藤主产于四川。

【性状鉴别】药材　呈长圆柱形，略扭曲，长 50～100cm，直径 2～3.5cm。表面黄棕色或黄褐色，有纵向凹沟及棱线；节处多膨大，有叶痕及侧枝痕。残存皮部易撕裂。质坚硬，不易折断。以条均匀、断面黄白色、无黑心者为佳。

饮片　切片厚 0.2～0.4cm，边缘不整齐，残存皮部黄棕色，木部浅黄棕色或浅黄色，有黄白色放射状纹理及裂隙，其间布满导管孔，髓部较小，类白色或黄棕色，偶有空腔。无臭，味淡。

【功效】利尿通淋，清心除烦，通经下乳。用于淋证，水肿，心烦尿赤，口舌生疮，经闭乳少，湿热痹痛。

木　通

【来源】本品为木通科植物木通、三叶木通或白木通的干燥藤茎。

【产地】主产于江苏、浙江、安徽等地。

【性状鉴别】药材　呈圆柱形，常稍扭曲，长 30～70cm，直径 0.5～2cm。表面灰棕色至灰褐色，外皮粗糙且有许多不规则的裂纹或纵沟纹，具突起的皮孔。节部膨大或不明显，具侧枝断痕。体轻，质坚实，不易折断，断面不整齐，皮部较厚，黄棕色，可见淡黄色颗粒状小点，木部黄白色，射线呈放射状排列，髓小或有时中空，黄白色或黄棕色。气微，味微苦而涩。

饮片　呈圆形、椭圆形或不规则形片。外表面灰棕色或灰褐色。切面射线呈放射状排列，髓小或有时中空。气微，味微苦而涩。

【功效】利尿通淋，清心除烦，通经下乳。用于淋证，水肿，心烦尿赤，口舌生疮，经闭乳少，湿热痹痛。

鸡血藤

【来源】本品为豆科植物密花豆的干燥藤茎。

【产地】主产于广东、广西、云南等地。

【性状鉴别】为椭圆形、长矩圆形或不规则的斜切片，厚0.3～1cm。栓皮灰棕色，有的可见灰白色斑，栓皮脱落处显红棕色。质坚硬。切面木部红棕色或棕色，导管孔多数；韧皮部有树脂状分泌物呈红棕色至黑棕色，与木部相间排列呈数个同心性椭圆形环或偏心性半圆形环；髓部偏向一侧。气微，味涩。以树脂状分泌物多者为佳。

【功效】活血补血，调经止痛，舒筋活络。用于月经不调，痛经，经闭，风湿痹痛，麻木瘫痪，血虚萎黄。

大血藤

【来源】本品为木通科植物大血藤的干燥藤茎。

【产地】主产于湖北、四川、江西等地。

【性状鉴别】药材　呈圆柱形，略弯曲，长30～60cm，直径1～3cm。表面灰棕色，粗糙，外皮常呈鳞片状剥落，剥落处显暗红棕色，有的可见膨大的节和略凹陷的枝痕或叶痕。质硬，断面皮部红棕色，有数处向内嵌入木部，木部黄白色，有多数细孔状导管，射线呈放射状排列。气微，味微涩。以条匀，粗如拇指者为佳。

饮片　为类椭圆形的厚片。外表面灰棕色，粗糙。切面皮部红棕色，有数处向内嵌入木部，木部黄白色，有多数导管孔，射线呈放射状排列。气微，味微涩。

【功效】清热解毒，活血，祛风止痛。用于肠痈腹痛，热毒疮疡，经闭，痛经，跌扑肿痛，风湿痹痛。

苏木

【来源】本品为豆科植物苏木的干燥心材。

【产地】主产于台湾、广东、广西等地。

【性状鉴别】药材　呈长圆柱形或对剖半圆柱形，长10～100cm，直径3～12cm。表面黄红色至棕红色，具刀削痕，常见纵向裂缝。质坚硬。断面略具光泽，年轮明显，有的可见暗棕色、质松、带亮星的髓部。气微，味微涩。取本品投入热水中，水染成鲜艳的桃红色，加酸则变为黄色，加碱又变为红色。

饮片　为不规则的碎块，表面黄红色至棕红色。气微，味微涩。

【功效】活血祛瘀，消肿止痛。用于跌打损伤，骨折筋伤，经闭痛经，产后瘀阻，胸腹刺痛，痈疽肿痛。

降　香

【来源】本品为豆科植物降香檀树干和根的干燥心材。

【产地】主产于福建、广西、云南等地。

【性状鉴别】药材　呈类圆柱形或不规则块状。表面紫红色或红褐色，切面有致密的纹理。质硬，有油性。气微香，味微苦。以色紫红、质坚实、富油性，香气浓者为佳。

饮片　为刨花状或碎块。表面紫红色或红褐色，有油性。气微香，味微苦。

【功效】化瘀止血，理气止痛。用于吐血，衄血，外伤出血，肝郁胁痛，胸痹刺痛，跌扑伤痛，呕吐腹痛。

通　草

【来源】本品为五加科植物通脱木的干燥茎髓。

【产地】主产于贵州、云南、四川等地。

【性状鉴别】药材　呈圆柱形，长20～40cm，直径1～2.5cm。表面白色或淡黄色，有浅纵沟纹。体轻，质松软，稍有弹性，易折断，断面平坦，显银白色光泽，中部有直径0.3～1.5cm的空心或半透明的薄膜，纵剖面呈梯状排列。无臭，无味。以条粗、色白洁、有弹性者为佳。

饮片　为圆形片。表面白色或淡黄色，切面平坦，显银白色光泽，中部有直径0.3～1.5cm的空心或半透明的薄膜。无臭，无味。

【功效】清热利尿，通气下乳。用于脘腹胀痛，痛经经闭，痰核痞块，小便不利。

钩　藤

【来源】本品为茜草科植物钩藤、大叶钩藤、毛钩藤、华钩藤或无柄果钩藤的干燥带钩茎枝。

【产地】钩藤主产于广西、广东、湖北。大叶钩藤主产于广西、广东、云南。毛钩藤主产于福建、广东、广西。华钩藤主产于广西、贵州、湖南。无柄果钩藤主产于广东、广西、云南。

【性状鉴别】呈圆柱形或类方柱形，长2～3cm，直径0.2～0.5cm。表面红棕色至紫红色者具细纵纹，光滑无毛；黄绿色至灰褐色者有的可见白色点状皮孔，被黄褐色柔毛。多数枝节上对生两个向下弯曲的钩（不育花序梗），或仅一侧有钩，另一侧为突起的疤痕；钩略扁或稍圆，先端细尖，基部较阔；钩基部的枝上可见叶柄脱落后的窝点状痕迹和环状的托叶痕。质坚韧，断面黄棕色，皮部纤维性，髓部黄白色或中空。气微，味淡。以双钩、茎细、钩结实、光滑、色紫红、无枯枝钩者为佳。

【功效】息风定惊，清热平肝。用于肝风内动，惊痫抽搐，高热惊厥，小心惊啼，妊娠子痫，头痛眩晕。

络石藤

【来源】本品为夹竹桃科植物络石的干燥带叶藤茎。

【产地】主产于华东、华南、华北等地。

【性状鉴别】药材　茎呈圆柱形，弯曲，多分枝，长短不一，直径 1～5mm。表面红褐色，有点状皮孔和不定根。质硬，断面淡黄白色，常中空。叶对生，有短柄。展平后叶片呈椭圆形或卵状披针形，长 1～8cm，宽 0.7～3.5cm。全缘，略反卷，上表面暗绿色或棕绿色，下表面色较淡。革质。气微，味微苦。以叶多而色绿者为佳。

饮片　呈不规则的段。茎圆柱形，表面红褐色，可见点状皮孔。切面黄白色，中空。叶全缘，略反卷；革质。气微，味微苦。用于风湿热痹，筋脉拘挛，腰膝酸痛，喉痹，痈肿，跌扑损伤。

【功效】祛风通络，凉血消肿。

沉　香

【来源】本品为瑞香科植物白木香含有树脂的木材。

【产地】主产于广东、海南、广西。

【性状鉴别】呈不规则块、片状或盔帽状，有的为小碎块。表面凹凸不平，有刀痕，偶有孔洞，可见黑褐色树脂与黄白色木部相间的斑纹，孔洞及凹窝表面多呈朽木状。质较坚实。断面刺状。气芳香，味苦。以色黑、质坚硬、油性足、香气浓而持久、能沉水者为佳。

【功效】行气止痛，温中止呕，纳气平喘。用于胸腹胀闷疼痛，胃寒呕吐呃逆，肾虚气逆喘急。

桑寄生

【来源】本品为桑寄生科植物桑寄生的干燥带叶茎枝。

【产地】主产于云南、四川、甘肃等地。

【性状鉴别】药材　茎枝呈圆柱形，长 3～4cm，直径 0.2～1cm；表面红褐色或灰褐色，具细纵纹，并有多数细小突起的棕色皮孔，嫩枝有的可见棕褐色茸毛；质坚硬，断面不整齐，皮部红棕色，木部色较浅。叶多卷曲，具短柄；叶片展平后呈卵形或椭圆形，长 3～8cm，宽 2～5cm；表面黄褐色。幼叶被细茸毛，先端钝圆，基部圆形或宽楔形，全缘；革质。气微，味涩。以枝条粗细均匀、质嫩、叶多者为佳。

饮片　为不规则的短段。外表面红褐色或灰褐色，有多数细小突起的棕色皮孔，嫩枝可见棕褐色茸毛。切面皮部红棕色，木部色较浅。叶多破碎，革质。气微，味涩。

【功效】祛风湿，补肝肾，强筋骨，安胎元。用于风湿痹痛，腰膝酸软，筋骨无力，崩漏经多，妊娠漏血，胎动不安，头晕目眩。

槲寄生

【来源】本品为桑寄生科植物槲寄生的干燥带叶茎枝。

【产地】中国大部分省区均产。

【性状鉴别】药材　茎枝呈圆柱形，2～5 叉状分枝，长约 30cm，直径 0.3～1cm。表面黄绿色、金黄色或黄棕色，有纵皱纹。节膨大，节上有分枝或枝痕。体轻，质脆，易折断。断面不平坦，皮部黄色，木部色较浅，射线放射状，髓部常偏向一边。叶对生于枝梢，易脱落，无柄；叶片呈长椭圆状披针形，长 2～7cm，宽 0.5～1.5cm；先端钝圆，基部楔形，全缘；表面黄绿色，有细皱纹，主脉 5 出，中间 3 条明显；革质。气微，味微苦，嚼之有黏性。以枝细嫩、黄绿色、叶未脱落、嚼之发黏者为佳。

饮片　呈不规则厚片。茎外皮黄绿色、黄棕色或棕褐色。切面皮部金色，木部浅黄色，有放射状纹理，髓部常偏向一边。叶片黄绿色或黄棕色，多破碎。革质。气微，味微苦，嚼之有黏性。

【功效】祛风湿，补肝肾，强筋骨，安胎元。用于风湿痹痛，腰膝酸软，筋骨无力，崩漏经多，妊娠漏血，胎动不安，头晕目眩。

桂　枝

【来源】本品为樟科植物肉桂的干燥嫩枝。

【产地】主产于广东、广西等地。

【性状鉴别】药材　呈长圆柱形，多分枝，长 30～75cm，粗端直径 0.3～1cm。表面红棕色至棕色，有纵棱线、细皱纹及小疙瘩状的叶痕、枝痕和芽痕，皮孔点状。质硬而脆，易折断。切片厚 2～4mm，切面皮部红棕色，木部黄白色至浅黄棕色，髓部略呈方形。有特异香气，味甜、微辛，皮部味较浓。以质嫩、香气浓者为佳。

饮片　为类圆形或椭圆形的厚片或段。表面红棕色至棕色，有时可见点状皮孔或纵棱线。切面皮部红棕色，木部黄白色或浅黄棕色，髓部略呈方形。有特异香气，味甜、微辛。

【功效】发汗解肌，温通经脉，助阳化气，平冲降气。用于风寒感冒，脘腹冷痛，血塞经闭，关节痹痛，痰饮，水肿，心悸，奔豚。

小 通 草

【来源】本品为旌节花科植物喜马山旌节花、中国旌节花或山茱萸科植物青荚叶的干燥茎髓。

【产地】喜马山旌节花主产于西南地区。青荚叶主产于湖北、湖南、云南等地。

【性状鉴别】旌节花　呈圆柱形，长 30～50cm，直径 0.5～1cm。表面白色或淡黄色，无纹理。体轻，质松软，捏之能变形，有弹性，易折断。断面平坦，无空心，显银白色光泽。水浸后有黏滑感。气微，味淡。

青荚叶　表面有浅纵条纹。质较硬，捏之不易变形。水浸后无黏滑感。

【功效】清热，利尿，下乳。用于小便不利，淋证，乳汁不下。

鬼 箭 羽

【来源】本品为卫矛科植物卫矛的具翅状物的枝条或翅状附属物。

【产地】产于全国大部分地区。

【性状鉴别】枝条呈细长圆柱形，多分枝，长 40～50 厘米左右，直径 0.4～1 厘米。表面灰绿色，有纵皱纹，四面生有灰褐色片状翅，形似箭羽。枝坚硬而韧，难折断，断面淡黄白色，粗纤维性。翅质轻而脆，易折断。断面较平坦，暗红棕色，细颗粒性。气微，味微苦涩。以枝条均匀、翅状物齐全者为佳。

【功效】破血，通经，杀虫。用于癥瘕结块，心腹疼痛，闭经痛经，崩中漏下，产后瘀滞腹痛，恶露不下，疝气，疮肿，跌打伤痛，虫积腹痛，烫火伤，毒蛇咬伤。

首乌藤

【来源】本品为蓼科植物何首乌的干燥藤茎。

【产地】主产于湖南、湖北、广东、广西等地。

【性状鉴别】药材　呈长圆柱形，稍扭曲，具分枝，长短不一，直径 4～7mm。表面紫红色或紫褐色，粗糙，具扭曲的纵皱纹，节部略膨大，有侧枝痕，外皮菲薄，可剥离。质脆，易折断。断面皮部紫红色，木部黄白色或淡棕色，导管孔明显，髓部疏松，类白色。气微，味微苦涩。

饮片　呈圆柱形的段。外表面紫红色或紫褐色，切面皮部紫红色，木部黄白色或淡棕色，导管孔明显，髓部疏松，类白色。气微，味微苦涩。

【功效】养血安神，祛风通络。用于失眠多梦，血虚身痛，风湿痹痛，皮肤瘙痒。

牡丹皮

【来源】本品为毛茛科植物牡丹的干燥根皮。按加工方法不同，分为“连丹皮”和“刮丹皮”。

【产地】主产于安徽、四川、河南等地。以安徽铜陵产的“凤丹皮”质量最佳。

【性状鉴别】连丹皮　呈筒状或半筒状，有纵剖开的裂缝，略向内卷曲或张开，长 5～20cm，直径 0.5～1.2cm，厚 0.1～0.4cm。外表面灰褐色或黄褐色，有多数横长皮孔样突起和细根痕；内表面淡灰黄色或浅棕色，常见发亮的结晶。质硬而脆，易折断，断面较平坦，粉性，淡粉红色。气芳香，味微苦而涩。

刮丹皮　外表面有刮刀削痕，淡红棕色或淡灰黄色，有时可见灰褐色斑点状残存外皮。其他特征同连丹皮。

以条粗长、皮厚、无木心、断面白色、粉性足、结晶多、香气浓者为佳。

饮片　呈圆形或卷曲形的薄片。连丹皮外表面灰褐色或黄褐色；刮丹皮外表面红棕色或淡灰黄色。内表面有时可见发亮的结晶。切面淡粉红色，粉性。气芳香，味微苦而涩。

【功效】清热凉血，活血化瘀。用于温毒发斑，吐血衄血，夜热早凉，无汗骨蒸，经闭痛经，痈肿疮毒，跌扑伤痛。

厚　朴

【来源】本品为木兰科植物厚朴或凹叶厚朴的干燥干皮、根皮及枝皮。

【产地】主产于四川、湖北、浙江等地。

【性状鉴别】干皮　呈卷筒状或双卷筒状，长 30～35cm，厚 0.2～0.7cm，习称“筒朴”；近根部的干皮一端展开如喇叭口，长 13～25cm，厚 0.3～0.8cm，习称“靴筒朴”。外表面灰棕色或灰褐色，粗糙，有时呈鳞片状，较易剥落，有明显椭圆形皮孔和纵皱纹。内表面紫棕色或深紫褐色，划之显油痕。质坚硬，不易折断，断面颗粒性，外层灰棕色，内层紫褐色或棕色，有油性，有的可见多数小亮星。气香，味辛辣、微苦。

根皮（根朴）　呈单筒状或不规则块片；有的弯曲似鸡肠，习称“鸡肠朴”。质硬，较易折断，断面纤维性。

枝皮（枝朴）　呈单筒状，长 10～20cm，厚 0.1～0.2cm。质脆，易折断，断面纤维性。

以皮厚、肉细、油性足、内表面紫棕色且有发亮结晶物、香气浓者为佳。

饮片　呈弯曲的丝条状或单、双卷筒状。外表面灰褐色，有时可见椭圆形皮孔或纵皱纹。内表面紫棕色或深紫褐色，划之显油痕。切面颗粒性，有油性，有的可见小亮星。气香，味辛辣、微苦。

姜厚朴　形如厚朴丝，表面灰褐色，偶见焦斑。略有姜辣气。

【功效】燥湿消痰，下气除满。用于湿带伤中，脘痞吐泻，食积气滞，腹胀便秘，痰饮喘咳。

肉　桂

【来源】本品为樟科植物肉桂的干燥树皮。

【产地】主产于广东、广西等地。

【性状鉴别】药材　呈槽状或卷筒状，长 30～40cm，宽或直径 3～10cm，厚 0.2～0.8cm。外表面灰棕色，稍粗糙，有不规则的细皱纹和横向突起的皮孔，有的可见灰白色的斑纹；内表面红棕色，略平坦，划之显油痕。质硬而脆，易折断，断面不平坦，外层棕色而较粗糙，内层红棕色而油润，两层间有一条黄棕色的线纹。气香浓烈，味甜、辣。以不破碎、体重、外皮细、肉厚、断面紫色、油性大、香气浓厚、味甜辣、嚼之渣少者为佳。

饮片　为不规则碎块。外表面灰棕色，内表面红棕色，略平坦，划之显油痕。气香浓烈，味甜、辣。

【功效】补火助阳，引火归原，散寒止痛，温通经脉。用于阳痿，宫冷，腰膝冷痛，肾虚作喘，阳虚眩晕，目赤咽痛，心腹冷痛，虚塞吐泻，寒疝，奔豚，经闭痛经。

杜　仲

【来源】本品为杜仲科植物杜仲的干燥树皮。

【产地】主产于湖北、四川、贵州等地。

【性状鉴别】药材　呈板片状或两边稍向内卷，大小不一，厚 3～7mm。外表面淡棕色或灰褐色，有明显的皱纹或纵裂槽纹，有的树皮较薄，未去粗皮，可见明显的皮孔。内表面暗紫色，光滑。质脆，易折断，断面有细密、银白色、富弹性的橡胶丝相连。气微，味稍苦。以皮厚、块大、去净粗皮、内表面暗紫色、断面丝多者为佳。

饮片　呈小方块或丝状。外表面淡棕色或灰褐色，有明显的皱纹。内表面暗紫色，光滑。断面有细密、银白色、富弹性的橡胶丝相连。气微，味稍苦。

盐杜仲　本品形如杜仲块或丝，表面黑褐色，内表面褐色，折断时胶丝弹性较差。味微咸。

【功效】补肝肾，强筋骨，安胎。用于肾虚腰痛，筋骨无力，妊娠崩漏，胎动不安；高血压。

黄　柏

【来源】本品为芸香科植物黄皮树的干燥树皮。习称“川黄柏”。

【产地】主产于四川。

【性状鉴别】药材　呈板片状或浅槽状，长宽不一，厚 1～6mm。外表面黄褐色或黄棕色，平坦或具纵沟纹，有的可见皮孔痕及残存的灰褐色粗皮；内表面暗黄色或淡棕色，具细密的纵棱纹。体轻，质硬，断面纤维性，呈裂片状分层，深黄色。气微，味极苦，嚼之有黏性。

饮片　呈丝条状。外表面黄褐色或黄棕色。内表面暗黄色或淡棕色，具纵棱纹。切面纤维性，呈裂片状分层，深黄色。味极苦。

盐黄柏　形如黄柏丝，表面深黄色，偶有焦斑。味极苦，微咸。

黄柏炭　形如黄柏丝，表面焦黑色，内部深褐色或棕黑色。体轻，质脆，易折断。味苦涩。

【功效】清热燥湿，泻火除蒸，解毒疗疮。用于湿热泻痢，黄疸，带下，热淋，脚气，痿躄，骨蒸劳热，盗汗，遗精，疮疡肿毒。

桑白皮

【来源】本品为桑科植物桑的干燥根皮。

【产地】主产于河南、安徽、浙江等地。

【性状鉴别】药材　呈扭曲的卷筒状、槽状或板片状，长短宽窄不一，厚 1～4mm。外表面白色或淡黄白色，较平坦，有的残留橙黄色或棕黄色鳞片状粗皮；内表面黄白色或灰黄色，有细纵纹。体轻，质韧，纤维性强，难折断，易纵向撕裂，撕裂时有粉尘飞扬。气微，味微甘。以色白、皮厚、柔韧、粉性足者为佳。

饮片　呈丝状。外表面白色或淡黄白色，有的残留橙黄色或棕黄色鳞片状粗皮；内表面黄白色或灰黄色，有细纵纹。体轻，质韧。气微，味微甘。

蜜桑白皮　形同桑白皮丝，表面黄棕色，有蜜香气，不黏手。

【功效】泻肺平喘，利水消肿。用于肺热咳嗽，水肿胀满尿少，目面肌肤浮肿。

白鲜皮

【来源】本品为芸香科植物白鲜的干燥根皮。

【产地】主产于辽宁、河北、山东等地。

【性状鉴别】药材　呈卷筒状，长 5～15cm，直径 1～2cm，厚 0.2～0.5cm。外表面灰白色或淡灰黄色，具细纵皱纹和细根痕，常有突起的颗粒状小点；内表面类白色，有细纵纹。质脆，折断时有粉尘飞扬，断面不平坦，略呈层片状，剥去外层，迎光可见闪烁的小亮点。有羊膻气，味微苦。以条大、皮厚、色白灰者为佳。

饮片　呈不规则的厚片。外表皮灰白色或淡灰黄色，常有突起的颗粒状小点；内表面类白色，有细纵纹。切面类白色，略呈层片状。有羊膻气，味微苦。

【功效】清热燥湿，祛风解毒。用于湿热疮毒，黄水淋漓，湿疹，风疹，疥癣疮癞，风湿痹痛，黄疸尿赤。

地 骨 皮

【来源】本品为茄科植物枸杞或宁夏枸杞的干燥根皮。

【产地】主产于河北、河南、陕西等地。

【性状鉴别】药材　呈筒状或槽状，长 3～10cm，宽 0.5～1.5cm，厚 0.1～0.3cm。外表面灰黄色至棕黄色，粗糙，有不规则纵裂纹，易成鳞片状剥落。内表面黄白色至灰黄色，较平坦，有细纵纹。体轻，质脆，易折断，断面不平坦，外层黄棕色，内层灰白色。气微，味微甘而后苦。以块大、肉厚、无木心者为佳。

【功效】凉血除蒸，清肺降火。用于阴虚潮热，骨蒸盗汗，肺热咳嗽，咯血，衄血，内热消渴。

秦 皮

【来源】本品为木犀科植物苦枥白蜡树、白蜡树、尖叶白蜡树或宿柱白蜡树的干燥枝皮或干皮。

【产地】苦枥白蜡树主产于东北三省。白蜡树主产于四川。尖叶白蜡树、宿柱白蜡树主产于陕西。

【性状鉴别】枝皮　呈卷筒状或槽状，长 10～60cm，厚 1.5～3mm。外表面灰白色、灰棕色至黑棕色或相间呈斑状，平坦或稍粗糙，并有灰白色圆点状皮孔及细斜皱纹，有的具分枝痕。内表面黄白色或棕色，平滑。质硬而脆，断面纤维性，黄白色。气微，味苦。

干皮　为长条状块片，厚 3～6mm。外表面灰棕色，具龟裂状沟纹及红棕色圆形或横长的皮孔。质坚硬，断面纤维性较强。

以条长、外皮薄且光滑者为佳。

饮片　为长短不一的丝条状。外表面灰白色、灰棕色或黑棕色。内表面黄白色或棕色，平滑。切面纤维性。质硬。气微，味苦。

【功效】清热燥湿，收涩止痢，止带，明目。用于湿热泻痢，赤白带下，目赤肿痛，目生翳膜。

关 黄 柏

【来源】本品为芸香科植物黄檗的干燥树皮。

【产地】主产于吉林、辽宁等地。

【性状鉴别】药材　呈板片状或浅槽状，长宽不一，厚 2～4mm。外表面黄绿色或淡棕黄色，较平坦，有不规则的纵裂纹，皮孔痕小而少见，偶有灰白色的粗皮残留；内表面黄色或黄棕色。体轻，质较硬，断面纤维性，有的呈裂片状分层，鲜黄色或黄绿色。气微，味极苦，嚼之有黏性。以皮厚、断面色黄者为佳。

饮片　呈丝状。外表面黄绿色或淡棕黄色，较平坦；内表面黄色或黄棕色。切面鲜黄色或黄绿色，有的呈片状分层。气微，味极苦。

盐关黄柏　形如关黄柏丝，深黄色，偶有焦斑。略具咸味。

【功效】清热燥湿，泻火除蒸，解毒疗疮。用于湿热泻痢，黄疸尿赤，带下阴痒，热淋涩痛，骨蒸劳热，盗汗，遗精，疮疡肿毒，湿疹湿疮。

合欢皮

【来源】本品为豆科植物合欢的干燥树皮。

【产地】主产于湖北、江苏、安徽等地。

【性状鉴别】药材　呈卷曲筒状或半筒状，长 40～80cm，厚 0.1～0.3cm。外表面灰棕色至灰褐色，密生明显的椭圆形横向皮孔，偶有突起的横棱或较大的圆形枝痕，常附有地衣斑。内表面淡黄棕色或黄白色，平滑。质硬而脆，易折断，断面呈纤维性片状，淡黄棕色或黄白色。气微香，味淡、微涩、稍刺舌，而后喉头有不适感。

饮片　呈弯曲的丝或块片状。外表面灰棕色至灰褐色，密生明显的椭圆形横向皮孔。内表面淡黄棕色或黄白色。切面呈纤维性片状，淡黄棕色或黄白色。气微香，味淡、微涩、稍刺舌，而后喉头有不适感。

【功效】解郁安神，活血消肿。用于心神不安，忧郁失眠，肺痈，疮肿，跌扑伤痛。

香加皮

【来源】本品为萝藦科植物杠柳的干燥根皮。

【产地】主产于山西、河南、河北等地。

【性状鉴别】药材　呈卷筒状或槽状，少数呈不规则的块片状，长 3～10cm，直径 1～2cm，厚 0.2～0.4cm。外表面灰棕色或黄棕色，栓皮松软常呈鳞片状，易剥落。内表面淡黄色或淡黄棕色，较平滑，有细纵纹。体轻，质脆，易折断，断面不整齐，黄白色。有特异香气，味苦。以块大、皮厚、香气浓、无木心者为佳。

饮片　呈不规则的厚片。外表面灰棕色或黄棕色，栓皮常呈鳞片状。内表面淡黄色或淡黄棕色，有细纵纹。切面黄白色。有特异香气，味苦。

【功效】利水消肿，祛风湿，强筋骨。用于下肢浮肿，心悸气短，风湿痹痛，腰膝酸软。

五加皮

【来源】本品为五加科植物细柱五加的干燥根皮。

【产地】主产于湖北、河南、四川等地。

【性状鉴别】药材　呈不规则卷筒状，长 5～15cm，直径 0.4～1.4cm，厚约 0.2cm。外表面灰褐色，有稍扭曲的纵皱纹和横长皮孔样斑痕；内表面淡黄色或灰黄色，有细纵纹。体轻，质脆，易折断。断面不整齐，灰白色。气微香，味微辣而苦。以皮厚、粗大、断面灰白色、气香、无木心者为佳。

饮片　为类圆形片。外表面灰褐色，内表面淡黄色或灰黄色，有细纵纹。切面灰白色。气微香，味微辣而苦。

【功效】祛风除湿，补益肝肾，强筋壮骨，利水消肿。用于风湿痹痛，筋骨痿软，小儿行迟，体虚乏力，水肿，脚气。

苦楝皮

【来源】本品为楝科植物川楝或楝的干燥树皮和根皮。

【产地】主产于四川、云南、贵州等地。

【性状鉴别】呈不规则板片状、槽状或半卷筒状，长宽不一，厚2～6mm。外表面灰棕色或灰褐色，粗糙，有交织的纵皱纹和点状灰棕色皮孔，除去粗皮者淡黄色。内表面类白色或淡黄色。质韧，不易折断，断面纤维性，呈层片状，易剥离。气微，味苦。以除净粗皮及幼嫩树皮为佳。

【功效】杀虫，疗癣。用于蛔虫病，蛲虫病，虫积腹痛；外治疥癣瘙痒。

三、叶类、花类中药

大青叶

【来源】本品为十字花科植物菘蓝的干燥叶。

【产地】主产于河北、陕西、江苏等地。

【性状鉴别】药材　多皱缩卷曲，有的破碎。完整叶片展平后呈长椭圆形至长圆状倒披针形，长5～20cm，宽2～6cm；上表面暗灰绿色，有的可见色较深稍突起的小点；先端钝，全缘或微波状，基部狭窄下延至叶柄呈翼状；叶柄长4～10cm，淡棕黄色。质脆。气微，味微酸、苦、涩。以完整、色绿者为佳。

饮片　为不规则的碎段。叶片暗灰绿色，上表面可见色较深稍突起的小点。叶柄淡棕黄色。气微，味微酸、苦、涩。

【功效】清热解毒，凉血消斑。用于温病高热，神昏，发斑发疹，痄腮，喉痹，丹毒，痈肿。

枇杷叶

【来源】本品为蔷薇科植物枇杷的干燥叶。

【产地】主产于广东、广西、江苏等地。

【性状鉴别】药材　呈长圆形或倒卵形，长12～30cm，宽4～9cm。先端尖，基部楔形，边缘有疏锯齿，近基部全缘。上表面灰绿色、黄棕色或红棕色，较光滑；下表面密被黄色绒毛，主脉于下表面显著突起，侧脉羽状；叶柄极短，被棕黄色绒毛。革质而脆，易折断。气微，味微苦。

饮片　呈丝条状。表面灰绿色、黄棕色或红棕色，较光滑。下表面可见绒毛，主脉突出。革质而脆。气微，味微苦。

蜜枇杷叶　本品形如枇杷叶丝，表面黄棕色或红棕色，微显光泽，略带黏性。具蜜香气，味微甜。

【功效】清肺止咳，降逆止呕。用于肺热咳嗽，气逆喘急，胃热呕吐，烦热口渴。

番泻叶

【来源】本品为豆科植物狭叶番泻或尖叶番泻的干燥小叶。

【产地】狭叶番泻主产于红海以东至印度一带。尖叶番泻主产于埃及的尼罗河中上游。现我国广东、海南、云南西双版纳等地均有栽培。

【性状鉴别】狭叶番泻　呈长卵形或卵状披针形，长 1.5～5cm，宽 0.4～2cm，叶端急尖，叶基稍不对称，全缘。上表面黄绿色，下表面浅黄绿色，无毛或近无毛，叶脉稍隆起。革质。气微弱而特异，味微苦，稍有黏性。

尖叶番泻　呈披针形或长卵形，略卷曲，叶端短尖或微突，叶基不对称，两面均有细短毛茸。

以片大、完整、色绿、梗少、无泥沙杂质者为佳。

【功效】泻热行滞，通便，利水。用于热结积滞，便秘腹痛，水肿胀满。

侧柏叶

【来源】本品为柏科植物侧柏的干燥枝梢和叶。

【产地】除新疆、青海外，全国均产。

【性状鉴别】药材　多分枝，小枝扁平。叶细小鳞片状，交互对生，贴伏于枝上，深绿色或黄绿色。质脆，易折断。气清香，味苦涩、微辛。以枝嫩、色深绿、无碎末者为佳。

饮片　同药材。

侧柏炭　形如侧柏叶。表面黑褐色，断面焦黄色。气香，味微苦涩。

【功效】凉血止血，化痰止咳，生发乌发。用于吐血，衄血，崩漏带下，血热脱发，须发早白。

银杏叶

【来源】本品为银杏科植物银杏的干燥叶。

【产地】主产于山东、浙江、江西等地。

【性状鉴别】多皱折或破碎，完整者呈扇形，长 3～12cm，宽 5～15cm。黄绿色或浅棕黄色，上缘呈不规则的波状弯曲，有的中间凹入，深者可达叶长的 4/5。具二叉状平行叶脉，细而密，光滑无毛，易纵向撕裂。叶基楔形，叶柄长 2～8cm。体轻。气微，味微苦。

【功效】活血化瘀，通络止痛，敛肺平喘，化浊降脂。用于瘀血阻络，胸痹心痛，中风偏瘫。

蓼大青叶

【来源】本品为蓼科植物蓼蓝的干燥叶。

【产地】主产于河北、山东、辽宁等地。

【性状鉴别】药材　本品多皱缩、破碎，完整者展平后呈椭圆形，长 3～8cm，宽 2～5cm。蓝绿色或黑蓝色，先端钝，基部渐狭，全缘。叶脉浅黄棕色，于下表面略突起。叶柄扁平，偶带膜质托叶鞘。质脆。气微，味微涩而稍苦。以叶片完整、色蓝绿者为佳。

饮片　为小碎片。蓝绿色或黑蓝色。

【功效】清热解毒，凉血消斑。气微，味微涩而稍苦。用于湿病发热，发斑发疹，肺热咳嗽，喉痹，痄腮，丹毒，痈肿。

桑　叶

【来源】本品为桑科植物桑的干燥叶。

【产地】主产于河南、安徽、浙江等地。

【性状鉴别】多皱缩、破碎。完整者有柄，叶片展平后呈卵形或宽卵形，长 8～15cm，宽 7～13cm。先端渐尖，基部截形、圆形或心形，边缘有锯齿或钝锯齿，有的不规则分裂。上表面黄绿色或浅黄棕色，有的有小疣状突起；下表面颜色稍浅，叶脉突出，小脉网状，脉上被疏毛，脉基具簇毛。质脆。气微，味淡、微苦涩。

【功效】疏散风热，清肺润燥，清肝明目。用于风热感冒，肺热咳嗽，头晕头痛，目赤昏花。

艾　叶

【来源】本品为菊科植物艾的干燥叶。

【产地】主产于山东、安徽、湖北等地。

【性状鉴别】多皱缩、破碎，有短柄。完整叶片展平后呈卵状椭圆形，羽状深裂，裂片椭圆状披针形，边缘有不规则的粗锯齿；上表面灰绿色或深黄绿色，有稀疏的柔毛和腺点；下表面密生灰白色绒毛。质柔软。气清香，味苦。以色清、背面灰白色、绒毛多、叶厚、质柔软而韧、香气浓者为佳。

【功效】温经止血，散寒止痛；外用祛湿止痒。用于吐血，衄血，崩漏，月经过多，胎漏下血，少腹冷痛，经寒不调，宫冷不孕；外治皮肤瘙痒。

罗布麻叶

【来源】本品为夹竹桃科植物罗布麻的干燥叶。

【产地】主产于西北、华北及东北各省区的河岸、海滨盐碱、低湿地区或干旱、沙漠内陆盆地。

【性状鉴别】多皱缩卷曲，有的破碎，完整叶片展平后呈椭圆状披针形或卵圆状披针形，长 2～5cm，宽 0.5～2cm。淡绿色或灰绿色，先端钝，有小芒尖，基部钝圆或楔形，边缘具细齿，常反卷，两面无毛，叶脉于下表面突起；叶柄细，长约 4mm。质脆。气微，味淡。以完整色绿者为佳。

【功效】平肝安神，清热利水。用于肝阳眩晕，心悸失眠，浮肿尿少。

枸 骨 叶

【来源】本品为冬青科植物枸骨的干燥叶。

【产地】主产于长江中下游各省。

【性状鉴别】呈类长方形或矩圆状长方形，偶有长卵圆形，长 3～8cm，宽 1.5～4cm。先端具 3 枚较大的硬刺齿，顶端 1 枚常反曲，基部平截或宽楔形，两侧有时各具刺齿 1～3 枚，边缘稍反卷；长卵圆形叶常无刺齿。上表面黄绿色或绿褐色，有光泽，下表面灰黄色或灰绿色。叶脉羽状，叶柄较短。革质，硬而厚。气微，味微苦。

【功效】清热养阴，益肾，平肝。用于肺痨咳血，骨蒸潮热，头晕目眩。

荷叶

【来源】本品为睡莲科植物莲的干燥叶。

【产地】全国大部地区均产。

【性状鉴别】药材　呈半圆形或折扇形，展开后呈类圆形，全缘或稍呈波状，直径 20～50cm。上表面深绿色或黄绿色，较粗糙；下表面淡灰棕色，较光滑，有粗脉 21～22 条，自中心向四周射出；中心有突起的叶柄残基。质脆，易破碎。稍有清香气，味微苦。

饮片　呈不规则的丝状。上表面深绿色或黄绿色，较粗糙；下表面淡灰棕色，较光滑，叶脉明显突起。质脆，易破碎。稍有清香气，味微苦。

荷叶炭　呈不规则的片状。表面棕褐色或黑褐色。气焦香，味涩。

【功效】清暑化湿，升发清阳，凉血止血。用于暑热烦渴，暑湿泄泻，血热吐衄，便血崩漏。

石韦

【来源】本品为水龙骨科植物庐山石韦、石韦或有柄石韦的干燥叶。

【产地】庐山石韦主产于江西、湖南、贵州、四川。石韦主产于长江以南各省。有柄石韦主产于东北、华东、华中等地。

【性状鉴别】庐山石韦　叶片略皱缩，展平后呈披针形，长 10～25cm，宽 3～5cm。先端渐尖，基部耳状偏斜，全缘，边缘常向内卷曲；上表面黄绿色或灰绿色，散布有黑色圆形小凹点；下表面密生红棕色星状毛，有的侧脉间布满棕色圆点状的孢子囊群。叶柄具四棱，长 10～20cm，直径 1.5～3mm，略扭曲，有纵槽。叶片革质。气微，味微涩苦。

石韦　叶片披针形或长圆披针形，长 8～12cm，宽 1～3cm。基部楔形，对称。孢子囊群在侧脉间，排列紧密而整齐。叶柄长 5～10cm，直径约 1.5mm。

有柄石韦　叶片多卷曲呈筒状，展平后呈长圆形或卵状长圆形，长 3～8cm，宽 1～2.5cm。基部楔形，对称；下表面侧脉不明显，布满孢子囊群。叶柄长 3～12cm，直径约 1mm。

均以叶厚，完整者为佳。

饮片　呈丝条状。上表面黄绿色或灰褐色，下表面密生红棕色星状毛。孢子囊群着生侧脉间或下表面布满孢子囊群。叶全缘。叶片革质。气微，味微涩苦。

【功效】利尿通淋，清肺止咳，凉血止血。用于热淋，血淋，石淋，小便不通，淋沥涩痛，肺热喘咳，吐血，衄血，尿血，崩漏。

紫苏叶

【来源】本品为唇形科植物紫苏的干燥叶（或带嫩枝）。

【产地】主产于江苏、浙江、河北等地。

【性状鉴别】药材　叶片多皱缩卷曲、破碎，完整者展平后呈卵圆形，长 4～11cm，宽 2.5～9cm。先端长尖或急尖，基部圆形或宽楔形，边缘具圆锯齿。两面紫色或上表面绿色，下表面紫色，疏生灰白色毛，下表面有多数凹点状的腺鳞。叶柄长 2～7cm，紫色或紫绿色。质脆。带嫩枝者，枝的直径 2～5mm，紫绿色，断面中部有髓。气清香，味微辛。

饮片　呈不规则的段或未切叶。叶多皱缩卷曲、破碎，完整者展平后呈卵圆形。边缘具圆锯齿。两面紫色或上表面绿色，下表面紫色，疏生灰白色毛。叶柄紫色或紫绿色。带嫩枝者，枝的直径 2～5mm，紫绿色，切面中部有髓。气清香，味微辛。

【功效】解表散寒，行气和胃。用于风热感冒，咳嗽呕恶，妊娠呕吐，鱼蟹中毒。

淡竹叶

【来源】本品为禾本科植物淡竹叶的干燥茎叶。

【产地】江苏、安徽、浙江等地。

【性状鉴别】本品长 25～75cm。茎呈圆柱形，有节，表面淡黄绿色，断面中空。叶鞘开裂。叶片披针形，有的皱缩卷曲，长 5～20cm，宽 1～3.5cm；表面浅绿色或黄绿色。叶脉平行，具横行小脉，形成长方形的网格状，下表面尤为明显。体轻，质柔韧。气微，味淡。

【功效】清热泻火，除烦止渴，利尿通淋。用于热病烦渴，小便短赤涩痛，口舌生疮。

淫羊藿

【来源】本品为小檗科植物淫羊藿、箭叶淫羊藿、柔毛淫羊藿或朝鲜淫羊藿的干燥叶。

【产地】主产于陕西、湖北、浙江等地。

【性状鉴别】淫羊藿　三出复叶；小叶片卵圆形，长 3～8cm，宽 2～6cm；先端微尖，顶生小叶基部心形，两侧小叶较小，偏心形，外侧较大，呈耳状，边缘具黄色刺毛状细锯齿；上表面黄绿色，下表面灰绿色，主脉 7～9 条，基部有稀疏细长毛，细脉两面突起，网脉明显；小叶柄长 1～5cm。叶片近革质。气微，味微苦。

箭叶淫羊藿　三出复叶，小叶片长卵形至卵状披针形，长 4～12cm，宽 2.5～5cm；先端渐尖，两侧小叶基部明显偏斜，外侧呈箭形。下表面疏被粗短伏毛或近无毛。叶片革质。

柔毛淫羊藿　叶下表面及叶柄密被绒毛状柔毛。

朝鲜淫羊藿　小叶较大，长 4～10cm，宽 3.5～7cm，先端长尖。叶片较薄。

以色清绿、无枝梗、叶整齐不碎者为佳。

饮片　呈丝片状。上表面绿色、黄绿色或浅黄色，下表面灰绿色，网脉明显，中脉及细脉凸出，边缘具黄色刺毛状细锯齿。近革质。气微，味微苦。

炙淫羊藿　形如淫羊藿丝。表面浅黄色显油亮光泽。微有羊脂油气。

【功效】补肾阳，强筋骨，祛风湿。用于阳痿遗精，筋骨痿软，风湿痹痛，麻木拘挛；更年期高血压。

巫山淫羊藿

【来源】本品为小檗科植物巫山淫羊藿的干燥叶。

【产地】主产于四川、贵州、湖北等地。

【性状鉴别】药材　为三出复叶，小叶片披针形至狭披针形，长9～23cm，宽1.8～4.5cm，先端渐尖或长渐尖，边缘具刺齿，侧生小叶基部的裂片偏斜，内边裂片小，圆形，外边裂片大，三角形，渐尖。下表面被绵毛或秃净。近革质。气微，味微苦。

饮片　炙巫山淫羊藿　取羊脂油加热熔化，加入巫山淫羊藿丝，用文火炒至均匀有光泽，取出，放凉。

【功效】补肾阳，强筋骨，祛风湿。用于肾阳虚衰，阳痿遗精，筋骨痿软，风湿痹痛，麻木拘挛，绝经期眩晕。

人参叶

【来源】本品为五加科植物人参的干燥叶。

【产地】主产于吉林、辽宁、黑龙江。

【性状鉴别】常扎成小把，呈束状或扇状，长12～35cm。掌状复叶带有长柄，暗绿色，3～6枚轮生。小叶通常5枚，偶有7或9枚，呈卵形或倒卵形。基部的小叶长2～8cm，宽1～4cm；上部的小叶大小相近，长4～16cm，宽2～7cm。基部楔形，先端渐尖，边缘具细锯齿及刚毛，上表面叶脉生刚毛，下表面叶脉隆起。纸质，易碎。气清香，味微苦而甘。

【功效】补气，益肺，祛暑，生津。用于气虚咳嗽，暑热烦躁，津伤口渴，头目不清，四肢倦乏。

辛夷

【来源】本品为木兰科植物望春花、玉兰或武当玉兰的干燥花蕾。

【产地】主产于河南及湖北，质量最佳。全国大部分地区有产。

【性状鉴别】望春花　呈长卵形，似毛笔头，长1.2～2.5cm，直径0.8～1.5cm。基部常具短梗，梗上有类白色点状皮孔。苞片2～3层，每层2片，两层苞片间有小鳞芽，苞片外表面密被灰白色或灰绿色茸毛，内表面类棕色，无毛。花被片9，棕色，外轮花被片3，条形，约为内两轮长的1/4，呈萼片状，内两轮花被片6，每轮3，轮状排列。雄蕊和雌蕊多数，螺旋状排列。体轻，质脆。气芳香，味辛凉而稍苦。

玉兰　长1.5～3cm，直径1～1.5cm。基部枝梗较粗壮，皮孔浅棕色。苞片外表面密被灰白色或灰绿色茸毛。花被片9，内外轮同型。

武当玉兰　长2～4cm，直径1～2cm。基部枝梗粗壮，皮孔红棕色。苞片外表面密被淡黄色或淡黄绿色茸毛，有的最外层苞片茸毛已脱落而呈黑褐色。花被片10～12(15)，内外轮无显著差异。

以完整、内瓣紧密、无枝梗、香气浓者为佳。

【功效】散风寒，通鼻窍。用于风寒头痛，鼻塞流溢，鼻鼽，鼻渊。

槐花

【来源】本品为豆科植物槐的干燥花。

【产地】主产于辽宁、河北、河南等地。

【性状鉴别】槐花 皱缩而卷曲，花瓣多散落。完整者花萼钟状，黄绿色，先端 5 浅裂；花瓣 5，黄色或黄白色，1 片较大，近圆形，先端微凹，其余 4 片长圆形。雄蕊 10，其中 9 个基部连合，花丝细长。雌蕊圆柱形，弯曲。体轻。气微，味微苦。以个大、紧缩、色黄绿者为好。

饮片 炒槐花 形同槐花。表面黄色，有的有焦斑。

槐花炭 形同槐花。表面焦褐色。

【功效】凉血止血，清肝泻火。用于便血，痔血，血痢，崩漏，吐血，衄血，肝热目赤，头痛眩晕。

丁 香

【来源】本品为桃金娘科植物丁香的干燥花蕾。

【产地】主产于坦桑尼亚、印度尼西亚等地。现我国海南、广东有引种栽培。

【性状鉴别】药材 略呈研棒状，长 1～2cm。花冠圆球形，直径 0.3～0.5cm，花瓣 4，复瓦状抱合，棕褐色或褐黄色。萼筒圆柱状，略扁，有的稍弯曲，长 0.7～1.4cm，直径 0.3～0.6cm，红棕色或棕褐色，上部有 4 枚三角状的萼片，十字状分开。质坚实，富油性。气芳香浓烈，味辛辣、有麻舌感。以完整、个大、油性足、颜色深红、香气浓郁、如水下沉者为佳。

【功效】温中降逆，补肾助阳。用于脾胃虚寒，呃逆呕吐，食少吐泻，心腹冷痛，肾虚阳痿。

金银花

【来源】本品为忍冬科植物忍冬的干燥花蕾或带初开的花。

【产地】主产于山东、河南。全国大部分地区均产。

【性状鉴别】呈棒状，上粗下细，略弯曲，长 2～3cm，上部直径约 3mm，下部直径约 1.5mm。表面黄白色或绿白色（贮久色渐深），密被短柔毛。花萼绿色，先端 5 裂，裂片有毛，长约 2mm。开放者花冠筒状，先端二唇形；雄蕊 5，附于筒壁，黄色；雌蕊 1，子房无毛。气清香，味淡、微苦。以色绿、握之有顶手感、气清香、无开放花朵者质佳。

【功效】清热解毒，疏散风热。用于痈肿疔疮，喉痹，丹毒，热毒血痢，风热感冒，温病发热。

款冬花

【来源】本品为菊科植物款冬的干燥花蕾。

【产地】主产于河南、甘肃、陕西等地。

【性状鉴别】药材 呈长圆棒状。单生或 2～3 个基部连生，习称“连三朵”，长 1～2.5cm，直径 0.5～1cm。上端较粗，下端渐细或带有短梗，外面被有多数鱼鳞状苞片。苞片外表面紫红色或淡红色，内表面密被白色絮状茸毛。体轻，撕开后可见白色茸毛。气香，味微苦而辛。以花蕾大、肥壮、色紫红鲜艳、花梗短者为佳。木质老梗及已开花者不可供药用。

饮片　蜜款冬花　形同款冬花。表面棕黄色或棕褐色，稍带黏性。具蜜香气，味微甜。

【功效】润肺下气，止咳化痰。用于新咳久咳，喘咳痰多，劳嗽咳血。

旋覆花

【来源】本品为菊科植物旋覆花或欧亚旋覆花的干燥头状花序。

【产地】主产于河南、河北、江苏等地。

【性状鉴别】呈扁球形或类球形，直径 1～2cm。总苞由多数苞片组成，呈覆瓦状排列，苞片披针形或条形，灰黄色，长 4～11mm；总苞基部有时残留花梗，苞片及花梗表面被白色茸毛，舌状花 1 列，黄色，长约 1cm，多卷曲，常脱落，先端 3 齿裂；管状花多数，棕黄色，长约 5mm，先端 5 齿裂；子房顶端有多数白色冠毛，长 5～6mm。有的可见椭圆形小瘦果。体轻，易散碎。气微，味微苦。以花头完整、色黄绿者为佳。

【功效】降气，消痰，行水，止呕。用于风寒咳嗽，痰饮蓄结，胸隔痞闷，喘咳痰多，呕吐噫气，心下痞硬。

菊　花

【来源】本品为菊科植物菊的干燥头状花序。药材按产地和加工方法不同，分为“亳菊”“滁菊”“贡菊”“杭菊”。

【产地】主产于安徽、浙江、江苏等地。

【性状鉴别】亳菊　呈倒圆锥形或圆筒形，有时稍压扁呈扇形，直径 1.5～3cm，离散。总苞碟状；总苞片 3～4 层，卵形或椭圆形，草质，黄绿色或褐绿色，外面被柔毛，边缘膜质。花托半球形，无托片或托毛。舌状花数层，雌性，位于外围，类白色，劲直，上举，纵向折缩，散生金黄色腺点；管状花多数，两性，位于中央，为舌状花所隐藏，黄色，顶端 5 齿裂。瘦果不发育，无冠毛。体轻，质柔润，干时松脆。气清香，味甘、微苦。

滁菊　呈不规则球形或扁球形，直径 1.5～2.5cm。舌状花类白色，不规则扭曲，内卷，边缘皱缩，有时可见淡褐色腺点；管状花大多隐藏。

贡菊　呈扁球形或不规则球形，直径 1.5～2.5cm。舌状花白色或类白色，斜升，上部反折，边缘稍内卷而皱缩，通常无腺点；管状花少，外露。

杭菊　呈碟形或扁球形，直径 2.5～4cm，常数个相连成片。舌状花类白色或黄色，平展或微折叠，彼此粘连，通常无腺点；管状花多数，外露。

均以花朵完整、颜色新鲜、气清香、少梗叶者为佳。

【功效】散风清热，平肝明目，清热解毒。用于风热感冒，头痛眩晕，目赤肿痛，眼目昏花，痈肿疮毒。

红　花

【来源】本品为菊科植物红花的干燥花。

【产地】主产于河南、河北、浙江等地。

【性状鉴别】为不带子房的管状花，长1～2cm。表面红黄色或红色。花冠筒细长，先端5裂，裂片呈狭条形，长5～8cm；雄蕊5，花药聚合成筒状，黄白色；柱头长圆柱形，顶端微分叉。质柔软。气微香，味微苦。以花冠色红而鲜艳、无枝刺、质柔润、手握软如茸毛者为佳。

【功效】活血通经，散瘀止痛。用于经闭，痛经，恶露不行，癥瘕痞块，胸痹心痛，瘀滞腹痛，跌扑损伤，疮疡肿毒。

洋金花

【来源】本品为茄科植物白花曼陀罗的干燥花。

【产地】主产于江苏、浙江、福建等地。

【性状鉴别】多皱缩成条状，完整者长9～15cm。花萼呈筒状，长为花冠的2/5，灰绿色或灰黄色，先端5裂，基部具纵脉纹5条，表面微有茸毛；花冠呈喇叭状，淡黄色或黄棕色，先端5浅裂，裂片有短尖，短尖下有明显的纵脉纹3条，两裂片之间微凹；雄蕊5，花丝贴生于花冠筒内，长为花冠的3/4；雌蕊1，柱头棒状。烘干品质柔韧，气特异；晒干品质脆，气微，味微苦。以朵大、不破碎，花冠肥厚者为佳。

【功效】平喘止咳，解痉定痛。用于哮喘咳嗽，脘腹冷痛，风湿痹痛，小气慢惊；外科麻醉。

芫花

【来源】本品为瑞香科植物芫花的干燥花蕾。

【产地】主产于河北、山西、陕西等地。

【性状鉴别】药材　常3～7朵簇生于短花轴上，基部有苞片1～2片，多脱落为单朵。单朵呈棒槌状，多弯曲，长1～1.7cm，直径约1.5mm；花被筒表面淡紫色或灰绿色，密被短柔毛，先端4裂，裂片淡紫色或黄棕色。质软。气微，味甘、微辛。

饮片　芫花　同药材。

醋芫花　形如芫花。表面微黄色。微有醋香气。

【功效】泻水逐饮；外用杀虫疗疮。用于水肿胀满，胸腹积水，痰饮积聚，气逆咳喘，二便不利；外治疥癣秃疮，痈肿。

槐米

【来源】本品为豆科植物槐的干燥花蕾。

【产地】主产于辽宁、河北、河南等地。

【性状鉴别】药材　呈卵形或椭圆形，长2～6mm，直径约2mm。花萼下部有数条纵纹。萼的上方为黄白色未开放的花瓣。花梗细小。体轻，手捻即碎。气微，味微苦涩。以个大、紧缩、色黄绿者为好。

饮片　槐米　形同槐米。表面黄色，有的有焦斑。

【功效】凉血止血，清肝泻火。用于便血，痔血，血痢，崩漏，吐血，衄血，肝热目赤，头痛眩晕。

松花粉

【来源】本品为松科植物马尾松、油松或同属数种植物的干燥花粉。

【产地】马尾松主产于长江流域各省区。油松主产于东北、华北和西北各省区。

【性状鉴别】为淡黄色的细粉。体轻，易飞扬，手捻有滑润感。气微，味淡。以体轻、色淡黄者为佳。

【功效】收敛止血，燥湿敛疮。用于外伤出血，湿疹，黄水疮，皮肤糜烂，脓水淋漓。

蒲黄

【来源】本品为香蒲科植物水烛香蒲、东方香蒲或同属植物的干燥花粉。

【产地】水烛香蒲主产于江苏、浙江、山东等地。东方香蒲主产于贵州、山东、山西等地。

【性状鉴别】药材　为黄色粉末。体轻，放水中则飘浮水面。手捻有滑腻感，易附着手指上。气微，味淡。

以粉细、质轻、色鲜黄、滑腻感强者为佳。

饮片　同药材。

蒲黄炭　形如蒲黄。表面棕黄色或黑褐色。具焦香气，味微苦、涩。

【功效】止血，化瘀，通淋。用于吐血，衄血，咯血，崩漏，外伤出血，经闭痛经，胸腹刺痛，跌扑肿痛，血淋涩痛。

密蒙花

【来源】本品为马钱科植物密蒙花的干燥花蕾和花序。

【产地】主产于湖北、四川、河南等地。

【性状鉴别】多为花蕾密聚的花序小分枝，呈不规则圆锥状，长1.5～3cm。表面灰黄色或棕黄色，密被茸毛。花蕾呈短棒状，上端略大，长0.3～1cm，直径0.1～0.2cm；花萼钟状，先端4齿裂；花冠筒状，与萼等长或稍长，先端4裂，裂片卵形；雄蕊4，着生在花冠管中部。质柔软。气微香，味微苦、辛。

【功效】清热泻火，养肝明目，退翳。用于目赤肿痛，多泪羞明，目生翳膜，肝虚目暗，视物昏花。

凌霄花

【来源】本品为紫葳科植物凌霄或美洲凌霄的干燥花。

【产地】全国大部分地区均产。

【性状鉴别】凌霄　多皱缩卷曲，黄褐色或棕褐色，完整花朵长4～5cm。萼筒钟状，长2～2.5cm，裂片5，裂至中部，萼筒基部至萼齿尖有5条纵棱。花冠先端5裂，裂片半圆形，下部联合呈漏斗状，表面可见细脉纹，内表面较明显。雄蕊4，着生在花冠上，2长2短，花药个字形，花柱1，柱头扁平。气清香，味微苦、酸。

美洲凌霄　完整花朵长6～7cm。萼筒长1.5～2cm，硬革质，先端5齿裂，裂片短三角状，长约为萼筒的1/3，萼筒外无明显的纵棱；花冠内表面具明显的深棕色脉纹。

【功效】活血通经，凉血祛风。用于月经不调，经闭癥瘕，产后乳肿，风疹发红，皮肤瘙痒，痤疮。

野菊花

【来源】本品为菊科植物野菊的干燥头状花序。

【产地】全国各地均有分布。

【性状鉴别】呈类球形，直径0.3～1cm，棕黄色。总苞由4～5层苞片组成，外层苞片卵形或条形，外表面中部灰绿色或浅棕色，通常被白毛，边缘膜质；内层苞片长椭圆形，膜质，外表面无毛。总苞基部有的残留总花梗。舌状花1轮，黄色至棕黄色，皱缩卷曲；管状花多数，深黄色。体轻。气芳香，味苦。

【功效】清热解毒，泻火平肝。用于疔疮肿痛，目赤肿痛，头痛眩晕。

玫瑰花

【来源】本品为蔷薇科植物玫瑰的干燥花蕾。

【产地】全国大部均产。

【性状鉴别】略呈半球形或不规则团状，直径0.7～1.5cm。残留花梗上被细柔毛，花托半球形，与花萼基部合生；萼片5，披针形，黄绿色或棕绿色，被有细柔毛；花瓣多皱缩，展平后宽卵形，呈覆瓦状排列，紫红色，有的黄棕色；雄蕊多数，黄褐色；花柱多数，柱头在花托口集成头状，略突出，短于雄蕊。体轻，质脆。气芳香浓郁，味微苦涩。

【功效】行气解郁，和血，止痛。用于肝胃气痛，食少呕恶，月经不调，跌扑伤痛。

月季花

【来源】本品为蔷薇科植物月季的干燥花。

【产地】全国大部均产。

【性状鉴别】呈类球形，直径1.5～2.5cm。花托长圆形，萼片5，暗绿色，先端尾尖；花瓣呈覆瓦状排列，有的散落，长圆形，紫红色或淡紫红色；雄蕊多数，黄色。体轻，质脆。气清香，味淡、微苦。

【功效】活血调经，疏肝解郁。用于气滞血瘀，月经不调，痛经，经闭，胸胁胀痛。

葛花

【来源】本品为豆科植物葛的干燥花。

【产地】主产于河南、湖南、广东、浙江等地。

【性状鉴别】花蕾呈不规则的扁长圆形或略成扁肾形，长5～15mm，宽2～6mm，厚2～3mm。萼片灰绿色，基部连合，先端5齿裂，裂片披针形，其中2齿合生，表面密被黄白色毛茸。基部有两片披针钻形的小苞片。花瓣5片等长，突出于萼外或被花萼包被，蓝紫色，外部颜色较浅，呈淡蓝紫色或淡棕色。雄蕊10枚，其中9枚连合，雌蕊细长，微弯曲，外面被毛。气微弱，味淡。以朵大、淡紫色、未开放者为佳。

【功效】解酒醒脾。用于伤酒发热烦渴，不思饮食，呕逆吐酸，吐血，肠风下血。

西红花

【来源】本品为鸢尾科植物番红花的干燥柱头。

【产地】主产于西班牙、希腊、法国等地。

【性状鉴别】呈线形，三分枝，长约 3cm。暗红色，上部较宽而略扁平，顶端边缘显不整齐的齿状，内侧有一短裂隙，下端有时残留一小段黄色花柱。体轻，质松软，无油润光泽，干燥后质脆易断。气特异，微有刺激性，味微苦。

【功效】活血化瘀，凉血解毒，解郁安神。用于经闭癥瘕，产后瘀阻，温毒发斑，忧郁痞闷，惊悸发狂。

鸡冠花

【来源】本品为苋科植物鸡冠花的干燥花序。

【产地】全国大部均产。

【性状鉴别】药材　为穗状花序，多扁平而肥厚，呈鸡冠状，长 8～25cm，宽 5～20cm，上缘宽，具皱褶，密生线状鳞片，下端渐窄，常残留扁平的茎。表面红色、紫红色或黄白色。中部以下密生多数小花，每花宿存的苞片和花被片均呈膜质。果实盖裂，种子扁圆肾形，黑色，有光泽。体轻，质柔韧。气微，味淡。

饮片　为不规则的块段。扁平，呈鸡冠状。表面红色、紫红色或黄白色。可见黑色扁圆肾形的种子。气微，味淡。

鸡冠花炭　形如鸡冠花。表面黑褐色，内部焦褐色。可见黑色的种子。具焦香气，味苦。

【功效】收敛止血，止带，止痢。用于吐血，崩漏，便血，痔血，赤白带下，久痢不止。

四、果实种子类中药

五味子

【来源】本品为木兰科植物五味子的干燥成熟果实。习称“北五味子”。

【产地】主产于辽宁、吉林、黑龙江等地。

【性状鉴别】药材　呈不规则的球形或扁球形，直径 5～8mm。表面红色、紫红色或暗红色，皱缩，显油润；有的表面呈黑红色或出现“白霜”。果肉柔软，种子 1～2，肾形，表面棕黄色，有光泽，种皮薄而脆。果肉气微，味酸；种子破碎后，有香气，味辛、微苦。以粒大、果皮紫红、肉厚、柔润者为佳。

饮片　同药材。

醋五味子　形如五味子。乌黑色，油润，稍有光泽。具醋香气。

【功效】收敛固涩，益气生津，补肾宁心。用于久嗽虚喘，梦遗滑精，遗尿尿频，久泻不止，自汗盗汗，津伤口渴，内热消渴，心悸失眠。

葶苈子

【来源】本品为十字花科植物播娘蒿或独行菜的干燥成熟种子。前者习称“南葶苈子”，后者习称“北葶苈子”。

【产地】播娘蒿主产于华东、中南等地。独行菜以华北、东北为主要产区。

【性状鉴别】南葶苈子　呈长圆形略扁，长约 0.8～1.2mm，宽约 0.5mm。表面棕色或红棕色，微有光泽，具纵沟 2 条，其中 1 条较明显。一端钝圆，另端微凹或较平截，种脐类白色，位于凹入端或平截处。气微，味微辛、苦，略带黏性。

北葶苈子　呈扁卵形，长 1～1.5mm，宽 0.5～1mm。一端钝圆，另端尖而微凹，种脐位于凹入端。味微辛辣，黏性较强。

均以身干、子粒饱满、纯净者为佳。

【功效】泻肺平喘，行水消肿。用于痰涎壅肺，喘咳痰多，胸胁胀满，不得平卧，胸腹水肿，小便不利。

木瓜

【来源】本品为蔷薇科植物贴梗海棠的干燥近成熟果实。

【产地】主产于安徽、湖北、四川等地。

【性状鉴别】药材　呈长圆形，多纵剖成两半，长 4～9cm，宽 2～5cm，厚 1～2.5cm。外表面紫红色或红棕色，有不规则的深皱纹；剖面边缘向内卷曲，果肉红棕色，中心部分凹陷，棕黄色；种子扁长三角形，多脱落。质坚硬。气微清香，味酸。

饮片　呈类月牙形薄片。外表紫红色或棕红色，有不规则的深皱纹。切面棕红色。气微清香，味酸。

【功效】舒筋活络，和胃化湿。用于湿痹拘挛，腰膝关节酸重疼痛，暑湿吐泻，转筋挛痛，脚气水肿。

山楂

【来源】本品为蔷薇科植物山里红或山楂的干燥成熟果实。

【产地】主产于山东、河北、河南、辽宁等地。

【性状鉴别】药材　为圆形片，皱缩不平，直径 1～2.5cm，厚 0.2～0.4cm。外皮红色，具皱纹，有灰白色小斑点。果肉深黄色至浅棕色。中部横切片具 5 粒浅黄色果核，但核多脱落而中空。有的片上可见短而细的果梗或花萼残基。气微清香，味酸、微甜。

饮片　炒山楂　形如山楂片。果肉黄褐色，偶见焦斑。气清香，微酸、味甜。

焦山楂　形如山楂片。表面焦褐色，内部黄褐色。具焦香气。

【功效】消食健胃，行气散瘀，化浊降脂。用于肉食积滞，胃脘胀满，泻痢腹痛，瘀血经闭，产后瘀阻，心腹刺痛，疝气疼痛；高脂血症。

柏子仁

【来源】本品为柏科植物侧柏的干燥成熟种仁。

【产地】主产于东北南部、华北、广东等地。

【性状鉴别】药材　呈长卵形或长椭圆形，长4～7mm，直径1.5～3mm。表面黄白色或淡黄棕色，外包膜质内种皮，顶端略尖，有深褐色的小点，基部钝圆。质软，富油性。气微香，味淡。以颗粒饱满、黄白色、油性大、不泛油、无杂质者质佳。

饮片　同药材。

柏子仁霜　为均匀、疏松的淡黄色粉末。微显油性，气微香。

【功效】养心安神，润肠通便，止汗。用于阴血不足，虚烦失眠，心悸怔忡，肠燥便秘，阴虚盗汗。

苦杏仁

【来源】本品为蔷薇科植物山杏、西伯利亚杏、东北杏或杏的干燥成熟种子。

【产地】山杏主产于辽宁、河北、内蒙古等地。西伯利亚杏主产于东北、华北地区。杏主产于东北、华北、西北等地。

【性状鉴别】药材　呈扁心形，长1～1.9cm，宽0.8～1.5cm，厚0.5～0.8cm。表面黄棕色至深棕色，一端尖，另端钝圆，肥厚，左右不对称，尖端一侧有短线形种脐，圆端合点处向上具多数深棕色的脉纹。种皮薄，子叶2，乳白色，富油性。气微，味苦。以颗粒饱满、均匀、味苦者为佳。

饮片　同药材。

焯苦杏仁　呈扁心形。表面乳白色或黄白色，一端尖，另端钝圆，肥厚，左右不对称，富油性。有特异香气，味苦。

炒苦杏仁　形如焯苦杏仁。表面黄色至棕黄色，略带焦斑。有香气，味苦。

【功效】降气止咳平喘，润肠通便。用于咳嗽气喘，胸满痰多，肠燥便秘。

桃仁

【来源】本品为蔷薇科植物桃或山桃的干燥成熟种子。

【产地】主产于四川、陕西、河北、山东等地。

【性状鉴别】桃仁　呈扁长卵形，长1.2～1.8cm，宽0.8～1.2cm，厚0.2～0.4cm。表面黄棕色至红棕色，密布颗粒状突起。一端尖，中部膨大，另端钝圆稍偏斜，边缘较薄。尖端一侧有短线形种脐，圆端有颜色略深不甚明显的合点，自合点处散出多数纵向维管束。种皮薄，子叶2，类白色，富油性。气微，味微苦。

山桃仁　呈类卵圆形，较小而肥厚，长约0.9cm，宽约0.7cm，厚约0.5cm。

以颗粒饱满、均匀、完整者为佳。

【功效】活血祛瘀，润肠通便，止咳平喘。用于经闭痛经，癥瘕痞块，肺痈肠痈，跌扑损伤，肠燥便秘，咳嗽气喘。

乌梅

【来源】本品为蔷薇科植物梅的干燥近成熟果实。

【产地】主产于四川、浙江、福建、广东等地。

【性状鉴别】药材　呈类球形或扁球形，直径1.5～3cm。表面乌黑色或棕黑色，皱缩不平，基部有圆形果梗痕。果核坚硬，椭圆形，棕黄色，表面有凹点；种子扁卵形，淡黄色。气微，味极酸。以个大、核小、柔润、肉厚、不破裂、味极酸者为佳。

饮片　乌梅肉　为不规则片状。表面乌黑色，味极酸。

【功效】敛肺，涩肠，生津，安蛔。用于肺虚久咳，久泻久痢，虚热消渴，蛔厥呕吐腹痛。

金 樱 子

【来源】本品为蔷薇科植物金樱子的干燥成熟果实。

【产地】主产于广东、江西、浙江等地。

【性状鉴别】药材　为花托发育而成的假果，呈倒卵形，长2～3.5cm，直径1～2cm。表面红黄色或红棕色，有突起的棕色小点。顶端有盘状花萼残基，中央有黄色柱基，下部渐尖。质硬。切开后，花托壁厚1～2mm，内有多数坚硬的小瘦果，内壁及瘦果均有淡黄色茸毛。气微，味甘、微涩。以个大、色红黄者为佳。

饮片　金樱子肉　呈倒卵形纵剖瓣。表面红黄色或红棕色，有突起的棕色小点。顶端有花萼残基，下部渐尖。花托壁厚1～2mm，内壁淡残存淡黄色茸毛。气微，味甘、微涩。

【功效】固精缩尿，固崩止带，涩肠止泻。用于遗精滑精，遗尿尿频，崩漏带下，久泻久痢。

决 明 子

【来源】本品为豆科植物决明或小决明的干燥成熟种子。

【产地】主产于安徽、江苏、浙江等省。全国大部分地区均有栽培。

【性状鉴别】决明　略呈菱方形或短圆柱形，两端平行倾斜，长3～7mm，宽2～4mm。表面绿棕色或暗棕色，平滑有光泽。一端较平坦，另端斜尖，背腹面各有1条突起的棱线，棱线两侧各有1条斜向对称而色较浅的线形凹纹。质坚硬，不易破碎。种皮薄，子叶2，黄色，呈“S”形折曲并重叠。气微，味微苦。

小决明　呈短圆柱形，较小，长3～5mm，宽2～3mm。表面棱线两侧各有1片宽广的浅黄棕色带。

均以粒饱满、色绿棕者为佳。

饮片　同药材。

炒决明子　形如决明子，微鼓起。表面绿褐色或暗棕色，偶见焦斑。微有香气。

【功效】清热明目，润肠通便。用于目赤涩痛，羞明多泪，头痛眩晕，目暗不明，大便秘结。

补 骨 脂

【来源】本品为豆科植物补骨脂的干燥成熟果实。

【产地】除东北、西北地区外，全国各地均产。

【性状鉴别】呈肾形，略扁，长3～5mm，宽2～4mm，厚约1.5mm。表面黑色、黑褐色或灰褐色，具细微网状皱纹。顶端圆钝，有一小突起，凹侧有果梗痕。质硬。果皮薄，与种子不易分离；种子1枚，子叶2，黄白色，有油性。气香，味辛、微苦。以粒大、饱满、色黑者为佳。

【功效】温肾助阳，纳气平喘，温脾止泻；外用消风祛斑。用于肾阳不足，阳痿遗精，遗尿尿频，腰膝冷痛，肾虚作喘，五更泄泻；外治白癜风，斑秃。

枳　壳

【来源】本品为芸香科植物酸橙及其栽培变种的干燥未成熟果实。

【产地】产于江西、四川、湖北等省。多系栽培。以江西清江、新干所产最为闻名，商品习称“江枳壳”。

【性状鉴别】药材　呈半球形，直径3～5cm。外果皮棕褐色至褐色，有颗粒状突起，突起的顶端有凹点状油室；有明显的花柱残基或果梗痕。质坚硬，不易折断。横切面中果皮黄白色，稍隆起，厚0.4～1.3cm，边缘外侧散有1～2列点状油点，中央褐色。瓤囊7～12瓣，少数至15瓣。气清香，味苦、微酸。以外皮色棕褐、果肉厚、质坚硬、香气浓者为佳。

饮片　呈不规则弧状条形薄片。切面外果皮棕褐色至褐色，中果皮黄白色至黄棕色，近外缘有1～2列点状油点，内侧有的有少量紫褐色瓤囊。气清香，味苦、微酸。

麸炒枳壳　形如枳壳片，色较深，偶有焦斑。具焦香气。

【功效】理气宽中，行滞消胀。用于胸胁气滞，胀满疼痛，食积不化，痰饮内停，脏器下垂。

陈　皮

【来源】本品为芸香科植物橘及其栽培变种的干燥成熟果皮。药材分为“陈皮”和“广陈皮”。

【产地】产于广东、福建、四川、江苏等省，均为栽培品。

【性状鉴别】陈皮　常剥成数瓣，基部相连，有的呈不规则的片状，厚1～4mm。外表面橙红色或红棕色，有细皱纹和凹下的点状油室；内表面浅黄白色，粗糙，附黄白色或黄棕色筋络状维管束。质稍硬而脆。气香，味辛、苦。

广陈皮　常3瓣相连，形状整齐，厚度均匀，约1mm。点状油室较大，对光照视，透明清晰。质较柔软。

以瓣大、完整、颜色鲜、油润、质柔软、气浓、辛香、味稍甜后感苦辛者为佳。

饮片　呈不规则的条状或丝状。外表面橙红色或红棕色，有细皱纹和凹下的点状油室。内表面浅黄白色，粗糙，附黄白色或黄棕色筋络状维管束。气香，味辛、苦。

【功效】理气健脾，燥湿化痰。用于脘腹胀满，食少吐泻，咳嗽痰多。

小 茴 香

【来源】本品为伞形科植物茴香的干燥成熟果实。

【产地】我国各地均有栽培。原产欧洲。

【性状鉴别】药材　为双悬果，呈圆柱形，有的稍弯曲，长4～8mm，直径1.5～2.5mm。表面黄绿色或淡黄色，两端略尖，顶端残留有黄棕色突起的柱基，基部有时有细小的果梗。分果呈长椭圆形，背面有纵棱5条，接合面平坦而较宽。横切面略呈五边形，背面的四边约等长。有特异香气，味微甜、辛。

饮片　同药材。

盐小茴香　形如小茴香，微鼓起。色泽加深，偶有焦斑。味微咸。

【功效】散寒止痛，理气和胃。用于寒疝腹痛，睾丸偏坠，痛经，少腹冷痛，食少吐泻。盐小茴香用于寒疝腹痛，睾丸偏坠，经寒腹痛。

连　翘

【来源】本品为木犀科植物连翘的干燥果实。秋季果实初熟尚带绿色时采收，习称“青翘”；果实熟透时采收，习称“老翘”。

【产地】主产于山西、陕西、河南等省。多为栽培。

【性状鉴别】药材　呈长卵形至卵形，稍扁，长1.5～2.5cm，直径0.5～1.3cm。表面有不规则的纵皱纹和多数突起的小斑点，两面各有1条明显的纵沟。顶端锐尖，基部有小果梗或已脱落。青翘多不开裂，表面绿褐色，突起的灰白色小斑点较少；质硬；种子多数，黄绿色，细长，一侧有翅。老翘自顶端开裂或裂成两瓣，表面黄棕色或红棕色，内表面多为浅黄棕色，平滑，具一纵隔；质脆；种子棕色，多已脱落。气微香，味苦。“青翘”以色较绿、不开裂者为佳；“老翘”以色较黄、瓣大、壳厚者为佳。

【功效】清热解毒，消肿散结，疏散风热。用于痈疽，瘰疬，乳痈，丹毒，风热感冒，温病初起，温热入营，高热烦渴，神昏发斑，热淋尿闭。

牵牛子

【来源】本品为旋花科植物裂叶牵牛或圆叶牵牛的干燥成熟种子。

【产地】主产于辽宁省。此外全国各省均有野生或栽培。

【性状鉴别】药材　似橘瓣状，长4～8mm，宽3～5mm。表面灰黑色或淡黄白色，背面有一条浅纵沟，腹面棱线的下端有一点状种脐，微凹。质硬，横切面可见淡黄色或黄绿色皱缩折叠的子叶，微显油性。气微，味辛、苦，有麻感。以颗粒饱满者为佳。

【功效】泻水通便，消痰涤饮，杀虫攻积。用于痰涎积滞，水肿膨胀，二便不利；外治用于疥疮，顽癣，梅毒，疮疡，湿疹。

枸杞子

【来源】本品为茄科植物宁夏枸杞的干燥成熟果实。

【产地】主产于宁夏、新疆、陕西等省区，以宁夏的中宁和中卫县枸杞子量大质优。

【性状鉴别】呈类纺锤形或椭圆形，长6～20mm，直径3～10mm。表面红色或暗红色，顶端有小突起状的花柱痕，基部有白色的果梗痕。果皮柔韧，皱缩；果肉肉质，柔润。种子20～50粒，类肾形，扁而翘，长1.5～1.9mm，宽1～1.7mm，表面浅黄色或棕黄色。气微，味甜。以粒大、肉厚、籽小、色红、质柔、味甜者为佳。

【功效】滋补肝肾，益精明目。用于虚劳精亏，腰膝酸痛，眩晕耳鸣，阳痿遗精，血虚萎黄，目昏不明。

山茱萸

【来源】本品为山茱萸科植物山茱萸的干燥成熟果肉。

【产地】主产于浙江临安、淳安及河南、安徽等省。以浙江产量大，品质优，有“杭萸肉”“淳萸肉”之称。

【性状鉴别】药材　呈不规则的片状或囊状，长1～1.5cm，宽0.5～1cm。表面紫红色至紫黑色，皱缩，有光泽。顶端有的有圆形宿萼痕，基部有果梗痕。质柔软。气微，味酸、涩、微苦。以肉厚、柔软、色紫红者为佳。

饮片　同药材。

酒萸肉　形如山茱萸。表面紫褐色或黑色。质滋润柔软。微有酒香气。

【功效】补益肝肾，收涩固脱。用于眩晕耳鸣，腰膝酸痛，阳痿遗精，遗尿尿频，大汗虚脱，内热消渴。

川楝子

【来源】本品为楝科植物川楝的干燥成熟果实。

【产地】主产于甘肃、四川、云南等地。以四川产量大、质量优。

【性状鉴别】药材　呈类球形，直径2～3.2cm。表面金黄色至棕黄色，微有光泽，少数凹陷或皱缩，具深棕色小点。顶端有花柱残痕，基部凹陷，有果梗痕。外果皮革质，与果肉间常成空隙，果肉松软，淡黄色，遇水润湿显黏性。果核球形或卵圆形，质坚硬，两端平截，有6～8条纵棱，内分6～8室，每室含黑棕色长圆形的种子1粒。气特异，味酸、苦。以个大、外皮金黄色、肉黄白色、饱满、有弹性者为佳。

饮片　同药材。

炒川楝子　呈半球状、厚片或不规则碎块。表面焦黄色，偶见焦斑。气焦香，味酸、苦。

【功效】疏肝泄热，行气止痛，杀虫。用于肝郁化火，胸胁、脘腹胀痛，疝气疼痛，虫积腹痛。

吴茱萸

【来源】本品为芸香科植物吴茱萸、石虎或疏毛吴茱萸的干燥近成熟果实。

【产地】主产于贵州、广西、湖南等省区。多系栽培。以贵州、广西产量较大，湖南常德产者质量最好，销全国各地，并出口。

【性状鉴别】药材　呈球形或略呈五角状扁球形，直径2～5mm。表面暗黄绿色至褐色，粗糙，有多数点状突起或凹下的油点。顶端有五角星状的裂隙，基部残留被有黄色茸毛的果梗。质硬而脆，横切面可见子房5室，每室有淡黄色种子1粒。气芳香浓郁，味辛辣而苦。以粒小、饱满坚实、色绿、香气浓烈者为佳。

饮片　同药材。

制吴茱萸　形如吴茱萸。表面棕褐色至暗褐色。

【功效】散寒止痛，降逆止呕，助阳止泻。用于厥阴头痛，寒疝腹痛，寒湿脚气，经行腹痛，脘腹胀痛，呕吐吞酸，五更泄泻。

酸枣仁

【来源】本品为鼠李科植物酸枣的干燥成熟种子。

【产地】主产于河北、陕西、辽宁等省。

【性状鉴别】药材　呈扁圆形或扁椭圆形，长 5～9mm，宽 5～7mm，厚约 3mm。表面紫红色或紫褐色，平滑有光泽，有的有裂纹。有的两面均呈圆隆状突起；有的一面较平坦，中间有 1 条隆起的纵线纹；另一面稍突起。一端凹陷，可见线形种脐；另端有细小突起的合点。种皮较脆，胚乳白色，子叶 2，浅黄色，富油性。气微，味淡。以粒大、饱满、完整、有光泽、外皮红棕色、无核壳者为佳。

饮片　同药材。

炒酸枣仁　形如酸枣仁。表面微鼓起，微有焦斑。略具焦香气，味淡。

【功效】养心补肝，宁心安神，敛汗，生津。用于虚烦不眠，惊悸多梦，体虚多汗，津伤口渴。

女贞子

【来源】本品为木犀科植物女贞的干燥成熟果实。

【产地】主产于浙江、江苏、福建等省。

【性状鉴别】药材　呈卵形、椭圆形或肾形，长 6～8.5mm，直径 3.5～5.5mm。表面黑紫色或灰黑色，皱缩不平，基部有果梗痕或具宿萼及短梗。体轻。外果皮薄，中果皮较松软，易剥离，内果皮木质，黄棕色，具纵棱，破开后种子通常为 1 粒，肾形，紫黑色，油性。气微，味甘、微苦涩。以粒大、饱满、色灰黑、质坚实者为佳。

饮片　同药材。

酒女贞子　形如女贞子。表面黑褐色或灰褐色，常附有白色粉霜。微有酒香气。

【功效】滋补肝肾，明目乌发。用于肝肾阴虚，眩晕耳鸣，腰膝酸软，须发早白，目睛不清，内热消渴，骨蒸潮热。

栀　子

【来源】本品为茜草科植物栀子的干燥成熟果实。

【产地】主产于湖南、江西、湖北等省。

【性状鉴别】药材　呈长卵圆形或椭圆形，长 1.5～3.5cm，直径 1～1.5cm。表面红黄色或棕红色，具 6 条翅状纵棱，棱间常有 1 条明显的纵脉纹，并有分枝。顶端残存萼片，基部稍尖，有残留果梗。果皮薄而脆，略有光泽；内表面色较浅，有光泽，具 2～3 条隆起的假隔膜。种子多数，扁卵圆形，集结成团，深红色或红黄色，表面密具细小疣状突起。气微，味微酸而苦。以皮薄、饱满、色红黄者为佳。

饮片　呈不规则的碎块。果皮表面红黄色或棕红色，有的可见翅状纵横。种子多数，扁卵圆形，深红色或红黄色。气微，味微酸而苦。

炒栀子　形如栀子碎块，黄褐色。

【功效】泻火除烦，清热利湿，凉血解毒；外用消肿止痛。用于热病心烦，黄疸尿赤，血淋涩痛，血热吐衄，目赤肿痛，火毒疮疡；外治扭挫伤痛。

焦栀子

【来源】本品为栀子的炮制加工品。

【产地】主产于湖南、江西、湖北等省。

【性状鉴别】药材　形状同栀子或为不规则的碎块，表面焦褐色或焦黑色。果皮内表面棕色，种子表面为黄棕色或棕褐色。气微，味微酸而苦。

【功效】凉血止血。用于血热吐血，衄血，尿血，崩漏。

槟榔

【来源】本品为棕榈科植物槟榔的干燥成熟种子。

【产地】主产于海南、云南、广东等省。福建、广西、台湾南部亦有栽培。国外以印度尼西亚、印度、菲律宾等地产量大。

【性状鉴别】药材　呈扁球形或圆锥形，高 1.5～3.5cm，底部直径 1.5～3cm。表面淡黄棕色或淡红棕色，具稍凹下的网状沟纹，底部中心有圆形凹陷的珠孔，其旁有 1 明显疤痕状种脐。质坚硬，不易破碎，断面可见棕色种皮与白色胚乳相间的大理石样花纹。气微，味涩、微苦。以个大、体重、坚实、断面颜色鲜艳、无破裂者为佳。

饮片　呈类圆形的薄片。切面可见棕色种皮与白色胚乳相间的大理石样花纹。气微，味涩、微苦。

炒槟榔　形如槟榔片，表面微黄色，可见大理石样花纹。

【功效】杀虫，消积，行气，利水，截疟。用于绦虫、蛔虫、姜片虫病，虫积腹痛，积滞泻痢，里急后重，水肿脚气，疟疾。

白果

【来源】本品为银杏科植物银杏的干燥成熟种子。

【产地】全国大部分地区均产。

【性状鉴别】药材　略呈椭圆形，一端稍尖，另端钝，长 1.5～2.5cm，宽 1～2cm，厚约 1cm。表面黄白色或淡棕黄色，平滑，具 2～3 条棱线。中种皮（壳）骨质，坚硬。内种皮膜质，种仁宽卵球形或椭圆形，一端淡棕色，另一端金黄色，横断面外层黄色，胶质样，内层淡黄色或淡绿色，粉性，中间有空隙。气微，味甘、微苦。

饮片　同药材。

白果仁　内种皮膜质，种仁宽卵球形或椭圆形，一端淡棕色，另一端金黄色。断面外层黄色，胶质样，内层淡黄色或淡绿色，粉性。气微，味甘、微苦。

炒白果仁　形如白果仁，偶见焦斑。

【功效】敛肺定喘，止带缩尿。用于痰多喘咳，带下白浊，遗尿尿频。

王不留行

【来源】本品为石竹科植物麦蓝菜的干燥成熟种子。

【产地】主产于江苏、河北、河南等省。

【性状鉴别】药材　呈球形，直径约2mm。表面黑色，少数红棕色，略有光泽，有细密颗粒状突起，一侧有1凹陷的纵沟。质硬。胚乳白色，胚弯曲成环，子叶2。气微，味微涩、苦。以粒饱满、色黑者为佳。

饮片　同药材。

炒王不留行　呈类球形爆花状。表面白色，质松脆。

【功效】活血通经，下乳消肿，利尿通淋。用于经闭，痛经，浮汁不下，乳痈肿痛，淋证涩痛。

肉豆蔻

【来源】本品为肉豆蔻科植物肉豆蔻的干燥种仁。

【产地】主产于马来西亚、印度尼西亚、斯里兰卡等国。

【性状鉴别】药材　呈卵圆形或椭圆形，长2～3cm，直径1.5～2.5cm。表面灰棕色或灰黄色，有时外被白粉（石灰粉末）。全体有浅色纵行沟纹和不规则网状沟纹。种脐位于宽端，呈浅色圆形突起，合点呈暗凹陷。种脊呈纵沟状，连接两端。质坚，断面显棕黄色相杂的大理石花纹，宽端可见干燥皱缩的胚，富油性。气香浓烈，味辛。以个大、体重、坚实、表面光滑、油足、破开后香气强烈者为佳。

饮片　同药材。

滑石粉煨肉豆蔻　形如肉豆蔻。表面棕褐色，有裂隙。气香，微辛。

【功效】温中行气，涩肠止泻。用于脾胃虚寒，久泻不止，脘腹胀痛，食少呕吐。

夏枯草

【来源】本品为唇形科植物夏枯草的干燥果穗。

【产地】主产于安徽、江苏、河南等省，全国各地均产。

【性状鉴别】呈圆柱形，略扁，长1.5～8cm，直径0.8～1.5cm；淡棕色至棕红色。全穗由数轮至10数轮宿萼与苞片组成，每轮有对生苞片2片，呈扇形，先端尖尾状，脉纹明显，外表面有白毛。每一苞片内有花3朵，花冠多已脱落，宿萼二唇形，内有小坚果4枚，卵圆形，棕色，尖端有白色突起。体轻。气微，味淡。以穗大、色棕红、摇之作响者为佳。

【功效】清肝泻火，明目，散结消肿。用于目赤肿痛，目珠夜痛，头痛眩晕，瘰疬，瘿瘤，乳痈，乳房胀痛。

瓜　蒌

【来源】本品为葫芦科植物栝楼或双边栝楼的干燥成熟果实。

【产地】栝楼主产于山东长清、肥城等地。河北、山西等省亦产。双边栝楼主产于江西、湖北、湖南等省。

【性状鉴别】药材　呈类球形或宽椭圆形，长7～15cm，直径6～10cm。表面橙红色或橙黄色，皱缩或较光滑，顶端有圆形的花柱残基，基部略尖，具残存的果梗。体轻重不一。质脆，易破开，内表面黄白色，有红黄色丝络，果瓤橙黄色，黏稠，与多数种子粘结成团。具焦糖气，味微酸、甜。以完整不破、果皮厚、皱缩有筋、体重、糖分足者为佳。

饮片　呈不规则的丝或块状。外表面橙红色或橙黄色，皱缩或较光滑；内表面黄白色，有红黄色丝络，果瓤橙黄色，与多数种子粘结成团。具焦糖气，味微酸、甜。

【功效】清热涤痰，宽胸散结，润燥滑肠。用于肺热咳嗽，痰浊黄稠，胸痹心痛，结胸痞满，乳痈，肠痈，大便秘结。

瓜蒌皮

【来源】本品为葫芦科植物栝楼或双边栝楼的干燥成熟果皮。

【产地】栝楼主产于山东长清、肥城等地。河北、山西等省亦产。双边栝楼主产于江西、湖北、湖南等省。

【性状鉴别】药材　常切成 2 至数瓣，边缘向内卷曲，长 6～12cm。外表面橙红色或橙黄色，皱缩，有的有残存果梗；内表面黄白色。质较脆，易折断。具焦糖气，味淡、微酸。

饮片　呈丝状。其余同药材。

【功效】清热化痰，利气宽胸。用于痰热咳嗽，胸闷胁痛。

砂仁

【来源】本品为姜科植物阳春砂、绿壳砂或海南砂的干燥成熟果实。

【产地】阳春砂主产于广东省，以阳春、阳江产者最著名。广西亦产，多为栽培。绿壳砂主产于云南南部临汾、文山、景洪等地。海南砂主产于海南等省。

【性状鉴别】阳春砂、绿壳砂　呈椭圆形或卵圆形，有不明显的三棱，长 1.5～2cm，直径 1～1.5cm。表面棕褐色，密生刺状突起，顶端有花被残基，基部常有果梗。果皮薄而软。种子集结成团，具三钝棱，中有白色隔膜，将种子团分成 3 瓣，每瓣有种子 5～26 粒。种子为不规则多面体，直径 2～3mm；表面棕红色或暗褐色，有细皱纹，外被淡棕色膜质假种皮；质硬，胚乳灰白色。气芳香而浓烈，味辛凉、微苦。以个大、饱满、坚实、种子棕红色、香气浓、搓之果皮不易脱落者为佳。

海南砂　呈长椭圆形或卵圆形，有明显的三棱，长 1.5～2cm，直径 0.8～1.2cm。表面被片状、分枝的软刺，基部具果梗痕。果皮厚而硬。种子团较小，每瓣有种子 3～24 粒；种子直径 1.5～2mm。气味稍淡。以个大、坚实、气味浓者为佳。

【功效】化湿开胃，温脾止泻，理气安胎。用于湿浊中阻，脘痞不饥，脾胃虚寒，呕吐泄泻，妊娠恶阻，胎动不安。

豆蔻

【来源】本品为姜科植物白豆蔻或爪哇白豆蔻的干燥成熟果实。按产地不同分为“原豆蔻”和“印尼白蔻”。

【产地】白豆蔻由柬埔寨、泰国、越南、缅甸等国进口。海南省和云南南部有少量栽培。爪哇白豆蔻多由印度尼西亚进口，海南省和云南南部有栽培。

【性状鉴别】原豆蔻　呈类球形，直径 1.2～1.8cm。表面黄白色至淡黄棕色，有 3

条较深的纵向槽纹，顶端有突起的柱基，基部有凹下的果柄痕，两端均具浅棕色绒毛。果皮体轻，质脆，易纵向裂开，内分3室，每室含种子约10粒；种子呈不规则多面体，背面略隆起，直径3～4mm，表面暗棕色，有皱纹，并被有残留的假种皮。气芳香，味辛凉略似樟脑。

印尼白蔻 个略小。表面黄白色，有的微显紫棕色。果皮较薄，种子瘦瘪。气味较弱。

均以个大饱满、果皮薄而洁白、气味浓者为佳。

【功效】化湿行气，温中止呕，开胃消食。用于湿浊中阻，不思饮食，湿温初起，胸闷不饥，寒湿呕逆，胸腹胀痛，食积不消。

莲 子

【来源】本品为睡莲科植物莲的干燥成熟种子。

【产地】产于湖南、浙江、安徽等省。

【性状鉴别】略呈椭圆形或类球形，长1.2～1.8cm，直径0.8～1.4cm。表面浅黄棕色至红棕色，有细纵纹和较宽的脉纹。一端中心呈乳头状突起，深棕色，多有裂口，其周边略下陷。质硬，种皮薄，不易剥离。子叶2，黄白色，肥厚，中有空隙，具绿色莲子心。气微，味甘、微涩；莲子心味苦。

【功效】补脾止泻，止带，益肾涩精，养心安神。用于脾虚泄泻，带下，遗精，心悸失眠。

荜 茇

【来源】本品为胡椒科植物荜茇的干燥近成熟或成熟果穗。

【产地】产于印度尼西亚的苏门答腊以及菲律宾、越南。云南、海南等省亦有栽培。

【性状鉴别】呈圆柱形，稍弯曲，由多数小浆果集合而成，长1.5～3.5cm，直径0.3～0.5cm。表面黑褐色或棕色，有斜向排列整齐的小突起，基部有果穗梗残存或脱落。质硬而脆，易折断，断面不整齐，颗粒状。小浆果球形，直径约0.1cm。有特异香气，味辛辣。以条大饱满、色黑褐、质坚实、气味浓者为佳。

【功效】温中散寒，下气止痛。用于脘腹冷痛，呕吐，泄泻，寒凝气滞，胸痹心痛，头痛，牙痛。

覆盆子

【来源】本品为蔷薇科植物华东覆盆子的干燥果实。

【产地】产于浙江、湖北、江西等省。

【性状鉴别】为聚合果，由多数小核果聚合而成，呈圆锥形或扁圆锥形，高0.6～1.3cm，直径0.5～1.2cm。表面黄绿色或淡棕色，顶端钝圆，基部中心凹入。宿萼棕褐色，下有果梗痕。小果易剥落，每个小果呈半月形，背面密被灰白色茸毛，两侧有明显的网纹，腹部有突起的棱线。体轻，质硬。气微，味微酸涩。以颗粒完整、色黄绿、质坚实、具酸味者为佳。

【功效】益肾固精缩尿，养肝明目。

化橘红

【来源】本品为芸香科植物化州柚或柚的未成熟或近成熟的干燥外层果皮。前者习称“毛橘红”，后者习称“光七爪”“光五爪”。

【产地】主产于广东化县、广西玉林地区。多为栽培。

【性状鉴别】化州柚　呈对折的七角或展平的五角星状，单片呈柳叶形。完整者展平后直径 15～28cm，厚 0.2～0.5cm。外表面黄绿色，密布茸毛，有皱纹及小油室；内表面黄白色或淡黄棕色，有脉络纹。质脆，易折断，断面不整齐，外缘有 1 列不整齐的下凹的油室，内侧稍柔而有弹性。气芳香，味苦、微辛。

柚　外表面黄绿色至黄棕色，无毛。

均以皮薄均匀，气味浓者为佳。

饮片　为丝状。外表面黄绿色，密布茸毛（化州柚）或无毛（柚），有皱纹及小油室，内表面黄白色或淡黄棕色，外缘有 1 列不整齐的下凹的油室，内侧稍柔而有弹性。气芳香，味苦、微辛。

【功效】理气宽中，燥湿化痰。用于咳嗽痰多，食积伤酒，呕恶痞闷。

石榴皮

【来源】本品为石榴科植物石榴的干燥果皮。

【产地】我国除极寒地区外，均有栽培。

【性状鉴别】药材　呈不规则的片状或瓢状，大小不一，厚 1.5～3mm。外表面红棕色、棕黄色或暗棕色，略有光泽，粗糙，有多数疣状突起，有的有突起的筒状宿萼及粗短果梗或果梗痕。内表面黄色或红棕色，有隆起呈网状的果蒂残痕。质硬而脆，断面黄色，略显颗粒状。气微，味苦涩。

饮片　石榴皮炭　形如石榴皮丝或块，表面黑黄色，内部棕褐色。

【功效】涩肠止泻，止血，驱虫。用于久泻，久痢，便血，脱肛，崩漏，带下，虫积腹痛。

冬瓜皮

【来源】本品为葫芦科植物冬瓜的干燥外层果皮。

【产地】我国南北各地均有栽培。

【性状鉴别】药材　为不规则的碎片，常向内卷曲，大小不一。外表面灰绿色或黄白色，被有白霜，有的较光滑不被白霜；内表面较粗糙，有的可见筋脉状维管束。体轻，质脆。气微，味淡。

【功效】利尿消肿。用于水肿胀满，小便不利，暑热口渴，小便短赤。

蛇床子

【来源】本品为伞形科植物蛇床的干燥成熟果实。

【产地】主产于河北、山东、广西等省。

【性状鉴别】药材　为双悬果，呈椭圆形，长 2～4mm，直径约 2mm。表面灰黄色或灰褐色，顶端有 2 枚向外弯曲的柱基，基部偶有细梗。分果的背面有薄而突起的纵棱 5 条，接合面平坦，有 2 条棕色略突起的纵棱线。果皮松脆，揉搓易脱落。种子细小，灰棕色，显油性。气香，味辛凉，有麻舌感。以颗粒饱满、色灰黄、香气浓者为佳。

【功效】燥湿祛风，杀虫止痒，温肾壮阳。用于阴痒带下，湿疹瘙痒，肾虚阳痿，宫冷不孕。

薏苡仁

【来源】本品为禾本科植物薏苡的干燥成熟种仁。

【产地】主产于河北、辽宁、福建等省。其他各省亦产。均系栽培。

【性状鉴别】药材　呈宽卵形或长椭圆形，长 4～8mm，宽 3～6mm。表面乳白色，光滑，偶有残存的黄褐色种皮；一端钝圆，另端较宽而微凹，有 1 淡棕色点状种脐；背面圆凸，腹面有 1 条较宽而深的纵沟。质坚实，断面白色，粉性。气微，味微甜。以粒大、饱满、色白、无破碎者为佳。

【功效】利水渗湿，健脾止泻，除痹，排脓，解毒散结。用于水肿，脚气，小便不利，脾虚泄泻，湿痹拘挛，肺痈，肠痈，赘疣，癌肿。

菟丝子

【来源】本品为旋花科植物南方菟丝子或菟丝子的干燥成熟种子。

【产地】主产于江苏、辽宁、吉林等省。

【性状鉴别】药材　呈类球形，直径 1～2mm。表面灰棕色至棕褐色，粗糙，种脐线形或扁圆形。质坚实，不易以指甲压碎。气微，味淡。

取本品少量，加沸水浸泡后，表面有黏性。加热煮至种皮破裂时，可见黄白色卷旋状的胚，形如吐丝。

以色灰黄、颗粒饱满者为佳。

饮片　同药材。

盐菟丝子　形如菟丝子。表面棕黄色，开裂。略有香气。

【功效】补益肝肾，固精缩尿，安胎，明目，止泻；外用消风祛斑。用于肝肾不足，腰膝酸软，阳痿遗精，遗尿尿频，肾虚胎漏，胎动不安，目昏耳鸣，脾肾虚泻；外治白癜风。

胡芦巴

【来源】本品为豆科植物胡芦巴的干燥成熟种子。

【产地】主产于安徽、四川、河南。

【性状鉴别】略呈斜方形，长 3～5mm，宽 2～3mm，厚约 2mm。表面黄棕色或红棕色，微有灰色短毛，两侧各有一深斜沟，两沟相接处为种脐。质坚硬。气香，味微苦。

【功效】温肾助阳，散寒止痛。用于肾阳不足，下元虚冷，小腹冷痛，寒湿脚气。

胖大海

【来源】本品为梧桐科植物胖大海的干燥成熟种子。

【产地】主产越南、泰国、印度尼西亚和马来西亚等国，以越南产的品质最佳。

【性状鉴别】药材　呈纺锤形或椭圆形，长2～3cm，直径1～1.5cm。先端钝圆，基部略尖而歪，具浅色的圆形种脐。表面棕色或暗棕色，微有光泽，具不规则的干缩皱纹。外层种皮极薄，质脆，易脱落。中层种皮较厚，黑褐色，质松易碎，遇水膨胀成海绵状。气微，味淡，嚼之有黏性。

取本品数粒置烧杯中，加沸水适量，放置数分钟后即吸水膨胀成棕色半透明的海绵状物。

以个大、坚硬、外皮细、黄棕色、有细皱纹与光泽、不破皮者为佳。

【功效】清热润肺，利咽开音，润肠通便。用于肺热声哑，干咳无痰，咽喉干痛，热结便闭，头痛目赤。

八角茴香

【来源】本品为木兰科植物八角茴香的干燥成熟果实。

【产地】主产于广东、广西等地。

【性状鉴别】为聚合果，多由8个蓇葖果组成，放射状排列于中轴上。蓇葖果长1～2cm，宽0.3～0.5cm，高0.6～1cm；外表面红棕色，有不规则皱纹，顶端呈鸟喙状，上侧多开裂；内表面淡棕色，平滑，有光泽；质硬而脆。果梗长3～4cm，连于果实基部中央，弯曲，常脱落。每个蓇葖果含种子1粒，扁卵圆形，长约6mm，红棕色或黄棕色，光亮，尖端有种脐；胚乳白色，富油性。气芳香，味辛、甜。

【功效】温阳散寒，理气止痛。用于寒疝腹痛，肾虚腰痛，胃寒呕吐，脘腹冷痛。

草　果

【来源】本品为姜科植物草果的干燥成熟果实。

【产地】主产于云南、广西、贵州等省区。多为栽培。

【性状鉴别】药材　呈长椭圆形，具三钝棱，长2～4cm，直径1～2.5cm。表面灰棕色至红棕色，具纵沟及棱线，顶端有圆形突起的柱基，基部有果梗或果梗痕。果皮质坚韧，易纵向撕裂。剥去外皮，中间有黄棕色隔膜，将种子团分成3瓣，每瓣有种子多为8～11粒。种子呈圆锥状多面体，直径约5mm；表面红棕色，外被灰白色膜质的假种皮，种脊为一条纵沟，尖端有凹状的种脐；质硬，胚乳灰白色。有特异香气，味辛、微苦。以个大、饱满、色红棕、气味浓者为佳。

【功效】燥湿温中，截疟除痰。用于寒湿内阻，脘痛胀痛，痞满呕吐，疟疾寒热，瘟疫发热。

沙苑子

【来源】本品为豆科植物扁茎黄芪的干燥成熟种子。

【产地】主产于陕西（潼关），又名“潼蒺藜”。河北、辽宁等省区亦产。

【性状鉴别】药材　略呈肾形而稍扁，长2～2.5mm，宽1.5～2mm，厚约1mm。表面光滑，褐绿色或灰褐色，边缘一侧微凹处具圆形种脐。质坚硬，不易破碎。子叶2，淡黄色，胚根弯曲，长约1mm。气微，味淡，嚼之有豆腥味。以颗粒饱满、色绿褐者为佳。

【功效】补肾助阳，固精缩尿，养肝明目。用于肾虚腰痛，遗精早泄，遗尿尿频，白浊带下，眩晕，目暗昏花。

火麻仁

【来源】本品为桑科植物大麻的干燥成熟果实。

【产地】主产于广西等省。

【性状鉴别】药材　呈卵圆形，长4～5.5mm，直径2.5～4mm。表面灰绿色或灰黄色，有微细的白色或棕色网纹，两边有棱，顶端略尖，基部有1圆形果梗痕。果皮薄而脆，易破碎。种皮绿色，子叶2，乳白色，富油性。气微，味淡。以颗粒饱满、种仁色乳白者为佳。

【功效】润肠通便。用于血虚津亏，肠燥便秘。

苍耳子

【来源】本品为菊科植物苍耳的干燥成熟带总苞的果实。

【产地】产于全国各地。

【性状鉴别】药材　呈纺锤形或卵圆形，长1～1.5cm，直径0.4～0.7cm。表面黄棕色或黄绿色，全体有钩刺，顶端有2枚较粗的刺，分离或相连，基部有果梗痕。质硬而韧，横切面中央有纵隔膜，2室，各有1枚瘦果。瘦果略呈纺锤形，一面较平坦，顶端具1突起的花柱基，果皮薄，灰黑色，具纵纹。种皮膜质，浅灰色，子叶2，有油性。气微，味微苦。以粒大、饱满、色黄棕者为佳。

饮片　同药材。

炒苍耳子　形如苍耳子。表面黄褐色，有刺痕。微有香气。

【功效】散风寒，通鼻窍，祛风湿。用于风寒头痛，鼻塞流涕，鼻鼽，鼻渊，风疹瘙痒，湿痹拘挛。

鸦胆子

【来源】本品为苦木科植物鸦胆子的干燥成熟果实。

【产地】主产于广西、广东等省区。此外，云南、贵州等省亦产。

【性状鉴别】呈卵形，长6～10mm，直径4～7mm。表面黑色或棕色，有隆起的网状皱纹，网眼呈不规则的多角形，两侧有明显的棱线，顶端渐尖，基部有凹陷的果梗痕。果壳质硬而脆，种子卵形，长5～6mm，直径3～5mm，表面类白色或黄白色，具网纹；种皮薄，子叶乳白色，富油性。气微，味极苦。

以粒大、饱满、色黑、种仁白色、油性足、味苦者为佳。

【功效】清热解毒，截疟，止痢；外用腐蚀赘疣。用于痢疾，疟疾；外治用于赘疣，鸡眼。

使君子

【来源】本品为使君子科植物使君子的干燥成熟果实。

【产地】主产于四川、广东、广西等省区。

【性状鉴别】呈椭圆形或卵圆形，具5条纵棱，偶有4～9棱，长2.5～4cm，直径约2cm。表面黑褐色至紫黑色，平滑，微具光泽。顶端狭尖，基部钝圆，有明显圆形的果梗痕。质坚硬，横切面多呈五角星形，棱角处壳较厚，中间呈类圆形空腔。种子长椭圆形或纺锤形，长约2cm，直径约1cm；表面棕褐色或黑褐色，有多数纵皱纹；种皮薄，易剥离；子叶2，黄白色，有油性，断面有裂隙。气微香，味微甜。

以个大、色紫黑、具光泽、仁饱满、色黄白者为佳。

【功效】杀虫消积。用于蛔虫、饶虫病，虫积腹痛，小儿疳积。

诃　子

【来源】本品为使君子科植物诃子或绒毛诃子的干燥成熟果实。

【产地】主产于云南、广东、广西等省。

【性状鉴别】药材　为长圆形或卵圆形，长2～4cm，直径2～2.5cm。表面黄棕色或暗棕色，略具光泽，有5～6条纵棱线和不规则的皱纹，基部有圆形果梗痕。质坚实。果肉厚0.2～0.4cm，黄棕色或黄褐色。果核长1.5～2.5cm，直径1～1.5cm，浅黄色，粗糙，坚硬。种子狭长纺锤形，长约1cm，直径0.2～0.4cm，种皮黄棕色，子叶2，白色，相互重叠卷旋。气微，味酸涩后甜。以黄棕色、微皱、有光泽、坚实、身干着为佳。

饮片　诃子肉　为不规则块状或囊状。表面黄棕色或黄褐色，有不规则皱纹。气微，味酸涩后甜。

【功效】涩肠止泻，敛肺止咳，降火利咽。用于久泻久痢，便血脱肛，肺虚咳喘，久嗽不止，咽痛音哑。

益　智

【来源】本品为姜科植物益智的干燥成熟果实。

【产地】主产于海南、广东、广西等省。

【性状鉴别】药材　呈椭圆形，两端略尖，长1.2～2cm，直径1～1.3cm。表面棕色或灰棕色，有纵向凹凸不平的突起棱线13～20条，顶端有花被残基，基部常残存果梗。果皮薄而稍韧，与种子紧贴，种子集结成团，中有隔膜将种子团分为3瓣，每瓣有种子6～11粒。种子呈不规则的扁圆形，略有钝棱，直径约3mm，表面灰褐色或灰黄色，外被淡棕色膜质的假种皮；质硬，胚乳白色。有特异香气，味辛、微苦。以粒大饱满、气味浓者为佳。

【功效】暖肾固精缩尿，温脾止泻摄唾。用于肾虚遗尿，小便频数，遗精白浊，脾寒泻泄，腹中冷痛，口多唾涎。

枳　实

【来源】本品为芸香科植物酸橙及其栽培变种或甜橙的干燥幼果。

【产地】主产于四川、江西、福建等地。

【性状鉴别】药材 呈半球形，少数为球形，直径 0.5～2.5cm。外果皮黑绿色或暗棕绿色，具颗粒状突起和皱纹，有明显的花柱残基或果梗痕。切面中果皮略隆起，厚 0.3～1.2cm，黄白色或黄褐色，边缘有 1～2 列油室，瓤囊棕褐色。质坚硬。气清香，味苦、微酸。

饮片 呈不规则弧状条形或圆形薄片。切面外果皮黑绿色至暗棕绿色，中果皮部分黄白色至黄棕色，近外缘有 1～2 列点状油室，条片内侧或圆片中央具棕褐色瓤囊。气清香，味苦、微酸。

麸炒枳实 形如枳实片，色较深，有的有焦斑。

【功效】破气消积，化痰散痞。用于积滞内停，痞满胀痛，泻痢后重，大便不通，痰滞气阻胸痹，结胸；胃下垂，脱肛，子宫脱垂。

南五味子

【来源】本品为木兰科植物华中五味子的干燥成熟果实。

【产地】主产于江西、安徽、浙江等地。

【性状鉴别】药材 呈球形或扁球形，直径 4～6mm。表面棕红色至暗棕色，干瘪，皱缩，果肉常紧贴于种子上。种子 1～2，肾形，表面棕黄色，有光泽，种皮薄而脆。果肉气微，味微酸。

饮片 同药材。

醋南五味子 形如南五味子。表面棕黑色，油润，稍有光泽。微有醋香气。

【功效】收敛固涩，益气生津，补肾宁心。用于久嗽虚喘，梦遗滑精，久泻不止，自汗盗汗，津伤口渴，内热消渴，心悸失眠。

莱 菔 子

【来源】本品为十字花科植物萝卜的干燥成熟种子。

【产地】全国各地均产。

【性状鉴别】药材 呈类卵圆形或椭圆形，稍扁，长 2.5～4mm，宽 2～3mm。表面黄棕色、红棕色或灰棕色。一端有深棕色圆形种脐，一侧有数条纵沟。种皮薄而脆，子叶 2，黄白色，有油性。气微，味淡、微苦辛。以粒大、饱满、质坚实、红棕色为佳。

饮片 同药材。

炒莱菔子 形如莱菔子。表面微鼓起，色泽加深，质酥脆，气微香。

【功效】消食除胀，降气化痰。用于饮食停滞，脘腹胀痛，大便秘结，积滞泻痢，痰壅喘咳。

车 前 子

【来源】本品为车前科植物车前或平车前的干燥成熟种子。

【产地】车前产于全国各地。平车前产于东北、华北及西北等地。

【性状鉴别】药材 呈椭圆形、不规则长圆形或三角状长圆形，略扁，长约 2mm，宽约 1mm。表面黄棕色至黑褐色，有细皱纹，一面有灰白色凹点状种脐。质硬。气微，味淡。以颗粒饱满、色黄棕、纯净者为佳。

饮片　同药材。

盐车前子　形如车前子。表面黑褐色或黄棕色。气微香，味微咸。

【功效】清热利尿通淋，渗湿止泻，明目，祛痰。用于热淋涩痛，水肿胀满，暑湿泄泻，目赤肿痛，痰热咳嗽。

牛蒡子

【来源】本品为菊科植物牛蒡的干燥成熟果实。

【产地】主产于东北及浙江等地。

【性状鉴别】药材　呈长倒卵形，略扁，微弯曲，长5～7mm，宽2～3mm。表面灰褐色，带紫黑色斑点，有数条纵棱，通常中间1～2条较明显。顶端钝圆，稍宽，顶面有圆环，中间具点状花柱残基；基部略窄，着生面色较淡。果皮较硬，子叶2，淡黄白色，富油性。气微，味苦后微辛而稍麻舌。

以粒大、饱满、色灰褐者为佳。

饮片　同药材。

炒牛蒡子　形如牛蒡子。色泽加深，略鼓起。微有香气。

【功效】疏散风热，宣肺透疹，解毒利咽。用于风热感冒，咳嗽痰多，麻疹，风疹，咽喉肿痛，痄腮，丹毒，痈肿疮毒。

紫苏子

【来源】本品为唇形科植物紫苏的干燥成熟果实。

【产地】主产于江苏、浙江、河北等省，多为栽培。

【性状鉴别】药材　呈卵圆形或类球形，直径约1.5mm。表面灰棕色或灰褐色，有微隆起的暗紫色网纹，基部稍尖，有灰白色点状果梗痕。果皮薄而脆，易压碎。种子黄白色，种皮膜质，子叶2，类白色，有油性。压碎有香气，味微辛。以饱满、色灰棕、油性足者为佳。

饮片　同药材。

炒紫苏子　形如紫苏子。表面灰褐色，有细裂口，具焦香气。

【功效】降气化痰，止咳平喘，润肠通便。用于痰壅气逆，咳嗽气喘，肠燥便秘。

郁李仁

【来源】本品为蔷薇科植物欧李、郁李或长柄扁桃的干燥成熟种子。前二种习称“小李仁”，后一种习称“大李仁”。

【产地】欧李主产于辽宁、黑龙江、河北等省。郁李主产于华东及河北、河南等省。长柄扁桃主产于内蒙古等地。

【性状鉴别】小李仁　呈卵形，长5～8mm，直径3～5mm。表面黄白色或浅棕色，一端尖，另端钝圆。尖端一侧有线形种脐，圆端中央有深色合点，自合点处向上具多条纵向维管束脉纹。种皮薄，子叶2，乳白色，富油性。气微，味微苦。

大李仁　长6～10mm，直径5～7mm。表面黄棕色。

均以颗粒饱满、完整、浅黄白色、不泛油者为佳。

【功效】润肠通便，下气利水。用于津枯肠燥，食积气滞，腹胀便秘，水肿，脚气，小便不利。

槐　角

【来源】本品为豆科植物槐的干燥成熟果实。

【产地】主产于辽宁、河北、河南等省。

【性状鉴别】药材　呈连珠状，长1～6cm，直径0.6～1cm。表面黄绿色或黄褐色，皱缩而粗糙，背缝线一侧呈黄色。质柔润，干燥皱缩，易在收缩处折断，断面黄绿色，有黏性。种子1～6粒，肾形，长约8mm，表面光滑，棕黑色，一侧有灰白色圆形种脐；质坚硬，子叶2，黄绿色。果肉气微，味苦，种子嚼之有豆腥气。以身干、个大、饱满、色黄绿、质柔润者为佳。

饮片　同药材。

蜜槐角　形如槐角。表面微鼓起，呈黄棕色至黑褐色，有光泽，略具黏性。具蜜香气，味微甜、苦。

【功效】清热泻火，凉血止血。用于肠热便血，痔肿出血，肝热头痛，眩晕目赤。

白 扁 豆

【来源】本品为豆科植物扁豆的干燥成熟种子。

【产地】主产于辽宁、河北、山西等省。

【性状鉴别】药材　呈扁椭圆形或扁卵圆形，长8～13mm，宽6～9mm，厚约7mm。表面淡黄白色或淡黄色，平滑，略有光泽，一侧边缘有隆起的白色眉状种阜。质坚硬。种皮薄而脆，子叶2，肥厚，黄白色。气微，味淡，嚼之有豆腥气。

【功效】健脾化湿，和中消暑。用于脾胃虚弱，食欲不振，大便溏泻，白带过多，暑湿呕吐，胸闷腹胀。

芡　实

【来源】本品为睡莲科植物芡的干燥成熟种仁。

【产地】主产于东亚、南亚及东南亚等地区。

【性状鉴别】药材　呈类球形，多为破粒，完整者直径 5～8mm。表面有棕红色内种皮，一端黄白色，约占全体 1/3，有凹点状的种脐痕，除去内种皮显白色。质较硬，断面白色，粉性。气微，味淡。以颗粒饱满、均匀、粉性足、无碎末者为佳。

【功效】益肾固精，补脾止泻，除湿止带。用于遗精滑精，遗尿尿频，脾虚久泻，白浊，带下。

马 兜 铃

【来源】本品为马兜铃科植物北马兜铃或马兜铃的干燥成熟果实。

【产地】北马兜铃主产于东北地区及河北、山东等省。马兜铃主产于江苏、浙江、安徽等省。

【性状鉴别】药材　呈卵圆形，长 3～7cm，直径 2～4cm。表面黄绿色、灰绿色或棕褐色，有纵棱线 12 条，由棱线分出多数横向平行的细脉纹。顶端平钝，基部有细长果梗。果皮轻而脆，易裂为 6 瓣，果梗也分裂为 6 条。果皮内表面平滑而带光泽，有较密的横向脉纹。果实分 6 室，每室种子多数，平叠整齐排列。种子扁平而薄，钝三角形或扇形，长 6～10mm，宽 8～12mm，边缘有翅，淡棕色。气特异，味微苦。以个大、饱满、色黄绿、不破裂者为佳。

饮片　马兜铃块　为不规则的碎块。果皮表面黄绿色、灰绿色或棕褐色，有的具纵棱线。果皮轻而脆，内表面光滑而有光泽。种子扁平而薄，钝三角形或扇形，边缘有翅，淡棕色。气特异，味微苦。

蜜马兜铃　形如马兜铃块。表面黄棕色，微有黏性，具蜜香气。

【功效】清肺降气，止咳平喘，清肠消痔。用于肺热咳嗽，痰中带血，肠热痔血，痔疮肿痛。

马钱子

【来源】本品为马钱科植物马钱的干燥成熟种子。

【产地】主产于印度、越南、泰国等国。

【性状鉴别】药材　呈纽扣状圆板形，常一面隆起，一面稍凹下，直径 1.5～3cm，厚 0.3～0.6cm。表面密被灰棕或灰绿色绢状茸毛，自中间向四周呈辐射状排列，有丝样光泽。边缘稍隆起，较厚，有突起的珠孔，底面中心有突起的圆点状种脐。质坚硬，平行剖面可见淡黄白色胚乳，角质状，子叶心形，叶脉 5～7 条。气微，味极苦。以个大、肉厚饱满、表面灰棕色微带绿、有细密毛茸、质坚硬无破碎者为佳。

饮片　制马钱子　形如马钱子。两面均膨胀隆起，边缘较厚。表面棕褐色或深棕色。质坚硬，平行剖面可见棕褐色或深褐色的胚乳。微有香气，味极苦。

马钱子粉　为黄褐色粉末。气微香，味极苦。

【功效】通络止痛，散结消肿。用于跌打损伤，骨折肿痛，风湿顽痹，麻木瘫痪，痈疽疮毒，咽喉肿痛。

赤小豆

【来源】本品为豆科植物赤小豆或赤豆的干燥成熟种子。

【产地】主产于吉林、北京、天津等地。全国多系栽培。

【性状鉴别】赤小豆　呈长圆形而稍扁，长 5～8mm，直径 3～5mm。表面紫红色，无光泽或微有光泽；一侧有线形突起的种脐，偏向一端，白色，约为全长 2/3，中间凹陷成纵沟；另侧有 1 条不明显的棱脊。质硬，不易破碎。子叶 2，乳白色。气微，味微甘。

赤豆　呈短圆柱形，两端较平截或钝圆，直径 4～6mm。表面暗棕红色，有光泽，种脐不突起。

【功效】利水消肿，解毒排脓。用于水肿胀满，脚气浮肿，黄疸尿赤，风湿热痹，痈肿疮毒，肠痈腹痛。

千金子

【来源】本品为大戟科植物续随子的干燥成熟种子。

【产地】主产于浙江、河南、河北等地。

【性状鉴别】药材 呈椭圆形或倒卵形，长约 5mm，直径约 4mm。表面灰棕色或灰褐色，具不规则网状皱纹，网孔凹陷处灰黑色，形成细斑点。一侧有纵沟状种脊，顶端为突起的合点，下端为线形种脐，基部有类白色突起的种阜或具脱落后的疤痕。种皮薄脆，种仁白色或黄白色，富油质。气微，味辛。以身干、粒饱满、种仁色白、油性足者为佳。

饮片 同药材。

千金子霜 为均匀、疏松的淡黄色粉末，微显油性。味辛辣。

【功效】泻下逐水，破血消癥；外用疗癣蚀疣。用于二便不利，水肿，痰饮，积滞胀满，血瘀经闭；外治顽癣，赘疣。

刀豆

【来源】本品为豆科植物刀豆的干燥成熟种子。

【产地】主产于北京及长江以南等地。

【性状鉴别】呈扁卵形或扁肾形，长 2～3.5cm，宽 1～2cm，厚 0.5～1.2cm。表面淡红色至红紫色，微皱缩，略有光泽。边缘具眉状黑色种脐，长约 2cm，上有白色细纹 3 条。质硬，难破碎。种皮革质，内表面棕绿色而光亮；子叶 2，黄白色，油润。气微，味淡，嚼之有豆腥味。

【功效】温中，下气，止呃。用于虚寒呃逆，呕吐。

巴豆

【来源】本品为大戟科植物巴豆的干燥成熟果实。

【产地】主产于四川、贵州、云南等省。多系栽培。

【性状鉴别】药材 呈卵圆形，一般具三棱，长 1.8～2.2cm，直径 1.4～2cm。表面灰黄色或稍深，粗糙，有纵线 6 条，顶端平截，基部有果梗痕。破开果壳，可见 3 室，每室含种子 1 粒。种子呈略扁的椭圆形，长 1.2～1.5cm，直径 0.7～0.9cm，表面棕色或灰棕色，一端有小点状的种脐和种阜的疤痕，另端有微凹的合点，其间有隆起的种脊；外种皮薄而脆，内种皮呈白色薄膜；种仁黄白色，油质。气微，味辛辣。以种子饱满、种仁色黄白者为佳。

饮片 生巴豆 为巴豆的种仁。黄白色，富油性。气微，味辛辣。

巴豆霜 为颗粒均匀、疏松的淡黄色粉末，显油性。

【功效】外用蚀疮。用于恶疮疥癣，疣痣。

五、全草类中药

麻黄

【来源】本品为麻黄科植物草麻黄、中麻黄或木贼麻黄的干燥草质茎。

【产地】主产于内蒙古、山西、陕西等省区。

【性状鉴别】草麻黄　呈细长圆柱形，少分枝，直径 1～2mm。有的带少量棕色木质茎。表面淡绿色至黄绿色，有细纵脊线，触之微有粗糙感。节明显，节间长 2～6cm。节上有膜质鳞叶，长 3～4mm；裂片 2（稀 3），锐三角形，先端灰白色，反曲，基部联合成筒状，红棕色。体轻，质脆，易折断，断面略呈纤维性，周边绿黄色，髓部红棕色，近圆形。气微香，味涩、微苦。

中麻黄　多分枝，直径 1.5～3mm，有粗糙感。节上膜质鳞叶长 2～3mm，裂片 3（稀 2），先端锐尖。断面髓部呈三角状圆形。

木贼麻黄　较多分枝，直径 1～1.5mm，无粗糙感。节间长 1.5～3cm。膜质鳞叶长 1～2mm；裂片 2（稀 3），上部为短三角形，灰白色，先端多不反曲，基部棕红色至棕黑色。

均以干燥、茎粗、淡绿色、内心充实、味苦涩者为佳。

饮片　呈圆柱形的段。表面淡黄绿色至黄绿色，粗糙，有细纵脊线，节上有细小鳞叶。切面中心显红黄色。气微香，味涩、微苦。

蜜麻黄　表面深黄色，微有光泽，略具黏性。有蜜香气，味甜。

【功效】发汗散寒，宣肺平喘，利水消肿。用于风寒感冒，胸闷喘咳，风水浮肿；支气管哮喘。

广藿香

【来源】本品为唇形科植物广藿香的干燥地上部分。

【产地】主产于广东省广州市的石牌，海南、台湾等省区亦有栽培。

【性状鉴别】药材　茎略呈方柱形，多分枝，枝条稍曲折，长 30～60cm，直径 0.2～0.7cm；表面被柔毛：质脆，易折断，断面中部有髓；老茎类圆柱形，直径 1～1.2cm，被灰褐色栓皮。叶对生，皱缩成团，展平后叶片呈卵形或椭圆形，长 4～9cm，宽 3～7cm；两面均被灰白色绒毛；先端短尖或钝圆，基部楔形或钝圆，边缘具大小不规则的钝齿；叶柄细，长 2～5cm，被柔毛。气香特异，味微苦。以茎叶粗壮、不带须根、香气浓郁者为佳。

饮片　呈不规则的段。茎略呈方柱形，表面灰褐色、灰黄色或带红棕色，被柔毛。切面有白色髓。叶破碎或皱缩成团，完整者展平后呈卵形或椭圆形，两面均被灰白色绒毛；基部楔形或钝圆，边缘具大小不规则的钝齿；叶柄细，被柔毛。气香特异，味微苦。

【功效】芳香化浊，和中止呕，发表解暑。用于湿浊中阻，脘痞呕吐，暑湿表征，湿温初起，发热倦怠，胸闷不舒，寒湿闭暑，腹痛吐泻，鼻渊头痛。

荆芥

【来源】本品为唇形科植物荆芥的干燥地上部分。

【产地】主产于江苏、浙江、河南等省。多为栽培。

【性状鉴别】药材　茎呈方柱形，上部有分枝，长 50～80cm，直径 0.2～0.4cm；表面淡黄绿色或淡紫红色，被短柔毛；体轻，质脆，断面类白色。叶对生，多已脱落，叶片 3～5 羽状分裂，裂片细长。穗状轮伞花序顶生，长 2～9cm，直径约 0.7cm。花冠多脱落，宿萼钟状，先端5齿裂，淡棕色或黄绿色，被短柔毛；小坚果棕黑色。气芳香，味微涩而辛凉。以色淡黄绿、穗长而密、香气浓者为佳。

饮片　呈不规则的段。茎呈方柱形，表面淡黄绿色或淡紫红色，被短柔毛。切面类白色。叶多已脱落。穗状轮伞花序。气芳香，味微涩而辛凉。

【功效】解表散风，透疹，消疮。用于便血，崩漏，产后血晕。

荆芥炭

【来源】本品为荆芥的炮制加工品。

【产地】主产于江苏、浙江、河南等省。多为栽培。

【性状鉴别】呈不规则的段，长5mm。全体黑褐色。茎方柱形，体轻，质脆，断面焦褐色。叶对生，多已脱落。花冠多脱落，宿萼钟状。略具焦香气，味苦而辛。

【功效】收敛止血。用于便血，崩漏，产后血晕。

荆芥穗

【来源】本品为唇形科植物荆芥的干燥花穗。

【产地】主产于江苏、浙江、河南等省。多为栽培。

【性状鉴别】穗状轮伞花序呈圆柱形，长3～15cm，直径约7mm。花冠多脱落，宿萼黄绿色，钟形，质脆易碎，内有棕黑色小坚果。气芳香，味微涩而辛凉。

【功效】解表散风，透疹，消疮。用于感冒，头痛，麻疹，风疹，疮疡初起。

荆芥穗炭

【来源】本品为荆芥穗的炮制加工品。

【产地】主产于江苏、浙江、河南等省。多为栽培。

【性状鉴别】为不规则的段，长约15mm。表面黑褐色。花冠多脱落，宿萼钟状，先端5齿裂，黑褐色。小坚果棕黑色。具焦香气，味苦而辛。

【功效】收涩止血。用于便血，崩漏，产后血晕。

益母草

【来源】本品为唇形科植物益母草的新鲜或干燥地上部分。鲜品春季幼苗期至初夏花前期采割；干品夏季茎叶茂盛、花未开或初开时采割，晒干，或切段晒干。

【产地】全国各地均有野生或栽培。

【性状鉴别】鲜益母草　幼苗期无茎，基生叶圆心形，5～9浅裂，每裂片有2～3钝齿。花前期茎呈方柱形，上部多分枝，四面凹下成纵沟，长30～60cm，直径0.2～0.5cm；表面青绿色；质鲜嫩，断面中部有髓。叶交互对生，有柄；叶片青绿色，质鲜嫩，揉之有汁；下部茎生叶掌状3裂，上部叶羽状深裂或浅裂成3片，裂片全缘或具少数锯齿。气微，味微苦。

干益母草　茎表面灰绿色或黄绿色；体轻，质韧，断面中部有髓。叶片灰绿色，多皱缩、破碎，易脱落。轮伞花序腋生，小花淡紫色，花萼筒状，花冠二唇形。切段者长约2cm。

以质嫩、叶多、色灰绿者为佳；质老、枯黄、无叶者不可供药用。

饮片　呈不规则的段。茎方形，四面凹下成纵沟，灰绿色或黄绿色。切面中部有白髓。叶片灰绿色，多皱缩、破碎。轮伞花序腋生，花黄棕色，花萼筒状，花冠二唇形。气微，味微苦。

【功效】活血调经，利尿消肿，清热解毒。用于月经不调，经闭痛经，恶露不尽，水肿尿少，疮疡肿毒。

薄　荷

【来源】本品为唇形科植物薄荷的干燥地上部分。

【产地】主产于江苏的太仓及浙江、湖南等省。江苏省为薄荷的主产区。

【性状鉴别】药材　茎呈方柱形，有对生分枝，长15～40cm，直径0.2～0.4cm；表面紫棕色或淡绿色，棱角处具茸毛，节间长2～5cm；质脆，断面白色，髓部中空。叶对生，有短柄；叶片皱缩卷曲，完整者展平后呈宽披针形、长椭圆形或卵形，长2～7cm，宽1～3cm；上表面深绿色，下表面灰绿色，稀被茸毛，有凹点状腺鳞。轮伞花序腋生，花萼钟状，先端5齿裂，花冠淡紫色。揉搓后有特殊清凉香气，味辛凉。以叶多、色绿深、气味浓者为佳。

饮片　呈不规则的段。茎方柱形，表面紫棕色或淡绿色。叶多破碎，深绿色或灰绿色，稀被茸毛。轮伞花序腋生，花萼钟状，先端5齿裂，花冠淡紫色。揉搓后有特殊清凉香气，味辛凉。

【功效】疏散风热，清利头目，利咽，透疹，疏肝行气。用于感冒头痛，风湿痹痛，风疹瘙痒，破伤风。

蒲公英

【来源】本品为菊科植物蒲公英、碱地蒲公英或同属数种植物的干燥全草。

【产地】全国大部分地区均产，主产于山西、河北、山东及东北各地。

【性状鉴别】药材　呈皱缩卷曲的团块。根呈圆锥状，多弯曲，长3～7cm；表面棕褐色，抽皱；根头部有棕褐色或黄白色的茸毛，有的已脱落。叶基生，多皱缩破碎，完整叶片呈倒披针形，绿褐色或暗灰绿色，先端尖或钝，边缘浅裂或羽状分裂，基部渐狭，下延呈柄状，下表面主脉明显。花茎1至数条，每条顶生头状花序，总苞片多层，内面一层较长，花冠黄褐色或淡黄白色。有的可见多数具白色冠毛的长椭圆形瘦果。气微，味微苦。以叶多、色绿、根完整者为佳。

饮片　为不规则的段。根表面棕褐色，根头部有棕褐色或黄白色的茸毛。叶多皱缩破碎，绿褐色或暗灰绿色，头状花序，总苞片多层，花冠黄褐色或淡黄白色。有时可见具白色冠毛的长椭圆形瘦果。气微，味微苦。

【功效】清热解毒，消肿散结，利尿通淋。用于疔疮肿毒，乳痈，瘰疬，目赤，咽痛，肺痈，肠痈，湿热黄疸，热淋涩痛。

穿心莲

【来源】本品为爵床科植物穿心莲的干燥地上部分。

【产地】主产于广东、广西、福建等地。

【性状鉴别】药材　茎呈方柱形，多分枝，长50～70cm，节稍膨大；质脆，易折断。单叶对生，叶柄短或近无柄；叶片皱缩、易碎，完整者展平后呈披针形或卵状披针形，长3～12cm，宽2～5cm，先端渐尖，基部楔形下延，全缘或波状；上表面绿色，下表面灰绿色，两面光滑。气微，味极苦。以色绿、叶多者为佳。

饮片　本品呈不规则的段。其余同药材。

【功效】清热解毒，凉血，消肿。用于发热感冒，咽喉肿痛，口舌生疮，顿咳劳嗽，泻泄痢疾，热淋涩痛，痈肿疮毒，蛇虫咬伤。

紫花地丁

【来源】本品为堇菜科植物紫花地丁的干燥全草。

【产地】主产于江苏、浙江及东北等地。

【性状鉴别】多皱缩成团。主根长圆锥形，直径1～3cm；淡黄棕色，有细纵皱纹。叶基生，灰绿色，展平后叶片呈披针形或卵状披针形，长1.5～6cm，宽1～2cm；先端钝，基部截形或稍心形，边缘具钝锯齿，两面有毛；叶柄细，长2～6cm，上部具明显狭翅。花茎纤细；花瓣5，紫堇色或淡棕色；花距细管状。蒴果椭圆形或3裂，种子多数，淡棕色。气微，味微苦而稍黏。以根、花、叶、果齐全，叶灰绿色，花紫色，根黄，味微苦者为佳。

【功效】清热解毒，凉血消肿。用于疔疮肿毒，痈疽发背，丹毒，毒蛇咬伤。

青　蒿

【来源】本品为菊科植物黄花蒿的干燥地上部分。

【产地】分布于全国各地。

【性状鉴别】药材　茎呈圆柱形，上部多分枝，长30～80cm，直径0.2～0.6cm；表面黄绿色或棕黄色，具纵棱线；质略硬，易折断，断面中部有髓。叶互生，暗绿色或棕绿色，卷缩易碎，完整者展平后为三回羽状深裂，裂片和小裂片矩圆形或长椭圆形，两面被短毛。气香特异，味微苦。以色绿、叶多、香气浓者为佳。

饮片　呈段状。其余同药材。

【功效】清虚热，除骨蒸，解暑热，截疟，退黄。用于暑邪发热，阴虚发热，夜热早凉，骨蒸劳热，疟疾寒热，湿热黄疸。

茵　陈

【来源】本品为菊科植物滨蒿或茵陈蒿的干燥地上部分。春季采收的习称“绵茵陈”，秋季采割的称“花茵陈”。

【产地】滨蒿主产于东北地区及河北、山东等省，茵陈蒿主产于陕西、山西、安徽等省，以陕西产者（名西茵陈）质量最佳。

【性状鉴别】药材　绵茵陈　多卷曲成团状，灰白色或灰绿色，全体密被白色茸毛，绵软如绒。茎细小，长1.5～2.5cm，直径0.1～0.2cm，除去表面白色茸毛后可见明显纵纹；质脆，易折断。叶具柄；展平后叶片呈一至三回羽状分裂，叶片长1～3cm，宽约1cm；小裂片卵形或稍呈倒披针形、条形，先端锐尖。气清香，味微苦。

花茵陈　茎呈圆柱形，多分枝，长30～100cm，直径2～8mm；表面淡紫色或紫色，有纵条纹，被短柔毛；体轻，质脆，断面类白色。叶密集，或多脱落；下部叶二至三回羽状深裂，裂片条形或细条形，两面密被白色柔毛；茎生叶一至二回羽状全裂，基部抱茎，裂片细丝状。头状花序卵形，多数集成圆锥状，长1.2～1.5mm，直径1～1.2mm，有短梗；总苞片3～4层，卵形，苞片3裂；外层雌花6～10个，可多达15个，内层两性花2～10个。瘦果长圆形，黄棕色。气芳香，味微苦。

以质嫩、绵软、色灰白、香气浓者为佳。

【功效】清利湿热，利胆退黄。用于黄疸尿少，湿疮瘙痒；传染性黄疸型肝炎。

紫 苏 梗

【来源】本品为唇形科植物紫苏的干燥茎。

【产地】主产于江苏、浙江、河北等省，多为栽培。

【性状鉴别】药材　呈方柱形，四棱钝圆，长短不一，直径 0.5～1.5cm。表面紫棕色或暗紫色，四面有纵沟和细纵纹，节部稍膨大，有对生的枝痕和叶痕。体轻，质硬，断面裂片状。切片厚2～5mm，常呈斜长方形，木部黄白色，射线细密，呈放射状，髓部白色，疏松或脱落。气微香，味淡。以外皮色紫棕，有香气者为佳。

饮片　呈类方形的厚片。表面紫棕色或暗紫色，有的可见对生的枝痕和叶痕。切面木部黄白色，有细密的放射状纹理，髓部白色，疏松或脱落。气微香，味淡。

【功效】理气宽中，止痛，安胎。用于胸膈痞闷，胃脘疼痛，嗳气呕吐，胎动不安。

金 钱 草

【来源】本品为报春花科植物过路黄的干燥全草。

【产地】主产于四川省，长江流域及山西、陕西等省亦产。

【性状鉴别】药材　常缠结成团，无毛或被疏柔毛。茎扭曲，表面棕色或暗棕红色，有纵纹，下部茎节上有时具须根，断面实心。叶对生，多皱缩，展平后呈宽卵形或心形，长1～4cm，宽1～5cm，基部微凹，全缘；上表面灰绿色或棕褐色，下表面色较浅，主脉明显突起，用水浸后，对光透视可见黑色或褐色条纹；叶柄长 1～4cm。有的带花，花黄色，单生叶腋，具长梗。蒴果球形。气微，味淡。

饮片　为不规则的段。茎棕色或暗棕红色，实心。叶灰绿色或棕褐色，下表面色较浅，主脉明显突出，用水浸后，对光透视可见黑色或褐色的条纹。偶见黄色花，单生叶腋。气微，味淡。

【功效】利湿退黄，利尿通淋，解毒消肿。用于湿热黄疸，胆胀胁痛，石淋，热淋，小便涩痛，痈肿疔疮，蛇虫咬伤。

广金钱草

【来源】本品为豆科植物广金钱草的干燥地上部分。

【产地】主产于广东。福建、广西、湖南等地。

【性状鉴别】药材　茎呈圆柱形，长可达1m；密被黄色伸展的短柔毛；质稍脆，断面中部有髓。叶互生，小叶1或3，圆形或矩圆形，直径2～4cm；先端微凹，基部心形或钝圆，全缘；上表面黄绿色或灰绿色，无毛，下表面具灰白色紧贴的绒毛，侧脉羽状；叶柄长1～2cm，托叶1对，披针形，长约0.8cm。气微香，味微甘。以身干、叶多、色绿、无杂质者为佳。

饮片　为短圆柱形段，密被黄色伸展的短柔毛。叶破碎，上表面黄绿色或灰绿色，无毛；下表面具灰白色紧贴的绒毛。气微香，味微甘。

【功效】利湿退黄，利尿通淋。用于黄疸尿赤，热淋，石淋，小便涩痛，水肿尿少。

木　贼

【来源】本品为木贼科植物木贼的干燥地上部分。

【产地】主产于东北、华北、内蒙古和长江流域各省。

【性状鉴别】药材　呈长管状，不分枝，长40～60cm，直径0.2～0.7cm。表面灰绿色或黄绿色，有18～30条纵棱，棱上有多数细小光亮的疣状突起；节明显，节间长2.5～9cm，节上着生筒状鳞叶，叶鞘基部和鞘齿黑棕色，中部淡棕黄色。体轻，质脆，易折断，断面中空，周边有多数圆形的小空腔。气微，味甘淡、微涩，嚼之有沙粒感。

饮片　呈管状的段。表面灰绿色或黄绿色，有18～30条纵棱，棱上有多数细小光亮的疣状突起；节明显，节上着生筒状鳞叶，叶鞘基部和鞘齿黑棕色，中部淡棕黄色。切面中空，周边有多数圆形的小空腔。气微，味甘淡、微涩，嚼之有沙粒感。

【功效】疏散风热，明目退翳。用于风热目赤，迎风流泪，目生云翳。

卷　柏

【来源】本品为卷柏科植物卷柏或垫状卷柏的干燥全草。

【产地】主产于山东、辽宁、河北等省。

【性状鉴别】药材　卷柏　本品卷缩似拳状，长3～10cm。枝丛生，扁而有分枝，绿色或棕黄色，向内卷曲，枝上密生鳞片状小叶，叶先端具长芒。中叶（腹叶）两行，卵状矩圆形，斜向上排列，叶缘膜质，有不整齐的细锯齿；背叶（侧叶）背面的膜质边缘常呈棕黑色。基部残留棕色至棕褐色须根，散生或聚生成短干状。质脆，易折断。气微，味淡。

垫状卷柏　须根多散生。中叶（腹叶）两行，卵状披针形，直向上排列。叶片左右两侧不等，内缘较平直，外缘常因内折而加厚，呈全缘状。

饮片　卷柏　呈卷缩的段状，枝扁而有分枝，绿色或棕黄色，向内卷曲，枝上密生鳞片状小叶。叶先端具长芒。中叶（腹叶）两行，卵状矩圆形或卵状披针形，斜向或直向上排列，叶缘膜质，有不整齐的细锯齿或全缘；背叶（侧叶）背面的膜质边缘常呈棕黑色。气微，味淡。

卷柏炭　表面显焦黑色。

【功效】活血通经。用于经闭痛经，癥瘕痞块，跌扑损伤。

浮　萍

【来源】本品为浮萍科植物紫萍的干燥全草。

【产地】全国各地均产。

【性状鉴别】为扁平叶状体，呈卵形或卵圆形，长径2～5mm。上表面淡绿色至灰绿色，偏侧有1小凹陷，边缘整齐或微卷曲。下表面紫绿色至紫棕色，着生数条须根。体轻，手捻易碎。气微，味淡。

【功效】宣散风热，透疹，利尿。用于麻疹不透，风疹瘙痒，水肿尿少。

伸筋草

【来源】本品为石松科植物石松的干燥全草。

【产地】主产于浙江、湖北、江苏等省。

【性状鉴别】药材　匍匐茎呈细圆柱形，略弯曲，长可达2m，直径1～3mm，其下有黄白色细根；直立茎作二叉状分枝。叶密生茎上，螺旋状排列，皱缩弯曲，线形或针形，长3～5mm，黄绿色至淡黄棕色，无毛，先端芒状，全缘，易碎断。质柔软，断面皮部浅黄色，木部类白色。气微，味淡。以茎长、色黄绿者为佳。

饮片　呈不规则的段，茎呈圆柱形，略弯曲。叶密生茎上，螺旋状排列，皱缩弯曲，线形或针形，黄绿色至淡黄棕色，先端芒状，全缘。切面皮部浅黄色，木部类白色。气微，味淡。

【功效】祛风除湿，舒筋活络。用于关节酸痛，屈伸不利。

仙鹤草

【来源】本品为蔷薇科植物龙芽草的干燥地上部分。

【产地】主产于浙江、江苏、湖北等地。

【性状鉴别】药材　长50～100cm，全体被白色柔毛。茎下部圆柱形，直径4～6mm，红棕色，上部方柱形，四面略凹陷，绿褐色，有纵沟和棱线，有节；体轻，质硬，易折断，断面中空。单数羽状复叶互生，暗绿色，皱缩卷曲；质脆，易碎；叶片有大小2种，相间生于叶轴上，顶端小叶较大，完整小叶片展平后呈卵形或长椭圆形，先端尖，基部楔形，边缘有锯齿；托叶2，抱茎，斜卵形。总状花序细长，花萼下部呈筒状，萼筒上部有钩刺，先端5裂，花瓣黄色。气微，味微苦。以质嫩、叶多而完整、色青绿者为佳。

饮片　本品为不规则的段，茎多数方柱形，有纵沟和棱线，有节。切面中空。叶多破碎，暗绿色，边缘有锯齿；托叶抱茎。有时可见黄色花或带钩刺的果实。气微，味微苦。

【功效】收敛止血，截疟，止痢，解毒，补虚。用于咯血，吐血，崩漏下血，疟疾，血痢，痈肿疮毒，阴痒带下，脱力劳伤。

马鞭草

【来源】本品为马鞭草科植物马鞭草的干燥地上部分。

【产地】主产于湖北、江苏、贵州等地。

【性状鉴别】药材　茎呈方柱形，多分枝，四面有纵沟，长0.5～1m；表面绿褐色，粗糙；质硬而脆，断面有髓或中空。叶对生，皱缩，多破碎，绿褐色，完整者展平后叶片3深裂，边缘有锯齿。穗状花序细长，有小花多数。气微，味苦。

饮片　为不规则的段。茎呈方柱形。表面绿褐色，质硬而脆，断面有髓或中空。叶皱缩，多破碎，绿褐色，可见细长的穗状花序。气微，味苦。

【功效】活血散瘀，解毒，利水，退黄，截疟。用于癥瘕积聚，痛经经闭，喉痹，痈肿，水肿，黄疸，疟疾。

车 前 草

【来源】本品为车前科植物车前或平车前的干燥全草。

【产地】分布于中国各地。

【性状鉴别】车前　根丛生，须状。叶基生，具长柄；叶片皱缩，展平后呈卵状椭圆形或宽卵形，长6～13cm，宽2.5～8cm；表面灰绿色或污绿色，具明显弧形脉5～7条；先端钝或短尖，基部宽楔形，全缘或有不规则波状浅齿。穗状花序数条，花茎长。蒴果盖裂，萼宿存。气微香，味微苦。

平车前　主根直而长。叶片较狭，长椭圆形或椭圆状披针形，长5～14cm，宽2～3cm。

饮片　本品为不规则的段。根须状或直而长。叶片皱缩，多破碎，表面灰绿色或污绿色，脉明显。可见穗状花序。气微，味微苦。

【功效】清热利尿通淋，祛痰，凉血，解毒。用于热淋涩痛，水肿尿少，暑湿泄泻，痰热咳嗽，吐血衄血，痈肿疮毒。

鱼 腥 草

【来源】本品为三白草科植物蕺菜的新鲜全草或干燥地上部分。

【产地】主产于长江以南各省。

【性状鉴别】鲜鱼腥草　茎呈圆柱形，长20～45cm，直径0.25～0.45cm；上部绿色或紫红色，下部白色，节明显，下部节上生有须根，无毛或被疏毛。叶互生，叶片心形，长3～10cm，宽3～11cm；先端渐尖，全缘；上表面绿色，密生腺点，下表面常紫红色；叶柄细长，基部与托叶合生成鞘状。穗状花序顶生。具鱼腥气，味涩。

干鱼腥草　茎呈扁圆柱形，扭曲，表面黄棕色，具纵棱数条；质脆，易折断。叶片卷折皱缩，展平后呈心形，上表面暗黄绿色至暗棕色，下表面灰绿色或灰棕色。穗状花序黄棕色。

以叶多、色绿、有花穗、鱼腥气浓者为佳。

饮片　为不规则的段。茎呈扁圆柱形，表面淡红棕色至黄棕色，有纵棱。叶片多破碎，黄棕色至暗棕色。穗状花序黄棕色。搓碎具鱼腥气，味涩。

【功效】清热解毒，消痈排脓，利尿通淋。用于肺痈吐脓，痰热喘咳，热痢，热淋，痈肿疮毒。

谷 精 草

【来源】本品为谷精草科植物谷精草的干燥带花茎的头状花序。

【产地】主产于江苏、浙江、安徽等地。

【性状鉴别】本品头状花序呈半球形，直径4～5mm。底部有苞片层层紧密排列，苞片淡黄绿色，有光泽，上部边缘密生白色短毛；花序顶部灰白色。揉碎花序，可见多数黑色花药和细小黄绿色未成熟的果实。花茎纤细，长短不一，直径不及 1mm，淡黄绿色，有数条扭曲的棱线。质柔软。气微，味淡。

以珠大而紧、色灰白、花茎淡黄色者为佳。

【功效】疏散风热，明目退翳。用于风热目赤，肿痛羞明，眼生翳膜，风热头痛。

肉苁蓉

【来源】本品为列当科植物肉苁蓉或管花肉苁蓉的干燥带鳞叶的肉质茎。

【产地】主产于内蒙古、新疆、陕西等地。

【性状鉴别】肉苁蓉　呈扁圆柱形，稍弯曲，长 3～15cm，直径 2～8cm。表面棕褐色或灰棕色，密被覆瓦状排列的肉质鳞叶，通常鳞叶先端已断。体重，质硬，微有柔性，不易折断，断面棕褐色，有淡棕色点状维管束，排列成波状环纹。气微，味甜、微苦。

管花肉苁蓉　呈类纺锤形、扁纺锤形或扁柱形，稍弯曲，长 5～25cm，直径 2.5～9cm。表面棕褐色至黑褐色。断面颗粒状，灰棕色至灰褐色，散生点状维管束。

以条粗壮、密被鳞片、色棕褐、质柔润者为佳。

饮片　肉苁蓉片　呈不规则形的厚片。表面棕褐色或灰棕色。有的可见肉质鳞叶。切面有淡棕色或棕黄色点状维管束，排列成波状环纹。气微，味甜、微苦。

管花肉苁蓉片　切面散生点状维管束。

【功效】补肾阳，益精血，润肠通便。用于肾阳不足，经血气虚，阳痿不孕，腰膝酸软，筋骨无力，肠燥便秘。

石　斛

【来源】本品为兰科植物金钗石斛、鼓槌石斛或流苏石斛的栽培品及其同属植物近似种的新鲜或干燥茎。

【产地】主产于广西、贵州、广东等地。

【性状鉴别】鲜石斛　呈圆柱形或扁圆柱形，长约 30cm，直径 0.4～1.2cm。表面黄绿色，光滑或有纵纹，节明显，色较深，节上有膜质叶鞘。肉质多汁，易折断。气微，味微苦而回甜，嚼之有黏性。

金钗石斛　呈扁圆柱形，长 20～40cm，直径 0.4～0.6cm，节间长 2.5～3cm。表面金黄色或黄中带绿色，有深纵沟。质硬而脆，断面较平坦而疏松。气微，味苦。

鼓槌石斛　呈粗纺锤形，中部直径 1～3cm，具 3～7 节。表面光滑，金黄色，有明显凸起的棱。质轻而松脆，断面海绵状。气微，味淡，嚼之有黏性。

流苏石斛等　呈长圆柱形，长 20～150cm，直径 0.4～1.2cm，节明显，节间长 2～6cm。表面黄色至暗黄色，有深纵槽。质疏松，断面平坦或呈纤维性。味淡或微苦，嚼之有黏性。

干品以色金黄、有光泽、质柔韧者为佳。

饮片　干石斛　本品呈扁圆柱形或圆柱形的段。表面金黄色、绿黄色或棕黄色，有光泽，有深纵沟或纵棱，有的可见棕褐色的节。切面黄白色至黄褐色，有多数散在的筋脉点。气微，味淡或微苦，嚼之有黏性。

鲜石斛　呈圆柱形或扁圆柱形的段。直径 0.4～1.2cm。　表面黄绿色，光滑或有纵纹，肉质多汁。气微，味微苦而回甜，嚼之有黏性。

【功效】益胃生津，滋阴清热。用于热病伤津，口干烦渴，胃阴不足，食少干呕，病后虚热不退，阴虚火旺，骨蒸劳热，目暗不明，筋骨痿软。

铁皮石斛

【来源】本品为兰科植物铁皮石斛的干燥茎。

【产地】主产于广西、贵州、广东等地。

【性状鉴别】铁皮枫斗　呈螺旋形或弹簧状。通常为 2～6 个旋纹，茎拉直后长 3.5～8cm，直径 0.2～0.4cm。表面黄绿色或略带金黄色，有细纵皱纹，节明显，节上有时可见残留的灰白色叶鞘；一端可见茎基部留下的短须根。质坚实，易折断，断面平坦，灰白色至灰绿色，略角质状。气微，味淡，嚼之有黏性。

铁皮石斛　本品呈圆柱形的段，长短不等。

【功效】益胃生津，滋阴清热。用于热病伤津，口干烦渴，胃阴不足，食少干呕，病后虚热不退，阴虚火旺，骨蒸潮热，目暗不明，筋骨痿软。

锁　阳

【来源】本品为锁阳科植物锁阳的干燥肉质茎。

【产地】主产于内蒙古、宁夏、新疆等地。

【性状鉴别】呈扁圆柱形，微弯曲，长 5～15cm，直径 1.5～5cm。表面棕色或棕褐色，粗糙，具明显纵沟和不规则凹陷，有的残存三角形的黑棕色鳞片。体重，质硬，难折断，断面浅棕色或棕褐色，有黄色三角状维管束。气微，味甘而涩。以体肥大、色红、坚实、断面粉性、不显筋脉者为佳。

【功效】补肾阳，益精血，润肠通便。用于肾阳不足，精血亏虚，阳痿遗精，肠燥便秘。

鹿 衔 草

【来源】本品为鹿蹄草科植物鹿蹄草或普通鹿蹄草的干燥全草。

【产地】主产于浙江、安徽、贵州等地。

【性状鉴别】根茎细长。茎圆柱形或具纵棱，长 10～30cm。叶基生，长卵圆形或近圆形，长 2～8cm，暗绿色或紫褐色，先端圆或稍尖，全缘或有稀疏的小锯齿，边缘略反卷，上表面有时沿脉具白色的斑纹，下表面有时具白粉。总状花序有花 4～10 余朵；花半下垂，萼片 5，舌形或卵状长圆形；花瓣 5，早落，雄蕊 10，花药基部有小角，顶孔开裂；花柱外露，有环状突起的柱头盘。蒴果扁球形，直径 7～10mm，5 纵裂，裂瓣边缘有蛛丝状毛。气微，味淡、微苦。

【功效】祛风湿，强筋骨，止血，止咳。用于风湿痹痛，肾虚腰痛，腰膝无力，月经过多，久咳劳嗽。

豨莶草

【来源】本品为菊科植物豨莶、腺梗豨莶或毛梗豨莶的干燥地上部分。

【产地】分布于中国各地。

【性状鉴别】药材　茎略呈方柱形，多分枝，长 30～110cm，直径 0.3～1cm；表面灰绿色、黄棕色或紫棕色，有纵沟和细纵纹，被灰色柔毛；节明显，略膨大；质脆，易折断，断面黄白色或带绿色，髓部宽广，类白色，中空。叶对生，叶片多皱缩、卷曲，展平后呈卵圆形，灰绿色，边缘有钝锯齿，两面皆有白色柔毛，主脉 3 出。有的可见黄色头状花序，总苞片匙形。气微，味微苦。以叶多、枝嫩、色深绿者为佳。

饮片　呈不规则的段。茎表面灰绿色、黄棕色或紫棕色，被灰色柔毛。叶多皱缩，灰绿色，边缘有钝锯齿，两面皆有白色柔毛。有的可见黄色头状花序，总苞片匙形。气微，味微苦。

酒豨莶草　形如豨莶草段。表面褐绿色或墨绿色。微有酒香气。

【功效】祛风湿，利关节，解毒。用于风湿痹痛，筋骨无力，腰膝酸软，四肢麻痹，半身不遂，风疹湿疮。

泽　兰

【来源】本品为唇形科植物毛叶地瓜儿苗的干燥地上部分。

【产地】全国大部分地区均产。

【性状鉴别】药材　茎呈方柱形，少分枝，四面均有浅纵沟，长 50～100cm，直径 0.2～0.6cm；表面黄绿色或带紫色，节处紫色明显，有白色茸毛；质脆，断面黄白色，髓部中空。叶对生，有短柄或近无柄；叶片多皱缩，展平后呈披针形或长圆形，长 5～10cm；上表面黑绿色或暗绿色，下表面灰绿色，密具腺点，两面均有短毛；先端尖，基部渐狭，边缘有锯齿。轮伞花序腋生，花冠多脱落，苞片和花萼宿存，小包片披针形，有缘毛，花萼钟形，5 齿。气微，味淡。以质嫩、叶多、色绿者为佳。

饮片　呈不规则的段。茎方柱形，四面均有浅纵沟，表面黄绿色或带紫色，节处紫色明显，有白色茸毛。切面黄白色，中空。叶多破碎，边缘有锯齿。有时可见轮伞花序。气微，味淡。

【功效】活血调经，祛瘀消痈，利水消肿。用于月经不调，经闭，痛经，产后瘀血腹痛，疮痈肿毒，水肿腹水。

大　蓟

【来源】本品为菊科植物蓟的干燥地上部分。

【产地】主产于江苏、浙江、四川等地。

【性状鉴别】药材　茎呈圆柱形，基部直径可达 1.2cm；表面绿褐色或棕褐色，有数条纵棱，被丝状毛；断面灰白色，髓部疏松或中空。叶皱缩，多破碎，完整叶片展平后呈倒披针形或倒卵状椭圆形，羽状深裂，边缘具不等长的针刺；上表面灰绿色或黄棕色，下表面色较浅，两面均具灰白色丝状毛。头状花序顶生，球形或椭圆形，总苞黄褐色，羽状冠毛灰白色。气微，味淡。以色灰绿、叶多者为佳。

饮片呈不规则的段。茎短圆柱形，表面绿褐色，有数条纵棱，被丝状毛；切面灰白色，髓部疏松或中空。叶皱缩，多破碎，边缘具不等长的针刺；两面均具灰白色丝状毛。头状花序多破碎。气微，味淡。

【功效】凉血止血，散瘀解毒消痈。用于衄血，吐血，尿血，便血，崩漏下血，外伤出血，痈肿疮毒。

六、树脂、藻菌类、其他类、动物及矿物中药

海　藻

【来源】本品为马尾藻科植物海蒿子或羊栖菜的干燥藻体。前者习称“大叶海藻”，后者习称“小叶海藻”。

【产地】海蒿子主产于山东、辽宁等地。羊栖菜主产于浙江、福建、广东等地。

【性状鉴别】大叶海藻　皱缩卷曲，黑褐色，有的被白霜，长30～60cm。主干呈圆柱状，具圆锥形突起，主枝自主干两侧生出，侧枝自主枝叶腋生出，具短小的刺状突起。初生叶披针形或倒卵形，长5～7cm，宽约1cm，全缘或具粗锯齿；次生叶条形或披针形，叶腋间有着生条状叶的小枝。气囊黑褐色，球形或卵圆形，有的有柄，顶端钝圆，有的具细短尖。质脆，潮润时柔软；水浸后膨胀，肉质，黏滑。气腥，味微咸。

小叶海藻　较小，长15～40cm。分枝互生，无刺状突起。叶条形或细匙形，先端稍膨大，中空。气囊腋生，纺锤形或球形，囊柄较长。质较硬。

均以身干、色黑褐、盐霜少、枝嫩、无砂石者为佳。

饮片　为段状，其余同药材。

【功效】消痰软坚散结，利水消肿。用于瘿瘤，瘰疬，睾丸肿痛，痰饮水肿。

银　耳

【来源】本品为银耳科银耳的子实体。

【产地】主产于西南及陕西、江苏、安徽等地。

【性状鉴别】子实体纯白至乳白色，胶质，半透明，柔软有弹性，由数片至10余片瓣片组成，形似菊花形、牡丹形或绣球形，直径3～15cm。干后收缩，角质，硬而脆，白色或米黄色。子实层生瓣片表面。担子近球形或近卵圆形，纵分隔。

【功效】滋补生津；润肺养胃。用于虚劳咳嗽，痰中带血，津少口渴，病后体虚，气短乏力。

茯　苓

【来源】本品为多孔菌科真菌茯苓的干燥菌核。

【产地】主产于湖北、安徽、云南等地。栽培或野生。以云南产者质量最佳。

【性状鉴别】茯苓个　呈类球形、椭圆形、扁圆形或不规则团块，大小不一。外皮薄而粗糙，棕褐色至黑褐色，有明显的皱缩纹理。体重，质坚实，断面颗粒性，有的具裂隙，外层淡棕色，内部白色，少数淡红色，有的中间抱有松根。气微，味淡，嚼之黏牙。

茯苓块　为去皮后切制的茯苓，呈立方块状或方块状厚片，大小不一。白色、淡红

色或淡棕色。

茯苓片　为去皮后切制的茯苓，呈不规则厚片，厚薄不一。白色、淡红色或淡棕色。

茯神块　为扁平方块状，中间有一圆形木心。

【功效】利水渗湿，健脾，宁心。用于水肿尿少，痰饮眩晕，脾虚食少，便溏泄泻，心神不安，心悸失眠。

茯苓皮

【来源】本品为多孔菌科真菌茯苓菌核的干燥外皮。

【性状鉴别】呈长条形或不规则块片，大小不一。外表面棕褐色至黑褐色，有疣状突起，内面淡棕色并常带有白色或淡红色的皮下部分。质较松软，略具弹性。气微、味淡，嚼之黏牙。

【功效】利水消肿。用于水肿，小便不利。

猪苓

【来源】本品为多孔菌科真菌猪苓的干燥菌核。

【产地】主产于陕西、云南、河南等地。

【性状鉴别】药材　呈条形、类圆形或扁块状，长5～25cm，直径2～6cm。表面黑色、灰黑色或棕黑色，皱缩或有瘤状突起。体轻，质硬，断面类白色或黄白色，略呈颗粒状。气微，味淡。

以个大、皮黑、肉白、体较重者为佳。

饮片　呈类圆形或不规则的厚片。外表皮黑色或棕黑色，皱缩。切面类白色或黄白色，略呈颗粒状。气微，味淡。

【功效】利水渗湿。用于小便不利，水肿，泄泻，淋浊，带下。

昆布

【来源】本品为海带科植物海带或翅藻科植物昆布的干燥叶状体。

【产地】产于山东、辽宁、浙江等地。

【性状鉴别】海带　卷曲折叠成团状，或缠结成把。全体呈黑褐色或绿褐色，表面附有白霜。用水浸软则膨胀成扁平长带状，长50～150cm，宽10～40cm，中部较厚，边缘较薄而呈波状。类革质，残存柄部扁圆柱状。气腥，味咸。

昆布　卷曲皱缩成不规则团状。全体呈黑色，较薄。用水浸软则膨胀呈扁平的叶状，长宽约为16～26cm，厚约1.6mm；两侧呈羽状深裂，裂片呈长舌状，边缘有小齿或全缘。质柔滑。

饮片　为丝状。黑褐色或绿褐色，表面附有白霜。气腥，味咸。

【功效】消痰软坚散结，利水消肿。用于瘿瘤，瘰疬，睾丸肿痛，痰饮水肿。

灵芝

【来源】本品为多孔菌科真菌赤芝或紫芝的干燥子实体。

【产地】赤芝产于华东、西南、河北等地。紫芝产于浙江、江西、湖南等地。

【性状鉴别】 赤芝　外形呈伞状，菌盖肾形、半圆形或近圆形，直径10～18cm，厚1～2cm。皮壳坚硬，黄褐色至红褐色，有光泽，具环状棱纹和辐射状皱纹，边缘薄而平截，常稍内卷。菌肉白色至淡棕色。菌柄圆柱形，侧生，少偏生，长7～15cm，直径1～3.5cm，红褐色至紫褐色，光亮。孢子细小，黄褐色。气微香，味苦涩。

紫芝　皮壳紫黑色，有漆样光泽。菌肉锈褐色。菌柄长17～23cm。

栽培品　子实体较粗壮、肥厚，直径12～22cm，厚1.5～4cm。皮壳外常被有大量粉尘样的黄褐色孢子。

【功效】 补气安神，止咳平喘。用于心神不宁，失眠心悸，肺虚咳喘，虚劳短气，不思饮食。

松　萝

【来源】 本品为松萝科植物松萝和长松萝的干燥地衣体。

【产地】 主产于湖北、湖南、贵州等地。

【性状鉴别】 松萝　地衣体长10～40cm，呈二叉状分枝，基部直径0.8～1.5mm。表面灰绿色或黄绿色，粗枝表面有明显的环状裂纹。质柔韧，略有弹性，不易折断，断面可见中央有线状强韧的中轴。气微，味酸。

长松萝　地衣体呈丝状，长可达1.3m，主轴单一，两侧侧枝密生，侧枝长0.3～1.5cm，似蜈蚣足状。

均以身干、色灰绿、拉之有弹性、无杂质者为佳。

【功效】 止咳平喘，活血通络，清热解毒。

马　勃

【来源】 本品为灰包科真菌脱皮马勃、大马勃或紫色马勃的干燥子实体。

【产地】 脱皮马勃主产于辽宁、甘肃、江苏等地。大马勃主产于内蒙古、青海、河北等地。紫色马勃主产于广东、广西、江苏等地。

【性状鉴别】 脱皮马勃　呈扁球形或类球形，无不孕基部，直径15～20cm。包被灰棕色至黄褐色，纸质，常破碎呈块片状，或已全部脱落。孢体灰褐色或浅褐色，紧密，有弹性，用手撕之，内有灰褐色棉絮状的丝状物。触之则孢子呈尘土样飞扬，手捻有细腻感。臭似尘土，无味。

大马勃　不孕基部小或无。残留的包被由黄棕色的膜状外包被和较厚的灰黄色的内包被所组成。光滑，质硬而脆，成块脱落。孢体浅青褐色，手捻有润滑感。

紫色马勃　呈陀螺形，或已压扁呈扁圆形，直径5～12cm，不孕基部发达。包被薄，两层，紫褐色，粗皱，有圆形凹陷，外翻，上部常裂成小块或已部分脱落。孢体紫色。

均以个大、皮薄、饱满、松泡有弹性者为佳。

【功效】 清肺利咽，止血。用于风热郁肺咽痛，喑哑，咳嗽；外治鼻衄，创伤出血。

雷　丸

【来源】 本品为白蘑科真菌雷丸的干燥菌核。

【产地】 主产于四川、云南、广西等地。

【性状鉴别】为类球形或不规则团块，直径1～3cm。表面黑褐色或棕褐色，有略隆起的不规则网状细纹。质坚实，不易破裂，断面不平坦，白色或浅灰黄色，常有黄白色大理石样纹理。气微，味微苦，嚼之有颗粒感，微带黏性，久嚼无渣。以个大、断面色白、粉状者为佳。

断面色褐呈角质样者，不可供药用。用于绦虫病，钩虫病，蛔虫病，虫积腹痛，小儿疳积。

【功效】杀虫消积。用于绦虫病，钩虫病，蛔虫病，虫积腹痛，小儿疳积。

冬虫夏草

【来源】本品为麦角菌科真菌冬虫夏草菌寄生在蝙蝠蛾科昆虫幼虫上的子座和幼虫尸体的干燥复合体。

【产地】主产于四川、青海、西藏等地。

【性状鉴别】本品由虫体与从虫头部长出的真菌子座相连而成。虫体似蚕，长3～5cm，直径0.3～0.8cm；表面深黄色至黄棕色，有环纹20～30个，近头部的环纹较细；头部红棕色；足8对，中部4对较明显；质脆，易折断，断面略平坦，淡黄白色。子座细长圆柱形，长4～7cm，直径约0.3cm；表面深棕色至棕褐色，有细纵皱纹，上部稍膨大；质柔韧，断面类白色。气微腥，味微苦。

以完整、虫体丰满肥大、外色黄亮、内部色白、子座短者为佳。

【功效】补肾益肺，止血化痰。用于久咳虚喘，劳嗽咯血，阳痿，腰膝酸痛。

乳　香

【来源】本品为橄榄科植物乳香树及同属植物树皮渗出的树脂。分为索马里乳香和埃塞俄比亚乳香，每种乳香又分为乳香珠和原乳香。

【产地】主产于索马里、埃塞俄比亚及阿拉伯半岛南部。

【性状鉴别】呈长卵形滴乳状、类圆形颗粒或黏合成大小不等的不规则块状物。大者长达2cm（乳香珠）或5cm（原乳香）。表面黄白色，半透明，被有黄白色粉末，久存则颜色加深。质脆，遇热软化。破碎面有玻璃样或蜡样光泽。具特异香气，味微苦。

本品加少量水研磨，呈白色乳状液。

以色淡黄、颗粒状、半透明、无杂质、气芳香者为佳。

饮片　醋乳香　形如乳香。表面黄棕色，油亮，微有醋香气。

【功效】活血定痛，消肿生肌。用于胸痹心痛，胃脘疼痛，痛经经闭，产后瘀阻，癥瘕腹痛，风湿痹痛，筋脉拘挛，跌打损伤，痈肿疮疡。

没　药

【来源】本品为橄榄科植物地丁树或哈地丁树的干燥树脂。分为天然没药和胶质没药。

【产地】主产于非洲东北部的索马里、埃塞俄比亚、阿拉伯半岛南部等地。以索马里所产没药为佳。

【性状鉴别】天然没药　呈不规则颗粒性团块，大小不等。大者直径长达6cm以上。

表面黄棕色或红棕色，近半透明部分呈棕黑色，被有黄色粉尘。质坚脆，破碎面不整齐，无光泽。有特异香气，味苦而微辛。

胶质没药 呈不规则块状和颗粒，多黏结成大小不等的团块，大者直径长达 6cm 以上，表面棕黄色至棕褐色，不透明，质坚实或疏松，有特异香气，味苦而有黏性。

本品加少量水研磨，呈黄棕色乳状液，加硝酸显紫色。

以块大、色红棕、半透明、微黏手、香气浓而持久、杂质少者为佳。

饮片 醋没药 呈不规则小块状或类圆形颗粒。表面棕褐色或黑褐色，有光泽。具特异香气，略有醋香气，味苦而微辛。

【功效】散瘀定痛，消肿生肌。用于胸痹心痛，胃脘疼痛，痛经经闭，产后瘀阻，癥瘕腹痛，风湿痹痛，跌打损伤，痈肿疮疡。

苏合香

【来源】本品为金缕梅科植物苏合香树的树干渗出的香树脂经加工精制而成。

【产地】主产于土耳其南部以及叙利亚、埃及、索马里等国。

【性状鉴别】为半流动性的浓稠液体。棕黄色或暗棕色，半透明。质黏稠。气芳香。以黏稠似饴糖、质细腻、半透明、挑之成丝、无杂质、香气浓者为佳。

【功效】开窍，辟秽，止痛。用于中风痰厥，猝然昏倒，胸腹冷痛，惊痫。

安息香

【来源】本品为安息香科植物白花树的干燥树脂。

【产地】主产于广西、云南、广东等地。

【性状鉴别】为不规则的小块，稍扁平，常黏结成团块。表面橙黄色，具蜡样光泽（自然出脂）；或为不规则的圆柱状、扁平块状。表面灰白色至淡黄白色（人工割脂）。质脆，易碎，断面平坦，白色，放置后逐渐变为淡黄棕色至红棕色。加热则软化熔融。气芳香，味微辛，嚼之有沙粒感。

【功效】开窍醒神，行气活血，止痛。用于中风痰厥，气郁暴厥，中恶昏迷，心腹疼痛，产后血晕，小儿惊风。

阿魏

【来源】本品为伞形科植物新疆阿魏或阜康阿魏的树脂。

【产地】主产于新疆伊犁州、阜康等地。

【性状鉴别】呈不规则的块状和脂膏状。颜色深浅不一，表面蜡黄色至棕黄色。块状者体轻，质地似蜡，断面稍有孔隙；新鲜切面颜色较浅，放置后色渐深。脂膏状者黏稠，灰白色。具强烈而持久的蒜样特异臭气，味辛辣，嚼之有灼烧感。以块状、蒜气强烈、断面乳白或稍带微红色、无杂质者为佳。

【功效】消积，化癥，散痞，杀虫。用于肉食积滞，瘀血癥瘕，腹中痞块，虫积腹痛。

血竭

【来源】本品为棕榈科植物麒麟竭果实渗出的树脂经加工制成。

【产地】主产于印度尼西亚的加里曼丹和苏门答腊及印度等地。

【性状鉴别】略呈类圆四方形或方砖形，表面暗红，有光泽，附有因摩擦而成的红粉。质硬而脆，破碎面红色，研粉为砖红色。气微，味淡。在水中不溶，在热水中软化。

取本品置白纸上，用火隔纸烘烤即熔化，无扩散的油迹，对光透视呈鲜艳的红色。

以外色黑似铁、研粉红似血，火燃呛鼻、有苯甲酸样香气者为佳。

【功效】活血定痛，化瘀止血，生肌敛疮。用于跌打损伤，心腹疼痛，外伤出血，疮疡不敛。

海 金 沙

【来源】本品为海金沙科植物海金沙的干燥成熟孢子。

【产地】主产于广东、浙江、江苏等地。

【性状鉴别】呈粉末状，棕黄色或浅棕黄色。体轻，手捻有光滑感，置手中易由指缝滑落。气微，味淡。以质轻、色棕黄、有光滑感、无杂质者为佳。

【功效】清利湿热，通淋止痛。用于热淋，石淋，血淋，膏淋，尿道涩痛。

青 黛

【来源】本品为爵床科植物马蓝、蓼科植物蓼蓝或十字花科植物菘蓝的叶或茎叶经加工制得的干燥粉末、团块或颗粒。

【产地】主产于福建、河北、江苏等地。

【性状鉴别】为深蓝色的粉末，体轻，易飞扬；或呈不规则多孔性的团块、颗粒，用手搓捻即成细末。微有草腥气，味淡。

以蓝色均匀、体轻能浮于水面、火烧产生紫红色烟雾时间长者为佳。

【功效】清热解毒，凉血消斑，泻火定惊。用于温毒发斑，血热吐衄，胸痛咳血，口疮，痄腮，喉痹，小儿惊痫。

儿 茶

【来源】本品为豆科植物儿茶的去皮枝、干的干燥煎膏。

【产地】主产于云南西双版纳傣族自治州一带。广东、广西、福建等地亦产。

【性状鉴别】呈方形或不规则块状，大小不一。表面棕褐色或黑褐色，光滑而稍有光泽。质硬，易碎，断面不整齐，具光泽，有细孔，遇潮有黏性。气微，味涩、苦，略回甜。以黑色略带棕、不糊不碎、尝之收涩性强者为佳。

【功效】活血止痛，止血生肌，收湿敛疮，清肺化痰。用于暑湿感冒，湿温初起，发热汗少，胸闷脘痞，肢体酸痛，小便不利。

五 倍 子

【来源】本品为漆树科植物盐肤木、青麸杨或红麸杨叶上的虫瘿，主要由五倍子蚜寄生而形成。

【产地】主产于四川、贵州、云南等地。

【性状鉴别】肚倍　呈长圆形或纺锤形囊状，长 2.5～9cm，直径 1.5～4cm。表面灰褐色或灰棕色，微有柔毛。质硬而脆，易破碎，断面角质样，有光泽，壁厚 0.2～0.3cm，内壁平滑，有黑褐色死蚜虫及灰色粉状排泄物。气特异，味涩。

角倍　呈菱形，具不规则的钝角状分枝，柔毛较明显，壁较薄。

均以个大、完整、色灰褐、壁厚者为佳。

【功效】敛肺降火，涩肠止泻，敛汗，止血，收湿敛疮。用于肺虚久咳，肺热痰咳，久泻外痢，自汗盗汗，消渴，便血痔血，外伤出血，痈肿疮毒，皮肤湿烂。

麦　芽

【来源】本品为禾本科植物大麦的成熟果实经发芽干燥的炮制加工品。

【产地】全国大部分地区均产。

【性状鉴别】呈梭形，长 8～12mm，直径 3～4mm。表面淡黄色，背面为外稃包围，具 5 脉；腹面为内稃包围。除去内外稃后，腹面有 1 条纵沟；基部胚根处生出幼芽和须根，幼芽长披针状条形，长约 5mm。须根数条，纤细而弯曲。质硬，断面白色，粉性。气微，味微甘。

【功效】行气消食，健脾开胃，回乳消胀。用于脾虚食少，乳汁郁积。

芦　荟

【来源】本品为百合科植物库拉索芦荟叶的汁液浓缩干燥物。

【产地】主产于南美洲的库拉索、阿律巴、博内耳等地。

【性状鉴别】呈不规则块状，常破裂为多角形，大小不一。表面呈暗红褐色或深褐色，无光泽。体轻，质硬，不易破碎，断面粗糙或显麻纹。富吸湿性。有特殊臭气，味极苦。以色黑绿或棕黑、质脆、有光泽、气味浓者为佳。

【功效】泻下通便，清肝泻火，杀虫疗疳。用于热结便秘，惊痫抽搐，小儿积疳；外治癣疮。

天 竺 黄

【来源】本品为禾本科植物青皮竹或华思劳竹等秆内的分泌液干燥后的块状物。

【产地】主产于云南、广东、广西等地。

【性状鉴别】为不规则的片块或颗粒，大小不一。表面灰蓝色、灰黄色或灰白色，有的洁白色，半透明，略带光泽。体轻，质硬而脆，易破碎，吸湿性强。气微，味淡。以片大、色灰白、体轻、质细、吸湿性强者为佳。

【功效】清热豁痰，凉心定惊。用于热病神昏，中风痰迷，小儿痰迷惊痫，抽搐，夜啼。

淡 豆 豉

【来源】本品为豆科植物大豆的成熟种子的发酵加工品。

【产地】全国各地均产。

【性状鉴别】呈椭圆形，略扁，长 0.6～1cm，直径 0.5～0.7cm。表面黑色，皱缩不平。质柔软，断面棕黑色。气香，味微甘。

【功效】解表，除烦，宣发郁热。用于感冒，寒热头痛，烦躁胸闷，虚烦不眠。

天然冰片

【来源】本品为樟科植物樟的新鲜枝、叶经提取加工制成。

【性状鉴别】为白色结晶性粉末或片状结晶。气清香，味辛、凉。具挥发性，点燃时有浓烟，火焰呈黄色。

本品在乙醇、三氯甲烷或乙醚中易溶，在水中几乎不溶。

【功效】开窍醒神，清热止痛。用于热病神昏，惊厥，中风痰厥，气郁暴厥，中恶昏迷，胸痹心痛，目赤，口疮，咽喉肿痛，耳道流脓。

谷　芽

【来源】本品为禾本科植物粟的成熟果实经发芽干燥的炮制加工品。

【产地】全国各地均产。

【性状鉴别】呈类圆球形，直径约 2mm，顶端钝圆，基部略尖。外壳为革质的稃片，淡黄色，具点状皱纹，下端有初生的细须根，长约 3～6mm，剥去稃片，内含淡黄色或黄白色颖果（小米）1 粒。气微，味微甘。

【功效】消食和中，健脾开胃。用于食积不消，腹胀口臭，脾胃虚弱，不饥食少。

稻　芽

【来源】本品为禾本科植物稻的成熟果实经发芽干燥的炮制加工品。

【产地】全国各地均产。

【性状鉴别】呈扁长椭圆形，两端略尖，长 7～9mm，直径约 3mm。外稃黄色，有白色细茸毛，具 5 脉。一端有 2 枚对称的白色条形浆片，长 2～3mm，于一个浆片内侧伸出弯曲的须根 1～3 条，长 0.5～1.2cm。质硬，断面白色，粉性。气微，味淡。

【功效】消食和中，健脾开胃。用于食积不消，腹胀口臭，脾胃虚弱，不饥少食。

大豆黄卷

【来源】本品为豆科植物大豆的成熟种子经发芽干燥的炮制加工品。

【产地】全国各地均产。

【性状鉴别】略呈肾形，长约 8mm，宽约 6mm。表面黄色或黄棕色，微皱缩，一侧有明显的脐点；一端有 1 弯曲胚根。外皮质脆，多破裂或脱落。子叶 2，黄色。气微，味淡，嚼之有豆腥味。

【功效】解表祛暑，清热利湿。用于暑湿感冒，湿温初起，发热汗少，胸闷脘痞，肢体酸痛，小便不利。

西 瓜 霜

【来源】本品为葫芦科植物西瓜的成熟新鲜果实与皮硝经加工制成。

【产地】全国各地均产。

【性状鉴别】为类白色至黄白色的结晶性粉末。气微、味咸。

【功效】清热泻火，消肿止痛。用于咽喉肿痛，喉痹，口疮。

血余炭

【来源】本品为人发制成的炭化物。

【性状鉴别】呈不规则块状，乌黑光亮，有多数细孔。体轻，质脆。用火烧之有焦发气，味苦。

【功效】收敛止血，化瘀，利尿。用于吐血，咯血，衄血，血淋，尿血，便血，崩漏，外伤出血，小便不利。

地　龙

【来源】本品为钜蚓科动物参环毛蚓、通俗环毛蚓、威廉环毛蚓或栉盲环毛蚓的干燥体。前一种习称“广地龙”，后三种习称“沪地龙”。

【产地】广地龙主产于广东、广西、福建。沪地龙主产于上海、浙江、江苏。

【性状鉴别】广地龙　呈长条状薄片，弯曲，边缘略卷，长15～20cm，宽1～2cm。全体具环节，背部棕褐色至紫灰色，腹部浅黄棕色；第14～16环节为生殖带，习称“白颈”，较光亮。体前端稍尖，尾端钝圆，刚毛圈粗糙而硬，色稍浅。雄生殖孔在第18环节腹侧刚毛圈一小孔突上，外缘有数环绕的浅皮褶，内侧刚毛圈隆起，前面两边有横排（一排或二排）小乳突，每边10～20个不等。受精囊孔2对，位于7/8至8/9环节间一椭圆形突起上，约占节周5/11。体轻，略呈革质，不易折断。气腥，味微咸。

沪地龙　长8～15cm，宽0.5～1.5cm。全体具环节，背部棕褐色至黄褐色，腹部浅黄棕色；第14～16环节为生殖带，较光亮。第18环节有一对雄生殖孔。通俗环毛蚓的雄交配腔能全部翻出，呈花菜状或阴茎状；威廉环毛蚓的雄交配腔孔呈纵向裂缝状；栉盲环毛蚓的雄生殖孔内侧有1或多个小乳突。受精囊孔3对，在6/7至8/9环节间。

以身干、光亮、肥满、肉厚、无泥者为佳。

饮片　为段状。全体具环节，背部棕褐色至紫灰色，腹部浅黄棕色。体轻，略显革质，不易折断。气腥，味微咸。

【功效】清热定惊，通络，平喘，利尿。用于高热神昏，惊痫抽搐，关节痹痛，肢体麻木，半身不遂，肺热喘咳，水肿尿少。

水　蛭

【来源】本品为水蛭科动物蚂蟥、水蛭或柳叶蚂蟥的干燥全体。

【产地】蚂蝗及水蛭产于全国各地；柳叶蚂蝗产于河北、安徽、江苏等地。

【性状鉴别】蚂蟥　呈扁平纺锤形，有多数环节，长4～10cm，宽0.5～2cm。背部黑褐色或黑棕色，稍隆起，用水浸后，可见黑色斑点排成5条纵纹；腹面平坦，棕黄色。两侧棕黄色，前端略尖，后端钝圆，两端各具1吸盘。前吸盘不显著，后吸盘较大。质脆，易折断，断面胶质状。气微腥。

水蛭　扁长圆柱形，体多弯曲扭转，长2～5cm，宽0.2～0.3cm。

柳叶蚂蟥　狭长而扁，长5～12cm，宽0.1～0.5cm。

以体小、条整齐、黑褐色、无杂质者为佳。

饮片　烫水蛭　形如水蛭。略鼓起，附有少量白色滑石粉。

【功效】破血通经，逐瘀消癥。用于血瘀经闭，癥瘕痞块，中风偏瘫，跌扑损伤。

石决明

【来源】本品为鲍科动物杂色鲍、皱纹盘鲍、羊鲍、澳洲鲍、耳鲍或白鲍的贝壳。

【产地】杂色鲍主产于福建；皱纹盘鲍主产于辽宁、山东、江苏等地；羊鲍、耳鲍主产于台湾、海南、西沙群岛；澳洲鲍主产于澳洲、新西兰。

【性状鉴别】杂色鲍　呈长卵圆形，内面观略呈耳形，长 7～9cm，宽 5～6cm，高约 2cm。表面暗红色，有多数不规则的螺肋和细密生长线，螺旋部小，体螺部大，从螺旋部顶处开始向右排列有 20 余个疣状突起，末端 6～9 个开孔，孔口与壳面平。内面光滑，具珍珠样彩色光泽。壳较厚，质坚硬，不易破碎。气微，味微咸。

皱纹盘鲍　呈长椭圆形，长 8～12cm，宽 6～8cm，高 2～3cm。表面灰棕色，有多数粗糙而不规则的皱纹，生长线明显，常有苔藓类或石灰虫等附着物，末端 4～5 个开孔，孔口突出壳面，壳较薄。

羊鲍　近圆形，长 4～8cm，宽 2.5～6cm，高 0.8～2cm。壳顶位于近中部而高于壳面，螺旋部与体螺部各占 1/2，从螺旋部边缘有 2 行整齐的突起，尤以上部较为明显，末端 4～5 个开孔，呈管状。

澳洲鲍　呈扁平卵圆形，长 13～17cm，宽 11～14cm，高 3.5～6cm。表面砖红色，螺旋部约为壳面的 1/2，螺肋和生长线呈波状隆起，疣状突起 30 余个，末端 7～9 个开孔，孔口突出壳面。

耳鲍　狭长，略扭曲，呈耳状，长 5～8cm，宽 2.5～3.5cm，高约 1cm。表面光滑，具翠绿色、紫色及褐色等多种颜色形成的斑纹，螺旋部小，体螺部大，末端 5～7 个开孔，孔口与壳平，多为椭圆形，壳薄，质较脆。

白鲍　呈卵圆形，长 11～14cm，宽 8.5～11cm，高 3～6.5cm。表面砖红色，光滑，壳顶高于壳面，生长线颇为明显，螺旋部约为壳面的 1/3，疣状突起 30 余个，末端 9 个开孔，孔口与壳平。

饮片　为不规则的碎块。灰白色，有珍珠样彩色光泽。质坚硬。气微，味微咸。

煅石决明　为不规则的碎块或粗粉。灰白色无光泽。质酥脆。断面呈层状。

【功效】平肝潜阳，清肝明目。用于头痛眩晕，目赤翳障，视物昏花，青盲雀目。

土鳖虫

【来源】本品为鳖蠊科昆虫地鳖或冀地鳖的雌虫干燥体。

【产地】地鳖主产于江苏、安徽、河南等地。冀地鳖主产于河北、北京、山东等地。

【性状鉴别】地鳖　呈扁平卵形，长 1.3～3cm，宽 1.2～2.4cm。前端较窄，后端较宽，背部紫褐色，具光泽，无翅。前胸背板较发达，盖住头部；腹背板 9 节，呈覆瓦状排列。腹面红棕色，头部较小，有丝状触角 1 对，常脱落，胸部有足 3 对，具细毛和刺。腹部有横环节。质松脆，易碎。气腥臭，味微咸。

冀地鳖　长 2.2～3.7cm，宽 1.4～2.5cm。背部黑棕色，通常在边缘带有淡黄褐色斑块及黑色小点。

以完整、身干、体肥、色紫褐者为佳。

【功效】破血逐瘀，续筋接骨。用于跌打损伤，筋伤骨折，血瘀经闭，产后瘀阻腹痛，癥瘕痞块。

桑螵蛸

【来源】本品为螳螂科昆虫大刀螂、小刀螂或巨斧螳螂的干燥卵鞘。以上三种分别习称“团螵蛸”“长螵蛸”及“黑螵蛸”。

【产地】全国大部分地区均产。

【性状鉴别】团螵蛸　略呈圆柱形或半圆形，由多层膜状薄片叠成，长 2.5～4cm，宽 2～3cm。表面浅黄褐色，上面带状隆起不明显，底面平坦或有凹沟。体轻，质松而韧，横断面可见外层为海绵状，内层为许多放射状排列的小室，室内各有一细小椭圆形卵，深棕色，有光泽。气微腥，味淡或微咸。

长螵蛸　略呈长条形，一端较细，长 2.5～5cm，宽 1～1.5cm。表面灰黄色，上面带状隆起明显，带的两侧各有一条暗棕色浅沟和斜向纹理。质硬而脆。

黑螵蛸　略呈平行四边形，长 2～4cm，宽 1.5～2cm。表面灰褐色，上面带状隆起明显，两侧有斜向纹理，近尾端微向上翘。质硬而韧。

【功效】固精缩尿，补肾助阳。用于遗精滑精，遗尿尿频，小便白浊。

珍珠

【来源】本品为珍珠贝科动物马氏珍珠贝、蚌科动物三角帆蚌或褶纹冠蚌等双壳类动物受刺激形成的珍珠。

【产地】马氏珍珠贝主产于广东廉江、广西合浦、北海等地。三角帆蚌和褶纹冠蚌多人工培养，主产于浙江、江苏、江西等地。

【性状鉴别】呈类球形、长圆形、卵圆形或棒形，直径 1.5～8mm。表面类白色、浅粉红色、浅黄绿色或浅蓝色，半透明，光滑或微有凹凸，具特有的彩色光泽。质坚硬，破碎面显层纹。气微，味淡。以纯净、质坚、有彩光者为佳。

饮片　珍珠粉　为类白色细粉。气微，味淡。

【功效】安神定惊，明目消翳，解毒生肌，润肤祛斑。用于惊悸失眠，惊风癫痫，目赤翳障，疮疡不敛，皮肤色斑。

珍珠母

【来源】本品为蚌科动物三角帆蚌、褶纹冠蚌或珍珠贝科动物马氏珍珠贝的贝壳。

【性状鉴别】三角帆蚌　略呈不等边四角形。壳面生长轮呈同心环状排列。后背缘向上突起，形成大的三角形帆状后翼。壳内面外套痕明显；前闭壳肌痕呈卵圆形，后闭壳肌痕略呈三角形。左右壳均具两枚拟主齿，左壳具两枚长条形侧齿，右壳具一枚长条形侧齿；具光泽。质坚硬。气微腥，味淡。

褶纹冠蚌　呈不等边三角形。后背缘向上伸展成大形的冠。壳内面外套痕略明显；前闭壳肌痕大呈楔形，后闭壳肌痕呈不规则卵圆形，在后侧齿下方有与壳面相应的纵肋和凹沟。左、右壳均具一枚短而略粗后侧齿和一枚细弱的前侧齿，均无拟主齿。

马氏珍珠贝　呈斜四方形，后耳大，前耳小，背缘平直，腹缘圆，生长线极细密，成片状。闭壳肌痕大，长圆形。具一凸起的长形主齿。

饮片　为不规则的碎块。有的可见黑褐色或棕褐色外皮。质硬。气微腥，味淡。

煅珍珠母　形如珍珠母块。常为碎块与粗细不均粉末的混合物，类白色。质酥脆。

【功效】平肝潜阳，安神定惊，明目退翳。用于头痛眩晕，惊悸失眠，目赤翳障，视物昏花。

牡　蛎

【来源】本品为牡蛎科动物长牡蛎、大连湾牡蛎或近江牡蛎的贝壳。

【产地】长牡蛎主产于山东以北至东北沿海。大连湾牡蛎主产于辽宁、河北、山东等地。近江牡蛎主产地较广。

【性状鉴别】长牡蛎　呈长片状，背腹缘几平行，长10～50cm，高4～15cm。右壳较小，鳞片坚厚，层状或层纹状排列。壳外面平坦或具数个凹陷，淡紫色、灰白色或黄褐色；内面瓷白色，壳顶二侧无小齿。左壳凹陷深，鳞片较右壳粗大，壳顶附着面小。质硬，断面层状，洁白。气微，味微咸。

大连湾牡蛎　呈类三角形，背腹缘呈八字形。右壳外面淡黄色，具疏松的同心鳞片，鳞片起伏成波浪状，内面白色。左壳同心鳞片坚厚，自壳顶部放射肋数个，明显，内面凹下呈盒状，铰合面小。

近江牡蛎　呈圆形、卵圆形或三角形等。右壳外面稍不平，有灰、紫、棕、黄等色，环生同心鳞片，幼体者鳞片薄而脆，多年生长后鳞片层层相叠，内面白色，边缘有的淡紫色。

饮片　为不规则的碎块。白色。质硬，断面层状。气微，味微咸。

煅牡蛎　为不规则的碎块或粗粉。灰白色，质酥脆，断面层状。

【功效】重镇安神，潜阳补阴，软坚散结。用于惊悸失眠，眩晕耳鸣，瘰疬痰核，癥瘕痞块。

全　蝎

【来源】本品为钳蝎科动物东亚钳蝎的干燥体。

【产地】主产于河南、山东等地。

【性状鉴别】头胸部与前腹部呈扁平长椭圆形，后腹部呈尾状，皱缩弯曲，完整者体长约6cm。头胸部呈绿褐色，前面有1对短小的螯肢和1对较长大的钳状脚须，形似蟹螯，背面覆有梯形背甲，腹面有足4对，均为7节，末端各具2爪钩；前腹部由7节组成，第7节色深，背甲上有5条隆脊线。背面绿褐色，后腹部棕黄色，6节，节上均有纵沟，末节有锐钩状毒刺，毒刺下方无距。气微腥，味咸。以身干、完整、色绿褐、腹中少杂质者为佳。

【功效】息风镇痉，通络止痛，攻毒散结。用于小儿惊风，抽搐痉挛，中风口歪，半身不遂，破伤风，风湿顽痹，偏正头痛，疮疡，瘰疬。

海　龙

【来源】本品为海龙科动物刁海龙、拟海龙或尖海龙的干燥体。

【产地】刁海龙、拟海龙主产于广东、福建沿海。尖海龙产于我国各沿海省区。

【性状鉴别】刁海龙　体狭长侧扁，全长30～50cm。表面黄白色或灰褐色。头部具管状长吻，口小，无牙，两眼圆而深陷，头部与体轴略呈钝角。躯干部宽3cm，五棱形，尾部前方六棱形，后方渐细，四棱形，尾端卷曲。背棱两侧各有1列灰黑色斑点状色带。全体被以具花纹的骨环和细横纹，各骨环内有突起粒状棘。胸鳍短宽，背鳍较长，有的不明显，无尾鳍。骨质，坚硬。气微腥，味微咸。

拟海龙　体长平扁，躯干部略呈四棱形，全长20～22cm。表面灰黄色。头部常与体轴成一直线。

尖海龙　体细长，呈鞭状，全长 10～30cm，未去皮膜。表面黄褐色。有的腹面可见育儿囊，有尾鳍。质较脆弱，易撕裂。

均以体长、饱满、头尾齐全者为佳。

【功效】温肾壮阳，散结消肿。用于石淋，热淋，血淋，膏淋，尿道涩痛。

海　马

【来源】本品为海龙科动物线纹海马、刺海马、大海马、三斑海马或小海马（海蛆）的干燥体。

【产地】主产于广东、福建、台湾等地。

【性状鉴别】线纹海马　呈扁长形而弯曲，体长约30cm。表面黄白色。头略似马头，有冠状突起，具管状长吻，口小，无牙，两眼深陷。躯干部七棱形，尾部四棱形，渐细卷曲，体上有瓦楞形的节纹并具短棘。体轻，骨质，坚硬。气微腥，味微咸。

刺海马　体长15～20cm。头部及体上环节间的棘细而尖。

大海马　体长20～30cm。黑褐色。

三斑海马　体侧背部第1、4、7节的短棘基部各有1黑斑。

小海马（海蛆）　体形小，长7～10cm。黑褐色。节纹和短棘均较细小。

以个大、色白、体完整、坚实、洁净者为佳。

【功效】温肾壮阳，散结消肿。用于阳痿，遗尿，肾虚作喘，癥瘕积聚，跌扑损伤；外治痈肿疔疮。

僵　蚕

【来源】本品为蚕蛾科昆虫家蚕4～5龄的幼虫感染（或人工接种）白僵菌而致死的干燥体。

【产地】主产于江苏、浙江、四川等地。

【性状鉴别】药材　略呈圆柱形，多弯曲皱缩。长2～5cm，直径0.5～0.7cm。表面灰黄色，被有白色粉霜状的气生菌丝和分生孢子。头部较圆，足8对，体节明显，尾部略呈二分歧状。质硬而脆，易折断，断面平坦，外层白色，中间有亮棕色或亮黑色的丝腺环4个。气微腥，味微咸。以条粗、质硬、色白、断面光亮者为佳。

饮片　麸炒僵蚕　形如僵蚕。表面黄棕色。微有麸香气。

【功效】息风止痉，祛风止痛，化痰散结。用于肝风夹痰，惊痫抽搐，小儿急惊，破伤风，中风口歪，风热头痛，目赤肿痛，风疹瘙痒，发颐痄腮。

海螵蛸

【来源】本品为乌贼科动物无针乌贼或金乌贼的干燥内壳。

【产地】无针乌贼主产于浙江、江苏、广东等地。金乌贼主产于辽宁、山东等地。

【性状鉴别】无针乌贼　呈扁长椭圆形，中间厚，边缘薄，长9～14cm，宽2.5～3.5cm，厚约1.3cm。背面有瓷白色脊状隆起，两侧略显微红色，有不甚明显的细小疣点；腹面白色，自尾端到中部有细密波状横层纹；角质缘半透明，尾部较宽平，无骨针。体轻，质松，易折断，断面粉质，显疏松层纹。气微腥，味微咸。

金乌贼　长13～23cm，宽约6.5cm。背面疣点明显，略呈层状排列；腹面的细密波状横层纹占全体大部分，中间有纵向浅槽；尾部角质缘渐宽，向腹面翘起，末端有1骨针，多已断落。

均以色白、洁净者为佳。

饮片　多为不规则形或类方形小块，类白色或微黄色，味淡。

【功效】收敛止血，涩精止带，制酸止痛，收湿敛疮。用于吐血衄血，崩漏便血，遗精滑精，赤白带下，胃痛吞酸；外治损伤出血，湿疹，湿疮，溃疡不敛。

斑蝥

【来源】本品为芫青科昆虫南方大斑蝥或黄黑小斑蝥的干燥体。

【产地】主产于河南、广西、安徽等地。

【性状鉴别】南方大斑蝥　呈长圆形，长1.5～2.5cm，宽0.5～1cm。头及口器向下垂，有较大的复眼及触角各1对，触角多已脱落。背部具革质鞘翅1对，黑色，有3条黄色或棕黄色的横纹；鞘翅下面有棕褐色薄膜状透明的内翅2片。胸腹部乌黑色，胸部有足3对。有特殊的臭气。

黄黑小斑蝥　体型较小，长1～1.5cm。

均以个大、完整、颜色鲜明、无败油气味者为佳。

【功效】破血逐瘀，散结消癥，攻毒蚀疮。用于癥瘕，经闭，顽癣，瘰疬，赘疣，痈疽不溃，恶疮死肌。

蟾酥

【来源】本品为蟾蜍科动物中华大蟾蜍或黑眶蟾蜍的干燥分泌物。

【产地】主产于辽宁、山东、江苏等地。

【性状鉴别】呈扁圆形团块状或片状。棕褐色或红棕色。团块状者质坚，不易折断，断面棕褐色，角质状，微有光泽；片状者质脆，易碎，断面红棕色，半透明。气微腥，味初甜而后有持久的麻辣感，粉末嗅之作嚏。

均以色红棕、断面角质状、半透明、有光泽者为佳。

【功效】解毒，止痛，开窍醒神。用于痈疽疔疮，咽喉肿痛，中暑神昏，痧胀腹痛吐泻。

龟　甲

【来源】本品为龟科动物乌龟的背甲及腹甲。

【产地】主产于浙江、安徽、湖北等地。

【性状鉴别】药材　背甲及腹甲由甲桥相连，背甲稍长于腹甲，与腹甲常分离。背甲呈长椭圆形拱状，长 7.5～22cm，宽 6～18cm；外表面棕褐色或黑褐色，脊棱 3 条；颈盾 1 块，前窄后宽；椎盾 5 块，第 1 椎盾长大于宽或近相等，第 2～4 椎盾宽大于长；肋盾两侧对称，各 4 块；缘盾每侧 11 块；臀盾 2 块。腹甲呈板片状，近长方椭圆形，长 6.4～21cm，宽 5.5～17cm；外表面淡黄棕色至棕黑色，盾片 12 块，每块常具紫褐色放射状纹理，腹盾、胸盾和股盾中缝均长，喉盾、肛盾次之，肱盾中缝最短；内表面黄白色至灰白色，有的略带血迹或残肉，除净后可见骨板 9 块，呈锯齿状嵌接；前端钝圆或平截，后端具三角形缺刻，两侧残存呈翼状向斜上方弯曲的甲桥。质坚硬。气微腥，味微咸。

以个大、无残肉者为佳。习惯以腹甲质优。

饮片　同药材。

醋龟甲　为不规则的块状。背甲盾片略呈拱状隆起，腹甲盾片呈平板状，大小不一。表面黄色或棕褐色，边缘有的呈锯齿状，断面不平整，有的有蜂窝状小孔。质松脆。气微腥，味微咸，微有醋香气。

【功效】滋阴潜阳，益肾强骨，养血补心，固经止崩。用于阴虚潮热，骨蒸盗汗，头晕目眩，虚风内功，筋骨痿软，心虚健忘，崩漏经多。

鳖　甲

【来源】本品为鳖科动物鳖的背甲。

【产地】主产于湖北、安徽、江苏等地。

【性状鉴别】药材　呈椭圆形或卵圆形，背面隆起，长 10～15cm，宽 9～14cm。外表面黑褐色或墨绿色，略有光泽，具细网状皱纹和灰黄色或灰白色斑点，中间有一条纵棱，两侧各有左右对称的横凹纹 8 条，外皮脱落后，可见锯齿状嵌接缝。内表面类白色，中部有突起的脊椎骨，颈骨向内卷曲，两侧各有肋骨 8 条，伸出边缘。质坚硬。气微腥，味淡。以块大、无残肉、无腥臭味者为佳。

饮片　为不规则的碎块。外表面灰白色。略有光泽，具细网状皱纹，有的边缘呈细锯齿状。质坚硬。气微腥，味淡。

醋鳖甲　形如鳖甲块。表面黄色。微有醋香气。

【功效】滋阴潜阳，退热除蒸，软坚散结。用于阴虚发热，骨蒸劳热，阴虚阳亢，头晕目眩，虚风内功，经闭，癥瘕，久疟疟母。

金钱白花蛇

【来源】本品为眼镜蛇科动物银环蛇的幼蛇干燥体。

【产地】主产于广东、广西。

【性状鉴别】呈圆盘状，盘径 3～6cm，蛇体直径 0.2～0.4cm。头盘在中间，尾细，常纳口内，口腔内上颌骨前端有毒沟牙1对，鼻间鳞2片，无颊鳞，上下唇鳞通常各为7片。背部黑色或灰黑色，有白色环纹45～58个，黑白相间，白环纹在背部宽1～2行鳞片，向腹面渐增宽，黑环纹宽3～5行鳞片，背正中明显突起一条脊棱，脊鳞扩大呈六角形，背鳞细密，通身15行，尾下鳞单行。气微腥，味微咸。以头尾齐全、色泽明亮、盘径小者为佳。

【功效】祛风，通络，止痉。用于风湿顽痹，麻木拘挛，中风口眼歪斜，半身不遂，抽搐痉挛，破伤风，麻风，疥癣。

蕲蛇

【来源】本品为蝰科动物五步蛇的干燥体。

【产地】主产于浙江的温州、丽水。

【性状鉴别】呈圆盘状，盘径17～34cm，体长可达2m。头在中间稍向上，呈三角形而扁平，吻端向上，习称“翘鼻头”。上腭有管状毒牙，中空尖锐。背部两侧各有黑褐色与浅棕色组成的“V”形斑纹17～25个，其“V”形的两上端在背中线上相接，习称“方胜纹”，有的左右不相接，呈交错排列。腹部撑开或不撑开，灰白色，鳞片较大，有黑色类圆形的斑点，习称“连珠斑”；腹内壁黄白色，脊椎骨的棘突较高，呈刀片状上突，前后椎体下突基本同形，多为弯刀状，向后倾斜，尖端明显超过椎体后隆面。尾部骤细，末端有三角形深灰色的角质鳞片1枚。气腥，味微咸。

以头尾齐全、条大、花纹明显、内壁洁净者为佳。

饮片　为段状。气腥，味微咸。

酒蕲蛇　为段状。略有酒气。

【功效】祛风，通络，止痉。用于风湿顽痹，麻木拘挛，中风口眼歪斜，半身不遂，抽搐痉挛，破伤风，麻风疥癣。

乌梢蛇

【来源】本品为游蛇科动物乌梢蛇的干燥体。

【产地】主产于浙江、江苏、安徽等地。

【性状鉴别】呈圆盘状，盘径约16cm。表面黑褐色或绿黑色，密被菱形鳞片；背鳞行数成双，背中央2～4行鳞片强烈起棱，形成两条纵贯全体的黑线。头盘在中间，扁圆形，眼大而下凹陷，有光泽。上唇鳞8枚，第4、5枚入眶，颊鳞1枚，眼前下鳞1枚，较小，眼后鳞2枚。脊部高耸成屋脊状，习称“剑脊”。腹部剖开边缘向内卷曲，脊肌肉厚，黄白色或淡棕色，可见排列整齐的肋骨。尾部渐细而长，尾下鳞双行。剥皮者仅留头尾之皮鳞，中段较光滑。气腥，味淡。以头尾齐全、皮黑肉黄、质坚实者为佳。

饮片　为段状。气腥，味淡。

酒乌梢蛇　为段状。棕褐色或黑色，有的具焦斑，略有酒气。

【功效】祛风，通络，止痉。用于风湿顽痹，麻木拘挛，中风口眼歪斜，半身不遂，抽搐痉挛，破伤风，麻风，疥癣。

蛤　蚧

【来源】本品为壁虎科动物蛤蚧的干燥体。

【产地】主产于广西等地。

【性状鉴别】呈扁片状，头颈部及躯干部长 9～18cm，头颈部约占三分之一，腹背部宽 6～11cm，尾长 6～12cm。头略呈扁三角状，两眼多凹陷成窟窿，口内有细齿，生于颚的边缘，无异型大齿。吻部半圆形，吻鳞不切鼻孔，与鼻鳞相连，上鼻鳞左右各 1 片，上唇鳞 12～14 对，下唇鳞（包括颏鳞）21 片。腹背部呈椭圆形，腹薄。背部呈灰黑色或银灰色，有黄白色、灰绿色或橙红色斑点散在或密集成不显著的斑纹，脊椎骨和两侧肋骨突起。四足均具 5 趾；趾间仅具蹼迹，足趾底有吸盘。尾细而坚实，微现骨节，与背部颜色相同，有 6～7 个明显的银灰色环带，有的再生尾较原生尾短，且银灰色环带不明显。全身密被圆形或多角形微有光泽的细鳞。气腥，味微咸。以体大、肥壮、尾粗而长、无虫蛀者为佳。

饮片　本品呈不规则的片状小块。表面灰黑色或银灰色，有棕黄色的斑点及鳞甲脱落的痕迹。切面黄白色或灰黄色。脊椎骨和肋骨突起。气腥，味微咸。

【功效】补肺益肾，纳气定喘，助阳益精。用于肺肾不足，虚喘气促，劳嗽咳血，阳痿，遗精。

鸡内金

【来源】本品为雉科动物家鸡的干燥沙囊内壁。

【产地】全国各地均产。

【性状鉴别】药材　为不规则卷片，厚约 2mm。表面黄色、黄绿色或黄褐色，薄而半透明，具明显的条状皱纹。质脆，易碎，断面角质样，有光泽。气微腥，味微苦。以身干、个大、色黄、完整不破碎者为佳。

饮片　为不规则的小碎块。气微腥，味微苦。

炒鸡内金　表面暗黄褐色至焦褐色，有的部分膨胀。

烫鸡内金　炮制鼓起，体轻易碎。

醋鸡内金　形如鸡内金。微有醋香气。

【功效】健胃消食，涩精止遗，通淋化石。用于食积不消，呕吐泻痢，小儿积疳，遗尿遗精，石淋涩痛，胆胀胁痛。

穿山甲

【来源】本品为鲮鲤科动物穿山甲的鳞甲。

【产地】主产于广西、云南、贵州等地。

【性状鉴别】药材　呈扇面形、三角形、菱形或盾形的扁平片状或半折合状，中间较厚，边缘较薄，大小不一，长宽各为 0.7～5cm。外表面黑褐色或黄褐色，有光泽，宽端有数十条排列整齐的纵纹及数条横线纹；窄端光滑。内表面色较浅，中部有一条明显突起的弓形横向棱线，其下方有数条与棱线相平行的细纹。角质，半透明，坚韧而有弹性，不易折断。气微腥，味淡。以片匀、表面光洁、黑褐色或黄褐色、半透明、无腥气、不带皮肉者为佳。

饮片　炮山甲　全体膨胀呈卷曲状。黄色，质酥脆，易碎。

醋山甲　形如炮山甲。金黄色，略有醋香气。

【功效】活血消癥，通经下乳，消肿排脓，搜风通络。用于经闭癥瘕，乳汁不通，痈肿疮毒，中风瘫痪，麻木拘挛。

麝　香

【来源】本品为鹿科动物林麝、马麝或原麝成熟雄体香囊中的干燥分泌物。

【产地】主产于四川、西藏、云南等地。

【性状鉴别】毛壳麝香　为扁圆形或类椭圆形的囊状体，直径3～7cm，厚2～4cm。开口面的皮革质，棕褐色，略平，密生白色或灰棕色短毛，从两侧围绕中心排列，中间有1小囊孔。另一面为棕褐色略带紫色的皮膜，微皱缩，偶显肌肉纤维，略有弹性，剖开后可见中层皮膜呈棕褐色或灰褐色，半透明，内层皮膜呈棕色，内含颗粒状、粉末状的麝香仁和少量细毛及脱落的内层皮膜（习称“银皮”）。

麝香仁　野生者质软，油润，疏松；其中不规则圆球形或颗粒状者习称“当门子”，表面多呈紫黑色，油润光亮，微有麻纹，断面深棕色或黄棕色；粉末状者多呈棕褐色或黄棕色，并有少量脱落的内层皮膜和细毛。饲养者呈颗粒状、短条形或不规则的团块；表面不平，紫黑色或深棕色，显油性，微有光泽，并有少量毛和脱落的内层皮膜。气香浓烈而特异，味微辣、微苦带咸。

以当门子多、颗粒色紫黑、粉末色棕褐、质柔润、香气浓烈者为佳。

【功效】开窍醒神，活血通经，消肿止痛。用于热病神昏，中风痰厥，气郁暴厥，中恶昏迷，经闭，癥瘕，难产死胎，胸痹心痛，跌扑伤痛，痈肿瘰疬，咽喉肿痛。

鹿　茸

【来源】本品为鹿科动物梅花鹿或马鹿的雄鹿未骨化密生茸毛的幼角。

【产地】花鹿茸主产于吉林、辽宁、黑龙江等地。马鹿茸主产于黑龙江、吉林、内蒙古等地。

【性状鉴别】花鹿茸　呈圆柱状分枝，具一个分枝者习称“二杠”，主枝习称“大挺”，长17～20cm，锯口直径4～5cm，离锯口约1cm处分出侧枝，习称“门庄”，长9～15cm，直径较大挺略细。外皮红棕色或棕色，多光润，表面密生红黄色或棕黄色细茸毛，上端较密，下端较疏；分岔间具1条灰黑色筋脉，皮茸紧贴。锯口黄白色，外围无骨质，中部密布细孔。具二个分枝者，习称“三岔”，大挺长23～33cm，直径较二杠细，略呈弓形，微扁，枝端略尖，下部多有纵棱筋及突起疙瘩；皮红黄色，茸毛较稀而粗。体轻。气微腥，味微咸。

二茬茸与头茬茸相似，但挺长而不圆或下粗上细，下部有纵棱筋。皮灰黄色，茸毛较粗糙，锯口外围多已骨化。体较重。无腥气。

马鹿茸　较花鹿茸粗大，分枝较多，侧枝一个者习称“单门”，二个者习称“莲花”，三个者习称“三岔”，四个者习称“四岔”或更多。按产地分为“东马鹿茸”和“西马鹿茸”。

均以茸形粗壮、饱满、皮毛完整、质嫩、油润、无骨棱、无钉者为佳。

饮片　花鹿茸片　花鹿茸尖部切片习称“血片”“蜡片”，为圆形薄片，表面浅棕色或浅黄白色，半透明，微显光泽；外皮无骨质，周边粗糙，红棕色或棕色；质坚韧；气微腥，味微咸。中上部的切片习称“蛋黄片”，切面黄白色或粉白色，中间有极小的蜂窝状细孔。下部习称“老角片”，为圆形或类圆形厚片，表面粉白色或浅白色，中间有蜂窝状细孔，外皮无骨质或略具骨质，周边粗糙，红棕色或棕色，质坚脆。

马鹿茸片　“血片”“蜡片”为圆形薄片，表面灰黑色，中央米黄色，半透明，微显光泽，外皮较厚，无骨质，周边灰黑色，质坚韧，气微腥，味微咸。“老角片”“粉片”为圆形或类圆形厚片，表面灰黑色，中央米黄色，有细蜂窝状小孔，外皮较厚，无骨质或略具骨质，周边灰黑色，质坚脆，气微腥，味微咸。

【功效】壮肾阳，益精血，强筋骨，调冲任，托疮毒。用于阳痿滑精，宫冷不孕，羸瘦，神疲，畏寒，眩晕耳鸣耳聋，腰脊冷痛，筋骨痿软，崩漏带下，阴疽不敛。

牛　黄

【来源】本品为牛科动物牛的干燥胆结石。

【产地】主产于西北、华北、东北等地。

【性状鉴别】本品多呈卵形、类球形、三角形或四方形，大小不一，直径 0.6～3（4.5）cm，少数呈管状或碎片。表面黄红色至棕黄色，有的表面挂有一层黑色光亮的薄膜，习称“乌金衣”，有的粗糙，具疣状突起，有的具龟裂纹。体轻，质酥脆，易分层剥落，断面金黄色，可见细密的同心层纹，有的夹有白心。气清香，味苦而后甘，有清凉感，嚼之易碎，不黏牙。以完整、色棕黄、质酥脆、断面层纹清晰而细腻者为佳。

【功效】清心，豁痰，开窍，凉肝，息风，解毒。用于热病神昏，中风痰迷，惊痫抽搐，癫痫发狂，咽喉肿痛，口舌生疮，痈肿疔毒。

羚 羊 角

【来源】本品为牛科动物赛加羚羊的角。

【产地】主产于西伯利亚及小亚细亚一带。

【性状鉴别】呈长圆锥形，略呈弓形弯曲，长 15～33cm；类白色或黄白色，基部稍呈青灰色。嫩枝对光透视有“血丝”或紫黑色斑纹，光润如玉，无裂纹，老枝则有细纵裂纹。除尖端部分外，有 10～16 个隆起环脊，间距约 2cm，用手握之，四指正好嵌入凹处。角的基部横截面圆形，直径 3～4cm，内有坚硬质重的角柱，习称“骨塞”，骨塞长约占全角的 1/2 或 1/3。除去“骨塞”后，角的下半段成空洞，全角呈半透明，对光透视，上半段中央有一条隐约可辨的细孔道直通角尖，习称“通天眼”。质坚硬。气微，味淡。以质嫩、色白、光润、内含红色斑纹、无裂纹者为佳。

饮片　羚羊角镑片　为长条形极薄片，多卷曲，边缘呈小波状。切面类白色，隐约可见平直丝条纹，半透明，有光泽。质坚韧。气微，味淡。

羚羊角粉　为白色或类白色粉末。气微，味淡。

【功效】平肝息风，清肝明目，散血解毒。用于肝风内动，惊痫抽搐，妊娠子痫，高热惊厥，癫痫发狂，头痛眩晕，目赤翳障，湿毒发斑，痈肿疮毒。

紫 河 车

【来源】本品为健康人的干燥胎盘。

【产地】全国各地均产。

【性状鉴别】药材　呈圆形或碟状椭圆形，直径 9～15cm，厚薄不一。黄色或黄棕色，一面凹凸不平，有不规则沟纹，另一面较平滑，常附有残余的脐带，其四周有细血管。质硬脆，有腥气。

饮片　为不规则的碎块。黄色、黄棕色或紫褐色。质硬脆，有腥气。

紫河车粉　为黄棕色或灰褐色细粉。

【功效】温肾补精，益气养血。用于虚损、羸瘦、咳血气喘、劳热骨蒸，遗精。

阿　胶

【来源】本品为马科动物驴的干燥皮或鲜皮经煎煮、浓缩制成的固体胶。

【产地】主产于山东东阿及浙江等地。

【性状鉴别】药材　呈长方形块、方形块或丁状。棕色至黑褐色，有光泽。质硬而脆，断面光亮，碎片对光照视呈棕色半透明状。气微，味微甘。

以色匀、质脆、半透明、断面光亮、无腥气者为佳。

饮片　同药材。

阿胶珠　呈类球形。表面棕黄色或灰白色，附有白色粉末。体轻，酥脆，易碎。断面中空或多孔状，淡黄色至棕色。气微，味微甘。

【功效】补血滋阴，润燥，止血。用于血虚萎黄，眩晕心悸，肌痿无力，心烦不眠，虚风内动，痨嗽咳血，吐血尿血，便血崩漏，妊娠胎漏。

石　膏

【来源】本品为硫酸盐类矿物硬石膏族石膏，主含含水硫酸钙（$CaSO_4 \cdot 2H_2O$）。

【产地】主产于湖北省应城。

【性状鉴别】为纤维状的集合体，呈长块状、板块状或不规则块状。白色、灰白色或淡黄色，有的半透明。体重，质软，纵断面具绢丝样光泽。气微，味淡。以色白、块大、质松脆、纵断面如丝、无夹层、无杂石者为佳。

【功效】清热泻火，除烦止渴。用于外感热病，高热烦渴，肺热喘咳，胃火亢盛，头痛，牙痛。

煅 石 膏

【来源】本品为石膏的炮制品。

【性状鉴别】为白色的粉末或酥松块状物，表面透出微红色的光泽，不透明。体较轻，质软，易碎，捏之成粉。气微，味淡。

【功效】收湿，生肌，敛疮，止血。外治用于溃疡不敛，湿疹瘙痒，水火烫伤，外伤出血。

赭　石

【来源】本品为氧化物类矿物刚玉族赤铁矿，主含三氧化二铁（Fe_2O_3）。

【产地】主产于河北、山西、广东等地。

【性状鉴别】为豆状、肾状集合体，多呈不规则的扁平块状。暗棕红色或灰黑色，条痕樱红色或红棕色，有的有金属光泽。一面多有圆形的突起，习称“钉头”；另一面与突起相对应处有同样大小的凹窝。体重，质硬，砸碎后断面显层叠状。气微，味淡。以色红棕、断面层次明显、有“钉头”、无杂石者为佳。

【功效】平肝潜阳，重镇降逆，凉血止血。用于眩晕耳鸣，呕吐，噫气，呃逆，喘息，吐血，衄血，崩漏带下。

朱　砂

【来源】本品为硫化物类矿物辰砂族辰砂，主含硫化汞（HgS）。

【产地】主产于湖南、贵州、四川等地。

【性状鉴别】为粒状或块状集合体，呈颗粒状或块片状。鲜红色或暗红色，条痕红色至褐红色，具光泽。体重，质脆，片状者易破碎，粉末状者有闪烁的光泽。气微，味淡。以色鲜红、有光泽、质脆者为佳。

饮片　为朱红色级细粉末。体轻，以手捻之无颗粒状物，以磁铁吸之，无铁末。气微，味淡。

【功效】清心镇惊，安神，明目，解毒。用于心悸易惊，失眠多梦，癫痫发狂，小儿惊风，视物昏花，口疮，喉痹，疮疡肿毒。

雄　黄

【来源】本品为硫化物类矿物雄黄族雄黄，主含二硫化二砷（As_2S_2）。

【产地】主产于湖南、贵州、云南等地。

【性状鉴别】为块状或粒状集合体，呈不规则块状。深红色或橙红色，条痕淡橘红色，晶面有金刚石样光泽。质脆，易碎，断面具树脂样光泽。微有特异的臭气，味淡。精矿粉为粉末状或粉末集合体，质松脆，手捏即成粉，橙黄色，无光泽。以色红、块大、质松脆、有光泽者为佳。

【功效】解毒杀虫，燥湿祛痰，截疟。用于痈肿疔疮，蛇虫咬伤，虫积腹痛，惊痫，疟疾。

自 然 铜

【来源】本品为硫化物类矿物黄铁矿族黄铁矿，主含二硫化铁（FeS_2）。

【产地】主产于四川、广东、云南等地。

【性状鉴别】呈方块形。表面亮淡黄色，有金属光泽；有的黄棕色或棕褐色，无金属光泽。具条纹，条痕绿黑色或棕红色。体重，质坚硬或稍脆，易砸碎，断面黄白色，有金属光泽；或断面棕褐色，可见银白色亮星。以块整齐、色黄而光亮、断面有金属光泽者为佳。

【功效】散瘀止痛，续筋接骨。用于跌打损伤，筋骨折伤，瘀肿疼痛。

滑　石

【来源】本品为硅酸盐类矿物滑石族滑石，主含含水硅酸镁［$Mg_3(Si_4O_{10})(OH)_2$］。

【产地】主产于山东、江苏、陕西等地。

【性状鉴别】多为块状集合体。呈不规则的块状。白色、黄白色或淡蓝灰色，有蜡样光泽。质软，细腻，手摸有滑润感，无吸湿性。置水中不崩散。气微，味淡。以色白、滑润者为佳。

饮片　为小碎块。类白色，手摸有滑腻感。

【功效】利尿通淋，清热解暑；外用祛湿敛疮。用于热淋，石淋，尿热涩痛，暑湿烦渴，湿热水泻；外治湿疹，湿疮，痱子。

滑石粉

【来源】本品系滑石经精选净制、粉碎、干燥制成。

【产地】主产于山东、江苏、陕西等地。

【性状鉴别】药材　为白色或类白色、微细、无砂性的粉末，手摸有滑腻感。气微，味淡。

【功效】利尿通淋，清热解暑；外用祛湿敛疮。用于热淋，石淋，尿热涩痛，暑湿烦渴，湿热水泻；外治湿疹，湿疮，痱子。

芒　硝

【来源】本品为硫酸盐类矿物芒硝族芒硝，经加工精制而成的结晶体。主含含水硫酸钠（$Na_2SO_4 \cdot 10H_2O$）。

【产地】全国大部分地区均产。

【性状鉴别】为棱柱状、长方形或不规则块状及粒状。无色透明或类白色半透明。质脆，易碎，断面呈玻璃样光泽。气微，味咸。以无色、透明、呈长条棱柱结晶者为佳。

【功效】泻下通便，润燥软坚，清火消肿。用于实热积滞，腹满胀痛，大便秘结，肠痈肿痛；外治乳痈，痔疮肿痛。

玄明粉

【来源】本品为芒硝经风化干燥制得。主含硫酸钠（Na_2SO_4）。

【产地】全国大部分地区均产。

【性状鉴别】本品为白色粉末。气微，味咸。有引湿性。

【功效】泻下通便，润燥软坚，清火消肿。用于实热积滞，腹满胀痛，大便秘结；外治咽喉肿痛，口舌生疮，牙龈肿痛，目赤，痈肿，丹毒。

炉甘石

【来源】本品为碳酸盐类矿物方解石族菱锌矿，主含碳酸锌（$ZnCO_3$）。

【产地】主产于湖南、广西、四川等地。

【性状鉴别】为块状集合体，呈不规则的块状。灰白色或淡红色，表面粉性，无光泽，凹凸不平，多孔，似蜂窝状。体轻，易碎。气微，味微涩。以体轻、质松、色白者为佳。

【功效】解毒明目退翳，收湿止痒敛疮。用于目赤肿痛，睑弦赤烂，翳膜遮睛，胬肉攀睛，溃疡不敛，脓水淋漓，湿疮瘙痒。

赤石脂

【来源】本品为硅酸盐类矿物多水高岭石族多水高岭石，主含四水硅酸铝[$Al_4(Si_4O_{10})(OH)_8 \cdot 4H_2O$]。

【产地】主产于福建、河南、江苏等地。

【性状鉴别】为块状集合体，呈不规则的块状。粉红色、红色至紫红色，或有红白相间的花纹。质软，易碎，断面有的具蜡样光泽。吸水性强。具黏土气，味淡，嚼之无沙粒感。

【功效】涩肠，止血，生肌敛疮。用于久泻久痢，大便出血，崩漏带下；外治疮疡久溃不敛，湿疮脓水浸淫。

白矾

【来源】本品为硫酸盐类矿物明矾石经加工提炼制成。主含含水硫酸铝钾[$KAl(SO_4)_2 \cdot 12H_2O$]。

【产地】明矾主产于甘肃、河北、安徽等地。

【性状鉴别】呈不规则的块状或粒状。无色或淡黄白色，透明或半透明。表面略平滑或凹凸不平，具细密纵棱，有玻璃样光泽。质硬而脆。气微，味酸、微甘而极涩。

【功效】外用解毒杀虫，燥湿止痒；内服止血止泻，祛除风痰。用于湿疹湿疮，脱肛，痔疮，阴痒带下，鼻衄齿衄，鼻息肉。

龙骨

【来源】本品为古代哺乳动物如三趾马、犀类、鹿类、牛类、象类等的骨骼化石或象类门齿的化石。

【产地】主产于山西、内蒙古、陕西等地。

【性状鉴别】呈骨骼状或已破碎呈不规则块状，大小不一。表面白色，灰白色，多较光滑，有的具纵纹裂隙或棕色条纹和斑点。质硬，不易破碎，断面不平坦，有的中空，吸湿性强，舐之黏舌。以体轻、质脆、分层、有蓝灰、红、棕等色的花纹、吸湿性强者为佳。

【功效】镇静安神，收敛涩精。用于惊痫癫狂，怔忡健忘，失眠多梦，自汗盗汗，遗精淋浊，吐衄便血，崩漏带下，泻痢脱肛，溃疡久不收口。

龙　齿

【来源】 本品为龙骨原动物的牙齿化石。

【产地】 主产于山西、内蒙古、陕西等地。

【性状鉴别】 呈较完整的齿状或破碎的块状，分为犬齿及臼齿。犬齿呈圆锥状，略弯曲，直径0.5～3.5cm，近尖端处中空。臼齿呈圆柱形或方柱形，略弯曲，一端较细，一般长2～20cm，直径1～9cm。多有深浅不同的棱。以吸湿性强者为佳。

【功效】 镇静安神，除烦热。用于惊痫癫狂，心悸怔忡，失眠多梦，身热心烦。

硫　黄

【来源】 本品为自然元素类矿物硫族自然硫，采挖后，加热熔化，除去杂质；或用含硫矿物经加工制得。

【产地】 主产于山西、河南、山东等地。

【性状鉴别】 呈不规则块状。黄色或略呈绿黄色。表面不平坦，呈脂肪光泽，常有多数小孔。用手握紧置于耳旁，可闻轻微的爆裂声。体轻，质松，易碎，断面常呈针状结晶形。有特异的臭气，味淡。以色黄、光亮、质松脆者为佳。

【功效】 外用解毒杀虫疗疮；内服补火助阳通便。外治用于疥癣，疮秃，阴疽恶疮；内服用于阳痿足冷，虚喘冷哮，虚寒便秘。

大 青 盐

【来源】 本品为卤化物类石盐族湖盐结晶体，主含氯化钠（NaCl）。

【产地】 主产于内蒙古、青海、新疆等地。

【性状鉴别】 为立方体、八面体或菱形的结晶，有的为歪晶，直径0.5～1.5cm。白色或灰白色，半透明，具玻璃样光泽。质硬，易砸碎，断面光亮。气微，味咸、微涩苦。

【功效】 清热，凉血，明目。用于吐血，尿血，牙龈肿痛出血，目赤肿痛，风眼烂弦。

第二节　中药检测

在经济利益的驱使下，有些不法商贩违反法律、违背道德良心，以假充真、以次充好，制售假冒、伪劣药品，严重损害了广大患者的利益，甚至危害人民群众的生命健康。作为合格的中药商品购销员，也应当了解基本的药材优劣判断方法与真伪鉴别知识。

一、中药的质量标准及鉴别方法

1. 绵马贯众

（1）质量评价　药材以根茎个大、质坚实，叶柄残基断面与根茎断面棕绿色者为佳。

（2）混淆品　商品以贯众为名的药材据调查有6科31种，主要混淆品有：①紫萁贯众：为紫萁科植物紫萁的带叶柄残基的根茎。根茎无鳞片，折断面多中空，可见1个“U”字形中柱。②荚果蕨贯众：为球子蕨科植物荚果蕨的带叶柄残基的根茎。叶柄基部横切面分体中柱2个，呈“八”字形排列。③乌毛蕨科植物：乌毛蕨的带叶柄残基的根茎，在广东、广西等省区用，叶柄基部横断面有分体中柱17～21个，环列。同科植物苏铁蕨的根茎呈柱状，叶柄基部横断面有分体中柱6～10个，环列。福建、华南部分地区作贯众用。

2. 大黄

（1）质量评价　药材以个大、质坚实、气清香、味苦而微涩者为佳。

（2）伪品　土大黄：蓼科植物藏边大黄、河套大黄（波叶大黄）、华北大黄及天山大黄等的根和根茎。药材根茎直径多在5cm以下，横切面均无星点，香气弱。药材新折断面在紫外光灯下显蓝紫色荧光，可与正品区别。

3. 银柴胡

（1）质量评价　药材以根长均匀，外皮淡棕黄色，断面黄白色、质较疏松者为佳。

（2）混淆品　个别地区用同科植物多种充银柴胡药用，名山银柴胡。主要有下列几种：①灯心蚤缀：石竹科植物灯心蚤缀的根。本品根头部有茎残基，主根上部有多数密集的细环纹。②旱麦瓶草：石竹科植物旱麦瓶草的根。本品根头顶端有少数细小疣状突起。

4. 白头翁

（1）质量评价　药材均以根长、皮黑肉白、质坚实、无地上残基者为佳。

（2）混淆品　商品白头翁的来源比较复杂，多达20余种，大多为地区习惯用药，主要有：①翻白草：蔷薇科植物翻白草的块根或带根全草。块根呈纺锤形或圆锥状，表面黄棕色或暗棕色，根头部有叶柄残基及幼叶，密被白色毛茸。断面黄白色。②委陵菜：蔷薇科植物委陵菜的根或带根全草。根呈圆锥形或圆柱形，表面红棕色至暗棕色，粗糙，栓皮易呈片状剥落，根头部有叶柄残基及茎基，有白色毛茸。折断面红棕色。

5. 拳参

（1）质量评价　药材以粗大、坚硬、断面浅红棕色者为佳。

（2）混淆品　①倒根蓼或珠芽蓼：同属植物倒根蓼或珠芽蓼的根茎。本品均较拳参短细，横断面略带淡紫红色。②草血竭：同属植物草血竭的根茎。本品表面紫褐色至黑褐色，断面红棕色或灰棕色。

6. 川芎

（1）质量评价　药材以个大、质坚实、断面色黄白、油性大、香气浓者为佳。

（2）混淆品　茶芎：同科植物茶芎（抚芎）在江西民间用之和茶叶一起泡开水饮用，故名“茶芎”，可治疗感冒头痛。本品为扁圆形具结节团块，顶端有乳头状突起的茎痕，在根茎上略排列成一行。香气浓，味辛辣、微苦、麻舌。

7. 山药

（1）质量评价　药材以条粗、质坚实、粉性足、色洁白者为佳。

（2）伪品　①木薯：大戟科植物木薯的干燥块根。本品常呈斜片状。外皮多已除去，偶见棕褐色的外皮。切断面类白色，粉性，靠外侧有一明显的黄白色或淡黄棕色的形成层环纹，中央有一细小黄色木心及放射状的黄色小点，有的有裂隙。味淡。②山薯：薯蓣科植物山薯的干燥根茎。本品略呈圆柱形或不规则圆柱形，稍弯曲，有的略扁。栓皮多已刮去。表面黄白色或淡黄色，有纵沟及须根痕。体重，质坚，不易折断，断面淡黄色，粉性，散有浅棕色点状物。气微，味微酸。③番薯：旋花科植物番薯的干燥块根。本品切面白色或淡黄白色，粉性，可见淡黄棕色的“筋脉”点或线纹，近皮部可见淡黄色的环纹。略有香气，味甘甜。④参薯：薯蓣科植物参薯的干燥根茎。本品呈不规则圆柱形、扁圆柱形、纺锤形或扁块形，表面黄白色或淡棕黄色，断面黄白色或白色，富粉性，气微味淡，嚼之发黏。

8. 柴胡

（1）质量评价　药材以主根粗长、分枝少、残留茎较少、质地柔软者为佳。

（2）伪品　大叶柴胡：伞形科植物大叶柴胡的干燥根茎，有毒，不可作柴胡使用。多为根茎部分，表面棕褐色，密生环节。断面黄白色，纤维性，常中空。根呈须状根，表面红棕色至棕褐色，质脆，易折断。气特异。

9. 半夏

（1）质量评价　药材以色白、质坚实、粉性足者为佳。

（2）伪品　①水半夏：天南星科植物鞭檐犁头尖的块茎，生品有毒。表面类白色或淡黄色，有多数隐约可见的点状根痕，上端类圆形，有凸起的芽痕，下端略尖。质坚实。市场上还有将底部尖端剪去充法半夏的情况。②天南星：以小个天南星混充。详见中药识别“天南星”项。

10. 石菖蒲

（1）质量评价　药材以条粗、断面色类白、香气浓者为佳。

（2）伪品　①九节菖蒲：毛茛科植物阿尔泰银莲花的干燥根茎，习称九节菖蒲或节菖蒲。根茎呈细长纺锤形，表面棕黄色，具多数半环状突起的节，断面白色，气微，味微酸而稍麻舌。②水菖蒲：天南星科植物菖蒲的干燥根茎。本品形似石菖蒲，但根茎较粗大，直径 1～1.5cm，表面环节间距 1～3cm。断面海绵样，类白色或淡棕色。气较浓而特异，味辛。

11. 川木通

（1）质量评价　药材以条粗、色黄白者为佳，断面色变黑者不能药用。

（2）混淆品　关木通：为马兜铃科植物东北马兜铃的干燥藤茎。本品呈长圆柱形，稍扭曲，表面灰黄色或棕黄色，节部稍膨大。体轻，质硬，不易折断，断面黄色或淡黄色。皮部薄，木部宽广，有多层整齐环状排列的导管，射线放射状，髓部不明显。摩擦残余粗皮，有樟脑样臭。气微，味苦。

12. 苏木

（1）质量评价　药材以粗大、质坚实、色红黄者为佳。

（2）伪品　染色品：市场上发现用木材染色伪制苏木，该品置热水中，水显浅黄色、黄色、橙黄色等，应注意鉴别。

13. 通草

（1）质量评价　药材以条粗、色白洁、有弹性者为佳。

（2）伪品　实心大通草：五加科植物盘叶掌叶树的茎髓。本品表面黄白色，粗糙，质地坚硬，断面实心。

14. 肉桂

（1）质量评价　药材以不破碎、体重、外皮细、肉厚、断面色紫、油性大、香气浓厚、味甜辣，嚼之渣少者为佳。

（2）伪品　桂皮：同属植物天竺桂、阴香、细叶香桂等数种樟属植物的树皮。皮薄，质硬，干燥不油润，划之油痕不明显；折断面淡棕色，线纹不明显；香气淡，味微甜辛涩，一般作香料或调味品使用，不供药用。

15. 五加皮

（1）质量评价　药材以皮厚、粗大、断面灰白色、气香，无木心者为佳。

（2）混淆品　红毛五加皮：同属植物藤五加的树皮。本品呈细长筒状，外表面黄色，密被褐色或淡黄棕色刺毛，有的略带红棕色，多向一边顺倒，具少数凸起芽痕；内表面黄绿色或黄棕色，光滑。皮薄质脆，易折断。略有香气。

16. 金银花

（1）质量评价　药材以花蕾多、色淡、质柔软、气清香者为佳。

（2）混淆品　①山银花：2015 年版《中国药典》收载山银花为忍冬科植物灰毡毛忍冬、红腺忍冬、华南忍冬或黄褐毛忍冬的干燥花蕾或带初开的花。灰毡毛忍冬花蕾呈棒状而稍弯曲，长 3～4.5cm，表面绿棕色至黄白色，密被倒生的短糙毛。质稍硬，气清香，味微苦。红腺忍冬花蕾长 2.5～4.5cm，表面黄白色至黄棕色，无毛或疏被毛。华南忍冬花蕾较瘦小，长 1.6～3.5cm，萼筒和花冠密被灰白色柔毛。黄褐毛忍冬花蕾长 1～3.4cm，花冠表面淡黄棕色或黄棕色，密被黄色茸毛。②增重：市场还可见掺入其他物质增重的情况。

17. 密蒙花

（1）质量评价　药材以花蕾密集、色灰黄、茸毛多者为佳。

（2）混淆品　结香花：瑞香科植物结香的花蕾或花序。本品呈半球形头状花序，常数十朵集成一簇，直径约 2cm，总苞片 6～8 枚，花序轴钩状弯曲。单花呈短棒状，稍弯曲，绢丝状长毛茸呈浅黄色或灰白色，无花瓣，花萼筒直径约 4mm，黄色，先端 4 裂呈花瓣状；雄蕊 8 枚，2 轮排列。功效同密蒙花而稍逊。

18. 酸枣仁

（1）质量评价　药材以粒大、饱满、完整、有光泽、外皮红棕色、无核壳者为佳。

（2）混淆品　理枣仁：鼠李科植物滇刺枣的种子，习称“进口枣仁”。形似酸枣仁，略扁。生品表面黄棕至红棕色，一面较平，无隆起纵线纹，另一面隆起不明显；炒后深褐色。

19. 何首乌

（1）质量评价　药材以个大、质坚实而重、红褐色、断面显云锦花纹、粉性足者为佳。

（2）伪品　①白首乌：萝藦科植物牛皮消的块根。本品呈长圆柱形或纺锤形，表面土黄色，断面白色，粉性，无云锦花纹。味先甜后苦。②红药子和朱砂七：同科植物翼蓼和毛脉蓼的块根。前者习称“红药子”，后者习称“朱砂七”或“黄药子”，两者断面皮部均无“云锦花纹”，髓部有异常维管束。翼蓼块根外皮棕褐色，有多数小疙瘩和须根，断面为红色，粉性。味微苦极涩。毛脉蓼块根外皮棕褐色，断面棕黄色或土黄色。

味微香而不苦。

20. 商陆

（1）质量评价　药材以片大、色白、有粉性、“罗盘纹”明显者为佳。

（2）混淆品　狼毒：瑞香科植物狼毒的干燥根。本品呈膨大的纺锤形、圆锥形或长圆柱形，稍弯曲。表面棕色至棕褐色，有扭曲的纵沟及横生隆起的皮孔和侧根痕，栓皮剥落处露出白色柔软纤维。体轻、质韧，不易折断，断面呈纤维状。皮部类白色，木部淡黄色。气微，味微辛。

21. 红花

（1）质量评价　药材以花冠色红而鲜艳、无枝刺、质柔润、手握软如茸毛者为佳。

（2）掺伪品　市场可见在红花中掺入糖、盐、食用油、细沙、增重粉等情况，应注意鉴别。

22. 栀子

（1）质量评价　药材以皮薄、饱满、色红黄者为佳。

（2）混淆品　水栀子：同科大花栀子的干燥果实，又称大栀子。主要区别为果大，长圆形，长 3～7cm，翅状纵棱较高，顶端宿萼较大，果皮较厚，内仁深黄带红色。

23. 砂仁

（1）质量评价　药材以个大、坚实、气味浓者为佳。

（2）伪品　①土砂仁：同科山姜属植物山姜、华山姜及艳山姜等植物的种子团，习称“土砂仁”“建砂仁”或“川砂仁”。果实球形至椭圆形，直径 1～2cm，表面光滑或被短柔毛，红黄色、棕黄色或橙红色；艳山姜果实表面有 10 余条明显的纵棱。种子多数。药材多为种子团或散落的种子，并常残留棕黄色光滑的果皮碎片。②海南假砂：姜科植物海南假砂的果实或种子团。果实呈长卵形，表面具片状突起，较大，多侧伏。种子类卵圆形，纵切面种皮均匀增厚，断面类圆形。

24. 乳香

（1）质量评价　药材以色淡黄、颗粒状、半透明、无杂质、气芳香者为佳。

（2）混淆品　洋乳香：为漆树科植物粘胶乳香树的树干或树枝切伤后流出并干燥的树脂。主产于希腊，与乳香相似，但颗粒较小而圆，直径约 3～8mm。新鲜品表面有光泽，半透明。质脆，断面透明，玻璃样。气微芳香，味苦。咀嚼时先碎成砂样粉末，后软化成可塑性团，不黏牙齿。与水共研，不形成乳状液体。

25. 青黛

（1）质量评价　药材以蓝色均匀、体轻能浮于水面、火烧时产生紫红色烟雾时间长者为佳。

（2）掺伪品　染色青黛：有直接蓝染色青黛和直接铜染色青黛。本品为蓝色或灰蓝色粉末，体较重，手捻平滑或有粗糙感，微有草腥气，味淡。取粉末少量撒于水中，略加搅拌，即有部分颗粒物下沉，水被染成蓝色。

26. 蜂蜜

（1）质量评价　药材以稠如凝脂、气芳香、味甜而纯正、无异臭杂质者为佳。

（2）伪品　①掺伪品：在市场发现有掺入糖、淀粉、糊精等，可通过碘试剂或测定相对密度、淀粉酶值等进行确定。②有毒蜂蜜：大多有苦、麻、涩的异味，不可药用。

为避免人食用中毒，应作蜂蜜毒性试验。

27. 厚朴

（1）质量评价　药材以皮厚、肉细、油性足、内表面紫棕色且有发亮结晶物、香气浓者为佳。

（2）混淆品　滇缅厚朴：同科植物滇缅厚朴的树皮。药材表面灰白或灰棕色。断面颗粒状，阳光下可见点状闪光结晶，气微香，味微苦。

28. 秦皮

（1）质量评价　药材以条长、外皮薄且光滑者为佳。

（2）伪品　核桃楸皮：胡桃科植物核桃楸的树皮。药材厚1～2mm，呈卷筒状或扭曲成绳状。外表面平滑，灰棕色，皮孔少，有大形叶痕。内表面暗棕色。不易横断，易纵裂。味微苦略涩。水浸液显浅黄棕色，无荧光。

29. 当归

（1）质量评价　药材以主根粗长、油润、外皮色黄棕、断面色黄白、气味浓郁者为佳。柴性大、干枯无油或断面呈绿褐色者，不可供药用。

（2）混淆品　独活：市场可见以同科植物独活混充当归的情况，性状特征见中药识别“独活”项。

30. 三七

（1）质量评价　药材以个大、体重、质坚、表面光滑、断面灰绿色或黄绿色者为佳。

（2）伪品　①莪术：姜科植物莪术的根茎加工而成。本品呈卵圆形或圆锥形。表面黄褐色，上部无茎痕，有加工而成的皱纹和瘤状突起。断面棕褐色或黄绿色，有蜡样光泽。气微辛，味微苦。②以次充好：市场可见将较小的药材捏合成较大的三七，提高商品等级以及用工业石蜡打磨增量的情况，应注意鉴别。

31. 西洋参

（1）质量评价　药材以个大，体重，质坚实，不易折断，断面平坦，浅黄白色，略显粉性，味浓者为佳。

（2）伪品　人参：常见用人参伪充西洋参出售，应注意鉴别。性状特征见中药识别“人参”项。

32. 天麻

（1）质量评价　药材以质地坚实沉重、有鹦哥嘴、断面明亮、无空心者为“冬麻”，质佳；质地轻泡、有残留茎基、断面色晦暗、空心者为“春麻”，质次。

（2）伪品　①芭蕉芋：美人蕉科植物芭蕉芋的块茎。本品呈扁圆形或长椭圆形，未去皮者表面有3～8个环节，去皮者环节不甚明显。质坚。断面半角质状带粉性。味甜。②熏硫：干瘪、发黑的劣质天麻经过硫黄熏蒸后可以漂白，增加外色的美观，同时味道变酸，要注意鉴别。

33. 灵芝

（1）质量评价　药材以个大、菌盖厚、完整、色紫红、有漆样光泽者为佳。通常认为紫芝质优。

（2）伪品　①密纹薄树芝：菌盖近扇形或半圆形；皮壳紫褐色至黑褐色，边沿棕黄色至红棕色，有光泽，轮纹明显，靠近边沿处更密，近菌柄处纵纹明显，边缘薄而锐，厚0.2～0.5cm，菌盖下面灰色。菌柄有或无，横切面靠皮壳处有棕色环。菌管内有多数孢子，孢子细小，淡褐色，卵形，少数具钝尖，长6～8μm，宽3.5～4μm。菌丝无隔，有分枝。②薄树芝：菌盖表面无轮纹，菌肉有明显的轮纹，无菌柄，或菌柄粗短。本种的深层发酵及其应用研究，已获成功，并已推广生产。其制剂主要用于治疗进行性肌营养不良，肌强直，红斑狼疮，斑秃，硬皮病等疾患，但疗效较缓慢。

34. 地龙

（1）质量评价　药材以条大、肥厚、不碎、无泥土者为佳。

（2）混淆品　土地龙：为正蚓科动物背暗异唇蚓（缟蚯蚓）的干燥全体。主产山东、河南、安徽、江苏等省。本品不去内脏，呈弯曲圆柱形，长5～10cm，直径0.3～0.7cm。表面土黄色或灰棕色，多皱缩不平，环带多不明显，为马鞍形，不闭合。体轻，质脆，易折断，体腔内含泥土，皮薄肉少。

35. 海马

（1）质量评价　药材以个大、色白、体完整、坚实、洁净者为佳。

（2）混淆品及掺伪品　①冠海马：海龙科动物冠海马的干燥体。体长10cm左右，体表淡褐色。头冠特别高大，约等于吻长。第1、4、11体环和第4、10、14尾环的背侧脊状突较长。②掺伪品：商品中发现海马的掺伪品，主要是海马腹中或育儿囊内人为填充鱼粉、石蜡或泥沙等物，以增加重量。

36. 蛤蚧

（1）质量评价　药材以体大、肥壮、尾粗而长、无虫蛀者为佳。

（2）伪品　①多疣壁虎：壁虎科动物多疣壁虎去内脏的干燥体，俗称小蛤蚧。全长在20cm以下，背、腹肌肉很薄，无眼睑，吻鳞切鼻孔，鳞片极细小，体背灰褐色具多数不规则疣鳞，生活时尾易断。②壁虎：壁虎科动物壁虎的去内脏的干燥体，俗称小蛤蚧。形似蛤蚧但体小，肉薄，呈扁平状，头及躯干长7～9cm，尾长5～8cm。吻鳞切鼻孔。背部褐色，粒鳞微小，散有细小疣鳞。③蜡皮蜥：鬣蜥科动物蜡皮蜥去内脏的干燥体，俗称红点蛤蚧。全长约40cm，尾长近体长两倍。上唇具2个异型大齿，有眼睑，鳞片细小，无疣鳞。体背灰黑色，密布橘红色圆形斑点，体两侧有条形横向的橘红色斑纹。指、趾狭长而细，均具锐利爪。生活时尾不易断。④喜山鬣蜥：鬣蜥科动物喜山鬣蜥去内脏的干燥体，俗称西藏蛤蚧。主产于西藏和新疆自治区，是一种地方性使用药材。全长34～36cm，尾长超过体长，有眼睑，吻鳞不切鼻孔，口内有异型大齿，脊背有几行大鳞，四肢及尾背鳞片具棱，指趾狭长，圆柱形，均具爪，无蹼及吸盘。生活时尾不易断。⑤红瘰疣螈：蝾螈科动物红瘰疣螈去或未去内脏的干燥体。全体呈条形，长13～19cm，其中尾长达7cm。头近圆形，较大而扁，头顶部有倒“U”字形棱，中间陷下，无吻鳞。体表无鳞片，体侧有瘰疣，密生疣粒。足具4指5趾，无蹼，无爪，无吸盘。尾侧扁而弯曲。

37. 鸡内金

（1）质量评价　药材以个大、色黄、完整少破碎者为佳。

（2）伪品　鸭内金：鸭科动物鸭的沙囊内壁做药用。鸭内金多呈碎块，完整者多呈碟形或片状，较厚，约1.5mm。外表面暗绿色、紫黑色或黄棕色，棱沟皱纹少，内表面黄白色。断面角质样，无光泽。

38. 野山参

（1）质量评价　药材以条粗、质硬、气香、味浓、完整者为佳，以芦、艼、纹、体、须五形俱全和武形体者为最佳。

（2）伪品　①红参：用碎的红参须打成细粉，加入焦糖和色素、黏合剂调成糊状倒入特制的模具中，压制成四方长条形。常冒充红参或高丽参。无表皮，多无芦头，有的也嵌入芦头，无分支及根痕，表面深红棕色，断面无角质状，有焦糖气味，味甜，微苦。②人工制伪：目前市场上常伪冒野山参的除用移山参、趴货、园参之外，还有工艺参。根据使用原料不同，可分为有两种。

用残损的野山参的芦头、艼、主根、侧根、须为原料，用胶水为黏合剂进行拼接成野山参。一般多把芦接长，是由数段组成的，有的直接把芦头插在主根内，在芦头的两侧接上大艼，主根仍是残损野山参，然后再拼接侧根及须根。初看整体形状酷似野山参，但拼接芦头上下颜色、粗细不一，与主根不相称，芦碗生长方向不同，且无规律，艼较粗与芦头不匹配，参的生长年龄与须的长短不协调一致，用放大镜看有接痕和胶水痕，腿、须分杈不自然，缺少灵感、较呆板。放入温水中浸泡不散落，但用手捻搓接口处有硬心，柔软程度不同。

用园参进行挖补拼接成野山参。用数个园参的芦拼接较长的芦，芦碗硕大，为了现出园芦，有的取侧根的一段插入主根内，主根肩部用刀环刻成横纹，用黑土泥粘肩部，螺旋涂抹，擦掉浮泥，这样“铁线纹”就制成了。腿、须也是用数个“伪品”拼接。初看造型拙劣，不具有野山参的生长规律和自然形态，接痕明显粗糙，有的为了掩盖接痕，把人参泡软揭取外皮，粘贴在接口处，较容易识别。

39. 沉香

（1）质量评价　药材以油润、体重、香气浓、能沉水者为佳。

（2）伪品　用它种木材加工的伪制品或混充品，呈不规则片状或块状，表面黄白色，可见刀劈痕、伪造的网状纹理及细小的孔洞，无树脂状物。气弱，味淡。

40. 西红花

（1）质量评价　药材以柱头色棕红、黄色花柱少者为佳。

（2）伪品及掺伪品　曾发现多种伪品或掺伪品，如以其他植物花丝、花冠狭条或纸浆条片等染色后伪充，可于显微镜下检识，且水试后药材特征与正品不同；若掺有合成染料或其他色素，则水溶液常呈红色或橙黄色，而非黄色；淀粉及糊精等的掺伪，可用碘试液检识；若有矿物油或植物油掺杂，则在纸上留有油渍。

41. 冬虫夏草

（1）质量评价　药材以完整、虫体丰满肥大、外色黄亮、内部色白、子座短者为佳。

（2）伪品　①亚香棒虫草：麦角菌科真菌亚香棒虫草寄生在鳞翅目昆虫的子座及幼虫尸体的复合体。本品虫体蚕状，长3～5cm，直径0.4～0.6cm，表面有类白色的菌膜，除去菌膜显褐色，环纹20～30个，可见黑点状气门。子座单生或有分枝，长5～8cm，柄多弯曲，黑色。头部稍膨大，柄部棕褐色，质柔韧。②凉山虫草：麦角菌科真菌凉山虫草寄生在鳞翅目昆虫幼虫的子座及幼虫尸体的复合体。本品虫体似蚕，较粗，长3～6cm，直径0.6～1cm；表面被棕褐色菌膜，菌膜脱落处暗红棕色，有环纹9～12个，足不明显；质脆，易折断，断面类白色，周边红棕色。子座呈线形，纤细而长，或折曲，多不分枝或分枝；长10～30cm，直径0.1～0.2cm；表面黄棕色或黄褐色，头部稍膨大，柄部极长，多弯曲具细纵皱纹；质柔韧。气微腥，味淡。③掺伪品：市场常见掺入加重粉、体内或插入铁丝等情况，注意鉴别。

42. 牛黄

（1）质量评价　药材以完整、色棕黄、质酥脆、断面层纹清晰而细腻者为佳。

（2）伪品　用黄连、黄柏、大黄、姜黄、鸡蛋黄或植物黄色素等的粉末与动物胆汁混合制成。其外表色浅黄，体较重，断面棕褐色，粗糙，无层纹，味苦，无清香气，入口即化成糊状，无“挂甲”现象。驼科动物双峰驼的胆囊结石，个大，或有切成薄片者，质粗糙，无光泽，味不苦而咸，气微臭。有微毒。

43. 羚羊角

（1）质量评价　药材以质嫩、色白、光润、内含红色斑纹、无裂纹者为佳。

（2）伪品　①鹅喉羚羊角：牛科动物鹅喉羚羊的角。本品呈长圆锥形而稍侧扁，角尖显著向内弯转，长 14～30cm。表面灰黑色，不透明，粗糙，多纵裂纹，中下部有隆起斜向环脊 5～10 个，另一侧不明显，其间距约 1.5～2cm。②藏羚羊角：牛科动物藏羚羊的角。本品呈不规则细长圆锥形、弯曲，基部侧扁，较直，长 40～70cm。表面黑色或黑褐色，较光滑，不透明，有环脊 10～16 个，其间距几相等，约 2cm。③黄羊角：牛科动物黄羊的角。本品呈长圆锥形而侧扁，略作“S”形弯曲，长 20～30cm。表面淡灰棕色或灰黑色，不透明，有多数纵纹理，微波状环脊 17～20 个，斜向弯曲，其下部间距较小，约 5mm。基部横切面椭圆形。以上混淆品均不呈类白色、半透明，均无“通天眼”，应注意鉴别。④伪制品：其他动物角的仿制品。本品多光滑，环脊不自然，具加工痕迹。

44. 麝香

（1）质量评价　毛壳麝香以饱满、皮薄、仁多，捏之有弹性、香气浓烈者为佳。麝香仁以当门子多，颗粒色紫黑，粉末色棕褐，质柔润，香气浓烈者为佳。

（2）伪品　在商品毛壳麝香和麝香仁中均发现有掺伪品，如动物的肌肉、肝脏、血块、蛋黄粉、奶渣等；植物的儿茶粉、淀粉、锁阳粉、桂皮粉、大豆粉、丁香粉、地黄粉、海金沙等；矿物雄黄、赤石脂、铅粉、铁末、砂石等。以上掺伪品用性状、冒槽、火试等鉴别方法均能与真品麝香区分。

45. 鹿茸

（1）质量评价　药材均以茸形粗壮、饱满、皮毛完整、质嫩、油润、无骨棱、无钉者为佳。

（2）伪品　①驼鹿茸：为鹿科动物驼鹿的幼角。本品整支较粗大，分叉也较粗壮，长 15～30cm，直径约 4cm，且后叉扁宽，直径 6cm，皮灰黑色，毛长，较粗硬，手摸有粗糙感。②狍茸：为鹿科动物狍的幼角。本品多见带头盖骨的双茸，分叉简单，通常 3 叉，全长 20 余 cm，角干部用手触之有纵棱筋及明显的瘤状突起。③伪制砍茸：用塑料胶膜制成，形状类似鹿茸的头骨架，外面包裹老鼠皮；或用锯末为原料，加胶黏合捏成商品花鹿茸“二杠”模型，外面再包裹上动物毛皮伪造；亦有用鹿角外粘贴动物毛皮，再横切成薄片伪充鹿茸片出售。以上伪品不具备正品砍茸的基本特征，茸皮及茸毛与正品也不符，形状呆板不自然，细看有人工伪造的痕迹，加热水浸泡，胶黏部自然脱落，塑料变软，水溶液染色，可以鉴别。④伪制鹿茸蜡片：用鹿角、蛋清、淀粉、鹿皮或牛皮制成后切片。为类圆形片，表面类白色有光泽。中心有不规则的骨片，骨片不相连。外圈为鹿皮或牛皮，半透明状，略呈膜质，体轻，用温水浸泡即散落。

46. 血竭

（1）质量评价　药材以不溶于水，在热水中软化，易溶于乙醇、二硫化碳、三氯甲烷及碱液中。均以外色黑似铁、研粉红似血、火燃呛鼻、有苯甲酸样香气者为佳。如呈红色或灰土色、粉末发黄、杂质多者为次。

（2）伪品　①龙血竭：百合科植物剑叶龙血树的含脂木质部提取而得的树脂。本品呈不规则块状，表面红棕至黑棕，有光泽，有的附有少量红棕色的粉末；质脆；断面有空隙；气特异，微有清香，味微涩，嚼之有炭粒感并微黏牙。②伪制品：由松香、红色染料、石粉和泥土等混合而成。形似血竭；表面暗红色，略具光泽，用刀刮之起白色粉痕；有松香气，火烧之更浓，味淡。

47. 蕲蛇

（1）质量评价　药材以头尾齐全、条大、花纹明显、内壁洁净者为佳。

（2）伪品　①掺杂肉：掺假部位皮与肉的交接处略有分离，断面皮之间可见夹杂的其他动物肉。②掺铁丝、铁钉：在鲜蛇加工时掺入铁丝、铁钉时，蛇背部有异常凸起。③掺淀粉：用注射器将淀粉浆注入蛇体后干燥，外观丰满，质地沉重，折断可见皮肉间有褐色和类白色块末，碘液检查呈蓝黑色。④伪制品：同时还应注意鉴别劣质蕲蛇（死后变质的蕲蛇加工干燥品）和假冒蕲蛇（利用餐厅食用蕲蛇去掉的头皮尾，贴在去头皮尾的杂蛇身上，定形干燥）。

48. 乌梢蛇

（1）质量评价　药材以头尾齐全、皮黑肉黄、质坚实者为佳。

（2）伪品　常见同科多种动物伪充，主要有锦蛇属锦蛇、红点锦蛇、黑眉锦蛇、双斑锦蛇；鼠蛇属滑鼠蛇、灰鼠蛇；连蛇属赤链蛇；游蛇属草游蛇等。这些伪品蛇与乌梢蛇的主要区别点在于：背鳞行列都是奇数，而乌梢蛇背部鳞片为偶数列。

49. 金钱白花蛇

（1）质量评价　药材以头尾齐全、色泽明亮、盘径小者为佳。

（2）混淆品及伪品　①百花锦蛇：在广东、广西以百花锦蛇作白花蛇（金钱白花蛇）用，使用时间已有百年之久。本品头背呈赭红色，似梨形。体背灰绿色，具 30 余个排成 3 行略呈六角形的红褐色斑块，尾部有黑红相间的环纹。②金环蛇：眼镜蛇科动物金环蛇的干燥体。本品呈圆盘状，头盘于中央，口内有沟状牙齿，上唇鳞 7 片，鼻孔开向两侧，无颊鳞。头背及背部棕褐色，有金黄色宽 4～5 行鳞片的横斑纹，背鳞平滑，通体 15 行，尾下鳞单行。气腥，味微咸。③游蛇科幼蛇：主要有游蛇科动物中国水蛇、铅色水蛇、渔游蛇、赤链蛇、水赤链游蛇、黑背白环蛇和眼镜蛇科动物金环蛇。其中尤以黑背白环蛇外形极似，充伪品甚多。眼镜蛇科的金钱白花蛇不同于游蛇科动物的主要形态特征是：无颊鳞，背鳞扩大呈六角形，尾下鳞单行。后者具颊鳞 1 个，背鳞不扩大，尾下鳞双行；不同于同科金环蛇的主要形态特征是：白色横环纹 27～67 个；黑纹宽于白纹（1～2 个鳞），横纹不环绕腹部。后者是黄色环纹 23～33 个，黑黄纹相间近等宽，横纹环绕腹部。④拼接：用正品银环蛇的成蛇体剖割加工成若干条小蛇身，再装上其他蛇的蛇头，盘成圆盘状，冒充金钱白花蛇。此类伪品主要区别点是：蛇身不完整，蛇头颈部与蛇身有拼接痕迹，蛇身白环纹数多 10 个左右，无蛇尾。水浸泡除去竹签，头身分离。⑤涂色：以其他蛇的幼体用退色药水、油漆等将蛇身涂成白色环纹，此类伪品主要区别点为：白环纹的宽窄、间距不规则，脊鳞不扩大呈六角形。

50. 珍珠

（1）质量评价　药材以纯净、质坚、有彩光者为佳。

（2）伪品　伪品珍珠：用珍珠母或矿石打碎后磨圆加工制成的伪品珍珠。其外形、色彩均与毫珠相似。呈类球形、长圆形、扁圆片状或不规则多面体，直径 1～2（～3）mm。珠光层为有毒的铅类化合物，珠核系用贝壳粉碎后打磨而成。伪品的弹性差，仅在 5cm 以下；用丙酮可洗脱光泽（正品不能洗脱）；火烧后表面不呈黑色，无爆裂声，破碎面白色，无光泽；显微观察无“珍珠结构环”（同心性层纹）和“珍珠虹光环”；荧光黄绿色。

51. 哈蟆油

（1）质量评价　药材以色黄白、有光泽、片大肥厚、无皮膜者为佳。

（2）伪品　①中华大蟾蜍：蛙科动物中华大蟾蜍的干燥输卵管。呈扭曲的管状，形似鸡肠，或挤压成块片状，长 2～4cm，厚约 0.3～0.5cm，在条之间可见线状白膜相连。表面黄白色或黄棕色，光泽不明显。质稍硬，手摸粗糙，无滑腻感。温水浸后体积膨胀 3～5 倍。味微苦。②明太鱼：鳕鱼科明太鱼的精巢干制品。为不规则块状连接体，长 2～3cm，厚 1.8～4mm。表面黄白色，脂肪样，有的碎块一侧具绿黑色干皮。质坚而脆。手摸有滑腻感。遇水膨胀 0.5～1 倍，呈淡黄色团块，气极腥。③马铃薯或甘薯：加工为不规则块状，表面灰白色或淡棕黄色，半透明，角质样，质坚硬，掐之表面无痕迹出现。水浸后膨胀小，表面膨胀为灰白色或淡棕黄色，手摸之即脱落，里面有硬心。气微，味淡或甜。镜检，可见大量糊化淀粉。④琼脂蛋白胨加工品：本品呈团状、块状或弯曲粉条状，边缘有刀切痕。灰白色，稍透明，有光泽。质轻有弹性。气微，味淡。遇水膨胀不大，呈透明胶状，煮沸后溶化，冷后凝固。

52. 龟甲

（1）质量评价　药材以血甲块大、完整、洁净、无腐肉者为佳。

（2）混淆品　红耳侧线龟（巴西龟）：体长 9cm，背甲金黄色，扁平。每块盾片上有一马蹄状至圆形黄黑相间的条纹。后缘呈锯齿状。腹甲黄色，每块甲片上有一铜钱状至不规则状黑色斑纹。指间有蹼。

53. 鳖甲

（1）质量评价　药材以块大、无残肉、无腥臭味者为佳。

（2）伪品　①缘板鳖、印度缘板鳖：同科动物缘板鳖和印度缘板鳖的背甲。本品呈倒卵圆形，明显上宽下窄，呈猴脸状；表面密布颗粒状的点状突起；第 1 后缘板明显小于第 2 后缘板；腹面肋骨不伸出肋板之外（幼体肋骨亦伸出肋板之外）。印度缘板鳖则第 1 后缘板明显大于第 2 后缘板。②山瑞鳖：同科动物山瑞鳖的背甲。本品呈椭圆形，形体与鳖相似而较大，全体含黑色素。长 7～36cm，宽 6～21cm。脊背中部有 1 条纵向浅凹沟，颈板拱形突起，第 1 对肋板间具 1 枚锥板。

54. 阿胶

（1）质量评价　药材以色匀、质脆、半透明、断面光亮、无腥气者为佳。

（2）混淆品及伪品　①猪皮：用猪皮熬制所得的“新阿胶”，呈方块状，表面棕褐色，对光照视不透明，断面不光亮。于水中加热熔化，液面有一层脂肪油，具肉皮汤味。成分与阿胶相似。疗效亦与阿胶相似。②其他动物皮制胶：常见伪品为用多种动物的皮熬制成的胶块伪充阿胶，其与阿胶的主要区别为：表面黑褐色，光泽差，质硬韧，不易破碎，碎块断面色暗而无光亮，易发软黏合，带腥臭气。加沸水搅拌溶解后，溶液呈暗红棕色，混浊，静置后溶液变稠，10%水溶液温度降至不到10℃即凝固。正品阿胶水溶液呈红茶色，透明，清而不浊，10%水溶液在5～10℃下放置亦不凝固。

55. 木瓜

（1）质量评价　药材以外皮抽皱，肉厚、内外紫红色、质坚实、味酸者为佳。

（2）伪品　光皮木瓜：蔷薇科植物木瓜的果实。多呈片状，外表面红棕色，光滑或略粗糙，不皱缩，剖面边缘不向内卷曲，果肉粗糙，气微，味微酸涩，嚼之有沙砾感。

56. 乌梅

（1）质量评价　药材以个大、核小柔润、肉厚、不破裂、味极酸者为佳。

（2）伪品　①山杏、李：蔷薇科植物山杏、李等的成熟果实。果核表面无凹入小点。②山桃：蔷薇科植物山桃的成熟果实。果核近球形，表面有沟纹及小坑。

57. 川贝母

（1）质量评价　药材均以质坚实、粉性足、色白者为佳。

（2）混淆品　小浙贝母：百合科植物浙贝母的干燥鳞茎，将个小者掺入川贝母中混充松贝母。本品形似松贝母，较松贝苦味大。

58. 玫瑰花

（1）质量评价　药材以朵大、瓣厚、色紫、鲜艳、香气浓者为佳。

（2）混淆品　月季花：市场可见以同科植物月季花混充玫瑰的情况，性状特征见中药识别“月季花”项。

59. 延胡索

（1）质量评价　药材以个大、饱满、质坚实、断面色黄者为佳。

（2）伪品　姜黄：以姜科植物姜黄打碎混充。破碎面棕黄色至金黄色，角质样，有蜡样光泽，有内皮层环纹残痕，维管束呈点状散在。具姜香气。

60. 茯苓

（1）质量评价　药材以体重，质坚实，外皮色棕褐、纹细、无裂隙，断面白色细腻，黏牙力强者为佳。

（2）伪品　用淀粉、胶水等制作而成。为不规则薄片或厚片，一面略粗糙，另一面平滑，白色，味淡，嚼之易碎，不黏牙，水泡很快外表面黏手，手捏易碎。显微镜下水装片可见众多淀粉粒，滴加稀碘液1滴显蓝紫色。

二、中药规格等级知识

中药规格等级是衡量药材质量的标志，也是定价的依据，国家对76味中药的规格等级进行规定，其他药材多按习惯分规格等级。

药材划分规格的主要依据有：①产地。如泽泻分为建泽泻（福建产）、川泽泻（四川产），以建泽泻质优。②采收时间。如天麻分为春麻、冬麻，以冬麻质优。③加工方法。如知母分毛知母、知母肉（去皮），以野生知母肉为佳。④成熟程度。如连翘分青翘、老翘，以青翘质优。⑤来源。如肉苁蓉分软大芸（肉苁蓉）、硬大芸（管花肉苁蓉）两种。⑥药用部位。

药材等级划分的主要依据有：①纯净程度。如蒲黄分为净蒲黄、草蒲黄，以净蒲黄质佳。②表面色泽。如五味子表面紫红色或红褐色者为一等，表面黑红、暗红或淡红色者为二等。③单位重量内所含药材的个数。如川芎、三七等。④单个药材的重量。如大黄规格中的“雅黄”。⑤单个药材的大小。如蜈蚣按大小分为大条、中条、小条，以大条质佳。

1. 白术

白术规格标准　一等：呈不规则团块，体形完整。表面灰棕色或黄褐色。断面黄白色或灰白色。味甘微苦。每千克 40 只以内。无焦枯、油个、炕泡、杂质、虫蛀、霉变。二等：每千克 100 只以内。余同一等。三等：每千克 200 只以内。余同一等。四等：体形不计，但需全体是肉。每千克 200 只以外。余同一等。

2. 甘草

商品一般分西草和东草 2 大类。目前主要以品质区分，而不受地区限制，其中质优者为西草。

（1）西草规格标准　①大草规格标准　统货：呈圆柱形。表面红棕色、棕黄色或灰棕色，皮细紧，有纵纹，斩去头尾，切口整齐。质坚实、体重。断面黄白色，粉性足。味甜。长 25～50cm，顶端直径 2.5～4cm，黑心草不超过总重量的 5%。无须根、杂质、虫蛀、霉变。②条草规格标准　一等：呈圆柱形，单枝顺直。表面红棕色、棕黄色或灰棕色，皮拉紧，有纵纹，斩去头尾，口面整齐。质坚实、体重。断面黄白色，粉性足。味甜。长 25～50cm，顶端直径 1.5cm 以上。间有黑心。无须根、杂质、虫蛀、霉变。二等：顶端直径 1cm 以上，余同一等。三等：顶端直径 0.7cm 以上。余同一等。③毛草规格标准　统货：呈圆柱形弯曲的小草，去净残茎，不分长短。表面红棕色、棕黄色或灰棕色。断面黄白色，味甜。项端直径 0.5cm 以上。无杂质、虫蛀、霉变。④草节规格标准　一等：呈圆柱形，单枝条。表面红棕色、棕黄色或灰棕色，皮细，有纵纹。质坚实、体重。断面黄白色，粉性足。味甜。长 6cm 以上，顶端直径 1.5cm 以上。无须根、疙瘩头、杂质、虫蛀、霉变。二等：顶端直径 0.7cm 以上。余同一等。⑤疙瘩头规格标准　统货。系加工条草砍下之根头，呈疙瘩头状。去净残茎及须根。表面黄白色。味甜。大小长短不分，间有黑心。无杂质、虫蛀、霉变。

（2）东草　①条草规格标准　一等：呈圆柱形，上粗下细。表面紫红色或灰褐色，皮粗糙。不斩头尾。质松体轻。断面黄白色，有粉性。味甜。长 60cm 以上。芦下 3cm 处直径 1.5cm 以上。间有 5% 20cm 以上的草头。无杂质、虫蛀、霉变。二等：长 50cm 以上，芦下 3cm 处直径 1cm 以上，间有 5% 20cm 以上的草头。余同一等。三等：长 40cm 以上，芦下 3cm 处直径 0.5cm 以上。间有 5% 20cm 以上的草头。余同一等。②毛草规格标准统货：呈圆柱形弯曲不上草。去净残茎，间有疙瘩头。表面紫红色或灰褐色。质松体轻。断面黄白色。味甜。不分长短，芦下直径 0.5cm 以上。无杂质、虫蛀、霉变。

3. 白芍

（1）白芍规格标准 一等：圆柱形，直或稍弯，去净栓皮，两端整齐。表面类白色或淡红棕色。质坚实体重，断面类白色。味微苦、酸。长 8cm 以上，中部直径 1.7cm 以上，无芦头、花麻点、破皮、裂口、夹生。二等：长 6cm 以上，中部直径 1.3cm 以上，间有花麻点。余同一等。三等：长 4cm 以上，中部直径 0.8cm 以上，间有花麻点。余同一等。四等：长短粗细不分，兼有夹生、破皮、花麻点、头尾、碎节或未去净栓皮。无枯芍、芦头。

（2）杭白芍规格标准 一等：圆柱形，条直，两端切平。表面棕红色或微黄色。质坚体重，断面米白色。味微苦、酸。长 8cm 以上，中部直径 2.2cm 以上。无枯芍、芦头、栓皮、空心。二等：长 8cm 以上，中部直径 1.8cm 以上。余同一等。三等：长 8cm 以上，中部直径 1.5cm 以上。余同一等。四等：长 7cm 以上，中部直径 1.2cm 以上。余同一等。五等：长 7cm 以上，中部直径 0.9cm 以上。余同一等。六等：长短不分，中部直径 0.8cm 以上。余同一等。七等：长短不分，中部直径 0.5cm 以上，间有夹生、伤疤，无梢尾。余同一等。

4. 麦冬

（1）浙麦冬规格标准 一等：呈纺锤形，半透明。表面黄色，质柔韧。断面牙白色，有木心。味微甜，嚼之有黏性。每 50g 150 粒以内。无须根、油粒、烂头、枯子、杂质、霉变。二等：每 50g 280 粒以内，余同一等。三等：每 50g 280 粒以外。最小不低于麦粒大。油粒、烂头不超过 10%。无须根、杂质、霉变。余同一等。

（2）川麦冬规格标准 一等：纺锤形，半透明。表面淡白色，断面牙白色，木心细软。味微甜，少黏性。每 50g 190 粒以内。无须根、乌花、油粒、杂质、霉变。二等：每 50g 300 粒以内。余同一等。三等：每 50g 300 粒以外，最小不低于麦粒大。间有乌花，油粒不超过 10%。余同一等。

5. 黄芪

黄芪规格标准 特等：呈圆柱形的单条，斩去疙瘩头或喇叭头，顶端间有空心。表面灰黄色或淡褐色。质硬而韧。断面皮部黄白色，木部淡黄色或黄色，有粉性。味甘，有生豆腥气。长 70cm 以上，上中部直径 2cm 以上，末端直径不小于 0.6cm。无须根、老皮、虫蛀、霉变。一等：长 50cm 以上，上中部直径 1.5cm 以上，末端直径不小于 0.5cm。余同特等。二等：长 40cm 以上，上中部直径 1cm 以上，末端直径不小于 0.4cm。间有老皮。余同一等。三等：不分长短，上中部直径 0.7cm 以上，末端直径不小于 0.3cm。间有破短节子。余同二等。

6. 金银花

（1）密银花规格标准 一等：花蕾呈棒状，上粗下细，略弯曲。表面绿硬，握之有顶手感。气清香，味甘微苦。无开放花朵，破裂花蕾及黄条不超过 5%。二等：表面绿白色，花冠厚质稍硬，开放花朵不超过 5%，黑头、破裂花蕾及黄条不超过 10%。其余同一等。三等：白色或黄白色，花冠厚质硬，开放花朵、黑条不超过 30%，其余同二等。四等：花蕾或开放花朵兼有，色泽不分。枝叶不超过 3%。其余同三等。

（2）东银花规格标准 一等：花蕾呈棒状，肥壮。上粗下细，略弯曲。表面黄白色、青色。气清香，味甘、微苦。开放花朵不超过 5%。无嫩蕾、黑头、枝叶。二等：花蕾较瘦，开放花朵不超过 15%，黑头不超过 3%。其余同一等。三等：花蕾瘦小，开放花朵不超过 25%，黑头不超过 15%，枝叶不超过 1%。其余同二等。四等：花蕾或开放的花朵兼有。色泽不分，枝叶不超过 3%。其余同三等。

7. 枸杞子

枸杞子近年引种地区较多，由于自然条件不同，产品质量有差别，故分为西宁枸杞和血枸杞两个品种。

（1）西枸杞规格标准　一等：每 50g 370 粒以内。果实椭圆形或长卵形，色泽鲜红或红色、暗红色，质柔软，多糖质，滋润，味甜。大小均匀，无油粒、破粒、杂质、虫蛀、霉变。二等：每 50g 580 粒以内。其余同一等。三等：每 50g 900 粒以内。果实暗红或橙红色，糖质较少，其余同一等。四等：每 50g 1120 粒以内。果实暗红或橙红色，糖质少，无油粒。其余同一等。五等：色泽深浅不一，每 50g 1100 粒以外。破粒，油粒不超过 30%。余同四等。

（2）血枸杞规格标准　一等：呈类纺锤形，略扁。果皮鲜红色或深红色。果肉柔润。味甜微酸。每 50g 600 粒以内。无油果、黑果、杂质、虫蛀、霉变。二等：每 50g 800 粒以内，油果不超过 10%。余同一等。三等：每 50g 800 粒以外，包括油果。余同一等。

8. 山药

（1）光山药规格标准　一等：呈圆柱形，条均挺直，光滑圆润，两头平齐。内外均匀为白色。质坚实，粉性足。味淡。长 15cm 以上，直径 2.3cm 以上。无裂痕、空心、炸头、杂质、虫蛀、霉变。二等：长 13cm 以上，直径 1.7cm 以上。余同一等。三等：长 10cm 以上，直径 1cm 以上。余同一等。四等：直径 0.8cm 以上，长短不分，间有碎块。余同一等。

（2）毛山药规格标准　一等：呈长条形，弯曲稍扁，有顺皱纹或周沟，去净外皮。内外均为白色或黄白色，有粉性。味淡。长 15cm 以上，中部围粗 10cm 以上。无破裂、空心、黄筋、杂质、虫蛀、霉变。二等：长 10cm 以上，中部围粗 6cm 以上。余同一等。三等：长 10cm 以上，中部围粗 3cm 以上。间有碎块。余同一等。

9. 赤芍

赤芍规格标准　一等：呈圆柱形，稍弯曲。表面暗棕色或紫褐色，较粗糙，有纵沟及皱纹。体轻质脆。断面粉白色或粉红色，中间有放射状纹理，粉性足。长 16cm 以上，两端粗细均匀，中部直径 1.2cm 以上。无疙瘩头、空心、须根、杂质、虫蛀、霉变。二等：长 15.9cm 以下，中部直径 0.5cm 以上，余同一等。

10. 槟榔

槟榔规格标准　一等：呈扁圆形或圆锥形。表面淡黄色或棕黄色。质坚实。断面有灰白色与红棕色交错的大理石样花纹。味涩、微苦。每公斤 160 个以内。二等：每公斤 160 个以外。间有破碎、枯心不超过 5%，轻度虫蛀不超过 3%。余同一等。

11. 红花

红花规格标准　一等：管状花皱缩弯曲，成团或散在。表面深红、鲜红色，微带淡黄色。质较软，有香气，味微苦、无枝叶、杂质、虫蛀、霉变。二等：表面浅红、暗红或黄色。余同一等。

12. 牛膝

牛膝规格标准　一等（头肥）：呈长条圆柱形。内外黄白色或浅棕色。中部直径 0.6cm 以上，长 50cm 以上。根条均匀。无冻条、油条、破条。二等（二肥）：中部直径 0.4cm 以上，长 35cm 以上。无冻条、油条、破条。三等（平条）：中部直径 0.4cm 以下，但不小于 0.2cm，长短不分，间有冻条、油条、破条。

13. 白芷

白芷规格标准　一等：呈圆锥形，表面灰褐色或棕褐色。质坚。断面白色或黄白色，具粉性。有香气，味辛微苦。每公斤 36 支以内。无空心、黑心、芦头、油条、杂质、虫蛀、霉变。二等：每公斤 60 支以内。余同一等。三等：每公斤 60 支以外，顶端直径不得小于 0.7cm。间有白芷尾、黑心、异状、油条，但总数不得超过 20%。

14. 延胡索

延胡索规格标准　一等：呈不规则扁球形。表面黄棕色，多皱缩。质硬脆，断面黄褐色，有蜡样光泽。味苦微辛。每 50g 45 粒以内。无杂质、虫蛀、霉变。二等：每 50g 45 粒以外，余同一等。

15. 木香

木香规格标准　一等：呈圆柱形或半圆柱形。表面棕黄色或灰棕色。体实。断面黄棕色或黄绿色，具油性。气香浓，味苦而辣。根条均匀，长 8～12cm，最细的一端直径在 2cm 以上。不空、不泡、不朽。无芦头、根尾、焦枯、油条、杂质、虫蛀、霉变。二等：呈不规则的条状或块状。长 3～10cm，最细的一端直径在 0.8cm 以上。间有根头根尾、碎节、破块。余同一等。

16. 玄参

玄参规格标准　一等：呈类纺锤形或长条形。表面灰褐色，有纵纹及抽沟。质坚韧。断面黑褐色或黄褐色。味甘微苦咸。每公斤 36 支以内，支头均匀。无芦头、空泡、杂质、虫蛀、霉变。二等：每公斤 72 支以内。余同一等。三等：每公斤 72 支以外，个头最小在 5g 以上。间有破块。余同一等。

17. 北沙参

北沙参规格标准　一等：呈细长条柱形，去净栓皮。表面黄白色。质坚而脆。断面皮部淡黄白色，有黄色木质心。微有香气，味微甘。条长 34cm 以上，上中部直径 0.3～0.6cm。无芦头、细尾须、油条、虫蛀、霉变。二等：条长 23cm 以上，上中部直径 0.3～0.6cm。余同一等。三等：条长 22cm 以下，粗细不分，间有破碎。余同一等。

18. 木瓜

木瓜规格标准　统货。纵剖成半圆形。表面紫红或棕红色、皱缩。切面远缘向内卷曲，中心凹陷，紫褐色或淡棕色，有种子或脱落。质坚硬、肉厚。味酸而涩。无光皮、焦枯、杂质、虫蛀、霉变。

19. 牡丹皮

（1）凤丹规格标准　一等：呈圆筒状，条均匀微弯，两端剪平，纵形隙口紧闭，皮细肉厚。表面褐色。质硬而脆。断面粉白色，粉质足，有亮银星。香气浓，味微苦涩。长 6cm 以上，中部围粗 2.5cm 以上。无木心、青丹、杂质、霉变。二等：长 5cm 以上，中部围粗 1.8cm 以上。三等：长 4cm 以上，中部围粗 1cm 以上。四等：凡不符合一、

二、三等的细条及断支碎片，均属此等。但最小围粗不低于6mm。

（2）连丹规格标准　一等：呈圆筒状，条均匀，稍微弯。表面灰褐色或棕褐色，栓皮脱落处呈粉褐色。质硬而脆。断面粉白或淡褐色，有粉性。香气浓，味微苦涩。长6cm以上，中部围粗2.5cm以上。碎节不超过5%。去净木心，无杂质、霉变。二等：长5cm以上，中部围粗1.8cm以上。碎节不超过5%。三等：长4cm以上，中部围粗1cm以上。碎节不超过5%。三等：长4cm以上，中部围粗0.9cm以上。皮刮净，色粉红，碎节不超过5%。四等：凡不符合一、二、三等的细条及断支碎片，均属此等。但最小围粗不低于6mm。

（3）刮丹规格标准　一等：呈圆筒状，条均匀，刮去外皮，表面粉红色，在节疤、皮孔、根痕处，偶有未去净的粗皮，形成棕褐色的花斑。质坚硬。断面粉白色，有粉性。气香浓，味微苦涩。长6cm以上，中部围粗2.4cm以上。皮刮净，色粉红，碎节不超过5%。无木心、杂质、霉变。二等：长5cm以上，中部围粗1.7cm以上。皮刮净，色粉红，碎节不超过5%。三等：长4cm以上，中部围粗9mm以上。皮刮净，色粉红，碎节不超过5%。四等：凡不符合一、二、三等的细条及断支碎片，均属此等。

20. 杜仲

杜仲规格标准　特等：呈平板状，两断切齐，去净粗皮。表面呈灰褐色，内表面黑褐色，质脆。断处有胶丝相连，味微苦。整张长70～80cm，宽50cm以上，厚7mm以上。碎块不超过10%。无卷形、杂质、霉变。一等：呈平板状，两断切齐，去净粗皮。表面呈灰褐色，内表面黑褐色，质脆。断处有胶丝相连，味微苦。整张长40cm以上，宽40cm以上，厚5mm以上。余同特等。二等：整张长40cm以上。宽30cm以上，厚3mm以上，碎块不超过10%。三等：凡不符合特等及一、二等标准，厚度最薄不得小于2mm，包括枝皮、根皮、碎块，均属此等，无杂质、霉变。

21. 五味子

五味子规格标准　一等：呈不规则球形或椭圆形。表面紫红色或红褐色，皱缩，肉厚，质柔润。内有肾形种子1～2粒。果肉味酸，种子有香气，味辛微苦。干瘪粒不超过2%，无枝梗、杂质、虫蛀、霉变。二等：表面黑红、暗红或淡红色，肉较薄。干瘪粒不超过20%。余同一等。

22. 细辛

（1）北细辛规格标准　野生：统货。呈顺长卷曲状。根茎多节，须根细，须毛多，土黄色或灰褐色。有浓香气，味辛辣。无泥土、杂质、霉变。家种：统货。须根较粗长均匀，须毛少。余同野生。

（2）华细辛规格标准　统货。呈顺长卷曲状。根节细密，须根粗大。气味均较北细辛弱。无泥土、杂质、霉变。

23. 桔梗

（1）南桔梗规格标准　一等：呈顺直的长条形，去净粗皮及细稍。表面白色。体坚实。断面皮层白色，中间淡黄色。味甘苦辛。上部直径1.4cm以上，长14cm以上。无杂质、虫蛀、霉变。二等：上部直径1cm以上，长12cm以上。余同一等。三等：上部直径不低于0.5cm，长度不低于7cm。余同一等。

（2）北桔梗规格标准　统货。呈纺锤形或圆柱形，多细长弯曲，有分枝。去净粗皮。

表面白色或淡黄白色。体松泡。断面皮层白色。中间淡黄白色。味甘。大小长短不分，上部直径不低于 0.5cm。无杂质、虫蛀、霉变。

24. 防风

防风规格标准 一等：根呈圆柱形。表面有皱纹，顶端带有毛须。外皮黄褐色或灰黄色。质松较柔软。断面棕黄色或黄白色，中间淡黄色。味微甜。根长 15cm 以上。芦下直径 0.6cm 以上。无杂质、虫蛀、霉变。二等：芦下直径 0.4cm 以上。余同一等。

25. 龙胆

（1）关龙胆规格标准 统货。呈不规则块状，顶端有突起的茎基，下端生着多数细长根。表面淡黄色或黄棕色，上部有细横纹。质脆易折断。断面淡黄色，显筋脉点，味极苦。长短大小不分。无茎叶、杂质、霉变。

（2）坚龙胆规格标准 统货。呈不规则的结节状。顶端有木质茎秆，下端生着若干条根。粗细不一。表面棕红色，多纵皱纹。质坚脆，角质样。折断面中央有黄色木心。味极苦。无茎叶、杂质、霉变。

26. 丹参

（1）丹参（野生）规格标准 统货。呈圆柱形，条短粗，有分支，多扭曲。表面红棕色或深浅不一的红黄色，皮粗糙，多鳞片状，易剥落。体轻而脆。断面红黄色或棕色，疏松有裂隙，显筋脉白点。气微，味甘微苦。无芦头、毛须、杂质、霉变。

（2）川丹参（家种）规格标准 一等：呈圆柱形或长条状，偶有分支。表面紫红色或黄棕色。有纵皱纹。质坚实，皮细而肥壮。断面灰白色或黄棕色，无纤维。气弱，味甜微苦。多为整枝，头尾齐全，主根上中部直径在 1cm 以上。无芦茎、碎节、须根、杂质、虫蛀、霉变。二等：主根上中部直径 1cm 以下，但不得低于 0.4cm。有单枝及撞断的碎节。余同一等。

27. 黄芩

（1）条芩规格标准 一等：呈圆锥形，上部皮较粗糙，有明显的网纹及扭曲的纵皱。下部皮细有顺纹或皱纹。表面黄色或黄棕色。质坚脆。断面深黄色，上端中央有黄绿色或棕褐色的枯心。气微、味苦。条长 10cm 以上，中部直径 1cm 以上。去净粗皮。无杂质、虫蛀、霉变。二等：条长 4cm 以上，中部直径 1cm 以下，但不小于 0.4cm。余同一等。

（2）枯碎芩规格标准 统货。即老根多中空的枯芩和块片碎芩，破断尾芩。表面黄或淡黄色。质坚脆。断面黄色。气微、味苦。无粗皮、茎芦、碎渣、杂质、虫蛀、霉变。

28. 知母

（1）毛知母规格标准 统货。呈扁圆形，略弯曲，偶有分枝；体表上面有一凹沟具环状节。节上密生黄棕色或棕色毛；下面有须根痕；一端有浅黄色叶痕（俗称金包头）。质坚实而柔润。断面黄白色。略显颗粒状。气特异，味微甘略苦。长 6cm 以上。无杂质、虫蛀、霉变。

（2）知母肉规格标准 统货。呈扁圆条形，去净外皮。表面黄白色或棕黄色。质坚。断面淡黄色，颗粒状。气特异。味微甘略苦。长短不分，扁宽 0.5cm 以上。无烂头、杂质、虫蛀、霉变。

29. 连翘

（1）黄翘规格标准　统货。呈长卵形或卵形，两端狭尖，多分裂为两瓣。表面有一条明显的纵沟和不规则的纵皱纹及凸起小斑点，间有残留果柄表面棕黄色，内面浅黄棕色，平滑，内有纵隔。质坚脆。种子多已脱落。气微香，味苦。无枝梗、种籽、杂质、霉变。

（2）青翘规格标准　统货。呈狭卵形至卵形，两端狭长，多不开裂。表面青绿色，绿褐色，有两条纵沟。质坚硬。气芳香、味苦。间有残留果柄。无枝叶及枯翘，杂质、霉变。

30. 陈皮

（1）橘皮规格标准　一等：呈不规格片状，片张较大。表面橙红色或红黄色，有无数凹入的油点（鬃眼）。对光照视清晰。内面白黄色。质稍硬而脆。易折断。气香、味辛苦。无杂质、虫蛀、霉变、病斑。二等：片张较小，间有破块。表面黄褐色或黄红色、暗绿色。内面类或灰黄色，较松泡。味微苦。余同一等。

（2）广陈皮规格标准　一等：剖成三至四瓣。而瓣多向外反卷。表面橙红色或棕紫色，显皱缩，有无数大裂凹入的油室。内面白色、略呈海棉状，质柔。片张较厚。断面不齐。气清香浓郁，味微辛。无杂质、虫蛀、霉变、病斑。二等：裂瓣多向外反卷。表面橙红色或红棕色，有无数大而凹入的油室。内面白色、较光洁。质较柔。皮张较薄。气清香、味微苦辛。余同一等。三等：皮薄而片小。表面红色或带有青色，有无数凹入的油室。内面类白色。质坚而脆。有香气、味微辛，不甚苦。余同一等。

31. 酸枣仁

酸枣仁规格标准　一等：呈扁圆形或扁椭圆形，饱满。表面深红色或紫褐色，有光泽。断面内仁浅黄色，有油性。味甘淡。核壳不超过 2%。碎仁不超过 5%。无黑仁、杂质、虫蛀、霉变。二等：较瘪瘦。表面深红色或棕黄色。核壳不超过 5%，碎仁不超过 10%。余同一等。

32. 远志

（1）志筒规格标准　一等：呈筒状，中空。表面浅棕色或灰黄色，全体有较深的横皱纹，皮细肉厚。质脆易断。断面黄白色。气特殊，味苦微辛。长 7cm 中部直径 0.5cm 以上。无木心、杂质、虫蛀、霉变。二等：长 5cm 中部直径 0.3cm 以上。余同一等。

（2）志肉规格标准　统货。多为破裂断碎的肉质根皮。表面棕黄色或灰黄色，全体为横皱纹，皮粗细厚薄不等。质脆易断。断面黄白色。气特殊，味苦微辛。无芦茎、无木心、杂质、虫蛀、霉变。

33. 柴胡

（1）北柴胡规格标准　统货。呈圆锥形，上粗下细，顺直或弯曲，多分枝。头部膨大，呈疙瘩状，残茎不超过 1cm。表面灰褐色或土棕色，有纵皱纹。质硬而韧，断面黄白色。显纤维性。微有香气，味微苦辛。无须毛、杂质、虫蛀、霉变。

（2）南柴胡规格标准　统货。类圆锥形，少有分枝，略弯曲。头部膨大，有残留苗茎。表面土棕色或红褐色，有纵皱纹及须根痕。断面淡棕色。微有香气。味微苦辛。大小不分。残留苗茎不超过 1.5cm。无须根、杂质、虫蛀、霉变。

34. 苍术

（1）茅苍术规格标准　统货。呈不规则连珠状的圆柱形，略弯曲。表面灰黑色或灰褐色。质坚。断面黄白色，有朱砂点，露出稍久，有白毛状结晶体，气浓香，味微甜而辛。中部直径0.8cm以上。无须根，杂质、虫蛀、霉变。

（2）北苍术规格标准　统货。呈不规则的疙瘩状或结节状。表面黑棕色或棕褐色。质较疏松。断面黄白色或灰白色，散有棕黄色朱砂点。气香。味微甜而辛。中部直径1cm以上。无须根、杂质、虫蛀、霉变。

35. 栀子

栀子规格标准　一等：呈长圆形或椭圆形，饱满。表面橙红色、红黄色、淡红色、淡黄色。具有纵棱，顶端有宿存萼片。皮薄革质。略有光泽。破开后种子聚集成团状，短红色、紫红色或淡红色、棕黄色。气微，味微酸而苦。无黑果、杂质、虫蛀、霉变。二等：较瘦小。表面橙黄色、暗紫色或带青色具有纵棱。种子棕红色、红黄色、暗棕色、棕褐色。间有怪形果或破碎。余同一等。

36. 香附

光香附规格标准　统货。呈纺锤形，有的略弯曲。去净毛须。表面棕褐色、紫褐色。具光泽有纵皱纹，通常有数个隆起的环节及残留的根痕。质坚硬、粉足。断面淡褐色、灰白色或棕黄色。气芳香、味微苦。大小不分。无杂质、虫蛀、霉变。

37. 当归

（1）全归规格标准　一等：上部主根圆柱形，下部有多条支根，根梢不细于0.2cm。表面棕黄色或黄褐色。断面黄白色或淡黄色，具油性。气芳香，味甘微苦。每公斤40支以内。无须根、杂质、虫蛀、霉变。二等：每公斤70支以内。余同一等。三等：每公斤110支以内。余同一等。四等：每公斤110支以外。余同一等。五等：凡不符合以上分等的小货归入此等，全归占30%，腿渣占70%，具油性。余同一等。

（2）归头规格标准　一等：纯主根，呈长圆形或拳状，表面棕黄色或黄褐色。断面黄白色或淡黄色，具油性。气芳香，味甘微苦。每公斤40支以内。无油个、枯干、杂质、虫蛀、霉变。二等：每公斤80支以内。余同一等。三等：每公斤120支以内。余同一等。四等：每公斤160支以内。余同一等。

38. 川芎

川芎规格标准　一等：呈绳结状，质坚实。表面黄褐色。断面灰白色或黄白色。有特异香气，味苦辛、麻舌。每公斤44个以内，单个的重量不低于20g。无山川芎、空心、焦枯、杂质、虫蛀、霉变。二等：每公斤70个以内。余同一等。三等：每公斤70个以外，个大空心的属此。余同一等。

39. 地黄

生地规格标准　一等：呈纺锤形或条形圆根。体重质柔润。表面灰白色或灰褐色。断面黑褐色或黄褐色，具有油性。味微甜。每公斤16支以内。无芦头、老母、生心、焦枯、杂质、虫蛀、霉变。二等：每公斤32支以内。余同一等。三等：每公斤60支以内。余同一等。四等：每公斤100支以内。余同一等。五等：油性少，支根瘦小。每公斤100支以外，最小货直径1cm以上。余同一等。

40. 茯苓

（1）个苓规格标准　一等：呈不规则圆球形或块状。表面黑褐色或棕褐色。体坚实、皮细。断面白色。味淡。大小圆扁不分。无杂质、霉变。二等：体轻泡、皮粗、质松。断面白色至黄赤色。间有皮沙、水锈、破伤。余同一等。

（2）白苓片规格标准　一等：为茯苓去净外皮，切成薄片。白色或灰白色。质细。毛边（不修边）。厚度每厘米 7 片，片面长宽不得小于 3cm。无杂质、霉变。二等：厚度每厘米 5 片，片面长宽不得小于 3cm。余同一等。

（3）白苓块规格标准　统货。为茯苓去净外皮切成扁平方块。白色或灰白色。厚度 0.4～0.6cm 之间，长度 4～5cm，边缘苓块，可不成方形。间有 1.5cm 以上的碎块。无杂质、霉变。

（4）赤苓块规格标准　统货。为茯苓去净外皮切成扁平方块。赤黄色。厚度 0.4～0.6cm 之间，长度 4～5cm，边缘苓块，可不成方形。间有 1.5cm 以上的碎块。无杂质、霉变。

（5）茯神块规格标准　统货。为茯苓去净外皮切成扁平方形块。色泽不分，每块含有松木心。厚度 0.4～0.6cm，长宽 4～5cm。木心直径不超过 1.5cm。边缘苓块，可不成方形。间有 1.5cm 以上的碎块，无杂质、霉变。

（6）骰方规格标准　统货。为茯苓去净外皮切成立方形块。白色。质坚实。长、宽、厚在 1cm 以内，均匀整齐。间有不规则的碎块，但不超过 10%。无粉末、杂质、霉变。

（7）白碎苓规格标准　统货。为加工茯苓时的白色或灰白色的大小碎块或碎屑，均属此等。无粉末、杂质、虫蛀、霉变。

（8）赤碎苓规格标准　统货。为加工茯苓时的赤黄色大小碎块或碎屑，均属此等。无粉末、杂质、虫蛀、霉变。

（9）茯神木规格标准　统货。为茯苓中间生长的松木，多为弯曲不直的松根，似朽木状。色泽不分，毛松体轻。每根周围必须带有三分之二的茯苓肉。木杆直径最大不超过 2.5cm。无杂质、霉变。

41. 紫菀

紫菀规格标准　统货。呈马尾形，根茎顶端有茎、叶的残基，呈不规则的疙瘩头状；簇生多数细根，松散弯曲或编成辫状。表面紫红色或灰棕色。质较柔韧。断面灰白色。气微香，味甜微苦。大小不一。无苗芦、杂质、虫蛀、霉变。

42. 党参

（1）西党规格标准　一等：呈圆锥形，头大尾小，上端多横纹。外皮粗松，表面米黄色或灰褐色。断面黄白色，有放射状纹理。糖质多、味甜。芦下直径 1.5cm 以上。无油条、杂质、虫蛀、霉变。二等：芦下直径 1cm 以上。余同一等。三等：芦下直径 0.6cm 以上，油条不超过 15%。余同一等。

（2）条党规格标准　一等：呈圆锥形，头上茎痕较少而小，条较长。上端有横纹或无，下端有纵皱纹，表面糙米色。断面白色或黄白色，有放射状纹理。有糖质、甜味。芦下直径 1.2cm 以上，无油条、杂质、虫蛀、霉变。二等：芦下直径 0.8cm 以上。余同一等。三等：芦下直径 0.5cm 以上，油条不超过 10%，余同一等。

（3）潞党规格标准　一等：呈圆柱形，芦头较小，表面黄褐色或灰黄色，体结而柔。

断面棕黄色或黄白色，糖质多，味甜。芦下直径 1cm 以上，无油条、杂质、虫蛀、霉变。二等：芦下直径 0.8cm 以上。余同一等。三等：芦下直径 0.4cm 以上，油条不得超过 10%。余同一等。

（4）东党规格标准　一等：呈圆锥形，芦头较大，芦下有横纹。体较松质硬。表面土黄色或灰黄色，粗糙。断面黄白色，中心淡黄色、显裂隙、味甜。长 20cm 以上，芦头下直径 1cm 以上，无毛须、杂质、虫蛀、霉变。二等：长 20cm 以下，芦下直径 0.5cm 以上。余同一等。

（5）白党规格标准　一等：呈圆锥形，具芦头。表面黄褐色或灰褐色。体较硬。断面黄白色，糖质少，味微甜，芦下直径 1cm 以上，无杂质、虫蛀、霉变。二等：芦下直径 0.5cm 以上。间有油条、短节。余同一等。

43. 泽泻

（1）建泽泻规格标准　一等：呈椭圆形，撞净外皮及须根。表面黄白色，有细小突出的须根痕。质坚硬。断面浅黄白色，细腻有粉性。味甘微苦。每公斤 32 个以内。无双花、焦枯、杂质、虫蛀、霉变。二等：呈椭圆形或卵圆形。表面灰白色。断面黄白色。每公斤 56 个以内。余同一等。三等：呈类球形。断面浅黄白色或灰白色。每公斤 56 个以外，最小直径不小于 2.5cm，间有双花、轻微焦枯，但不超过 10%。余同一等。

（2）川泽泻规格标准　一等：呈卵圆形，支净粗皮及须根，底部有瘤状小疙瘩。表面灰黄色。质坚硬。断面淡黄白色。味甘微苦，每公斤 50 个以内。无焦枯、碎块、杂质、虫蛀、霉变。二等：每公斤 50 个以外，最小直径不小于 2cm。间有少量焦枯、碎块，但不超过 10%。余同一等。

44. 款冬花

款冬花规格标准　一等：呈长圆形，单生或 2～3 个基部连生，苞片呈鱼鳞状，花蕾肥大，个头均匀，色泽鲜艳。表面紫红或粉红色，体轻，撕开可见絮状毛茸。气微香，味微苦。黑头不超过 3%。花柄长不超过 0.5cm。无开头、枝杆、杂质、虫蛀、霉变。二等：个头瘦小，不均匀，表面紫褐色或暗紫色，间有绿白色。开花、黑头均不超过 10%，花柄长不超过 1cm。余同一等。

45. 广藿香

（1）石牌香规格标准　统货。除净根，枝叶相连。老茎多呈圆形，茎节较密；茎嫩略呈方形密被毛茸。断面白色，髓心较小，叶面灰黄色，叶背灰绿色。气纯香、味微苦而凉。散叶不超过 10%。无死香、杂质、虫蛀、霉变。

（2）高要香规格标准　统货。全草除净根。枝叶相连。枝干较细，茎节较密；嫩茎方形，密被毛茸。断面白色，髓心较大。叶片灰绿色。气清香，味微苦而凉。散叶不超过 15%。无枯死、杂质、虫蛀霉变。

（3）海南香规格标准　统货。全草除净根。枝叶相连。枝干粗大，近方形，茎节密；嫩茎方形，具稀疏毛茸。断面白色髓心大，叶片灰绿色，较厚。气香浓，叶微苦而凉。散叶不超过 20%。无枯死、杂质、虫蛀、霉变。

46. 山茱萸

山茱萸规格标准　统货。果肉呈不规则的片状或囊状。表面鲜红、紫红色至暗红色，皱缩、有光泽。味酸涩。果核不超过 3%。无杂质、虫蛀、霉变。

47. 菊花

（1）亳菊花规格标准　一等：呈圆盘或扁扇形，花朵大，瓣密，苞厚，不露心。花瓣长而宽，白色，近基部微带红色。体轻，质柔软。气清香，味甘，微苦。无散朵、枝叶、虫蛀、霉变。二等：花朵色微黄，近基部微带红色。气芳香。余同一等。三等：呈圆盘或扁扇形，花朵小，色黄或暗，间有散朵。叶棒不超过5%。余同二等。

（2）滁菊花规格标准　一等：呈绒球状或圆形（多为头花），朵大，花粉白色，花心较大，黄色。质柔，气芳香，味甘，微苦。不散瓣、无枝叶、无杂质、虫蛀，霉变。二等：呈绒球形（即二水花），花粉白色，朵均匀，不散瓣，余同一等。三等：呈绒球状，朵小，色次（即尾花），间有散瓣，并条。余同一等。

（3）贡菊花规格标准　一等：花头较小，圆形，花瓣密，白色，花蒂绿色，花心小，淡黄色，均匀不散朵。体轻质柔软。气芳香，味甘，微苦。无枝叶、杂质、虫蛀、霉变。二等：圆形，色白，花心淡黄色，朵均匀。余同一等。三等：花头小，花心淡黄色，朵不均匀，间有散瓣。余同二等。

（4）药菊（怀菊、川菊、资菊）规格标准　一等：呈圆形盘或扁扇形。朵大、瓣长，肥厚。花黄白色，间有淡红或棕红色。质松而柔。气芳香，味微苦。无散朵、枝叶、杂质、虫蛀、霉变。二等：朵较瘦小，色泽较暗。间有散朵。余同一等。

（5）杭白菊规格标准　一等：蒸花呈压缩状。朵大肥厚，玉白色。花心较大、黄色。气清香，味甘微苦。无霜打花、蒲汤花、生花、枝叶、杂质、虫蛀、霉变。二等：花朵小。间有不严重的霜打花和蒲汤花。余同一等。

48. 大黄

（1）西大黄　①蛋片吉规格标准　一等：去净粗皮，纵切成瓣。表面黄棕色，体重质坚，断面淡红棕色或黄棕色，具放射状纹理及明显环纹，红肉白筋。髓部有星点环列或散在颗粒，气清香，味苦微涩。每千克8个以内，糠心不超过15%。无杂质、虫蛀、霉变。二等：每千克12个以内。余同一等。三等：每千克18个以内。余同一等。②苏吉规格标准　一等：去净粗皮，横切成段，呈不规则圆柱形，表面黄棕色，体重质坚，断面黄色或棕褐色，具放射状纹理及明显环纹，红肉白筋。髓部有星点环列或散在颗粒。气清香，味苦微涩。每千克20个以内，糠心不超过15%，无杂质、虫蛀、霉变。二等：每千克30个以内。余同一等。三等：每千克40个以内。余同一等。③水根规格标准　统货。为掌叶大黄或唐古特大黄的主根尾部及支根的加工品，呈长条状，表面棕色或黄褐色，间有未去净的栓皮。体重质坚，断面淡红色或黄褐色，具放射状纹理。气清香，味苦微涩，长短不限，间有闷茬，小头直径不小于1.3cm，无杂质、虫蛀、霉变。④原大黄规格标准　统货。去粗皮，纵切或横向联合切成瓣段，块片大小不分。表面黄褐色，断面具放射状纹理及明显环纹。髓部有星点或散在颗粒。气清香，味苦微涩，中部直径在2cm以上，糠心不超过15%。无杂质、虫蛀、霉变。

（2）雅黄规格标准　一等：切成不规则块状，似马蹄形，去净粗皮，表面黄色或棕褐色，体重质坚，断面黄色或棕褐色。气微香，味苦，每只150g至250g，无枯糖、焦糊、水根、杂质、虫蛀、霉变。二等：体较轻泡，质松，断面黄褐色。每只100g至200g。余同一等。三等：未去粗皮，大小不分。间有直径3.5cm以上的根黄。余同二等。

（3）南大黄规格标准　一等：横切成段，去净粗皮，表面黄褐色，体结实，断面黄色或绿色，气微香，味涩而苦，长 7cm 以上，直径 5cm 以上。无枯糖、糊黑、水根、杂质、虫蛀、霉变。二等：体质轻松。大小不分，间有水根，最小头直径不低于 1.2cm。余同一等。

49. 天花粉

天花粉规格标准　一等：呈类圆柱形、纺锤形或纵切两瓣。长 15cm 以上，中部直径 3.5cm 以上。刮去外皮，条均匀，表面白色或黄白色，光洁，质坚实，体重。断面白色，粉性足，味淡微苦，无黄筋、粗皮、抽沟；无、糠心、杂质、虫蛀、霉变。二等：长 15cm 以上，中部直径 2.5cm 以上。余同一等。三等：呈类圆柱形、纺锤形或纵切成两瓣或扭曲不直。去净外皮及须根，表面粉白色，淡黄白色或灰白色，有纵皱纹，断面灰白色有粉性，少有筋脉，气弱味微苦，中部直径不小 1cm。余同一等。

50. 板蓝根

板蓝根规格标准　一等：呈圆柱形，头部略大，中间凹陷，边有柄痕，偶有分支。质实而脆。表面灰黄色或淡棕色。有纵皱纹。断面外部黄白色，中心黄色。气微，味微甜后苦涩。长 17cm 以上，芦下 2cm 外直径 1cm 以上。无苗茎、须根、杂质、虫蛀、霉变。二等：芦下直径 0.5cm 以上。余同一等。

51. 麝香

（1）毛壳规格标准　统货。呈球形或扁圆形，囊壳完整，剪净革质盖皮周围的边皮，面皮，灰褐色，囊口周围有灰白色及棕褐色的短毛。内囊皮膜质，无毛、棕褐色。内有饱满柔软的香仁和粉末。质油润。囊内间有少许细柔毛及彩色膜皮、香气特异、浓厚、味微苦辛。无杂质、霉变。

（2）净香规格标准　统货。为去净外壳的净麝香。有颗粒状香仁和粉末。香仁表面光滑，油润。黑褐色。断面黑红色。粉末呈棕黄色、紫红或棕褐色，间有薄俗称银皮。香气浓厚，味微苦辛。无杂质、霉变。

52. 牛黄

天然牛黄规格标准　一等：牛的胆结石呈卵形，类球形或三角形。表面金黄色或黄褐色，有光泽。质松脆。断面棕黄色或金黄色，有自然形成层。气清香，味微苦后甜。大小块不分，间有碎块。无管黄、杂质、霉变。二等：牛的胆结石呈管状（管黄）或胆汁渗入的各种块黄。表面黄褐色或棕褐色。断面棕褐色，有自然形成层。气清香，味微苦。无杂质、霉变。

53. 砂仁

（1）阳春砂规格标准　统货。呈椭圆形或卵形，有不明显的三棱。表面红棕色或棕褐色。密生刺状突起，种子成团，具白色隔膜；分成三室。子粒饱满，棕褐色，有细皱纹。气芳香浓厚，味辛凉微苦。果柄不超过 2cm，间有瘦瘪果。无果枝、杂质、霉变。

（2）绿壳砂规格标准　统货。呈棱状长圆形。果皮表面淡红棕色或棕褐色，有小柔刺。体质轻泡，种子团较小，间有瘦瘪果。无果枝、杂质、霉变。

（3）海南砂规格标准　统货。呈三棱状的长圆形。表面棕褐色，有多数小柔刺。体质沉重。种子分三室集结成团，籽粒饱满。种子呈多角形。灰褐色。气芳香。味辛凉而辣。无空壳、果柄、杂质、霉变。

（4）净砂规格标准　一等：为除去外果皮的种子团，呈钝三棱状的椭圆形或卵形，分成三瓣。每瓣约有种子十数粒，子粒饱满，表面灰褐色，破开后，内部灰白色。味辛凉微辣。种子团完整。每 50g 150 粒以内。无糖子、果壳、杂质、霉变。二等：种子团较小而瘪瘦。每 50g 150 粒以外，间有糖子。余同一等。

（5）砂壳规格标准　统货。为砂仁剥下的果皮。呈瓢形或压缩成片状。表面红棕色、棕褐色或绿褐色，有许多短柔刺；内表面光洁，色泽较淡。气微、味淡、无杂质、霉变。

54. 肉苁蓉

（1）甜苁蓉规格标准　统货。呈圆柱形略扁，微弯曲。表面赤褐色或暗褐色。有多数鳞片覆瓦状排列。体重，质坚硬或柔韧，断面棕褐色，有淡棕色斑点组成的波状环纹，气微、味微甜，枯心不超过 10%。去净芦头、无干稍、杂质、虫柱、霉变。

（2）咸苁蓉规格标准　统货。呈圆柱形或扁长条形，表面黑褐色，有多数鳞片呈覆瓦状排列，附有盐霜。质柔软，断面黑色或黑绿色，有光泽，味咸，枯心不超过 10%。无干稍、杂质、霉变。

55. 厚朴

（1）温朴筒朴规格标准　一等：卷成半卷筒或双筒，两端平齐。表面灰棕色或灰褐色，有纵皱纹，内表面深紫色或紫棕色，平滑。质坚硬。断面外侧灰褐色，内侧紫棕色，颗粒状。气香，味苦、辛。筒长 40cm，重 800g 以上。二等：筒长 40cm，重 500g 以上，其余同一等。三等：筒长 40cm，重 200g 以上，其余同一等。四等：凡不合以上规格者以及碎片、枝朴，不分长短大小，均属此等。

（2）川朴筒朴规格标准　一等：卷成半卷筒或双筒，两端平齐。表面黄棕色，有纵皱纹，内表紫棕色，平滑，划之显油痕。质坚硬。断面外侧黄棕色，内侧紫棕色，显油润，纤维少。气香，味苦、辛。筒长 40cm，不超过 43cm，重 500g 以上。二等：筒长 40cm，不超过 43cm，重 200g 以上，其余同一等。三等：筒长 40cm，重不少于 100g，其余同一等。四等：凡不合以上规格者以及碎片、枝朴，不分长短大小，均属此等。

（3）蔸朴规格标准　一等：为靠近根部的干皮和根皮，似靴形。表面粗糙，灰棕色或灰褐色，内面深紫色。下端呈喇叭口状，纤维性不明显。气香，味苦、辛。块长 70cm 以上，重 2000g 以上。二等：块长 70cm 以上，重 2000g 以下，其余同一等。三等：块长 70cm 以上，重 500g 以上，其余同一等。

（4）耳朴规格标准　统货：为靠近根部的干皮，呈块片状或半卷形，多似耳状。大小不一。无青苔、杂质、霉变。

（5）根朴规格标准　一等：呈卷筒状长条。表面土黄色或灰褐色，内面深紫色，质韧，断面油润。气香，味苦、辛。条长 70cm，重 400g 以上。二等：长短不分，每条 400g 以下，其余同一等。

56. 人参

（1）野山参规格标准　一等：主根粗短呈横灵体，支根八字分开，五形全美。有圆芦。艼中间丰满，形似枣核。皮紧细。主根上部纹紧密而深。须根清疏而长，质坚韧，有明显的珍珠疙瘩。表面牙白色或黄白色，断面白色。味甜、微苦。每支重 100g 以上，艼帽不超过主根重量的 25%。无疤痕、杂质、虫蛀、霉变。二等：每支重 55g 以上，余同一等。三等：每支重 32.5g 以上，余同一等。四等：每支重 20g 以上，余同一等。五等：每支重 12.5g 以上，艼帽不超过主根重量的 40%。余同一等。六等：根部呈横灵体、顺体、畸形体（笨体）。每支重 6.5g 以上，艼帽不大，无杂质、虫蛀、霉变。余同一等。七等：根部呈横灵体、顺体、畸形体。有圆芦。有或无。皮紧细。主根上部横纹紧密而深。须根清疏而长，有珍珠疙瘩。表面牙白色或黄白色，断面白色。味甜、微苦。每支重 4g 以上，无杂质、虫蛀、霉变。八等：每支重 2g 以上。间有芦须不全的残次品。余同七等。

（2）园参　①边条鲜参规格标准　一等：鲜货。根呈长圆柱形，芦长、身长、腿长，有 2～3 个分枝。须芦齐全，体长不短于 20cm。浆足，丰满。每支重 125g 以上，艼帽不超过 15%。不烂，无疤痕、水锈、泥土、杂质。二等：体长不短于 18.3cm。每支重 85g 以上。余同一等。三等：体长不短于 16.7cm。每支重 60g 以上。余同一等。四等：体长不短于 15cm。每支重 45g 以上。余同一等。五等：体长不短于 13.3cm。每支重 35g 以上。余同一等。六等：每支重 25g 以上。余同一等。七等：须芦齐全。浆足，丰满。每支重 12.5g 以上。八等：根呈长圆柱形，凡不合以上规格和缺须少芦、破断根条者。每支重 5g 以上。②普通鲜参规格标准　特等：鲜货。根呈圆柱形，有分枝，须芦齐全，浆足。每支重 100～150g。不烂，无疤痕、水锈、泥土、杂质。一等：每支重 62.5g 以上。余同特等。二等：每支重 41.5g 以上。余同特等。三等：每支重 31.5g 以上。余同特等。四等：每支重 25g 以上。不烂，无泥土、杂质。余同特等。五等：每支重 12.5g 以上。余同四等。六等：鲜货。根呈圆柱形，每支重 5g 以上，不合以上规格和缺须少芦折断者。③16 支边条红参规格标准　一等：根呈长圆柱形，芦长、身长、腿长，体长 18.3cm 以上，有 2～3 个分枝。表面棕红或淡棕色，有光泽，上部色较淡，有皮有肉。质坚实，断面角质样。气香，味苦。每 500g 16 支以内，每支 31.3g 以上。无中尾、黄皮、破疤、虫蛀、霉变、杂质。二等：表面棕红色或棕色，稍有黄皮，抽沟，干痕。余同一等。三等：色泽较差。有黄皮、抽沟、破痕，腿红。余同一等。④25 支边条红参规格标准　一等：根呈长圆柱形，芦长、身长、腿长，体长 16.7cm 以上，有 2～3 个分枝。表面棕红色或淡棕色，有光泽，上部色较浅，有皮有肉。质坚实，断面角质样。气香，味苦。每 500g 25 支以内，每支 20g 以上。无中尾、黄皮、破疤、虫蛀、霉变、杂质。二等：表面稍有黄皮、抽沟、干疤。余同一等。三等：色泽较差。有黄皮、抽沟、破疤，腿红。余同一等。⑤35 支边条红参规格标准　一等：根呈长圆柱形，芦长、身长、腿长，体长 15cm 以上，有 2～3 个分枝。表面棕红色或淡棕色，有光泽，上部色较浅，有皮有肉。质坚实，断面角质样。气香，味苦。每 500g 35 支以内，每支 14.3g 以上。无中尾、黄皮、破疤、虫蛀、霉变、杂质。二等：表面稍有黄皮、抽沟、干疤。余同一等。三等：色泽较差。有黄皮、抽沟、破疤，腿红。余同一等。⑥45 支边条红参规格标准　一等：根呈长圆柱形，芦大、身长、腿长，体长 13.3cm 以上，有 2～3 个分枝。表面棕红色或淡棕色，有光泽，上部色较淡，有皮有肉。质坚实，断面角质样。气香，味苦。每 500g 45 支以内，支头均匀。无中尾、黄皮、破疤、虫蛀、霉变、杂质。二等：稍有黄皮、抽沟、干疤。余同一等。三等：色泽较差。有黄皮、抽沟、破痕、腿红。余同一等。⑦55 支边条红参规格标准　一等：根呈长圆柱形，芦长、身长、腿长，体长 11.7cm 以上，有 2～3 个分枝。表面棕红色或淡棕色，有光泽，上部色较淡，有皮有肉。质坚实，断面角质样。气香，味苦。每 500g 55 支以内，支头均匀。无中尾、黄皮、破疤、虫蛀、霉变、杂质。二等：稍有黄皮、抽沟、干疤。余同一等。三等：色泽较差。有黄皮、抽沟、破疤，腿红。余同一等。⑧80 支边条红参规格标准　一等：根呈长圆柱形，芦长、身长、腿长，体长 11.7cm 以上。表面棕红或淡棕色，有光泽，上部色较淡，有皮有肉。质坚实，断面角质样。气香，味苦。每 500g 80 支以内，支头均匀。无中尾、黄皮、破疤、虫蛀、霉变、杂质。二等：稍有黄皮、抽沟、干疤。余同一等。三等：色泽较差。有黄皮、抽沟、破疤，腿红。余同一等。⑨小货边条红参规格标准　一等：根呈长圆柱形。表面棕红或淡棕色，有光泽，上部色较淡，有皮有肉。断面角质样。气香，味苦。支头均匀。无中尾、黄皮、破疤、虫蛀、霉变、杂质。二等：有黄皮，但不超过身长的 1/2。稍有抽沟、干疤。余同一等。三等：色泽较差。有黄皮、抽沟、破疤，腿红。余同一等。⑩20 支普通红参规格标准　一等：根呈圆柱形。表面棕红或淡棕色，有光泽。质坚实，断面角质样。无细腿、破痕、黄皮、虫蛀。气香，味苦。每 500g 20 支以内，每支 25g 以上。二等：稍有干疤、黄皮、抽沟。余同一等。三等：色泽较差。有黄皮、干疤、抽沟，腿红。余同一等。⑪32 支普通红参规格标准　一等：根呈圆柱形。表面棕红或淡棕色，有光泽。质坚实，断面角质样。每 500g 32 支以内，每支 15.6g 以上。无细腿、破痕、黄皮、虫蛀。二等：稍有干疤、黄皮、抽沟，腿红。余同一等。三等：色泽较差。有黄皮、干疤、抽沟，腿红。余同一等。⑫48 支普通红参规格标准　一等：根呈圆柱形。表面棕红或淡棕色，有光泽。质坚实，断面角质样。气香，味苦。每 500g 48 支以内，支头均匀。无细腿、破痕、黄皮、虫蛀。二等：稍有干疤、黄皮、抽沟。余同一等。三等：色泽较差。有黄皮、干疤、抽沟，腿红。余同一等。⑬64 支普通红参规格标准　一等：根呈圆柱形。表面棕红或淡棕色，有光泽。质坚实，断面角质样。气香，味苦。每 500g 64 支以内，支头均匀。无细腿、破痕、黄皮、虫蛀。二等：稍有干疤、黄皮、抽沟。无细腿、虫蛀。余同一等。三等：色泽较差。有黄皮、干疤、抽沟，腿红。余同一等。⑭80 支普通红参规格标准　一等：根呈圆柱形。表面棕红或淡棕色，有光泽。质坚实，断面角质样。每 500g 80 支以内，支头均匀。无细腿、破疤、黄皮、虫蛀。二等：稍有干疤、黄皮、抽沟。余同一等。三等：色泽较差。有黄皮、干疤、抽沟，腿红。余同一等。⑮小货普通红参规格标准　一等：根呈圆柱形。表面棕红或淡红色，有光泽。质坚实，断面角质样。气香，味苦。支头均匀。无细腿、破疤、黄皮、虫蛀。二等：稍有干疤、黄皮、抽沟。余同一等。三等，色泽较差。有黄皮、干疤、抽沟、腿红。余同一等。⑯红混须规格标准　统货。根须呈长条形或弯曲状。棕红色或橙红色，有光泽，半透明。断面角质样。气香，味苦。须条长短不分，其中直须 50%以上。无碎末、杂质、虫蛀、霉变。⑰红直须规格标准　一等：根须呈长条形，粗壮均匀。棕红色或橙色，有光泽，半透明状。断面角质样。气香，味苦。长 13.3cm 以上。无干浆、毛须、杂质、虫蛀、霉变。二等：长 13.3cm 以下，最短不低于 8.3cm。余同一等。⑱红弯须规格标准　统货。根须呈条形弯曲状，粗细不均。橙红色或棕黄色，有光泽，呈半透明状。气香，味苦。无碎末、杂质、虫蛀、霉变。⑲干浆参规格标准　统货。根呈圆柱形，体质轻泡，瘪瘦或多抽沟。表面棕黄色或黄白色。味苦。无杂质、虫蛀、霉变。⑳全须生晒参规格标准　一等：根呈圆柱形，有分枝。体轻有抽沟，有艼帽，芦须全。表面黄白色或较深，断面黄白色。气香，味苦。每支重 10g 以上，绑尾或不绑尾。无破疤、杂质、虫蛀、霉变。二等：每支重 7.5g 以上。余同一等。三等：每支重 5g 以上。余同一等。四等：大小支不分，绑尾或不绑尾。芦须不全，间有折断。余同一等。㉑生晒参规格标准　一等：

根呈圆柱形，体轻有抽沟，去净艼须。表面黄白色。气香，味苦。每500g 60支以内。无破疤、杂质、虫蛀、霉变。二等：每500g 80支以内。余同一等。三等：每500g 100支以内。余同一等。四等：体轻有抽沟、死皮。每500g 130支以内。余同一等。五等：每500g 130支以外。余同四等。㉒白干参规格标准 一等：根呈圆柱形，去净支根。皮细，色白，芦小，质充实。断面白色。气香，味苦。每500g 60支以内，支条均匀。无抽沟、皱皮、水锈、杂质、虫蛀、霉变。二等：每500g 80支以内。余同一等。三等：表面稍有抽沟、水锈。每500g 100支以内。余同一等。四等：表面有抽沟、水锈。每500g 100支以外。余同一等。㉓皮尾参规格标准 统货。根呈圆柱形，条状，无分枝。表面灰棕色，断面黄白色，气香，味苦。无杂质、虫蛀、霉变。㉔白混须规格标准 统货。根须呈长条形或弯曲状。黄白色。气香，味苦。长短不分，其中直须占50%以上。无碎末、杂质、虫蛀、霉变。㉕白直须规格标准 一等：根须呈条状，有光泽。黄白色。气香，味苦。长13.3cm以上，条大小均匀。无水锈、破皮、杂质、虫蛀、霉变。二等：长13.3cm以下，最短不低于8.3cm。余同一等。㉖白糖参规格标准 一等：根呈圆柱形，芦须齐全，体充实，支条均匀。表面和断面均为白色。味甜，微苦。不返糖，无浮糖、碎芦、杂质、虫蛀、霉变。二等：大小不分，表面黄白色，断面白色。余同一等。㉗轻糖直须规格标准 一等：根须呈长条形，红棕或棕黄色，半透明，粗条均匀，质充实。味甘、微苦。长13.3cm（4寸）以上，不返糖，无皱皮、干浆；无杂质、虫蛀、霉变。二等：粗条不均匀。长13.3cm（4寸）以下。余同一等。

57. 鹿茸

（1）梅花茸 ①二杠锯茸规格标准 一等：体呈圆柱形，具有八字分岔一个，大挺、门桩相称，短粗嫩状，顶头钝圆。皮毛红棕或棕黄色。锯口黄白色，有蜂窝状细孔，无骨化圈。不拧嘴，不抽沟，不破皮、悬皮、乌皮，不存折、不臭、无虫蛀。每支重85g以上。二等：存折不超过一处，虎口以下稍显棱纹。每支重65g以上。余同一等。三等：枝杆较瘦。兼有悬皮、乌皮、破皮不露茸，存折不超过二处，虎口以下有棱纹。每支重45g以上。余同一等。四等：兼有独挺、怪角。不符合一、二、三等者，均属此类。②三岔锯茸规格标准 一等：体呈圆柱形，具分岔二个。挺圆茸质松嫩，嘴头饱满。皮毛红棕色或棕黄色。不乌皮（黑皮茸除外），不抽沟，不拧嘴，不破皮、悬皮，不存折、不怪角。下部稍有纵棱筋，骨豆不超过茸长的30%。不臭、无虫蛀。每支重250g以上。二等：存折不超过一处，不怪角。突起纵棱筋长不超过2cm，骨豆不超过茸长的40%。每支重200g以上。余同一等。三等：条杆稍瘦，茸质嫩。不拧嘴，稍有破皮不露茸，不悬皮，存折不超过一处，不怪角。纵棱筋、骨豆较多。每支重150g以上。余同一等。四等：体畸形或怪角，顶端不窜尖，皮毛红乌暗。不臭、无虫蛀、凡不符合一、二、三等者，均属此类。③初生茸规格标准 统货。体呈圆柱形，圆头质嫩，锯口有蜂窝状细孔，不骨化、不臭，不虫蛀。④再生茸规格标准 统货。体呈圆柱形，兼有独挺，圆头质嫩。锯口有蜂窝状细孔，不骨化、不臭、不虫蛀。

（2）马鹿茸 ①锯茸规格标准 一等：体呈支岔，类圆柱形。皮毛灰黑色或灰黄色。枝干粗壮，嘴头饱满。皮毛灰黑或灰黄色。质嫩的三岔、莲花、人字等茸，无骨豆，不拧嘴，不偏头，不破皮，不发头，不骨折，不臭、不虫蛀。每支重275～450g。二等：质嫩的四岔茸、不足275g重的三岔，人字茸均可列为此等。四岔茸嘴头不超过13cm，骨豆不超过主干长度的50%。破皮长度不超过3.3cm。余同一等。三等：嫩五岔和三岔老茸。骨豆不超过主干长度的60%，破皮长度不超过4cm。余同一等。四等：体呈支岔圆柱形或畸形。老五岔、老毛杠和嫩再生茸，破皮长度不超过4cm。余同一等。五等：茸皮不全的老五岔、老毛杠、老再生茸。②锯血茸规格标准　一等：不臭，无虫蛀，不骨化，茸内充分含血，分布均匀，肥嫩上冲的莲花、三岔茸。不偏头，不抽沟，不破皮，不畸形。主枝及嘴头无折伤，茸头饱满，不空、不瘪。每支重不低于500g。二等：不足一等的莲花、三岔茸用肥嫩的四岔、人字茸。每支重 300g 以上。余同一等。三等：不足一、二等的莲花、三岔茸、四岔茸及肥嫩的畸形茸。每支重不低于250g。余同一等。

58. 羌活

（1）川羌规格标准　一等（蚕羌）：呈圆柱形。全体环节紧密，似蚕状。表面棕黑色。体轻质松脆。断面有紧密的分层，呈棕、紫、黄白色相间的纹理。气清香纯正，味微苦辛。长3.5cm以上，顶端直径1cm以上。无须根、杂质、虫蛀、霉变。二等（条羌）：呈长方形。表面多纵纹。长短大小不分，间有破碎。无芦头。余同一等。

（2）西羌规格标准　一等（蚕羌）：呈圆柱形，全体环节紧密，似蚕状。表面棕黑色，体轻质松脆。断面紧密分层，呈棕紫白色相同的纹理，气微，味微苦辛。无须根、杂质、虫蛀、霉变。二等（大头羌）：呈瘤状突起，不规则的块状。断面具棕黄色相间的纹理。气浊。余同一等。三等（条羌）：呈长条形。表面暗棕色，多纵纹，香气较淡。间有破碎。余同一等。

59. 三七

（1）春三七规格标准　一等品：呈圆锥形或圆柱形。表面灰黄色或黄褐色。质坚实、体重。断面灰绿色或灰褐色。味苦、微甜。每500g 20头以内。长不超过6cm。无杂质、虫蛀、霉变。二等品：每500g 30头以内。余同一等。三等品：每500g 40头以内。长不超过5cm。余同一等。四等品：每500g 60头以内。长不超过4cm。余同一等。五等品：每500g 80头以内。长不超过3cm。余同一等。六等品：每500g 120头以内。长不超过2.5cm。余同一等。七等：每500g 160头以内，长不超过2cm。余同一等。八等：每500g 200头以内。长不超过2cm。余同一等。九等（大二外）：每500g 250头以内。长不超过1.5cm。余同一等。十等（小二外）：每500g 300头以内。长不超过1.5cm。余同一等。十一等（无数头）：每500g 450头以内。长不超过1.5cm。十二等（筋条）：不分春、冬七。每500g在450～600头。支根上端直径不低于8mm，下端直径不低于5mm。十三等（剪口）：不分春、冬七。主要是三七的芦头。

（2）冬三七规格标准　各等头数与春七相同。但冬三七的表面灰黄色。有皱纹或抽沟（拉槽）。不饱满，体稍轻。断面黄绿色。无杂质、虫蛀、霉变。

60. 附子

（1）盐附子规格标准　一等：呈圆锥形，上部肥满有芽痕，下部有支根痕。表面黄褐色或黑褐色，附有结晶盐粒。体质沉重。断面黄褐色。味咸而麻、刺舌。每公斤 16个以内。无空心、腐烂。二等：每公斤24个以内。余同一等。三等：每公斤80个以内。间有小药扒耳，但直径不小于2.5cm。余同一等。

（2）附片　①白附片规格标准　一等：为一等附子去净外皮，纵切成厚0.2～0.3cm的薄片。片面白色。呈半透明体。片张大、均匀。味淡。无盐软片、霉变。二等：为二等附子去净外皮。片张较小，均匀。余同一等。三等：为三等附子去净外皮。片张小，均匀。余同一等。②熟附片的规格标准 统货。为一等附子去皮去尾，横切成厚 0.3～0.5cm 的圆形厚片。片面冰糖色，油面光泽。呈半透明体。无盐软片、霉变。③挂附片规格标准 统货。为二三等附子各 50%去皮纵切两瓣。片面冰糖色或褐色。油面光泽，呈半透明状。块瓣均匀。味淡或微带麻辣。每 500g 80 瓣左右。无白心、盐软瓣、霉变。④黄附片规格标准 统货。为一、二等附子各 50%。去皮去尾。横切成 0.3～0.5cm 的厚片。片面黄色，薄厚均匀。味淡。无白心、尾片、盐软片、霉变。⑤黑顺片规格标准 统货。为二三等附子不去外皮，顺切成 0.2～0.3cm 的薄片。边黑褐色。片面暗黄色。油面光滑。片张大小不一，薄厚均匀。味淡。无盐软片、霉变。

61. 天麻

天麻规格标准 一等：呈长椭圆形。扁缩弯曲，去净粗栓皮，表面黄白色，有横环纹，顶端有残留茎基或红黄色的枯芽。末端有圆盘状的凹脐形疤痕。质坚实、半透明。断面角质，牙白色。味甘微辛。每公斤 26 支以内，无空心、枯炕、杂质、虫蛀、霉变。二等：每公斤 46 支以内。余同一等。三等：断面牙白色或棕黄色稍有空心。每公斤 90 支以内，大小均匀。余同一等。四等：每公斤 90 支以外。凡不合一、二、三等的碎块、空心及未去皮者均属此等。余同一等。

62. 郁金

（1）川郁金 ①黄丝规格标准 一等：呈类卵圆形。表面灰黄色或灰棕色，皮细，略现细皱纹。质坚实，断面角质状，有光泽，外层黄色。内心金黄色有姜气，味辛香。每公斤 600 粒以内，剪净残蒂。无刀口、破瓣、无杂质、虫蛀、霉变。二等：每公斤 600 粒以外，直径不小于 0.5cm。间有刀口、破瓣。余同一等。②绿白丝规格标准 一等：呈纺锤形、卵圆形或长椭圆形。表面灰黄或灰白色，有较细的皱纹。质坚实而稍松脆。断面角质状，淡黄白色。微有姜气，味辛苦。每公斤 600 粒以内，剪净残蒂。无刀口、破瓣。无杂质、虫蛀、霉变。二等：每公斤 600 粒以外，直径不小于 0.5cm。间有刀口、破瓣。余同一等。

（2）桂郁金规格标准 统货。呈纺锤形或不规则的弯曲形，体坚实。表面灰白色、断面淡白、或黄白色，角质发亮，略有姜气、味辛苦。大小不分，但直径不得小于 0.6cm。无杂质、虫蛀、霉变。

（3）温郁金绿丝规格标准 一等：呈纺锤形，稍扁，多弯曲，不肥满。表面灰褐色，具纵直或杂乱的皱纹。质坚实，断面角质状，多为灰黑色。略有姜气，味辛苦。每公斤 280 粒以内。无须根、杂质、虫蛀、霉变。二等：每公斤 280 粒以外，但直径不小于 0.5cm。间有刀口、破碎。余同一等。

63. 秦艽

（1）大秦艽规格标准 一等：呈圆锥形或圆柱形，有纵向皱纹，主根粗大似鸡腿、萝卜、牛尾状。表面灰黄色或棕色。质坚而脆。断面棕红色或棕黄色，中心土黄色。气特殊，味苦涩。芦下直径 1.2cm 以上。无芦头、须根、杂质、虫蛀、霉变。二等：芦下直径 1.2cm 以下，最小不低于 0.6cm。余同一等。

（2）麻花艽规格标准 统货。常由数个小根聚集交错结缠绕呈辫状或麻花状。全体有显著的向左扭曲的纵皱纹。表面棕褐色或黄褐色、粗糙，有裂隙显网状纹，体轻而疏松。断面常有腐朽的空心，气特殊，味苦涩，大小有分，但芦下直径不小于0.3cm。无芦头、须根、杂质、虫蛀、霉变。

（3）小秦艽规格标准　一等：呈圆锥形或圆柱形。常有数个分枝纠合在一起，扭曲，有纵向皱纹。表面黄色或黄白色。体轻疏松。断面黄白色或黄棕色。气特殊、味苦。条长20cm以上。芦下直径1cm以上。无残茎、杂质、虫蛀、霉变。二等：长短大小不分，但芦下最小直径不低于0.3cm。余同一等。

64. 葛根

（1）野葛　①葛方规格标准　统货。鲜时纵横切成1cm的骰形方块。切面粉白色或淡黄色，有粉性，质坚实。气微味甘平。无杂质、虫蛀、霉变。②葛片规格标准　统货。类圆柱形，鲜时横切成0.6～0.8cm厚片。表皮多黄白色。切面粉白色或黄白色，具粉性，有较少纤维和环状纹理。质坚实。间有碎破、小片。无杂质、虫蛀、霉变。

（2）家葛　广葛规格标准　一等：鲜时去皮切去两端后，纵剖两瓣。全体粉白色。断面显环纹，粉性足，纤维很少。气微、味甘。剖瓣长13～17cm，中部宽5cm以上。无杂质、虫蛀、霉变。二等：鲜时刮去外皮，不剖瓣。表皮黄白色。断面白色，有环纹、纤维多、有粉性。气微、味甘。中部直径1.5cm以上，间有断根、碎破、小块。无茎蒂、杂质、虫蛀、霉变。

65. 半夏

半夏规格标准　一等：呈圆球形，半圆球形或扁斜不等，去净外皮。表面白色或浅黄白色，上端圆平，中心凹陷（茎痕），周围有棕色点状根痕，下面钝圆，较平滑，质坚实，断面洁白或白色，粉质细腻，气微，味辛、麻舌而刺喉。每公斤800粒以内。无包壳、杂质、虫蛀、霉变。二等：每公斤1200粒以内。余同一等。三等：每公斤3000粒以内。余同一等。

66. 黄连

（1）味连规格标准　一等：多聚成簇，分枝多弯曲，形如鸡爪或单支，肥壮坚实、间有过桥，长不超过2cm。表面黄褐色，簇面无毛须。断面金黄色或黄色。味极苦。无不到1.5cm的碎节、残茎、焦枯、杂质、霉变。二等：条较一等瘦小，有过桥。间有碎节，碎渣、焦枯。余同一等。

（2）雅连规格标准　一等：单枝，呈圆柱形，略弯曲，条肥状，过桥多，长不超过2.5cm。质坚硬。表面黄褐色，断面金黄色。味极苦。无碎节、毛须、焦枯、杂质、霉变。二等：条较一等瘦小，间有碎节、毛须、焦枯。余同一等。

（3）云连规格标准　一等：单枝，呈圆柱形，略弯曲，顶端微有褐绿色鳞片、叶残留。条粗壮、质坚实，直径0.3cm以上。表面黄棕色，断面金黄色，味极苦。无毛须、过桥、杂质、霉变。二等：条较瘦小，间有过桥。表面深黄色。余同一等。

67. 益智

益智规格标准　统货。呈椭圆形，两端略尖。表面棕色或灰棕色。有纵向隆起棱线。内种子团分三瓣。种粒红棕色或灰褐色，断面红白色，质坚硬、气香、味辛苦。果实饱满，显油性。瘦瘪果不超过10%。无果柄、杂质、霉变。

68. 吴茱萸

（1）大粒规格标准　统货。呈五棱扁球形。表面黑褐色、粗糙，有瘤状突起或凹陷的油点。顶点具五瓣，多裂口，气芳香浓郁，味辛辣。无枝梗、杂质、霉变。

（2）小粒规格标准　统货。果实呈圆球形，裂瓣不明显，多闭口，饱满。表面绿色或灰绿色。香气较淡，味辛辣。无枝梗、杂质、霉变。

69. 龙骨

（1）五花龙骨规格标准　统货。呈圆柱形或不规则的块状。表面略光泽、牙白色，具有兰、黄、黑、棕等色深浅粗细的纹理。体轻、质硬酥脆。易层层剥落。断面粗糙，显指纹，吸湿性强。无臭味、杂质。

（2）土龙骨规格标准　统货。呈不规则的节条、块状。表面白色、类白色或淡棕色不等。有纵裂隙或棕色斑点。体重、质坚硬、断面白色而粗糙，关节处有多数蜂窝状小孔，有吸湿力。无臭味、杂质。

（3）青龙齿规格标准　统货。呈圆锥和方柱形，略弯曲、有纵沟棱。表面青灰色或棕绿色；有棕黄色条纹，具光泽釉质层。体重、质坚硬。断面粗糙。凹凸不平，有吸湿性，黏舌。间有碎块。无臭味、杂质。

（4）白龙齿规格标准　统货。呈圆锥和方柱形。稍弯曲。呈不规则的块状。表面黄白色，有棕红色花斑。体重质坚硬。断面粗糙，凹凸不平，有吸湿性，黏舌。间有碎裂块。无嗅味、杂质。

70. 枳壳（枳实）

（1）枳壳规格标准　一等：横切对开，呈扁圆形。表面绿褐色或棕褐色，有颗粒状突起。切面黄白色或淡黄色，肉厚、瓤小。质坚硬。气清香，味苦微酸。直径 3.5cm 以上，肉厚 0.5cm 以上。无虫蛀、霉变。二等：肉薄。直径 2.5cm 以上，肉厚 0.5cm 以上。余同一等。

（2）枳实规格标准　一等：幼果横切两瓣，呈半球形，表面黑绿色或黑褐色，具颗粒状突起和皱纹。切面隆起，果肉黄白色。肉厚瓤小，质坚硬。气清香，味苦微酸。直径 1.5 至 2.49cm。无杂质、虫蛀、霉变。二等：直径 1.5cm 以下。间有未切的个子，但不得超过 30%。余同一等。

第五章　中药商品储存

第一节　中药商品入库

一、中药商品入库前检查标准、检查方法

（一）验收基本要求

中药商品入库前必须经过验收，中药商品的入库检查验收是保证中药商品质量的重要环节。它是中药商品进入储存保管或销售过程之前，必须经过的一项工作内容，是经营企业质量管理中的重要一关，也是仓库质量管理把“三关”（入库验收、在库保管、出库复检）中的第一关。其目的是保证入库中药商品的数量准确，质量符合标准，防止不合格商品入库或流入市场。

（二）验收内容和验收细则

1. 验收内容及验收依据　中药材由于来源复杂、品种繁多、同名异物和同物异名的现象严重、各地用药习惯不同等，为保证入库中药数量准确，质量完好，防止假冒伪劣中药商品入库，必须进行入库检验和验收。检验部门应有与经营相适应的仪器、设备等，对中药商品的质量进行逐批（批号、批次）验收。

（1）中药材的验收　检查来货与原始凭证的货源单位（调出单位）、货物品名和数量、件数是否相符；包装是否符合规定及有无污染；依照法定质量标准（如《中国药典》2015 年版一部、《中华人民共和国卫生部药品标准》中药材分册、《地方中药材标准》等）、合同质量条款，检查来货规格、等级是否与所签合同要求一致；观察药材的形状、大小、色泽、表面特征、质地、断面特征及气味；检查中药材的含水量，灰分、杂质与纯度等。对按规定要求进行浸出物和含量测定的药材，要送样到质检部门进行测定，符合规定的内在质量要求后才能入库；检查包括包装完整性、清洁度、有无水迹、霉变等及其他污染情况；毒、麻、贵细药材验收必须两人以上，逐件、逐包进行验收。以上验收必须逐项详细记录。

（2）中药饮片的验收　中药饮片要依据法定质量标准（如《全国中药炮制规范》、《地方炮制规范》）及合同质量条款对品名、规格、数量、生产厂名、厂址、合格证、生产批号或生产日期、包装是否符合规定及有无污染进行验收。验收毒性中药饮片，必须检查生产企业是否持有《毒性中药材的饮片定点生产证》。

（3）中成药的验收　中成药依据法定质量标准（如《中国药典》2015 年版一部、《中华人民共和国卫生部药品标准》中药成方制剂分册等）、合同质量条款对品名、质量、合

格证、批准文号、生产批号、注册商标、标签、包装、规格、数量、生产厂名、厂址、说明书进行验收。

（4）进口中药的验收　进口中药验收应按《进口药品管理办法》的有关规定及标准进行。由国外进口的药品到达之后，应依照合同和随货同行单据，检查药品数量是否相符，有无残损，有无品质证书，并做记录。与口岸药品检验所联系取样，进行法定检验。中国药品生物制品检定所负责对各口岸药品检验所进行技术指导并裁决有争议的检验结论。口岸药检所的审批由国家食品药品监督管理总局负责。进口药品凭口岸药检所检验报告书或加盖供货单位红色公章的口岸药检所检验合格报告书验收，办理入库手续。进口药品必须使用中文药品名称，必须符合中国药品命名规则的规定，包装和标签必须用中文注明药品名称、主要成分以及注册证号，必须使用中文说明书。

2. 验收抽样及验收方法　应当对每次到货药品进行逐批抽样验收，抽取的样品应当具有代表性，对于不符合验收标准的不得入库，并交质量管理人员处理。

（1）应当对到货的同一批号的整件药品按照堆码情况随机抽样检查；到货的非整件药品应当逐箱检查。整件数量在 2 件及以下的应当全部抽样检查；整件数量在 2 件以上至 50 件以下的至少抽样检查 3 件；整件数量在 50 件以上的每增加 50 件，至少增加抽样检查 1 件，不足 50 件的按 50 件计。

（2）对抽取的整件药品应当开箱抽样检查，从每整件的上、中、下不同位置随机抽样检查至最小包装；每整件药品中至少抽取 3 个最小包装。对发现被抽取样品存在封口不牢、标签污损、有明显重量差异或外观异常等情况的，应当加倍抽样检查。

（3）对整件药品存在破损、污染、渗液、封条损坏等包装异常以及零货、拼箱的，应当开箱检查至最小包装。

（4）同一批号的药品应当至少检查一个最小包装，但生产企业有特殊质量控制要求或打开最小包装可能影响药品质量的，可不打开最小包装；外包装及封签完整的原料药、实施批签发管理的生物制品，可不开箱检查。

3. 验收程序　对采购药品进行质量检验及核对接收的过程称为验收。验收工作程序包括：将药品放入待检区、核对品种数量、质量检查。

（1）将药品放入待检区　将供应商送来的药品，按规定放入药库待检区，待检。药品不经检验不准入库，不得将供应商送来的药品不经检验直接送入药库货位。

（2）核对品种数量　验收时，药库保管员要向送货人索取随货同行单（或送货单）。药品品种及数量要与合同和随货同行单相符。如发现短缺或原包装破损，要详细填写验收报告，向供货单位索要退换。

（3）质量检查　质量检查的主要内容包括包装、标签、说明书、检验报告、合格证及药品质量等检查。

①包装检查　外包装应符合要求，完好无损，封签、封条无破损。外包装上必须注明品名、规格、厂名厂址、生产批号、批准文号、注册商标、有效期、数量。有关特定贮运标志及危险药品的包装标志完整。内包装应清洁、干燥、无破损，容器内有填充物的，填充物应充实。

②标签、说明书　药品包装上必须有标签，必须附药品说明书。

③质量检验报告单　药品必须附同批号药品的《质量检验报告单》，一般一个包装

箱内都是同一批号的药品。但有时也可两个批号的药品混装。混装药品要提供所有混装批号药品的《质量检验报告单》。《质量检验报告单》由药品生产企业质量检验部门提供，并盖有质量检验部门的专用章。

④产品合格证　药品包装箱内要附有产品合格证。

⑤药品质量　包括药品外观性状检查和药品内在质量的检验。一般以外观性状和颜色检查为主。每种药品都有固定的外观性状和颜色，大多数药品的质量变异可在外观上反映出来，外观性状和颜色异常，可视为不合格药品。

中药材或中药饮片的入库验收与一般药品的入库验收基本相同，其中除中药验收环节的质量检查内容不同外，其他环节同上。另外，中药材有规格等级之分，验收时，应注意药材的规格等级是否与合同要求相符。不得以次充好。

二、中药商品入库作业的要求

入库的基本要求是保证入库商品数量准确，规格、质量、包装符合要求，一切手续清楚，商品入库迅速。

三、中药商品验收中问题的处理方法

对验收合格的中药，质量验收人员应在中药入库凭证上签章；仓库收货人员凭签章后的凭证办理药品入库；财会人员凭签章后的凭证付款。

对验收不合格的中药，应填写中药拒收报告单，报质量管理部门审核签署意见后通知业务部门。验收人员对下列情况有权拒收或提出拒收意见：①无生产厂名、厂址以及无注册商标”的药品；②无出厂合格证的假药、劣药；③包装及其标志不符合规定要求的药品；④未经药品监督管理行政部门批准的中药材；⑤无批准文号、生产批号的产品；⑥规定有效期而未注明有效期的产品；⑦货单不符、质量异常的药品；⑧未有口岸药检所检验报告书的进口产品。

第二节　中药商品堆码

一、GSP 中对中药商品堆码的要求

（一）搬运和堆垛的要求

按照 GSP 要求，中药商品的堆码应按安全、方便节约的原则，整齐牢固堆垛规范，合理利用仓库，色标明显。

（二）药品堆垛距离

药垛的“六距”指墙距、柱距、顶距、灯距、垛距、地距。即药垛不能靠墙、柱、顶、照明设备或置于地面。

1. 墙距　指药垛和墙的距离。留出墙距，能起到防止墙壁的潮气影响药品，便于开关窗户、通风散潮、检点商品、进行消防工作和保护仓库建筑安全等作用。垛与墙的间距一般不小 30cm。

2. 柱距　指药垛和室内柱的距离。留出柱距，能起到防止药品受柱子潮气的影响和

保护中药仓库建筑安全的作用，垛与柱的间距一般不小于 30cm。

3. 顶距　指药垛与屋顶（房梁）之间的必要距离。留出顶距，能起到通风散潮，查漏接漏，隔热散热，便于消防等作用。顶距一般规定为：平房仓库 30～50cm；多层建筑仓库底层与中层 20～50cm，顶层不得低于 30cm。人字屋架无天花板的仓库，药垛顶层不得顶着房梁下端，应保持 30cm 以上距离。

4. 灯距　指药垛上方及四周与照明灯之间的安全距离。这是防火的要求，必须严格保持在 50cm 以上。

5. 垛距　指药垛与药垛之间的距离，视药品性能、储存场所条件、养护和消防要求、作用需要而定。在一般情况下，药垛间距为 100cm 以上。

6. 地距　药垛与地面的距离。留出地距，能起到通风防潮、隔热、防虫的作用。药垛底部应用枕木或其他材料进行给苫垫。药垛与地面距离不小于 10cm。

另外，库内应设置足够宽度的货物通道和管理通道，保证仓储作业和养护管理工作的有效展开。库内存储养护管理通道宽度应不少于 50cm；采用货架存放药品的，在确保库房墙壁干燥、光洁、平整的情况下，货架可靠墙摆放，其靠墙面应装有隔离板面；库房内不得出现管理人员无法到达或不能实施有效控制的管理死角。

（三）色标管理

GSP 要求中药仓库实行色标管理，分为黄色、绿色和红色区域。统一标准是：待验库（区）、退货库（区）为黄色；合格品库（区）、零货称取库（区）、待发库（区）为绿色；合格库（区）为红色。

二、中药商品堆码的常规方法

（1）堆码的概念　即把货包堆码成一定的行和垛。并要符合“安全、方便、节约”的原则。根据中药商品的包装条件、重量和性能的要求，进行合理的堆码，可以防止商品和包装因受压造成损坏，同时可以防止货垛倒塌而引起的工伤事故和商品损失。

合理的堆码应该符合以下两点：①每平方米的储存重量不能超过仓库结构所允许的负荷重量，否则会影响仓库的使用寿命，甚至发生严重的事故。②按照仓库建筑结构以及消防安全的要求，堆码要留出墙距、柱距、顶距和灯距，方便商品检查以及防潮、防热和放火的需要等。

（2）堆垛的形式　中药堆垛的形式很多，采取哪种形式，取决于商品的性能、数量、包装、形态以及存放场所。如商品需要防潮，就应该堆成通风垛；商品或包装怕压的，就不能堆得太高，可采用货物架保管；存放露天的货垛，垛顶应起脊。中药堆码形式常见的有：

①编码垛：就是根据商品包装的长度、宽度和高度，纵横排列，逐层反复堆码，通常采用的有“二顶一”“五顶二”“四顶四”等。

②正码垛：上层货包的大小和方向与下层一致。故又称为“正码”。但货垛较高时，必须在中间加有拉板，货垛才能牢固。这种堆垛法对同样尺寸标准的箱装中成药最为适宜。采用正码堆垛，每垛高度则取决于包装物料的好坏，如果箱子整齐，质料坚固，其高度可堆至 10 层以上。

③井式垛：也叫通风垛。这种形式对于水分较大的中药合适，它可以使垛内空气得

到流通。但是堆这种形式的货垛，最好将垫木垫高，湿气就可从垫木下散出。这种堆垛方法比交叉堆码的方法所占的面积要稍大一些。

上述堆码形式，只是一些基本方式，包括的范围还不全面，尚有其他不同的堆码方法，但必须以达到牢固、整齐、通风、散潮、便利养护为目的，使药材不受损坏。

第三节　中药饮片及中成药的储存

一、中药商品分类储存的原则

《中华人民共和国药品管理法》中指出，药品仓库必须制定药品保管制度，采取必要的养护措施，强调变质的或被污染的药物不能药用，以保持药品的质量和纯洁度。由此可见，中药商品养护是一项必要的措施，只有采取“以防为主”的原则，精心管理，才能确保中药商品的贮存安全。

二、中药商品储存的程序和管理方法

中药商品储存管理包括入库、在库及出库管理。

（一）入库管理

商品入库管理包括商品接运、商品验收和建立商品档案三方面。其基本要求是：保证入库商品数量准确，质量符合要求，包装完整无损，手续完备清楚，入库迅速。

1. 入库商品的接收　主要有四种方式：车站码头接货；专用铁路线或码头接货；到供货方仓库提货；本库接货。

2. 入库商品的验收　主要包括数量验收、质量验收和包装验收三个方面。在数量和质量验收方面应分别按商品的性质、到货情况，来确定验收的标准和方法。

3. 办理商品入库手续　商品经过质量和数量验收后，由商品检查人员或保管员在商品入库凭证上盖章签收。仓库留存商品入库保管联，并注明商品存放的库房、货位，以便统计、记账。同时，将商品入库凭证的有关联迅速送回存货单位，作为正式收货的凭证。

（二）在库管理

商品在库管理就是研究商品性质以及商品在储存期间的质量变化规律，积极采取各种有效措施和科学的保管方法，创造一个适宜于商品储存的条件，维护商品在储存期间的安全，保护商品的质量和使用价值，最大限度地降低商品损耗的一系列活动。

1. 分区分类　对货物进行分区分类的存放，以确保货物的储存安全。货物存放应便于检查和取货。根据仓库的建筑、设备等条件，将库房、货棚、垛场划分为若干保管商品的区域，以适应商品存放的需要。商品分类就是按照商品类型、性质将商品分为若干类，分类集中存放，以利收发货与保管业务的进行。

2. 货位选择　是在分区分类保管的基础上进行的。货位的选择是落实到每批入库商品的储存点，必须遵循“安全、优质、方便、多储、低耗”的原则，具体的说就是确保商品安全、方便吞吐发运、力求节约仓容。

3. 货位编码　将仓库范围的房、棚、场以及库房的楼层、仓间、货架、走支道等按地点、位置顺序编列号码，并作出明显标示，以便商品进出库可按号存取。

4. 商品堆码　是入库商品堆存的操作及其方式、方法。商品堆码要科学、标准，应当符合安全第一、进出方便、节约仓容的原则。这是商品保管工作中的一项重要内容。

5. 商品苫垫　是防止各种自然条件对储存商品的质量影响的一项安全措施。苫垫可分为苫盖和垫底。苫盖、垫底都要根据商品的性能、堆放场所、保管期限以及季节、温湿度光照日晒、风吹雨淋等情况合理选择。

6. 商品盘点　是对库存商品进行帐、卡、货三方面的数量核对工作。通过核对，管理人员可以及时发现库存商品数量上的溢余、短缺、品种互串等问题，以便分析原因，采取措施，挽回和减少保管损失；同时还可检查库存商品有无残损、呆滞、质量变化等情况。

（三）出库管理

商品出库业务，是仓库根据业务部门或存货单位开出的商品出库凭证（提货单、调拨单），按其所列商品编号、名称、规格、型号、数量等项目，组织商品出库一系列工作的总称。出库发放的主要任务是：所发放的商品必须准确、及时、保质保量地发给收货单位，包装必须完整、牢固、标记正确清楚，核对必须仔细。

不同仓库在商品出库的操作程序上会有所不同，操作人员的分工也有粗有细，但就整个发货作业的过程而言，一般都是跟随着商品在库内的流向，或出库单的流转而构成各工种的衔接。出库程序包括核单——配货——复核——出库——记账的过程。

三、分类储存常用保管方法

中药饮片及中成药的分类贮存保管的分类依据有所不同。饮片常依据加工方法不同而分类；中成药则是按剂型进行分类贮存管理。

1. 中药饮片分类保管　中药饮片一般按商品性质不同进行分类储存。

（1）易生虫中药饮片的储存　此类饮片一般都含有淀粉、脂肪及糖类，集中存放便于集中力量防治害虫，做到突出工作重点，效果更佳。

（2）易霉变中药饮片的储存　此类饮片应集中存放，便于采取通风去潮、去霉的措施。

（3）易泛油中药饮片的储存　饮片集中存放，便于控制阴凉、通风、干燥的库存条件达到保养的目的，或采取低温冷藏。

（4）易潮解中药饮片的储存　饮片集中存放，便于创造干燥通风的保管条件。

（5）易发生气味散失中药饮片的储存　饮片集中存放，便于采取密封措施，防止气味散失。

（6）易变色中药饮片的储存　如花类或叶类等饮片，集中存放便于采取避光措施，以免发生光合反应，致使中药材产生颜色变化。

（7）贵重及毒麻中药饮片的储存　此类饮片需特殊保管，与一般的商品分开，进行特殊管理（应实行“双人双锁”制管理）。

除以上中药商品按性质不同进行分类储存外，还有多种不同分类储存形式，如根据药材来源及药用部位的不同进行分类：根茎类、花叶类、全草类、果实种子类、矿物类、动物类等。

2. 中成药分类保管 主要按不同剂型分类，如丸型、散剂、糖浆剂等。其分类依据是：

（1）相同剂型的外包装一致，体积大小相同，便于安排存放堆码和节省占地面积，提高仓容利用率。

（2）相同剂型的性质、状态和质量变化也相同，对贮存条件有相同要求和相似适应性，同库共存，便于保管养护。

①丸剂、片剂、散剂：此类药品易吸潮、发霉变质，应贮存在阴凉、干燥通风处。

②糖浆、煎膏、胶剂、膏药：此类药品受热易发酵、变软、粘连，应贮存在阴凉干燥处。

③针剂：易受光线的影响而变色，应避光保存。

（3）按相同剂型在库内分区、分货位存放保管，有利于防止错收、错付，方便进出。

第四节　毒、麻、贵细中药的储存

一、毒性中药的品种、性质、储存知识

（一）毒性中药的品种及性质

毒性中药是指毒性剧烈、治疗剂量与中毒剂量相近，使用不当会致人中毒或死亡的药材。卫生部1989年发布的《毒性药品的管理品种》规定毒性中药品种有：砒石（红砒、白砒）、砒霜、水银、生马钱子、生川乌、生草乌、生白附子、生附子、生半夏、生南星、生巴豆、斑蝥、青娘虫、红娘虫、生甘遂、生狼毒、生藤黄、生千金子、生天仙子、闹阳花、雪上一枝蒿、红升丹、白降丹、蟾酥、洋金花、红粉、轻粉、雄黄等。

毒性中药包括植物药、动物药、矿物药，其共同特性是含有有毒成分。贮存过程中毒性中药除了按毒性药物管理法规进行保管外，还应根据各自具备的贮存特性设计贮藏养护方法。

（二）毒性中药的储存知识

对于毒剧药品的贮存和管理，应根据国家关于毒品管理条例的规定办理。须有专人负责，严格执行管理制度，防止发生意外。对此，应特别注意以下几点：①毒性中药材必须由熟悉中医药的药师、药士或经县级以上卫生行政审查登记的药剂人员负责管理。②建立健全验收、保管、颁发、核对等制度，严防收假、发错，严禁与其他中药材混杂。做到划定仓间或仓位，专柜加锁并由专人保管。③毒性中药材的包装容器上必须印有毒药标志，标示量要准确无误。称量用具专用，用后妥善处理，勿做它用。④毒性中药材的养护应根据其品种来源、理化性质、变质情况及库存量来决定。

二、麻醉中药的品种、性质、储存知识

（一）麻醉中药的品种及性质

麻醉中药是指对中枢神经有麻醉作用，能使整个机体或机体局部暂时、可逆性失去知觉及痛觉，连续使用能成瘾产生依赖性的中药。常用麻醉中药有蟾酥、洋金花、薄荷脑、细辛、川乌、草乌。

（二）麻醉中药的储存知识

对麻醉药品要有专人负责、专柜加锁、专用账册、专用处方、专册登记。处方保存3年备查。

三、贵细中药的品种、性质、储存知识

贵细中药是指经济价值高的中药，必须严格管理。保管这些药材应有安全可靠的设备。其中极易发生虫蛀或霉变的品种，需要加强养护。

（一）细贵中药的品种

细贵中药的品种主要有人参、鹿茸、麝香、牛黄、羚羊角、海马、马宝、狗宝、猴枣、熊胆、燕窝、三七、哈蟆油、西红花、珍珠等。

（二）细贵中药的性质

在贮存中，由于成分性质的不同，细贵中药可能发生各种变异现象。如人参、海马、海龙、三七、哈蟆油、熊胆等容易生虫、发霉；牛黄、麝香、哈蟆油、燕窝等受潮后易发霉；西红花则易失油、变色或干枯；羚羊角受热易干裂；鹿茸如没有干透，往往里面会腐烂发臭；麝香的容器如不严密，易挥发散失气味；马宝、狗宝、猴枣、珍珠等虽不易生虫、发霉，但如贮存不妥，也会产生变色。

（三）细贵中药的储存知识

这类药材必须放在安全可靠的库房内贮存，并有专人负责保管。人参、猴枣、燕窝、牛黄等，质脆易碎，在操作时应特别注意防止其残损。一般都应该用固定的箱、柜、缸、坛等密闭后，贮存在干燥、阴凉、不易受潮受热的地方。库内温度应保持在20℃以下，相对湿度不超过70%。

第六章　中药商品养护

第一节　中药商品日常养护

一、影响中药商品质量变化的因素

中药在贮存过程中，其质量易受到主观与客观因素的影响，而发生各种变化。主观因素主要有中药的含水量、化学成分等；客观因素主要包括霉、虫、鼠害等生物因素和空气、温度、湿度与光照等物理因素。

二、霉变、仓虫及鼠害的防治知识

（一）霉变的防治

中药的霉变是由一定的自然因素促成的，在掌握霉菌生长繁殖的条件及规律后，霉变是完全可以防止的。预防霉变最彻底的方式是使霉菌无法生长和传播。药材的防霉措施主要是控制库房的温湿度及药材的含水量。保持药材和环境的干燥是防霉的首要条件。

1. 控制中药的含水量　为了保持中药在贮藏过程中的干燥，可以根据实际情况选择密封、吸潮、通风等方法。

（1）密封法　把一定范围的空间与外界隔绝起来，对空气进行温湿度控制与调节，从而达到防止中药霉变的传统方法。它是利用一些导热性能差，隔潮性能较好或不透性的材料，把贮存中药尽可能封闭起来，防止贮存环境的温湿度发生急剧变化，减弱外界的不良影响，以达到安全贮存的目的。密封，是中药仓贮管理的基础措施，很多养护方法（如吸潮法、气调法、冷冻法、熏蒸法等）都要在密封条件下才能进行。根据中药贮存性能，密封方法运用得当，能够收到防潮、防热、防冻的良好效果，从而能有效地防止中药虫蛀、霉腐、熔化、潮解、泛油、变色、失气味、酸败等质变现象的发生。密封的形式是多种多样的，我们应根据中药商品的种类、数量、性能、流转情况以及库房条件等采用不同的密封形式。一般分整库密封、小仓库密封、堆垛密封、橱柜密封、货架密封、桶密封、箱密封、缸密封、窑密封等。

（2）吸潮法　当密封仓（密封柜、箱、桶、缸等）内，由于潮湿空气的侵入或商品（包装物料）、墙壁、地面等水分的散发，相对湿度超过中药商品安全贮存的范围，而库外气候又不具备通风或晾晒的条件，如潮霉季节连续的阴雨，久雨不晴，为保证中药商品的安全贮存，就必须设法降湿，以保持中药干燥。常用的方法有：吸湿剂吸潮法、机械吸潮法等。

（3）通风法　是利用空气自然流动的规律，或机械运动产生风，使库内外的空气交换，以达到调节库内温湿度而保持中药干燥的目的。利用自然通风，降温降湿快，效果较好，简单易行，经济方便，只要掌握得当，是行之有效的好方法。我们要抓住有利时机，掌握库内外空气自然流动的规律和变化趋势，对比库内外的温湿度，有计划地利用自然通风。若在不适宜的时候通风，反而增加库内的温湿度，于中药的保管不利，失去了通风的意义。

通风的原理是依据库内外空气自然流动是从压力大的地方流向压力小的地方，通过这种气流进行室内外空气交换。由于库内外温度高低不同而产生的气压差使空气对流，故当库内温度高时，空气的密度就小，气压也就低。库外温度低，空气密度就大，气压也就高。库内外，一个低一个高，库外的高气压空气就自然地流入库内进行交换，反之，库内的空气就流出库外。如温差越大对流越快，进风口和排气口相距越远，空气流动的速度就越快，因此在风的压力作用下，应使库外的空气从迎风面的门窗进入库房，从背风面的门窗流出库外。但风力大时不宜采用，以免污物随风进入仓库对中药造成污染，一般风力在 5 级以下为宜。通风的方法有自然通风法、机械通风法、自动遥控通风法等。

2. 控制库内相对湿度　霉菌生长发育所需的相对湿度在 75%以上，若将库房相对湿度控制在 70%左右，就可防止药材发霉。如不这样，即使药材是干燥的，也会由于相对湿度大而逐渐吸潮，引起发霉。为了达到这个目的，我们可以采用空气去湿机，以除去空气中多余的水分，保持一定相对度（70%左右）。据报道，采用工业去湿机，开机时间随库内湿度而定，平均每半个月开一次，每次半小时，可以控制相对湿度在 70%以下。这一手段在多雨潮湿的季节或地区就显得尤为重要。其次保持库内的通风透气，在天气好时利用翻垛通风的方法也可以使库内相对湿度及药材含水量下降。另外在潮湿季节，相对湿度最高，我们可以密闭库房或密封盛药容器件，减少药材与外界潮湿空气的接触，使药材吸潮返潮的现象减少而防止发霉。湿调的控制有吸湿剂降湿法、机械去湿法、自然通风降湿法等。

3. 控制仓库内温度　霉菌生长最佳温度在 20℃～35℃左右，我们可以控制贮藏温度，使其在 20℃以下，能达到 5℃～10℃者更佳，这样可有效地防止药材霉变。另外，植物药材本身有时会由于受潮或热的影响，使其组织细胞呼吸加强，并放出热量，使药材温度升高，或因害虫蛀蚀活动及虫体的脂肪氧化、分解等，也会使药材温度增高，如果热量不能及时散发，就可能会使药材发霉。所以温度与贮品质量变化之间的关系极为密切，对于一些不耐高温的中药商品，为了在贮存过程中保持中药质量的稳定性，必须对库内温度进行调节，使其适应商品性能要求的温度范围。常采取的方法有自然通风、机械通风、避光降温、排冷降温等。

（二）仓虫及鼠害的防治

1. 仓虫的防治

（1）根据害虫生活习性采取的防治方法

各种害虫都喜欢温暖、潮湿，而怕热、怕冷、怕干燥。当温度在 16℃～36℃，空气相对湿度在 70%以上，药材本身含水量在 13%以上时，大多数害虫均能生活繁殖，如果药材的含水量增高到 14%以上，害虫的发育增快，活动增强；当气温升高到 40℃以上或降低到 15℃以下时，则上述害虫的发育又会延缓或停止，如果气温再升高或降低，就会引起其死亡。因此根据害虫的这些生活习性，就可以从温度、湿度等方面加以控制，使其失去生存的条件，以防止其对药材的危害。

①清洁卫生防治：清洁卫生防治的范围十分广泛，包括对仓库周围环境经常性清扫、铲除杂草与垃圾、疏通沟道及排除污水；对仓库、货场及盛装包箱进行清扫消毒和去污工作；对加工场所、运输工具等的清扫；对库内库外的孔洞、缝隙进行嵌刻填平，以及墙壁粉刷、屋顶补漏，使害虫无繁殖藏身之处。

②密封防治：采用密封或密闭贮存，使中药及其炮制品与外界空气、温度、湿度、光线、细菌、害虫等隔离减少这些因素对药物的影响，以防虫蛀霉变，保持中药及炮制品原有质量。密封时，必须在气温较低、相对湿度不大时进行，一般以梅雨季前为宜。密封的中药必须含水量正常，且无虫蛀霉变等变异现象，否则在密封中容易发热或发霉变质，达不到保持中药质量的目的。

③高温防治：中药害虫对高温抵抗能力较差，一般36℃～46℃是害虫生命活动的最高温区域，在这个温度范围内，害虫基本停止发育繁殖，生理机能代谢活动失常。如环境温度继续升高到46℃～48℃时，绝大部分害虫处于热昏迷状态，在此温度下持续时间较长，就能使害虫致死。但在一定时间内，如环境温度降低或恢复正常时，还能继续进行正常的生命活动。如环境温度在48℃～52℃以上时，害虫在短时间内也能死亡。

④低温冷藏防治：低温冷藏是防治害虫的一种理想方法，易生虫中药一般都适合于冷藏库或冰箱冷藏，它不仅能防蛀、防霉，同时又不影响中药的质量，适宜于细贵和质地娇嫩的中药。低温冷藏储存的优点是保证中药不变色、不走油、不走味、不干燥、不开裂等。中药贮藏于冷库或冰箱中，一般只能抑制害虫的发育繁殖，而不能完全致死害虫。6℃～15℃是中药害虫生命活动的最低温区域，在此温度范围内害虫的生理代谢极其缓慢，处于蛰伏休眠的冷麻痹状态，但仍保持生命力，在一定时间内，如环境温度回升，害虫即能复苏。如上述温度再降低，或延续时间长，即能致死害虫。总之，温度越低，害虫死亡越快。可见低温冷藏应保持一定的温度和时间，才能获得良好杀虫效果。

⑤异性对抗同贮防治：异性对抗同贮防治虫害是中药传统贮藏养护法之一，它简便易行，且无毒无污染，对中药及人畜安全无公害，可就地取材。以中药治中药的虫害，驱虫效果好，适用于许多易虫害中药与数量不多的药材养护。异性对抗同贮防治虫害是利用一些有特殊气味、具有驱虫作用的中药或物品与易生虫中药共存，以达到防止害虫发生的目的。常用防虫中药有山苍子、花椒、樟脑、大蒜、牡丹皮、白酒等。

（2）药物防治

①化学药剂防治：化学药剂养护技术是采用化学药剂来预防或杀灭害虫的方法。用于中药杀虫的药剂必须是对人类无害、对中药质量无影响，且应具有挥发性强，渗透性强，杀虫作用确切、效率高，散毒快等特点。用于防治中药害虫的化学药剂一般分为熏蒸剂、触杀剂和驱避剂。使用熏蒸剂，要求施药环境保持密闭状态。常见熏蒸剂有磷化铝、氯化苦、溴甲氨、硫黄等。

②生物农药防治：化学药剂在防治中药害虫时会产生毒副作用及严重公害，为了解决化学农药对环境和仓储中药的污染，克服其对人畜安全的威胁，几年来出现了无毒或低毒，无污染的生物农药——“绿色杀虫剂”。对中药及人畜无毒害、无污染，而又能防治中药虫霉的植物药有：除虫菊、天名精、灵香草、闹羊花、吴茱萸、花椒、柑橘、辣

蓼、大蒜、黑胡椒、柚皮、野蒿、芸香等；其次是山苍子、苦楝、臭椿、千里光、算盘子、姜粉、干辣椒、黄豆粉、茶油、油茶麸等。其中，除虫菊的主要杀虫成分除虫菊酯，是目前国际公认的高效、无毒的广谱杀虫剂。运用现代制药工艺技术，将各种杀虫植物提炼精制成防治杀灭中药害虫的新型农药，已面世的绿色杀虫剂有“除虫菊酯”“灵香草虫液”等，已普遍用于杀灭药材、农作物害虫，粮、药仓储害虫及苍蝇、蚊子，是目前防治害虫最理想的一种植物农药。

2. 仓鼠的防治　鼠害防治的关键在消灭鼠类，尽量降低鼠密度。运用单一的灭鼠方法效果较差，应采取综合性的防治措施，即运用药物、器械和生物灭鼠法对鼠害进行综合治理。

（1）物理防治　一般常用各种捕鼠器械，如超声波电子脉冲式驱鼠器、电子捕鼠器、电磁波灭鼠器、木板捕鼠夹、倒须捕鼠笼、弹簧捕鼠笼、闸板捕鼠箱、铁桶翻板、钢丝弹簧鱼钩、电子灭鼠器和黏鼠胶等。

（2）化学防治　灭鼠剂一定要选用国家允许使用的高效、安全灭鼠剂，如敌鼠钠盐、溴敌隆、克鼠星灭鼠剂、大隆、杀鼠迷、杀鼠灵等灭鼠剂，这些药不容易引起老鼠拒食，而且对人、畜安全。严禁使用国家禁用的、不安全的剧毒灭鼠药。

（3）遗传防治　遗传防治处于探索阶段，主要是通过使用化学（或免疫）绝育剂，以降低鼠类的繁殖能力。通过给老鼠吃“避孕药”，可降低其种群数量，减少鼠害。研究发现，从棉籽中提取的棉酚对公鼠有避孕作用，中药天花粉和莪术可用于母鼠的避孕。可将此类药物的提取物和玉米面等掺在一起，制成老鼠喜欢啃食的小面块，即为降低老鼠繁殖力的“不育剂”。

（4）熏杀灭鼠　熏杀灭鼠的方法很多，主要有如下几种：仓库内气温高于 5℃时，可用氯化苦 15～20g/m^3，或溴甲烷 20～30g/m^3 密封熏蒸，密封 12 小时即能把老鼠杀灭干净。此外，用烟剂灭鼠效果也好，而且操作安全，使用简便，点燃后发烟，烟雾可迅速达到洞底，杀灭效果为 100%。也可用硫黄熏蒸消灭屋顶上的老鼠。在中药入库前，应使用熏杀药物对空仓库进行熏蒸，防治库内鼠害侵害中药。

（5）生物防治　目前很多国家在开展利用动物、植物、微生物所产生的毒性物质进行灭鼠的研究，这些物质多为特殊氨基酸组成的蛋白质单体或聚合体。我国生产的肉毒梭菌毒素或葡萄球菌肠毒素配制成 0.08%～1%浓度可毒杀仓库褐家鼠及小家鼠。该剂对人畜比较安全，不会发生二次中毒，保护了鼠类天敌，而且毒素在自然环境中易分解失效，残留期短，不污染环境，其适口性好，灭鼠率可达 80%～95%，是一种较理想的杀鼠剂。

（6）遗传控制　鼠类的遗传控制就是采用化学或物理的诱变因素，改变鼠类种群的基因库，使之成为不足为害或不能适应环境的动物个体，由于自然和内在调节因素的作用或行为改变而崩溃。

（7）综合防治　从鼠类与生态环境和社会条件的整体观点出发，采取以环境治理为主的综合防治措施。通过对环境的整治和防鼠设施的设置，改变鼠类的生活栖息条件，辅以安全、经济有效的药物及物理的灭鼠方法，形成一套系统的防治措施，以达到最佳的防治效果。做好室内外环境卫生，清除垃圾，断绝鼠粮，及时修理破损的门窗，填补破损墙壁，堵塞鼠洞，地面、墙基硬地化，建筑物设计应有科学的防鼠设施，防止鼠类的侵入，减少害鼠的栖身地。

无论化学灭鼠、生物灭鼠或物理灭鼠，诱鼠剂对灭鼠效果影响极大，只有比仓库内食品对鼠类更具引诱力的诱鼠剂才可达到灭鼠的目的。一般可采用乙酸乙酯、酵母粉、味精、白糖、食用醋、食用香精、香料及酒等按一定比例配制，诱鼠效果好，而且不易变质，为今后商品化生产及推广应用打下了基础。

三、中药商品仓储条件的要求

在《中国药典》药品标准的贮藏项下，对各种中药的贮存均分别规定了基本要求。它是中药商品贮存保管的重要依据，中药的贮存保管温湿度要求必须符合其贮藏条件。《中国药典》对中药贮藏条件有关温度的规定有：常温系指 10℃～30℃；阴凉处系指不超过 20℃；凉暗处系指避光且不超过 20℃；冷处系指 2℃～10℃。

对于大多数药材而言，温度在 5℃～25℃时，其贮存质量是稳定的；温度高于 25℃或低于 5℃时，应采取调控措施。中药库相对湿度控制在 65%～75%之间为宜，以保证中药不受潮霉变。

第二节　中药饮片的养护

一、中药饮片变异现象的检验方法

1. 虫蛀　一般易在饮片重叠空隙处或裂痕以及碎屑中发生。具体检验时，可根据饮片的不同情况，采取剖开、折断、打碎、摇晃等方法来进行。尤其对容易生虫的部位更要细致检查。

2. 发霉　腐烂变质的饮片所含有效成分会遭到破坏，以致不堪药用。具体检验时，应注意观察中药含水量是否超标、有否菌丝、菌落以及有无霉腐气。

3. 泛油　饮片“泛油”是一种酸败变质现象，影响疗效，甚至可产生不良反应。筛选检查“泛油”中药主要通过眼观、手摸、鼻闻等方法，依据饮片的色泽、气味和质地等方面的变化进行判断。

4. 变色　中药色泽的改变预示着其所含成分的改变，直接与中药的安全性和有效性相关，因此色泽的变化不仅改变饮片的外观，而且也影响药物内在的质量。检查中药变色主要靠眼观，重点观察中药表面和断面的色泽变化。

5. 气味散失　每种中药固有的气味是由其含有的挥发性成分组成的，因此气味散失是中药饮片质量变化的重要标志。传统中药散气走味的检查主要利用鼻闻方法，通过气味的特点、浓淡变化来判断。随着分析技术的发展，气相色谱法也逐渐用于中药挥发性成分的定性及定量检测中，以助于检测中药的质量。

6. 风化　含结晶水的矿物类饮片或盐制中药饮片，风化后表面会出现粉末状物。检验时应注意中药商品表面是否有粉末产物，矿物类饮片需要注意货包有无变形。

7. 潮解溶化　发生潮解溶化的中药饮片表面通常呈液体状态，饮片一旦发生潮解变异后很难贮藏。检查时应重点观察饮片表面是否湿润，矿物类饮片还应注意货包外形是否有改变。

8. 粘连　树脂类或提取加工类中药饮片受潮或受热后易出现粘连成块。检查时主要利用眼观、手感等方法，重点观察饮片的粘连结块情况。

9. 挥发　含挥发油的饮片因受温度的影响或贮藏日久，易出现挥发油挥散、失润、干枯破裂等现象。检验时重点检查货包气味有否过浓或过淡的现象。

10. 腐烂　鲜活饮片因受温度和微生物的影响，易出现腐烂不能入药的情况。检验时需要重点检查中药的颜色变化、有无菌斑、气味的改变等。

二、中药变异现象的处理方法

（一）中药轻微霉变的处理

1. 干刷去霉　即用棕丝刷或猪棕刷直接刷去药材表面的霉菌。去霉前后需经日光曝晒，其目的主要在于散发水分，保持中药干燥，有利于刷掉菌丝，同时也有利于杀灭霉菌。有些根茎类、皮类等体积较大的中药发霉后，均可采用本法刷去霉。

2. 撞击去霉　发霉不严重的药材，经日晒或烘烤使之干透后，可放入撞笼或麻袋、布袋内来回摇晃，通过互相撞击摩擦，可以将霉去掉。

3. 淘洗去霉　凡不宜用撞刷法去霉的中药，可用水淘洗，淘洗时操作应快，切禁水泡，淘洗后及时晒干或烘干。淘洗时可将发霉的药材入盆内，加水搓洗或刷洗，去霉后，快速捞出晒干即可。水洗时，霉轻微的可用冷水，霉较严重的可用热水，洗时要快，不能久泡，以免影响气味质量。

4. 醋喷洗去霉　如元胡、乌梅、山茱萸、五味子等可用此法，以醋喷洗后闷 1～2 小时再晒干。

5. 酒喷洗霉　有些活血化瘀药，如川芎、三棱、莪术、当归等，若霉变严重时，宜采用白酒喷洗，喷洗后，伏闷 30～60 分钟，再晒干。白酒喷洗既能去霉防霉，也能“助药势、通血脉”。

（二）虫蛀后处理

1. 药剂熏蒸法　利用药剂在燃烧或挥发过程中产生的有毒气体，熏杀害虫。常用的药剂有硫黄、氯化苦和磷化铝等。其中硫黄是中药产地加工及贮藏养护过程中应用最为广泛的杀虫剂之一。在应用药剂熏蒸杀虫时，应注意密闭，谨防人畜中毒。在使用硫黄熏蒸时，要注意防火。

2. 高温杀虫法　利用各种热力杀灭害虫。常用的方法有：曝晒、烘烤和热蒸等。在使用烘烤法杀虫时，应注意烘烤温度不宜超过 60℃；含芳香挥发油的药材，则不宜超过 50℃，以免影响药材质量。在采用热蒸法杀虫时，应注意掌握好火候，以蒸至热气透顶为度。如蒸的时间过短，杀不死害虫；蒸得过久，又会使药材伤水或气味散失，并发生变色现象。

（三）易走油中药的处理

药材走油是本身内部发生的变化，无法消除，只能及时采取相应措施，如降温、干燥、防潮和避光等，改善贮藏条件，以制止其发展。

（四）易变色中药的处理

药材发生变色后，难以恢复原色，应以预防为主。在药材贮藏中，要注意将易变色药材放在阴凉干燥处，防潮、防热、避光及适当通风，尽量做到勤进快销、先进先出。

花类药材及颜色鲜艳药材，一般不宜用硫黄熏蒸，以免引起褪色。

（五）易气味散失中药的处理

易散气走味的中药在贮藏过程中应以预防为主。要注意把富含挥发油的芳香类药材，贮存于阴凉干燥处；隔绝空气，密封贮藏，尽量缩短贮存时间；此类药物在加工炮制过程中或受潮后，宜阴干或风干，不宜曝晒或高温烘烤。

（六）易风化中药的处理

此类中药在贮藏养护过程中应以预防为主。将易风化的药材放置于阴凉、避风处，密闭贮藏。

（七）易潮解中药的处理

易潮解中药在贮藏养护过程中应以预防为主。将易潮解的药材密封贮藏，使用的包装物应能隔水防潮，贮藏于干燥处，保持仓库内干燥、通风。

第三节　中成药的养护

一、中成药常见的变异现象

中成药养护不当会出现与中药材和饮片相似的各类变异现象，如虫蛀、霉变；也会出现一些成药常见的变异现象，如酸败、挥发、混浊等。

1. 虫蛀　仓库中侵蚀成药的害虫种类很多，若养护不当，会大量发生虫蛀现象，不仅会使药物有效成分遭到破坏，降低药用价值，甚至导致其不堪入药，造成严重的经济损失。常出现虫蛀现象的成药主要有蜜丸、散剂、茶剂、曲剂、水丸等。

2. 霉变　不仅常危害中药材及饮片，也是中成药常见的变异现象。尤其在南方的梅雨季节，中成药剂型中糊丸、糖浆剂、颗粒剂、蜜丸、曲剂、散剂、浸膏等，常因加工制作不当或包装灭菌不严、贮存条件不适宜等而造成霉变。

3. 酸败　亦称酵解，是中成药经日光照射或高温，产生发酵、变味、变色而不能药用。易发生酸败的中成药有合剂、煎膏剂、糖浆剂、酒剂、软膏剂等。

4. 挥发　是指在高温下中成药所含挥发油散失或走油。含挥发油和乙醇的中成药，如云香精、风油精、十滴水、藿香正气水，遇热后易挥发。乙醇挥发后醇浸出物可发生沉淀，从而使有效成分失去。

5. 混浊沉淀　是液体中成药的一种常见变质现象。中成药的液体制剂，在低温条件下易发生沉淀。如酒类制剂，因封口不严，乙醇挥发，溶媒浓度改变而发生沉淀、变色、混浊等。口服液、酊剂、糖浆剂和某些注射剂，因性质不稳定，久贮后易发生沉淀或变质。

二、中成药的养护方法

（一）丸剂

丸剂易出现的质变情况是发霉、虫蛀、粘连、干枯变形等。丸剂一般具有封口严密的蜡筒、蜡壳、塑料袋或纸袋包装，但在贮存中仍可发生虫蛀，不过生虫和虫蛀的程度远不及中药材和饮片严重。

1. 蜜丸　因蜂蜜及药材本身含有少量水分，而且糖及某些成分又是害虫极好的营养物质，故蜜丸极易生虫；蜂蜜吸湿性过强，若贮存环境潮湿，蜜丸则吸收空气中的水分，极易发霉；若蜂蜜品质不佳且含水量大，则易在酵母菌作用下发酵而引起药丸内部呈多孔状。而且蜂蜜易受天气的影响而变形，若空气干燥或温度过高，易失水变硬变糊。故蜜丸是最不易保存的一种剂型。

银翘解毒丸、健脾丸、六味地黄丸等均易遭受霉败和虫蛀，贮存时要防潮、防霉变、防虫蛀，应密封贮存于室内阴凉干燥处，注意包装完好。夏秋季节经常检查，如发现变质者，必须立即拣出，若发现丸药表面吸湿，可置烈日下晒干片刻。梅雨季节，宅气潮湿，则可置于石灰缸内干燥（一般置3～5天）。蜡皮包装的蜜丸保护性能虽好，却因性脆易破裂，易软化塌陷，甚至熔化流失，故应防止重压与受热。

2. 水蜜丸　水蜜丸虽然较蜜丸用蜜量小，质地稍坚硬，但水蜜丸的吸湿性依然很强，易发霉生虫，因此水蜜丸水分含量不得超过12%，密封置室内阴凉干燥处。

3. 水丸　水丸因颗粒比较疏松，与空气接触面积较大，能迅速吸收空气中的水分，易造成霉变、虫蛀、松碎等。被蛀的水丸质地松泡，手捻易碎。水丸在制成后如能充分干燥，可延长保存时间。通常以纸袋、塑料袋或玻璃瓶包装、密闭，可防变质。宜置于室内阴凉干燥处。

4. 糊丸　糊丸因赋形剂是米糊或面糊，有较强的吸湿性，因而此类药亦不易保存。但因剂量少，且多半是小型丸药，如果在制造时能充分干燥，然后装于密封容器中，可以贮存数年。含水量不得超过9%，若吸潮变软后即易发霉、虫蛀。

5. 浓缩丸　浓缩丸因部分饮片或全部饮片经过提取浓缩，更容易吸潮、发霉。宜置于室内阴凉干燥处。

浓缩丸、滴丸等丸剂剂型的保管养护与水丸或糊丸相同。

（二）片剂

片剂应该片面完整光滑，大小、厚薄一致，色泽均匀，无碎片，无花纹、色点、脱盖、崩边、松边、胀个等现象，硬度适宜。中药片剂因含饮片粉末或浸膏量较多，赋形剂较少，因此极易吸潮、松片、裂片、片面崩裂以致粘结、霉变等，发现上述现象，不宜入药。片剂常用无色、棕色玻璃瓶或塑料瓶加盖密封，有的用铝塑泡罩包装，有的用铝箔压板包装密封。片剂在低温、低湿条件下贮存一般可稳定，因此宜贮于室内凉爽、通风、干燥、遮光处密闭保存养护。

（三）散剂

散剂应干燥、疏松，色泽均匀，无黏性、花纹、花斑，手捻无颗粒。水分含量不得超过9%。

散剂的吸湿性与风化性较显著，因此必须充分干燥，包装防潮性能要好。例如紫雪散中含有大量的吸湿性强的玄明粉、石膏粉等矿物性成分，应密封防潮，否则会吸湿硬结；含有挥发性成分的如避瘟散中有藿香、冰片、薄荷脑等，应密闭贮存，以防止挥发和香气散失；含有树脂性成分的中成药如七厘散中的乳香、没药等遇热极易结块，故应防高热。

散剂可用防潮、韧性大的纸或塑料薄膜包装封口或熔封后，再装入外层袋内封口。含有挥发性成分的散剂，应用玻璃管或玻璃瓶装，塞紧，蘸蜡封口。贮存要避免堆码时因外包装变形发生的重压。散剂宜贮于室内阴凉干燥处。散剂在养护过程中，若发现受潮或生虫，应曝晒，重新过筛，去其虫卵，如果发霉变质或虫蛀严重，则不能药用。

（四）煎膏剂（膏滋）

煎膏剂应细腻均匀，稠厚适度，不起砂，无浮沫，手捻无粗粒感，口尝无焦味、臭味或异味。若保管不当，出现结皮、霉变、发酵、变酸、糖晶析出较多或有焦楂味者，不宜药用。煎膏剂制备时，如果药液浓缩以及加糖、炼蜜得当，保管妥当，一般不易霉变。若浓度稀，蜂蜜炼得太嫩，或操作不慎，沾有生水，则极易生霉。煎膏剂宜密封于棕色玻璃瓶内，置于室内阴凉干燥处保存。

（五）膏药

膏药应油润细腻，摊涂均匀，老嫩适宜，边缘整齐而无飞边。多种膏药中含有挥发性药物，如冰片、樟脑、麝香等。若贮存日久，有效成分散失；如贮存环境过热，膏药容易渗过纸或布外；贮存环境过冷或吸湿，黏性降低，贴时容易脱落。故宜贮于密闭容器内，置于干燥阴凉处，防潮、防热、避风。

（六）软膏

软膏的表面应平整光滑，色泽一致。软膏种类多，组成复杂，性质各异。其稳定性主要决定于所用基质和所含药物的物理与化学性质。因软膏受含水量、药品包装及贮存时间和温度的影响，若养护不当可引起酸败和霉败。所以软膏应贮存于室温（一般不超过 30℃）、阴凉、干燥处。

（七）胶剂

胶剂应厚薄、大小一致，完整，色泽均匀，表面油润，呈半透明状，无明显气泡和杂质，断面光亮，口尝味淡，闻之微腥，但无明显的腥臭味。胶剂在夏季温度过高或受潮时，会发软发黏，甚者会粘连成坨，有时发霉败坏。如胶面已生霉斑，可用纱布沾少许酒精拭去，吹干。若发现胶剂受潮发软，不能曝晒或火烘，可置于石灰缸内保存数日以除潮，防止发霉。如有霉变、异臭或严重焦臭、粘连熔化者不宜药用。胶剂应包妥装于盒内，置于室内阴凉干燥处。夏季或空气潮湿时，可贮于石灰缸内或干燥稻糠内。因胶剂久贮石灰缸内过分干燥易破裂，故贮 1 周后宜取出，仍贮于架上。夏季亦可将胶剂置于密封箱内，立放或平放，层层架起，但不宜堆积层数太多，以防久压软化，导致胶块变形，粘连成坨。冬季要防止风吹，以免碎裂成小块。

由于各种药胶的性质不同，其贮存保管方法也有差异。一般认为龟板胶和鳖甲胶较难贮存，受潮易粘结，严重时会熔化，夏季放入缸内留置又会因过分干燥而裂缝，故常放置石灰缸内 7 天后（胶块可以在纸盒内摇动即干燥），置于架上。如果日后再次发现受潮发软、粘结现象，需再放入石灰缸内贮存。只有这样反复进行，才能防止受潮变形和变霉，保持原来外观色泽不变。驴皮胶一般置阴凉干燥处贮存，梅雨季节贮于石灰缸内即可。虎骨胶、鹿角胶性质在上述两者之间，也较易吸潮，一般在梅雨季需 10 天左右检查一次，宜放入石灰缸存放。

（八）胶囊剂

胶囊容易吸收水分，轻者胶囊膨胀，胶囊表面混浊，重者可长霉、粘连，甚至软化、破裂。遇热易软化、粘连，过于干燥易脆裂。应贮于密闭塑料袋或玻璃、塑料瓶中，置于阴凉干燥处，温度以不超过 30℃为宜。检验胶囊剂时，应注意外观是否整洁，有无粘结、变形和爆裂。若敲动瓶子发现瓶底有细粉或外表附着药粉渐渐增多，说明胶囊套合不严，或有砂眼渗漏。凡内外包装不严都会引起胶囊内药物霉变，有的还会生虫。

（九）颗粒剂

颗粒应均匀，无软化、潮解、粘连、结块，封口严密。颗粒剂水分含量不超过6%。颗粒剂由于含水量较低，处于干燥状态，一般不易生虫。颗粒剂含有浸膏及大量蔗糖，而且含水量很低，在夏季时，如果包装不严或散破，则极易吸收包装外空气中的水分，与空间湿度建立新的平衡，导致颗粒剂受潮结块、融化、发霉。因此颗粒剂通常装入塑料袋，袋口热熔封严，包装于铁罐或塑料盒内，置于室内阴凉、干燥处，遮光、防潮、防热。

（十）糖浆剂

糖浆剂应澄清，色泽一致，无沉淀，无混悬颗粒、絮状物和其他异物，蔗糖是一种营养物质，其水溶液很易被霉菌、酵母菌等所污染，使糖浆被分解而酸败、混浊。糖浆剂应置于贮于室内阴凉干燥处，应避光、防潮、防热等。在冬季，平均气温低于–5℃时，应该防冻。否则糖浆剂冻结融化后，会产生不同程度的絮状或块状沉淀。

（十一）注射剂（针剂）

注射液在贮存过程中，温度过高会使某些高分子化合物的胶体状态受到破坏而出现凝聚现象；温度降低，则某些成分的溶解度和稳定性随之降低。两者都会发生沉淀、混浊等。如有下列现象之一者不可供药用：澄明度不符合规定，显著变色，混浊，沉淀，容器封口不严或破裂。

（十二）酒剂

酒剂应色泽一致，洁净澄清，无沉淀、杂质，封口严密。酒剂制成后应装于小口长颈的玻璃瓶或瓷瓶内，密封瓶口，置阴凉处保存。酒瓶封口必须严密，以防止因酒的挥发导致溶媒浓度改变，进而产生沉淀、变色或疗效降低。酒剂中因含有乙醇，可使其冰点降低，故一般不易冻结。夏季尤其应注意避光防热，置阴凉处。酒剂应澄清而无杂质。一般虽不易发生变质现象，但因包装不严，易挥发、散失气味，或酒精含量低于20%时加上受热或光照，也能使其酸败变质。

（十三）酊剂

酊剂贮存温度较高，可使所含乙醇或挥发油挥散；温度过低可使某些药物成分发生沉淀。故应置于温度适宜的地方贮存，一般以10℃～20℃为宜。酊剂中所含成分，有些遇光可发生分解、变色，应装在棕色容器中，置避光处保存。

（十四）栓剂

栓剂可分为油脂性基质和水溶性基质的栓剂，油脂性基质的栓剂熔点较低，遇热容易软化变形，应贮存于阴凉处。水溶性基质的栓剂如甘油明胶有很强的吸湿性，易吸湿而霉变。空气中湿度过低时，又因析出水分而变形。故在贮存中，应以蜡纸、锡纸包裹，放于纸盒内或装于塑料或玻璃瓶中，注意不要挤压，以免互相接触发生粘连或变形。

（十五）合剂

合剂成分复杂，久贮容易变质，应于防潮、遮光、凉爽处保存与养护。冬季严寒季节应注意防冻。

（十六）茶剂

以中药饮片粗粉制成的茶剂，包装又简易，极易吸潮霉蛀，挥发油成分亦易散失，故茶剂必须处于干燥、通风处，严防受潮、霉变，最好不要久贮。易发生分解、变色的茶剂，应装在棕色容器中，置避光处保存。

（十七）曲剂

曲剂粉性较大，易吸潮而霉蛀变质，应以防潮纸包好，装于箱内，密封置干燥通风处保存。为了防止在梅雨季节变质，可于雨季之前置阳光下曝晒或烘干，或置石灰缸内干燥后密封于适宜的容器内保存。

第四节　特殊性中药商品养护

一、易燃中药商品的种类、特性、养护方法

常见易燃药材有火硝、硫黄、雄黄、生松香、干漆、樟脑、冰片、海金沙等。它们的共同特点是含有低燃点化学成分，在一定条件下当达到燃点温度时极易燃烧，不仅使药材本身受到损失，甚至造成灾害，因此必须实行特殊的养护。

数量较大易燃中药需要贮藏于危险品仓库内，数量较小的应选择与其他仓库有适当距离的仓库单独存放，并应远离电源、火源，同时专人保管。这类药材最好用油篓或缸罐等盛装后整件密封。尤其是火硝易爆燃和风化，更应缸罐等进行密封贮存。在库房附近，还应放置适量的灭火器、沙箱等消防设备，以保安全。库内堆码不宜过高，一般以不超过 3m 为宜。火硝、干漆均不能重压，干漆更不宜受阳光直射，否则即易引起燃烧。库内以温度不超过 31℃、相对湿度不低于 60%为宜。但湿度也不能太大，否则易引起火硝潮解甚至沤烂包装。在不同品种垛与垛之间，最好能保持 1m 以上的距离，以免在搬取时相互碰撞摩擦而发生事故。尤其是火硝与雄黄，不得同时存放于同一个库房内（雄黄与火硝相混，击之燃烧爆炸）。

二、鲜活中药商品的种类、特性、养护方法

（一）鲜活中药商品的种类

常见鲜活中药材有地黄、生姜、石斛、荷叶、藕节、扁豆花、大小蓟、沙参、藿香、薄荷、佩兰、马齿苋、山药、葱白、金银花、蒲公英、芦根、何首乌、竹叶、佛手、地骨皮等。

（二）鲜活中药的特性

寒凉性药鲜品较干品偏凉偏润，辛香气药鲜品较干品味厚力峻，鲜药药汁润燥力强于干品、药汁起效快，鲜药在滋阴方面有特殊疗效。鲜药主要用于外感风寒、瘟病及伤食、咳血、吐血诸血证、急性菌痢腹泻、肺炎、肺痈、肺结核、慢性气管炎、百日咳、白喉、腮腺炎、乳腺炎、扁桃体炎、伤科、外科病症，还可用于恶性肿瘤及系统性红斑狼疮和危重病的急救及解毒等。

（三）鲜活中药的养护方法

临床上应用鲜药，有一套行之有效的贮藏方法非常重要，为防止鲜药材的死亡要保

持一定的湿度，以免过分干燥枯死或过分潮湿而腐烂，同时冬季可置于室温以免冻伤，为了防热或防冻，鲜药可置于地窖内存放。

传统的保鲜方法有自然储藏、砂藏、砂植、冰箱储藏、塑料薄膜保鲜和移植。

第五节　易变异中药饮片养护

一、中药商品变异的因素

中药在贮存过程中，其质量易受到主观与客观因素的影响，而发生各种变化。主观因素主要有中药的含水量、化学成分等；客观因素主要包括霉、虫、鼠害等生物因素和空气、温度、湿度与光照等物理因素。

二、中药饮片传统养护方法

中药饮片是由药材经过加工炮制而成，因在加工过程中要经历日晒、蒸煮、炒制，甚至与辅料共同炮制等环节，会引起中药材化学成分发生变化，增加其成分的复杂性，给贮存养护带来更多的困难。因此要根据饮片的类型及其特性进行经常性的养护，才能避免遭受虫蛀霉变，以保证中药用药的安全有效。

饮片仓库必须建立管理制度，保持经常性的检查，保证库房干燥、清洁、通风，避免日光的直射，室温应控制在25℃以下，相对湿度保持在75%以下为宜。注意外界温湿度的变化，及时采取有效措施调节室内温度和湿度。饮片入库前应详细检查有无虫蛀、生霉等情况。入库后进行分类保管。毒麻饮片和细贵饮片应设立专库、专柜存放，专人保管。各类饮片养护方法如下。

（一）净选类

净选类饮片在加工时只去除了泥土杂质和非药用部位，自然属性并未改变。贮存中的内在及外在因素的影响，与原料药材相同，其质量变化主要是泛油、变色、气味散失和虫蛀、霉变等。因此其贮存养护方法与其原药材类相同。

（二）切制类

在生产中经过烘干干燥的切制类饮片，其成品含水量较原料药材要低，一般为8%～12%（原药材为12%～15%），当库房相对湿度超过70%时，切制饮片表现出较强的吸湿性。切制类饮片的吸湿能力与饮片的表面积有直接关系。原料药材经切制后，其表面积增大。通常饮片表面积大、含亲水性胶体（水溶性糖、果胶、纤维素等）成分的切制类饮片比表面积小、不含亲水性成分的饮片吸湿能力强。贮存中的切制类饮片常具明显吸湿性，普遍增重。吸湿超过安全水分，则易发生霉坏变质。

由于切制类饮片成品含水量较低，这在一定程度上抑制了植物体内不同种酶的活性。而且切制类饮片经过烘干过程，可以较有效地杀灭大部分原药材携带的仓虫、虫卵和霉菌，使饮片成品携带的虫卵和菌量大为减少，这就保证了饮片在短期内贮存较为稳定。如果贮存时间过长或保管不当，这类饮片仍然会受仓储环境中生物因素影响而发生虫蛀、霉变。虫蛀、霉变从垛体表面向垛体中心部位发展，垛体下部要比上部严重。这主要因为商品垛表层直接受仓储环境中的生物因素和温湿度的影响，而货垛的底部较潮湿。

切制类饮片成分被氧化的程度要较原药材高，这是某些饮片切面发生变色的主要原因之一。这种原因无疑与饮片裸露于空气中的表面积增大有关。饮片中若含有具酚羟基的黄酮、蒽醌、鞣质或能分解产生糠醛的糖类等成分，易发生氧化、聚合、缩合形成大分子的有色物质，从而使饮片切面变色。

因此要严格控制切制类饮片中的水分在 9%～13%，且需根据饮片的性质，选用适当的密封容器贮存。一般可贮存于木箱、纤维纸箱中，最好置严密封口的铁罐、铁桶中，以防止湿气的侵入。有些应置于陶瓷罐、缸或瓮中，并加入石灰或硅胶等干燥剂。至于量多者可暂时用竹篓、筐贮存，但不宜久放，以免霉蛀。例如，对于含淀粉多的药材如泽泻、山药、葛根、白芍等，切成饮片后要及时干燥，并防止污染，应贮于通风、干燥、阴凉处，并注意防虫蛀。凡含挥发油多的药材，如薄荷、当归、木香、川芎、荆芥等切成饮片后，干燥温度不能高，一般在 60℃以下，以免损失有效成分。贮存时室温不能太高，否则容易散失香气或泛油，湿度大亦易吸湿霉变和虫蛀，应置阴凉、干燥处贮存。

（三）炮炙类

根据各种饮片的性质、不同辅料和不同加工方法，采取合理的措施对其进行分类保管。现将各种炮制类饮片的贮存与养护概括如下。

1. 酒炒、醋炒饮片　在炮炙过程中，组织内部浸润了酒醋的汁液，表面被酒醋汁液包裹。在干燥后，内部含有酒醋的成分，表面形成一层酒醋成分的干膜，因此具有驱虫、防虫和防霉的作用。但长期贮存，仍然会发生虫蛀、霉坏等现象。这是因为黄酒中乙醇含量与食醋中醋酸含量均较低，且在常温下易挥发，加上饮片易吸湿使乙醇、醋酸浓度再次降低，这些因素均导致乙醇和醋酸的浓度逐渐下降甚至消失，从而影响防虫、防霉效果。因此加酒炮制的饮片如当归、常山、大黄等，以及加醋炮制的饮片如芫花、大戟、香附、甘遂等，若长期贮存，均应贮于密闭容器中，置阴凉处。

2. 盐炙饮片　饮片的贮存易受盐分的影响。在夏季高温、高湿情况下，盐分吸收水蒸气，发生潮解，使饮片增加了水分（饮片本身也吸湿）而返软，且易受噬盐菌侵染而发生变质。在冬季的干燥空气中，盐炙饮片又会析出盐的结晶。因此凡用盐炙的饮片如泽泻、知母、车前子、巴戟天等，很容易吸收空气中的湿气而受潮，若温度高且空气过于干燥，则盐分又会从表面析出。故应贮于密闭容器内，但不应用铁质容器，宜用瓦质容器，且置通风干燥处。

3. 蜜炙饮片　夏季贮存时，因蜜炙饮片糖分含量高，容易受潮变软或粘连成团，若温度过高则蜜可融化；冬季贮存时，质地坚硬成坨。蜜炙饮片的贮存质量与炼蜜的含水量及品质有关，特别是品质不好的蜂蜜虽经提炼，饮片经其蜜制后，但在贮存中仍可发生酸败现象。饮片在用炼蜜炮炙时，其表面黏附炼蜜的程度也对贮存有一定影响。因此蜜炙的饮片如款冬花、甘草、枇杷叶等，容易被污染、虫蛀、霉变或鼠咬，通常贮于缸、罐内，尽量密闭，以免吸潮，并置通风、干燥、凉爽处保存养护。

4. 酒蒸、水煮饮片　常含有较多的水分，如熟地黄、肉苁蓉、天冬、党参等。蒸煮后尤其易受毛霉的侵染，在商品表面可见霉菌菌丝体附着。贮存中不宜堆码过高，以避免重压。应贮于密闭容器内，置通风干燥处贮存。

5. 其他饮片　对于炒制的种子类药材因炒制增加了香气，包装不坚固易受虫害及鼠咬，故多贮存于缸、罐中封闭保管，如紫苏子、莱菔子、薏苡仁、扁豆等。对于某些矿物类饮片如硼砂、芒硝、石膏等，在干燥空气中容易失去结晶水而风化，故应贮于密封的缸、罐中，置于凉爽处。

（四）加工再制类

这类饮片不多，包括曲类、霜类、胶类等。曲类饮片多以淀粉为黏合剂经发酵后制成，常散发一种清香或炒香气味，易招引仓虫、鼠类为害，同时还易发生泛油、霉变。霜类饮片贮存中易泛油。胶类受热受潮易融化、粘连，应贮于密闭缸、罐中，置通风干燥处贮存。

第六节　贵细中药商品的养护

一、贵细中药的养护方法

这类药材必须放在安全可靠的库房内贮存，并有专人负责保管。人参、猴枣、燕窝、牛黄等，质脆易碎，在操作时应特别注意防止其残损。一般都应该用固定的箱、柜、缸、坛等密闭后，贮存在干燥、阴凉、不易受潮受热的地方。库内温度应保持在30℃以内，相对湿度不超过70%。对其中易生虫发霉的药材，可采取以下具体养护方法。

（一）密封

贵细药材都可以采取密封方法贮存。例如红参和生晒参通常可以采用密封的木箱保存，箱内可放入装有酒精的广口瓶，这样既能使人参不生虫、不发霉，还能保持其原有的色味和重量。注意用酒量不宜过多，否则会损害人参质量。为了防止糖参吸潮受热和返潮，可将其放在低温干燥处或与适量无水氯化钙放在火缸内密封保存，效果良好。如遇糖参返糖，可用温水将浮糖泡去后再浸一次糖汁，或者用炭火烤干即可。此外，也可把糖参通风晾晒后，用小木匣封装，再放入大木箱内贮存，但在木箱底部应铺上12～15cm厚的柴草灰，小木匣周围及上面也用柴草灰埋严，然后密封存放在阴凉干燥处。这样，既可保色，又不易吸潮发霉。

再如鹿茸，可在虫霉季节前将其用纸缠固后装入密封箱内贮存。应注意的是密封前鹿茸须干透，容器内四周放适量纸包的樟脑粉，或者与花椒、细辛存放一起，封固后，贮存在干燥处。此外，鹿茸片以及鹿鞭、鹿胎等，亦均应加樟脑粉密封贮存。这样不仅可以防止虫霉和风干破裂，而且还能保持鹿茸皮、毛的光泽。

其他如麝香、西红花等的密封，一般只要将原包装放入大容器或瓷罐内封严后，放在阴凉处即可。

（二）吸潮

生晒参、糖参、红参和燕窝等在梅雨季节，为了防止受潮可装在铺有生石灰的箱或缸罐中贮存，但须注意不使药材和生石灰接触，以防污染。至于生石灰的用量，可根据空气湿度、药材水分以及具体品种来确定，一般每立方米体积可用生石灰2～3kg。但不宜过多，过多会使药材过分干燥而碎裂，增加损耗。此外，用干燥稻糠埋藏上述药材，也能达到防潮的效果。其具体方法是：在容器内先铺一层稻糠，然后将生晒参等分层放入，放一层药材铺一层稻糠，最后再将容器封严，放在干燥阴凉处贮存。但这一方法只能防潮，平时仍应注意加强检查，防止生虫。

（三）冷藏

麝香、人参、燕窝、哈蟆油等在梅雨季时，都适宜采取冷藏的方法。冷藏的温度一般为5℃左右，但包装必须密封，以防止潮气侵入发霉。

二、贵细中药养护过程中存在的问题及处理方法

贵细中药养护过程中基于其来源的分类和贮存性质的不同，会出现不同的变质问题，如生虫、霉变、变色、走油、散气走味等。针对这些问题，在贵细中药的养护过程中，应及时采取干燥养护、冷藏养护、对抗同贮养护、气调养护等技术进行养护，以防止或减少贵细中药的变异问题的发生。

第七节　中药商品养护的计划与实施

一、养护计划的制定

中药购销人员从事药商品养作，应当按照在库中药养护程序，制订与实施中药养护计划，以确保中药商品储存质量，防止商品变质失效。现将有关中药商品养护计划的内容介绍如下。

（一）分类储存中药

应按分库、分区、分类贮存药品，养护人员应依据中药商品的质量特性监督检查中药贮存的分类贮藏情况是否合理，贮存条件是否符合规定。

（二）温湿度管理

1. 应每日上午、下午各一次，检查库房的温、湿度情况并填写《库房温湿度记录》。如温湿度超出规定范围应使用温度调节设备降温或除湿，使其达到要求并记录。每天巡查一次，检查温、湿度计是否放置在有代表性的位置，配合仓管员进行温、湿度的监测和管理。检查库房是否避免日光的直接照射。

2. 每月2次对库房温湿度调节设备进行巡检，保证温、湿度的调节要求。如果温、湿度将要超过规定范围，及时开启相应的调节设备。如超出规定贮存条件及时采取措施，仍不能达到要求应填写记录，由质量管理人员判断是否对药品质量产生了不良影响，并提出处理办法。

（三）循环质量检查

1. 每周对所有库房、库区、货位的所有批次的药品大包装外观进行巡检，应该包装完好，无霉变、无潮湿、无积热、无积尘、无虫蛀、无鼠咬等异常情况；内包装外观检查，中药材、饮片应无虫蛀、无发霉、无泛油、无变色、无气味散失、无风化、无潮解溶化、无粘连、无挥发、无腐烂等变异现象，并填写《库房巡检记录》。

2. 按中药材及中药饮片的质量特性，必要时采用晾晒、熏蒸杀虫等方法养护，根据中药的剂型，验收合格日期、有效期、确定药品循检开箱检查频次、抽查数量以及检查项目。原则上以超过验收日期3个月的在库产品为循检对象。

3. 按“三三四”原则进行药品循检，即每季度第一个月检查总批次的30%，第二个月检查总批次的30%，第三个月检查总批次的40%，并做好《库存药品养护检查记录》。

4. 养护过程中，发现任何异常情况，填写质量复核单及时上报质量管理部，进一步确认、处理。

（四）对库存中药商品采取适当养护措施

1. 依据季节气候的变化，按药品性能对温、湿度的特殊要求，利用仓库现有条件和设备，采取密封、避光、通风、降温、除湿等养护方法，调控温、湿度，预防药品发生质量变异，并重点做好夏防、冬防养护操作。

2. 对中药材和中药饮片，应按其特性，采取干燥、降氧、熏蒸等方法进行养护。

3. 采取的养护措施应在《库房温湿度记录表》有关栏目详细做好养护工作记录，如启用养护设备设施，认真填写《设备运行使用记录》。

（五）重点养护品种

每月将首营品种、近效期预警品种、长时间贮存品种、质量不稳定品种和已发现质量问题中药的相邻批号药品填写《重点养护品种确定表》，制定重点养护中药目录，确定的重点养护品种应在剂型要求的基础上增加养护次数，每月进行一次养护检查并填《药品养护档案表》。

（六）定期汇总、分析和上报养护检查质量信息

建立健全中药养护档案，并定期分析，不断总结经验，为药品储存养护提供科学依据。养护员每季度对养护品种及记录汇总，填《药品养护状况分析汇总表》，做出评价分析，评估产品养护情况及近效期或长时间储存药品信息，送企业质量管理负责人审核后，存档。养护档案以产品为单位，可用于年底对企业供货质量的评价。

（七）养护仪器设备管理

负责养护用仪器设备、检测设备的管理，每年底对验收养护室仪器设备及药品养护用设施设备进行一次全面检查，填写检查记录。

二、养护实施流程

建立中药养护程序，规范养护工作，确保中药质量符合规范要求。养护流程主要包括分类、方案制定、实施养护、问题处理等环节。

1. 中药分类　为了便于分别养护，应将在库药材、饮片按其特性划分为易霉变、虫蛀、变色、泛油、散失气味、风化、潮解、升华、挥发、粘连、腐烂等类型。

2. 制定养护方案　针对不同品种、类型、性能，结合企业仓库实际，制定养护计划、方案。养护方案应明确养护原则、仓位选择、重点时节及品种、养护周期。

3. 实施养护　根据中药的流转情况，定期对在库中药进行有计划的质量检查，做好检查记录。采用传统和现代养护技术对中药实施养护操作。主要技术有干燥养护、冷藏养护、对抗同贮养护、化学养护、气调养护等。

4. 问题处理　对养护检查中发现质量可疑的中药、由于异常原因可能出现质量问题的药材和饮片，以及在库时间较长的中药材，应抽样送药品检验机构检验。在库养护中发现药材和饮片有质量问题时，应立即暂停发货，设置标识，并报告质量管理部门复查处理。

三、中药现代养护技术

随着现代科技在药材养护领域的不断应用，新的养护方法层出不穷。高效干燥、消毒方法与现代化包装方法的应用能显著地提高中药养护水平与效率，这些新技术、新方法大多在中药的生产与流通环节应用，但对中药使用环节药品质量的养护水平也能产生很大的推进作用。现将现代运用新技术的中药养护技术介绍如下。

1. 气调养护 气调养护法是指在密闭条件下，人为调整空气的组成，造成低氧的环境，抑制害虫和微生物的生长繁殖及药材自身的氧化反应，以保持中药品质的一种方法。该方法可杀虫、防霉，还可在高温季节里，有效地防止走油、变色、变味等现象的发生，费用少，无残毒，无公害，是一项科学而经济的技术。

开展气调养护的基本条件是密闭，中心环节是降氧。其原理是将药材置于密闭的容器内，对影响药材质变的空气中氧的浓度进行有效的控制，人为地造成低氧状态，或人为地造成高浓度的二氧化碳状态。药材在这样的环境中，新的害虫不能产生和侵入，原有的害虫窒息或中毒死亡，微生物的繁殖及药材自身呼吸需要的氧气都受到了抑制，并且阻隔了潮湿空气对药材的影响，从而保证了被贮藏的中药品质稳定，防止了药材的变质。

降氧是气调养护药材技术性较强的一项工作，要求操作严格。目前中药气调养护采用的气调方法主要有充氮气、冲二氧化碳、自然降氧3种。

气调养护中药无残毒，并且能保持药材原有的色泽和气味，明显优于化学熏蒸法。适应范围广，对不同质地和成分的中药均可使用，对大到数十立方米的药垛，小到数立升的药袋均能适用，操作安全，无公害，比用化学熏蒸剂节省费用。

2. 远红外加热干燥养护 远红外加热干燥是20世纪70年代发展起来的一项养护新技术。干燥的原理是将电能转变为远红外辐射，从而被药材的分子吸收，产生共振，引起分子和原子的振动和转动，导致物体变热，经过热扩散、蒸发和化学变化，最终达到干燥的目的。果实种子类药材均可采用该法干燥。

远红外干燥具有干燥快、脱水率高、有较高的杀菌杀虫及灭卵能力、节能省电成本低、设备简单造价低、全部自动化、减轻劳力等优点。但是，需要注意的是凡不易吸收远红外的药材或太厚（大于10mm）的药材，均不宜用远红外辐射干燥。

3. 微波干燥养护 微波是指频率为300MHz～300KMHz，波长在1m到1mm之间的高频电磁波。微波干燥实际上是一种感应加热和介质加热，药材中的水和脂肪等能不同程度低吸收微波能量，并把它转变为热量。

微波干燥既不受燃烧废气污染的影响，又能杀灭微生物及霉菌，具有消毒作用，可以防止发霉和生虫。用微波对中成药灭菌，无论是水丸、浓缩丸、小颗粒、散剂均有一定的效果，尤以水丸、浓缩丸效果最为显著。微波灭菌同物质的性质及其含水量有密切的关系，由于水能强烈地吸收微波能，所以含水量越高，吸收的微波能越多，产生的热能越大，灭菌效果就越好。因此，水丸、浓缩丸的灭菌效果较好。

与传统干燥方式相比，微波干燥具有干燥速率大、节能、生产效率高、干燥均匀、清洁生产、易实现自动化控制和提高产品质量等优点。

4. 除氧剂封存养护 除氧剂包装封存是继真空包装、充气包装之后发展起来的一种商品包装的贮藏新技术。除氧包装是在密封的包装容器中，使用能与氧气起化学作用的除氧剂与之反应，从而除去包装容器中的氧气，以达到保证药材物品不长霉、不生虫、不变质的目的。除氧包装方法适用于某些对氧气特别敏感的物品，用于那些即使有微量氧气也会促使品质变坏的药品包装中。

5. 辐射防霉除虫养护 应用放射性钴 60 产生的 γ–射线或加速产生的 β–射线辐照药材与物质，附着在物质上的霉菌、害虫吸收放射能和电荷，很快引起电子分离，从而产生自由基，这种自由基经由分子内或分子间的反应过程诱发射线化学的各种过程，使机体内的水、蛋白质、核酸、脂肪和碳水化合物等发生不可逆变化，导致生物酶失活，生理生化反应延缓或停止，新陈代谢中断，霉菌和害虫死亡，故能有效地保护药材和物质的品质，相对地延长贮藏期。

用射线辐照中药材和中成药可以解决贮藏过程中发霉、虫蛀问题。例如，用 γ–射线辐射酸枣仁、附子、川贝母、党参、当归、黄芪、川芎等，杀菌灭菌效果显著，其药效并不改变；中成药的各种丸、散、膏、丹、片经辐照后，其染菌发霉率也明显降低。

辐射养护法的优点是：用射线处理效率高，效果明显，不破坏药材外形，不影响药效，不会有残留放射性和感生放射性；在一定辐射剂量范围内，不会产生毒性物质和致癌物质。

第七章　中成药经销

第一节　中成药应用相关知识

一、国家基本药物目录相关知识

“基本药物”概念是由世界卫生组织于1977年提出，是指能够满足基本医疗卫生需求，剂型适宜、保证供应、基层能够配备、国民能够公平获得的药品。

主要特征：安全、必需、有效、价廉。基本药物的充分提供成为基本卫生保健的重要要素之一。

我国规定基本药物是适应基本医疗卫生需求，剂型适宜，价格合理，能够保障供应，公众可公平获得的药品。政府设立的基层医疗卫生机构全部配备和使用基本药物，其他各类医疗机构也都必须按规定使用基本药物。遴选原则是防治必需、安全有效、价格合理、使用方便、中西药并重、基本保障、临床首选的原则。结合我国用药特点和基层医疗卫生机构配备的要求，参照国际经验，合理确定我国基本药物品种（剂型）和数量。国家基本药物目录原则上每3年调整一次。

国家基本药物目录的制定应当与基本公共卫生服务体系、基本医疗服务体系、基本医疗保障体系相衔接。从《中华人民共和国药典》收载的品种，卫生部、国家食品药品监督管理总局颁布药品标准的品种中遴选。除急救、抢救用药外，独家生产品种纳入国家基本药物目录应当经过单独论证。化学药品和生物制品名称采用中文通用名称和英文国际非专利药名中表达的化学成分的部分，剂型单列；中成药采用药品通用名称。

2012年版基本药物目录中，收载西药317个品种，中成药203个品种。所收载的品种不仅规定了剂型，还明确了规格。品种遴选注重与临床常见病、多发病、慢性病防治的衔接，中成药部分203个品种覆盖了173个中医病（证），对应西医疾病177个。涉及内科、外科、妇科、眼科、耳鼻喉科、骨伤科等临床各科常用药，覆盖面较广，代表性较强，基本上满足了临床用药的需求。

二、中成药的安全用药知识

（一）正确使用药品说明书

药品说明书是药品使用的重要法律依据，包含了药品安全性、有效性的重要科学信息，是指导医师和药师用药的法律依据，如2006年卫生部颁布的《处方管理办法》第14条指出：“医师应当根据医疗、预防、保健需要，按照诊疗规范、药品说明书中的药品适应症、药理作用、用法、用量、禁忌、不良反应和注意事项等开具处方”。第33条指出：“药师……向患者交付药品时，按照药品说明书或者处方用法，进行用药指导，包括每种药品的用法、用量、注意事项等”。同时药品说明书也是广大患者自我药疗，购买和使用非处方药品的主要依据。

因此在医疗实践中，临床医师、药师以及患者都应高度重视药品说明书作为用药依据的重要地位，要仔细阅读药品说明书给出的各项信息，学会使用药品说明书，以保证安全、有效、合理地用药，尽可能避免和减少药物不良反应。使用说明书注意以下几个方面。

1. 药品名称　要认真核对药品名称，中成药一药一名，名称要一字不差完全相同才是同一药品，特别注意名称相近的中成药的使用，如感冒清热颗粒是治疗风寒感冒的辛温解表剂，而只有一字之差的感冒退热颗粒则具有清热解毒，疏风解表的作用，用于外感风热引起的急性扁桃体炎、咽喉等热毒壅盛证。

2. 成分　中成药的成分实际就是中成药的药味组成，关注中成药组成中有无有毒药味，有无特殊人群应用要特别注意的药味，中成药中是否含有西药成分，如含有西药成分，中西药联合使用时注意相同成分的叠加。多种中成药联合应用时，所用的所有药味有无配伍禁忌。中西药同时应用时，特别注意中成药和西药化学成分的相互作用和配伍禁忌。

3. 功能主治　药品说明书规定的功能主治和适用范围，是临床使用的中药依据，不要超范围使用中成药，特别要注意辨证用药。尤其是要辨清寒热温凉表里虚实。

4. 用法用量　这部分内容虽然简单易懂。但要特别注意用法，外用特别嘱咐患者决不能内服，儿童用量原则上不应超过成人用量，不能超疗程和超剂量使用。

5. 注意事项　注意事项下常有“慎用”“禁用”的说明。慎用是谨慎使用之意，意思是应在医生指导下，明确利大于弊后方可使用。禁用则是绝对禁止使用，一旦使用可能导致严重后果。禁忌内容在说明书中一般单独列出，凡属禁用范围内的人群，应避免使用该药。儿童、老人、孕妇及哺乳期妇女在用药时需格外谨慎，应仔细看儿童用药、老年人用药、孕妇及哺乳期妇女用药相关内容。

6. 不良反应　指导患者用药时一定要仔细阅读药品说明上的警示语和不良反应。以便提醒患者注意，如出现意外时可以及时处理。虽然说明书上收载的不良反应很多，但不良反应的发生有各种原因，个体差异很大，发生率也有很大差别。对不良反应既不能无视，也不能因担心不良反应的发生不敢用药，贻误病情。

7. 有效期　药物在有效期之内质量是保证的，应使用在有效期之内的药物。指导患者用药时一定关注药物的有效期。

8. 批准文号、药品电子监管码　每种药品都有批准文号，是药品合法性的重要标志；凡基本药物品种，都有电子监管码，每件产品的电子监管码唯一，即“一件一码”，是药品的身份证，简称监管码。查看批准文号和监管码便于防止购买假冒伪劣产品。

（二）正确使用含毒性药材的中成药

尽管有毒药物使用不当会产生毒副作用，但一些传统品种在我国具有悠久的使用历史，临床应用广泛，并取得满意疗效；新上市品种都已经过严格的安全性实验检验，按常规应用，一般不会引起不良反应。正确对待中药的毒性，既不可掉以轻心、等闲视之，又不能草木皆兵，否定一切，应持科学审慎的态度，权衡利弊，恰当地选择应用，合理地确定剂量，对确保安全、有效用药有着重要的意义。使用含毒性药材的中成药品种，应注意以下几个问题。

（1）注意剂量疗程。有毒药、剧毒药在安全剂量范围内是某些疾病的有效治疗药物，但不能提高药物的剂量和延长用药的时间，否则就容易引起中毒，产生毒性反应。诸多中药的不良反应都与超剂量、长期使用有关。因此应针对病情的轻重缓急、患者的体质强弱，正确使用药物，中病即止，不可过服，以防过量和蓄积中毒。

（2）注意用药方法。服用含乌头类的中成药时，常因冒受风寒、饮食生冷或大量饮酒引起不良反应事件的发生。因此注意服用方法、合理使用药物也是避免不良反应所不容忽视的一个方面。

（3）注意个体差异。某些毒性药材对特定人群或机体的特定器官具有严重的损害作用，相关人群应尽量避免使用。如有些人群对某种成分过敏，这类人群就一定要禁用。

（4）注意配伍禁忌。有些药物与其他药物合用能降低疗效，引起药源性疾病，甚至产生剧烈的毒性反应，必须禁止同用。如含有朱砂的品种不宜与含溴、碘的物质如溴化物、碘化物、巴氏合剂、三溴合剂等同服，因朱砂含有硫化汞，在肠道内与溴、碘化物生成有刺激性的碘化汞或溴化汞，能引起赤痢样大便，从而导致药源性肠炎；含有雄黄的品种不宜与含硫酸亚铁的物质和酶类同服，因雄黄所含砷化物可与硫酸亚铁生成硫化砷，使疗效降低；砷还可与酶、蛋白质、氨基酸分子结构的酸性基因形成不溶沉淀，抑制酶的活性。

三、中成药的辨证用药规律

1. 辨证论治 辨证论治是中医诊断和治疗疾病的基本原则，是中医学的精髓。中成药是在中医理论指导下，运用现代技术制成的，治疗疾病的重要武器之一，必须在辨证论治思想的指导下有的放矢，才能发挥最佳疗效，正所谓“药证相符，效若桴鼓”。

疾病的本质和属性，往往通过“证”的形式表现，所谓辨证，就是将望、闻、问、切四诊所收集的资料，包括症状和体征，运用中医学理论进行分析、综合，辨清疾病的病因、性质、部位以及发展趋向，然后概括、判断为某种性质的证的过程。论治又称施治，即根据辨证的结果，确定相应的治疗方法。辨证使用中成药就是根据病人的临床表现，进行综合分析，确立疾病的证候属性，进而立法、处方、用药，即“法随证立，方从法出”。

辨证论治作为指导临床诊治疾病的基本法则，既要看到同一疾病在不同的发展阶段，可以出现不同的证型；又要看到不同的疾病在其发展过程中可能出现同样的证型。因此在治疗疾病时就可以分别采取“同病异治”或“异病同治”的原则。

同病异治：中医学认为感冒由于四时受邪不同，有外感风寒、外感风热、挟暑、挟湿的区分，虚人外感又有气虚、血虚、阴虚、阳虚的不同，小儿外感又有感冒挟食、挟惊的不同特点，因此在选用中成药时必须对证选药，才能取得良好的治疗效果。如风寒感冒者，治宜发汗解表、疏散风寒，可选用荆防败毒散等；若属风热感冒者，治宜疏散风热、清热解毒，可选用桑菊感冒片、芎菊感冒上清丸等；若属感冒挟湿者，治宜解表祛湿，可选用九味羌活丸、柴连口服液等；若属感冒挟暑挟湿者，治宜解表化湿祛暑，可选用藿香正气软胶囊、暑湿感冒颗粒等。若属气虚外感者，治宜益气解表，可选用参苏胶囊等。若属小儿外感挟食挟惊者，治宜解表、消食、定惊，可选用小儿至宝锭丸、王氏保赤丸等。

异病同治：急性结膜炎、化脓性中耳炎、外耳道疖肿、急性黄疸性肝炎、胆囊炎、肾盂肾炎、膀胱炎、尿道炎、阴道炎、盆腔炎、带状疱疹等均属西医不同系统的疾病，这些疾病若都属于中医的肝胆湿热证时，则均可选用龙胆泻肝丸（本品功能清肝胆，利湿热。用于肝胆湿热，头晕目赤，耳鸣耳聋，耳肿疼痛，胁痛口苦，尿赤涩痛，湿热带下）治疗，属于中医“异病同治”的范畴，也是辨证使用中成药的方法之一。

2. 辨病辨证相结合　临床实践中，辨证论治与辨病论治灵活结合，往往能取得满意的临床效果。目前上市的不少中成药在主治病证的西医病名基础上增加了中医证候属性，对此类药物可采用辨证辨病相结合的方法，合理使用。如冠心病心绞痛属于中医胸痹范畴，主要病机是心脉痹阻，常分为气滞血瘀、瘀血阻络、寒凝心脉、心气不足、气阴两虚等证候类型，因此临床应用时需在明确冠心病心绞痛诊断的基础上，根据中医的证候表现不同对证选药。其中：①瘀血阻络证，症见胸部刺痛，痛有定处，心悸失眠，舌质紫暗，脉沉涩。可选用地奥心血康胶囊、丹参颗粒（片）、银杏叶胶囊（口服液、片）、灯盏花素片等活血化瘀通络的药物治疗。②气滞血瘀证，症见胸部憋闷，刺痛，心悸失眠，舌见瘀斑，脉沉弦等。可选用速效救心丸、复方丹参滴丸（片）等行气活血、通络止痛的药物治疗。③寒凝心脉证，症见胸闷心痛，形寒肢冷，舌质淡，有瘀斑。可选用冠心苏合滴丸、宽胸气雾剂等。④心气不足证，症见胸闷憋气，心前区刺痛，心悸自汗，气短乏力，少气懒言，舌质淡有瘀斑，脉细涩或结代。可选用舒心口服液、通心络胶囊、诺迪康胶囊、补心气口服液等。⑤气阴两虚证，症见心悸气短，胸闷心痛，神疲倦怠，五心烦热，夜眠不安，舌红少苔，脉细数。可选用康尔心胶囊、黄芪生脉饮、滋心阴口服液（颗粒）等。

3. 辨病论治　在目前临床实践中，常见的一些西医疾病，其中医发病机理比较单一，证候属性区分度不强，因此可以采用辨病论治的方法，按照西医的疾病名称、病理状态或理化检查结果来使用中成药，即属于辨病用药的范畴。例如糖尿病，按照中医的证候分型，大多是气阴不足证，因此已经上市的中成药品种中多是针对气阴不足而设，那么对于 2 型糖尿病均可选用此类中成药。如消渴平片、渴乐宁胶囊、参芪降糖颗粒（片、胶囊）、玉泉丸等。

四、中成药的不良反应

（一）药品不良反应和不良事件

WHO 国际药物监测合作中心对药品不良反应（adverse drug reaction，ADR）的定义是：为了预防、诊断或治疗人的疾病、改善人的生理功能，而给予正常剂量的药品时所出现的任何有害且非预期的反应。

我国《药品不良反应监测管理办法》中药品不良反应的含义为：合格药品在正常用法用量下出现的与用药目的无关的或意外的有害反应。对于已上市的医药产品，药品不良反应是指用正常剂量在预防、诊断及治疗疾病或调节人体生理功能时发生的有害或不期望的药物反应。药品不良反应主要包括副作用、毒性作用、后遗效应、变态反应、继发反应、特异质反应、药物依赖性、致癌、致突变、致畸作用等。

药物不良反应事件是指药品治疗过程中出现的不利临床事件，但该事件未必与药物有因果关系。不良事件包含临床新出现的偶然事件及药物不良反应，例如在使用某种药物期间出现的病情恶化、并发症、实验室检验结果异常、各种原因的死亡等。

（二）药品不良反应的表现

中成药中因其所含成分不同，所引起的不良反应各异，临床表现也不一样。

1. 皮肤症状 中成药引起的不良反应可表现为各种皮肤症状，如荨麻疹、药疹、接触性皮炎、光敏性皮炎、色素沉着、痤疮样皮疹等。据报道，牛黄解毒片可引起荨麻疹样皮疹；六神丸可引起湿疹性皮炎样药疹；防风通圣丸可引起光敏皮炎样药疹等。

2. 全身症状

（1）神经系统的毒性反应：肢体或全身麻木，眩晕头痛，瞳孔缩小或扩大，对光反射迟钝或消失，严重者可烦躁不安，牙关紧闭，抽搐、惊厥、语言不清或障碍，嗜睡，意识模糊，昏迷等。引发中毒的多为含强心苷、皂苷、生物碱（雷公藤碱、莨菪碱）等成分的中成药。

（2）循环系统的毒性反应：心悸、胸闷、发绀、面色苍白、四肢厥冷、心律不齐，心率过快或过慢，心电图改变，心音低钝、血压下降或升高。引发中毒的多为含强心苷（洋金花、万年青、夹竹桃）、皂苷、乌头生物碱、山豆根生物碱、蝙蝠葛碱、黄酮、蟾酥等成分的中成药。

（3）呼吸系统的毒副反应：呼吸急促、咳嗽咯血、哮喘、呼吸困难、发绀、急性肺水肿、呼吸肌麻痹或呼吸衰竭等。引发中毒的多为含生物碱、氰苷、硫化砷等成分的中成药。

（4）消化系统的毒副反应：口干口苦，恶心呕吐、食欲不振，嗳气流涎、腹胀腹痛、腹泻、便秘、黑便、黄疸、肝区疼痛，肝大、肝功能损害，中毒性肝炎，甚至死亡。引发中毒的多为含生物碱、强心苷、斑蝥素等成分的中成药。

（5）泌尿系统的毒副作用：尿量减少，甚至尿闭或尿频量多，腰痛，肾区叩击痛，水肿，排尿困难或尿道灼痛，尿毒症、急性肾功能衰竭等；实验室检查，尿中红细胞、尿蛋白，管型、氮质血症或有代谢性酸中毒等。引发中毒的多为含生物碱、苷类、黄酮等成分的中成药。

（6）血液系统的毒副反应：白细胞减少，粒细胞缺乏，弥散性血管内凝血，过敏性紫癜，再生障碍性贫血，甚至死亡。引发中毒的多为含强心苷、黄酮苷、斑蝥素等成分的中成药。

（7）其他毒性反应：眼、耳等五官功能障碍，如视力下降甚至失明、复视，耳聋、耳鸣以及脱发、咽痛等。

（三）药品不良反应的原因

中药不良反应/不良事件的原因主要有如下几方面。

1. 剂量过大或用药时间过久 如麻黄使用过量出现心率加快、血压升高、心律失常等。如乌头类药物过量服用，或煎煮时间太短，均易引起中毒，表现为舌麻、手麻、心悸、胸闷，面色苍白、肢冷、烦躁呕吐、心律失常，严重者甚至可引起死亡。

2. 药材品种混乱，炮制（制剂）质量欠佳 如不法商人用假龙胆（小檗科植物桃儿七的根茎，别名鬼臼）代替龙胆，造成中毒。生蒲黄活血祛瘀，炒蒲黄收敛止血。误给孕妇用生蒲黄导致阴道内大出血。由此可见炮制的重要性。

3. 储存保管不当　如刺五加注射液被水浸泡后遭细菌污染，使用后，导致数名患者死亡。

4. 未辨证用药或用药不当　因未辨证用药，或辨证失准，寒热错投，攻补倒置，而引起不良后果。热者用热药，如同火上浇油。如给实证、热证等正气不虚患者服用人参，可能出现鼻衄、呼吸急促、烦躁等症状。

5. 用量用法违规　超量使用是发生中药不良反应的主要原因。中药的剂量范围比较大，在常用剂量下，发生不良反应的机会较少，而加大剂量或长期用药，尤其是含毒性成分的中成药则极易发生不良反应以至中毒死亡。如含有中药材黄药子的中成药，有明显的肝毒性，过量或长期应用，可导致肝脏损害；如长期服用含有大黄、番泻叶等具有泻下作用的中成药，可产生继发性便秘等不良反应。此外，中成药与西药的不合理配伍，也是发生不良反应的主要原因。

6. 配伍不当　中药注射剂如无研究证明可以混合用药的应单独使用，不应与其他药物在同一容器中混合，以免发生不良相互作用。有些中药注射剂发生不良事件的原因是错误地将多种药物混合使用。

7. 药物自身的副作用　如雷公藤在治疗风湿疾病时，其对女性卵巢功能有抑制作用，长期服用可致育龄妇女月经紊乱、闭经。对男性则引起精子数目减少，活力下降，并伴性欲减退。

8. 不同性别、年龄、体质、生理状况的患者，对药物敏感性、反应性、耐受性不同　某些药物的处方剂量虽在安全范围之内，但因个体差异、年老体弱等因素而致中毒。过敏体质者，对某种药物特别敏感，不论用量如何，只要所使用的方药中有这味药，即发生过敏反应。小儿、老人、孕妇、乳母这类特殊人群较一般人更易发生不良反应，该类人群用药也应特别注意其敏感性和反应性。

传统中医药理论认为，是药三分毒，世界上没有一种绝对安全的药物。在使用药物时更应注意安全合理用药，减少因不合理用药导致的药源性疾病的发生，保障患者用药安全有效。

（四）药品不良反应的预防

1. 保证药品质量　是预防中成药不良反应发生的基本条件，要从药材来源、炮制、加工、调配、制剂过程质量检验的各个环节，严把质量关，同时在药材、中成药运输、贮存中也要严格管理。对于含有毒性药物的中成药，按照国务院《医疗用毒性药品管理办法》的有关规定，切实加强有毒中药的收购、经营、加工、使用及保管工作。

2. 避免盲目用药　药物是治疗疾病的工具，是为防治疾病服务的，每种药物都有一定的适应范围，故有目的、合理地使用药物，是保证药物安全有效的前提。若盲目滥用，即使是安全系数较大的中成药也可能对机体产生危害，导致不良反应的发生。若是含有毒性成分或剧毒药材的中成药，则可能给机体和生命带来更大危害。故中成药的使用应在辨证施治的原则指导下，有针对性地合理使用。

3. 了解患者是否有药物过敏史　处方用药前，要询问患者既往有无对药物过敏的病史。对有药物过敏史的患者，要避免使用曾产生过敏反应的药物和易引起过敏反应的药物。

4. 合理配伍使用中成药 治疗需要中成药与中成药、中成药与西药的联合应用时，应当选择可以增强疗效、减轻毒副作用、扩大治疗范围的配伍。对于配伍应用情况不明确、尤其是注射给药的中西药混用，应尽量避免。

5. 注意用药反应的观察与检测 为了用药安全，医患双方都应对使用中成药出现的异常现象给予足够的重视。及时发现药物不良反应，及时防治，避免不良反应后果的扩大和加重。一般过敏反应，临床症状较轻者，停药或经抗过敏反应对症处理，症状可逐渐消失。中毒反应一旦确诊后，必须迅速采用中西医结合方法进行抢救。

五、中成药急症必备用药知识

为了促进中医院急诊室（科）的建设和中医急诊工作的发展，保障中医医院急诊科（室）充分体现和系统发挥中医药优势与特点，加强对中医药医药学诊治危重症的学术和经验的继承与发扬，在强调药品的高效、速效、安全、可靠的前提下，遵循辨证论治用药的医理，国家中医药管理局组织全国有关中医急症临床专家、药学专家遴选出中医急症用药。

1. 中医急症用药的特点和要求 能迅速缓解症状和控制病情发展。

2. 中医急症用药的剂型和特点

（1）中药注射剂 特点是作用强，起效迅速。如丹参注射液、柴胡注射液、参麦注射液、清开灵注射液、脉络宁注射液等。但也要注意注射剂过敏反应发生率较高，应注意严格按照《中药注射剂临床应用基本原则》以及药品说明书使用。

（2）吸入气雾剂 是把中药提取、纯化后，经过雾化成微细的粒子，吸入肺部通过肺泡吸收的剂型。吸入气雾剂起效迅速，既有局部作用又有全身作用。

（3）灌肠剂和栓剂 可不经肝肠循环，直接经直肠吸收后可起到局部和全身的治疗作用。灌肠剂和栓剂吸收较口服药快，显效力强。

（4）黏膜吸收剂 口腔黏膜和鼻黏膜对某些经特殊工艺制备的中药吸收较快，有时仅次于注射剂，起着局部或全身的治疗作用。由于口腔、面颊、舌下黏膜及鼻黏膜血管较为丰富，制剂中的有效成分在黏膜表面溶解扩散，经毛细血管吸收而进入血液中迅速发挥作用。此类制剂以舌下含片、鼻腔喷雾剂和膜剂为主。如将用中药制成的膜片置于鼻腔内壁，经黏膜吸收，对过敏性鼻炎及各种原因引的鼻塞等症状能迅速缓解。

（5）微丸、滴丸 服用量小、作用快，以提高生物利用度，包括吸收速率和吸收总量，使其迅速发挥药效。如速效救心丸、麝香保心丸、复方丹参滴丸等。

（6）口服液以及颗粒剂 吸收好，奏效快。

六、中药注射剂临床使用知识

注射剂系指中药饮片经提取、纯化后制成的供注入体内的溶液、乳状液及供临用前配制成溶液的粉末或浓溶液的无菌制剂。包括肌肉、穴位、静脉注射和静脉滴注。

注射剂不经消化道吸收而直接注入机体中，具有药效迅速、作用可靠的特点，但也容易发生不良反应。近年来，有关中药注射剂不良反应的报道逐渐增多，需要我们认真分析其中的原因，注意中药注射剂的安全合理使用。

（一）中药注射剂的分类

中药注射剂按给药途径、分散系统等分为不同的类型。

1. 按给药途径分类 可分为皮内注射、皮下注射、肌内注射、静脉注射、动脉内注射、其他（心内注射、关节内注射、皮下输液等）。需要注意的是不同的给药途径，对注射剂的要求是不同的，应仔细阅读说明书，按规定的给药途径和给药方法、剂量给药，如柴胡注射液为肌内注射药，静脉给药可能造成不良后果。

（1）皮内注射剂 注射于表皮与真皮之间，一般注射部位在前臂。一次注射剂量在0.2ml以下，常用于过敏性试验或疾病诊断。

（2）皮下注射剂 注射于真皮与肌肉之间的松软组织内，注射部位多在上臂外侧，一般用量为1～2ml。皮下注射剂主要是水溶液，但药物吸收速度稍慢。由于人的皮下感觉比肌肉敏感，故具有刺激性的药物及油或水的混悬液，一般不宜做皮下注射。

（3）肌内注射剂 注射于肌肉组织中，注射部位大都在臀肌或上臂三角肌。肌内注射较皮下注射刺激小，注射剂量一般为1～5ml。肌内注射除水溶液外，还可注射油溶液、混悬液及乳浊液。

（4）静脉注射剂 注入静脉使药物直接进入血液。油溶液和一般混悬液或乳浊液能引起毛细血管栓塞，故不能做静脉注射。能导致红细胞溶解或使蛋白质沉淀的药液，均不宜静脉给药。

（5）脊椎腔注射剂 注入脊椎四周蛛网膜下隙内。由于神经组织比较敏感，且脊椎液循环较慢。故注入一次剂量不得超过10ml，而且要求使用最纯净的水溶液，其pH为5.0～8.0之间，渗透压亦应与脊椎液相等。

2. 按分散系统分类 可分为溶液型注射剂、混悬型注射剂、乳剂型注射剂、注射用无菌粉末（即粉针剂）等四种类型。

（二）中药注射剂的使用管理

为保障医疗安全和患者用药安全，卫生部，国家食品药品监督管理总局、国家中医药管理局联合下发了《关于进一步加强中药注射剂生产和临床使用管理的通知》，国家中医药管理局颁布了《中药注射剂临床使用基本原则》。

1.《关于进一步加强中药注射剂生产和临床使用管理的通知》中的相关规定

（1）加强中药注射剂生产管理、不良反应监测和召回工作

①药品生产企业应严格按照《药品生产质量管理规范》组织生产，加强中药注射剂生产全过程的质量管理和检验，确保中药注射剂生产质量；应加强中药注射剂销售管理，必要时应能及时全部召回售出药品。

②药品生产企业要建立健全药品不良反应报告、调查、分析、评价和处理的规章制度。指定专门机构或人员负责中药注射剂不良反应报告和监测工作；对药品质量投诉和药品不良反应应详细记录，并按照有关规定及时向当地药品监督管理部门报告；对收集的信息及时进行分析、组织调查，发现存在安全隐患的，主动召回。

③药品生产企业应制订药品退货和召回程序。因质量原因退货和召回的中药注射剂，应按照有关规定销毁，并有记录。

（2）加强中药注射剂临床使用管理

①中药注射剂应当在医疗机构内凭医师处方使用，医疗机构应当制定对过敏性休克

等紧急情况进行抢救的规程。

②医疗机构要加强对中药注射剂采购、验收、储存、调剂的管理。药学部门要严格执行药品进货检查验收制度，建立真实完整的购进记录，保证药品来源可追溯，坚决杜绝不合格药品进入临床；要严格按照药品说明书中规定的药品储存条件储存药品；在发放药品时严格按照《药品管理法》《处方管理办法》进行审核。

③医疗机构要加强对中药注射剂临床使用的管理。要求医护人员按照《中药注射剂临床使用基本原则》，严格按照药品说明书使用，严格掌握功能与主治和禁忌证；加强用药监测，医护人员使用中药注射剂前，应严格执行用药查对制度，发现异常，立即停止使用，并按规定报告；临床药师要加强中药注射剂临床使用的指导，确保用药安全。

④医疗机构要加强中药注射剂不良反应（事件）的监测和报告工作。要准确掌握使用中药注射剂患者的情况，做好临床观察和病历记录，发现可疑不良事件要及时采取应对措施，对出现损害的患者及时救治，并按照规定报告；妥善保留相关药品、患者使用后的残存药液及输液器等，以备检验。

⑤各级卫生行政部门要加强对医疗机构用药安全的监管，指导医疗机构做好中药注射剂相关不良事件的监测和报告工作；各级药品监督管理部门、卫生部门、中医药部门要密切配合，及时通报和沟通相关信息，发现不良事件果断采取措施进行处理；组织有关部门对医疗机构留存的相关样品进行必要的检验。

⑥各级药品监管部门要加强对中药注射剂的质量监督检查；组织对医疗机构留存疑似不良反应/事件相关样品进行必要的检验；加强对中药注射剂不良反应监测工作，对监测信息及时进行研究分析，强化监测系统的应急反应功能，提高药品安全性突发事件的预警和应急处理能力，切实保障患者用药安全。

2.《中药注射剂临床使用基本原则》中的相关规定

国家中医药管理局制定了《中药注射剂临床使用基本原则》，使用中药注射剂应遵循：

（1）选用中药注射剂应严格掌握适应证，合理选择给药途径。能口服给药的，不选用注射给药；能肌内注射给药的，不选用静脉注射或滴注给药；必须选用静脉注射或滴注给药的应加强监测。

（2）辨证施药，严格掌握功能与主治。临床使用应辨证用药，严格按照药品说明书规定的功能与主治使用，禁止超功能与主治用药。

（3）严格掌握用法用量及疗程。按照药品说明书推荐剂量、调配要求、给药速度、疗程使用药品。不超剂量、过快滴注和长期连续用药。

（4）严禁混合配伍，谨慎联合用药。中药注射剂应单独使用，禁忌与其他药品混合配伍使用。

（5）中药注射剂联合使用时，还应遵循以下原则。

两种以上中药注射剂联合使用，应遵循主治功效互补及增效减毒原则，符合中医传统配伍理论的要求，无配伍禁忌。谨慎联合用药，如确需联合使用时，应谨慎考虑中药注射剂的间隔时间以及药物相互作用等问题。需同时使用两种或两种以上中药注射剂，严禁混合配伍，应分开使用。除有特殊说明，中药注射剂不宜两个或两个以上品种同时共用一条通道。

（6）用药前应仔细询问过敏史，对过敏体质者应慎用。

（7）对老人、儿童、肝肾功能异常患者等特殊人群和初次使用中药注射剂的患者应慎重使用，加强监测。对长期使用的在每疗程间要有一定的时间间隔。

（8）加强用药监护。用药过程中，应密切观察用药反应，特别是开始 30 分钟。发现异常，立即停药，采用积极救治措施，救治患者。

七、中药新剂型与新技术

（一）中药新技术

1. 环糊精包合技术

（1）定义　环糊精包合技术指采用适宜的方法，将某些小分子物质包藏于环糊精分子的空穴结构内，形成环糊精包合物的技术。

（2）特点　①可以增加药物的稳定性；②增加药物的溶解度；③使液体药物粉末化；④掩盖不良气味；⑤减少刺激性及毒副作用；⑥提高药物的生物利用度。

（3）制备方法　饱和水溶液法、研磨法、超声波法、冷冻干燥法、喷雾干燥法等。

2. 固体分散技术

（1）含义　是指将药物在载体材料中以分子、胶态、微晶或无定形状态分散的技术。

（2）特点　①可以利用不同性质的载体达到速效、缓释、控释的目的；②由于载体材料对药物分子具有包蔽作用，可以增加药物的化学稳定性；③可以使液体药物固体化。但是在储存过程中有老化、溶出速度变慢的缺点。

（3）类型　速释型固体分散体；缓释、控释型固体分散体；肠溶性固体分散体。

（4）制备方法　熔融法、共沉淀法或共蒸发法、溶剂–熔融法，此外还有溶剂–冷冻干燥法、研磨法等。

3. 微囊与微球的制备技术

（1）含义　微囊是指利用天然的或合成的高分子材料（囊材）作为囊膜，将固体或液体药物（囊心物）包裹而成的微小胶囊。制备微囊的过程称为微囊包裹工艺，即微囊化。微球是指药物分散或被吸附在高分子材料中形成的骨架型微小球形或类球形实体。

（2）特点　①掩盖不良的气味及口味；②提高药物的稳定性；③防止药物在胃内失活或减少对胃的刺激性；④使液体药物固态化；⑤减少复方药物的配伍变化；使药物具有缓释或控释性能；⑥使药物具有靶向性；⑦可将活细胞或活性生物材料包裹；⑧栓塞性微球直接经动脉管导入，阻塞在肿瘤血管，断绝肿瘤组织养分和抑杀癌细胞，起到双重抗肿瘤药剂。

（3）制备方法　物理化学法、物理机械法和化学法。其中物理化学法包括相分离法如单凝聚法、复凝聚法；溶剂–非溶剂法；改变温度法；液中干燥法。物理机械法包括喷雾干燥法、多孔离心法、挤压法等。化学法包括界面缩聚法、辐射交联法。

4. 纳米粒的制备技术

（1）含义　纳米粒是以高分子材料为载体，将药物溶解、吸附或包裹于材料中制成的粒径在 10～100nm 范围内的固态胶体载药微粒。

（2）特点　①可以缓释药物，延长药物的作用时间；②可达到靶向给药，也可以经静脉给药；③可提高药物的生物利用度；④保护药物，提高药物的稳定性。

（3）制备方法　乳化聚合法、天然高分子凝聚法、液中干燥法、自动乳化法。对于固体脂质纳米粒的制备可采用熔融–匀化法、冷却–匀化法、纳米乳法。

5. 脂质体的制备技术

（1）含义　脂质体是将药物包封于类脂质双分子层而形成的微型小囊。

（2）特点　①具有靶向性和淋巴定向性；②缓释药物，延长药物的作用时间；③降低药物毒性；④具有细胞亲和性和组织相容性；⑤提高药物的稳定性。

（3）制备方法　薄膜分散法、注入法、逆相蒸发法、超声波分散法、冷冻干燥法、pH 梯度法。

（二）中药新剂型

1. 缓释、控释和迟释制剂

（1）含义　缓释制剂指在规定释放介质中，按要求缓慢地非恒速释放药物，与其相应的普通制剂比较，给药频率至少减少一半，或给药频率比普通制剂有所减少，且能显著增加患者的顺应性或疗效的制剂，如葛根素缓释片。控释制剂指在规定释放介质中，按要求缓慢地恒速或接近恒速释放药物，与其相应的普通制剂比较，给药频率至少减少一半，或给药频率比普通制剂有所减少且能显著增加患者的顺应性或疗效的制剂，如硝酸甘油片。迟释制剂是指在给药后不立即释放药物的制剂，包括肠溶制剂、结肠定位制剂、脉冲制剂等。

（2）特点　缓释、控释制剂的特点：①释药缓慢使血药浓度平稳，减少甚至避免“峰谷”现象，有利于降低药物的毒副作用，特别适宜于治疗指数较窄的药物；②使用方便，对于半衰期短或需频繁给药的药物，可以减少服药次数，提高患者服药的顺应性；③减少用药的总剂量。对于迟释制剂，肠溶制剂的特点：①可以防止药物对胃黏膜的刺激作用；②防止药物在胃释放引起的恶心反应；③增加药物的稳定性；④提高药物在靶部位的浓度；⑤延缓药物吸收。结肠定位制剂的特点：①提高结肠局部的药物浓度，提高药效，有利于治疗结肠局部病变；②可避免首过效应；③有利于多肽、蛋白质类大分子药物的吸收；④固体制剂在结肠中的转运时间很长，药物吸收增加；⑤延迟药物吸收时间。脉冲制剂的特点：①避免肝脏的首过效应，提高生物利用度；②减少给药次数，提高患者依从性；③可避免机体因长时间处于高浓度药物中而产生耐药性。

（3）分类　①骨架型缓释、控释制剂，包括骨架片（如亲水性凝胶骨架片、生物溶蚀性骨架片、不溶性骨架片）、缓控释颗粒（或小丸、微囊）压制片、骨架型小丸、胃内滞留片、生物黏附片；②膜控型缓释、控释制剂，包括微孔膜包衣片、膜控释小片、肠溶膜控释片、膜控释小丸；③渗透泵片；④植入剂。

2. 靶向制剂

（1）含义　靶向制剂又称靶向给药系统，是指载体将药物有选择性地浓集于特定的组织、器官或细胞的给药系统。

（2）特点　提高了药物的治疗效果，有效避免或减小了药物运输到其他部位，显著减小了药物的毒副作用。同时靶向制剂还具有非免疫性、无毒、体内外物理化学性质稳定，载体可以生物降解或易消除，重现性好、制备简单等特点。

（3）分类　①被动靶向如乳剂、脂质体、微球、纳米粒等；②主动靶向如修饰的药物微粒载体系统、前体药物制剂；③物理化学靶向如磁性靶向制剂、热敏靶向制剂、pH靶向制剂等。

第二节　常用中成药

一、内科用药

（一）感冒用中成药

感冒是感受冒触风邪而导致肺失肃宣，卫表不和的常见外感疾病，临床表现以鼻塞、流涕、喷嚏、头疼、恶寒、发热、全身不适、脉浮为其特征。

感冒主要可以分风寒感冒、风热感冒、暑湿感冒、虚体感冒、流行性感冒等。

1. 风寒感冒用中成药　风寒感冒表现为：恶寒重、发热轻、无汗、头痛身痛、鼻塞流清涕、咳嗽吐稀白痰、口不渴或渴喜热饮、苔薄白。常用治疗风寒感冒的中成药有九味羌活丸、感冒清热颗粒、正柴胡饮颗粒、防风通圣丸（表里双解）等。

九味羌活丸（颗粒）

【药物组成】羌活、防风、苍术、细辛、川芎、白芷、黄芩、甘草、地黄。

【功能主治】疏风解表，散寒除湿。用于外感风寒挟湿所致的感冒，症见恶寒、发热、无汗、头重而痛、肢体疼痛。

【剂型规格】丸剂：（1）每丸重9g。（2）每袋装6g。（3）每袋装9g。（4）每10丸重1.8g。

【用法用量】丸剂：

规格（1）大蜜丸，口服，一次3～4.5g，一日2次；用姜葱汤或温开水送服。

规格（2）、（3）水丸，姜葱汤或温开水送服，一次6～9g，一日2～3次。

规格（4）小蜜丸，口服，一次3～4.5g，一日2次；用姜葱汤或温开水送服。

【剂型规格】颗粒剂：（1）每袋装5g。（2）每袋装15g。

【用法用量】颗粒剂：

规格（1）姜汤或开水冲服。一次5g（无糖型），一日2～3次。

规格（2）姜汤或开水冲服。一次15g，一日2～3次。

【注意事项】（1）本品用于风寒挟湿、内有郁热证，风热感冒或湿热证慎用。

（2）孕妇慎用。

（3）服药期间，忌食辛辣、生冷、油腻食品。

【临床应用】感冒：由外感风寒湿邪所致，症见恶寒发热，肌表无汗，头痛项强，肢体酸楚疼痛，口苦而黏者；上呼吸道感染见上述证候者。

【不良反应】目前尚未检索到不良反应报道。

【禁　　忌】对本品过敏者禁用。

感冒清热颗粒（胶囊）

【药物组成】荆芥穗、薄荷、防风、柴胡、紫苏叶、葛根、桔梗、苦杏仁、白芷、苦地丁、芦根。

【功能主治】疏风散寒，解表清热。用风寒感冒，头痛发热，恶寒身痛，鼻流清涕，咳嗽咽干。

【剂型规格】颗粒剂：（1）每袋装3g。（2）每袋装6g。（3）每袋装12g。

【用法用量】颗粒剂：

规格（1）开水冲服。一次1袋（含乳糖），一日2次。

规格（2）开水冲服。一次1袋（无蔗糖），一日2次。

规格（3）开水冲服。一次1袋，一日2次。

【剂型规格】胶囊：每粒装0.45g。

【用法用量】胶囊：口服，一次3粒，一日2次。

【注意事项】（1）风热感冒不宜用。

（2）不宜在服药期间同时服用滋补性中成药。

（3）忌烟、酒及辛辣、生冷、油腻食物。

（4）本品不宜与环孢素A同用，可能引起环孢素A血药浓度升高。

【临床应用】感冒：因外感风寒化热或兼有郁热所致，症见头痛发热，恶寒身痛，鼻流清涕，咳嗽，咽干，舌红，苔薄白或薄黄，脉浮；上呼吸道感染见上述证候者。

【不良反应】服用本品后有发生药疹的个案报道。

【禁　　忌】对本品过敏者禁用。

正柴胡饮颗粒

【药物组成】柴胡、陈皮、防风、甘草、赤芍、生姜。

【功能主治】发散风寒，解热止痛。用于外感风寒所致的发热恶寒、无汗、头痛、鼻塞、喷嚏、咽痒咳嗽、四肢酸痛；流感初起、轻度上呼吸道感染见上述证候者。

【剂型规格】颗粒剂：（1）每袋装3g。（2）每袋装10g。

【用法用量】颗粒剂：

规格（1）开水冲服。一次3g（无蔗糖），一日3次，小儿酌减或遵医嘱。

规格（2）开水冲服。一次10g，一日3次，小儿酌减或遵医嘱。

【注意事项】（1）风热感冒不宜使用。

（2）忌烟、酒及辛辣、生冷、油腻食物。

（3）不宜在服药期间同时服用滋补性中药。

【临床应用】感冒：由外感风寒所致，症见发热恶寒，头痛，身痛，鼻塞流涕，无汗，咽痒咳嗽，四肢酸痛，舌质淡红，苔薄白，脉浮或浮紧；流感初起、轻度上呼吸道感染见上述证候者。

【不良反应】目前尚未检索到不良反应报道。

【禁　　忌】对本品过敏者禁用。

防风通圣丸（颗粒）（表里双解）

【药物组成】防风、荆芥穗、薄荷、麻黄、大黄、芒硝、栀子、滑石、桔梗、石膏、川芎、当归、白芍、黄芩、连翘、白术（炒）、甘草。

【功能主治】解表通里，清热解毒。用于外寒内热，表里俱实，恶寒壮热，头痛咽干，小便短赤，大便秘结，瘰疬初起，风疹湿疮。

【剂型规格】丸剂：（1）每丸重9g。（2）每8丸相当于原药材6g。（3）每20丸重1g。

【用法用量】丸剂：

规格（1）大蜜丸，口服。一次1丸，一日2次。

规格（2）浓缩丸，口服。一次8丸，一日2次。

规格（3）水丸，口服。一次6g，一日2次。

【剂型规格】颗粒剂：每袋装3g。

【用法用量】颗粒剂：口服。一次1袋，一日2次。

【注意事项】（1）虚寒证者慎用。

（2）孕妇慎用。

（3）服药期间忌烟、酒及辛辣、生冷、油腻食物。

（4）不宜久服。

【临床应用】（1）感冒：外感风寒、内有蕴热所致，症见恶寒壮热，头痛，咽干，小便短赤，大便秘结，舌红，苔黄厚，脉浮紧或弦数；上呼吸道感染见上述证候者。

（2）风疹湿疮：内蕴湿热、复感风邪所致，症见恶寒发热，头痛，咽干，风疹瘙痒，疹块色红，湿疹搔痒不止，渗液流汁，小便短赤，大便秘结；荨麻疹、湿疹见上述证候者。

（3）瘰疬：痰火凝聚所致，颈部一侧或两侧见结块肿大如豆，或兼见恶寒发热，小便短赤，大便秘结；淋巴结结核早期见上述证候者。

【不良反应】服用本品后有发生过敏性皮疹的报道。

【禁　　忌】对本品过敏者禁用。

2. 风热感冒用中成药　风热感冒表现为：身热较重，微恶寒，汗泻不畅，头胀痛，面赤，咳嗽，痰黏或黄，咽燥，或咽喉乳蛾红肿疼痛，鼻塞，流黄浊涕，口干欲饮，舌苔薄白微黄，舌边尖红，脉浮数。常用治疗风热感冒的中成药有银翘解毒丸、芎菊上清丸、牛黄清感胶囊、银黄口服液、小儿宝泰康颗粒、祖卡木颗粒、小儿热速清口服液、疏风解毒胶囊、清热解毒颗粒、双黄连合剂、清开灵颗粒等。

银翘解毒丸（颗粒、胶囊、软胶囊、片）

【药物组成】金银花、连翘、薄荷、荆芥、淡豆豉、牛蒡子（炒）、桔梗、淡竹叶、甘草。

【功能主治】疏风解表，清热解毒。用于风热感冒，症见发热头痛、咳嗽口干、咽喉疼痛。

【剂型规格】丸剂：（1）每丸重 3g。（2）每丸重 9g。（3）每 10 丸重 1.5g。

【用法用量】丸剂：

规格（1）浓缩蜜丸，用芦根汤或温开水送服。一次 1 丸，一日 2～3 次。

规格（2）大蜜丸、水蜜丸，口服，一次 1 丸，一日 2～3 次，以芦根汤或温开水送服。

规格（3）浓缩丸，口服，一次 0.7～0.8g，一日 3 次。

【剂型规格】颗粒剂：（1）每袋装 2.5g。（2）每袋装 15g。

【用法用量】颗粒剂：

规格（1）开水冲服。一次 5g（含乳糖），一日 3 次；重症者加服 1 次。

规格（2）开水冲服。一次 15g，一日 3 次；重症者加服 1 次。

【剂型规格】胶囊：每粒装 0.4g。

【用法用量】胶囊：口服。一次 4 粒，一日 2～3 次。

【剂型规格】软胶囊：每粒装 0.45g。

【用法用量】软胶囊：口服。一次 2 粒，一日 3 次。

【剂型规格】片剂：（1）每片重 0.3g。（2）素片每片重 0.5g。（3）薄膜衣片每片重 0.52g。

【用法用量】片剂：

规格（1）口服。一次 4 片，一日 2～3 次。

规格（2）口服。一次 4 片（素片），一日 2～3 次。

规格（3）口服。一次 4 片（薄膜衣片），一日 2～3 次。

【注意事项】（1）风寒感冒者不宜用。

（2）孕妇慎用。

（3）忌烟、酒及辛辣、生冷、油腻食物。

（4）不宜在服药期间同时服用滋补性中成药。

【临床应用】感冒：外感风热所致，症见发热，微恶风寒，鼻塞，流黄浊涕，身热，无汗，头痛，咳嗽，口干，咽喉疼痛，舌苔薄黄，脉浮数；上呼吸道感染见上述证候者。

【不良反应】服用银翘解毒丸后有发生心慌、胸闷、憋气，呼吸困难，大汗淋漓，面色苍白，眼前发黑，恶心呕吐的过敏反应及过敏性休克的个案报道。

【禁　　忌】对本品过敏者禁用。

芎菊上清丸（颗粒、片）

【药物组成】川芎、菊花、黄芩、栀子、炒蔓荆子、黄连、薄荷、连翘、荆芥穗、羌活、藁本、桔梗、防风、甘草、白芷。

【功能主治】清热解表，散风止痛。用于外感风邪引起的恶风身热，偏正头痛、鼻流清涕、牙疼喉痛。

【剂型规格】丸剂：（1）每丸重 9g。（2）每袋装 6g。（3）每 100 粒重 6g。

【用法用量】丸剂：

规格（1）大蜜丸，口服。一次 1 丸，一日 2 次。

规格（2）、（3）水丸，口服。一次 6g，一日 2 次。

【剂型规格】颗粒剂：每袋装10g。

【用法用量】颗粒剂：开水冲服，一次10g，一日3次。

【剂型规格】片剂：（1）糖衣片片芯重0.25g。（2）糖衣片片芯重0.3g。

【用法用量】片剂：规格（1）、（2）口服。一次4片，一日2次。

【注意事项】（1）肝火上攻或风阳上扰所致的头痛慎用。

（2）体虚者慎用。

（3）忌烟、酒及辛辣、油腻食物。

（4）不宜在服药期间同时服用滋补性中药。

【临床应用】（1）头痛：因感受风邪，清阳受阻，脉络不畅所致，症见头痛，头晕目眩，头目不清，恶风，苔薄黄，脉浮数；偏头痛见上述证候者。

（2）感冒：因外感风邪所致，症见鼻塞流涕，喷嚏，发热恶风，头疼，头晕，口苦咽干，舌质红，苔薄黄，脉浮数；上呼吸道感染见上述证候者。

【不良反应】目前尚未检索到不良反应报道。

【禁　　忌】对本品过敏者禁用。

牛黄清感胶囊

【药物组成】黄芩、山银花、连翘、人工牛黄、珍珠母。

【功能主治】疏风解表，清热解毒。用于外感风热，内郁化火所致的感冒发热，咳嗽，咽痛。

【剂型规格】胶囊：每粒装0.3g。

【用法用量】口服，一次2～4粒，一日3次；儿童酌减或遵医嘱。

【注意事项】（1）风寒感冒者不宜使用。

（2）脾胃虚寒者慎用。

（3）忌烟、酒及辛辣、生冷、油腻食物。

（4）不宜在服药期间同时服用滋补性中药。

【临床应用】感冒：因外感风热，内郁化火所致，症见发热重，微恶寒，咽喉肿痛，咳嗽，舌红苔黄，脉浮数。

【不良反应】目前尚未检索到不良反应报道。

【禁　　忌】（1）对本品过敏者禁用。

（2）孕妇禁用。

银黄口服液（颗粒、胶囊、片）

【药物组成】金银花提取物、黄芩提取物。

【功能主治】清热疏风，利咽解毒。用于外感风热、肺胃热盛所致的咽干、咽痛、喉核肿大、口渴、发热；急慢性扁桃体炎、急慢性咽炎、上呼吸道感染见上述证候者。

【剂型规格】合剂：每支装10ml。

【用法用量】合剂：口服。一次10～20ml，一日3次；小儿酌减。

【剂型规格】颗粒剂：（1）每袋装2g。（2）每袋装4g。

【用法用量】颗粒剂：

规格（1）开水冲服。一次1～2袋（无蔗糖），一日2次。

规格（2）开水冲服。一次1～2袋，一日2次。

【剂型规格】胶囊：每粒装0.3g。

【用法用量】胶囊：口服，一次2～4粒，一日4次。

【剂型规格】片剂：每片重0.25g。

【用法用量】片剂：口服。一次2～4片，一日4次。

【注意事项】（1）本品清热解毒，阴虚火旺者慎用。

（2）本品苦寒，脾气虚寒，大便溏者慎用。

（3）服药期间忌辛辣、鱼腥食物。

【临床应用】（1）急、慢乳蛾：由外感风热，邪热入里，肺胃热盛所致，症见咽喉疼痛剧烈，咽痛连及耳根及颌下，吞咽困难，喉核红肿较甚，表面有黄白色脓点，或连成伪膜，高热，渴饮，口臭，舌质红赤，苔黄厚，脉洪大而数；急性扁桃体炎、慢性扁桃体炎急性发作见上述证候者。

（2）急、慢喉痹：由外感风热，邪热入里，肺胃热盛所致，症见咽部红肿，疼痛较剧，发热较高，口干，大便秘结，小便黄，舌赤，苔黄，脉洪数；急性咽炎、慢性咽炎急性发作见上述证候者。

（3）感冒：由外感风热，邪热入里化热，肺胃热盛所致，症见身热较著，微恶风，头胀痛，咳嗽，痰黏或黄，咽燥，或咽喉红肿疼痛，鼻塞，流黄浊涕，口渴欲饮，舌苔黄，脉浮数；上呼吸道感染见上述证候者。

此外，有用银黄口服液治疗急性菌痢、老年人带状疱疹、烧烫伤感染的文献报道。

【不良反应】有用银黄口服液引起药疹的个案报道。

【禁　　忌】对本品过敏者禁用。

小儿宝泰康颗粒

【药物组成】连翘、地黄、滇柴胡、玄参、桑叶、浙贝母、蒲公英、南板蓝根、滇紫草、桔梗、莱菔子、甘草。

【功能主治】解表清热，止咳化痰。用于小儿风热外感，症见发热、流涕、咳嗽、脉浮。

【剂型规格】颗粒剂：（1）每袋装2.6g。（2）每袋装4g。（3）每袋装8g。

【用法用量】颗粒剂：规格（1）、（2）、（3）温开水冲服。周岁以内一次2.6g，一岁至三岁一次4g，三岁至十二岁一次8g，一日3次。

【注意事项】（1）本品用于风热证，风寒感冒不适用；且脾虚易腹泻者慎用。

（2）服药期间，忌食辛辣、生冷、油腻食物。

【临床应用】感冒：风热外感，邪郁肺卫，肺失宣降而致发热、鼻流清涕、咳嗽、咽部红肿、脉浮等；上呼吸道感染者见上述证候者。

【不良反应】有服用小儿宝泰康颗粒出现风团样皮疹的文献报道。

【禁　　忌】（1）对本品过敏者禁用。

（2）糖尿病患儿禁服。

小儿热速清口服液（颗粒）

【药物组成】柴胡、黄芩、金银花、连翘、葛根、板蓝根、水牛角、大黄。

【功能主治】清热解毒，泻火利咽。用于小儿外感风热所致的感冒，症见高热、头痛、咽喉肿痛、鼻塞流涕、咳嗽、大便干结。

【剂型规格】合剂：每支装10ml。

【用法用量】合剂：口服，一岁以内一次2.5～5ml，一岁至三岁一次5～10ml，三岁至七岁一次10～15ml，七岁至十二岁一次15～20ml，一日3～4次。

【剂型规格】颗粒剂：（1）每袋装2g。（2）每袋装6g。

【用法用量】颗粒剂：

规格（1）口服，一岁以内，一次0.5～1g；一岁至三岁，一次1～2g；三岁至七岁，一次2～3g；七岁至十二岁，一次3～4g，一日3～4次。

规格（2）口服。一岁以内，一次1/4袋至半袋；一岁至三岁，一次半袋至1袋；三岁至七岁，一次1袋至1.5袋；七岁至十二岁，一次1.5袋至2袋。一日3～4次。

【注意事项】（1）本品用于风热感冒，风寒感冒或脾虚、大便稀薄者慎用。

（2）服药期间忌食生冷、油腻、辛辣食品。

（3）使用本品4小时后热仍不退者，可酌情增加剂量。若高热持续不退者应去医院就诊。

【临床应用】感冒：由风热之邪犯肺，肺失清肃，气机不利所致，症见高热，头痛，咳嗽，流涕，咽喉肿痛，大便干结；上呼吸道感染见上述证候者。

此外，有本品用于化脓性扁桃体炎的文献报道。

【不良反应】有服用本品后出现皮疹的个案报道。

【禁　　忌】对本品过敏者禁用。

疏风解毒胶囊

【药物组成】虎杖、连翘、板蓝根、柴胡、败酱草、马鞭草、芦根、甘草。

【功能主治】疏风清热，解毒利咽。用于急性上呼吸道感染属风热症，症见发热、恶风，咽痛，头痛，鼻塞，流浊涕，咳嗽等。

【剂型规格】胶囊：每粒装0.52g。

【用法用量】温开水吞服。一次4粒，一日3次。

【注意事项】（1）风寒感冒者不宜用。

（2）脾胃虚寒者慎用。

（3）服药期间忌辛辣、生冷、油腻食品，忌烟酒。

（4）不宜在服药期间同时服用滋补性中药。

【临床应用】感冒：因风热侵袭所致，症见发热，恶风，咽喉红肿疼痛，头痛，鼻塞，流浊涕，咳嗽等；急性上呼吸道感染见上述证候者。

【不良反应】目前尚未检索到不良反应报道。

【禁　　忌】对本品过敏者禁用。

清热解毒颗粒

【药物组成】黄连、水牛角、玄参、金银花、地黄、大青叶、连翘、知母、石膏。

【功能主治】清热解毒，养阴生津，泻火。用于风热型感冒、流行性腮腺炎及轻、中型乙型脑炎。

【剂型规格】颗粒剂：（1）每袋装9g。（2）每袋装18g。

【用法用量】规格（1）口服。一日3次，一次1～2袋。

规格（2）开水冲服，一次18g，一日3次；小儿酌减或遵医嘱。

【注意事项】（1）风寒感冒者不宜用。

（2）脾胃虚寒者不宜用。

（3）服用本品时忌辛辣、生冷、油腻食物，忌烟酒。

（4）不宜在服药期间同时服用滋补性中药。

【临床应用】（1）感冒：由外感风热，内郁化火所致，症见发热重，微恶风寒，头痛，咽痛，口干，舌红，脉浮数；急性上呼吸道感染见上述证候者。

（2）痄腮：由外感瘟疫时毒所致，症见腮颊灼热肿胀疼痛，发热，烦躁，舌红，脉数；流行性腮腺炎见上述证候者。

（3）暑温：由感受暑热邪毒所致，症见高热，头痛，烦躁，呕吐，口渴，舌红，脉数；轻、中型乙型脑炎见上述证候者。

【不良反应】目前尚未检索到不良反应报道。

【禁　　忌】对本品过敏者禁用。

双黄连合剂（口服液、颗粒、胶囊、片）

【药物组成】金银花、黄芩、连翘。

【功能主治】疏风解表，清热解毒。用于外感风热所致的感冒，症见发热、咳嗽、咽痛。

【剂型规格】合剂：（1）每瓶装100ml。（2）每瓶装200ml。（3）每支装10ml。（4）每支装20ml。

【用法用量】合剂：口服。一次20ml，一日3次；小儿酌减或遵医嘱。

【剂型规格】颗粒剂：（1）每袋装5g（相当于净饮片15g）。（2）每袋装5g（相当于净饮片30g）。

【用法用量】颗粒剂：

规格（1）口服或开水冲服。一次10g，一日3次；6个月以下，一次2～3g；6个月至一岁，一次3～4g；一岁至三岁，一次4～5g；三岁以上儿童酌量或遵医嘱。

规格（2）无蔗糖颗粒，服用量减半。口服或开水冲服。一次5g，一日3次；6个月以下，一次1～1.5g；6个月至一岁，一次1.5～2g；一岁至三岁，一次2～2.5g；三岁以上儿童酌量或遵医嘱。

【剂型规格】胶囊：每粒装0.4g。

【用法用量】胶囊：口服。一次4粒，一日3次；小儿酌减或遵医嘱。

【剂型规格】片剂：每片重0.53g。

【用法用量】片剂：口服。一次 4 片，一日 3 次；小儿酌减或遵医嘱。

【注意事项】（1）本品苦寒，易伤胃气，脾胃虚寒者慎服。

（2）风寒感冒，表现为恶寒重，发热轻，无汗，头痛，鼻塞，流清涕，喉痒咳嗽者不宜用。

（3）过敏体质者慎用。

（4）忌烟酒及辛辣、生冷、油腻食物。

【临床应用】感冒：因外感风热所致发热、微恶风、汗泄不畅、头胀痛、鼻塞、流黄浊涕、咳嗽、舌红、苔薄黄、脉浮数；上呼吸道感染见上述证候者。

此外，有双黄连口服液治疗流感、支气管炎、肺炎、扁桃体炎、咽炎、热毒壅盛引起的口腔炎、舌叶状乳头炎、小儿肺炎的文献报道。

【不良反应】服用本品后有发生皮肤瘙痒、皮疹不良反应的个案报道。

【禁　　忌】对本品过敏者禁用。

清开灵颗粒（胶囊、片）

<中成药急症必备用药>

【药物组成】胆酸、珍珠母、猪去氧胆酸、栀子、水牛角、板蓝根、黄芩苷、金银花。

【功能主治】清热解毒，镇静安神。用于外感风热时毒、火毒内盛所致高热不退、烦躁不安、咽喉肿痛、舌质红绛、苔黄、脉数者；上呼吸道感染、病毒性感冒、急性化脓性扁桃体炎、急性咽炎、急性气管炎、高热等病症属上述证候者。

【剂型规格】颗粒剂：每袋装 3g（含黄芩苷 20mg）。

【用法用量】颗粒剂：口服。一次 1～2 袋，一日 2～3 次。儿童酌减或遵医嘱。

【剂型规格】胶囊：每粒装 0.25g（含黄芩苷 10mg）。

【用法用量】胶囊：口服。一次 2～4 粒，一日 3 次。儿童酌减或遵医嘱。

【剂型规格】片剂：每片重 0.5g（含黄芩苷 20mg）。

【用法用量】片剂：口服。一次 1～2 片，一日 3 次。儿童酌减或遵医嘱。

【注意事项】（1）风寒感冒者不宜用。

（2）久病体虚便溏者慎用。

（3）高血压、心脏病患者慎服。

（4）过敏体质者慎用。

（5）忌烟、酒及辛辣、生冷、油腻食物。

【临床应用】（1）感冒：由外感风热所致，症见发热，微恶风，或高热不退，烦躁不安，咳嗽痰黄，咽喉肿痛，大便秘结，小便短赤，舌红绛苔黄，脉浮数；上呼吸道感染、病毒性感冒见上述证候者。

（2）乳蛾：由外感风热，肺胃热盛所致，症见咽喉肿痛，喉核红肿，发热；急性化脓性扁桃体炎见上述证候者。

（3）喉痹：由外感风热时毒，火毒炽盛所致，症见咽喉红肿疼痛，发热；急性咽炎见上述证候者。

（4）咳嗽：由感受风热，肺失宣肃，痰热阻肺所致，症见咳嗽，胸闷，痰多色黄；上呼吸道感染、急性气管炎见上述证候者。

【不良反应】目前尚未检索到不良反应报道。

【禁　　忌】（1）对本品过敏者禁用。

（2）孕妇禁用。

3. 暑湿感冒用中成药　暑湿感冒表现为：身热，微恶风，汗少，肢体酸痛或疼痛，头昏重胀痛，咳嗽痰黏，鼻流浊涕，心烦口渴，或口中黏腻，渴不多饮，胸闷脘痞，泛恶，腹胀，大便或溏，小便短赤，舌苔薄黄而腻，脉濡数。常用治疗暑湿感冒的中成药有保济丸（口服液）、藿香正气水（口服液、软胶囊）等。

保济丸（口服液）

【药物组成】钩藤、菊花、蒺藜、厚朴、木香、苍术、天花粉、广藿香、葛根、化橘红、白芷、薏苡仁、稻芽、薄荷、茯苓、广东神曲。

【功能主治】解表，祛湿，和中。用于暑湿感冒，症见发热头痛、腹痛腹泻、恶心呕吐、肠胃不适；亦可用于晕车晕船。

【剂型规格】丸剂：（1）每瓶装 1.85g。（2）每瓶装 3.7g。

【用法用量】丸剂：规格（1）、（2）口服。一次 1.85～3.7g，一日 3 次。

【剂型规格】合剂：每瓶装 10ml。

【用法用量】合剂：口服。一次 10～20ml，一日 3 次，儿童酌减。

【注意事项】（1）外感燥热者不宜用。

（2）急性肠道传染病之剧烈恶心、呕吐、水泻不止不宜用。

（3）哺乳期妇女慎用。

（4）服药期间饮食宜清淡，忌生冷油腻食物。

【临床应用】（1）感冒：外感表邪，脾胃失和所致，症见发热头痛、腹痛腹泻、噎食嗳酸、恶心呕吐、肠胃不适、消化不良、舌质淡、苔腻、脉浮；胃肠型感冒见上述证候者。

（2）呕吐：外感表邪，胃失和降所致，症见呕吐不止，胸膈满闷，胃脘疼痛，苔白腻，脉濡缓；急性胃炎见上述证候者。

（3）泄泻：外感表邪，脾失运化所致，症见下利清稀或如米泔水，腹痛或不痛，胸膈痞闷，呕恶；急性肠炎见上述证候者。

（4）晕车晕船：乘坐交通工具时出现头晕，恶心，呕吐，面色苍白，汗出肢冷；晕动症见上述证候者。

【不良反应】目前尚未检索到不良反应报道。

【禁　　忌】（1）对本品过敏者禁用。

（2）孕妇禁用。

藿香正气水（口服液、软胶囊）

【药物组成】苍术、陈皮、厚朴（姜制）、白芷、茯苓、大腹皮、生半夏、甘草浸膏、广藿香油、紫苏叶油。

【功能主治】解表化湿，理气和中。用于外感风寒、内伤湿滞或夏伤暑湿所致的感冒，症见头痛昏重、胸膈痞闷、脘腹胀痛、呕吐泄泻；胃肠型感冒见上述证候者。

【剂型规格】酊剂：每支装 10ml。

【用法用量】酊剂：口服。一次 5～10ml，一日 2 次，用时摇匀。

【剂型规格】合剂：每支装 10ml。

【用法用量】合剂：口服。一次 5～10ml，一日 2 次，用时摇匀。

【剂型规格】软胶囊：每粒装 0.45g。

【用法用量】软胶囊：口服。一次 2～4 粒，一日 2 次。

【注意事项】(1) 外感风热者不宜用。

(2) 孕妇慎用。

(3) 饮食宜清淡，忌辛辣、生冷、油腻食物，忌烟酒。

(4) 不宜在服药期间同时服用滋补性中成药。

【临床应用】(1) 感冒：因外感风寒、内伤湿滞所致的恶寒发热，头身困重疼痛，胸脘满闷，恶心纳呆，舌质淡红，舌苔白腻，脉浮缓；胃肠型感冒见上述证候者。

(2) 呕吐：因湿阻中焦所致的呕吐，脘腹胀痛，伴发热恶寒，周身酸困，头身疼痛；胃肠型感冒见上述证候者。

(3) 泄泻：因湿阻气机所致的泄泻暴作，便下清稀，肠鸣腹痛，脘闷纳呆，伴见恶寒发热，周身酸楚；胃肠型感冒见上述证候者。

(4) 中暑：因外感暑湿、气机受阻所致的突然恶寒发热，头晕昏沉，胸脘满闷，恶心欲呕，甚则昏仆，舌苔白厚腻。

【不良反应】服用藿香正气水后有发生药疹、紫癜、休克等过敏反应及肠梗阻、上消化道出血、小儿低血糖等个案报道。

【禁　　忌】对本品过敏者禁用。

【含有毒药物】半夏。

4. 虚体感冒用中成药　虚体感冒表现为：虚体感冒主要有阴虚和气虚两种。气虚感冒者恶寒较甚，发热，无汗，头痛身楚，咳嗽，痰白，咳痰无力，平素神疲体弱，气短懒言反复易感，舌淡苔白，脉浮而无力。阴虚感冒者身热，微恶风寒，少汗，头昏，心烦，口干，干咳少痰，舌红少苔，脉细数。常用治疗虚体感冒的中成药有玉屏风颗粒等。

玉屏风颗粒

【药物组成】黄芪、白术（炒）、防风。

【功能主治】益气，固表，止汗。用于表虚不固，自汗恶风，面色㿠白，或体虚易感风邪者。

【剂型规格】颗粒剂：每袋装 5g。

【用法用量】开水冲服。一次 1 袋，一日 3 次。

【注意事项】(1) 热病汗出者慎用。

(2) 阴虚盗汗者慎用。

(3) 服药期间宜进食清淡之品，忌油腻食物。

【临床应用】(1) 自汗：多由气虚卫外不固所致，症见自汗，恶风，气短，乏力，舌淡，脉虚弱。

（2）体虚易感冒：由表虚不固所致，症见神疲乏力，自汗恶风，反复感冒，舌淡，脉虚。

此外，玉屏风颗粒还有治疗反复呼吸道感染、过敏性鼻炎、小儿肾病综合征、复发性口腔溃疡的文献报道。

【不良反应】目前尚未检索到不良反应报道。

【禁　　忌】对本品过敏者禁用。

5. 流行性感冒用中成药　流行性感冒（简称流感）是流感病毒引起的急性呼吸道感染，也是一种传染性强、传播速度快的疾病。临床研究证明，许多中成药如清开灵注射液、柴胡注射液、清热解毒颗粒、连花清瘟胶囊（颗粒），可有效治疗流感。

柴胡注射液

【药物组成】柴胡。

【功能主治】清热解表。用于治疗感冒、流行性感冒及疟疾等的发热。

【剂型规格】注射剂：每支装 2ml。

【用法用量】肌内注射。一次 2～4ml，一日 1～2 次。

【注意事项】（1）本品为退热解表药，无发热者不宜用。

（2）过敏体质者慎用。

（3）应避免与其他药物混合使用。

（4）药液出现混浊、沉淀、颜色异常加深、漏气等现象时不能使用。

【临床应用】（1）感冒：因外感风热所致，症见发热，微恶风，头胀痛，汗出，咽干或咽痛，鼻塞流浊涕，咳嗽，咯黄黏痰，口渴欲饮，舌边尖红，苔薄白或薄黄，脉浮数；上呼吸道感染见上述证候者。

（2）时行感冒：因外感时邪所致，症见高热恶寒，头身疼痛，口干口渴，舌红苔薄白，脉浮数；流行性感冒见上述证候者。

（3）疟疾：因感受疟邪，邪伏少阳，正邪交争所致，症见寒战高热，头痛，烦渴。

【不良反应】据文献报道，使用柴胡注射液有引起过敏性休克、过敏性哮喘、晕厥、眩晕、昏迷、急性肾衰竭、急性肺水肿、大疱性表皮松解型药疹、严重致死者的个案报道。

【禁　　忌】（1）对本品有过敏或严重不良反应病史患者禁用。

（2）孕妇禁用。

【合理使用】不良反应轻型病例出现晕厥、虚脱、药物疹、肢体活动受限；重型病例出现过敏性休克、急性肾衰竭、心律失常、重症哮喘、过敏性喉梗阻、急性低钾血症、急性肺水肿、弥散性血管凝血。为避免不良反应事件的发生，应注意使用剂量，注意给药途径，不宜静脉给药，注意不应违反配伍禁忌。

清热解毒颗粒

【药物组成】石膏、金银花、玄参、地黄、连翘、栀子、甜地丁、黄芩、龙胆、板蓝根、知母、麦冬。

【功能主治】清热解毒。用于热毒壅盛所致的发热面赤、烦躁口渴、咽喉肿痛等症；流感、上呼吸道感染见上述证候者。

【剂型规格】颗粒剂：每袋装5g。

【用法用量】口服，一次5～10g，一日3次，或遵医嘱。

【注意事项】（1）风寒感冒患者不宜用。

（2）脾胃虚寒者不宜用。

（3）服用本品时忌烟、酒、辛辣、生冷、油腻食物。

（4）不宜在服药期间同时服用滋补性中药。

【临床应用】（1）时行感冒：由外感时行疫毒之邪，内郁化火所致，症见发热较重，发病较急，身热面赤，烦躁口渴，咽喉肿痛，舌红，脉浮数；流行性感冒见上述证候者。

（2）感冒：由外感风热，内郁化火所致，症见发热重，微恶风寒，身热面赤，烦躁口渴，咽喉肿痛，舌红，脉浮数；急性上呼吸道感染见上述证候者。

【不良反应】目前尚未检索到不良反应报道。

【禁　　忌】对本品过敏者禁用。

连花清瘟胶囊（颗粒）

【药物组成】连翘、金银花、炙麻黄、炒苦杏仁、石膏、板蓝根、绵马贯众、鱼腥草、广藿香、大黄、红景天、薄荷脑、甘草。

【功能主治】清瘟解毒，宣肺泄热。用于治疗流行性感冒属热毒袭肺证，症见发热或高热，恶寒，肌肉酸痛，鼻塞流涕，咳嗽，头痛，咽干咽痛，舌偏红，苔黄或黄腻。

【剂型规格】胶囊：每粒装0.35g。

【用法用量】胶囊：口服，一次4粒，一日3次。

【剂型规格】颗粒剂：每袋装6g。

【用法用量】颗粒剂：口服，一次1袋，一日3次。

【注意事项】（1）风寒感冒者慎用。

（2）孕妇、哺乳期妇女慎用。

（3）本品含有麻黄，心脏病，高血压病人慎用。

（4）本品苦寒易伤脾胃，老年体弱及脾虚便溏者慎用，且不宜长期使用。

（5）服药期间饮食应清淡，忌食辛辣油腻之品。

【临床应用】（1）时行感冒：因瘟热毒邪所致，症见发热甚或高热，恶寒，肌肉酸痛，咳嗽，头痛，舌偏红，苔黄或黄腻；流行性感冒见上述证候者。

（2）喉痹：感受风热毒邪所致，症见咽干，咽痛，咳嗽，或有发热，舌偏红，苔黄或黄腻；急性咽炎见上述证候者。

此外，有用连花清瘟胶囊治疗急性扁桃体炎，手足口病，带状疱疹的文献报道。

【不良反应】文献报道服用连花清瘟胶囊偶见胃肠道不适，腹胀、腹泻。

【禁　　忌】对本品过敏者禁用。

【含有毒药物】绵马贯众、苦杏仁。

清开灵注射液（见中风用中成药）

感冒用中成药一览表

药品名	医保目录分类	是否处方药	含有毒药物	类别
九味羌活丸（颗粒）	甲类	Rx	无	辛温解表药
感冒清热颗粒（胶囊）	甲类/乙类	OTC	无	辛温解表药
正柴胡饮颗粒	甲类	OTC	无	辛温解表药
防风通圣丸（颗粒）	甲类	OTC	无	表里双解药
银翘解毒丸（颗粒、胶囊、软胶囊、片）	甲类/乙类	OTC	无	辛凉解表药
芎菊上清丸（颗粒、片）	乙类	OTC	无	辛凉解表药
牛黄清感胶囊	乙类	OTC	无	辛凉解表药
银黄口服液（颗粒、胶囊、片）	甲类/乙类	OTC	无	清脏腑热药
小儿宝泰康颗粒	乙类	OTC	无	辛凉解表药
祖卡木颗粒	医保	Rx	罂粟壳	辛凉解表药
小儿热速清口服液（颗粒）	乙类	OTC	无	辛凉解表药
疏风解毒胶囊	乙类	Rx	无	清热解毒药
清热解毒颗粒	甲类	OTC	无	清热解毒药
双黄连合剂（口服液、颗粒、胶囊、片）	甲类	OTC	无	清脏腑热药
清开灵颗粒（胶囊、片、注射液）	甲类	OTC /Rx	无	清热开窍药
保济丸（口服液）	甲类	OTC	无	清热祛暑药
藿香正气水（口服液、软胶囊）	甲类/乙类	OTC	半夏	清热祛暑药
玉屏风颗粒	甲类	OTC	无	扶正解表药
柴胡注射液	甲类	Rx	无	辛凉解表药
连花清瘟胶囊（颗粒）	乙类	OTC	绵马贯众、苦杏仁	清脏腑热药

（二）便秘用中成药

便秘是指由于大肠传导失常，导致大便秘结，排便周期延长，或周期不长，但粪质干结，排出艰难，或粪质不硬，虽频有便意，但排便不畅的病症。

便秘主要可以分为实秘和虚秘。实秘有热秘、气秘、冷秘；虚秘有气虚秘、血虚秘、阴虚秘、阳虚秘。

热秘用中成药 热秘表现为：大便干结，腹胀或痛，口干口臭，面红心烦，或有身热，小便短赤，舌红，苔黄燥，脉滑数。常用治疗热秘的中成药有麻仁润肠丸（软胶囊）等。

麻仁润肠丸（软胶囊）

【药物组成】火麻仁、炒苦杏仁、大黄、木香、陈皮、白芍。

【功能主治】润肠通便。用于肠胃积热，胸腹胀满，大便秘结。

【剂型规格】丸剂：（1）每丸重6g。（2）每袋装6g。（3）每10粒重1.6g。

【用法用量】丸剂：

规格（1）大蜜丸，口服。一次1～2丸，一日2次。

规格（2）小蜜丸，口服。

规格（3）口服。一次3.2克～6.4克，一日2次。

【剂型规格】软胶囊：每粒装0.5g。

【用法用量】软胶囊：口服。一次8粒，一日2次，年老、体弱者酌情减量使用。

【注意事项】（1）虚寒性便秘不宜用。

（2）月经期慎用。

（3）忌食生冷、油腻、辛辣食物。

（4）有慢性病史者、儿童及年老体虚者不宜长期服用。

（5）服药后大便次数过多，大便偏稀，可酌情减量或停服。

【临床应用】便秘：由胃肠积热所致，症见大便秘结，胸腹胀满，口苦，尿黄，舌红苔黄或黄燥，脉滑数；功能性便秘见上述证候者。

【不良反应】少数患者服用本品软胶囊后出现腹痛。

【禁　　忌】（1）对本品过敏者禁用。

（2）孕妇禁用。

（3）严重器质性病变引起的排便困难如结肠癌、严重的肠道憩室、肠梗阻及炎症性肠病等禁用。

便秘用中成药一览表

药品名	医保目录分类	是否处方药	含有毒药物	类别
麻仁润肠丸（软胶囊）	甲类	OTC	无	润肠通便药

（三）火热内盛用中成药

里热证为邪热炽盛的里证，病邪内传或脏腑积热可致火热内盛。症见身热汗多，渴欲引饮，心烦口苦，小溲短赤刺痛，舌红苔黄，脉洪数或弦数。火热内盛用中成药主要以清热药为主，分为清热泻火中成药和清热解毒中成药。

1. 清热泻火用中成药 火热内盛、风热上攻、肺胃热盛常导致的头晕目眩、暴发火眼、牙齿疼痛、口舌生疮、咽喉肿痛、耳痛耳鸣、大便秘结、小便短赤。常用的清热泻火中成药有黄连上清丸、牛黄解毒丸、牛黄上清丸、一清颗粒等。

黄连上清丸（颗粒、胶囊、片）

【药物组成】黄连、栀子（姜制）、连翘、炒蔓荆子、防风、荆芥穗、白芷、黄芩、菊花、薄荷、酒大黄、黄柏（酒炒）、桔梗、川芎、石膏、旋覆花、甘草。

【功能主治】散风清热，泻火止痛。用于风热上攻、肺胃热盛所致的头晕目眩、暴发火眼、牙齿疼痛、口舌生疮、咽喉肿痛、耳痛耳鸣、大便秘结、小便短赤。

【剂型规格】丸剂：（1）每丸重 6g。（2）每 40 丸重 3g。（3）每袋装 6g。

【用法用量】丸剂：

规格（1）大蜜丸，口服。一次 1～2 丸，一日 2 次。

规格（2）水蜜丸，口服。一次 3～6g，一日 2 次。

规格（3）水丸，口服。一次 3～6g，一日 2 次。

【剂型规格】颗粒剂：每袋装 2g。

【用法用量】颗粒剂：口服。一次 2g，一日 2 次。

【剂型规格】胶囊：每粒装 0.3g。

【用法用量】胶囊：口服。一次 4 粒，一日 2 次。

【剂型规格】片剂：（1）薄膜衣片每片重 0.31g。（2）糖衣片片芯重 0.3g。

【用法用量】片剂：规格（1）、（2）口服。一次 6 片，一日 2 次。

【注意事项】（1）阴虚火旺者慎用。

（2）脾胃虚寒者不宜用。

（3）过敏体质者慎用。

（4）服药期间饮食宜清淡，忌食辛辣刺激等食物，忌烟酒。

（5）不宜在服药期间同时服用温补性中成药。

【临床应用】（1）暴风客热：因风热上攻，肺胃热盛，引动肝火上蒸头目所致，症见眼内刺痒交作，羞明流泪，眵多，白睛红赤，头痛，身热，口渴，尿赤，舌苔黄，脉浮数；急性结膜炎见上述证候者。

（2）聤耳：因风热邪毒上犯，并肺胃热盛，毒热结聚，循经上蒸耳窍，气血相搏，化腐成脓所致，症见急剧发作，耳痛显著，眩晕流脓，重听耳鸣，头痛发热，鼻塞流涕，舌红苔薄黄，脉浮数；急性化脓性中耳炎见上述证候者。

（3）口疮：因风热邪毒内侵，或肺胃热盛，循经上攻于口所致，症见口腔黏膜充血发红，水肿破溃，渗出疼痛，口热口臭，身痛不适，口干口渴，便干尿黄，舌红苔黄，脉浮滑数；急性口炎、复发性口疮见上述证候者。

（4）牙宣：因肺胃火盛，风热内侵，火热蕴郁，循经上蒸所致，症见牙龈红肿，出血渗出，疼痛，口干口渴，口臭口黏，便秘尿黄，舌苔黄，脉浮弦数；急性牙龈（周）炎见上述证候者。

（5）尽牙痈：因风热邪毒侵袭，肺胃火盛，火毒循经郁结牙龈冠周所致，症见冠周牙龈充血肿胀，渗出化脓，疼痛剧烈，口热口臭，口渴口干，张口可受限，便秘，尿黄，舌苔黄厚，脉弦实数；急性智齿冠周炎见上述证候者。

（6）喉痹：因风热邪毒内侵，肺胃热盛，火热循经上蒸咽喉所致，症见咽喉红肿疼痛，头痛，身热，尿黄便干，舌苔黄，脉弦数；急性咽炎见上述证候者。

此外，有本品用于预防化疗中便秘、治疗玫瑰糠疹、骨肉瘤离断术后重症幻觉痛、三叉神经痛的报道。

【不良反应】服用本品有发生急性肝损害、慢性砷中毒、结肠黑变病的个案报道。

【禁　　忌】(1) 对本品过敏者禁用。

(2) 孕妇禁用。

牛黄解毒丸（胶囊、软胶囊、片）

【药物组成】人工牛黄、雄黄、石膏、大黄、黄芩、桔梗、冰片、甘草。

【功能主治】清热解毒。用于火热内盛，咽喉肿痛，牙龈肿痛，口舌生疮，目赤肿痛。

【剂型规格】丸剂：(1) 每丸重 3g。(2) 每 100 丸重 5g。

【用法用量】丸剂：

规格 (1) 大蜜丸，口服。一次 1 丸，一日 2～3 次。

规格 (2) 水蜜丸，口服。一次 2g，一日 2～3 次。

【剂型规格】胶囊：每粒 0.3g。

【用法用量】胶囊：口服。一次 3 粒，一日 2～3 次。

【剂型规格】软胶囊：每粒装 0.4g。

【用法用量】软胶囊：口服。一次 4 粒，一日 2～3 次。

【剂型规格】片剂：(1) 每片重 0.25g。(2) 每片重 0.3g。

【用法用量】片剂：

规格 (1) 口服。一次 3 片，一日 2～3 次。

规格 (2) 口服。一次 2 片，一日 2～3 次。

【注意事项】(1) 阴虚火旺所致口疮、牙痛、喉痹者不宜单用。

(2) 脾胃虚弱者慎用。

(3) 不宜过量、久服。

(4) 忌烟、酒及辛辣、油腻食物。

(5) 不宜在服药期间同时服用滋补性中药。

【临床应用】(1) 口疮：因胃火亢盛所致，症见口舌生疮，疼痛剧烈，口干喜饮，口气热臭，大便秘结，舌质红苔黄，脉沉实有力；口腔炎、口腔溃疡见上述证候者。

(2) 牙痛：因三焦火盛所致，症见牙龈红肿疼痛，发热，甚则牵引头痛，口渴引饮，大便燥结，小便黄赤，或面颊红肿，颌下瘰疬疼痛，苔黄，脉数有力；急性牙周炎、牙龈炎见上述证候者。

(3) 急喉痹：因火毒内盛，火热上攻所致，症见咽痛红肿，壮热烦渴，大便秘结，腹胀胸满，小便黄赤，舌红苔黄，脉数有力；急性咽炎见上述证候者。

此外，有本品外用治疗流行性腮腺炎、霉菌性阴道炎的文献报道。

【不良反应】有服用牛黄解毒片后发生双下肢紫癜型药疹、过敏性休克、喉头水肿、血尿、固定性红斑、砷角化病及砷黑变病、面部痤疮样发疹、肝脏损害、砷中毒、肝小静脉闭塞症、过敏性舌炎、剥脱性皮炎、幼儿过敏性休克死亡的个案报道。

【禁　　忌】(1) 对本品过敏者禁用。

(2) 孕妇禁用。

【含有毒药物】雄黄。

牛黄上清丸（胶囊、片）

【药物组成】人工牛黄、薄荷、菊花、荆芥穗、白芷、川芎、栀子、黄连、黄柏、黄芩、大黄、连翘、赤芍、当归、地黄、桔梗、甘草、石膏、冰片。

【功能主治】清热泻火，散风止痛。用于热毒内盛、风火上攻所致的头痛眩晕、目赤耳鸣、咽喉肿痛、口舌生疮、牙龈肿痛、大便燥结。

【剂型规格】丸剂：（1）每丸重6g。（2）每16粒重3g。（3）每100粒重10g。

【用法用量】丸剂：

规格（1）大蜜丸，口服。一次1丸，一日2次。

规格（2）水丸，口服。一次3g，一日2次。

规格（3）水蜜丸，口服。一次4g，一日2次。

【剂型规格】胶囊：每粒装0.3g。

【用法用量】胶囊：口服。一次3粒，一日2次。

【剂型规格】片剂：（1）糖衣基片重0.25g。（2）薄膜衣片每片重0.265g。（3）每片重0.3g。

【用法用量】片剂：

规格（1）、（2）、（3）口服。一次4片，一日2次。

【注意事项】（1）阴虚火旺所致头痛、眩晕、牙痛、咽痛不宜用。

（2）小儿、年老体弱、大便溏软者慎用。

（3）服药期间饮食宜清淡，忌食辛辣油腻食物。

（4）不宜在服药期间同时服用温补性中成药。

（5）用本品治疗急喉痹，口疮，口糜，牙宣，牙痈时，可配合使用外用药物，以增强疗效。

【临床应用】（1）头痛：因热毒内盛，风火上攻所致，症见头痛，伴有头晕，面红目赤，口干口苦；原发性高血压、血管神经性头痛见上述证候者。

（2）眩晕：因热毒内盛，风火上攻所致，症见眩晕，面红，目赤，耳鸣，耳聋；原发性高血压见上述证候者。

（3）暴风客热：因热毒内盛，风火上攻，引动肝火，上犯头目所致，眼内刺痒交作，羞明流泪，眵多，白睛红赤，头痛身热，口渴尿赤，舌苔黄，脉浮数；急性结膜炎见上述证候者。

（4）急喉痹：因热毒内盛，风火上攻，蕴热生火相结，循经上蒸咽喉所致，症见咽喉红肿疼痛，头痛，身热，尿黄，便干，舌苔黄，脉弦数；急性咽炎见上述证候者。

（5）口疮、口糜：因热毒内盛，风火上攻，热毒结聚口腔而致，症见黏膜充血发红，水肿破溃，渗出疼痛，口干口渴，身痛乏力，便干尿黄，舌红苔黄，脉弦洪数；急性口炎、复发性口疮见上述证候者。

（6）牙宣：因热毒内盛，风火上攻，火热相搏，蕴结上犯牙龈所致，症见牙龈红肿，出血渗出疼痛，口干口渴，口臭口热，便秘，尿黄，舌苔黄，脉浮弦数；急性牙龈（周）炎见上述证候者。

（7）牙龦痈：因热毒内盛，复感风火上攻，蕴热化火结毒，循经上攻冠周牙龈，症见牙龈充血肿胀，渗出化脓，疼痛剧烈，口热口臭，张口可受限，便秘，尿黄，舌苔黄厚，脉弦实数；急性智齿冠周炎见上述证候者。

【不良反应】服用牛黄上清丸有发生药疹及过敏性休克的个案报道。

【禁　　忌】（1）对本品过敏者禁用。

（2）孕妇禁用。

一清颗粒（胶囊）

【药物组成】黄连、大黄、黄芩。

【功能主治】清热泻火解毒，化瘀凉血止血。用于火毒血热所致的身热烦躁、目赤口疮、咽喉牙龈肿痛、大便秘结、吐血、咯血、衄血、痔血；咽炎、扁桃体炎、牙龈炎见上述证候者。

【剂型规格】颗粒剂：（1）每袋装5g。（2）每袋装7.5g。

【用法用量】颗粒剂：规格（1）、（2）开水冲服，一次7.5g，一日3～4次。

【剂型规格】胶囊：每粒装0.5g。

【用法用量】胶囊：口服。一次2粒，一日3次。

【注意事项】（1）阴虚火旺、脾胃虚寒者慎用。

（2）服药期间忌烟、酒及辛辣、油腻食物。

（3）出现腹泻时可酌情减量。

（4）出血量多者，应采取综合急救措施。

【临床应用】（1）喉痹：因风邪热毒或肺胃热盛所致，症见咽部干燥灼热，疼痛，吞咽不适，发热，头痛，口渴喜饮，口气臭秽，大便燥结，小便短赤，舌红苔黄，脉洪数；急、慢性咽炎见上述证候者。

（2）乳蛾：由风邪热毒或脾胃热盛所致，症见咽部疼痛剧烈，痛连耳窍，吞咽不畅，高热神烦，口渴喜饮，咳嗽痰黄稠，腹胀，大便燥结，小便短赤；舌红苔黄，脉洪数；扁桃体炎见上述证候者。

（3）牙宣：由胃火上蒸所致，症见牙龈红肿疼痛，出血溢脓，烦渴喜冷饮，多食易饥，胃脘嘈杂，口干口臭，大便秘结，尿黄；舌红苔黄厚，脉滑数；牙龈炎、牙周炎见上述证候者。

（4）口疮：由火热内盛所致，症见口舌生疮，疮面红肿灼痛，口渴口臭，咽痛或干，大便燥结，小便短赤；舌红苔黄燥或腻，脉洪数；口腔溃疡见上述证候者。

（5）目赤：由外感风热或火热内盛所致，症见目赤肿痛，羞明，流泪，眵多；舌红苔黄，脉浮数；结膜充血或急性结膜炎见上述证候者。

（6）吐血：由胃热炽盛所致，症见脘腹胀闷或作痛，吐血鲜红，口臭口干，大便色黑；舌红苔黄，脉滑数；上消化道出血见上述证候者。

（7）咯血：由肺火炽盛所致，症见痰黄稠而带血，面赤心烦，发热咳嗽；舌红苔黄，脉弦数；支气管扩张咯血见上述证候者。

（8）衄血：由肺胃热盛，迫血妄行所致，症见血色鲜红，鼻燥口臭，口渴喜冷饮，烦躁不安，胃脘灼热，小便短赤，大便燥结，舌红苔黄，脉洪数；鼻出血见上述证候者。

（9）便秘：由肠胃积热所致，症见大便干结，腹胀腹痛，面红身热，口干口臭，心烦不安，小便短赤，舌红苔黄燥，脉滑数；功能性便秘见上述证候者。

（10）痔血：由血热肠燥所致，症见口渴喜饮，唇燥咽干，大便秘结，小便短赤，便血较多，色鲜红，或挟瘀块，肛门灼热肿痛；舌红苔黄，脉弦数；痔疮出血见上述证候者。

【不良反应】偶见皮疹，恶心，腹泻，腹痛。

【禁　　忌】（1）对本品过敏者禁用。

（2）孕妇禁用。

2. 清热解毒用中成药　热毒内盛证常表现为大热烦渴，咽喉肿痛，牙龈肿胀，吐衄发斑，胸膈烦热，口舌生疮，便秘溲赤，舌绛苔黄干，脉数。治疗常用清热解毒中成药，如板蓝根颗粒、小儿化毒散等。

板蓝根颗粒

【药物组成】板蓝根。

【功能主治】清热解毒，凉血利咽。用于肺胃热盛所致的咽喉肿痛、口咽干燥、腮部肿胀；急性扁桃体炎、腮腺炎见上述证候者。

【剂型规格】颗粒剂：（1）每袋装3g（相当于饮片7g）。（2）每袋装5g（相当于饮片7g）。（3）每袋装10g（相当于饮片14g）。

【用法用量】规格（1）开水冲服。一次3～6g（无蔗糖），一日3～4次。

规格（2）、（3）开水冲服。一次5～10g，一日3～4次。

【注意事项】（1）风寒感冒者不宜用。

（2）阴虚火旺者不宜用。

（3）饮食宜清淡，忌烟酒及辛辣、生冷、油腻食物。

【临床应用】（1）急喉痹：因火毒炽盛，上灼于咽而致，症见咽部红肿、疼痛，发热，舌红，苔黄，脉数；急性咽炎见上述证候者。

（2）急乳蛾：因肺胃热毒壅盛，上蒸喉核而致，症见喉核红肿、疼痛剧烈、或化脓，吞咽困难，发热，舌红，苔黄，脉数；急性扁桃体炎见上述证候者。

（3）痄腮：因瘟疫时毒，热毒蕴结所致发热、腮部肿胀，舌红，苔黄，脉数；急性腮腺炎见上述证候者。

此外，本品还有用于流行性感冒、手足口病的文献报道。

【不良反应】有板蓝根颗粒引起血小板减少性紫癜、全身不良反应的个案报道。

【禁　　忌】对本品过敏者禁用。

小儿化毒散（胶囊）

【药物组成】人工牛黄、珍珠、雄黄、大黄、黄连、甘草、天花粉、川贝母、赤芍、乳香（制）、没药（制）、冰片。

【功能主治】清热解毒，活血消肿。用于热毒内蕴、毒邪未尽所致的口疮肿痛、疮疡溃烂、烦躁口渴、大便秘结。

【剂型规格】散剂：（1）每瓶（袋）装0.6g。（2）每袋装3g。

【用法用量】散剂：规格（1）、（2）口服，一次0.6g，一日1～2次；三岁以内小儿酌减。外用，敷于患处。

【剂型规格】胶囊：每粒装0.3g。

【用法用量】胶囊：口服，一次2粒，一日1～2次，三岁以内小儿酌减。外用，敷于患处。

【注意事项】(1) 肺胃阴虚火旺慢喉痹者慎用。

(2) 阴虚火旺，虚火上炎的口疮慎用。

(3) 本品含有大黄、黄连、牛黄苦寒清热之品，脾胃虚寒、体质弱者慎用。

(4) 本品含有雄黄，不宜过量久服。

(5) 饮食宜清淡，忌用辛辣、油腻之品。

【临床应用】(1) 口疮：小儿心脾热盛，积热上熏，邪毒乘机入侵，熏灼口舌，腐蚀肌膜所致，症见口腔溃疡，周围红赤，灼热疼痛，口臭流涎，饮食困难，发热，烦躁，大便干燥，小便短赤，舌红苔黄，脉滑数；口腔溃疡见上述证候者。

(2) 喉痹：由邪热壅盛传里，或肺胃素有郁热，上冲咽喉所致，症见壮热，头痛，烦躁，口干狂饮，小便少而赤，大便干结，局部黏膜充血严重，黄白色点状渗出物很多，口臭；急性咽炎见上述证候者。

(3) 疮疖：因皮肤不洁，感染邪毒而发，症见疮疖红肿热痛，脓液稠黄；化脓性皮肤病见上述证候者。

【不良反应】目前尚未检索到不良反应报道。

【禁　　忌】对本品过敏者禁用。

【含有毒药物】雄黄。

火热内盛用中成药一览表

药品名	医保目录分类	是否处方药	含有毒药物	类别
黄连上清丸（颗粒、胶囊、片）	甲类	OTC	无	清热泻火
牛黄解毒丸（胶囊、软胶囊、片）	甲类	Rx	雄黄	清热泻火
牛黄上清丸（胶囊、片）	甲类	OTC	无	清热泻火
一清颗粒（胶囊）	乙类	OTC	无	清热泻火
板蓝根颗粒	甲类	OTC	无	清热解毒
小儿化毒散（胶囊）	乙类	Rx	雄黄	清热解毒

（四）中暑用中成药

中暑为感受暑邪而发生的急性病证。常表现为突然闷倒，昏不知人，或身热烦躁，气喘不语，牙关微紧，或口开齿燥，大汗或无汗，脉虚数，甚者昏迷不醒，四肢抽搐。治疗宜将患者移至凉爽通风处，并以中暑用中成药治疗。常用中暑用中成药有十滴水、藿香正气水（见暑湿感冒用中成药）、保济丸（见暑湿感冒用中成药）等。

十 滴 水

【药物组成】樟脑、干姜、大黄、小茴香、肉桂、辣椒、桉油。

【功能主治】健胃，祛暑。用于因中暑而引起的头晕、恶心、腹痛、胃肠不适。

【剂型规格】酊剂：每瓶（支）装 5ml、10ml、100ml、500ml。

【用法用量】口服。一次 2～5ml，儿童酌减。

【注意事项】（1）驾驶员和高空作业者慎用。

（2）服药期间饮食宜清淡，忌食辛辣油腻食物。

（3）不宜在服药期间同时服用滋补性中成药。

【临床应用】中暑：夏秋季节感受暑湿所致，症见头晕，头重如裹，恶心，脘腹胀痛，胃肠不适或泄泻，身热不扬，舌苔白腻，脉濡缓。

【不良反应】服用本品后有发生猩红热样药疹、接触性皮炎的个案报道。

【禁　　忌】（1）对本品过敏者禁用。

（2）孕妇禁用。

中暑用中成药一览表

药品名	医保目录分类	是否处方药	含有毒药物	类别
十滴水	甲类	OTC	无	清热祛暑
保济丸（口服液）	甲类	OTC	无	清热祛暑
藿香正气水（口服液、软胶囊）	甲类/乙类	OTC	半夏	清热祛暑

（五）黄疸用中成药

黄疸是指因外感湿热疫毒，内伤饮食、劳倦或病后，导致湿邪困遏脾胃，壅塞肝胆，疏泄失常，胆汁泛溢，或血败不华于色，引发以目黄、身黄、小便黄为主症的一种病症。其中以目睛黄染是本病的重要特征。

黄疸主要可以分为阳黄、急黄、阴黄和虚黄。阳黄有热重于湿、湿重于热等。

阳黄用中成药　阳黄表现为：身目俱黄，黄色鲜明，恶心呕吐，舌质红，舌苔黄腻。常用治疗阳黄的中成药有茵栀黄口服液（颗粒）等。

茵栀黄口服液（颗粒）

【药物组成】茵陈提取物、栀子提取物、黄芩苷、金银花提取物。

【功能主治】清热解毒，利湿退黄。有退黄疸和降低谷丙转氨酶的作用。用于湿热毒邪内蕴所致急性、迁延性、慢性肝炎和重症肝炎（Ⅰ型）。也可用于其他型重症肝炎的综合治疗。

【剂型规格】合剂：每支装 10ml（含黄芩苷 0.4g）。

【用法用量】合剂：口服。一次 10ml，一日 3 次。

【剂型规格】颗粒剂：每袋装 3g。

【用法用量】颗粒剂：开水冲服。一次 6g，一日 3 次。

【注意事项】（1）寒湿所发黄疸，症见黄色晦暗，肢凉怕冷，大便溏泄者不宜用。

（2）本品不宜用于肝衰竭的黄疸、梗阻性黄疸以及残留黄疸。

（3）自身免疫性肝炎、原发性胆汁性肝硬化和原发性硬化性胆管炎的黄疸应慎用。

（4）妊娠及哺乳期妇女慎用。

（5）本品苦寒，易伤脾胃，黄疸消退后应考虑停药，不宜久服。

【临床应用】黄疸：因湿热瘀毒蕴结肝胆，胆汁外溢所致，症见身目悉黄，黄色鲜亮，发热，胸闷，胁痛，恶心呕吐，口苦，二便不畅，舌质红，舌苔黄腻，脉弦滑数；急、慢性肝炎见上述证候者。

【不良反应】目前尚未检索到不良反应报道。

【禁　　忌】对本品过敏者禁用。

黄疸用中成药一览表

药品名	医保目录分类	是否处方药	含有毒药物	类别
茵栀黄口服液（颗粒）	甲类	Rx	无	清脏腑热

（六）泄泻用中成药

泄泻是因感受外邪，饮食七情及脏腑亏虚等导致脾胃运化失常，水湿下渗，而出现以粪便稀薄，或完谷不化，甚至泻出如水样，并多伴有排便次数增多为特征的一类病证。泄是指大便溏薄而势缓之意，泻则是指大便清稀如水而直下之状，临床一般将两者统称为泄泻。

泄泻主要可以分为暴泻和久泻。暴泻有寒湿证、湿热证、食滞证；久泻有脾胃虚弱、肝气乘脾、肾阳虚衰。

1. 湿热泄泻　湿热证表现为腹痛即泻，泻下急迫，或泻而不爽，粪色黄褐而臭，烦热口渴，小便短赤，肛门灼热，舌质红，苔黄腻，脉濡数或滑数。常用治疗湿热泄泻的中成药有小儿泻速停颗粒、复方黄连素片（见痢疾用中成药）、香连丸（见痢疾用中成药）等。

小儿泻速停颗粒

【药物组成】地锦草、儿茶、乌梅、焦山楂、茯苓、白芍、甘草。

【功能主治】清热利湿，健脾止泻，缓急止痛。用于小儿湿热壅遏大肠所致的泄泻，症见大便稀薄如水样、腹痛、纳差；小儿秋季腹泻及迁延性、慢性腹泻见上述证候者。

【剂型规格】颗粒剂：（1）每袋装 3g。（2）每袋装 5g。（3）每袋装 10g。

【用法用量】规格（1）、（2）、（3）口服。一日 3～4 次；6 个月以下，一次 1.5～3g；6 个月至一岁，一次 3～6g；一岁至三岁，一次 6～9g；三岁至七岁，一次 10～15g；七岁至十二岁，一次 15～20g 或遵医嘱。

【注意事项】（1）虚寒泄泻者不宜使用。

（2）如病情较重，或服用 1～2 天后疗效不佳者，可酌情增加剂量。

（3）有脱水者，可口服或静脉补液。

（4）饮食宜清淡，忌生冷、油腻、辛辣食物。

（5）服药期间，腹泻病情加重时，应到医院诊治。

【临床应用】泄泻：由湿热蕴结脾胃，运化失职，升降失调所致，症见大便稀溏，或便下不爽，气味秽臭，腹痛，纳差，或肛门灼热；小儿秋季腹泻及迁延性、慢性腹泻见上述证候者。

【不良反应】目前尚未检索到不良反应报道。

【禁　　忌】对本品过敏者禁用。

2. 脾虚泄泻 脾虚泄泻表现为：大便时溏时泻，迁延反复，完谷不化，饮食减少，食后脘闷不舒，稍进油腻食物则大便次数明显增加，面色萎黄，神疲倦怠，舌淡苔白，脉细弱。常用治疗脾虚泄泻的中成药有补中益气丸（颗粒）、参苓白术散（丸、颗粒）、健儿消食口服液、醒脾养儿颗粒等。

补中益气丸（颗粒）

【药物组成】炙黄芪、党参、炙甘草、炒白术、当归、升麻、柴胡、陈皮。

【功能主治】补中益气，升阳举陷。用于脾胃虚弱、中气下陷所致的泄泻、脱肛、阴挺，症见体倦乏力、食少腹胀、便溏久泻、肛门下坠或脱肛、子宫脱垂。

【剂型规格】丸剂：（1）每丸重9g。（2）每8丸相当于原生药3g。（3）每袋装6g。

【用法用量】丸剂：

规格（1）大蜜丸，口服。一次1丸，一日2～3次。

规格（2）浓缩丸，口服。一次8～10丸，一日3次。

规格（3）水丸，口服。一次6g，一日2～3次。

【剂型规格】颗粒剂：每袋装3g。

【用法用量】颗粒剂：口服。一次3g，一日2～3次。

【注意事项】（1）有恶寒发热表证时不宜用。

（2）宜空腹或饭前服，亦可在进食时同服。

（3）服药期间忌生冷油腻食物。

（4）高血压患者慎服。

【临床应用】（1）泄泻：因脾胃虚弱、中气下陷所致，症见大便溏泻，或久泻不止，水谷不化，稍进油腻不易消化之物则大便次数增多，气短，肢倦乏力，纳食减少，脘腹胀闷不舒，面色萎黄，舌淡苔白，脉细弱；慢性肠炎、功能性消化不良、胃肠功能紊乱见上述证候者。

（2）脱肛：因脾胃虚弱、中气下陷所致，症见肛门下坠或脱出，劳累、增加腹压、咳嗽等均可脱出，面色苍白，唇淡，气短，倦怠乏力，腹胀腹痛，舌淡少苔，脉虚无力；直肠脱垂见上述证候者。

（3）阴挺：因脾胃虚弱、中气下陷所致，症见自觉阴道有块状物脱出，阴道坠胀，活动或体力劳动时加重，白带增多，质稀色白，精神疲倦，面色苍白无华，四肢无力，心悸，气短，小腹坠胀，舌淡，苔薄白，脉细弱；子宫脱垂、阴道脱垂见上述证候者。

此外，本品有用于治疗胃下垂、消化性溃疡、上睑下垂、餐后低血压、头痛、眩晕等文献报道。

【不良反应】目前尚未检索到不良反应报道。

【禁　　忌】对本品过敏者禁用。

参苓白术散（丸、颗粒）

【药物组成】人参、茯苓、白术（炒）、山药、白扁豆（炒）、莲子、薏苡仁（炒）、砂仁、桔梗、甘草。

【功能主治】补脾胃，益肺气。用于脾胃虚弱，食少便溏，气短咳嗽，肢倦乏力。

【剂型规格】散剂：（1）每袋3g。（2）每袋装6g。（3）每袋装9g。

【用法用量】散剂：口服。一次6～9g，一日2～3次。

【剂型规格】丸剂：每100粒重6g。

【用法用量】丸剂：口服。一次6g，一日3次。

【剂型规格】颗粒剂：每袋装6g。

【用法用量】颗粒剂：口服。一次6g，一日3次。

【注意事项】（1）湿热内蕴所致泄泻、厌食、水肿及痰火咳嗽者不宜用。

（2）泄泻兼有大便不畅者不宜用。

（3）孕妇慎用。

（4）本品宜饭前服用或进食时服用。

（5）服药期间忌食荤腥油腻食物。

【临床应用】（1）泄泻：因脾胃气虚，运化失常所致，症见大便溏泻，饮食不消，或大便稀薄，次数增多，脘腹胀闷不舒，纳食减少，或咳嗽无力，痰白清稀，面色萎黄，肢倦乏力，甚则浮肿，舌淡，苔白腻，脉濡而弱；慢性结肠炎、肠易激综合征、胃肠功能紊乱、消化不良见上述证候者。

（2）厌食：因脾胃气虚，升降失司所致，症见厌食或拒食，纳呆腹胀，面色萎黄，乏力，自汗，精神稍差，肌肉不实或形体羸瘦，大便溏薄或完谷不化，舌淡，苔腻，脉细弱；小儿厌食症、消化不良、小儿缺锌症、神经性厌食见上述证候者。

（3）水肿：因脾肺气虚，运化失常，水湿停留所致，症见肢体浮肿，面色萎黄或面白虚浮，神疲乏力，食少纳呆，脘腹胀闷，大便溏薄，舌淡胖有齿痕，苔薄白或白腻，脉细弱；功能性水肿见上述证候者。

（4）咳嗽：因脾肺气虚，夹湿生痰所致，症见咳嗽气短，痰白量多，咳声重浊，因痰而嗽，痰出咳平，进甘甜油腻食物加重，胸闷脘痞，呕恶食少，体倦乏力，大便时溏，舌苔白腻，脉濡滑；小儿肺炎或肺门淋巴结核、支气管哮喘、肺气肿、慢性肺心病、老年慢性呼吸道感染见上述证候者。

此外，有本品用于治疗周期性麻痹、口腔黏膜病、中心性浆液性脉络膜视网膜病变的文献报道。

【不良反应】目前尚未检索到不良反应的报道。

【禁　　忌】对本品过敏者禁用。

泄泻用中成药一览表

药品名	医保目录分类	是否处方药	含有毒药物	类别
小儿泻速停颗粒	乙类	OTC	无	清脏腑热
复方黄连素片	甲类	Rx	吴茱萸	清脏腑热

续表

药品名	医保目录分类	是否处方药	含有毒药物	类别
香连丸	甲类	Rx	无	清脏腑热
补中益气丸（颗粒）	甲类	OTC	无	健脾益气
参苓白术散（丸、颗粒）	甲类	OTC	无	健脾益气
醒脾养儿颗粒	乙类	OTC	无	健脾益气

（七）痢疾用中成药

由于邪蕴肠腑，气血凝滞，大肠脂膜血络损伤，传导失司，以腹痛、里急后重、下痢赤白脓血为主症的病证称为痢疾，是一类或具有传染性的疾病，多发于夏秋季节。

痢疾主要可以分为湿热痢、疫毒痢、寒湿痢、阴虚痢、虚寒痢、休息痢等。

湿热痢用中成药 湿热痢表现为：腹痛，里急后重，下痢赤白脓血，赤多白少，或纯下赤冻，肛门灼热，小便短赤，或发热恶寒，头痛身楚，口渴发热，舌质红，苔黄腻，脉滑数或浮数。常用治疗湿热痢的中成药有复方黄连素片、香连丸等。

复方黄连素片

【药物组成】盐酸小檗碱、木香、吴茱萸、白芍。

【功能主治】清热燥湿，行气止痛，止痢止泻。用于大肠湿热，赤白下痢，里急后重或暴注下泻，肛门灼热；肠炎、痢疾见上述证候者。

【剂型规格】片剂：每片含盐酸小檗碱 30mg。

【用法用量】口服。一次 4 片，一日 3 次。

【注意事项】（1）本品苦寒，虚寒性泻痢者慎用。

（2）妊娠期慎用。

（3）过敏体质者慎用。

（4）本品不可过服、久服。

（5）服药期间饮食宜清淡，忌酒，生冷、辛辣食物。

（6）含鞣质的中药与盐酸小檗碱合用后，生成难溶性鞣酸盐沉淀 降低疗效。

（7）严重脱水者，则应采取相应的治疗措施。

【临床应用】（1）痢疾：因饮食不洁，大肠湿热所致，症见腹泻黏液脓血样大便，里急后重，腹痛，恶心，呕吐，发热，舌质红，苔黄，脉滑数；痢疾见上述证候者。

（2）泄泻：因大肠湿热所致，症见大便稀软，甚则如稀水样，次数明显增加，气味酸腐臭，或完谷不化，腹痛，恶心呕吐，不思饮食，口干渴，舌质红，苔黄，脉滑数；急性肠炎见上述证候者。

【不良反应】服用本品后有发生过敏反应的个案报道。

【禁　　忌】（1）对本品过敏者禁用。

（2）溶出性贫血及葡萄糖–6–磷酸脱氢酶缺乏者禁用。

【含有毒药物】吴茱萸。

香连丸

【药物组成】萸黄连、木香。

【功能主治】清热化湿，行气止痛。用于大肠湿热所致的痢疾，症见大便脓血、里急后重、发热腹痛；肠炎、细菌性痢疾见上述证候者。

【剂型规格】丸剂：（1）每 6 丸相当于原生药 3g。（2）每 10 丸重 1.5g。（3）每 12 丸重约 1g。（4）每 20 粒重 1g。（5）每 40 丸重约 3g。（6）每 100 粒重 3g。

【用法用量】丸剂：

规格（1）浓缩丸，口服。一次 6～12 丸，一日 2～3 次。小儿酌减。

规格（2）、（3）、（4）、（5）、（6）水丸，口服。一次 3～6g，一日 2～3 次，小儿酌减。

【注意事项】（1）寒湿及虚寒下痢、泄泻者慎用。

（2）孕妇慎用。

（3）忌食生冷油腻、辛辣刺激性食物。

【临床应用】（1）痢疾：由湿热下注所致，症见赤白下痢，腹痛，里急后重，舌质红，苔黄腻，脉滑数；细菌性痢疾见上述证候者。

（2）泄泻：由湿热下注所致，症见泻下急迫或不爽，腹痛，小便短赤，舌质红，苔黄腻，脉滑数；急性肠炎见上述证候者。

【不良反应】有服香连丸后出现恶心、胃部嘈杂、上腹部不适表现的文献报道。

【禁　　忌】对本品过敏者禁用。

痢疾用中成药一览表

药品名	医保目录分类	是否处方药	含有毒药物	类别
复方黄连素片	甲类	Rx	吴茱萸	清脏腑热
香连丸	甲类	Rx	无	清脏腑热

（八）胃痛用中成药

胃痛又称胃脘痛，主要由外感、饮食、情志等因素引起的胃气阻滞不通，临证见心窝部以下、脐以上的胃脘部疼痛为主症，或伴有脘胀、纳呆、泛酸、嘈杂、恶心呕吐等症的一种病证。

胃痛主要可以分为寒邪客胃、饮食停滞、肝气犯胃、肝胃郁热、湿热中阻、瘀血停滞、胃阴亏虚、脾胃虚寒等。

1. 饮食停滞　饮食停滞表现为：暴饮暴食后胃脘胀满疼痛，嗳腐吞酸，或呕吐不消化食物，吐食或矢气后痛减，大便不爽，苔厚腻，脉滑。常用治疗胃痛之饮食停滞中成药有香砂平胃颗粒、六味安消散（胶囊）等。

香砂平胃颗粒

【药物组成】苍术（炒）、陈皮、甘草、厚朴（姜炙）、香附（醋炙）、砂仁。

【功能主治】健胃，温中，燥湿。用于饮食不节，食湿互滞，胃脘疼痛，消化不良。

【剂型规格】颗粒剂：(1) 每袋装 5g。(2) 每袋装 10g。

【用法用量】颗粒剂：

规格 (1) 开水冲服，一次 10g，一日 2 次。

规格 (2) 开水冲服，一次 10g，一日 2 次。

【注意事项】(1) 脾胃阴虚者慎用。

(2) 脾胃湿火蕴结者慎用。

(3) 饮食宜清淡，忌生冷、油腻、煎炸食物和海鲜发物。

【临床应用】(1) 胃痛：因寒湿中阻，中焦气滞所致，症见胃痛隐隐，胃胀不适，口淡无味，不思饮食，泛泛欲吐，肢体倦怠，神疲乏力，大便溏薄，舌苔白腻，脉濡缓；急性胃炎、慢性胃炎、功能性消化不良、胃肠功能紊乱见上述证候者。

(2) 痞满：因寒湿中阻，脾胃不和，中焦气滞所致，症见脘腹满闷，痞塞不舒，纳呆食少，呕恶嗳气，大便溏薄，舌苔白腻，脉细缓；慢性胃炎、功能性消化不良、胃肠功能紊乱见上述证候者。

【不良反应】目前尚未检索到不良反应报道。

【禁　　忌】对本品过敏者禁用。

六味安消散（胶囊）

【药物组成】藏木香、大黄、山柰、北寒水石（煅）、诃子、碱花。

【功能主治】和胃健脾，消积导滞，活血止痛。用于脾胃不和、积滞内停所致的胃痛胀满、消化不良、便秘、痛经。

【剂型规格】散剂：(1) 每袋装 1.5g。(2) 每袋装 18g。

【用法用量】散剂：规格 (1)、(2) 口服，一次 1.5～3g，一日 2～3 次。

【剂型规格】胶囊：每粒装 0.5g。

【用法用量】胶囊：口服。一次 3～6 粒，一日 2～3 次。

【注意事项】(1) 脾胃虚寒的胃痛、便秘者慎用。

(2) 妇女月经期慎用。

(3) 服药期间饮食宜清淡，忌辛辣油腻之物。

【临床应用】(1) 胃痛：脾胃不和，积滞内停所致，症见胃痛不适，胃胀，嗳腐吞酸，或吐不消化食物，吐后痛减，口渴口臭，心烦，大便臭秽或便秘，舌苔厚腻，脉滑实；急性胃炎、慢性胃炎见上述证候者。

(2) 便秘：脾胃不和，积滞内停所致，症见大便干结难解，腹胀腹痛，嗳腐吞酸，口渴口臭，心烦，大便臭秽或便秘，舌苔厚腻，脉滑实；功能性便秘、消化不良见上述证候者。

(3) 痛经：冲任瘀阻或寒凝经脉，气血运行不畅，胞宫经血瘀阻所致，症见经前或经期小腹胀痛拒按，月经量少或经行不畅，经色紫暗或有血块，胸胁乳房胀痛，舌质紫暗或有瘀点，脉弦涩。

此外，有六味安消胶囊用于治疗胃食管反流病、功能性消化不良、便秘型肠易激综合征的文献报道。

【不良反应】目前尚未检索到不良反应报道。

【禁　　忌】（1）对本品过敏者禁用。

（2）小儿及孕妇禁用。

2. 肝气犯胃　肝气犯胃表现为：胃脘涨闷，攻撑作痛，脘痛连胁，嗳气频作，大便不畅，每因情志因素而痛作，苔薄白，脉弦。常用治疗胃痛之肝气犯胃中成药有气滞胃痛颗粒（片）、三九胃泰颗粒（胶囊）、胃苏颗粒等。

气滞胃痛颗粒（片）

【药物组成】柴胡、延胡索（炙）、枳壳、香附（炙）、白芍、炙甘草。

【功能主治】疏肝理气，和胃止痛。用于肝郁气滞，胸痞胀满，胃脘疼痛。

【剂型规格】颗粒剂：规格（1）每袋装 2.5g。（2）每袋装 5g。

【用法用量】颗粒剂：规格（1）、（2）开水冲服。一次 5g，一日 3 次。

【剂型规格】片剂：（1）薄膜衣片每片重 0.5g。（2）糖衣片片芯重 0.25g。

【用法用量】片剂：

规格（1）口服。一次 3 片，一日 3 次。

规格（2）口服。一次 6 片，一日 3 次。

【注意事项】（1）肝胃郁火、胃阴不足所致胃痛者慎用。

（2）本品含活血行气之品，孕妇慎用。

（3）服药期间忌辛辣、油炸食物。

（4）服药期间宜保持心情舒畅。

【临床应用】胃痛：因情志失调，肝郁气滞所致，症见胃脘胀痛，痛窜胁背，气怒痛重，嗳气纳少，大便不畅，舌质淡红，苔薄白，脉弦；慢性胃炎、功能性消化不良见上述证候者。

【不良反应】目前尚未检索到不良反应报道。

【禁　　忌】对本品过敏者禁用。

三九胃泰颗粒（胶囊）

【药物组成】三叉苦、九里香、两面针、木香、黄芩、茯苓、地黄、白芍。

【功能主治】清热燥湿，行气活血，柔肝止痛。用于湿热内蕴、气滞血瘀所致的胃痛，症见脘腹隐痛、饱胀反酸、恶心呕吐、嘈杂纳减；浅表性胃炎、糜烂性胃炎、萎缩性胃炎见上述证候者。

【剂型规格】颗粒剂：（1）每袋装 2.5g。（2）每袋装 10g。（3）每袋装 20g。

【用法用量】颗粒剂：规格（1）、（2）、（3）开水冲服。一次 1 袋，一日 2 次。

【剂型规格】胶囊：每粒装 0.5g。

【用法用量】胶囊：口服，一次 2～4 粒，一日 2 次。

【注意事项】（1）虚寒性胃痛及寒凝血瘀胃痛者慎用。

（2）孕妇慎用。

（3）服药期间忌油腻、生冷、难消化食物。

（4）服药期间宜保持心情舒畅。

【临床应用】（1）胃痛：因饮食不节，湿热内蕴所致，症见胃脘疼痛，嘈杂纳减，口苦口黏，大便黏滞，舌苔黄腻；浅表性胃炎、糜烂性胃炎、萎缩性胃炎见上述证候者。

（2）痞满：因肝郁气滞，瘀血阻滞所致，症见胃部饱胀，胃痛夜甚，舌质暗红有瘀点；浅表性胃炎、糜烂性胃炎、萎缩性胃炎、功能性消化不良见上述证候者。

【不良反应】服用三九胃泰颗粒有引起过敏性鼻炎、荨麻疹、药疹的文献报道。

【禁　　忌】对本品过敏者禁用。

胃苏颗粒

【药物组成】紫苏梗、香附、陈皮、枳壳、槟榔、香橼、佛手、鸡内金（制）。

【功能主治】理气消胀，和胃止痛。主治气滞型胃脘痛，症见胃脘胀痛，窜及两胁，得嗳气或矢气则舒，情绪郁怒则发作加重。胸闷食少，排便不畅，舌苔薄白，脉弦等。用于慢性胃炎及消化性溃疡见上述证候者。

【剂型规格】颗粒剂：（1）每袋装5g。（2）每袋装15g。

【用法用量】颗粒剂：

规格（1）口服。一次1袋（无蔗糖），一日3次。15天为一个疗程，可服1～3个疗程或遵医嘱。

规格（2）口服。一次1袋，一日3次。15天为一个疗程，可服1～3个疗程或遵医嘱。

【注意事项】（1）脾胃阴虚或肝胃郁火胃痛者慎用。

（2）服药期间忌生冷及油腻食品，戒烟酒。

（3）孕妇慎用。

（4）服药期间要保持心情舒畅。

【临床应用】（1）胃痛：因肝郁气滞，横逆犯胃所致，症见胃脘胀痛，牵及两胁，得嗳气或矢气则舒，情绪郁怒则加重，胸闷食少，排便不畅，舌苔薄白，脉弦；慢性胃炎、消化性溃疡见上述证候者。

（2）痞满：因肝郁气滞，肝胃不和所致，症见脘腹胀满，牵及两胁，嗳气食少，生气后加剧，舌苔薄白，脉弦；慢性胃炎、功能性消化不良见上述证候者。

【不良反应】服用本品后偶有口干，嘈杂。

【禁　　忌】对本品过敏者禁用。

3. 肝胃郁热　肝胃郁热表现为：胃脘灼痛，烦躁易怒，泛酸嘈杂，口干口苦，舌红苔黄，脉弦或数。常用治疗胃痛之肝胃郁热中成药有加味左金丸等。

加味左金丸

【药物组成】姜黄连、制吴茱萸、黄芩、柴胡、木香、醋香附、郁金、白芍、醋青皮、麸炒枳壳、陈皮、醋延胡索、当归、甘草。

【功能主治】平肝降逆，疏郁止痛。用于肝郁化火、肝胃不和引起的胸脘痞闷、急躁易怒、嗳气吞酸、胃痛少食。

【剂型规格】丸剂：每 100 丸重 6g。

【用法用量】口服。一次 6g，一日 2 次。

【注意事项】（1）肝寒犯胃及体虚者慎用。

（2）孕妇慎用。

（3）忌食生冷油腻及不易消化的食物。

（4）保持心情舒畅，忌气恼。

【临床应用】（1）胃痛：肝胃不和，肝火犯胃所致，症见胃脘胀痛，痛连两胁，烦躁易怒，嗳气呃逆，口干口苦，纳食减少，舌红苔黄，脉弦数；慢性胃炎、胃及十二指肠溃疡见上述证候者。

（2）吞酸：肝胃不和，肝火犯胃所致，症见吞酸嘈杂，口干口苦，嗳气频作，舌红苔黄，脉弦数；慢性胃炎、胃及十二指肠溃疡、反流性食管炎见上述证候者。

【不良反应】目前尚未检索到不良反应报道。

【禁　　忌】对本品过敏者禁用。

【含有毒药物】制吴茱萸。

4. 脾胃虚寒　脾胃虚寒表现为：胃痛隐隐，喜温喜按，空腹痛甚，得食则减，泛吐清水，体倦乏力，手足欠温，大便溏薄，舌淡，或边有齿印，苔白，脉虚弱。常用治疗胃痛之脾胃虚寒的中成药有香砂养胃丸（颗粒）、香砂养胃片、香砂平胃丸、理中丸、附子理中丸（片）、香砂六君丸、安胃疡胶囊等。

香砂养胃丸（颗粒）

【药物组成】木香、砂仁、白术、陈皮、茯苓、半夏（制）、醋香附、枳实（炒）、豆蔻（去壳）、姜厚朴、广藿香、甘草。

【功能主治】温中和胃。用于胃阳不足、湿阻气滞所致的胃痛、痞满，症见胃痛隐隐、脘闷不舒、呕吐酸水、嘈杂不适、不思饮食、四肢倦怠。

【剂型规格】丸剂：（1）每 8 丸相当于原药材 3g。（2）每袋装 9g。

【用法用量】丸剂：

规格（1）浓缩丸，口服。一次 8 丸，一日 3 次。

规格（2）水丸，口服。一次 9g，一日 2 次。

【剂型规格】颗粒剂：每袋装 5g。

【用法用量】颗粒剂：开水冲服。一次 5g，一日 2 次。

【注意事项】（1）胃阴虚，表现为口干欲饮、大便干结、小便短少者不宜用。

（2）湿热中阻所致痞满、胃痛者慎用。

（3）孕妇慎用。

（4）过敏体质者慎用。

（5）饮食宜清淡，忌烟酒及辛辣、生冷、油腻食物。

【临床应用】（1）胃痛：因胃阳不足，寒凝气滞所致，症见胃脘胀痛，痛窜胁背，脘闷不适，呕吐酸水，畏寒肢冷，舌质淡，苔薄白，脉弦紧；急、慢性胃炎，胃及十二指肠溃疡见上述证候者。

（2）痞满：因脾虚不运，胃气阻滞所致，症见脘腹胀满，胸脘堵闷，不思饮食，嘈杂不适，苔薄白，脉细滑；功能性消化不良、慢性胃炎见上述证候者。

（3）纳呆：因脾胃虚弱，胃不受纳，脾不运化所致，症见不思饮食，食则饱胀，大便稀溏，体乏无力，舌质淡，苔薄白，脉细弱；消化不良见上述证候者。

【不良反应】目前尚未检索到不良反应报道。

【禁　　忌】对本品过敏者禁用。

【含有毒药物】半夏。

香砂养胃片

【药物组成】木香、麦芽、茯苓、甘草、陈皮、砂仁、豆蔻、白术、苍术、香附、厚朴、党参、神曲、半夏曲、广藿香油。

【功能主治】健胃消食，行气止痛。用于胃肠衰弱、消化不良、胸膈满闷、腹痛呕吐、肠鸣泄泻。

【剂型规格】片剂：每片重 0.6g。

【用法用量】片剂：口服。一次 4～8 片，一日 2 次。

【注意事项】（1）胃阴虚，表现为口干欲饮、大便干结、小便短少者不宜用。

（2）湿热中阻所致痞满、胃痛者慎用。

（3）孕妇慎用。

（4）过敏体质者慎用。

（5）饮食宜清淡，忌烟酒及辛辣、生冷、油腻食物。

【临床应用】（1）纳呆：因脾胃虚弱，胃不受纳，脾不运化所致，症见不思饮食，食则饱胀，大便稀溏，体乏无力，舌质淡，苔薄白，脉细弱；消化不良见上述证候者。

（2）痞满：因脾虚不运，胃气阻滞所致，症见脘腹胀满，胸脘堵闷，不思饮食，嘈杂不适，苔薄白，脉细滑；功能性消化不良、慢性胃炎见上述证候者。

（3）胃痛：因胃阳不足，寒凝气滞所致，症见胃脘胀痛，痛窜胁背，脘闷不适，呕吐酸水，畏寒肢冷，舌质淡，苔薄白，脉弦紧；急、慢性胃炎，胃及十二指肠溃疡见上述证候者。

【不良反应】目前尚未检索到不良反应报道。

【禁　　忌】对本品过敏者禁用。

香砂平胃丸

【药物组成】苍术、陈皮、厚朴（姜制）、木香、砂仁、甘草。

【功能主治】健胃，舒气，止痛。用于胃肠衰弱，消化不良，胸膈满闷，胃痛呕吐。

【剂型规格】丸剂：每袋（瓶）装 6g。

【用法用量】口服，一次 6g，一日 1～2 次。

【注意事项】（1）脾胃阴虚者慎用。

（2）饮食宜清淡，忌生冷、油腻、煎炸食物和海鲜发物。

【临床应用】（1）痞满：因湿浊中阻，脾胃不和，中焦气滞所致，症见胸脘满闷，痞塞不舒，纳呆食少，恶心，肢体倦怠，大便溏薄，舌苔白腻，脉细缓；慢性胃炎、功能性消化不良、胃肠功能紊乱见上述证候者。

（2）胃痛：因湿浊中阻，中焦气滞所致，症见胃痛隐隐，胃胀不适，口淡无味，不思饮食，泛泛欲吐，肢体倦怠，神疲乏力，大便溏薄，舌苔白腻，脉濡缓；急性胃炎、慢性胃炎、功能性消化不良、胃肠功能紊乱见上述证候者。

（3）呕吐：湿浊中阻，脾胃不和，胃气上逆所致，症见呕吐，恶心，胸脘痞闷，不思饮食，肢体倦怠，神疲乏力，大便溏薄，舌苔白腻，脉濡缓；急性胃炎、功能性消化不良、胃肠功能紊乱见上述证候者。

【不良反应】目前尚未检索到不良反应报道。

【禁　　忌】对本品过敏者禁用。

理中丸

【药物组成】党参、土白术、炙甘草、炮姜。

【功能主治】温中散寒，健胃。用于脾胃虚寒呕吐泄泻，胸满腹痛，消化不良。

【剂型规格】丸剂：（1）每丸重9g。（2）每8丸相当于原药材3g。

【用法用量】丸剂：

规格（1）大蜜丸，口服。一次1丸，一日2次。小儿酌减。

规格（2）浓缩丸，口服。一次8丸，一日3次。

【注意事项】（1）湿热中阻者及阴虚火旺者慎用。

（2）忌食生冷油腻及不易消化的食物。

【临床应用】（1）胃痛：脾胃虚寒，运化失司所致，症见胃脘冷痛，畏寒肢冷，喜热饮食，舌淡苔白，脉细弦；胃及十二指肠溃疡、慢性胃炎见上述证候者。

（2）呕吐：脾胃虚寒，脾胃不和，胃气上逆所致，症见呕吐，恶心，胃脘痞闷，不思饮食，肢体倦怠，神疲乏力，大便溏薄，舌淡苔白，脉沉细；慢性胃炎、消化不良、胃肠功能紊乱见上述证候者。

（3）泄泻：脾胃虚弱，内寒自生，升降失常，清浊相干所致，症见大便溏泻，腹中冷痛，喜温喜暖，畏寒肢冷，舌淡苔白，脉细滑；慢性结肠炎见上述证候者。

【不良反应】目前尚未检索到不良反应报道。

【禁　　忌】对本品过敏者禁用。

附子理中丸（片）

【药物组成】附子（制）、党参、炒白术、干姜、甘草。

【功能主治】温中健脾。用于脾胃虚寒，脘腹冷痛，呕吐泄泻，手足不温。

【剂型规格】丸剂：（1）每丸重9g。（2）每8丸相当于原生药3g。（3）每袋装6g。

【用法用量】丸剂：

规格（1）大蜜丸，口服。一次1丸，一日2～3次。

规格（2）浓缩丸，口服，一次8～12丸，一日3次。

规格（3）水蜜丸，口服，一次6g，一日2～3次。

【剂型规格】片剂：基片重0.25g。

【用法用量】片剂：口服。一次6～8片，一日1～3次。

【注意事项】（1）大肠湿热泄泻者不宜用。

（2）急性肠胃炎、泄泻兼有大便不畅、肛门灼热者不宜用。

（3）服药期间忌生冷、油腻之品。

（4）本品中有附子，服药后如有血压升高、头痛、心悸等症状，应立即停药，去医院就诊。

（5）小儿应在医师指导下服用。

【临床应用】（1）脾胃虚寒证：因脾胃虚弱，寒自内生所致，症见脘腹疼痛，或隐痛绵绵，得温痛减，口不干，肢冷畏寒，或泻下稀溏，食少，乏力，神疲，舌质淡胖，苔薄白，脉细；急慢性胃肠炎、胃及十二指肠溃疡、胃下垂、慢性结肠炎见上述证候者。

（2）胃痛：因中虚有寒，不能运化所致，症见胃脘冷痛，畏寒肢凉，喜热饮食，舌淡苔白，脉细弦；急慢性胃炎见上述证候者。

（3）泄泻：因脾胃虚弱，寒邪困脾所致，症见脘腹冷痛，呕吐清水，或大便稀溏，手足不温，舌质淡胖，苔薄白，脉细；急慢性肠炎、肠功能紊乱见上述证候者。

【不良反应】服用本品后有发生心律失常的个案报道。

【禁　　忌】（1）对本品过敏者禁用。

（2）孕妇禁用。

【含有毒药物】附子。

香砂六君丸

【药物组成】木香、砂仁、党参、白术（炒）、茯苓、炙甘草、陈皮、半夏（制）、生姜、大枣。

【功能主治】益气健脾，和胃。用于脾虚气滞，消化不良，嗳气食少，脘腹胀满，大便溏泄。

【剂型规格】丸剂：（1）每 8 丸相当于原生药 3g。（2）每袋装 6g。（3）每袋装 9g。（4）每 100 粒重 6g。

【用法用量】丸剂：

规格（1）浓缩丸，口服。一次 12 丸，一日 3 次。

规格（2）、（3）、（4）水丸，口服。一次 6～9g，一日 2～3 次。

【注意事项】（1）阴虚内热及湿热证者不宜用。

（2）急性胃肠炎，主要表现为恶心、呕吐、大便水泻频频，脘腹作痛者不宜用。

（3）口干少津，大便干燥者不宜用。

（4）忌食生冷、油腻及刺激性食物。

【临床应用】（1）胃痛：因脾胃气虚，胃气阻滞所致，症见胃脘疼痛胀闷，喜温喜按，劳累或受凉后发作或加重，泛吐清水，神疲乏力，胸闷嗳气，食少纳呆，大便溏泄，舌淡，苔白，脉细弱；慢性胃炎、胃及十二指肠溃疡见上述证候者。

（2）痞满：因脾胃气虚，健运失职，胃气阻滞，升降失司所致，症见脘腹满闷，时轻时重，喜温喜按，胸胁胀满，嗳腐吞酸，恶心呕吐，食少便溏，少气懒言，舌淡红，苔白腻，脉细弱；功能性消化不良见上述证候者。

（3）泄泻：因脾虚失运，清浊不分所致，症见大便溏泄，迁延反复，食少，食后脘闷不舒，稍进油腻则大便次数明显增加，大便中夹有未消化食物，面色萎黄，脘腹胀闷不舒，神疲倦怠，舌质淡，苔白，脉细；慢性结肠炎、功能性消化不良见上述证候者。

【不良反应】目前尚未检索到不良反应报道。

【禁　　忌】对本品过敏者禁用。

【含有毒药物】半夏。

安胃疡胶囊

【药物组成】甘草（黄酮）提取物。

【功能主治】补中益气，解毒生肌。主治胃及十二指肠球部溃疡。对虚寒型和气滞型患者有较好的疗效。可用于溃疡愈合后的维持治疗。

【剂型规格】胶囊：每粒含黄酮类化合物 0.2g。

【用法用量】口服，一次 2 粒，一日 4 次（三餐后和睡前）。

【注意事项】（1）饮食积滞或胃火炽盛引起的胃痛者不宜用。

（2）服药期间饮食宜清淡，忌食生冷及辛辣刺激食物，忌烟酒。

【临床应用】（1）虚寒胃痛：因脾胃阳气不足、中焦虚寒所致，症见胃脘隐痛，喜暖喜按，每遇寒冷或劳累时易发作或加重，空腹痛重，得食痛减，食后腹胀，倦怠乏力，神疲懒言，畏寒肢冷，大便溏薄，呕吐清涎，舌质淡嫩，边有齿痕，苔薄白，脉沉细；胃及十二指肠溃疡见上述证候者。

（2）气滞胃痛：因肝胃不和、肝郁气滞所致，症见胃脘胀痛，两肋胀闷，遇情志不遂则加重，嗳气或矢气则舒，善怒而太息，胸闷食少，口苦泛酸，舌苔薄白，脉弦；胃及十二指肠溃疡见上述证候者。

【不良反应】目前尚未检索到不良反应报道。

【禁　　忌】对本品过敏者禁用。

胃痛用中成药一览表

药品名	医保目录分类	是否处方药	含有毒药物	类别
香砂平胃颗粒	乙类	OTC	无	温中散寒
三九胃泰颗粒（胶囊）	甲类	OTC	无	疏肝和胃
六味安消散（胶囊）	乙类	OTC	无	消食导滞
气滞胃痛颗粒（片）	甲类	OTC	无	疏肝和胃
胃苏颗粒	甲类	Rx	无	疏肝和胃
加味左金丸	乙类	OTC	制吴茱萸	疏肝和胃
香砂养胃丸（颗粒、片）	甲类	OTC	半夏	温中散寒
香砂平胃丸	乙类	OTC	无	温中散寒
理中丸	甲类	OTC	无	温中散寒
附子理中丸（片）	甲类	OTC	附子	温中散寒
香砂六君丸	甲类	OTC	半夏	健脾和胃
安胃疡胶囊	乙类	OTC	无	健脾和胃

（九）咳嗽用中成药

咳嗽是指肺失宣降，肺气上逆作声，咳吐痰液，为肺系疾病的主要证候之一。分别而言，有声无痰为咳，有痰无声为嗽，一般多为痰声并见，难以截然分开，故以咳嗽并称。

咳嗽主要可以分为风寒咳嗽、肺热咳嗽、肺燥咳嗽、气虚咳嗽等。

1. 风寒咳嗽 风寒咳嗽表现为：咳嗽声重，气急，咽痒，咳痰稀薄色白，常伴鼻塞，流清涕，肢体酸楚，或见恶寒发热，无汗等表证，舌苔薄白，脉浮或浮紧。常用治疗风寒咳嗽的中成药有通宣理肺丸（颗粒、胶囊、片）、寒喘祖帕颗粒等。

通宣理肺丸（颗粒、胶囊、片）

【药物组成】紫苏叶、前胡、桔梗、苦杏仁、麻黄、甘草、陈皮、半夏（制）、茯苓、枳壳（炒）、黄芩。

【功能主治】解表散寒，宣肺止嗽。用于风寒束表、肺气不宣所致的感冒咳嗽，症见发热、恶寒、咳嗽、鼻塞流涕、头痛、无汗、肢体酸痛。

【剂型规格】丸剂：（1）每丸重6g。（2）每100丸重10g。（3）每8丸相当于原药材3g。

【用法用量】丸剂：

规格（1）大蜜丸，口服。一次2丸，一日2～3次。

规格（2）水蜜丸，口服。一次7g，一日2～3次。

规格（3）浓缩丸，口服，一次8～10丸，一日2～3次。

【剂型规格】颗粒剂：（1）每袋装3g。（2）每袋装9g。

【用法用量】颗粒剂：

规格（1）开水冲服。一次3g，一日2次。

规格（2）开水冲服。一次9g，一日2次。

【剂型规格】胶囊：每粒装0.36g。

【用法用量】胶囊：口服。一次2粒，一日2～3次。

【剂型规格】片剂：每片重0.3g。

【用法用量】片剂：口服。一次4片，一日2～3次。

【注意事项】（1）风热感冒，表现为发热明显，微恶风，有汗，口渴，鼻流浊涕，咽喉肿痛，咳吐黄痰者不宜用。

（2）过敏体质者慎用。

（3）忌烟酒及辛辣、生冷、油腻食物。

【临床应用】咳嗽：因风寒外束，肺气不宣，气逆痰阻所致发热恶寒，恶寒较甚，头痛鼻塞，咳嗽痰白，无汗而喘，肢体酸痛，舌苔薄白，脉象浮紧；感冒、急性支气管炎见上述证候者。

【不良反应】目前尚未检索到不良反应报道。

【禁　　忌】（1）对本品过敏者禁用。

（2）孕妇禁用。

【含有毒药物】半夏，苦杏仁。

寒喘祖帕颗粒

<民族用药>

【药物组成】小茴香、芹菜子、神香草、玫瑰花、芸香草、葶麻子、铁线蕨、胡芦巴、甘草浸膏。

【功能主治】镇咳，化痰，温肺止喘。用于急性感冒，寒性乃孜来所致的咳嗽及异常黏液质性哮喘。

【剂型规格】颗粒剂：（1）每袋装 6g（无蔗糖）。（2）每袋装 10g（无蔗糖）。（3）每袋装 12g。

【用法用量】颗粒剂：

规格（1）口服，一次 6g，一日 2 次。

规格（2）口服，一次 10g，一日 2 次。

规格（3）口服，一次 12g，一日 2 次。

【注意事项】（1）外感风热者不宜用。

（2）服药期间饮食宜清淡，忌食辛辣、生冷、油腻之品。

【临床应用】（1）感冒：由外感风寒所致，症见恶寒重，发热轻，头痛，肢节 酸痛，鼻塞声重，时流清涕，脉浮或紧；急性上呼吸道感染见上述证候者。

（2）咳嗽：由外感风寒所致，症见咳嗽痰多，质稀易咯出；急性支气管炎见上述证候者。

（3）哮喘：由外感风寒所致，症见气喘，咳嗽，痰清稀有泡沫；支气管哮喘见上述证候者。

【不良反应】目前尚未检索到不良反应报道。

【禁　　忌】对本品过敏者忌用。

2. 肺热咳嗽　肺热咳嗽表现为：咳嗽频剧，气粗或咳声嘶哑，喉燥咽痛，咳痰不爽，痰黏稠或黄，咳时汗出，常伴鼻流黄涕，口渴，头痛，身楚，或见恶风，身热等表证，舌苔薄黄，脉浮数或浮缓。常用治疗肺热咳嗽的中成药有蛇胆川贝液、橘红丸（颗粒、胶囊、片）、急支糖浆（颗粒）、清宣止咳颗粒、小儿消积止咳口服液、小儿肺咳颗粒等。

蛇胆川贝液

【药物组成】蛇胆汁、平贝母。

【功能主治】祛风止咳，除痰散结。用于风热咳嗽，痰多气喘，胸闷，咳痰不爽或久咳不止。

【剂型规格】糖浆剂、合剂：每支装 10ml。

【用法用量】口服。一次 10ml，一日 2 次；小儿酌减。

【注意事项】（1）风寒咳嗽，痰湿犯肺者慎用。

（2）孕妇、体质虚弱者慎用。

（3）过敏体质者慎用。

（4）服药期间忌辛辣、油腻食物，忌烟酒。

【临床应用】咳嗽：外感风热犯肺，或风寒郁肺化热所致的咳嗽，气粗，痰稠黄，咯吐不爽，发热，咽喉疼痛，或痰黏难咯，久咳不止，舌红苔黄腻，脉滑数；支气管炎见上述证候者。

【不良反应】服用蛇胆川贝液后有发生全身荨麻疹样药疹、弥漫性红斑型药疹、水肿性紫癜型药疹过敏反应的个案报道。

【禁　　忌】对本品过敏者禁用。

【含有毒药物】杏仁水。

橘红丸（颗粒、胶囊、片）

【药物组成】化橘红、陈皮、半夏（制）、茯苓、甘草、桔梗、苦杏仁、炒紫苏子、紫菀、款冬花、瓜蒌皮、浙贝母、地黄、麦冬、石膏。

【功能主治】清肺，化痰，止咳。用于痰热咳嗽，痰多，色黄黏稠，胸闷口干。

【剂型规格】丸剂：（1）每丸重3g。（2）每丸重6g。（3）每100丸重10g。

【用法用量】丸剂：

规格（1）大蜜丸，口服。一次4丸，一日2次。

规格（2）大蜜丸，口服。一次2丸，一日2次。

规格（3）水蜜丸，口服。一次7.2g，一日2次。

【剂型规格】颗粒剂：每袋装11g。

【用法用量】颗粒剂：开水冲服。一次1袋，一日2次。

【剂型规格】胶囊：每粒装0.5g。

【用法用量】胶囊：口服。一次5粒，一日2次。

【剂型规格】片剂：（1）每片重0.3g。（2）每片重0.6g。

【用法用量】片剂：规格（1）、（2）口服，一次6片，一日2次。

【注意事项】（1）本品清化痰热，气虚喘咳及阴虚燥咳者不宜用。

（2）脾胃虚寒，腹痛、喜暖、泄泻者慎用。

（3）过敏体质者慎用。

（4）忌烟酒及辛辣、生冷、油腻食物。

【临床应用】咳嗽：因痰浊阻肺，郁而化热，肺失宣降所致的咳嗽，痰多色黄，不易咯出，胸闷，口干，纳呆，舌红，苔黄腻，脉弦数；急、慢性气管炎见上述证候者。

【不良反应】目前尚未检索到不良反应报道。

【禁　　忌】（1）对本品过敏者禁用。

（2）孕妇禁用。

【含有毒药物】半夏，苦杏仁。

急支糖浆（颗粒）

【药物组成】鱼腥草、金荞麦、四季青、麻黄、紫菀、前胡、枳壳、甘草。

【功能主治】清热化痰，宣肺止咳。用于外感风热所致的咳嗽，症见发热、恶寒、胸膈满闷、咳嗽咽痛；急性支气管炎、慢性支气管炎急性发作见上述证候者。

【剂型规格】糖浆剂：（1）每瓶装100ml。（2）每瓶装200ml。

【用法用量】糖浆剂：规格（1）、（2）口服。一次 20～30ml，一日 3～4 次；儿童一岁以内一次 5ml，一岁至三岁一次 7ml，三岁至七岁一次 10ml，七岁以上一次 15ml，一日 3～4 次。

【剂型规格】颗粒剂：每袋装 4g。

【用法用量】颗粒剂：口服，一次 4g，一日 3～4 次；小儿酌减。

【注意事项】（1）本品含有麻黄，心脏病、高血压患者慎用。

（2）本品清化痰热，寒痰咳嗽者慎用。

（3）过敏体质者慎用。

（4）服药期间饮食宜清淡，忌食辛辣、生冷油腻之物。

【临床应用】咳嗽：外感风热或痰热壅肺所致发热恶寒，咳嗽痰黄，口渴咽痛，舌边尖红，苔薄黄，脉浮数；或咳嗽胸闷，痰多黄稠，小便短赤，舌红苔黄，脉滑数；急性支气管炎、慢性支气管炎急性发作见上述证候者。

【不良反应】有用急支糖浆致儿童痉挛性咳嗽的文献报道。

【禁　　忌】（1）对本品过敏者禁用。

（2）孕妇禁用。

清宣止咳颗粒

【药物组成】桑叶、薄荷、苦杏仁（炒）、桔梗、白芍、枳壳、陈皮、紫菀、甘草。

【功能主治】疏风清热，宣肺止咳。用于小儿外感风热咳嗽，见症：咳嗽，咯痰，发热或鼻塞，流涕，微恶风寒，咽红或痛，苔薄黄等。

【剂型规格】颗粒剂：每袋装 10g。

【用法用量】开水冲服，1 至 3 岁一次 5g；4 至 6 岁一次 7.5g；7 至 14 岁一次 10g；一日 3 次。

【注意事项】（1）风寒咳嗽慎用。

（2）脾虚易腹泻者慎服。

（3）服药期间，忌食辛辣、生冷、油腻食物。

【临床应用】咳嗽：外感风热之邪，束于肺卫，肺失宣降而致咳嗽，有痰，发热微恶风寒，鼻塞流涕，咽红或痛，苔薄黄；上呼吸道感染、急性支气管炎见上述证候者。

【不良反应】目前尚未检索到不良反应的报道。

【禁　　忌】（1）对本品过敏者禁用。

（2）糖尿病患儿禁服。

小儿消积止咳口服液

【药物组成】炒山楂、槟榔、枳实、蜜枇杷叶、瓜蒌、炒莱菔子、炒葶苈子、桔梗、连翘、蝉蜕。

【功能主治】清热肃肺，消积止咳。用于小儿饮食积滞、痰热蕴肺所致的咳嗽、夜间加重、喉间痰鸣、腹胀、口臭。

【剂型规格】合剂：每支装 10ml。

【用法用量】口服。一岁以内一次 5ml，一岁至二岁一次 10ml，三岁至四岁一次 15ml，五岁以上一次20ml，一日3次。5天为一疗程。

【注意事项】(1) 体质虚弱、肺气不足、肺虚久咳、大便溏薄者慎用。

(2) 三个月以下婴儿不宜用。

(3) 服药期间饮食宜清淡，忌生冷、辛辣、油腻食品。

【临床应用】咳嗽：由乳食停滞，脾失健运，化热生痰，兼感风邪，肺失清肃所致，症见咳嗽痰鸣，痰黏黄稠，腹胀，口臭；上呼吸道感染、急性支气管炎见上述证候者。

此外，有本品治疗小儿肺炎的文献报道。

【不良反应】服用本品有引起腹泻的文献报道。

【禁　　忌】对本品过敏者禁用。

3. 肺燥咳嗽　肺燥咳嗽表现为：干咳喉痒，连声作呛，咽喉干痛，口干鼻燥，无痰或痰少而黏连成丝，不易咳出，或痰中带有血丝，起初或伴鼻塞、头痛、微寒、身热等表证，舌质红干而少津，苔薄白或薄黄，脉浮数或小数。常用治疗肺燥咳嗽的中成药有养阴清肺丸（膏、颗粒）、二母宁嗽丸（颗粒、片）、强力枇杷露等。

养阴清肺丸（膏、颗粒）

【药物组成】地黄、麦冬、玄参、川贝母、白芍、牡丹皮、薄荷、甘草。

【功能主治】养阴润燥，清肺利咽。用于阴虚肺燥，咽喉干痛，干咳少痰或痰中带血。

【剂型规格】丸剂：(1) 每丸重9g。(2) 每100粒重10g。

【用法用量】丸剂：

规格（1）大蜜丸，口服。一次1丸，一日2次。

规格（2）水蜜丸，口服。一次6g，一日2次。

【剂型规格】煎膏剂：(1) 每瓶装50g。(2) 每瓶装150g。(3) 每瓶装80ml。(4) 每瓶装100ml。

【用法用量】煎膏剂：口服。一次10～20ml，一日2～3次。

【剂型规格】颗粒剂：(1) 每袋装6g。(2) 每袋装15g。

【用法用量】颗粒剂：

规格（1）无蔗糖，口服，一次1袋，一日2次。

规格（2）口服，一次15g，一日2次。

【注意事项】(1) 痰湿壅盛，痰多黏稠，色白成块者不宜用。

(2) 忌烟、酒及辛辣、生冷、油腻性食物。

【临床应用】(1) 咳嗽：因阴虚肺燥所致干咳无痰或痰少而黏，或痰中带血，舌质红，脉细数；慢性支气管炎见上述证候者。

(2) 慢喉痹：因阴津不足所致咽干咽痛，咽痒不适，舌质红，脉细数；慢性咽炎见上述证候者。

【不良反应】目前尚未检索到不良反应报道。

【禁　　忌】(1) 对本品过敏者禁用。

(2) 孕妇禁用。

二母宁嗽丸（颗粒、片）

【药物组成】川贝母、知母、石膏、炒栀子、黄芩、蜜桑白皮、茯苓、炒瓜蒌子、陈皮、麸炒枳实、炙甘草、五味子（蒸）。

【功能主治】清肺润燥，化痰止咳。用于燥热蕴肺所致的咳嗽、痰黄而黏不易咳出、胸闷气促、久咳不止、声哑喉痛。

【剂型规格】丸剂：（1）每丸重 9g。（2）每 100 丸重 10g。

【用法用量】丸剂：

规格（1）大蜜丸，口服。一次 1 丸，一日 2 次。

规格（2）水蜜丸，口服。一次 6g，一日 2 次。

【剂型规格】颗粒剂：（1）每袋装 3g。（2）每袋装 10g。

【用法用量】颗粒剂：

规格（1）开水冲服。一次 1 袋，一日 2 次

规格（2）开水冲服，一次 10g，一日 2 次。

【剂型规格】片剂：每片重 0.55g。

【用法用量】片剂：口服，一次 4 片，一日 2 次。

【注意事项】（1）本品寒凉，脾胃虚寒者慎用。

（2）外感风寒，痰涎壅盛所致的咳嗽气急慎用。

（3）服用期间饮食宜清淡，忌食辛辣，生冷油腻之物，忌烟酒。

【临床应用】咳嗽：燥热蕴肺所致咳嗽，咯痰，久咳不止，痰黄而黏，不易咳出，胸闷气促，声哑喉痛，舌红，苔黄，脉滑数。急、慢性支气管炎见上述证候者。

【不良反应】目前尚未检索到不良反应报道。

【禁　　忌】（1）对本品过敏者禁用。

（2）孕妇禁用。

强力枇杷露

【药物组成】枇杷叶、罂粟壳、百部、白前、桑白皮、桔梗、薄荷脑。

【功能主治】养阴敛肺，镇咳祛痰。用于久咳劳嗽，支气管炎等。

【剂型规格】糖浆剂：每瓶装 100ml、150ml、250ml、330ml。

【用法用量】口服，一次 15ml，一日 3 次，小儿酌减。

【注意事项】（1）外感咳嗽及痰浊壅盛者慎用。

（2）服药期间忌食辛辣、生冷、油腻食物，忌烟酒。

【临床应用】咳嗽：因燥热伤肺，肺阴不足所致，症见咳嗽经久不愈，咽部不适，少痰或无痰；急、慢性支气管炎见上述证候者。

【不良反应】目前尚未检索到不良反应报道。

【禁　　忌】（1）对本品过敏者禁用。

（2）儿童、孕妇、哺乳期妇女禁用。

【含有毒药物】罂粟壳。

4. 气虚咳嗽 气虚咳嗽表现为：干咳，咳声短促，痰少黏白，或痰中带血丝，或声音逐渐嘶哑，口干咽燥，或午后潮热，颧红，盗汗，口干，日渐消瘦，神疲，舌红少苔，脉细数。常用治疗气虚咳嗽的中成药有润肺膏等。

润肺膏

【药物组成】莱阳梨清膏、党参、百部（蜜炙）、黄芪（蜜炙）、紫菀（蜜炙）、川贝母。

【功能主治】润肺益气，止咳化痰。用于肺虚气弱，胸闷不畅，久咳痰嗽，气喘自汗，慢性气管炎等症。

【剂型规格】煎膏剂：每瓶装250g。

【用法用量】口服或开水冲服，一次15g，一日2次。

【注意事项】（1）外感咳嗽慎用。

（2）痰湿壅盛者慎用。

（3）糖尿病患者慎用。

（4）服药期间忌食辛辣、油腻食物。

【临床应用】咳嗽：因久病迁延，肺脾气虚所致，症见咳嗽声微，气短，胸闷，乏力，痰少不易咯，气喘自汗，动则加重，舌淡苔薄白，脉弱无力；慢性支气管炎、阻塞性肺气肿等见上述证候者。

【不良反应】目前尚未检索到不良反应报道。

【禁　　忌】对本品过敏者禁用。

咳嗽用中成药一览表

药品名	医保目录分类	是否处方药	含有毒药物	类别
通宣理肺丸（颗粒、胶囊、片）	甲类	OTC	半夏，苦杏仁	温化寒痰
寒喘祖帕颗粒	医保	Rx	无	温化寒痰
蛇胆川贝液	甲类	OTC	杏仁水	清热化痰
橘红丸（颗粒、胶囊、片）	甲类	OTC	半夏，苦杏仁	清热化痰
急支糖浆（颗粒）	甲类	OTC	无	清热化痰
清宣止咳颗粒	乙类	OTC	无	疏风清热
小儿消积止咳口服液	甲类	Rx	无	消积化痰
小儿肺咳颗粒	乙类	Rx	无	健脾止咳
养阴清肺丸（膏、颗粒）	甲类	OTC	无	润肺化痰
二母宁嗽丸（颗粒、片）	乙类	OTC	无	润肺化痰
强力枇杷露	乙类	OTC	罂粟壳	润肺化痰
润肺膏	乙类	OTC	无	润肺化痰

（十）喘息用中成药

喘息是以呼吸困难，甚至张口抬肩，鼻翼煽动，不能平卧为特征的病证。

喘息可以分为实喘和虚喘。实喘有风寒壅肺、表寒肺热、痰热郁肺、痰浊阻肺和肺气郁痹；虚喘有肺气虚耗、肾虚不纳和正虚喘脱。

1. 风寒壅肺　风寒壅肺表现为：喘息咳逆，呼吸急促，胸部胀闷，痰多稀薄而带泡沫，色白质黏，常有头痛，恶寒，或有发热，口不渴，无汗。苔薄白而滑，脉浮紧。常用治疗喘息之风寒壅肺的中成药有桂龙咳喘宁胶囊（片）等。

桂龙咳喘宁胶囊（片）

【药物组成】桂枝、龙骨、白芍、生姜、大枣、炙甘草、牡蛎、黄连、法半夏、瓜蒌皮、炒苦杏仁。

【功能主治】止咳化痰，降气平喘。用于外感风寒、痰湿阻肺引起的咳嗽、气喘、痰涎壅盛；急慢性支气管炎见上述证候者。

【剂型规格】胶囊：每粒装 0.3g（相当于饮片 1g）。

【用法用量】胶囊：口服。一次 5 粒，一日 3 次。

【剂型规格】片剂：（1）每片重 0.54g。（2）每片重 0.41g。（3）每片重 0.33g（每片相当于原药材 1g）。（4）每片重 0.34g（薄膜衣片，相当于原药材 1g）。

【用法用量】片剂：规格（1）（2）（3）（4）口服。一次 4 片，一日 3 次。

【注意事项】（1）本品解肌散寒，外感风热慎用。

（2）孕妇慎用。

（3）服药期间忌烟、酒、油腻及生冷食物。

【临床应用】（1）咳嗽：外感风寒、痰湿阻肺所致，症见咳嗽，气喘，痰涎壅盛，苔白滑腻，脉浮滑；急、慢性支气管炎见上述证候者。

（2）喘证：外感风寒、痰湿阻肺，肺气上逆所致，症见呼吸急促，痰涎壅盛，苔白滑腻，脉浮滑数；喘息型支气管炎见上述证候者。

此外，桂龙咳喘宁胶囊有用于治疗慢性咽炎、矽肺、空调病、咳嗽变异型哮喘的文献报道。

【不良反应】有使用桂龙咳喘宁胶囊后出现心慌、胸闷、恶心、呕吐等过敏反应的个案报道。

【禁　　忌】对本品过敏者禁用。

【含有毒药物】半夏，苦杏仁。

2. 肺气虚耗　肺气虚耗表现为：喘促短气，气怯声低，喉有鼾声，咳声低弱，痰吐稀薄，自汗畏风，或见咳呛痰少质黏，烦热而渴，咽喉不利，面颧潮红，舌质淡红或有苔剥，脉软弱或细数。常用治疗喘息之肺气虚耗的中成药有蛤蚧定喘丸（胶囊）等。

蛤蚧定喘丸（胶囊）

【药物组成】蛤蚧、瓜蒌子、紫菀、麻黄、醋鳖甲、黄芩、甘草、麦冬、黄连、百合、炒紫苏子、石膏、炒苦杏仁、煅石膏。

【功能主治】滋阴清肺，止咳平喘。用于肺肾两虚、阴虚肺热所致的虚劳久咳、年老哮喘、气短烦热、胸满郁闷、自汗盗汗。

【剂型规格】丸剂：（1）每丸重9g。（2）每60丸重9g。

【用法用量】丸剂：

规格（1）大蜜丸，口服。一次1丸，一日2次。

规格（2）小蜜丸，口服。一次9g，一日2次。

【剂型规格】胶囊剂：每粒装0.5g。

【用法用量】胶囊剂：口服。一次3粒，一日2次，或遵医嘱。

【注意事项】（1）孕妇慎用。

（2）咳嗽新发者慎用。

（3）儿童及脾胃虚寒者慎用。

（4）过敏体质者慎用。

（5）本品含麻黄，高血压、心脏病、青光眼者慎用。

（6）服药期间忌食辛辣、生冷、油腻食物。

【临床应用】（1）喘证：因肺肾两虚，肾不纳气，痰热内阻所致，症见气喘胸闷，动则尤甚，干咳少痰或无痰，自汗盗汗，不思饮食，舌质红，苔薄黄，脉细数；喘息型支气管炎见上述证候者。

（2）咳嗽：因肺肾两虚，阴虚内热所致虚劳久嗽，症见干咳无痰或痰少黏白，兼见喘息胸闷，动则尤甚，不思饮食，舌质红，苔薄黄，脉细数；慢性支气管炎见上述证候者。

此外，本品蛤蚧定喘胶囊有治疗慢性阻塞性肺部疾病的文献报道。

【不良反应】目前尚未检索到不良反应报道。

【禁　　忌】对本品过敏者禁用。

喘息用中成药一览表

药品名	医保目录分类	是否处方药	含有毒药物	类别
桂龙咳喘宁胶囊（片）	甲类	OTC	半夏，苦杏仁	平喘
蛤蚧定喘丸（胶囊）	甲类	OTC	无	平喘

（十一）胸痹用中成药

胸痹是指以胸部闷痛，甚则胸痛彻背，喘息不得卧为主症的一种疾病，轻者仅感胸闷隐痛，呼吸欠畅，重者则有胸痛，严重者心痛彻背，背痛彻心。

胸痹主要可以分为阴寒凝滞、气虚血瘀、痰浊闭阻、血瘀气滞、心血瘀阻、心肾阴虚、气阴两虚、阳气虚衰等。

1. 阴寒凝滞　阴寒凝滞表现为：猝然心痛如绞，形寒，甚者手足不温，冷汗自出，心悸气短，或心痛彻背，背痛彻心。多因气候骤冷或骤遇风寒而发病或加重症状，苔薄白，脉沉紧或沉迟。常用治疗胸痹之阴寒凝滞的中成药有冠心苏合丸（胶囊、软胶囊）等。

冠心苏合丸（胶囊、软胶囊）

【药物组成】苏合香、冰片、乳香（制）、檀香、土木香。

【功能主治】理气，宽胸，止痛。用于寒凝气滞、心脉不通所致的胸痹，症见胸闷、心前区疼痛；冠心病心绞痛见上述证候者。

【剂型规格】丸剂：每丸重 1g。

【用量用法】丸剂：嚼碎服。一次 1 丸，一日 1～3 次；或遵医嘱。

【剂型规格】胶囊：每粒装 0.35g。

【用量用法】胶囊：含服或吞服，一次 2 粒，一日 1～3 次。临睡前或发病时服用。

【剂型规格】软胶囊：（1）每粒装 0.31g。（2）每粒装 0.5g。

【用量用法】软胶囊：规格（1）（2）口服，一次 2 粒，一日 3 次。或遵医嘱。

【注意事项】（1）热郁神昏、气虚津伤者不宜用。

（2）本药属温开，阴虚血瘀、痰瘀互阻所致胸痹者不宜用。

（3）本品多为芳香开窍药，不宜长期服用。

（4）苏合香、冰片对胃黏膜有一定的刺激作用，胃炎、胃溃疡、食管炎者慎用。

（5）本品含乳香，脾胃虚弱者慎用。

（6）服药期间忌食生冷、辛辣、油腻之品，忌烟酒、浓茶。

（7）在治疗期间，心绞痛持续发作，宜加用硝酸酯类药。如果出现剧烈心绞痛、心肌梗死等，应及时救治。

【临床应用】胸痹：因寒凝心脉，阳气不运，闭阻气机所致，症见猝然心痛如绞，遇寒即发，形寒肢冷，甚则胸痛彻背，背痛彻胸，舌淡苔薄白，脉沉弦或沉迟；冠心病心绞痛见上述证候者。

【不良反应】有服用冠心苏合丸出现过敏性药疹、肾脏损害的文献报道。

【禁　　忌】（1）对本品过敏者禁用。

（2）孕妇禁用。

2. 气虚血瘀　中医认为，气为血之母，血液的运行有赖于气的推动，气虚会导致血液运行失畅，而导致气虚血瘀。症状表现为：胸闷、疼痛隐隐，头晕目眩，乏力，动则气短，或易汗出，舌紫暗苔薄白，脉细涩等。常用治疗胸痹之气虚血瘀的中成药有脑心通丸（胶囊、片）、诺迪康胶囊、血栓心脉宁胶囊、通心络胶囊等。

脑心通丸（胶囊、片）

【药物组成】黄芪、赤芍、丹参、当归、川芎、桃仁、红花、乳香（制）、没药（制）、鸡血藤、牛膝、桂枝、桑枝、地龙、全蝎、水蛭。

【功能主治】益气活血，化瘀通络。用于气虚血滞、脉络瘀阻所致的中风中经络，半身不遂、肢体麻木、口眼歪斜、舌强语謇及胸痹心痛、胸闷、心悸、气短；脑梗死、冠心病、心绞痛属上述证候者。

【剂型规格】丸剂：每袋装 0.8g。

【用法用量】丸剂：口服。一次 1 袋，一日 3 次。

【剂型规格】胶囊：每粒装 0.4g。

【用法用量】胶囊：口服。一次 2～4 粒，一日 3 次。

【剂型规格】片剂：每片重 0.45g。

【用法用量】片剂：一次2～4片，一日3次。

【注意事项】（1）寒凝血瘀或痰瘀互阻之胸痹、心悸者慎用。

（2）有出血倾向者慎用。

（3）服药期间饮食宜清淡、低盐，忌食生冷、辛辣、油腻食物，忌烟酒、浓茶。

（4）胃病患者饭后服用。

（5）在治疗期间，心绞痛持续发作宜加用硝酸酯类药。如果出现剧烈心绞痛、心肌梗死等，应及时救治。

（6）中风急性期应综合救治，待病情稳定后方可用药。

【临床应用】（1）中风：因气虚血滞、脉络瘀阻所致，症见半身不遂，周身麻木，口舌歪斜，言语不利等；脑梗死见上述证候者。

（2）胸痹：因气虚血滞、脉络瘀阻所致，症见胸闷，心前区刺痛，心悸，气短，乏力，自汗，脉细涩，舌淡色紫；冠心病心绞痛见于上述证候者。

此外，有用脑心通胶囊治疗血管性痴呆、糖尿病周围神经病变的文献报道。

【不良反应】服用脑心通胶囊有引起轻度胃肠道反应的文献报道。

【禁　　忌】（1）对本品过敏者禁用。

（2）孕妇禁用。

【含有毒药物】水蛭、全蝎。

诺迪康胶囊

【药物组成】圣地红景天。

【功能主治】益气活血，通脉止痛。用于气虚血瘀所致胸痹，症见胸闷、刺痛或隐痛、心悸气短、神疲乏力、少气懒言、头晕目眩；冠心病心绞痛见上述证候者。

【剂型规格】胶囊：每粒装0.28g。

【用法用量】口服。一次1～2粒，一日3次。

【注意事项】（1）月经期妇女慎用。

（2）在治疗期间，心绞痛持续发作，宜加用硝酸酯类药。若出现剧烈心绞痛、心肌梗死，应及时救治。

（3）饮食宜清淡。

【临床应用】胸痹：因气虚血瘀所致，症见心胸疼痛，胸闷气短，心悸乏力，或易汗出，舌质紫黯或有瘀斑，脉细涩或结代；冠心病心绞痛见上述证候者。

此外，本品有用于气虚血瘀所引起的脑血管病、偏头痛、血脂异常及慢性疲劳综合征的文献报道。

【不良反应】目前尚未检索到不良反应报道。

【禁　　忌】（1）对本品过敏者禁用。

（2）孕妇禁用。

血栓心脉宁胶囊

<急症必备用药>

【药物组成】川芎、槐花、丹参、水蛭、毛冬青、人工牛黄、人工麝香、人参茎叶总

皂苷、冰片、蟾酥。

【功能主治】益气活血，开窍止痛。用于气虚血瘀所致的中风、胸痹，症见头晕目眩、半身不遂、胸闷心痛、心悸气短；缺血性中风恢复期、冠心病心绞痛见上述证候者。

【剂型规格】胶囊：每粒装0.5g。

【用法用量】口服，一次4粒，一日3次。

【注意事项】（1）寒凝、阴虚血瘀胸痹心痛者不宜单用。

（2）经期妇女慎用。

（3）久服易伤脾胃，餐后服用为宜。

（4）忌食生冷、辛辣、油腻食物，忌烟酒、浓茶。

（5）本品中蟾酥有强心作用，正在服用强心苷类药物的患者慎用。

（6）在治疗期间，心绞痛持续发作，宜加用硝酸酯类药。如果出现剧烈心绞痛、心肌梗死等，应及时救治。

【临床应用】（1）胸痹：因气虚血瘀、心脉痹阻所致，症见胸闷、疼痛隐隐，头晕目眩，乏力，动则气短，舌紫暗苔薄白，脉细涩；冠心病心绞痛见上述证候者。

（2）中风：因气虚血瘀、脑脉痹阻所致，症见半身不遂，头晕目眩，乏力，动则气短，舌质紫暗苔薄白，脉细涩；缺血性中风恢复期见上述证候者。

【不良反应】目前尚未检索到不良反应报道。

【禁　　忌】（1）对本品过敏者禁用。

（2）孕妇禁用。

【含有毒药物】水蛭、蟾酥。

通心络胶囊

【药物组成】人参、水蛭、全蝎、赤芍、蝉蜕、土鳖虫、蜈蚣、檀香、降香、乳香（制）、酸枣仁（炒）、冰片。

【功能主治】益气活血，通络止痛。用于冠心病心绞痛属心气虚乏、血瘀络阻证，症见胸部憋闷、刺痛、绞痛，固定不移、心悸自汗、气短乏力、舌质紫暗或有瘀斑、脉细涩或结代。亦用于气虚血瘀络阻型中风病，症见半身不遂或偏身麻木、口舌歪斜、言语不利。

【剂型规格】胶囊：每粒装0.26g。

【用法用量】口服。一次2～4粒，一日3次。

【注意事项】（1）中风阴虚火旺者不宜用。

（2）宜饭后服用。

（3）服药期间饮食宜清淡、低盐、低脂，忌食辛辣及烟酒。

（4）保持心情舒畅。

（5）在治疗期间，心绞痛持续发作，宜加用硝酸酯类药，并应及时就诊。

【临床应用】（1）胸痹：因心气不足，心血瘀阻，心脉失养，胸阳失展所致，症见胸闷，心前区刺痛，心悸，气短，乏力，自汗，脉细涩，舌淡色紫；冠心病心绞痛见上述证候者。

（2）中风：因气虚血瘀，风痰阻络，脑脉不通所致，症见半身不遂，周身麻木，口舌歪斜，言语不利等；缺血性中风见上述证候者。

此外，有本品用于治疗高脂血症、椎–基底动脉供血不足、偏头痛、非酒精性脂肪肝、糖尿病早期肾病的文献报道。

【不良反应】个别患者用药后可出现胃部一过性不适，宜改为饭后服用。另有服用本品后腹泻的个案报道。

【禁　　忌】（1）对本品过敏者禁用。

（2）孕妇及妇女月经期禁用。

（3）出血性疾患禁用。

3. 气滞血瘀　中医认为气滞血瘀是因为情志失调，肝气郁结，气机不畅，无以推动血液运行所致。气滞血瘀引起的胸痹，症状表现为胸痛，胸闷，气短，心悸，舌质紫黯或瘀斑，脉弦涩或结代等。治疗以疏肝理气、活血化瘀为主。常用治疗胸痹之气滞血瘀的中成药有银丹心脑通软胶囊、麝香保心丸、地奥心血康胶囊、血府逐瘀丸（口服液、胶囊）、复方丹参片（颗粒、胶囊、滴丸）、速效救心丸、心可舒胶囊（片）等。

麝香保心丸

【药物组成】人工麝香、人参提取物、人工牛黄、肉桂、苏合香、蟾酥、冰片。

【功能主治】芳香温通，益气强心。用于气滞血瘀所致的胸痹，症见心前区疼痛、固定不移；心肌缺血所致的心绞痛、心肌梗死见上述证候者。

【剂型规格】丸剂：每丸重 22.5mg。

【用法用量】口服。一次 1～2 丸，一日 3 次；或症状发作时服用。

【注意事项】（1）本品中含有蟾酥，不宜过用久用。

（2）本品具有强心作用，不宜与强心苷类药物同用。

（3）心绞痛持续发作，服药后不能缓解时，应加用硝酸甘油等药物。如出现剧烈心绞痛，心肌梗死，应及时急诊救治。

（4）饮食宜清淡、低盐、低脂，忌生冷、辛辣、油腻之品。忌烟酒。

【临床应用】胸痹：因气滞血瘀，脉络闭塞所致，症见胸痹，胸闷，心前区疼痛，痛处固定不移，舌质暗或紫，脉弦涩；冠心病心绞痛、心肌梗死见上述证候者。

【不良反应】本品舌下含服者有麻木感。

【禁　　忌】（1）孕妇禁用。

（2）对本品过敏者禁用。

【含有毒药物】蟾酥。

地奥心血康胶囊

【药物组成】薯蓣科植物黄山药或穿龙薯蓣的根茎提取物。

【功能主治】活血化瘀，行气止痛，扩张冠脉血管，改善心肌缺血。用于预防和治疗冠心病，心绞痛以及瘀血内阻之胸痹、眩晕、气短、心悸、胸闷或痛。

【剂型规格】胶囊：每粒含甾体总皂苷 100mg（相当于甾体总苷元 35mg）。

【用法用量】口服。一次 1～2 粒，一日 3 次。

【注意事项】（1）有出血倾向者慎用。

（2）孕妇及经期妇女慎用。

（3）过敏体质者慎用。

（4）服药期间饮食宜清淡、低盐、低脂，忌食辛辣，忌烟酒。

（5）在治疗期间，心绞痛持续发作，宜加用硝酸酯类药。若出现剧烈心绞痛，心肌梗死，应及时急诊救治。

【临床应用】（1）胸痹：因瘀血闭阻所致，症见胸部疼痛，痛处固定，甚或痛引肩背，时或心悸不宁，眩晕，气短，舌质紫暗或有瘀斑，脉弦涩或结代；冠心病心绞痛见上述证候者。

（2）心悸：因瘀血闭阻所致，症见心悸不安，胸闷不舒，心痛时作，气短喘息，或见唇甲青紫，舌质紫暗或有瘀斑，脉涩或结代；功能性心律失常见上述证候者。

此外，有本品用于治疗瘀血闭阻引起的缺血性脑血管疾病、偏头痛、梅尼埃病的文献报道。

【不良反应】服用本品后偶有头晕、头痛，可自行缓解。极少数病例空腹服用有胃肠道不适。服用本品有引起药疹、肝损害、月经失调的文献报道。

【禁　　忌】对本品过敏者禁用。

血府逐瘀丸（口服液、胶囊）

【药物组成】柴胡、当归、地黄、赤芍、红花、炒桃仁、麸炒枳壳、甘草、川芎、牛膝、桔梗。

【功能主治】活血祛瘀，行气止痛。用于气滞血瘀所致的胸痹、头痛日久、痛如针刺而有定处、内热烦闷、心悸失眠、急躁易怒。

【剂型规格】丸剂：（1）每丸重9g。（2）每60粒重6g。（3）每67丸约重1g。（4）每100丸重20g。

【用法用量】丸剂：

规格（1）大蜜丸，空腹，用红糖水送服。一次1～2丸，一日2次。

规格（2）水蜜丸，空腹，用红糖水送服。一次6～12g，一日2次。

规格（3）水丸，空腹，用红糖水送服。一次1～2袋（每袋装4g），一日2次。

规格（4）小蜜丸，空腹，用红糖水送服。一次9～18g（45～90丸），一日2次。

【剂型规格】合剂：每支装10ml。

【用法用量】合剂：口服，一次10ml，一日3次，或遵医嘱。

【剂型规格】胶囊：每粒装0.4g。

【用法用量】胶囊：口服。一次6粒，一日2次，一个月为一疗程。

【注意事项】（1）体弱无瘀者不宜用。

（2）气虚血瘀者慎用。

（3）服药期间饮食宜清淡，忌生冷、油腻食物，忌烟酒。

（4）在治疗期间，若心痛持续发作，宜加用硝酸酯类药。如出现剧烈心绞痛，心肌梗死，应及时急诊救治。

【临床应用】（1）胸痹：因气滞血瘀，心脉闭塞而致，症见胸痛，痛如针刺而有定处，烦躁，心悸，气短，舌暗或有瘀斑，脉弦紧或涩；冠心病心绞痛见上述证候者。

（2）心悸：因气滞血瘀，心神失养所致，症见心悸，胸闷不适，失眠多梦，舌暗或有瘀斑，脉弦紧或涩；功能性心律失常见上述证候者。

（3）头痛：因瘀血阻络而致，症见头痛，痛如针刺，固定不移，舌暗或有瘀斑，脉弦紧或涩；偏头痛见上述证候者。

此外，有血府逐瘀口服液用于治疗术后肠粘连性腹痛、原发性痛经，血府逐瘀胶囊用于治疗高脂血症、精索静脉曲张性不育症、糖尿病肾病、下肢静脉曲张的文献报道。

【不良反应】目前尚未检索到不良反应报道。

【禁　　忌】（1）对本品过敏者禁用。

（2）孕妇及妇女月经期禁用。

复方丹参片（颗粒、胶囊、滴丸）

<急症必备用药>

【药物组成】丹参、三七、冰片。

【功能主治】活血化瘀，理气止痛。用于气滞血瘀所致的胸痹，症见胸闷、心前区刺痛；冠心病心绞痛见上述证候者。

【剂型规格】片剂：（1）薄膜衣小片每片重0.32g（相当于饮片0.6g）。（2）薄膜衣大片每片重0.8g（相当于饮片1.8g）。（3）糖衣片（相当于饮片0.6g）。

【用法用量】片剂：

规格（1）口服。一次3片，一日3次。

规格（2）口服。一次1片，一日3次。

规格（3）口服。一次3片，一日3次。

【剂型规格】胶囊：每粒装0.3g。

【用法用量】胶囊：口服。一次3粒，一日3次。

【剂型规格】颗粒剂：每袋装1g。

【用法用量】颗粒剂：口服。一次1袋，一日3次。

【剂型规格】滴丸剂：（1）每丸重25mg。（2）薄膜衣滴丸每丸重27mg。

【用法用量】滴丸剂：规格（1）、（2）吞服或舌下含服。一次10丸，一日3次。28天为一疗程；或遵医嘱。

【注意事项】（1）寒凝血瘀胸痹心痛者不宜用。

（2）妇女月经期慎用。

（3）脾胃虚寒者慎用。

（4）肝肾功能异常者慎用。

（5）个别人服药后胃脘不适，宜饭后服用。

（6）饮食宜清淡、低盐、低脂。忌生冷、辛辣、油腻之品，忌烟酒、浓茶。

（7）治疗期间，心绞痛持续发作，宜加用硝酸酯类药。如果出现剧烈心绞痛、心肌梗死等，应及时救治。

【临床应用】胸痹：因气滞血瘀，阻塞心脉所致，症见胸前闷痛，或猝然心痛如绞，痛有定处，甚则胸痛彻背，背痛彻胸，舌紫暗或有瘀斑，脉弦涩或结代；冠心病心绞痛见上述证候者。

【不良反应】服用本品少数可出现胃肠道症状或皮疹，偶有月经过多现象。另有服用复方丹参片出现腹泻的个案报道。

【禁　　忌】(1) 对本品过敏者禁用。

(2) 孕妇禁用。

速效救心丸

<急症必备用药>

【药物组成】川芎、冰片。

【功能主治】行气活血，祛瘀止痛，增加冠脉血流量，缓解心绞痛。用于气滞血瘀型冠心病，心绞痛。

【剂型规格】滴丸剂：每粒重 40mg。

【用量用法】含服。一次 4～6 粒，一日 3 次；急性发作时，一次 10～15 粒。

【注意事项】(1) 气阴两虚、心肾阴虚胸痹心痛不宜单用。

(2) 伴有中重度心力衰竭的心肌缺血者不宜单用。

(3) 忌食生冷、辛辣、油腻之品，忌烟酒、浓茶。

(4) 在治疗期间，心绞痛持续发作，宜加用硝酸酯类药。如果出现剧烈心绞痛、心肌梗死等，应及时救治。

【临床应用】(1) 胸痹：因气滞血瘀，心脉闭阻所致，症见胸闷心痛、痛有定处或牵引左臂内侧，心悸、舌紫暗苔薄，脉细涩；冠心病心绞痛见上述证候者。

(2) 心悸：因气滞血瘀，心脉闭阻，心失所养而致，症见心悸不宁，惕惕不安，胸闷心痛，气短，舌质紫暗有瘀斑；功能性心律失常见上述证候者。

此外，有本品用于高血压、慢性肺心病急性发作期的文献报道。

【不良反应】服用本品有引起过敏性喉头水肿的个案报道。

【禁　　忌】(1) 对本品过敏者禁用。

(2) 孕妇禁用。

心可舒胶囊（片）

【药物组成】丹参、葛根、三七、山楂、木香。

【功能主治】活血化瘀，行气止痛。用于气滞血瘀引起的胸闷、心悸、头晕、头痛、颈项疼痛；冠心病心绞痛、高血脂、高血压、心律失常见上述证候者。

【剂型规格】胶囊：每粒装 0.3g。

【用法用量】胶囊：口服，一次 4 粒，一日 3 次，或遵医嘱。

【剂型规格】片剂：(1) 每片重 0.31g。(2) 每片重 0.62g。

【用法用量】片剂：

规格 (1) 口服。一次 4 片，一日 3 次，或遵医嘱。

规格 (2) 口服。一次 2 片，一日 3 次，或遵医嘱。

【注意事项】(1) 气虚血瘀、痰瘀互阻之胸痹、心悸者不宜单用。

(2) 出血性疾病及有出血倾向者慎用。

(3) 饮食宜清淡、低盐、低脂。切勿过饱。忌食生冷、辛辣、油腻食物，忌烟酒、浓茶。

（4）在治疗期间，心绞痛持续发作宜加用硝酸酯类药。如果出现剧烈心绞痛、心肌梗死等，应及时救治。

（5）脑梗死发作期应及时留观，待病情稳定后方可用药。

【临床应用】（1）胸痹：因气滞血瘀，瘀阻心脉，心脉闭阻所致，症见疼痛剧烈，心前区憋闷，痛有定处，两胁胀痛，气短，心悸，头晕，舌质紫暗或瘀斑，脉弦涩或结代；冠心病心绞痛见上述证候者。

（2）心悸：因气滞血瘀，瘀阻心脉，心失所养所致，症见心悸不宁，惕惕不安，胸闷气短，烦躁易怒，舌暗脉结代；心律失常见上述证候者。

（3）头痛：因气滞血瘀，瘀阻清窍所致，症见头痛如刺，痛有定处，头晕，健忘，烦躁易怒，舌有瘀斑，脉弦涩；原发性高血压见上述证候者。

（4）眩晕：气滞血瘀，瘀阻清窍，脑失所养而致，症见头晕目眩，耳鸣，头痛，胸闷，心悸，舌质暗有瘀斑，脉弦涩；原发性高血压、高脂血症见上述证候者。

此外，心可舒片尚有用于治疗糖尿病性脑梗死，单纯高粘血症，冠心病心绞痛伴情绪抑郁、焦虑的文献报道。

【不良反应】有服用心可舒致皮肤过敏反应的个案报道。

【禁　　忌】（1）对本品过敏者禁用。

（2）孕妇禁用。

4. 心血瘀阻　心血瘀阻表现为：心胸疼痛，如刺如绞，痛有定处，入夜为甚，甚则心痛彻背，背痛彻心，或通引肩背，伴有胸闷，日久不愈，可因暴怒、劳累而加重。舌质紫暗，有瘀斑，苔薄，脉弦涩。常用治疗胸痹之心血瘀阻的中成药有血栓通胶囊（注射液）/血塞通胶囊（注射液）、丹参注射液、银杏叶胶囊（片、滴丸）、注射用血栓通（冻干）/注射用血塞通（冻干）、灯盏花素片（见中风之后遗症用中成药）等。

银杏叶胶囊（片、滴丸）

【药物组成】银杏叶提取物。

【功能主治】活血化瘀通络。用于瘀血阻络引起的胸痹心痛、中风、半身不遂、舌强语謇；冠心病稳定型心绞痛、脑梗死见上述证候者。

【剂型规格】胶囊：（1）每粒含总黄酮醇苷 9.6mg、萜类内酯 2.4mg。（2）每粒含总黄酮醇苷 19.2mg、萜类内酯 4.8mg。

【用法用量】胶囊：

规格（1）口服。一次 2 粒，一日 3 次；或遵医嘱。

规格（2）口服。一次 1 粒，一日 3 次；或遵医嘱。

【剂型规格】片剂：（1）每片含总黄酮醇苷 9.6mg、萜类内酯 2.4mg。（2）每片含总黄酮醇苷 19.2mg、萜类内酯 4.8mg。

【用法用量】片剂：

规格（1）口服。一次 2 片，一日 3 次；或遵医嘱。

规格（2）口服。一次 1 片，一日 3 次；或遵医嘱。

【剂型规格】滴丸剂：（1）每丸重 60mg。（2）薄膜衣丸每丸重 63mg。

【用法用量】滴丸剂：规格（1）、（2）口服。一次 5 丸，一日 3 次；或遵医嘱。

【注意事项】（1）忌食生冷、辛辣、油腻食物，忌烟酒、浓茶。

（2）在治疗期间，心绞痛持续发作，宜加用硝酸酯类药。若出现剧烈心绞痛，心肌梗死，见气促、汗出、面色苍白者，应及时救治。

【临床应用】（1）胸痹：因瘀血闭阻心脉所致，症见胸部疼痛，痛处不移，入夜更甚，心悸不宁，舌黯红，脉沉细涩；冠心病稳定型心绞痛见上述证候者。

（2）中风：因瘀血闭阻脑脉所致，症见头痛头晕，半身不遂，语言謇涩，口眼歪斜，舌黯红或紫，舌体不正，脉沉细涩；脑梗死见上述证候者。

此外，尚有银杏叶片用于治疗急性脑梗死，高血压，银杏叶胶囊治疗血管性痴呆的报道。

【不良反应】有服用银杏叶片后出现过敏性皮炎、剥脱性皮炎和粒细胞减少的个案报道。

【禁　　忌】（1）对本品过敏者禁用。

（2）孕妇禁用。

（3）月经期及有出血倾向者禁用。

5. 气阴两虚　气阴两虚表现为：胸闷隐痛，时作时止，心悸气短，倦怠懒言，面色少华，失眠，口舌偏躁，头晕目眩，遇劳则甚，舌偏红或有齿印，脉细弱无力，或结代。常用治疗胸痹之气阴两虚的中成药有参麦注射液、生脉饮（颗粒、胶囊）、益心舒颗粒（胶囊、片）、生脉注射液（见中风之脱证用中成药）、参松养心胶囊等。

参麦注射液

【药物组成】红参、麦冬。

【功能主治】益气固脱，养阴生津，生脉。用于治疗气阴两虚型之休克、冠心病、病毒性心肌炎、慢性肺心病、粒细胞减少症。能提高肿瘤病人的免疫机能，与化疗药物合用时，有一定的增效作用，并能减少化疗药物所引起的毒副反应。

【剂型规格】注射液：（1）每支装 10ml。（2）每支装 20ml。（3）每瓶装 50ml。（4）每瓶装 100ml。

【用法用量】肌内注射：一次 2～4ml，一日 1 次。

静脉滴注：一次 20～100ml（用 5%葡萄糖注射液 250～500ml 稀释后应用）或遵医嘱，规格（3）、（4）也可直接滴注。

【注意事项】（1）有药物过敏史或过敏体质者慎用。

（2）本品含有皂苷，不宜与其他药物混用或同时滴注。

（3）使用前应对光检查，药液出现浑浊、沉淀、颜色异常加深、漏气或瓶身细微破裂等现象，均不能使用。

（4）抢救危急重症每日用量不宜低于 200ml，剂量太小可能影响疗效。

【临床应用】（1）脱证：因元气大虚，阴液耗竭，真气欲脱所致，症见猝然面色苍白，口唇青紫，汗出肢冷，呼吸微弱，口干舌燥，脉细数或微细欲绝等；各种原因引起的休克见上述证候者。

（2）胸痹：因心气不足，心阴亏耗引起的心脉失养，胸阳失于舒展所致，症见胸闷，心前区刺痛，心悸，气短，心烦少寐，倦怠懒言，面色㿠白，舌红、少苔，脉细数；冠心病心绞痛见上述证候者。

（3）心悸：因心气亏耗，心阴受损所致，症见心中悸动不安，气短，自汗，胸闷，心烦不寐，耳鸣，口干，烘热，舌红、脉细数；病毒性心肌炎及其他各种原因引起的心律失常见上述证候者。

（4）喘证：因气阴两虚所致。症见喘息，短促无力，语声低微，自汗心悸，心烦不寐，口干舌燥，舌淡红、脉细数；慢性肺心病见上述证候者。

（5）血劳：因气虚阴亏所致，症见头晕，心悸，倦怠乏力，失眠，心烦，口干舌燥，腰膝酸软，潮热盗汗，舌红、脉细数；慢性粒细胞减少症见上述证候者。

此外，本品尚可用于心力衰竭，肿瘤患者化疗、放疗后的辅助治疗属于上述证候者。

【不良反应】用参脉注射液有致过敏性休克、腹痛甚至心脏性猝死的文献报道。

【禁　　忌】（1）对本品过敏者禁用。

（2）孕妇禁用。

【合理使用】参麦注射液不良反应发生率较高，主要不良反应为消化系统损害、呼吸系统和全身性损害。临床医师在使用该药时要符合中医理论，谨慎使用。注意合并抗菌药总数，注意注射剂总数。

生脉饮（颗粒、胶囊）

【药物组成】红参、麦冬、五味子。

【功能主治】益气复脉，养阴生津。用于气阴两亏，心悸气短，脉微自汗。

【剂型规格】合剂：每支装10ml。

【用法用量】合剂：口服。一次10ml，一日3次。

【剂型规格】颗粒剂：（1）每袋装2g。（2）每袋装10g。

【用法用量】颗粒剂：

规格（1）开水冲服，一次2g，一日3次。

规格（2）开水冲服，一次10g，一日3次。

【剂型规格】胶囊：（1）每粒装0.3g。（2）每粒装0.35g。

【用法用量】胶囊：规格（1）、（2）口服。一次3粒，一日3次。

【注意事项】（1）脾胃虚弱、咳嗽痰多者慎用。

（2）里实证及表证未解者慎用。

（3）宜饭前服用。

（4）服药期间饮食宜清淡，忌辛辣、油腻之物。

（5）在治疗期间，心绞痛持续发作，宜加用硝酸酯类药。若出现剧烈心绞痛，心肌梗死，若见有气促、汗出、面色苍白者，应及时急诊救治。

（6）过敏体质者慎用。

【临床应用】（1）胸痹：因气阴两虚所致，症见胸痛胸闷，心悸气短，头晕乏力，舌微红，脉微细；冠心病心绞痛见上述证候者。

（2）心悸：因气阴两虚所致，症见心悸气短，乏力自汗，夜寐不安，多梦，健忘，口舌干燥，惊悸，怔忡，舌质略红而干燥少津，脉微细；病毒性心肌炎见上述证候者。

此外，生脉胶囊还有治疗充血性心力衰竭、突发性耳聋、慢性咽炎、原发性高血压病的报道。

【不良反应】目前尚未检索到不良反应报道。

【禁　　忌】对本品过敏者禁用。

益心舒颗粒（胶囊、片）

【药物组成】人参、麦冬、五味子、黄芪、丹参、川芎、山楂。

【功能主治】益气复脉，活血化瘀，养阴生津。用于气阴两虚，瘀血阻脉所致的胸痹，症见胸痛胸闷、心悸气短、脉结代；冠心病心绞痛见上述证候者。

【剂型规格】颗粒剂：每袋装4g。

【用法用量】颗粒剂：开水冲服。一次1袋，一日3次。

【剂型规格】胶囊：每粒装0.4g。

【用法用量】胶囊：口服。一次3粒，一日3次。

【剂型规格】片剂：（1）每片重0.4g。（2）每片重0.6g（薄膜衣片）。

（3）每片重0.35g。（4）每片重0.45g。（5）每片重0.42g（薄膜衣片）。

【用法用量】片剂：

规格（1）（2）（3）（4）（5）口服。一次3片，一日3次。

【注意事项】（1）孕妇及月经期妇女慎用。

（2）服药期间，饮食宜清淡、低盐，忌食辛辣、油腻食物。忌烟酒。

（3）心绞痛持续发作及严重心律失常者，应及时救治。

【临床应用】（1）胸痹：因气阴两虚，瘀血阻脉所致，症见胸闷隐痛，心悸，气短，动则汗出，头晕，乏力，心烦失眠，面色不华，舌淡红或紫黯或有瘀斑，苔少，脉细数或结代；冠心病心绞痛见上述证候者。

（2）心悸：因气阴两虚，瘀血阻脉所致，症见心悸不宁，胸闷气短，头晕，乏力，少气懒言，口干咽燥，失眠，多汗，面色不华，舌淡红或紫黯或有瘀斑，苔少，脉细数或结代；心律失常见上述症候者。

【不良反应】目前尚未检索到不良反应报道。

【禁　　忌】对本品过敏者禁用。

胸痹用中成药一览表

药品名	医保目录分类	是否处方药	含有毒药物	类别
冠心苏合丸（胶囊、软胶囊）	甲类	Rx	无	化瘀宽胸
脑心通丸（胶囊、片）	乙类	Rx	水蛭、全蝎	益气活血
诺迪康胶囊	乙类	OTC	无	益气活血
血栓心脉宁胶囊	甲类	Rx	水蛭、蟾酥	益气活血
通心络胶囊	甲类	Rx	无	化瘀通脉

续表

药品名	医保目录分类	是否处方药	含有毒药物	类别
银丹心脑通软胶囊	乙类	Rx	无	益气活血
麝香保心丸	甲类	Rx	蟾酥	益气活血
地奥心血康胶囊	甲类	Rx	无	化瘀通脉
血府逐瘀丸（口服液、胶囊）	甲类	Rx	无	理气活血
复方丹参片（颗粒、胶囊、滴丸）	甲类	Rx	无	理气活血
速效救心丸	甲类	Rx	无	理气活血
心可舒胶囊（片）	乙类	Rx	无	理气活血
血栓通胶囊（注射液）/血塞通胶囊（注射液）	甲类	Rx	无	活血祛瘀
丹参注射液	乙类	Rx	无	活血祛瘀
银杏叶胶囊（片、滴丸）	乙类	Rx	无	活血祛瘀
注射用血栓通（冻干）/注射用血塞通（冻干）	甲类	Rx	无	活血祛瘀
灯盏花素片	甲类	Rx	无	化瘀通脉
参麦注射液	甲类	Rx	无	益气复脉
生脉饮（颗粒、胶囊、注射液）	甲类	Rx	无	益气复脉
益心舒颗粒（胶囊、片）	乙类	Rx	无	化瘀宽胸
参松养心胶囊	甲类	Rx	土鳖虫	益气活血

（十二）心悸用中成药

心悸主要由体虚、情志、外邪等因素导致心神不安，临证以患者自觉心中悸动，惊惕不安，甚至不能自主，常与失眠、健忘、眩晕、耳鸣等症同时并见的一种病证。

心悸主要可以分为心虚胆怯、气血不足、阴虚火旺、心阳虚弱、痰火扰心、风热扰心、心血瘀阻等。

1. 心气不足 心气不足表现为：心悸，劳累后易发，休息后减轻，气短，自汗，神倦，头晕，面色无华，舌质淡红，脉细弱。常用治疗心悸之心气不足的中成药有归脾丸（合剂）、生脉饮（颗粒、胶囊）、生脉注射液、参麦注射液等。

归脾丸（合剂）

【药物组成】党参、炒白术、炙黄芪、炙甘草、茯苓、制远志、炒酸枣仁、龙眼肉、当归、木香、大枣（去核）。

【功能主治】益气健脾，养血安神。用于心脾两虚，气短心悸，失眠多梦，头晕头昏，肢倦乏力，食欲不振，崩漏便血。

【剂型规格】丸剂：（1）每丸重 9g。（2）每 8 丸相当于原药材 3g。（3）每袋装 6g。（4）每袋装 9g。（5）每瓶装 60g。（6）每瓶装 120g。

【用法用量】丸剂：大蜜丸一次 1 丸，

规格（1）大蜜丸，用温开水或生姜汤送服。一次1丸，一日3次。

规格（2）浓缩丸，用温开水或生姜汤送服。一次8～10丸，

规格（3）水蜜丸，用温开水或生姜汤送服。一次6g，一日3次。

规格（4）小蜜丸，用温开水或生姜汤送服。一次9g，一日3次。

规格（5）水蜜丸，用温开水或生姜汤送服，一次6g，一日3次。

规格（6）小蜜丸，用温开水或生姜汤送服。一次9g，一日3次。

【剂型规格】合剂：（1）每支装10ml。（2）每瓶装100ml。

【用法用量】合剂：规格（1）、（2）口服，一次10～20ml。一日3次，用时摇匀。

【注意事项】（1）外感或实热内盛者不宜用。

（2）阴虚火旺者不宜用。

（3）宜饭前服用。

（4）服药期间饮食宜清淡，忌辛辣、生冷、油腻食物。

【临床应用】（1）心脾两虚证：因思虑过度，劳伤心脾，气血两虚所致，症见气短懒言，失眠多梦，健忘，头晕头昏，肢倦乏力，精神疲惫，食欲不振，大便溏薄，舌淡，苔白，脉细弱；慢性疲劳综合征见上述证候者。

（2）心悸：因心脾两虚，心失所养所致，症见心慌不安，失眠健忘，神疲食少，面色萎黄，舌淡苔白，脉细弱；缺铁性贫血、神经衰弱见上述证候者。

（3）失眠：因心脾两虚，心神失养所致，症见失眠多梦，健忘，纳呆食少，肢倦乏力，精神萎靡，舌淡苔白，脉细弱；神经衰弱见上述证候者。

（4）眩晕：因气血虚弱，脑失所养所致，症见头晕头昏，心悸少寐，神疲乏力，食少纳呆，面色萎黄，舌淡，苔白，脉细弱；缺铁性贫血见上述证候者。

（5）崩漏：因脾虚气弱不能统血所致，症见妇女经血非时而下，淋沥不断，甚或血流如涌，色淡质清，神疲体倦，面色萎黄，舌淡，苔白，脉细弱；功能性子宫出血见上述证候者。

（6）便血：因脾虚气弱不能统血，血溢肠内所致，症见便血，血色紫暗或色黑，肢体倦怠，食欲不振，面色萎黄，舌淡，苔白，脉细弱；胃、十二直肠溃疡出血见上述证候者。

此外，有归脾丸用于治疗胺碘酮致心动过缓、肝硬化继发脾功能亢进症、小儿急性肾小球肾炎恢复期血尿，归脾合剂用于治疗功能性消化不良伴抑郁症的文献报道。

【不良反应】目前尚未检索到不良反应报道。

【禁　　忌】对本品过敏者禁用。

2. 心血瘀阻　心血瘀阻表现为：心悸，胸闷不舒，心痛时作，面唇紫暗，舌质紫暗或有瘀斑，脉涩或结代。常用治疗心悸之心血瘀阻的中成药有地奥心血康胶囊（见胸痹之气滞血瘀用中成药）、速效救心丸（见胸痹之气滞血瘀用中成药）、血府逐瘀丸（口服液、胶囊）（见胸痹之气滞血瘀用中成药）、心可舒胶囊（片）（见胸痹之气滞血瘀用中成药）等。

3. 气阴两虚　气阴两虚表现为：心悸不宁，怔忡，短气喘息，胸闷不舒，胸部闷痛，

神疲乏力，心烦少寐，盗汗，神倦，懒言，舌黯有瘀点、瘀斑，脉虚或结代等。常用治疗心悸之气阴两虚的中成药有稳心颗粒、参松养心胶囊、益心舒颗粒（胶囊、片）（见胸痹之气阴两虚用中成药）、生脉饮（颗粒、胶囊）（见胸痹之气阴两虚用中成药）、生脉注射液（见中风之脱证用中成药）、参麦注射液（见胸痹之气阴两虚用中成药）等。

稳心颗粒

【药物组成】党参、黄精、三七、琥珀、甘松。

【功能主治】益气养阴，活血化瘀。用于气阴两虚，心脉瘀阻所致的心悸不宁、气短乏力、胸闷胸痛；室性早搏、房性早搏见上述证候者。

【剂型规格】颗粒剂：（1）每袋装 5g。（2）每袋装 9g。

【用法用量】颗粒剂：

规格（1）开水冲服。一次 1 袋（无蔗糖），一日 3 次或遵医嘱。

规格（2）开水冲服。一次 1 袋，一日 3 次或遵医嘱。

【注意事项】（1）孕妇慎用。

（2）忌食生冷食物，忌烟酒、浓茶。

（3）用药时应将药液充分搅匀，勿将杯底药粉丢弃。

（4）危重病人应采取综合治疗方法。

【临床应用】心悸：因气阴两虚，心脉瘀阻，心神失养所致，症见心悸不宁，怔忡，短气喘息，胸闷不舒，胸痛时作，神疲乏力，心烦少寐，舌黯有瘀点、瘀斑，脉虚或结代；室性早搏、房性早搏等心律失常见上述证候者。

此外，稳心颗粒有用于治疗房颤、冠心病心绞痛、心脑血管疾病伴焦虑症、失眠、心脏神经官能症、病毒性心肌炎的文献报道。

【不良反应】偶见轻度头晕恶心，一般不影响用药。

【禁　　忌】对本品过敏者禁用。

心悸用中成药一览表

药品名	医保目录分类	是否处方药	含有毒药物	类别
归脾丸（合剂）	甲类	OTC	无	健脾养血
地奥心血康胶囊	甲类	Rx	无	化瘀通脉
速效救心丸	甲类	Rx	无	理气活血
血府逐瘀丸（口服液、胶囊）	甲类	Rx	无	理气活血
心可舒胶囊（片）	乙类	Rx	无	理气活血
稳心颗粒	乙类	Rx	无	益气复脉
参松养心胶囊	甲类	Rx	土鳖虫	益气活血
益心舒颗粒（胶囊、片）	乙类	Rx	无	化瘀宽胸
生脉饮（颗粒、胶囊、注射液）	甲类	Rx	无	益气复脉
参麦注射液	甲类	Rx	无	益气复脉

（十三）中风用中成药

中风是由于外感、饮食、情致等因素引起的阴阳失调，气血逆乱，上犯于脑，临证以猝然昏仆、不省人事，伴口眼歪斜、言语不利、半身不遂或不经昏仆而仅以歪僻不遂为主症的一类疾病。

中风可以分为闭证、脱证、后遗症等。

1. 闭证　闭证表现为：突然昏仆，不省人事，牙关紧闭，口噤不开，两手握固，大小便闭，肢体强痉。常用治疗中风之闭证的中成药有安宫牛黄丸、清开灵注射液、安脑丸（片）、苏合香丸等。

安宫牛黄丸

<中成药急症必备用药>

【药物组成】牛黄、水牛角浓缩粉、麝香或人工麝香、珍珠、朱砂、雄黄、黄连、黄芩、栀子、郁金、冰片。

【功能主治】清热解毒，镇惊开窍。用于热病，邪入心包，高热惊厥，神昏谵语；中风昏迷及脑炎、脑膜炎、中毒性脑病、脑出血、败血症见上述症状者。

【剂型规格】丸剂：每丸重3g。

【用法用量】口服。一次1丸，一日1次；小儿三岁以内一次1/4丸，四岁至六岁一次1/2丸，一日1次；或遵医嘱。

【注意事项】（1）中风脱证神昏，舌苔白腻，寒痰阻窍者不宜用。

（2）本品含朱砂、雄黄，不宜过量久服，神志清醒后当停用。

（3）本品含有雄黄，不宜与硝酸盐、硫酸盐类同服。

（4）肝肾功能不全者慎用。

（5）服药期间饮食宜清淡，忌食辛辣、油腻之品。

（6）在治疗过程中如出现肢寒畏冷，面色苍白，冷汗不止，脉微欲绝，由闭证变为脱证时，应立即停药。

（7）高热神昏，中风昏迷等口服本品困难者，当鼻饲给药。

【临床应用】（1）昏迷：因风温、春温、暑温疫毒，燔灼营血，内陷心包，风动痰生，上蒙清窍所致，症见高热烦躁，神昏谵语，喉间痰鸣，惊厥抽搐，斑疹吐衄，舌绛苔焦，脉细数者；流行性脑脊髓膜炎、乙型脑炎、中毒性脑病、败血症见上述证候者。

（2）中风：因痰火内盛，肝阳化风，风阳挟痰，上扰神明所致，症见突然昏迷，不省人事，两拳握固，牙关紧闭，面赤气粗，口眼歪斜，喉间痰声辘辘，舌质红，苔黄腻，脉弦滑而数者；脑梗死、脑出血见上述证候者。

（3）惊风：小儿因外感热病，热极生风，兼痰热内盛，闭塞神明所致，症见高热烦躁，头痛咳嗽，喉间痰鸣，神昏谵妄，惊厥抽搐，舌红绛，苔焦黄，脉弦数者；流行性脑脊髓膜炎、乙型脑炎见上述证候者。

此外，本品有用于颅脑损伤、重型肝炎、肺性脑病等引起的高热、神昏的文献报道。

【不良反应】用安宫牛黄丸有引起汞毒性肾病、过敏反应的个案报道。

【禁　　忌】（1）对本品过敏者禁用。

（2）孕妇禁用。

【含有毒药物】朱砂，雄黄。

清开灵注射液

<中成药急症必备用药>

【药物组成】胆酸、珍珠母（粉）、猪去氧胆酸、栀子、水牛角（粉）、板蓝根、黄芩苷、金银花。

【功能主治】清热解毒，化痰通络，醒神开窍。用于热病，神昏，中风偏瘫，神志不清；急性肝炎、上呼吸道感染、肺炎、脑血栓形成、脑出血见上述证候者。

【剂型规格】注射液：（1）每支装2ml。（2）每支装10ml。

【用法用量】肌内注射，一日2～4ml。重症患者静脉滴注，一日20～40ml，以10%葡萄糖注射液200ml或氯化钠注射液100ml稀释后使用。

【注意事项】（1）有表证恶寒发热者慎用。

（2）有药物过敏史者慎用。

（3）如出现过敏反应应及时停药并做脱敏处理。

（4）本品如产生沉淀或浑浊时不得使用。如经10%葡萄糖或氯化钠注射液稀释后，出现混浊亦不得使用。

（5）药物配伍：到目前为止，已确认清开灵注射液不能与硫酸庆大霉素、青霉素G钾、肾上腺素、阿拉明、乳糖酸红霉素、多巴胺、山梗菜碱、硫酸美芬丁胺等药物配伍使用。

（6）清开灵注射液稀释以后，必须在4小时以内使用。

（7）输液速度：注意滴速勿快，儿童以20～40滴/分为宜，成年人以40～60滴/分为宜。

（8）除按【用法用量】中说明使用以外，还可用5%葡萄糖注射液、氯化钠注射液按每10ml药液加入100ml溶液稀释后使用。

（9）本品不能与其他注射剂混合用。

（10）本品不良反应以首用即发型和速发型为主，提示临床应用清开灵注射液时医护人员应在给药后30min内对患者进行严密的监护，特别是对有过敏史或（和）首次用药的患者，若出现皮肤瘙痒、心慌、胸闷、发绀等反应应立即停药并给予积极的治疗。

【临床应用】（1）外感高热：因外感温热邪毒所致，症见高热烦躁，口渴饮冷，胸闷咳喘，痰多色黄，甚至神昏谵语，四肢抽搐，角弓反张，或斑疹，吐衄，舌绛苔黄，脉数；上呼吸道感染、肺炎见上述证候者。

（2）中风：因热毒内盛，痰阻清窍所致，症见突然昏倒，不省人事，半身不遂，口眼歪斜，言语不利，牙关紧闭，面赤气粗，舌苔黄腻，脉弦滑；脑血栓形成、脑出血见上述证候者。

（3）急性肝炎：因肝胆热盛所致，症见高热烦躁，胁痛，口苦，纳呆，腹胀，尿赤，便结，或见黄疸，舌红苔黄，脉弦数。

【不良反应】根据国家药品不良反应监测中心药品不良反应信息通报（第1期），本品不良反应以各种类型过敏反应为主，其中严重过敏反应包括过敏性休克或致死、急性喉头水肿、过敏性哮喘、过敏性间质性肾炎。

【禁　　忌】(1)对本品过敏或严重不良反应病史者禁用。

(2)孕妇禁用。

【合理使用】清开灵注射液不良反应，轻型以皮肤及黏膜为主，其中又以全身或局部多种形态的皮疹、瘙痒、发红最为多见，其次依次为药物热，胃肠道不良反应，注射部位不良反应等。多种类型并非单独出现，尤以皮肤及黏膜的不良反应同时伴有其他类型的不良反应最为多见。重型则以过敏性休克最多见，其次为严重呼吸系统不良反应、心血管系统不良反应、神经肌肉系统不良反应等。为避免不良反应的发生，应注意使用剂量、给药途径、溶媒类型、滴速、药物浓度、配伍禁忌、老人、儿童、肝功能不全使用禁忌、连续用药等。

2. 脱证　脱证表现为：突然昏仆，不省人事，目合口张，鼻鼾息微，手撒肢冷，汗多，大小便自遗，肢体软瘫，舌痿，脉细弱或脉微欲绝。常用治疗中风之脱证的中成药有生脉注射液等。

生脉注射液

【药物组成】红参、麦冬、五味子。

【功能主治】益气养阴，复脉固脱。用于气阴两亏，脉虚欲脱的心悸、气短，四肢厥冷、汗出、脉欲绝及心肌梗死、心源性休克、感染性休克等具有上述证候者。

【剂型规格】注射液：(1)每支装10ml。(2)每支装20ml。

【用法用量】肌内注射：一次2～4ml，一日1～2次。

静脉滴注：一次20～60ml，用5%葡萄糖注射液250～500ml稀释后使用，或遵医嘱。

【注意事项】(1)寒凝血瘀胸痹心痛者不宜用。

(2)过敏体质者慎用。

(3)药液出现混浊、沉淀、颜色异常加深、漏气或瓶身细微破裂等现象时不能使用。

(4)本品不能与其他注射剂混合使用。

【临床应用】(1)脱证：因气阴两虚所致，症见心悸，气短，面色无华或面色潮红，烦躁，口渴，小便短少，四肢厥冷，大汗淋漓，舌红少苔，脉细数或至数不匀；心源性休克、感染性休克等见上述证候者。

(2)心悸：因气阴两虚所致，症见心悸，怔忡，胸闷气短，面色不华或面色潮红，头晕，自汗或盗汗，舌红，苔少，脉细数或至数不匀；病毒性心肌炎见上述证候者。

(3)胸痹：因气阴两虚所致，症见胸闷或心痛阵作，心悸，气短，头晕，乏力，失眠，舌偏红，脉细或结代；心肌梗死见上述证候者。

【不良反应】用生脉注射液有引起皮肤过敏、诱发多发性室性心动过速、窦性停搏、低血压、过敏性休克的个案报道。

【禁　　忌】(1)对本品过敏者禁用。

(2)孕妇禁用。

【合理使用】生脉注射液所致不良反应可累及机体多个器官系统，临床表现也复杂多样，其中以发热伴全身性损害最为常见，主要表现为速发型，严重者可出现过敏性休克，危及生命。为减少生脉注射液的不良反应，医护人员应熟练掌握生脉注射液禁忌证和注意事项，对患者加强观察和监护，尤其用药初始30min以内，输液时以每分钟40～50滴为宜，特别是老人输液速度应该慢滴。尽量避免两种中药注射剂混用及中药注射剂与西药注射剂混用，若必须配伍时，应加强监测。

3. 后遗症 后遗症表现为：中风经过救治，神志清醒后，多留有后遗症，如半身不遂，言语不利，口眼歪斜等。常用治疗中风之后遗症的中成药有血栓通注射液/血塞通注射液、注射用血栓通（冻干）/注射用血塞通（冻干）、灯盏花素片、脑安颗粒（胶囊、片、滴丸）、脉络宁注射液、脉血康胶囊、华佗再造丸、血栓通胶囊/血塞通胶囊、银杏叶胶囊（片、滴丸）（见胸痹之心血瘀阻用中成药）、银丹心脑通软胶囊、脑心通丸（胶囊、片）（见胸痹之气虚血瘀用中成药）、血栓心脉宁胶囊（见胸痹之气虚血瘀用中成药）、通心络胶囊（见胸痹之气虚血瘀用中成药）等。

脑安颗粒（胶囊、片）

【药物组成】川芎、当归、红花、人参、冰片。

【功能主治】活血化瘀，益气通络。用于脑血栓形成急性期，恢复期属气虚血瘀证候者，症见急性起病，半身不遂，口舌歪斜，舌强语謇，偏身麻木，气短乏力，口角流涎，手足肿胀，舌暗或有瘀斑，苔薄白等。

【剂型规格】颗粒剂：每袋装1.2g。

【用法用量】颗粒剂：口服，一次1袋，一日2次；4周为一疗程或遵医嘱。

【剂型规格】胶囊：每粒装0.4g。

【用法用量】胶囊：口服，一次2粒，一日2次，疗程4周，或遵医嘱。

【剂型规格】片剂：每片重0.53g。

【用法用量】片剂：口服，一次2片，一日2次；4周为一疗程或遵医嘱。

【注意事项】（1）出血性中风者慎用。

（2）产妇慎用。

（3）中风病痰热证、风火上扰者慎用。

（4）服药期间饮食宜清淡、低盐、低脂，忌辛辣食品及烟酒。

【临床应用】中风：因气虚血瘀所致，症见半身不遂，肢体瘫软，言语不利，口舌歪斜，偏身麻木，气短乏力，伴心悸汗出、口角流涎、手足肿胀、舌暗或有瘀斑、苔薄白，脉细缓或细涩者；缺血性中风恢复期见上述证候者。

【不良反应】目前尚未检索到不良反应报道。

【禁　　忌】（1）对本品过敏者禁用。

（2）孕妇禁用。

脑安滴丸

【药物组成】川芎、当归、红花、人参、冰片。

【功能主治】活血化瘀，益气通络。适用于脑血栓引起的半身不遂，偏身麻木，言语不利，口舌歪斜及偏头痛（血管-神经性头痛）引起的健忘、头晕、恶心、畏光怕声，神疲乏力，属于气虚血瘀证候者。

【剂型规格】滴丸剂：每丸重 50mg。

【用法用量】口服。一次 20 粒，一日 2 次，疗程为 4 周。

【注意事项】（1）出血性中风者慎用。

（2）产妇慎用。

（3）中风病痰热证、风火上扰者慎用。

（4）服药期间饮食宜清淡、低盐、低脂，忌辛辣食品及烟酒。

【临床应用】（1）中风：因气虚血瘀所致，症见半身不遂，肢体瘫软，言语不利，口舌歪斜，偏身麻木，气短乏力，伴心悸汗出、口角流涎、手足肿胀、舌暗或有瘀斑、苔薄白，脉细缓或细涩者；缺血性中风恢复期见上述证候者。

（2）头痛：因气虚血瘀，痹阻脑络所致，症见偏头痛，健忘，头晕，恶心，畏光怕声，神疲乏力；神经性头痛、血管性头痛见上述证候者。

【不良反应】少数患者服药后可出现轻度恶心、胃胀。

【禁　　忌】（1）对本品过敏者禁用。

（2）孕妇禁用。

脉络宁注射液

<急症必备用药>

【药物组成】牛膝、玄参、金银花、山银花、石斛。

【功能主治】养阴清热，活血祛瘀。用于血栓闭塞性脉管炎，静脉血栓形成，动脉硬化性闭塞症，脑血栓形成及后遗症等。

【剂型规格】注射液：每支装 10ml。

【用法用量】静脉滴注，一次 10～20ml，用 5%葡萄糖注射液或氯化钠注射液 250～500ml 稀释后使用，10～14 天为一个疗程，重症患者可连续使用 2～3 个疗程。

【注意事项】（1）体质虚寒者慎用。

（2）本品不能与其他药物在同一容器中混用或同时滴注。

（3）药液出现浑浊、沉淀、颜色异常加深、漏气等现象不能使用。

（4）静脉滴注时，初始速度应缓慢，观察 15～20 分钟，并注意巡视。

（5）临床使用发现不良反应时，应立即停药，停药后症状可自行消失或酌情给予对症治疗。

【临床应用】（1）脱疽：因阴虚内热、血脉瘀阻所致，症见肢体灼热疼痛，夜间尤甚，或见坏疽；血栓闭塞性脉管炎、静脉血栓形成、动脉硬化性闭塞症见上述证候者。

（2）中风：因阴虚风动，毒瘀阻络所致，症见半身不遂，口眼歪斜，偏身麻木，言语不利；脑血栓形成及后遗症见上述证候者。

此外，有本品用于糖尿病足、冠心病、妊娠期高血压疾病、椎动脉型颈椎病、硬皮病、高脂血症的文献报道。

【不良反应】静滴速度快时，偶有头晕、恶心、心悸等症状出现。有用本品引起过敏性休克、皮肤过敏反应的文献报道。

【禁　　忌】（1）对本品过敏者禁用。

（2）有药物过敏史或过敏体质者禁用。

（3）孕妇禁用。

【合理使用】查阅相关文献，本品可引起过敏性休克、皮肤过敏反应，静滴速度快时，偶有头晕、恶心、心悸等症状出现。其不良反应一般发生在用药10分钟内或24小时内，以中老年人多发，主要临床表现为过敏性反应、皮疹、心悸、头晕等。一般病情较轻，经对症治疗后均可好转或治愈。建议遵循“能口服的不肌注，能肌注的不静滴”的原则，尽量避免脉络宁注射液的静脉给药，减少不良反应的发生。应尽量不与化学药物联合使用，避免不良反应的发生。

脉血康胶囊

【药物组成】水蛭。

【功能主治】破血，逐瘀，通脉止痛。用于中风，半身不遂，癥瘕痞块，血瘀经闭，跌打损伤。

【剂型规格】胶囊剂：每粒装0.25g。

【用法用量】口服，一次2～4粒，一日3次。

【注意事项】（1）有出血倾向者慎用。

（2）阴血亏虚、气虚体弱者慎用。

【临床应用】（1）中风：因暴怒血菀于上，风痰瘀阻，闭阻脑络所致，症见半身不遂，肢体麻木，口舌歪斜，言语謇涩，舌质暗有瘀斑，脉弦涩；脑梗死见上述证候者。

（2）癥瘕：多因脏腑失调，气血阻滞，瘀血内结，气聚为瘕，血瘀为癥，症见腹中结块，坚硬不移动；肿瘤见上述证候者。

（3）闭经：七情内伤，肝气郁结，气滞血瘀，或饮冷受寒，血为寒凝而致，使冲任阻滞不通，胞脉闭阻而致，症见经闭，小腹疼痛，痛处固定，舌质紫黯或边有瘀点。

（4）跌打损伤：跌仆闪挫，瘀血壅滞，血闭气阻所致，症见伤处皮肤青紫，肿胀疼痛；软组织损伤见上述证候者。

此外，本品有用于治疗冠心病心绞痛、糖尿病周围神经病变的文献报道。

【不良反应】目前尚未检索到不良反应报道。

【禁　　忌】（1）对本品过敏者禁用。

（2）孕妇禁用。

【含有毒药物】水蛭。

华佗再造丸

【药物组成】川芎、吴茱萸、冰片等。

【功能主治】活血化瘀，化痰通络，行气止痛。用于痰瘀阻络之中风恢复期和后遗症，症见半身不遂，拘挛麻木，口眼歪斜，言语不清。

【剂型规格】丸剂。

【用法用量】口服。一次4～8g，一日2～3次，重症一次8～16g；或遵医嘱。

【注意事项】（1）中风痰热壅盛证，表现为面红目赤，大便秘结者不宜用。

（2）平素大便干燥者慎服。

（3）服药期间，忌辛辣、生冷、油腻食物，忌烟酒。

【临床应用】中风：由痰瘀阻络而致，症见半身不遂，口眼歪斜，手足麻木，疼痛拘挛，肢体沉重疼痛或活动不利，舌质紫暗，舌下脉络瘀曲；中风恢复期见上述证候者。

此外，有用本品治疗冠心病心绞痛、血管性痴呆、顽固性头痛的文献报道。

【不良反应】目前尚未检索到不良反应报道。

【禁　　忌】（1）对本品过敏者禁用。

（2）孕妇禁用。

（3）脑出血急性期禁用。

【含有毒药物】吴茱萸。

中风用中成药一览表

药品名	医保目录分类	是否处方药	含有毒药物	类别
安宫牛黄丸	甲类	Rx	朱砂，雄黄	清热开窍
清开灵注射液	甲类	Rx	无	清热开窍
安脑丸（片）	乙类	Rx	雄黄	清热开窍
苏合香丸	甲类	Rx	无	化痰开窍
生脉注射液	甲类	Rx	无	益气复脉
血栓通胶囊（注射液）/血塞通胶囊（注射液）	甲类	Rx	无	活血祛瘀
注射用血栓通（冻干）/注射用血塞通（冻干）	甲类	Rx	无	活血祛瘀
灯盏花素片	甲类	Rx	无	化瘀通脉
脑安颗粒（胶囊、片、滴丸）	乙类	Rx	无	化瘀通脉
脉络宁注射液	甲类	Rx	无	滋阴活血
脉血康胶囊	乙类	Rx	水蛭	化瘀通脉
华佗再造丸	甲类	Rx	吴茱萸	祛风通络
银杏叶胶囊（片、滴丸）	乙类	Rx	无	活血祛瘀
银丹心脑通软胶囊	乙类	Rx	无	活血祛瘀
脑心通丸（胶囊、片）	乙类	Rx	水蛭、全蝎	益气活血
血栓心脉宁胶囊	甲类	Rx	水蛭、蟾酥	益气活血
通心络胶囊	甲类	Rx	无	化瘀通脉

（十四）食积用中成药

食积是中医九积之一，主要由于食滞停积胃肠，脾运失常，气滞不行，日久成积痞闷。症见肚腹胀硬拒按，吞酸嗳腐，不思饮食。此病小儿常见。常用的中成药有保和丸（颗粒、片）、六味安消散（胶囊）（见胃痛用中成药）、小儿化食丸（口服液）、健儿消食口服液等。

保和丸（颗粒、片）

【药物组成】焦山楂、六神曲（炒）、半夏（制）、茯苓、陈皮、连翘、炒莱菔子、炒麦芽。

【功能主治】消食，导滞，和胃。用于食积停滞，脘腹胀满，嗳腐吞酸，不欲饮食。

【剂型规格】丸剂：（1）每丸重9g。（2）每袋装6g。（3）每袋装9g。（4）每8丸相当于原生药3g。

【用法用量】丸剂：

规格（1）大蜜丸，口服。一次1～2丸，一日2次。

规格（2）、（3）水丸，口服。一次6～9g，一日2次。

规格（4）浓缩丸，口服，一次8丸，一日3次。

【剂型规格】颗粒剂：每袋装4.5g。

【用法用量】颗粒剂：开水冲服。一次4.5g，一日2次。

【剂型规格】片剂：（1）每片重0.26g。（2）每片重0.4g。

【用法用量】片剂：规格（1）（2）口服，一次4片，一日3次。

【注意事项】（1）哺乳期妇女慎用。

（2）身体虚弱或老年人不宜长期服用。

（3）服药期间饮食宜清淡，忌生冷、油腻食物。

【临床应用】食积：因饮食不节，食积中阻所致，症见腹痛腹胀，恶心呕吐，嗳腐吞酸，不欲饮食，大便不调，舌苔厚腻，脉滑；慢性胃炎、功能性消化不良见上述证候者。

【不良反应】目前尚未检索到不良反应报道。

【禁　　忌】（1）对本品过敏者禁用。

（2）孕妇禁用。

小儿化食丸（口服液）

【药物组成】六神曲（炒焦）、焦山楂、焦麦芽、焦槟榔、醋莪术、三棱（制）、牵牛子（炒焦）、大黄。

【功能主治】消食化滞，泻火通便。用于食滞化热所致的积滞，症见厌食、烦躁、恶心呕吐、口渴、脘腹胀满、大便干燥。

【剂型规格】丸剂：每丸重1.5g。

【用法用量】丸剂：口服，周岁以内一次1丸，周岁以上一次2丸，一日2次。

【剂型规格】合剂：每支装10ml。

【用法用量】合剂：口服，3岁以上每次10ml，一日2次。

【注意事项】（1）脾虚夹积者慎用。

（2）服药期间应纠正不良饮食习惯，忌辛辣、肥腻食物。

（3）本品中病即止，不宜长期服用。

【临床应用】积滞：由乳食不节，损伤脾胃，以致宿食久停，郁滞化热所致，症见厌食，恶心呕吐，烦躁，口渴，脘腹胀满，大便干燥；小儿胃肠功能紊乱见上述证候者。

【不良反应】目前尚未检索到不良反应报道。

【禁　　忌】对本品过敏者禁用。

健儿消食口服液

【药物组成】黄芪、炒白术、陈皮、麦冬、黄芩、炒山楂、炒莱菔子。

【功能主治】健脾益胃，理气消食。用于小儿饮食不节损伤脾胃引起的纳呆食少，脘胀腹满，手足心热，自汗乏力，大便不调，以至厌食、恶食。

【剂型规格】合剂：每支装10ml。

【用法用量】口服。三岁以内一次5～10ml，三岁以上一次10～20ml；一日2次，用时摇匀。

【注意事项】（1）胃阴不足者慎用。

（2）服药期间应调节饮食，纠正不良饮食习惯，忌食油腻不易消化的食物。

【临床应用】厌食：因脾胃虚弱，运化失调所致，症见纳呆食少，面色萎黄，脘腹胀满，容易出汗，舌苔薄白，脉弱无力；小儿厌食症见上述证候者。

【不良反应】目前尚未检索到不良反应报道。

【禁　　忌】对本品过敏者禁用。

食积用中成药一览表

药品名	医保目录分类	是否处方药	所含有毒药物	类别
保和丸（颗粒、片）	甲类	OTC	无	消食导滞
六味安消散（胶囊）	乙类	OTC	无	消食导滞
小儿化食丸（口服液）	乙类	OTC	无	消食导滞
健儿消食口服液	乙类	OTC	无	健脾益气

（十五）虚证用中成药

虚证是由多种原因导致的以脏腑功能衰退、气血阴阳虚耗为主要病机，五脏虚侯为主要临床表现的多种慢性虚弱证候的总称。

虚证可以分为气虚、血虚、气血两虚、气阴两虚、阴虚、阳虚等。

1. 气虚　气虚表现为：面色㿠白或萎黄，气短懒言，语声低微，头昏神疲，肢体无力，舌苔淡白，脉细软弱。常用治疗气虚的中成药有补中益气丸（颗粒）、参苓白术散（丸、颗粒）、八珍丸（颗粒、胶囊）、贞芪扶正颗粒（胶囊）等。

补中益气丸（颗粒）

【药物组成】炙黄芪、党参、炙甘草、炒白术、当归、升麻、柴胡、陈皮。

【功能主治】补中益气，升阳举陷。用于脾胃虚弱、中气下陷所致的泄泻、脱肛、阴挺，症见体倦乏力、食少腹胀、便溏久泻、肛门下坠或脱肛、子宫脱垂。

【剂型规格】丸剂：（1）每丸重9g。（2）每8丸相当于原生药3g。（3）每袋装6g。

【用法用量】丸剂：

规格（1）大蜜丸，口服。一次1丸，一日2～3次。

规格（2）浓缩丸，口服。一次8～10丸，一日3次。

规格（3）水丸，口服。一次6g，一日2～3次。

【剂型规格】颗粒剂：每袋装3g。

【用法用量】颗粒剂：口服。一次3g，一日2～3次。

【注意事项】（1）有恶寒发热表证时不宜用。

（2）宜空腹或饭前服，亦可在进食时同服。

（3）服药期间忌生冷油腻食物。

（4）高血压患者慎服。

【临床应用】（1）泄泻：因脾胃虚弱、中气下陷所致，症见大便溏泻，或久泻不止，水谷不化，稍进油腻不易消化之物则大便次数增多，气短，肢倦乏力，纳食减少，脘腹胀闷不舒，面色萎黄，舌淡苔白，脉细弱；慢性肠炎、功能性消化不良、胃肠功能紊乱见上述证候者。

（2）脱肛：因脾胃虚弱、中气下陷所致，症见肛门下坠或脱出，劳累、增加腹压、咳嗽等均可脱出，面色苍白，唇淡，气短，倦怠乏力，腹胀腹痛，舌淡少苔，脉虚无力；直肠脱垂见上述证候者。

（3）阴挺：因脾胃虚弱、中气下陷所致，症见自觉阴道有块状物脱出，阴道坠胀，活动或体力劳动时加重，白带增多，质稀色白，精神疲倦，面色苍白无华，四肢无力，心悸，气短，小腹坠胀，舌淡，苔薄白，脉细弱；子宫脱垂、阴道脱垂见上述证候者。

此外，本品有用于治疗胃下垂、消化性溃疡、上睑下垂、餐后低血压、头痛、眩晕等文献报道。

【不良反应】目前尚未检索到不良反应报道。

【禁　　忌】对本品过敏者禁用。

参苓白术散（丸、颗粒）

【药物组成】人参、茯苓、白术（炒）、山药、白扁豆（炒）、莲子、薏苡仁（炒）、砂仁、桔梗、甘草。

【功能主治】补脾胃，益肺气。用于脾胃虚弱，食少便溏，气短咳嗽，肢倦乏力。

【剂型规格】散剂：（1）每袋3g。（2）每袋装6g。（3）每袋装9g。

【用法用量】散剂：口服。一次6～9g，一日2～3次。

【剂型规格】丸剂：每100粒重6g。

【用法用量】丸剂：口服。一次6g，一日3次。

【剂型规格】颗粒剂：每袋装6g。

【用法用量】颗粒剂：口服。一次6g，一日3次。

【注意事项】（1）湿热内蕴所致泄泻、厌食、水肿及痰火咳嗽者不宜用。

（2）泄泻兼有大便不畅者不宜用。

（3）孕妇慎用。

（4）本品宜饭前服用或进食时服用。

（5）服药期间忌食荤腥油腻食物。

【临床应用】（1）泄泻：因脾胃气虚，运化失常所致，症见大便溏泻，饮食不消，或大便稀薄，次数增多，脘腹胀闷不舒，纳食减少，或咳嗽无力，痰白清稀，面色萎黄，肢倦乏力，甚则浮肿，舌淡，苔白腻，脉濡而弱；慢性结肠炎、肠易激综合征、胃肠功能紊乱、消化不良见上述证候者。

（2）厌食：因脾胃气虚，升降失司所致，症见厌食或拒食，纳呆腹胀，面色萎黄，乏力，自汗，精神稍差，肌肉不实或形体羸瘦，大便溏薄或完谷不化，舌淡，苔腻，脉细弱；小儿厌食症、消化不良、小儿缺锌症、神经性厌食见上述证候者。

（3）水肿：因脾肺气虚，运化失常，水湿停留所致，症见肢体浮肿，面色萎黄或面白虚浮，神疲乏力，食少纳呆，脘腹胀闷，大便溏薄，舌淡胖有齿痕，苔薄白或白腻，脉细弱；功能性水肿见上述证候者。

（4）咳嗽：因脾肺气虚，夹湿生痰所致，症见咳嗽气短，痰白量多，咳声重浊，因痰而嗽，痰出咳平，进甘甜油腻食物加重，胸闷脘痞，呕恶食少，体倦乏力，大便时溏，舌苔白腻，脉濡滑；小儿肺炎或肺门淋巴结核、支气管哮喘、肺气肿、慢性肺心病、老年慢性呼吸道感染见上述证候者。

此外，有本品用于治疗周期性麻痹、口腔黏膜病、中心性浆液性脉络膜视网膜病变的文献报道。

【不良反应】目前尚未检索到不良反应的报道。

【禁　　忌】对本品过敏者禁用。

2. 血虚　血虚表现为：面色淡黄或淡白无华，唇、舌、指甲色淡，头晕目花，肌肤枯燥，舌质淡红苔少，脉细。常用治疗血虚的中成药有健脾生血颗粒（片）、生血宝合剂（颗粒）等。

健脾生血颗粒（片）

【药物组成】党参、茯苓、炒白术、甘草、黄芪、山药、炒鸡内金、醋龟甲、山麦冬、醋南五味子、龙骨、煅牡蛎、大枣、硫酸亚铁。

【功能主治】健脾和胃，养血安神。用于脾胃虚弱及心脾两虚所致的血虚证，症见面色萎黄或㿠白、食少纳呆、脘腹胀闷、大便不调、烦躁多汗、倦怠乏力，舌胖色淡、苔薄白、脉细弱；缺铁性贫血见上述证候者。

【剂型规格】颗粒剂：每袋装 5g。

【用法用量】颗粒剂：饭后用开水冲服，一岁以内一次 3.5g，一至三岁一次 7g；三至五岁一次 10.5g；五至十二岁一次 14g；成人一次 21g；一日 3 次；或遵医嘱。四周为一疗程。

【剂型规格】片剂：每片重 0.6g。

【用法用量】片剂：饭后口服。一岁以内一次 0.5 片；一至三岁一次 1 片；三至五岁一次 1.5 片；五至十二岁一次 2 片；成人一次 3 片；一日 3 次，或遵医嘱，四周为一疗程。

【注意事项】（1）忌茶；勿与含鞣酸类药物合用；用药期间，部分患儿可出现牙齿颜色变黑，停药后可逐渐消失。少数患儿服药后，可见短暂性食欲下降、恶心、呕吐、轻度腹泻，多可自行缓解。

（2）本药含有硫酸亚铁，对胃有刺激性，宜在饭后服用。

（3）服药期间要改善饮食，加强营养，但要忌食油腻、辛辣之物。

（4）以本药治疗小儿缺铁性贫血时，要结合病因治疗。

【临床应用】血虚证：因脾胃虚弱，饮食减少，气血化源不足或失血过多，气血亏虚所致，症见倦怠乏力，气短语低，面色萎黄或苍白，唇甲色淡，心神不宁，烦躁多汗，舌质淡，苔薄白，脉细弱；缺铁性贫血见上述证候者。

【不良反应】文献报道，服药期间个别患儿出现腹泻。

【禁　　忌】对本品过敏者禁用。

3. 气血两虚　气血两虚表现为：既有气虚的表现，又有血虚的表现。症状常见有面色无华，头晕目眩，心悸气短，语声低微，舌苔淡白，脉细弱。常用治疗气血两虚的中成药有八珍丸（颗粒、胶囊）、生血宝合剂（颗粒）等。

八珍丸（颗粒、胶囊）

【药物组成】党参、炒白术、茯苓、甘草、当归、白芍、川芎、熟地黄。

【功能主治】补气益血。用于气血两虚，面色萎黄，食欲不振，四肢乏力，月经过多。

【剂型规格】丸剂：（1）每丸重9g。（2）每8丸相当于原生药3g。（3）每袋装6g。（4）每瓶装60g。

【用法用量】丸剂：

规格（1）大蜜丸，口服。一次1丸，一日2次。

规格（2）浓缩丸，口服，一次8丸，一日3次。

规格（3）水蜜丸，口服。一次6g，一日2次。

规格（4）水蜜丸，口服。一次6g，一日2次。

【剂型规格】颗粒剂：（1）每袋装3.5g。（2）每袋装8g。

【用法用量】颗粒剂：

规格（1）开水冲服。一次1袋（无蔗糖），一日2次。

规格（2）开水冲服。一次1袋，一日2次。

【剂型规格】胶囊：每粒装0.4g。

【用法用量】胶囊：口服，一次3粒，一日2次。

【注意事项】（1）体实有热者慎用。

（2）服药期间忌食辛辣、油腻、生冷食物。

【临床应用】（1）气血两亏证：因素体虚弱，或久病不愈，或劳伤过度，气虚不能生血或血虚无以化气，气血两虚所致，症见面色萎黄不华，食欲不振，四肢乏力，精神恍惚，少气懒言，口唇指甲淡白；缺铁性贫血见上述证候者。

（2）月经过多：因禀赋不足，或过劳久思，或大病久病，损伤脾气，冲任不固，血失统摄所致，症见月经量多，色淡红，质清稀，小腹空坠，面色苍白，神疲体倦，气短懒言。

此外，八珍颗粒有治疗白细胞减少症和配合化疗治疗进展期胃癌术后的文献报道。

【不良反应】目前尚未检索到不良反应报道。

【禁　　忌】对本品过敏者禁用。

生血宝合剂（颗粒）

【药物组成】制何首乌、女贞子、桑椹、墨旱莲、白芍、黄芪、狗脊。

【功能主治】滋补肝肾，益气生血。用于肝肾不足、气血两虚所致的神疲乏力、腰膝酸软、头晕耳鸣、心悸、气短、失眠、咽干、纳差食少；放、化疗所致的白细胞减少，缺铁性贫血见上述证候者。

【剂型规格】合剂：每瓶装 100ml。

【用法用量】合剂：口服。一次 15ml，一日 3 次。

【剂型规格】颗粒剂：（1）每袋装 4g。（2）每袋装 8g。

【用法用量】颗粒剂：规格（1）、（2）开水冲服。一次 8g，一日 2～3 次。

【注意事项】（1）脘腹痞满，痰多湿盛者慎用。

（2）服药期间忌食辛辣、油腻、生冷食物。

（3）用于失眠时，睡前忌吸烟，忌饮酒、茶和咖啡。

【临床应用】（1）肝肾不足，气血两虚证：因体质虚弱，或病久失养，或劳累太过，或年高体衰，或房室不节，以致肝肾不足，气血两虚，症见神疲乏力，气短懒言，纳差食少，口干咽燥，腰膝酸软；放化疗所致的白细胞减少、缺铁性贫血见上述证候者。

（2）眩晕：因先天不足，或年老体亏，或久病伤身，或劳伤过度，以致肝肾不足，气血亏虚，清窍失养，症见眩晕，耳鸣，面色无华，精神萎靡，腰膝酸软；缺铁性贫血、高血压见上述证候者。

（3）耳鸣：因年老体衰，或房室不节，或劳倦伤脾，以致肝肾亏耗，气血两虚，症见耳鸣，目眩，腰膝酸软，食少纳呆；神经性耳聋见上述证候者。

（4）心悸：因禀赋不足，或饮食劳倦，或思虑过度，或年高体衰，以致肝肾不足，气血亏虚，心失所养，症见心慌不安，气短，头晕，乏力，腰膝酸软；缺铁性贫血、功能性心律失常见上述证候者。

（5）失眠：因房劳过度，或久病年迈，以致肝肾亏损，气血不足，心神失养而致失眠，神疲食少，头目晕眩，耳鸣；神经衰弱见上述证候者。

此外，本品还有治疗肾性贫血、化疗所致的骨髓抑制、放疗所致的白细胞减少、改善肝硬化合并血小板减少患者血小板数量和质量的文献报道。

【不良反应】目前尚未检索到不良反应报道。

【禁　　忌】对本品过敏者禁用。

4. 阴虚　阴虚主要症状有腰酸，遗精，两足痿弱，眩晕，耳鸣，甚则耳聋，口干，咽痛，颧红。常用治疗阴虚的中成药有六味地黄丸（颗粒、胶囊）、知柏地黄丸、杞菊地黄丸（胶囊、片）等。

六味地黄丸（颗粒、胶囊）

【药物组成】熟地黄、酒萸肉、牡丹皮、山药、茯苓、泽泻。

【功能主治】滋阴补肾。用于肾阴亏损，头晕耳鸣，腰膝酸软，骨蒸潮热，盗汗遗精，消渴。

【剂型规格】丸剂：（1）每丸重 9g。（2）每 8 丸重 1.44g（每 8 丸相当于饮片 3g）。（3）每袋装 6g。（4）每袋装 9g。（5）每瓶装 60g。（6）每瓶装 120g。

【用法用量】丸剂：

规格（1）大蜜丸，口服。一次1丸，一日2次。

规格（2）浓缩丸，口服。一次8丸，一日3次。

规格（3）水蜜丸，口服。一次6g，一日2次。

规格（4）小蜜丸，口服，一次9g，一日2次。

规格（5）水蜜丸，口服。一次6g，一日2次。

规格（6）小蜜丸，口服。一次9克，一日2次。

【剂型规格】 颗粒剂：每袋装5g。

【用法用量】 颗粒剂：开水冲服。一次5g，一日2次。

【剂型规格】 胶囊剂：（1）每粒装0.3g。（2）每粒装0.5g。

【用法用量】 胶囊剂：

规格（1）口服。一次1粒，一日2次。

规格（2）口服。一次2粒，一日2次。

【注意事项】（1）体实及阳虚者慎用。

（2）脾虚、气滞、食少纳呆者慎用。

（3）感冒者慎用。

（4）服药期间饮食宜清淡，忌辛辣、油腻之品。

【临床应用】（1）肾阴亏损证：因久病伤肾，或禀赋不足，或房事过度，或过服温燥竭阴之品，而致肾阴亏损，症见腰膝酸软无力，眩晕，耳鸣，形体消瘦，潮热，盗汗，口燥咽干。

（2）眩晕：因先天肾阴不充，或年老肾亏，或久病伤肾，或房劳精耗，以致脑髓空虚，而见头晕目眩，视物昏花，神疲乏力，腰酸腿软，耳鸣；高血压见上述证候者。

（3）耳鸣：因年老肾中精气不足，或欲念妄动，以致肾阴亏耗，耳窍失养而见耳鸣，眩晕，腰膝酸软；神经性耳聋见上述证候者。

（4）发热：因素体阴虚，或病久伤阴，或误用、过用温燥药物等，导致阴精亏虚，阴衰则阳盛，水不制火而见午后潮热，骨蒸劳热，夜间发热，手足心热，烦躁，口燥咽干，腰膝酸软。

（5）盗汗：因烦劳过度，或亡血失精，或邪热耗阴，阴精亏虚，虚火内生，阴津被扰，不能内藏而外泄，以致寐中汗出，醒后自止，五心烦热，两颧色红，口渴咽干。

（6）遗精：因恣情纵欲，房室劳伤，或禀赋不足，或手淫过度，肾精不藏而致遗精，并伴头昏，耳鸣，腰膝酸软等。

（7）消渴：因素体阴虚，或热病伤阴，或劳欲过度导致阴虚燥热，而见口渴多饮，口干舌燥，尿频量多，形体消瘦；2型糖尿病见上述证候者。

此外，六味地黄丸有治疗复发性口疮、糖尿病、支气管哮喘、围绝经期综合征的文献报道。

【不良反应】 目前尚未检索到不良反应报道。

【禁　　忌】 对本品过敏者禁用。

知柏地黄丸

【药物组成】 知母、黄柏、熟地黄、山茱萸（制）、牡丹皮、山药、茯苓、泽泻。

【功能主治】滋阴降火。用于阴虚火旺，潮热盗汗，口干咽痛，耳鸣遗精，小便短赤。

【剂型规格】丸剂：（1）每丸重 9g。（2）每 10 丸重 1.7g。（3）每袋装 6g。（4）每袋装 9g。（5）每瓶装 60g。（6）每 8 丸相当于原生药 3g。

【用法用量】丸剂：

规格（1）大蜜丸，口服。一次 1 丸，一日 2 次。

规格（2）浓缩丸，口服。一次 8 丸，一日 3 次。

规格（3）水蜜丸，口服。一次 6g，一日 2 次。

规格（4）小蜜丸，口服。一次 9g，一日 2 次。

规格（5）水蜜丸，口服。一次 6g，一日 2 次。

规格（6）浓缩丸，口服。一次 8 丸，一日 3 次。

【注意事项】（1）气虚发热及实热者不宜用。

（2）脾虚便溏、气滞中满者不宜用。

（3）阳虚畏寒肢冷者不宜用。

（4）孕妇慎用。

（5）服药期间饮食宜清淡，忌辛辣、油腻之品。

【临床应用】（1）阴虚火旺证：因先天阴液亏虚，或误用、过用温燥药物等，阴液亏耗，虚火内扰而致，症见形体消瘦，潮热，盗汗，两颧发红，五心烦热，咽干口燥，腰膝酸软，小便短赤。

（2）阴虚发热：因素体阴虚，或热病日久，耗伤阴液，或误用、过用温燥药物等，导致阴精亏虚。阴衰则阳盛，水不制火而致，症见午后潮热，骨蒸劳热，夜间发热，手足心热，烦躁。

（3）盗汗：因烦劳过度，或亡血失精，或邪热耗阴，以致阴精亏虚，虚火内生，阴津被扰，不能自藏而外泄，症见寐中汗出，醒后自止，五心烦热或潮热，两颧色红，口渴咽干。

（4）慢喉痹：因素体阴虚或热伤津液，虚火上炎，熏灼咽喉而致，症见咽干不适，灼热，隐痛，咽痒干咳，有异物感，腰膝酸软，五心烦热；慢性咽炎见上述证候者。

（5）耳鸣：因年老肾中精气不足，或房室不节，肾阴亏耗，耳窍失养而致，症见耳鸣，眩晕，腰膝酸软；神经性耳聋见上述证候者。

（6）遗精：因房室过度，恣情纵欲，或妄想不遂，扰动精室而致，症见遗精，头晕，耳鸣，腰膝酸软，精神萎靡等。

此外，本品有用治复发性口腔溃疡、妇女更年期综合征、经间出血、慢性前列腺炎的文献报道。

【不良反应】目前尚未检索到不良反应报道。

【禁　　忌】对本品过敏者禁用。

杞菊地黄丸（胶囊、片）

【药物组成】枸杞子、菊花、熟地黄、酒萸肉、牡丹皮、山药、茯苓、泽泻。

【功能主治】滋肾养肝。用于肝肾阴亏，眩晕耳鸣，羞明畏光，迎风流泪，视物昏花。

【剂型规格】丸剂：（1）每丸重 9g。（2）每 8 丸相当于原药材 3g。（3）每袋装 6g。

（4）每袋装 9g。（5）每瓶装 60g。（6）每瓶装 120g。

【用法用量】丸剂：

规格（1）大蜜丸，口服。一次 1 丸，一日 2 次。

规格（2）浓缩丸，口服。一次 8 丸，一日 3 次。

规格（3）水蜜丸，口服。一次 6g，一日 2 次。

规格（4）小蜜丸，口服。一次 9g，一日 2 次。

规格（5）水蜜丸，口服。一次 6g，一日 2 次。

规格（6）小蜜丸，口服。一次 9g，一日 2 次。

【剂型规格】胶囊：每粒装 0.3g。

【用法用量】胶囊：口服。一次 5～6 粒，一日 3 次。

【剂型规格】片剂：片芯重 0.3g。

【用法用量】片剂：口服。一次 3～4 片，一日 3 次。

【注意事项】（1）实火亢盛所致的头晕、耳鸣慎用。

（2）脾胃虚寒，大便稀溏者慎用。

（3）服药期间忌酸冷食物。

【临床应用】（1）眩晕：因肝肾不足，阴血亏虚所致，症见头目眩晕，腰酸腰痛，口燥咽干，周身乏力；原发性高血压见上述证候者。

（2）圆翳内障：因肝肾不足，阴血亏虚所致，症见视力缓慢下降，视物昏花，晶珠轻度混浊；老年性白内障初期见上述证候者。

（3）青盲：因肝肾不足，阴血亏虚所致，症见视物不清，不能久视；视神经萎缩见上述证候者。

（4）目涩症：因肝肾不足，阴虚所致，症见双目干涩，羞明畏光；干眼症见上述证候者。

（5）耳聋：因肝肾不足所致，症见耳鸣、耳聋，伴有腰酸腰痛，口干咽燥，潮热，盗汗。

此外，有本品治疗 2 型糖尿病的文献报道。

【不良反应】有服用杞菊地黄丸致过敏反应的个案报道。

【禁　　忌】对本品过敏者禁用。

5. 气阴两虚　气阴两虚，又称气阴两伤。气虚和阴虚同时并见的病理变化。常见于热性病过程中，热在气分，汗出不彻，久而伤及气阴；或热盛耗伤津液，气随液脱；或温热病后期及内伤杂病，真阴亏损，元气大伤。症见气短懒言，面色苍白，神疲乏力，肌肉消瘦，口干舌燥，自汗盗汗，潮热口渴、气短等。常用于治疗气阴两虚的中成药有贞芪扶正颗粒（胶囊）等。

贞芪扶正颗粒（胶囊）

【药物组成】黄芪、女贞子。

【功能主治】补气养阴。用于久病虚损，气阴不足，配合手术、放射治疗、化学治疗，促进正常功能的恢复。

【剂型规格】颗粒剂：（1）每袋装 5g。（2）每袋装 15g。

【用法用量】颗粒剂：

规格（1）口服，一次1袋（无糖型），一日2次。

规格（2）口服，一次1袋（含糖型），一日2次。

【剂型规格】胶囊：（1）每粒装0.35g（相当于原药材3.125g）。（2）每6粒相当于原生药12.5g。

【用法用量】胶囊：规格（1）（2）口服，一次6粒，一日2次。

【注意事项】（1）孕妇及过敏体质者慎用。

（2）阳虚胃寒，肢冷食少便溏者慎用。

【临床应用】久病虚损：大病久病，五脏俱虚，气阴不足所致，症见气短懒言，面色苍白，神疲乏力，肌肉消瘦，口干舌燥，自汗盗汗，潮热口渴；配合手术、放射治疗、化学治疗，促进正常功能的恢复。

【不良反应】有服用本品出现药疹的个案报道。

【禁　　忌】对本品过敏者禁用。

6. 阳虚　阳虚表现为：面色萎黄，食少，形寒，神倦乏力，少气懒言，大便溏薄，肠鸣腹痛，每因受寒或饮食不慎而加剧。常用治疗阳虚的中成药有金匮肾气丸（片）、四神丸（片）、济生肾气丸等。

金匮肾气丸（片）

【药物组成】地黄、山茱萸（酒炙）、山药、牡丹皮、泽泻、茯苓、桂枝、附子（炙）、牛膝（去头）、车前子（盐炙）。

【功能主治】温补肾阳，化气行水。用于肾虚水肿，腰膝酸软，小便不利，畏寒肢冷。

【剂型规格】丸剂：（1）每丸重6g。（2）每100粒重20g。

【用法用量】丸剂：

规格（1）大蜜丸，口服。一次1丸，一日2次。

规格（2）水蜜丸，口服。一次4～5g（20～25粒），一日2次。

【剂型规格】片剂：每片重0.27g。

【用法用量】片剂：口服。一次4片，一日2次。

【注意事项】（1）湿热壅盛，风水泛溢水肿者不宜用。

（2）本品含附子，不可过服、久服。

（3）服药期间饮食宜清淡，宜低盐饮食，忌食生冷食物。

【临床应用】（1）水肿：由肾阳衰弱，气化不利所致，症见面浮身肿，腰以下尤甚，按之凹陷不起，心悸，气促，畏寒神疲，腰部酸胀，小便不利，舌淡，脉沉细；慢性肾炎见上述证候者。

（2）腰痛：由肾阳亏虚，腰府失养所致，症见腰膝酸软，畏寒，四肢欠温，少气乏力，夜尿频多，舌淡，脉沉细；腰肌劳损见上述证候者。

【不良反应】服用金匮肾气片后偶可见荨麻疹、心动过缓、胃酸增多。

【禁　　忌】（1）对本品过敏者禁用。

（2）孕妇禁用。

【含有毒药物】附子（炙）。

四神丸（片）

【药物组成】肉豆蔻（煨）、补骨脂（盐炒）、五味子（醋制）、吴茱萸（制）、大枣（去核）、生姜。

【功能主治】温肾散寒，涩肠止泻。用于肾阳不足所致的泄泻，症见肠鸣腹胀、五更溏泻、食少不化、久泻不止、面黄肢冷。

【剂型规格】丸剂：每袋装9g。

【用法用量】丸剂：口服。一次9g，一日1～2次。

【剂型规格】片剂：（1）薄膜衣片，每片重0.3g。（2）素片，每片重0.6g。

【用法用量】片剂：规格（1）（2）口服，一次4片，一日2次。

【注意事项】（1）湿热痢疾、湿热泄泻者不宜用。

（2）服药期间饮食宜清淡，忌生冷、油腻之品。

【临床应用】泄泻：因肾阳不足，阴寒内盛，伤及脾阳所致，症见五更溏泻，或久泻不止，肠鸣腹胀，食少不化，面黄，肢冷，舌质淡胖，苔薄白，脉沉细；慢性结肠炎、过敏性结肠炎见上述证候者。

【不良反应】目前尚未检索到不良反应报道。

【禁　　忌】对本品过敏者禁用。

【含有毒药物】吴茱萸。

济生肾气丸

【药物组成】熟地黄、山茱萸（制）、牡丹皮、山药、茯苓、泽泻、肉桂、附子（制）、牛膝、车前子。

【功能主治】温肾化气，利水消肿。用于肾阳不足、水湿内停所致的肾虚水肿、腰膝酸重、小便不利、痰饮咳喘。

【剂型规格】丸剂：（1）每丸重9g。（2）每袋装6g。

【用法用量】丸剂：

规格（1）大蜜丸，口服。一次1丸，一日2～3次。

规格（2）水蜜丸，口服。一次6g，一日2～3次。

【注意事项】（1）湿热壅盛、风水泛滥水肿者慎用。

（2）本品含附子有毒，不可过量、久用。

（3）服药期间饮食宜清淡，宜低盐饮食。

（4）本品含钾量高，与保钾利尿药安体舒通、氨苯蝶啶合用时，应防止高钾血症；避免与磺胺类药物同时使用。

【临床应用】（1）水肿：由肾阳衰弱，气化不利所致，症见面浮身肿，腰以下尤甚，按之凹陷不起，心悸，气促，畏寒，神疲，腰部酸胀，小便不利，舌淡，脉沉细；慢性肾炎见上述证候者。

（2）腰痛：由肾阳亏虚，腰府失养所致，症见腰膝酸软，畏寒，四肢欠温，少气乏力，夜尿频多，舌淡，脉沉细；腰肌劳损见上述证候者。

（3）喘嗽：由肾阳不足，摄纳无权所致，症见喘促日久，气息短促，呼多吸少，动则喘甚，气不得续，咳嗽时轻时重，常因咳甚而尿出，或尿后余沥，面青肢冷，脉微细或沉弱；慢性气管炎见上述证候者。

【不良反应】目前尚未检索到不良反应报道。

【禁　　忌】（1）对本品过敏者禁用。

（2）孕妇禁用。

【含有毒药物】附子（制）。

虚证用中成药一览表

药品名	医保目录分类	是否处方药	含有毒药物	类别
补中益气丸（颗粒）	甲类	OTC	无	健脾益气
参苓白术散（丸、颗粒）	甲类	OTC	无	健脾益气
健脾生血颗粒（片）	乙类	OTC	无	健脾养血
八珍丸（颗粒、胶囊）	乙类	OTC	无	气血双补
生血宝合剂（颗粒）	乙类	Rx	无	滋肾养肝
六味地黄丸（颗粒、胶囊）	甲类	OTC	无	滋阴补肾
知柏地黄丸	甲类	OTC	无	滋阴降火
杞菊地黄丸（胶囊、片）	甲类	OTC	无	滋肾养肝
贞芪扶正颗粒（胶囊）	乙类	Rx	无	益气养阴
金匮肾气丸（片）	甲类	Rx	附子（炙）	温补肾阳
四神丸（片）	甲类	Rx	吴茱萸	温补肾阳
济生肾气丸	甲类	Rx	附子（制）	温补肾阳

（十六）消渴用中成药

消渴是由于禀赋不足、饮食不节、情志失调、劳欲过度等致使机体阴津亏损，燥热偏胜出现以多饮、多食、多尿、形体消瘦，或尿有甜味为特征的一种疾病。为中老年人的常见病、多发病。

消渴可以分为肺胃燥热、脾胃气虚、肾阴亏虚、阴阳两亏等。

1. 脾胃气虚　脾胃气虚表现为：口渴引饮，能食与便溏并见，或饮食减少，精神不振，四肢乏力，舌淡，苔白而干，脉细弱无力。常用治疗消渴之脾胃气虚的中成药有参芪降糖颗粒（胶囊、片）等。

参芪降糖颗粒（胶囊、片）

【药物组成】人参茎叶皂苷、五味子、黄芪、山药、地黄、覆盆子、麦冬、茯苓、天花粉、泽泻、枸杞子。

【功能主治】益气养阴，滋脾补肾。主治消渴症，用于2型糖尿病。

【剂型规格】颗粒剂：每袋装3g。

【用法用量】颗粒剂：口服，一次1g，一日3次，一个月为一个疗程，效果不显著或治疗前症状较重者，一次用量可达3g，一日3次。

【剂型规格】胶囊：每粒装0.35g。

【用法用量】胶囊：口服，一次3粒，一日3次，一个月为一疗程。效果不显著或治疗前症状较重者，每次用量可达8粒，一日3次。

【剂型规格】片剂：每片重0.35g。

【用法用量】片剂：口服，一次3片，一日3次，一个月为一个疗程，效果不显著或治疗前症状较重者，每次用量可达8片，一日3次。

【注意事项】（1）阴阳两虚消渴者慎用。

（2）服用期间忌食肥甘、辛辣食物，控制饮食，注意合理的饮食结构；忌烟酒。

（3）避免长期精神紧张，适当进行体育活动。

（4）对重症病例，应合用其他降糖药物治疗，以防病情加重。

（5）在治疗过程中，尤其是与西药降糖药联合用药时，要及时监测血糖，避免发生低血糖反应。

【临床应用】消渴：因禀赋虚弱，或过食肥甘厚味，或过用温补之品，或情志过极，或房室劳倦，阴虚燥热，气阴两虚所致，症见口渴多饮，咽干口燥，多食多尿，形体消瘦，倦怠乏力；2型糖尿病见上述证候者。

【不良反应】目前尚未检索到不良反应报道。

【禁　　忌】（1）对本品过敏者禁用。

（2）孕妇禁用。

（3）有实热证者禁用。

2. 肾阴亏虚　肾阴亏虚表现为：尿频量多，浑浊如脂膏，或尿甜，腰膝酸软，乏力，头晕耳鸣，多梦遗精，皮肤干燥，全身瘙痒，舌红少苔，脉细数。常用治疗消渴之肾阴亏虚的中成药有消渴丸等。

消渴丸

【药物组成】葛根、地黄、黄芪、天花粉、玉米须、南五味子、山药、格列本脲。

【功能主治】滋肾养阴，益气生津。用于气阴两虚所致的消渴病，症见多饮、多尿、多食、消瘦、体倦乏力、眠差、腰痛；2型糖尿病见上述证候者。

【剂型规格】丸剂：每10丸重2.5g（含格列本脲2.5mg）。

【用法用量】口服。一次5～10丸，一日2～3次。饭前用温开水送服。或遵医嘱。

【注意事项】（1）阴阳两虚消渴者慎用。

（2）服药期间忌肥甘、辛辣之品，控制饮食，注意合理的饮食结构，忌烟酒。

（3）本品含格列本脲，严格按处方药使用，并注意监测血糖。

（4）服用本品时禁止加服磺酰脲类抗糖尿病药。若合用其他类型口服抗糖尿病药，必须在医生指导下服用。

（5）用药期间应定期测定血糖、尿糖、尿酮体、尿蛋白、肝、肾功能和血象，并进行眼科检查。

（6）注意早期防治各种并发症，如糖尿病脑病、糖尿病心病、糖尿病肾病等，以防止病情的恶化。

【临床应用】消渴：因素体阴虚火盛，或过食肥甘厚味，或过用温燥之品，或情志郁结化火，或房室耗伤，上、中、下三焦燥热日久，耗气伤阴，气阴两虚所致。症见多渴多饮，小便频数，多食善饥，肢体消瘦，体倦无力，睡眠欠佳，腰膝酸痛；2 型糖尿病见上述证候者。

【不良反应】服用本品后偶见肠道不适，发热，皮肤过敏，严重脱发，低血糖昏迷等不良反应。

【禁　　忌】（1）对本品过敏者禁用。

（2）孕妇、乳母禁用。

（3）胰岛素依赖型糖尿病患者禁用。

（4）对磺胺类药物过敏者禁用。

（5）伴有酮症酸中毒、昏迷、严重烧伤、感染、严重外伤和重大手术者禁用。

（6）肝、肾功能不全者禁用。

（7）白细胞减少、粒细胞缺乏、血小板减少者禁用。

消渴用中成药一览表

药品名	医保目录分类	是否处方药	含有毒药物	类别
参芪降糖颗粒（胶囊、片）	乙类	OTC	无	益气养阴
消渴丸	甲类	Rx	无	益气养阴

（十七）不寐（失眠）用中成药

不寐亦称失眠，是因为阳不入阴所引起的经常不能获得正常睡眠为特征的一种病证。病情轻重不一，轻者入睡困难，或寐而易醒，时寐时醒，甚至醒后不能再睡，重则彻夜不眠。

不寐可以分为肝火扰心、痰热扰心、心脾两虚、心肾不交、心胆气虚等。

1. 心脾两虚　心脾两虚临床主要症状有不寐，多梦易醒，心悸健忘，神疲食少，头晕目眩，四肢倦怠，腹胀便溏，面色少华，舌淡苔薄，脉细无力。常用治疗不寐之心脾两虚的中成药有柏子养心丸、枣仁安神颗粒（胶囊）等。

柏子养心丸

【药物组成】柏子仁、党参、炙黄芪、川芎、当归、茯苓、制远志、酸枣仁、肉桂、醋五味子、半夏曲、炙甘草、朱砂。

【功能主治】补气，养血，安神。用于心气虚寒，心悸易惊，失眠多梦，健忘。

【剂型规格】丸剂：（1）每丸重 9g。（2）每袋装 6g。（3）每袋装 9g。（4）每瓶装 60g。（5）每瓶装 120g。

【用法用量】丸剂：

规格（1）大蜜丸，口服。一次 1 丸，一日 2 次。

规格（2）水蜜丸，口服。一次 6g，一日 2 次。

规格（3）小蜜丸，口服。一次 9g，一日 2 次。

规格（4）水蜜丸，口服。一次 6g，一日 2 次。

规格（5）小蜜丸，口服。一次 9g，一日 2 次。

【注意事项】(1) 肝阳上亢者不宜使用。

(2) 保持精神舒畅，劳逸适度。

(3) 不宜饮用浓茶、咖啡等兴奋性饮品。

(4) 宜饭后服用。

(5) 本品含有朱砂，不可过量、久用；不可与溴化物、碘化物同用。

【临床应用】(1) 不寐：因心气耗伤或阴血不足，心神失养所致，症见夜寐多梦，难眠易醒，心慌气短，健忘盗汗，舌淡，脉细；睡眠障碍、神经症见上述症状者。

(2) 心悸：因心气虚寒，心神失养所致，症见心悸，气短，汗出，虚烦不寐，舌淡苔白，脉细或结代；心律失常见上述证候者。

【不良反应】目前尚未检索到不良反应报道。

【禁　　忌】(1) 对本品过敏者禁用。

(2) 肝肾功能不全者禁用。

【含有毒药物】朱砂。

枣仁安神颗粒（胶囊）

【药物组成】炒酸枣仁、丹参、醋五味子。

【功能主治】养血安神。用于心血不足所致的失眠、健忘、心烦、头晕；神经衰弱症见上述证候者。

【剂型规格】颗粒剂：每袋装 5g。

【用法用量】颗粒剂：开水冲服，一次 5g，临睡前服。

【剂型规格】胶囊：每粒装 0.45g。

【用法用量】胶囊：口服。一次 5 粒，一日 1 次，临睡前服用。

【注意事项】(1) 孕妇慎用。

(2) 胃酸过多者慎用。

(3) 不宜服用咖啡、浓茶等兴奋性饮品。

【临床应用】(1) 不寐：因心血不足，心失所养所致，症见失眠多梦，健忘，气短懒言，记忆力减退，头晕，面色少华，舌淡红，苔薄，脉细弱；睡眠障碍、神经衰弱症见上述证候者。

(2) 心悸：因心血不足，心失所养所致，症见心悸不宁，气短懒言，失眠多梦，记忆力减退，面色少华，舌淡红，苔薄，脉细弱；神经衰弱症见上述证候者。

【不良反应】目前尚未检索到不良反应报道。

【禁　　忌】对本品过敏者禁用。

2. 心肾不交　心肾不交表现为：心烦不寐，入睡困难，心悸多梦，伴头晕耳鸣，腰膝酸软，潮热盗汗，五心烦热，咽干少津，男子遗精，女子月经不调，舌红少苔，脉细数。常用治疗不寐之心肾不交的中成药有天王补心丸（片）、枣仁安神颗粒（胶囊）等。

天王补心丸（片）

【药物组成】丹参、当归、石菖蒲、党参、茯苓、五味子、麦冬、天冬、地黄、玄参、远志（制）、酸枣仁（炒）、柏子仁、桔梗、甘草、朱砂。

【功能主治】滋阴养血，补心安神。用于心阴不足，心悸健忘，失眠多梦，大便干燥。

【剂型规格】丸剂：（1）每丸重9g。（2）每8丸相当于原药材3g。（3）每袋装6g。（4）每袋装9g。（5）每瓶装60g。（6）每瓶装120g。

【用法用量】丸剂：

规格（1）大蜜丸，口服。一次1丸，一日2次。

规格（2）浓缩丸，口服。一次8丸，一日3次。

规格（3）水蜜丸，口服。一次6g，一日2次。

规格（4）小蜜丸，口服。一次9g，一日2次。

规格（5）水蜜丸，口服。一次6g，一日2次。

规格（6）小蜜丸，口服。一次9g，一日2次。

【剂型规格】片剂：每片重0.5g。

【用法用量】片剂：口服。一次4～6片，一日2次。

【注意事项】（1）脾胃虚寒者不宜用。

（2）本品含朱砂，不宜长期服用，不可与溴化物、碘化物药物同用。

（3）睡前不易饮用浓茶、咖啡等刺激性饮品。

（4）严重心律失常者需急诊观察治疗。

（5）服用本品超过1周者，应检查血、尿中汞离子浓度，检查肝、肾功能，超过规定度者立即停药。

【临床应用】（1）心悸：因心肾阴虚，心神失养所致，症见心悸，气短，汗出，虚烦不寐，舌红少苔，脉细数或结代；心律失常见上述证候者。

（2）不寐：因阴虚血少，心神失养所致，症见失眠多梦，心悸，健忘，舌红少苔，脉细数；神经症、睡眠障碍、老年性记忆力减退见上述证候者。

此外，本品有可用于复发性口疮的报道。

【不良反应】目前尚未检索到不良反应报道。

【禁　　忌】（1）对本品过敏者禁用。

（2）肝肾功能不全者、造血系统疾病禁用。

（3）孕妇及哺乳期妇女、儿童禁用。

【含有毒药物】朱砂。

不寐（失眠）用中成药一览表

药品名	医保目录分类	是否处方药	所含有毒药物	类别
柏子养心丸	甲类	Rx	朱砂	养心安神
枣仁安神颗粒（胶囊）	乙类	OTC	无	养心安神
天王补心丸（片）	甲类	Rx	朱砂	养心安神

（十八）郁证用中成药

郁证是由于原本肝旺，或体质素弱，复加情志所伤引起气机郁滞，肝失疏泄，脾失健运，心失所养，脏腑阴阳气血失调而成，以心情抑郁、情绪不宁、胸部满闷、胁肋胀痛，或易怒易哭，或咽中如有异物梗塞等为主要临床表现的一类病证。

郁证可以分为肝气郁结、气郁化火、痰气郁结、心神失养、心脾两虚、心肾阴虚等。

1. 肝气郁结 肝气郁结表现为：精神抑郁，情绪不宁，善太息，胸部满闷，胁肋胀痛，痛无定处，脘闷嗳气，不思饮食，大便失常，或女子月经不调，舌苔薄腻，脉弦。常用治疗郁证之肝气郁结的中成药有逍遥丸（颗粒）、护肝片（颗粒、胶囊）等。

逍遥丸（颗粒）

【药物组成】柴胡、当归、白芍、白术（炒）、茯苓、炙甘草、薄荷、生姜。

【功能主治】疏肝健脾，养血调经。用于肝郁脾虚所致的郁闷不舒、胸胁胀痛、头晕目眩、食欲减退、月经不调。

【剂型规格】丸剂：(1) 每丸重 9g。(2) 每袋装 6g。(3) 每袋装 9g。(4) 每 8 丸相当于原生药 3g。

【用法用量】丸剂：

规格（1）大蜜丸，口服。一次 1 丸，一日 2 次。

规格（2）、（3）水丸，口服。一次 6～9g，一日 1～2 次。

规格（4）浓缩丸，口服。一次 8 丸，一日 3 次。

【剂型规格】颗粒剂：(1) 每袋装 4g。(2) 每袋装 5g。(3) 每袋装 6g。(4) 每袋装 15g。

【用法用量】颗粒剂：规格（1）、（2）、（3）、（4）开水冲服。一次 1 袋，一日 2 次。

【注意事项】(1) 凡肝肾阴虚或湿毒瘀阻所致的胁痛慎用。

(2) 月经过多者不宜服用。

(3) 服药期间饮食宜清淡，忌辛辣、生冷食物。

【临床应用】(1) 胁痛：因情志忧郁，肝郁不舒所致，症见两胁窜痛或胀痛，脉弦，舌质淡暗。

(2) 胃脘痛：因肝郁气滞，肝气犯胃所致，症见胃脘痞满，食后胀痛，嗳气呃逆，脉弦细，舌质淡苔薄白。慢性胃炎、功能性消化不良见上述证候者。

(3) 郁证：因情志不遂，肝气郁结，肝脾不和所致，症见情绪低落，闷闷不乐，喜叹息，胸闷胁痛，腹胀便溏，心烦不寐，舌苔白，脉弦细。

(4) 月经不调：因肝气郁结，冲任失调所致，症见月经周期紊乱，经前烦躁易怒，乳房胀痛，经期腹痛，腹胀便溏，舌质暗，脉弦细。

(5) 眩晕：因肝郁气滞，肝失疏泄，气血失和，肝阳上扰所致，症见头晕目眩，每遇情绪波动则加重，伴心烦不寐，大便溏，舌苔白，脉弦。

此外，有本品用于肝胆病、妇女更年期综合征、梅核气、乳腺增生、慢性附件炎及痛经的文献报道。

【不良反应】有连续服用逍遥丸后患者出现头昏、身倦、嗜睡、恶心呕吐、心慌、大汗淋漓、血压升高、药物性肝损害的文献报道。

【禁　　忌】对本品过敏者禁用。

护肝片（颗粒、胶囊）

【药物组成】柴胡、茵陈、板蓝根、五味子、猪胆粉、绿豆。

【功能主治】疏肝理气，健脾消食。具有降低转氨酶作用。用于慢性肝炎及早期肝硬化。

【剂型规格】片剂：（1）糖衣片片芯重 0.35g。（2）薄膜衣片每片重 0.36g。（3）薄膜衣片每片重 0.38g。

【用法用量】片剂：规格（1）、（2）、（3）口服。一次 4 片，一日 3 次。

【剂型规格】颗粒剂：（1）每袋装 1.5g。（2）每袋装 2g。

【用法用量】颗粒剂：

规格（1）口服。一次 1.5g，一日 3 次。

规格（2）口服。一次 2g，一日 3 次。

【剂型规格】胶囊：每粒装 0.35g。

【用法用量】胶囊：口服。一次 4 粒，一日 3 次。

【注意事项】（1）本品药性偏寒，脾胃虚寒者不宜用。

（2）本品降酶时，一般疗程为一个月，在血清丙氨酸氨基转移酶（ALT）[又称谷丙转氨酶（GPT）] 指标下降时应注意血清天门冬氨酸氨基转移酶（AST）[又称谷草转氨酶（GOT）] 是否下降，并全面观察肝功能及相应体征是否好转，以免延误病情。

（3）如果肝功能全面好转，需停用本药品时应递减剂量，不宜骤停，以免 ALT 反跳。

（4）重症肝炎、肝衰竭及肝硬化失代偿期患者不宜用。

（5）服药期间忌食辛辣油腻食物，绝对戒酒。

【临床应用】（1）胁痛：因肝郁脾虚，情志不遂，郁热夹毒所致，症见两胁窜痛，舌苔黄，脉弦；慢性肝炎及早期肝硬化见上述证候者。

（2）黄疸：因肝胆湿毒蕴结所致，症见身目发黄，尿黄，舌苔黄腻，脉滑数；慢性肝炎及早期肝硬化见上述证候者。

此外，有本品预防抗结核药物肝损害的文献报道。

【不良反应】目前尚未检索到不良反应报道。

【禁　　忌】对本品过敏者禁用。

元胡止痛片（颗粒、胶囊、滴丸）

【药物组成】醋延胡索、白芷。

【功能主治】理气，活血，止痛。用于气滞血瘀的胃痛、胁痛、头痛及痛经。

【剂型规格】片剂：（1）糖衣片片芯重 0.25g。（2）薄膜衣片每片重 0.26g。

【用法用量】片剂：规格（1）、（2）口服。一次 4～6 片，一日 3 次，或遵医嘱。

【剂型规格】颗粒剂：每袋装 5g。

【用法用量】颗粒剂：开水冲服。一次 1 袋，一日 3 次；或遵医嘱。

【剂型规格】胶囊：（1）每粒装 0.25g。（2）每粒装 0.45g。

【用法用量】胶囊：

规格（1）口服。一次 4～6 粒，一日 3 次，或遵医嘱。

规格（2）口服。一次 2～3 粒，一日 3 次，或遵医嘱。

【剂型规格】滴丸剂：每10丸重0.5g。

【用法用量】滴丸剂：口服。一次20～30丸，一日3次，或遵医嘱。

【注意事项】(1)虚证痛经，表现为经期或经后小腹隐痛喜按，月经质稀或色淡，伴有头晕目花、心悸气短者不宜用。

(2)胃阴不足胃痛者不宜用。

(3)方中含活血、行气之品，孕妇慎用。

(4)服药期间忌生冷食物。

【临床应用】(1)胃痛：因情志失调，气血瘀滞所致，症见胃脘疼痛，痛处固定不移，疼痛持久，舌质紫暗或有瘀斑，脉弦或涩；慢性胃炎、消化性溃疡见上述证候者。

(2)胁痛：因肝失条达，气血瘀滞所致，症见胁肋胀痛或刺痛，痛处拒按，入夜痛甚，舌质紫黯，脉象沉弦或涩；慢性肝炎、慢性胆囊炎、胆石症见上述证候者。

(3)头痛：因瘀血停留，阻滞脉络所致，症见头痛如锥刺，痛处固定不移，舌质紫暗或瘀斑；血管神经性头痛、外伤头痛见上述证候者。

(4)痛经：因冲任瘀阻或寒凝经脉所致，症见经前或经期腹痛，痛处固定不移，拒按，或伴有胸胁乳房胀痛，或经量少，或经行不畅，经色紫暗有块，舌紫暗或有瘀点，脉弦或弦滑。

【不良反应】目前尚未检索到不良反应报道。

【禁　　忌】对本品过敏者禁用。

2. 气郁化火　气郁化火表现为：性情急躁易怒，胸肋胀满，口苦而干，或头痛、目赤、耳鸣，或嘈杂吞酸，大便秘结，舌质红，苔黄，脉弦数。常用治疗郁证之气郁化火的中成药有丹栀逍遥丸等。

丹栀逍遥丸

【药物组成】牡丹皮、栀子(炒焦)、柴胡(酒制)、白芍(酒炒)、当归、茯苓、白术(土炒)、薄荷、甘草(蜜炙)。

【功能主治】疏肝解郁，清热调经。用于肝郁化火，胸胁胀痛，烦闷急躁，颊赤口干，食欲不振或有潮热，以及妇女月经先期，经行不畅，乳房与少腹胀痛。

【剂型规格】丸剂：每袋装6g。

【用法用量】口服。一次6～9g，一日2次。

【注意事项】(1)脾胃虚寒，脘腹冷痛，大便溏薄者不宜用。

(2)孕妇、妇女月经期慎用。

(3)服药期间饮食宜清淡，忌生冷、辛辣及油腻食物。

(4)服药期间保持心情舒畅。

【临床应用】(1)胁痛：因肝郁化火，肝克脾土而致两胁胀痛，口苦咽干，胃脘胀闷，食后加重，舌质暗红，苔黄腻，脉弦滑数。

(2)胃脘痛：因肝郁化火，肝胃不和而致胃脘胀痛连及两胁，口苦反酸，嗳气频繁，食后痞满加重，甚至呃逆呕吐，舌质红，苔黄，脉弦滑数；慢性胃炎、功能性消化不良见上述证候者。

（3）郁证：因情志不遂，肝郁化火，肝脾不和而致情绪低落，闷闷不乐，喜叹息，胸闷胁痛，腹胀便溏，心烦不寐，甚至急躁易怒，舌红苔黄，脉弦细数。

（4）月经不调：因肝郁化火，冲任失调而致月经周期紊乱，经前烦躁易怒，乳房胀痛，经期腹痛，腹胀便溏，舌红或暗，脉弦细数。

【不良反应】目前尚未检索到不良反应报道。

【禁　　忌】对本品过敏者禁用。

郁证用中成药一览表

药品名	医保目录分类	是否处方药	所含有毒药物	类别
逍遥丸（颗粒）	甲类	OTC	无	疏肝解郁
护肝片（颗粒、胶囊）	甲类	OTC	无	疏肝解郁
元胡止痛片（颗粒、胶囊、滴丸）	甲类	OTC	无	疏肝和胃
丹栀逍遥丸	甲类	OTC	无	疏肝解郁

（十九）头痛用中成药

头痛是指由于外感六淫或内伤杂病致使头部脉络拘集或失养，清窍不利所引起的，以自觉头痛为主要特征的一种常见病证。

头痛主要可以分为外感头痛和内伤头痛。

1. 外感头痛　外感头痛因外邪致病，起病较急，一般疼痛较剧，多表现为掣痛、跳痛、灼痛、胀痛、重痛，痛无止休。常用治疗外感头痛的中成药有川芎茶调丸（散、颗粒、片）、正天丸（胶囊）等。

川芎茶调丸（散、颗粒、片）

【药物组成】川芎、羌活、白芷、荆芥、薄荷、防风、细辛、甘草。

【功能主治】疏风止痛。用于外感风邪所致的头痛，或有恶寒、发热、鼻塞。

【剂型规格】丸剂：（1）每袋装6g。（2）每8丸相当于原药材3g。

【用法用量】丸剂：

规格（1）水丸，饭后清茶冲服，一次3～6g，一日2次。

规格（2）浓缩丸，饭后清茶冲服，一次8丸，一日3次。

【剂型规格】散剂：（1）每袋装3g。（2）每袋装6g。

【用法用量】散剂：规格（1）、（2）饭后清茶冲服，一次3～6g，一日2次。

【剂型规格】颗粒剂：（1）每袋装4g。（2）每袋装7.8g。

【用法用量】颗粒剂：规格（1）、（2）饭后用温开水或浓茶冲服，一次1袋，一日2次；儿童酌减。

【剂型规格】片剂：每片重0.48g。

【用法用量】片剂：饭后清茶送服，一次4～6片，一日3次。

【注意事项】（1）久病气虚、血虚、肝阳上亢之头痛不宜用。

（2）孕妇慎服。

（3）服药期间饮食宜清淡，忌辛辣、油腻之物。

【临床应用】（1）头痛：由感受风邪而致的头痛，遇风加重，伴有鼻塞、流涕；外感头痛、紧张型头痛、偏头痛见上述证候者。

（2）感冒：因外感风邪所致，伴有头痛，恶寒，发热，鼻塞；上呼吸道感染见上述证候者。

此外，有用本品治疗瘀阻脑络所致眩晕的文献报道。

【不良反应】目前尚未检索到不良反应报道。

【禁　　忌】对本品过敏者禁用。

正天丸（胶囊）

正 天 丸

【药物组成】钩藤、白芍、川芎、当归、地黄、白芷、防风、羌活、桃仁、红花、细辛、独活、麻黄、附片、鸡血藤。

【功能主治】疏风活血，养血平肝，通络止痛。用于外感风邪、瘀血阻络、血虚失养、肝阳上亢引起的偏头痛、紧张性头痛、神经性头痛，颈椎病型头痛，经前头痛。

【剂型规格】丸剂：每袋装6g。

【用法用量】饭后服用。一次6g，一日2～3次，15天为一疗程。

【注意事项】（1）高血压、心脏病患者慎用。

（2）孕妇、哺乳期妇女及年老体弱者应在医师指导下服用。

（3）过敏体质者慎用。

（4）本品不宜长期服用。

（5）服药期间忌烟、酒及辛辣、油腻食物。

【临床应用】头痛：由外感风邪、瘀血阻络所致，症见头面疼痛经久不愈，痛处固定不移，或局部跳痛，舌质紫暗或瘀斑；或因肝阳上亢，上扰清空所致，头痛而眩，心烦易怒，面赤口苦，耳鸣胁痛，夜眠不宁，苔薄黄，脉弦有力；偏头痛、紧张性头痛、神经性头痛，颈椎病型头痛，经前头痛见上述证候者。

【不良反应】个别病例服药后有谷丙转氨酶轻度升高，偶有口干、口苦、腹痛及腹泻。

【禁　　忌】（1）对本品过敏者禁用。

（2）肝肾功能不全者禁用。

【含有毒药物】附片。

正天胶囊

【药物组成】钩藤、川芎、麻黄、细辛、附子（制）、白芍、羌活、独活、防风、地黄、当归、鸡血藤、桃仁、红花、白芷。

【功能主治】疏风活血，养血平肝，通络止痛。用于外感风寒、瘀血阻络、血虚失养、肝阳上亢引起的多种头痛，神经性头痛，颈椎病型头痛，经前头痛。

【剂型规格】胶囊：每粒装 0.45g。

【用法用量】口服。一次 2 粒，一日 3 次。疗程 2 周，可连续服用 2 个疗程。

【注意事项】（1）高血压、心脏病患者慎用。

（2）孕妇、哺乳期妇女及年老体弱者应在医师指导下服用。

（3）过敏体质者慎用。

（4）本品不宜长期服用。

（5）服药期间忌烟、酒及辛辣、油腻食物。

【临床应用】头痛：由外感风寒、瘀血阻络所致，症见头面疼痛经久不愈，痛处固定不移，或局部跳痛，舌质紫暗或瘀斑。或因肝阳上亢，上扰清空所致，头痛而眩，心烦易怒，面赤口苦，耳鸣胁痛，夜眠不宁，苔薄黄，脉弦有力；多种头痛，神经性头痛，颈椎病型头痛，经前头痛见上述证候者。

【不良反应】个别病例服药后有谷丙转氨酶轻度升高，偶有口干、口苦、腹痛及腹泻。

【禁　　忌】（1）对本品过敏者禁用。

（2）肝肾功能不全者禁用。

【含有毒药物】附子。

2. 内伤头痛　内伤头痛起病缓慢，疼痛多较轻，表现为隐痛、空痛、昏痛，痛势悠悠，遇劳加重，时作时止，多属虚证。常用治疗内伤头痛的中成药有松龄血脉康胶囊、丹珍头痛胶囊、养血清脑丸（颗粒）等。

松龄血脉康胶囊

【药物组成】鲜松叶、葛根、珍珠层粉。

【功能主治】平肝潜阳，镇心安神。用于肝阳上亢所致的头痛、眩晕、急躁易怒、心悸、失眠；高血压病及原发性高脂血症见上述证候者。

【剂型规格】胶囊：每粒装 0.5g。

【用法用量】口服。一次 3 粒，一日 3 次，或遵医嘱。

【注意事项】（1）气血不足证者慎用。

（2）孕妇慎用。

（3）服药期间忌辛辣、生冷、油腻食物。

（4）高血压持续不降者及出现高血压危象者应及时到医院就诊。

【临床应用】（1）头痛：因肝阳上亢所致，症见头痛，耳鸣，心烦易怒，目赤，口苦，夜寐不安，舌红少苔，脉弦细数；高血压病及原发性高脂血症见上述证候者。

（2）眩晕：因肝阳上亢所致，症见眩晕，耳鸣，腰膝酸软，少寐多梦，心烦胸闷，目赤，口苦，舌红少苔，脉弦细数；高血压病及原发性高脂血症见上述证候者。

（3）心悸：因肝阳上亢所致，症见心悸，少寐多梦，急躁易怒，腰膝酸软，眩晕，耳鸣，口苦咽干，舌红少苔，脉弦细数；高血压病及原发性高脂血症见上述证候者。

（4）失眠：因肝阳上亢所致，症见少寐多梦，心烦易怒，眩晕，耳鸣，目赤,口苦，舌红少苔，脉弦细数；高血压病及原发性高脂血症见上述证候者。

此外，有用本品治疗稳定型心绞痛、动脉硬化性血栓性脑梗死、更年期综合征的文献报道。

【不良反应】目前尚未检索到不良反应报道。

【禁　　忌】对本品过敏者禁用。

丹珍头痛胶囊

【药物组成】高原丹参、夏枯草、熟地黄、珍珠母、鸡血藤、川芎、当归、白芍、菊花、蒺藜、钩藤、细辛。

【功能主治】平肝息风，散瘀通络，解痉止痛。用于肝阳上亢，瘀血阻络所致的头痛，背痛颈酸，烦躁易怒。

【剂型规格】胶囊：每粒装 0.5g。

【用法用量】口服。一次 3～4 粒，一日 3 次；或遵医嘱。

【注意事项】(1) 痰浊头痛不宜单独使用。

(2) 服药期间饮食应清淡，忌烟酒、油腻辛辣之品。

【临床应用】头痛：因肝阳偏亢或瘀血阻络所致，症见头胀痛或刺痛，头晕目眩，心烦易怒，失眠多梦或头痛经久不愈，日轻夜重，舌红苔薄黄，脉弦细或舌暗红有瘀斑，苔薄白，脉细涩者；血管神经性头痛（偏头痛、紧张性头痛、丛集性头痛），高血压性头痛见上述证候者。

【不良反应】个别病例服药后有谷丙转氨酶轻度升高，偶有口干、口苦、腹痛及腹泻。服用本品后有发生过敏性药疹的个案报道。

【禁　　忌】(1) 对本品过敏者禁用。

(2) 肝肾功能不全者禁用。

养血清脑丸（颗粒）

【药物组成】当归、川芎、白芍、熟地黄、钩藤、鸡血藤、夏枯草、决明子、珍珠母、延胡索、细辛。

【功能主治】养血平肝，活血通络。用于血虚肝旺所致头痛，眩晕眼花，心烦易怒，失眠多梦。

【剂型规格】丸剂：每袋装 2.5g。

【用法用量】丸剂：口服，一次 1 袋，一日 3 次。

【剂型规格】颗粒剂：每袋装 4g。

【用法用量】颗粒剂：口服，一次 4g，一日 3 次。

【注意事项】(1) 外感或湿痰阻络所致头痛、眩晕者慎用。

(2) 服药期间饮食宜用清淡易消化食物，忌食辛辣食物。

(3) 脾虚便溏患者慎用。

(4) 本品有轻度降血压作用，低血压者慎服。

【临床应用】(1) 头痛：因血虚肝旺所致，症见头痛，眩晕，视物昏花，心悸，失眠等；原发性高血压、血管神经性头痛见上述证候者。

（2）眩晕：因血虚肝旺所致，症见头晕，乏力，心悸，失眠，多梦，两目干涩，视物昏花；原发性高血压见上述证候者。

（3）不寐：因心肝血虚，血不养神所致，症见失眠多梦，心悸，乏力；神经衰弱见上述证候者。

【不良反应】目前尚未检索到不良反应报道。

【禁　　忌】（1）对本品过敏者禁用。

（2）孕妇禁服。

头痛用中成药一览表

药品名	医保目录分类	是否处方药	所含有毒药物	类别
川芎茶调丸（散、颗粒、片）	甲类	OTC	无	疏散外风
正天丸（胶囊）	甲类	OTC	附片	祛风化瘀
松龄血脉康胶囊	甲类	Rx	无	平肝息风
丹珍头痛胶囊	乙类	Rx	无	平肝息风
养血清脑丸（颗粒）	乙类	OTC	无	养血祛风

（二十）眩晕用中成药

眩是指眼花或眼前发黑，晕是指头晕甚或感觉自身或外界景物旋转。二者常同时并见，故称为“眩晕”。轻者闭目即止，重者如坐车船，旋转不定，不能站立，或伴有恶心、呕吐、汗出，甚至仆倒等症状。常用治疗眩晕的中成药有养血清脑丸（颗粒）（见头痛用中成药）、松龄血脉康胶囊（见头痛用中成药）等。

眩晕用中成药一览表

药品名	医保目录分类	是否处方药	所含有毒药物	类别
养血清脑丸（颗粒）	乙类	OTC	无	养血祛风
松龄血脉康胶囊	甲类	Rx	无	平肝息风

（二十一）痹证用中成药

痹证是因感受风寒湿热之邪，闭阻经络，气血运行不畅，引起以肢体关节疼痛、肿胀、酸楚、麻木、重着以及活动不利为主要症状的病证。

痹证可以分为风寒湿痹、风湿热痹、寒热错杂、痰瘀痹阻、气血虚痹、肝肾虚痹等。

1. 风寒湿痹　风寒湿痹表现为：关节肌肉疼痛、酸楚游走不定，或关节疼痛遇寒加重，得热痛缓，或关节重着，肿胀散漫，肌肤麻木不仁，关节屈伸不利，舌质淡，舌苔薄白或白腻，脉弦紧或濡缓。常用治疗风寒湿痹的中成药有小活络丸、风湿骨痛胶囊（片）、追风透骨丸等。

风湿骨痛胶囊（片）

【药物组成】制川乌、制草乌、红花、甘草、木瓜、乌梅、麻黄。

【功能主治】温经散寒，通络止痛。用于寒湿闭阻经络所致的痹病，症见腰脊疼痛、四肢关节冷痛；风湿性关节炎见上述证候者。

【剂型规格】胶囊：每粒装0.3g。

【用法用量】胶囊：口服，一次2～4粒，一日2次。

【剂型规格】片剂：（1）每片重0.36g。（2）每片重0.37g。

【用法用量】片剂：

规格（1）口服。一次4～6片，一日2次。

规格（2）口服，一次2～4片，一日2次。

【注意事项】（1）本品用于寒湿痹病，湿热痹病者慎用。

（2）本品含有毒性药，不可过量服用，不宜久服。

（3）心功能不全，心率失常，高血压，青光眼者慎用。

【临床应用】痹病：风寒湿邪痹阻经络，四肢关节冷痛，恶风寒，遇寒加重，遇热减轻，关节屈伸不利，腰脊疼痛，舌质淡、舌苔薄白，脉沉弦。风湿性关节炎、类风湿性关节炎、强直性脊柱炎、颈椎病、骨关节炎见上述证候者。

【不良反应】目前尚未检索到不良反应报道。

【禁　　忌】（1）对本品过敏者禁用。

（2）孕妇忌服。

【含有毒药物】制川乌、制草乌。

2. 痰瘀痹阻　痰瘀痹阻表现为：痹症日久，关节肌肉刺痛，固定不移，或关节肌肤紫暗、肿胀，按之较硬，肢体顽麻或重着，甚则关节僵硬变形，屈伸不利，有硬结、瘀斑，或胸闷痰多，舌质紫暗或有瘀斑，舌苔白腻，脉弦涩。常用治疗痰瘀痹阻的中成药有复方风湿宁胶囊（片）等。

复方风湿宁胶囊（片）

【药物组成】两面针、野木瓜、宽筋藤、过岗龙、威灵仙、鸡骨香。

【功能主治】祛风除湿，活血散瘀，舒筋止痛。用于风湿痹痛。

【剂型规格】胶囊剂：每粒装0.3g。

【用法用量】胶囊：口服。一次5粒，一日3～4次。

【剂型规格】片剂：（1）基片重0.2g。（2）薄膜衣片每片重0.21g。（3）薄膜衣片每片重0.48g。

【用法用量】片剂：

规格（1）、（2）口服。一次5片，一日3～4次。

规格（3）口服。一次2片，一日3～4次。

【注意事项】（1）风湿热痹，关节红肿热痛者不宜用。

（2）宜饭后服用。

（3）不能过量服用。

（4）忌寒凉及油腻食物，忌与酸味食物同服。

【临床应用】痹病：风湿痹阻，瘀血阻络所致，症见肢体关节肿胀疼痛，屈伸不利，肿大变形，舌淡暗，舌苔白腻，脉沉弦；类风湿关节炎、强直性脊柱炎、骨关节炎、关节风湿症见上述证候者。

【不良反应】目前尚未检索到不良反应报道。

【禁　　忌】（1）对本品过敏者禁用。

（2）儿童、孕妇禁用。

3. 肝肾虚痹　肝肾虚痹表现为：痹症日久不愈，关节疼痛时轻时重，疲劳加重，关节屈伸不利，肌肉瘦削，腰膝酸软，或畏寒肢冷，阳痿，遗精，或骨蒸劳热，心烦口干，舌质淡红，舌苔薄白或少津，脉沉细弱或细数。常用治疗肝肾虚痹的中成药有尪痹颗粒（胶囊、片）、风湿液等。

尪痹颗粒（胶囊、片）

【药物组成】地黄、熟地黄、续断、附片（黑顺片）、独活、骨碎补、桂枝、淫羊藿、防风、威灵仙、皂角刺、羊骨、白芍、狗脊（制）、知母、伸筋草、红花。

【功能主治】补肝肾，强筋骨，祛风湿，通经络。用于肝肾不足、风湿阻络所致的尪痹，症见肌肉、关节疼痛，局部肿大，僵硬畸形，屈伸不利，腰膝酸软，畏寒乏力；类风湿性关节炎见上述证候者。

【剂型规格】颗粒剂：（1）每袋装 3g。（2）每袋装 6g。

【用法用量】颗粒剂：规格（1）、（2）开水冲服。一次 6g，一日 3 次。

【剂型规格】胶囊：每粒装 0.55g。

【用法用量】胶囊：口服，一次 5 粒，一日 3 次。

【剂型规格】片剂：（1）每片重 0.25g，（2）每片重 0.5g。

【用法用量】片剂：

规格（1）糖衣片，口服。一次 7～8 片，一日 3 次。

规格（2）薄膜衣片，口服。一次 4 片，一日 3 次。

【注意事项】（1）湿热实证者慎用。

（2）服药期间忌生冷、油腻食物。

（3）有高血压、心脏病、肝病、肾病等慢性病严重患者应在医师指导下服用。

【临床应用】痹病：因久痹体虚、肝肾不足，风湿瘀阻所致，症见关节疼痛，局部肿大、僵硬畸形，屈伸不利，肿胀疼痛，腰膝酸软，恶寒畏风，肢体麻木，手足乏力；风湿性关节炎、类风湿关节炎见上述证候者。

【不良反应】目前尚未检索到不良反应报道。

【禁　　忌】（1）对本品过敏者禁用。

（2）孕妇禁用。

【含有毒药物】附子。

痹证用中成药一览表

药品名	医保目录分类	是否处方药	所含有毒药物	类别
小活络丸	乙类	Rx	制川乌、制草乌	祛风通络
风湿骨痛胶囊（片）	乙类	Rx	制川乌、制草乌	散寒除湿
追风透骨丸	甲类	Rx	川乌、草乌	散寒除湿
复方风湿宁胶囊（片）	乙类	Rx	无	祛风通络
尪痹颗粒（胶囊、片）	甲类	Rx	附子	扶正祛湿
风湿液	甲类	OTC	无	扶正祛湿

（二十二）水肿用中成药

水肿是由于多种原因导致体内水液潴留，泛滥肌肤，引起以眼睑、头面、四肢、腹背甚至全身浮肿为主要临床特征的一类病证。

水肿可以分为阳水和阴水。阳水有风水相搏、湿毒浸淫、水湿浸渍、湿热壅盛；阴水有脾阳虚衰、肾阳衰微、瘀水互节。

1. 脾阳虚衰 脾阳虚衰表现为：身肿日久，腰以下为甚，按之凹陷不易恢复，脘腹胀闷，纳减便溏，面色不华，神疲乏力，四肢倦怠，小便短少，舌质淡或胖，苔白腻或白滑，脉沉缓或沉弱。常用治疗水肿之脾阳虚衰的中成药有肾炎康复片、尿毒清颗粒等。

2. 肾阳衰微 肾阳衰微表现为：水肿反复消长不已，面浮身肿，腰以下甚，按之凹陷不起，尿量减少或反多，腰酸冷痛，四肢厥冷，怯寒神疲，面色㿠白，甚者心悸胸闷，喘促难卧，腹大胀满，舌质淡胖，苔白，脉沉细或沉迟无力。常用治疗水肿之肾阳衰微的中成药有五苓散（胶囊、片）等。

五苓散（胶囊、片）

【药物组成】茯苓、泽泻、猪苓、肉桂、炒白术。

【功能主治】温阳化气，利湿行水。用于阳不化气、水湿内停所致的水肿，症见小便不利、水肿腹胀、呕逆泄泻、渴不思饮。

【剂型规格】散剂：（1）每袋装6g。（2）每袋装9g。

【用法用量】散剂：规格（1）、（2）口服。一次6～9g，一日2次。

【剂型规格】胶囊：每粒装0.45g。

【用法用量】胶囊：口服。一次3粒，一日2次。

【剂型规格】片剂：每片重0.35g。

【用法用量】片剂：口服。一次4～5片，一日3次。

【注意事项】（1）湿热下注，气滞水停，风水泛溢所致水肿不宜用。

（2）阴虚津液不足之口渴、小便不利者不宜用。

（3）痰热犯肺，气喘咳嗽者不宜用。

（4）湿热下注，伤食所致泄泻不宜用。

（5）本品含温热及渗利药物，孕妇慎用。

（6）服药期间饮食宜清淡，忌辛辣、油腻和煎炸类食物。

【临床应用】（1）水肿：因阳气不足，膀胱气化无力，水湿内停所致，症见小便不利，肢体水肿，腹胀不适，呕逆泄泻，渴不思饮；慢性肾炎见上述证候者。

（2）痰饮：因水湿内蓄于下，挟气上攻所致，症见脐下悸动，头眩，吐涎沫，短气而咳，小便不利，舌苔白腻，脉濡；慢性支气管炎见上述证候者。

（3）泄泻：因脾胃湿困，清气不升，浊气不降所致，症见泄泻如水或稀薄，呕吐，身重，体倦，或兼烦渴，小便不利，舌苔白腻，脉沉缓；慢性肠炎见上述证候者。

（4）蓄水证：因外感表证未尽，病邪随经入里，影响膀胱气化功能，症见发汗后，微热，口渴不欲饮，小便不利，脉浮；尿潴留见上述证候者。

【不良反应】目前尚未检索到不良反应报道。

【禁　　忌】对本品过敏者禁用。

水肿用中成药一览表

药品名	医保目录分类	是否处方药	所含有毒药物	类别
肾炎康复片	甲类	Rx	无	消肿利水
尿毒清颗粒	乙类	Rx	无	消肿利水
五苓散（胶囊、片）	甲类	Rx	无	消肿利水

（二十三）淋证用中成药

淋证又称淋沥、诸淋、五淋，简称淋。主要由于下阴不洁，感受外邪，情志变化，疲劳等因素造成的小便频急、淋漓不尽、尿道涩痛、小腹拘急、痛引腰腹为特征的一类病证。

淋证主要可以分为热淋、血淋、气淋、石淋、膏淋、劳淋等。

热淋　热淋表现为：小便频数，点滴而下，灼热刺痛，尿色黄赤，少腹拘急胀痛，或伴腰痛拒按，或发热恶寒，口苦呕恶，或有大便秘结。苔黄腻，脉滑数。常用治疗热淋的中成药有癃清片（胶囊）、三金片等。

三 金 片

【药物组成】金樱根、菝葜、羊开口、金沙藤、积雪草。

【功能主治】清热解毒，利湿通淋，益肾。用于下焦湿热所致的热淋、小便短赤、淋沥涩痛、尿急频数；急慢性肾盂肾炎、膀胱炎、尿路感染见上述证候者。

【剂型规格】片剂：（1）每片相当于原药材2.1g。（2）每片相当于原药材3.5g。

【用法用量】片剂：

规格（1）口服，一次5片，一日3～4次。

规格（2）口服，一次3片，一日3～4次。

【注意事项】（1）淋证属于肝郁气滞或脾肾两虚者慎用。

（2）服药期间忌烟酒及辛辣、油腻食物。

（3）服药期间注意多饮水，避免劳累。

【临床应用】热淋：因下焦湿热所致，症见小便短赤，淋沥涩痛，尿急频数，舌苔黄腻，脉滑数；急慢性肾盂肾炎、膀胱炎、尿路感染见上述证候者。

【不良反应】有服用三金片过敏的个案报道。

【禁　　忌】（1）对本品过敏者禁用。

（2）孕妇禁用。

淋证用中成药一览表

药品名	医保目录分类	是否处方药	所含有毒药物	类别
癃清片（胶囊）	乙类	Rx	无	清热通淋
三金片	甲类	OTC	无	清热通淋

（二十四）癃闭用中成药

癃闭是以小便量少，排尿困难，甚则小便闭塞不同为主症的一种病证。其中小便不畅，点滴而短少，病势较缓者称为癃；小便闭塞，点滴不通，病势较急者称为闭。由于两者均属排尿困难，小便不通的病证，故多合称为癃闭。

癃闭主要可以分为膀胱湿热、肺热气壅、肝郁气滞、尿道阻塞、脾虚气陷、肾阳衰惫等。

肾阳衰惫　肾阳衰惫表现为：小便不通或点滴不爽，排出无力，面色㿠白，神气怯弱，畏寒怕冷，腰膝冷而酸软无力，舌质淡，脉沉细而弱。常用治疗癃闭之肾阳衰惫的中成药有癃闭舒胶囊、普乐安胶囊（片）等。

癃闭舒胶囊

【药物组成】补骨脂、益母草、金钱草、海金沙、琥珀、山慈菇。

【功能主治】益肾活血，清热通淋。用于肾气不足、湿热瘀阻所致的癃闭，症见腰膝酸软、尿频、尿急、尿痛、尿线细、伴小腹拘急疼痛；前列腺增生症见上述证候者。

【剂型规格】胶囊剂：（1）每粒装 0.3g。（2）每粒装 0.45g。

【用法用量】规格（1）、（2）口服。一次 3 粒，一日 2 次。

【注意事项】（1）肺热壅盛，肝郁气滞，脾虚气陷所致的癃闭不宜用。

（2）服药期间，忌辛辣、生冷、油腻食物，忌烟酒。

（3）伴有慢性肝脏疾病者慎用。

【临床应用】癃闭：由肾元不足，膀胱气化无力，湿热内蕴，浊瘀阻滞所致，症见腰膝酸软，排尿不畅，尿流细小，甚至滴沥不畅，小便短急频数，灼热涩痛，小腹胀满，舌暗，苔黄腻，脉弦数；前列腺增生症见上述证候者。

【不良反应】有服用本品出现肝损害及不射精的文献报道。

【禁　　忌】（1）对本品过敏者禁用。

（2）妊娠及有活动性出血疾病者禁用。

（3）有肝功能损害者禁用。

癃闭用中成药一览表

药品名	医保目录分类	是否处方药	所含有毒药物	类别
癃闭舒胶囊	甲类	Rx	无	化瘀通淋
普乐安胶囊（片）	甲类	OTC	无	益肾通淋

（二十五）遗尿用中成药

遗尿，又称尿床。是指小儿睡眠中小便自遗，醒后方觉的一种病症。多发生在3岁以上的儿童，睡眠时不能控制排尿，但不包括有器质性病变的遗尿症患者。中医认为，遗尿多由小儿肾气不足、下元虚冷或病后体弱、脾肺气虚不摄，或有不良习惯所致。常用治疗遗尿的中成药有缩泉丸（胶囊）等。

缩泉丸（胶囊）

【药物组成】山药、益智仁（盐炒）、乌药。

【功能主治】补肾缩尿。用于肾虚所致的小便频数、夜间遗尿。

【剂型规格】丸剂：每20粒重1g。

【用法用量】丸剂：口服。一次3～6g，一日3次。

【剂型规格】胶囊：每粒装0.3g。

【用法用量】胶囊：口服。成人每次6粒，5岁以上儿童每次3粒，一日3次。

【注意事项】（1）肝经湿热所致遗尿不宜用。

（2）服药期间饮食宜清淡，忌饮酒、辛辣食物。

（3）宜饭前服用。

【临床应用】（1）多尿：由肾气虚寒，膀胱气化失常所致，症见小便频数，小便清长，夜间尤甚，腰膝酸软，舌质淡，脉沉细弱；神经性尿频见上述证候者。

（2）遗尿：由肾气不固，膀胱失约所致，症见小儿夜间遗尿，伴神疲倦怠，舌淡苔薄，脉沉细；功能性遗尿见上述证候者。

此外，缩泉胶囊有治疗前列腺增生症的文献报道。

【不良反应】目前尚未检索到不良反应报道。

【禁　　忌】对本品过敏者禁用。

遗尿用中成药一览表

药品名	医保目录分类	是否处方药	含有毒药物	类别
缩泉丸（胶囊）	甲类	OTC	无	补肾缩尿

（二十六）调脂中成药

调脂中成药属中医“痰浊”“血淤”“脂膏”“浊阻”“浊质”等范畴，本病的发生多为脏气虚损、饮食不节，过食膏粱厚味、嗜酒过度、七情劳倦所伤，从而引起脾、肾、肝等脏腑功能失调,使津液的运行、输布和排泄发生障碍，致膏脂瘀积所致。高脂血症实为虚实夹杂、本虚标实之证。其临床可表现为头晕、目眩、胸闷、嗜睡、气短、体倦乏力、肢或指麻、舌质暗淡或有瘀点、苔白腻、脉弦滑等。常用调脂的中成药有血脂康胶囊等。

血脂康胶囊

【药物组成】红曲。

【功能主治】除湿祛痰，活血化瘀，健脾消食。用于脾虚痰瘀阻滞症的气短、乏力、头晕、头痛、胸闷、腹胀、食少纳呆等；高脂血症；也可用于高脂血症及动脉粥样硬化引起的心脑血管疾病的辅助治疗。

【剂型规格】每粒装 0.3g。

【用法用量】口服。一次 2 粒，一日 2 次。早晚饭后服用；轻、中度患者一日 2 粒，晚饭后服用，或遵医嘱。

【注意事项】（1）治疗期间，饮食宜清淡，忌油腻食物。

（2）用药期间应定期检查血脂、血清氨基转移酶和肌酸磷酸激酶；有肝病史者服用本品尤其要注意肝功能的监测。

（3）用药期间，如发生血清氨基转移酶增高达正常高限 3 倍，或血清肌酸磷酸激酶显著增高时，应停用本品。

（4）不推荐孕妇及乳母使用。

【临床应用】高脂血症：因脾虚痰瘀阻滞所致，症见头晕头重，胸闷泛恶，腹胀，纳呆，肢体麻木，心悸气短，舌暗或有瘀斑瘀点，脉弦滑或弦涩。

此外，有本品用于治疗高黏血症，脂肪肝，高血压的文献报道。

【不良反应】（1）本品常见不良反应为胃肠道不适，如胃痛、腹胀、胃部灼热等。

（2）偶可引起血清氨基转移酶和肌酸磷酸激酶可逆性升高。

（3）罕见乏力、口干、头晕、头痛、肌痛、皮疹、胆囊疼痛、浮肿、结膜充血和泌尿道刺激症状。

【禁　　忌】（1）对本品过敏者禁用。

（2）活动性肝炎或无法解释的血清氨基转移酶升高者禁用。

调脂中成药一览表

药品名	医保目录分类	是否处方药	所含有毒药物	类别
血脂康胶囊	甲类	Rx	无	化浊降脂

（二十七）皮肤病用中成药

发生于人体皮肤、黏膜及皮肤附属器的疾病统称为皮肤病。皮肤病的病因复杂，但归纳起来不外乎内因、外因两类。外因主要是风、湿、热、虫、毒；内因主要是七情内伤、饮食劳倦和肝肾亏损。其病机主要因气血失和、脏腑失调、邪毒结聚而致生风、生湿、化燥、致虚、致瘀、化热、伤阴等。常用治疗皮肤病用中成药有消银颗粒（片）、润燥止痒胶囊等。

润燥止痒胶囊

【药物组成】何首乌、制何首乌、生地黄、桑叶、苦参、红活麻。

【功能主治】苗医：怡象任早，墟痕任者，滇劫挡祛卡，任哈赊嘎：雪皮风症。

中医：养血滋阴，祛风止痒，润肠通便。用于血虚风燥所致的皮肤瘙痒；热毒蕴肤所致的痤疮肿痛，热结便秘。

【剂型规格】胶囊：每粒装 0.5g。

【用法用量】口服。一次 4 粒，一日 3 次，2 周为一疗程；或遵医嘱。

【注意事项】（1）忌烟酒、辛辣、油腻及腥发食物。

（2）用药期间不宜同时服用温热性药物。

（3）患处不宜用热水洗烫。

（4）因糖尿病、肾病、肝病、肿瘤等疾病引起的皮肤瘙痒不宜使用。

（5）切忌用手挤压患处，如有多量结节、囊肿、脓疱等应去医院就诊。

【临床应用】（1）粉刺：因血热蕴阻肌肤所致，症见颜面红斑、粉刺、毛囊一致性丘疹，脓包，以额头、口鼻周围为多，常伴有皮肤灼热，干渴喜冷饮，大便偏干；痤疮见上述症候者。

（2）风瘙痒：因血虚风燥所致，症见皮肤剧烈瘙痒，遇热易发作，入夜尤甚，夜寐不安，皮肤初无损害，但于过度搔抓后出现抓痕，血痂，色素沉着，湿疹化，苔癣样变等；皮肤瘙痒症见上述证候者。

（3）便秘：因以阴虚血燥，热结大肠所致，症见腹胀便秘，便干不畅；功能性便秘见上述证候者。

【不良反应】有服用本品后引起皮疹伴瘙痒的个案报道。

【禁　　忌】（1）对本品过敏者禁用。

（2）孕妇、儿童、年老体弱者禁用。

皮肤病用中成药一览表

药品名	医保目录分类	是否处方药	所含有毒药物	类别
消银颗粒（片）	乙类	Rx	无	养血祛风
润燥止痒胶囊	乙类	OTC	无	养血祛风

二、外科用药

（一）肝胆疾病用中成药

肝胆病症与肝胆特性和肝胆生理功能的变化密切相关。肝主疏泄，主藏血，主筋，开窍于目。胆附于肝，内藏“精液”。肝经属肝络胆，肝胆相为表里。肝胆的病理表现主要是气机的流畅、血液的贮藏调节和胆汁疏泄功能的异常。常用治疗肝胆疾病的中成药有消炎利胆片（颗粒、胶囊）等。

消炎利胆片（颗粒、胶囊）

【药物组成】穿心莲、溪黄草、苦木。

【功能主治】清热，祛湿，利胆。用于肝胆湿热所致的胁痛、口苦；急性胆囊炎、胆管炎见上述证候者。

【剂型规格】片剂：(1)薄膜衣小片(0.26g，相当于饮片 2.6g)。(2)薄膜衣大片(0.52g，相当于饮片 5.2g)。(3) 糖衣片（片芯重 0.25g，相当于饮片 2.6g）。

【用法用量】片剂：口服。一次 6 片（小片）或 3 片（大片），一日 3 次。

【剂型规格】颗粒剂：每袋装 2.5g。

【用法用量】颗粒剂：温开水送服，一次 2.5g，一日 3 次。

【剂型规格】胶囊：每粒装 0.45g。

【用法用量】胶囊：口服。一次 4 粒，一日 3 次，或遵医嘱。

【注意事项】(1) 脾胃虚寒者慎用。

(2) 孕妇慎用。

(3) 服药期间饮食宜清淡，忌食辛辣油腻之品，并戒酒。

(4) 本品所含苦木有一定毒性，不宜过量、久服。

(5) 用于治疗急性胆囊炎感染时，应密切观察病情变化，若发热、黄疸、上腹痛等症状加重时，应及时请外科处理。

【临床应用】(1) 胆胀：因肝胆湿热蕴结所致，症见右胁胀痛，口苦，厌食油腻，小便黄，舌红苔黄腻，脉弦滑数；急性胆囊炎、胆管炎见上述证候者。

(2) 胁痛：因湿热蕴结肝胆，疏泄失职所致，症见胁痛，口苦，厌食油腻，尿黄，舌苔黄腻，脉弦滑数；急、慢性肝炎见上述证候者。

【不良反应】有服用消炎利胆片引起红斑型药疹、月经不调的个案报道。

【禁　　忌】对本品过敏者禁用。

肝胆疾病用中成药一览表

药品名	医保目录分类	是否处方药	含有毒药物	类别
消炎利胆片（颗粒、胶囊）	甲类	Rx	无	清热利湿

（二）毒蛇、毒虫咬伤用中成药

毒蛇咬伤是指人体被毒蛇咬伤，其毒液由伤口进入人体内而引起的一种急性全身性中毒性疾病。

毒蛇、毒虫咬伤主要可以分为风毒证、火毒证、风火毒证、蛇毒内陷证。

风火毒证用中成药　风火毒证表现为：局部红肿较重，一般多有创口剧痛，或有水疱、血疱、瘀斑、瘀点或伤处溃烂；全身症状有头晕、头痛、眼花、寒战发热、胸闷心悸、恶心呕吐、大便秘结、小便短赤，炎症者烦躁抽搐，甚至甚至昏瞆；舌苔白黄相兼，后期苔黄，舌质红，脉弦数。常用治疗风火毒证的中成药有季德胜蛇药片等。

季德胜蛇药片

【药物组成】七叶一枝花、蟾蜍皮、蜈蚣、地锦草等。

【功能主治】清热，解毒，消肿止痛。用于毒蛇、毒虫咬伤。

【剂型规格】片剂：每片重0.4g。

【用法用量】口服。第一次20片，以后每隔6小时续服10片，危重症者将剂量增加10～20片并适当缩短服药时间。不能口服者，可行鼻饲法给药。外用，被毒蛇咬伤后，以本品和水外搽，即可消肿止痛。

【注意事项】（1）脾胃虚寒、体弱年迈者慎用。

（2）本品含有蟾蜍、蜈蚣，不可过服久服，心律失常，肝肾功能不全者慎用。

（3）用药期间忌辛辣、油腻之品。

（4）毒蛇咬伤用本品治疗效果不显著者，应改用其他方法治疗。

【临床应用】蛇虫咬伤：因蛇虫咬伤，蛇毒、虫毒入侵，内攻脏腑所致，症见局部牙痕，红肿疼痛，或起水疱，头晕，头痛，寒战发热，四肢乏力，肌肉酸痛；各种毒蛇及毒虫咬伤见上述证候者。

【不良反应】目前尚未检索到不良反应报道。

【禁　　忌】（1）对本品过敏者禁用。

（2）孕妇及哺乳期妇女禁用。

【所含有毒药物】蜈蚣。

毒蛇、毒虫咬伤用中成药一览表

药品名	医保目录分类	是否处方药	含有毒药物	类别
季德胜蛇药片	甲类	Rx	蜈蚣	清热解毒

（三）烧、烫伤用中成药

烧伤是指由于热力（火焰、灼热的气体、液体或固体）、电能、化学物质、放射线等作用于人体而引起的一种急性损伤性疾病，常伤于局部，波及全身，可出现严重的全身性并发症。常用治疗烧、烫伤的中成药有京万红软膏等。

京万红软膏

【药物组成】地榆、地黄、当归、桃仁、黄连、木鳖子、罂粟壳、血余、棕榈、半边莲、土鳖虫、白蔹、黄柏、紫草、金银花、红花、大黄、苦参、五倍子、槐米、木瓜、苍术、白芷、赤芍、黄芩、胡黄连、川芎、栀子、乌梅、冰片、血竭、乳香、没药。

【功能主治】清热解毒，凉血化瘀，消肿止痛，祛腐生肌。用于水、火、电灼烫伤，疮疡肿痛，皮肤损伤，创面溃烂。

【剂型规格】软膏剂：（1）每支装10g。（2）每支装20g。（3）每瓶装30g。（4）每瓶装50g。

【用法用量】用生理盐水清理创面，涂敷本品或将本品涂于消毒纱布上，敷盖创面，用消毒纱布包扎，一日1次。

【注意事项】(1) 如用药后出现皮肤过敏反应时要及时停用。

(2) 孕妇慎用。

(3) 本品为外用药，不可内服。

(4) 不可久用。

(5) 忌辛辣、海鲜食物。

【临床应用】(1) 烧、烫伤：由外来热源损伤所致，症见局部皮肤色红或起水疱，或疱下基底部皮色鲜红，疼痛；Ⅰ度、浅Ⅱ度、烫伤见上述证候者。

(2) 疮疡：由热毒瘀滞或热盛肉腐所致，症见局部红肿热痛、日久成脓、溃破；体表急性化脓性感染见上述证候者。

此外，有本品用于治疗慢性溃疡及褥疮、糖尿病足、蛇串疮、带状疱疹、冻疮、新生儿尿布皮炎、晒伤、皮肤缺损的文献报道。

【不良反应】目前尚未检索到不良反应报道。

【禁　　忌】(1) 与本品过敏者禁用。

(2) 烧烫伤感染者禁用。

【所含有毒药物】木鳖子、罂粟壳、土鳖虫。

烧、烫伤用中成药一览表

药品名	医保目录分类	是否处方药	含有毒药物	类别
京万红软膏	甲类	OTC	木鳖子、罂粟壳、土鳖虫	消肿活血

（四）疮疡用中成药

疮疡是各种致病因素侵袭人体后引起的体表化脓性疾病的总称，包括急性和慢性两大类。

疮疡主要可以分为：疖、疔、痈、发、有头疽、流注、发颐、丹毒、无头疽、走黄与内陷、流痰、瘰疬、褥疮、窦道。

1. 疖用中成药　疖是指发生在肌肤浅表部位、范围较小的急性化脓性疾病。根据病因、症候不同，可分为头疖、无头疖、蝼蛄疖、疖病等。其特点是肿势局限，范围多小于3cm，突起根浅，色红、灼热、疼痛，易脓、易溃、易敛。局部皮肤易红肿疼痛，可伴有发热、口干、便秘、苔黄、脉数等症状。常用治疗疖的中成药有连翘败毒丸（膏、片）、连翘败毒丸等。

连翘败毒丸（膏、片）

【药物组成】金银花、连翘、大黄、紫花地丁、蒲公英、栀子、白芷、黄芩、赤芍、浙贝母、桔梗、玄参、木通、防风、白鲜皮、甘草、蝉蜕、天花粉。

【功能主治】清热解毒，消肿止痛。用于疮疖溃烂，灼热发烧，流脓流水，丹毒疱疹，疥癣痛痒。

【剂型规格】丸剂：每袋装 9g。

【用法用量】丸剂：口服。一次 9g，一日 1 次。

【剂型规格】煎膏剂：（1）每袋装 15g。（2）每瓶装 60g。（3）每瓶装 120g。（4）每瓶装 180g。

【用法用量】煎膏剂：口服。一次 15g，一日 2 次。

【剂型规格】片剂：每片重 0.6g。

【用法用量】片剂：口服。一次 4 片，一日 2 次。

【注意事项】（1）疮疡阴证者慎用。

（2）忌食辛辣、油腻、海鲜之品。

【临床应用】（1）疮疡：由风热毒邪蕴结肌肤所致，症见肌肤红赤、肿胀、微热、疼痛，舌尖红，脉浮数；体表急性感染性疾病见上述证候者。

（2）丹毒：由于热毒瘀滞皮肤所致，症见突发全身发热，患部色红如染丹，边缘微隆起，边界清楚，疼痛，手压之红色减退，抬手复赤，舌红苔黄，脉滑数；网状淋巴管炎见上述症候者。

（3）热疮：因外感风湿热毒所致，症见群集小疱，疮面渗出，灼热刺痒，周身不适，心烦郁闷，舌红苔黄，脉弦数；疱疹、皮肤瘙痒见上述症候者。

【不良反应】目前尚未检索到不良反应报道。

【禁　　忌】（1）对本品过敏者禁用。

（2）孕妇禁用。

连翘败毒丸

【药物组成】连翘、金银花、苦地丁、天花粉、黄芩、黄连、黄柏、大黄、苦参、荆芥穗、防风、白芷、羌活、麻黄、薄荷、柴胡、当归、赤芍、甘草。

【功能主治】清热解毒，散风消肿，用于脏腑积热，风热湿毒引起的疮疡初起，红肿疼痛，憎寒发热，风湿疙瘩，遍身刺痒，大便秘结。

【剂型规格】丸剂：每 100 粒重 6g。

【用法用量】口服，一次 6g，一日 2 次。

【注意事项】（1）疮疡阴证者慎用。

（2）脾胃虚寒者慎用。

（3）忌食辛辣、油腻、海鲜之品。

【临床应用】（1）疮疡：由风热毒邪蕴结肌肤所致，症见肌肤红赤、肿胀、微热、疼痛，舌尖红，脉浮数；体表急性感染性疾病见上述证候者。

（2）风团：由风热邪毒蕴于肌表所致，症见皮肤局限性水肿隆起，突然发生，迅速消退，不留痕迹，发作时伴有剧痒；急性或过敏性荨麻疹见上述证候者。

（3）便秘：因肠胃燥热所致，症见大便秘结，脘腹胀痛，或便干不畅，舌红苔黄，脉滑数；习惯性便秘见上述证候者。

【不良反应】目前尚未检索到不良反应报道。

【禁　　忌】（1）对本品过敏者禁用。

（2）孕妇禁用。

2. 丹毒用中成药 丹毒是患部皮肤突然发红成片、色如涂丹的急性感染性疾病。多发于小腿、颜面部。发病前多有皮肤或黏膜损史。其特点是病起突然，恶寒发热，局部皮肤忽然变赤，色如丹涂脂染，焮热肿胀，边界清楚，迅速扩大，数日内可逐渐痊愈，但容易复发。常用治疗丹毒的中成药有如意金黄散、连翘败毒丸（膏、片）（见于疖用中成药）等。

如意金黄散

【药物组成】姜黄、大黄、黄柏、苍术、厚朴、陈皮、甘草、生天南星、白芷、天花粉。

【功能主治】清热解毒，消肿止痛。用于热毒瘀滞肌肤所致疮疡肿痛、丹毒流注，症见肌肤红、肿、热、痛，亦可用于跌打损伤。

【剂型规格】散剂：每袋（瓶）装3g、6g、9g、12g、30g。

【用法用量】外用。红肿，烦热，疼痛，用清茶调敷；漫肿无头，用醋或葱酒调敷，亦可用植物油或蜂蜜调敷。一日数次。

【注意事项】（1）疮疡阴证者慎用。

（2）本品为外用药，不可内服。

（3）皮肤过敏者慎用。

（4）忌辛辣、油腻、海鲜等食品。

【临床应用】（1）疮疡：因热毒瘀滞肌肤所致，症见疮形高肿，皮色焮红，灼热疼痛；急性蜂窝组织炎、急性化脓性淋巴结炎、肛周脓肿见上述证候者。

（2）丹毒：因热毒瘀滞皮肤所致，症见突发全身发热，患部色红如染丹，边缘微隆起，边界清楚，疼痛，手压之红色减退，抬手复赤，舌红苔黄，脉滑数；淋巴管炎见上述证候者。

（3）流注：因热毒瘀滞肌肤所致，症见疮形高突，皮温微热，疼痛，可见一处或多处发生；体表多发性脓肿见上述证候者。

此外，本品有用于外伤瘀血肿胀、内痔出血、褥疮、药液外渗、输卵管梗阻性不孕、慢性前列腺炎、慢性盆腔炎的文献报道。

【不良反应】外用本品有引起过敏性皮疹的个案报道。

【禁　　忌】（1）对本品过敏者禁用。

（2）孕妇禁用。

【所含有毒药物】生天南星。

治疗疮疡用中成药一览表

药品名	医保目录分类	是否处方药	含有毒药物	类别
连翘败毒丸（膏、片）	甲类	OTC	无	清热解毒
如意金黄散	甲类	OTC	生天南星	清热解毒

（五）瘰疬用中成药

瘰疬是一种发生于颈部的慢性感染性疾病。结核累累如串珠状，故名瘰疬。发病前常有虚痨病史。多见于体弱儿童或青年人，好发于颈项及耳前、耳后一侧或两侧，也有延及颌下、锁骨上及腋部者，病程进展缓慢，分为初期、中期、后期。

（1）初期：颈部核块如黄豆大小，一个或数个，可同时出现或相继发生，皮色不变，质稍硬，表面光滑，不热不痛，推之能活动，多无全身症状。

（2）中期：核块渐增大，与表皮粘连，有时数个核块互相融合成大的肿块，推之不能活动。当进一步化脓时，则表面皮肤转成暗红色，微热，按之有轻微波动感，伴低热及食欲不振、全身乏力等症状。

（3）后期：已化脓的肿块经切开或自行破溃后，流出清稀脓水，夹有败絮状物质，疮口呈潜行性管腔，疮口肉色灰白，四周皮肤紫黯，疮口久不收敛，形成窦道。常伴有潮热、咳嗽、盗汗等肺肾阴亏之症；或面色无华、头晕、失眠、经闭等气血两虚之症；或腹胀便溏、形瘦纳呆等脾虚之症。

常用治疗瘰疬的中成药有内消瘰疬丸、小金丸等。

内消瘰疬丸

【药物组成】夏枯草、玄参、大青盐、海藻、浙贝母、薄荷、天花粉、蛤壳（煅）、白蔹、连翘、大黄（熟）、甘草、地黄、桔梗、枳壳、当归、玄明粉。

【功能主治】软坚散结。用于瘰疬痰核或肿或痛。

【剂型规格】丸剂：（1）每10丸重1.85g。（2）每100粒重6g。（3）每瓶装9g。

【用法用量】丸剂：

规格（1）浓缩丸，口服，一次8丸，一日3次。

规格（2）水丸，口服。一次9g（1瓶），一日1～2次。

规格（3）水丸，口服，一次9g，一日1～2次。

【注意事项】（1）脾虚食少，大便溏泻者慎用。

（2）忌辛辣、油腻、海鲜等食品。

【临床应用】瘰疬：因痰湿凝滞所致，症见颈项及耳前耳后的一侧或两侧，或颌下，锁骨上窝，腋部结块肿大，一个或数个，皮色不变，推之能动，不热不痛，以后逐渐增大窜生；淋巴结结核见上述证候者。

【不良反应】目前尚未检索到不良反应报道。

【禁　　忌】（1）对本品过敏者禁用。

（2）孕妇禁用。

小金丸（胶囊、片）

【药物组成】人工麝香、木鳖子（去壳去油）、制草乌、枫香脂、乳香（制）、没药（制）、五灵脂（醋炒）、酒当归、地龙、香墨。

【功能主治】散结消肿，化瘀止痛。痰气凝滞所致的瘰疬、瘿瘤、乳岩、乳癖，症见肌肤或肌肤下肿块一处或数处，推之能动，或骨及骨关节肿大、皮色不变、肿硬作痛。

【剂型规格】丸剂：（1）每10丸重6g。（2）每100丸重3g。（3）每100丸重6g。

【用法用量】丸剂：规格（1）、（2）、（3）打碎后口服，一次 1.2～3g，一日 2 次；小儿酌减。

【剂型规格】胶囊：（1）每粒装 0.3g。（2）每粒装 0.35g。

【用法用量】胶囊：

规格（1）口服，一次 4～10 粒，一日 2 次，小儿酌减。

规格（2）口服，一次 3～7 粒，一日 2 次，小儿酌减。

【剂型规格】片剂：每片重 0.36g。

【用法用量】片剂：口服，一次 2～3 片，一日 2 次；小儿酌减。

【注意事项】（1）痈疽阳证，红肿热痛者不宜使用。

（2）脾胃虚寒者慎用。

（3）本品含制草乌，不宜长期使用。

（4）肝肾功能不全者慎用。

（5）服药期间忌食辛辣、油腻及海鲜等发物。

【临床应用】（1）瘰疬：由痰气凝结所致，症见颈项及耳前耳后结核、一个或数个、皮色不变、推之能动、不热不痛者；淋巴结结核见上述证候者。

（2）瘿瘤：由痰气凝结所致，症见颈部正中皮下肿块、不热不痛、随吞咽上下活动；甲状腺腺瘤、结节性甲状腺肿见上述证候者。

（3）乳癖：由肝郁痰凝所致，症见乳部肿块、一个或多个、皮色不变、经前疼痛；乳腺增生病见上述证候者。

【不良反应】有用小金丸引起皮肤过敏、腹泻、鼻衄的个案报道。

【禁　　忌】（1）对本品过敏者禁用。

（2）孕妇禁用。

【所含有毒药物】木鳖子、制草乌。

治疗瘰疬用中成药一览表

药品名	医保目录分类	是否处方药	含有毒药物	类别
内消瘰疬丸	甲类	Rx	无	软坚散结
小金丸（胶囊、片）	乙类	Rx	木鳖子、制草乌	散结消肿

（六）肛门直肠疾病用中成药

肛门直肠疾病是指发生于肛门直肠部位的疾病。

肛门直肠疾病主要可以分为痔、息肉痔、肛隐窝炎、肛痈、肛漏、肛裂、脱肛、锁肛痔。

痔用中成药　痔的表现为：初期常以无痛性便血为主要症状，血液与大便不相混合，多在排便是出现手纸带血、滴血或射血。出血呈间歇性，饮酒、过劳、便秘、腹泻等诱因常使症状加重，出血严重者可出现继发性贫血。随着痔核增大，在排便时可脱出，若不及时回纳可形成内痔嵌顿。患者常伴有大便秘结，内痔持续脱出时有分泌物溢出，并可有肛门坠胀感。常用治疗痔的中成药有地榆槐角丸、槐角丸、马应龙麝香痔疮膏等。

马应龙麝香痔疮膏

【药物组成】人工麝香、人工牛黄、珍珠、煅炉甘石粉、硼砂、冰片、琥珀。

【功能主治】清热燥湿，活血消肿，去腐生肌。用于湿热瘀阻所致的各类痔疮、肛裂，症见大便出血、或疼痛、有下坠感；亦用于肛周湿疹。

【剂型规格】软膏剂。

【用法用量】外用，涂擦患处。

【注意事项】（1）本品为外用药，不可内服。

（2）忌食辛辣、油腻之品。

（3）用于痔疮便血肿痛时应将备用的注入管轻轻插入肛门内，挤入 2g 左右药膏；用于肛裂时，把药膏敷于裂口内，敷药前应将肛门洗净。

【临床应用】（1）内痔：因湿热瘀阻所致，症见大便时出血，有痔核脱出；Ⅰ、Ⅱ、Ⅲ期内痔见上述证候者。

（2）肛裂：因湿热瘀阻所致，症见大便带血，肛门疼痛。

（3）肛周湿疹：因湿热瘀阻所致，症见肛门周围湿痒。

此外，有本品治疗鼻衄，带状疱疹，褥疮，糖尿病性皮肤溃疡，皮肤缺损，冻疮，子宫颈糜烂的文献报道。

【不良反应】有使用本品引起月经不调的文献报道。

【禁　　忌】（1）对本品过敏者禁用。

（2）孕妇禁用。

肛门直肠疾病用中成药一览表

药品名	医保目录分类	是否处方药	含有毒药物	类别
地榆槐角丸	甲类	OTC	无	清热解毒
槐角丸	甲类	OTC	罂粟壳、木鳖子、土鳖虫	凉血止血
马应龙麝香痔疮膏	甲类	OTC	无	清热消肿

（七）泌尿疾病用中成药

泌尿疾病是指发生在肾、输尿管、膀胱、尿道的疾病。

泌尿疾病主要有尿石症。

尿石症用中成药　上尿路结石的表现为：包括肾和输尿管结石。是突然发作的腰部或腰腹部绞痛和血尿，其程度与结石的部位、大小及移动情况有关。

膀胱结石的表现为：排尿中断，并引起疼痛，放射至阴茎头和远端尿道。多数患者平时有排尿不畅、尿频、尿急、尿痛和终末血尿。前列腺增生继发膀胱结石时，排尿困难加重。

尿道结石的表现为：排尿困难、排尿费力，呈点滴状，或出现尿流中断及急性尿潴留。排尿时疼痛明显，可放射至阴茎头部，后尿道结石可伴有会阴和阴囊部疼痛。

常用治疗尿石症的中成药有排石颗粒等。

排石颗粒

【药物组成】连钱草、盐车前子、木通、徐长卿、石韦、忍冬藤、滑石、瞿麦、苘麻子、甘草。

【功能主治】清热利水，通淋排石。用于下焦湿热所致的石淋，症见腰腹疼痛、排尿不畅或伴有血尿；泌尿系结石见上述证候者。

【剂型规格】颗粒剂：（1）每袋装5g。（2）每袋装20g。

【用法用量】颗粒剂：

规格（1）开水冲服。一次1袋（无蔗糖），一日3次；或遵医嘱。

规格（2）开水冲服。一次1袋，一日3次；或遵医嘱。

【注意事项】（1）脾虚便溏者慎用。

（2）服药期间应多饮水并适当活动。

（3）忌辛辣、油腻食物。

【临床应用】石淋：因湿热蕴结下焦，煎熬尿液所致，症见小便艰涩，或排尿突然中断，少腹拘急，或腰腹绞痛难忍，尿中带血，舌红，苔薄黄，脉弦；泌尿系结石见上述证候者。

【不良反应】目前尚未检索到不良反应报道。

【禁　　忌】（1）对本品过敏者禁用。

（2）孕妇禁用。

（3）双肾结石或结石直径≥1.5cm或结石嵌顿时间长伴肾积水者禁用。

泌尿疾病用中成药一览表

药品名	医保目录分类	是否处方药	含有毒药物	类别
排石颗粒	甲类	Rx	无	通淋消石

（八）周围血管疾病用中成药

周围血管疾病是指发生于心、脑血管以外的血管疾病。

周围血管疾病主要可以分为股肿、血栓性浅静脉炎、筋瘤、臁疮、脱疽。

脱疽用中成药　脱疽的表现为：好发于四肢末端，以下肢多见，初起患肢末端发凉、怕冷、苍白、麻木，可伴间歇性跛行，继则疼痛剧烈，日久患趾坏死变黑，甚至趾节脱落。常用治疗脱疽的中成药有脉管复康片（胶囊）等。

周围血管疾病用中成药一览表

药品名	医保目录分类	是否处方药	含有毒药物	类别
脉管复康片（胶囊）	乙类	Rx	无	化瘀通脉

三、妇科用药

（一）月经病用中成药

凡月经的周期、经期、经量等发生改变，以及伴随月经周期出现明显不适症状的疾病，称为“月经病”，是妇科临床的多发病。

月经病主要可以分为月经先期、月经后期、月经先后无定期、月经过多、月经过少、经期延长、经间期出血、崩漏、痛经、闭经、经行发热、经行头痛、经行眩晕、经行身痛、经行吐衄、经行泄泻、经行浮肿、经行乳房胀痛、经行情志异常、经行口靡、经行瘖瘟、经断复来等。

1. 月经先后无定期用中成药　月经先后无定期的表现为：月经周期提前 7～10 天，经期正常，连续 3 个周期以上。常用治疗月经先后无定期的中成药有益母草膏（颗粒、胶囊、片）、妇科十味片、八珍益母丸（胶囊）、乌鸡白凤丸（胶囊、片）等。

益母草膏（颗粒、胶囊、片）

【药物组成】益母草。

【功能主治】活血调经。用于血瘀所致的月经不调、产后恶露不绝，症见经水量少、淋漓不净、产后出血时间过长；产后子宫复旧不全见上述证候者。

【剂型规格】煎膏剂：（1）每瓶装 125g。（2）每瓶装 250g。

【用法用量】膏剂：规格（1）、（2）口服。一次 10g，一日 1～2 次。

【剂型规格】颗粒剂：每袋装 15g。

【用法用量】颗粒剂：开水冲服。一次 15g，一日 2 次。

【剂型规格】胶囊：每粒装 0.36g（每粒相当于原药材 2.5g）。

【用法用量】胶囊：口服。一次 2～4 粒，一日 3 次。

【剂型规格】片剂：每片含盐酸水苏碱 15mg。

【用法用量】片剂：口服。一次 3～4 片，一日 2～3 次。

【注意事项】（1）月经量多者慎用。

（2）气血不足，肝肾亏虚所致的月经不调不宜用。

（3）不宜过量服用。

【临床应用】（1）月经不调：因瘀血内停胞宫，气血运行不畅所致，症见经水量少，淋漓不净，经色紫暗，有血块，行经腹痛，块下痛减，或经期错后，舌紫暗或有瘀点，脉沉；功能性月经不调见上述证候者。

（2）产后恶露不绝：多因产后瘀血阻滞，胞脉不畅，冲任失和，新血不得归经所致，症见产后出血时间过长，小腹疼痛，舌紫暗或有瘀点，脉弦涩；产后子宫复旧不全见上述证候者。

【不良反应】有服用益母草膏出现过敏反应、腹泻的个案报道。

【禁　　忌】（1）对本品过敏者禁用。

（2）孕妇禁用。

妇科十味片

【药物组成】醋香附、川芎、当归、醋延胡索、白术、甘草、大枣、白芍、赤芍、熟地黄、碳酸钙。

【功能主治】养血舒肝，调经止痛。用于血虚肝郁所致月经不调、痛经、月经前后诸证，症见行经后错，经水量少，有血块，行经小腹疼痛，血块排出痛减，经前双乳胀痛，烦躁，食欲不振。

【剂型规格】片剂：每片重0.3g。

【用法用量】口服。一次4片，一日3次。

【注意事项】（1）气血不足导致的月经不调者慎用。

（2）用药期间宜少食辛辣刺激食物。

【临床应用】（1）月经失调：因营血不足，肝郁不舒，血海满溢不足，经血不畅所致，症见经行后错，经水量少，色暗，有血块，舌质暗淡，脉弦细；功能失调性月经不调见上述证候者。

（2）痛经：因营血不足，肝郁不舒，冲任二脉失于濡养所致，症见行经小腹疼痛，经水量少，色暗，有血块，块出痛减，月经后错，舌质暗淡，脉弦细；原发性痛经见上述证候者。

（3）月经前后诸证：因素体血虚肝郁，经前、经期气血下注冲任，心肝失于营血滋养，肝郁加重所致，症见经前双乳胀痛拒按，经期心情烦躁，胸胁胀满，食欲不振，经行后错，经水量少，舌质暗淡，苔薄，脉弦；经前期紧张综合征见上述证候者。

【不良反应】目前尚未检索到不良反应报道。

【禁　　忌】（1）对本品过敏者禁用。

（2）孕妇禁用。

八珍益母丸（胶囊）

【药物组成】益母草、党参、炒白术、茯苓、甘草、当归、酒白芍、川芎、熟地黄。

【功能主治】益气养血，活血调经。用于气血两虚兼有血瘀所致的月经不调，症见月经周期错后、行经量少、淋漓不净、精神不振、肢体乏力。

【剂型规格】丸剂：（1）每丸重9g。（2）每袋装6g。（3）每袋装9g。（4）每瓶装60g。（5）每瓶装120g。

【用法用量】丸剂：口服。水蜜丸一次6g，小蜜丸一次9g，大蜜丸一次1丸，一日2次。

规格（1）大蜜丸，口服。一次1丸，一日2次。

规格（2）水蜜丸，口服。一次6g，一日2次。

规格（3）小蜜丸，口服。一次9g，一日2次。

规格（4）水蜜丸，口服。一次6g，一日2次。

规格（5）水蜜丸，口服。一次6g（约一瓶盖），一日2次。

【剂型规格】胶囊：每粒装0.28g。

【用法用量】胶囊：口服。一次3粒，一日3次。

【注意事项】（1）寒凝血瘀所致月经不调者慎用。

（2）服药期间，忌食辛辣、生冷之品。

【临床应用】月经不调：因先天禀赋不足，或劳倦内伤太过，气血亏虚，冲任瘀滞，血海不足，经血运行不畅所致，症见月经周期错后、行经量少、淋漓不断、精神不振、肢体乏力、面色无华、舌淡苔白、脉缓弱；功能性月经不调见上述证候者。

此外，有用八珍益母丸治疗人流出血、药流后出血的文献报道。

【不良反应】目前尚未检索不良反应报道。

【禁　　忌】（1）对本品过敏者禁用。

（2）孕妇、月经过多者禁用。

乌鸡白凤丸（片）

【药物组成】乌鸡（去毛爪肠）、鹿角胶、鳖甲（制）、牡蛎（煅）、桑螵蛸、人参、黄芪、当归、白芍、香附（醋制）、天冬、甘草、地黄、熟地黄、川芎、银柴胡、丹参、山药、芡实（炒）、鹿角霜。

【功能主治】补气养血，调经止带。用于气血两虚，身体瘦弱，腰膝酸软，月经不调，崩漏带下。

【剂型规格】丸剂：（1）每丸重 9g。（2）每袋装 6g。（3）每袋装 9g。（4）每 10 丸重 1g。

【用法用量】丸剂：

规格（1）大蜜丸，口服。一次 1 丸，一日 2 次。

规格（2）水蜜丸，口服。一次 6g，一日 2 次。

规格（3）小蜜丸，口服。一次 9g，一日 2 次。

规格（4）浓缩水丸，口服，一次 9g，一日 1 次；或将药丸加适量开水溶后服。

【剂型规格】片剂：每片重 0.5g。

【用法用量】片剂：口服。一次 2 片，一日 2 次。

【注意事项】（1）月经不调或崩漏属血热实证者慎用。

（2）服药期间忌食辛辣、生冷食物。

【临床应用】（1）月经不调：因气血双亏，阴虚有热，热扰冲任所致，症见经水先期而至、经量多或经量少，午后潮热，盗汗，腰腿酸软，心烦失眠，舌质偏红，脉细；功能性月经失调见上述证候者。

（2）崩漏：因气血不足，阴虚有热，热迫血行所致，症见经乱无期，月经量多，或淋沥不尽，头晕，乏力，腰腿酸痛，心烦易怒，舌质偏红，脉细数；功能性子宫出血见上述证候者。

（3）带下病：由气血虚弱，肝肾不足，虚热内扰，任、带脉不固，津液下夺所致，症见带下量多，黄白相兼，腰酸腿软，盗汗，舌质偏红，脉细。

此外，有用乌鸡白凤丸治疗药物流产后出血、血小板减少、再生障碍性贫血、围绝经期综合征、老年性便秘的文献报道。

【不良反应】有服用乌鸡白凤丸出现过敏反应、心律失常的个案报道。

【禁　　忌】（1）对本品过敏者禁用。

（2）孕妇禁用。

乌鸡白凤胶囊

【药物组成】乌鸡（去毛爪肠）、丹参、地黄、香附（醋制）、人参、白芍、牡蛎（煅）、鹿角霜、银柴胡、甘草、黄芪、鳖甲（制）。

【功能主治】补气养血，调经止带。用于气血两虚，身体瘦弱，腰膝酸软，月经不调，崩漏带下。

【剂型规格】胶囊：每粒装 0.3g。

【用法用量】口服。一次 2～3 粒，一日 3 次。

【注意事项】（1）月经不调或崩漏属血热实证者慎用。

（2）服药期间忌食辛辣、生冷食物。

【临床应用】（1）月经不调：因气血双亏，阴虚有热，热扰冲任所致，症见经水先期而至、经量多或经量少，午后潮热，盗汗，腰腿酸软，心烦失眠，舌质偏红，脉细；功能性月经失调见上述证候者。

（2）崩漏：因气血不足，阴虚有热，热迫血行所致，症见经乱无期，月经量多，或淋沥不尽，头晕，乏力，腰腿酸痛，心烦易怒，舌质偏红，脉细数；功能性子宫出血见上述证候者。

（3）带下病：由气血虚弱，肝肾不足，虚热内扰，任、带脉不固，津液下夺所致，症见带下量多，黄白相兼，腰酸腿软，盗汗，舌质偏红，脉细。

【禁　　忌】（1）对本品过敏者禁用。

（2）孕妇禁用。

2. 月经后期用中成药　月经后期的表现为：月经周期错后一周以上甚至 3～5 个月一行，经期正常，连续 2 个月月经周期以上。常用治疗月经后期的中成药有少腹逐瘀丸（颗粒、胶囊）、艾附暖宫丸等。

少腹逐瘀丸（颗粒、胶囊）

【药物组成】当归、蒲黄、五灵脂 （醋炒）、赤芍、小茴香（盐炒）、延胡索（醋制）、没药（炒）、川芎、肉桂、炮姜。

【功能主治】温经活血，散寒止痛。用于寒凝血瘀所致的月经后期、痛经、产后腹痛，症见行经后错、行经小腹冷痛、经血紫暗、有血块、产后小腹疼痛喜热、拒按。

【剂型规格】丸剂：每丸重 9g。

【用法用量】丸剂：温黄酒或温开水送服，一次 1 丸，一日 2～3 次。

【剂型规格】颗粒剂：（1）每袋装 1.6g。（2）每袋装 5g。

【用法用量】颗粒剂：

规格（1）用开水冲服。一次 1.6g，一日 2～3 次；或遵医嘱。

规格（2）用温黄酒或温开水送服。一次 5g，一日 3 次；或遵医嘱。

【剂型规格】胶囊：0.45g/粒。

【用法用量】胶囊：温开水送服，一次 3 粒，一日 3 次；或遵医嘱。

【注意事项】（1）湿热为患、阴虚有热者慎用。

（2）治疗产后腹痛应排除胚胎或胎盘组织残留，出血多者慎用。

（3）服药期间忌食生冷、寒凉食物。

【临床应用】（1）月经后期：多因寒凝胞宫，冲任瘀阻，阴血不能按时下注胞宫引起。症见月经周期后错，经血色暗红，有血块，月经量少，经行不畅，或伴少腹冷痛，腹胀喜温，畏寒肢冷，舌质紫暗，或有瘀斑瘀点，苔薄白，脉沉弦；功能性月经失调见上述证候者。

（2）痛经：经期感寒饮冷，寒凝胞宫，经脉阻滞所致，症见经期将至或经行之时小腹冷痛喜温，拒按，甚则腹痛难忍。经血或多或少，有血块，块下痛减，腰腹胀，四肢不温，舌质淡暗或有瘀斑瘀点，脉沉弦。

（3）产后腹痛：多因产后受寒，胞脉阻滞所致，症见小腹冷痛喜温，得温痛减，恶露淋漓不止，色暗，畏寒肢冷，面色㿠白，舌质淡暗，脉沉弦。

此外，有本品用于寒凝血滞型月经量少，药流后子宫出血，慢性盆腔炎的文献报道。

【不良反应】目前尚未检索到不良反应报道。

【禁　　忌】（1）对本品过敏者禁用。

（2）孕妇禁用。

艾附暖宫丸

【药物组成】艾叶（炭）、醋香附、制吴茱萸、肉桂、当归、川芎、白芍（酒炒）、地黄、炙黄芪、续断。

【功能主治】理气养血，暖宫调经。用于血虚气滞、下焦虚寒所致的月经不调、痛经，症见经行后错、经量少、有血块、小腹疼痛、经行小腹冷痛喜热、腰膝疼痛。

【剂型规格】丸剂：（1）每丸重9g。（2）每袋装9g。（3）每84丸约重1g,每瓶装45g。（4）每瓶装72g。（5）每45粒重9g。（6）每100丸重4g。（7）每100丸重10g。

【用法用量】丸剂：

规格（1）大蜜丸，口服。一次1丸，一日2～3次。

规格（2）小蜜丸，口服。一次9g，一日2～3次。

规格（3）水蜜丸，口服。一次4.5g（约2/3量杯，瓶盖为量杯），一日2～3次。

规格（4）小蜜丸，口服。一次9g，一日2～3次。

规格（5）小蜜丸，口服。一次9g,一日2～3次。

规格（6）水蜜丸，口服，一次6g,一日2～3次。

规格（7）水蜜丸，口服，一次6g,一日2～3次。

【注意事项】（1）热证、实证者不宜用。

（2）忌食辛辣、寒凉食物。

（3）过敏体质者慎用。

【临床应用】（1）月经后期：因阴血不足，胞宫虚寒，冲任失和所致，症见月经逾期7天以上，经血色暗，有血块，小腹畏寒疼痛，腹胀，喜温按，四肢不温，面色无华，倦怠乏力，舌质淡暗，脉弦细；功能性月经失调见上述证候者。

（2）月经过少：因气血两虚，胞宫不温，冲任失和所致，症见月经量渐少，经血淡暗，有血块，小腹冷痛，得温痛减，腰酸腹胀，畏寒肢冷，倦怠乏力，舌质淡暗或有瘀斑，脉弦细；功能性月经失调见上述证候者。

（3）痛经：因寒凝胞宫，血虚不荣，气滞血瘀所致，症见经期小腹冷痛坠胀，喜温按，经血色暗，有血块，腰酸肢冷，乏力，面黄，舌质淡暗或有瘀斑，脉沉细或弦细。

此外，有用本品治疗慢性腹泻的文献报道。

【不良反应】目前尚未检索到不良反应报道。

【禁　　忌】（1）对本品过敏者禁用。

（2）孕妇禁用。

【所含有毒药物】吴茱萸。

3. 月经过多用中成药　月经过多的表现为：月经周期、经期正常，经量明显多于既往。常用治疗月经过多的中成药有茜芷胶囊、葆宫止血颗粒等。

茜芷胶囊

【药物组成】川牛膝、三七、茜草（制）、白芷。

【功能主治】活血止血，祛瘀生新，消肿止痛。用于气滞血瘀所致的子宫出血过多，时间延长，淋漓不止，小腹疼痛；药物流产后子宫出血量多见上述症候者。

【剂型规格】胶囊剂：每粒装 0.4g。

【用法用量】饭后温开水送服。一次 5 粒，一日 3 次，连服 9 天为一个疗程，或遵医嘱。

【注意事项】（1）大出血者注意综合治疗。

（2）饮食宜营养丰富，忌食生冷、辛辣食物。

【临床应用】子宫出血过多：由药物流产后，瘀血阻滞所致，症见阴道出血量多，出血时间延长，或淋漓不止，色紫暗或紫红，有血块，小腹疼痛等；药物流产后子宫出血量多见上述证候者。

此外，有用本品治疗宫内节育器致异常子宫出血的文献报道。

【不良反应】少数患者服药后胃脘部不适，一般不影响继续用药；偶见皮疹，可对症处理。

【禁　　忌】（1）对本品过敏者禁用。

（2）孕妇禁用。

葆宫止血颗粒

【药物组成】牡蛎（煅）、白芍、侧柏叶（炒炭）、地黄、金樱子、柴胡（醋制）、三七、仙鹤草、椿皮、大青叶。

【功能主治】固经止血。滋阴清热。用于冲任不固、阴虚血热所致月经过多、经期延长，症见月经量多或经期延长，经色深红、质稠，或有小血块，腰膝酸软，咽干口燥，潮热心烦，舌红少津，苔少或无苔，脉细数；功能性子宫出血及上环后子宫出血见上述证候者。

【剂型规格】颗粒剂：每袋装 15g。

【用法用量】开水冲服。一次 1 袋，一日 2 次。月经来后开始服药，14 天为一个疗程，连续服用 2 个月经周期。

【注意事项】（1）心脾两虚，气不摄血者慎用。

（2）孕妇慎用。

（3）饮食宜营养丰富，忌食生冷、辛辣食物。

【临床应用】（1）月经过多：因冲任不固、阴虚血热所致，症见月经量多或经期延长，经色深红、质稠，或有小血块，腰膝酸软，咽干口燥，潮热心烦，舌红少津，苔少或无苔，脉细数；功能性子宫出血及上环后子宫出血见上述证候者。

（2）经期延长：因冲任不固、阴虚血热所致，症见经期延长，经色深红、质稠，或有小血块，腰膝酸软，咽干口燥，潮热心烦，舌红少津，苔少或无苔，脉细数；功能性子宫出血及上环后子宫出血见上述证候者。

此外，本品有减少药物流产后阴道出血、缩短出血时间，减少顺产产后出血量、减轻宫缩痛、缩短恶露时间、促进子宫复旧的文献报道。

【不良反应】目前尚未检索到不良反应报道。

【禁　　忌】对本品过敏者禁用。

4. 经断前后诸证用中成药　经断前后诸证的表现为：妇女在绝经前后，出现烘然而热，面赤汗出，烦躁易怒，失眠健忘，精神倦怠，头晕目眩，耳鸣心悸，腰背酸痛，手足心热，或伴有月经紊乱等与绝经有关的症状。常用治疗经断前后诸证的中成药有更年安片（胶囊）、坤泰胶囊等。

更年安片（胶囊）

【药物组成】地黄、泽泻、麦冬、熟地黄、玄参、茯苓、仙茅、磁石、牡丹皮、珍珠母、五味子、首乌藤、制何首乌、浮小麦、钩藤。

【功能主治】滋阴清热，除烦安神。用于肾阴虚所致的绝经前后诸证，症见烦热出汗、眩晕耳鸣、手足心热、烦躁不安；更年期综合征见上述证候者。

【剂型规格】片剂：（1）薄膜衣片每片重0.31g。（2）糖衣片片芯重0.3g。

胶囊：每粒装0.3g。

【用法用量】片剂：规格（1）、（2）口服。一次6片，一日2～3次。

胶囊：口服，一次3粒，一日3次。

【注意事项】（1）脾肾阳虚者慎用。

（2）服药期间应忌辛辣食物。

（3）糖尿病及肾病患者慎用。

【临床应用】绝经前后诸证：妇女经断前后，因肾阴不足、虚阳上浮所致，症见烦热出汗，眩晕耳鸣，腰疼腿软，急躁易怒，心胸烦闷，手足心热，头痛，两胁胀痛，失眠多梦，心悸，口渴，舌红苔少，脉细弦；更年期综合征见上述证候者。

【不良反应】目前尚未检索到不良反应报道。

【禁　　忌】（1）对本品过敏者禁用。

（2）孕妇禁用。

坤泰胶囊

【药物组成】熟地黄、黄连、白芍、黄芩、阿胶、茯苓。

【功能主治】滋阴清热、安神除烦。用于绝经前后诸证。阴虚火旺者，症见潮热面红、自汗盗汗，心烦不宁，失眠多梦，头晕耳鸣，腰膝酸软，手足心热；妇女卵巢功能衰退、更年期综合征见上述表现者。

【剂型规格】胶囊：每粒装0.5g。

【用法用量】口服，一次4粒，一日3次，2～4周为一疗程，或遵医嘱。

【注意事项】（1）肾阳虚衰者慎用。

（2）饮食宜清淡含富营养，忌辛辣、油腻食物。

【临床应用】（1）绝经前后诸证：妇女经断前后，因肾阴不足、阴虚火旺所致，症见潮热面红、自汗盗汗，心烦不宁，失眠多梦，头晕耳鸣，腰膝酸软，手足心热，舌红，少苔，脉细数；更年期综合征见上述症状者。

（2）卵巢功能衰退：因肾阴不足，精血亏虚所致，症见月经稀少，渐至闭经，潮热盗汗，心烦不寐，心悸怔忡，面色潮红，舌红，少苔，脉沉细。

此外，服用本品有用于治疗老年功能性失眠、幼稚型子宫、高催乳素血症的文献报道。

【不良反应】偶见服药后腹胀，胃痛，可改为饭后服药或停药处理。

【禁　　忌】对本品过敏者禁用。

月经病用中成药一览表

药品名	医保目录分类	是否处方药	含有毒药物	类别
益母草膏（颗粒、胶囊、片）	甲类	OTC	无	活血化瘀
妇科十味片	甲类	OTC	无	养血舒肝
八珍益母丸（胶囊）	乙类	OTC	无	益气养血
乌鸡白凤丸（胶囊、片）	甲类	OTC	无	益气养血
少腹逐瘀丸（颗粒、胶囊）	乙类	OTC	无	活血化瘀
艾附暖宫丸	甲类	OTC	吴茱萸	养血理气
茜芷胶囊	乙类	Rx	无	化瘀止血
葆宫止血颗粒	乙类	Rx	无	收敛止血
更年安片（胶囊）	甲类	OTC	无	滋阴安神
坤泰胶囊	乙类	Rx	无	滋阴安神

（二）带下病用中成药

带下病是指带下量明显增多或减少，色、质、气味发生异常，或伴全身、局部症状者，称为带下病。

带下病主要可以分为带下过多、带下过少。

带下过多用中成药　带下过多的表现为：带下量过多，色质、气味异常，或伴全身、局部症状。常用治疗带下过多证的中成药有妇科千金片（胶囊）、花红片（颗粒、胶囊）、宫炎平片（胶囊）、妇炎消胶囊、金刚藤糖浆、保妇康栓等。

妇科千金片（胶囊）

【药物组成】千斤拔、金樱根、穿心莲、功劳木、单面针、当归、鸡血藤、党参。

【功能主治】清热除湿，益气化瘀。用于湿热瘀阻所致的带下病、腹痛，症见带下量多,色黄质稠、臭秽，小腹疼痛，腰骶酸痛，神疲乏力；慢性盆腔炎、子宫内膜炎、慢性宫颈炎见上述证候者。

【剂型规格】片剂。

【用法用量】片剂：口服。一次 6 片，一日 3 次。

【剂型规格】胶囊：每粒装 0.4g。

【用法用量】胶囊：口服。一次 2 粒，一日 3 次，14 天为一疗程；温开水送服。

【注意事项】（1）气滞血瘀证、寒凝血瘀证者慎用。

（2）饮食宜清淡，忌辛辣食物。

（3）糖尿病患者慎用。

【临床应用】（1）带下病：因湿热瘀阻所致，症见带下量多，色黄质稠，有臭味，或小腹作痛，或阴痒，伴纳食较差，小便黄少，舌苔黄腻，脉滑；慢性盆腔炎（盆腔炎性疾病后遗症）、子宫内膜炎、慢性宫颈炎见上述证候者。

（2）妇人腹痛：因湿热瘀阻所致，症见妇人腹痛，伴见带下量多，色黄质稠，有臭味，或阴痒，小便黄少，舌苔黄腻，脉滑；慢性盆腔炎（盆腔炎性疾病后遗症）、子宫内膜炎见上述证候者。

（3）月经不调：因湿热瘀阻所致，症见月经量多，经期延长，或淋漓不尽，伴有经期腹痛，小便黄少，舌苔黄腻或厚，脉滑；慢性盆腔炎（盆腔炎性疾病后遗症）见上述证候者。

此外，有用妇科千金片治疗宫内节育器异常出血、慢性咽炎的文献报道。

【不良反应】有服用妇科千金片引起药疹的个案报道。

【禁　　忌】（1）对本品过敏者禁用。

（2）孕妇禁用。

花红片（颗粒、胶囊）

【药物组成】一点红、白花蛇舌草、鸡血藤、桃金娘根、白背叶根、地桃花、菥蓂。

【功能主治】清热解毒，燥湿止带，祛瘀止痛。用于湿热瘀滞所致带下病、月经不调，症见带下量多、色黄质稠、小腹隐痛、腰骶酸痛、经行腹痛；慢性盆腔炎、附件炎、子宫内膜炎见上述证候者。

【剂型规格】片剂：（1）薄膜衣片每片重 0.29g。（2）糖衣片片芯重 0.28g。

【用法用量】片剂：规格（1）、（2）口服。一次 4～5 片，一日 3 次，7 天为一疗程，必要时可连服 2～3 个疗程，每疗程之间停药 3 天。

【剂型规格】颗粒剂：（1）每袋装 2.5g。（2）每袋装 10g。

【用法用量】颗粒剂：

规格（1）温水冲服，一次 2 袋，2～3 次/日。

规格（2）开水冲服。一次 10g，一日 3 次，7 天为一疗程，必要时可连服 2～3 个疗程，每疗程之间停药 3 天。

【剂型规格】胶囊：每粒装0.25g。

【用法用量】胶囊：口服。一次3粒，一日3次，七天为一疗程，必要时可连服2～3疗程，每疗程之间休息三天。

【注意事项】（1）气血虚弱所致腹痛、带下异常者慎用。

（2）忌食生冷、厚味及辛辣食物。

【临床应用】（1）妇人腹痛：因湿热蕴结，瘀阻冲任，胞脉血行不畅所致，症见小腹疼痛拒按，腰骶胀痛，带下增多，黄稠，有臭味，或伴低热起伏，胸闷心烦，口苦咽干，纳食较差，小便黄少，舌红苔黄腻，脉弦数；慢性盆腔炎（盆腔炎性疾病后遗症）、附件炎、子宫内膜炎见上述证候者。

（2）带下病：因湿热蕴结，损及任带二脉所致，症见带下量增多，色黄质稠，有臭味，或小腹作痛，或阴痒，胸闷心烦，口苦咽干，纳食较差，小便黄少，舌红苔黄腻，脉弦数；慢性盆腔炎（盆腔炎性疾病后遗症）、附件炎、子宫内膜炎见上述证候者。

【不良反应】有服用花红片出现药疹、皮肤过敏的个案报道。

【禁　　忌】（1）对本品过敏者禁用。

（2）孕妇禁用。

宫炎平片（胶囊）

【药物组成】地稔、两面针、当归、五指毛桃、柘木。

【功能主治】清热利湿，祛瘀止痛，收敛止带。用于湿热瘀阻所致小腹隐痛、带下病，症见小腹隐痛，经色紫暗、有块、带下色黄质稠；慢性盆腔炎见上述证候者。

【剂型规格】片剂：（1）薄膜衣片每片重0.26g。（2）糖衣片片芯重0.25g。

【用法用量】片剂：规格（1）、（2）口服，一次3～4片，一日3次。

【剂型规格】胶囊：（1）每粒装0.2g。（2）每粒装0.25g。（3）每粒装0.35g。

【用法用量】胶囊：

规格（1）、（2）口服，一次3～4粒，一日3次。

规格（3）口服，一次2粒，一日3次。

【注意事项】（1）血虚失荣腹痛及寒湿带下者慎用。

（2）忌食生冷、辛辣食物。

【临床应用】（1）妇人腹痛：因湿热瘀阻，阻滞冲任，血行不畅所致，症见小腹隐痛，腰骶胀痛，经色紫暗有块，带下量多，色黄质稠，或有异味，或月经不调，舌苔黄腻或厚，脉弦数；慢性盆腔炎（盆腔炎性疾病后遗症）见上述证候者。

（2）带下病：因湿热瘀阻，流注下焦所致，症见带下量多，色黄质稠，小腹隐痛，或阴痒，小便黄少，舌苔黄腻，脉弦滑；慢性盆腔炎（盆腔炎性疾病后遗症）见上述证候者。

【不良反应】目前尚未检索到不良反应报道。

【禁　　忌】（1）对本品过敏者禁用。

（2）孕妇禁用。

金刚藤糖浆

【药物组成】金刚藤。

【功能主治】清热解毒，消肿散结。用于附件炎和附件炎性包块及妇科多种炎症。

【剂型规格】糖浆剂：每瓶装 150ml。

【用法用量】口服，一次 20ml，一日 3 次。

【注意事项】（1）血虚失荣腹痛及寒湿带下者慎用。

（2）饮食宜清淡，忌食生冷及辛辣食物。

（3）糖尿病患者慎用。

【临床应用】（1）妇人腹痛：因湿热瘀阻，冲任失调，血行不畅所致，症见妇人小腹疼痛拒按，有灼热感，腰骶胀痛，经色紫暗有块，带下量多，色黄黏稠，有臭味，舌苔黄腻，脉弦数者；附件炎及妇科多种炎症见上述证候者。

（2）癥瘕：因湿热瘀阻，瘀积日久所致，症见妇女腹部包块拒按，小腹及腰骶疼痛，带下量多，色黄，伴经期提前或延长，经血量多，舌苔黄腻，脉弦滑；附件炎性包块见上述证候者。

（3）带下病：因湿热瘀阻，流注下焦所致，症见带下量多，色黄质稠，有臭味，小腹作痛，或阴痒，小便黄，舌苔黄腻，脉弦滑；附件炎及妇科多种炎症见上述证候者。

【不良反应】有服用本品引起药疹、肝脏损害的文献报道。

【禁　　忌】（1）对本品过敏者禁用。

（2）孕妇禁用。

保妇康栓

【药物组成】莪术油、冰片。

【功能主治】行气破瘀，生肌止痛。用于湿热瘀滞所致的带下病，症见带下量多、色黄、时有阴部瘙痒；霉菌性阴道炎、老年性阴道炎、宫颈糜烂见上述证候者。

【剂型规格】栓剂：每粒重 1.74g。

【用法用量】洗净外阴部，将栓剂塞入阴道深部，或在医生指导下用药。每晚 1 粒。

【注意事项】（1）本品为阴道给药，禁止内服。

（2）忌辛辣、生冷、油腻食物。

（3）治疗期间忌房事，配偶如有感染应同时治疗。

（4）妊娠 13 周以后及哺乳期妇女在医生指导下用药。

（5）外阴白色病变、糖尿病所致的瘙痒不宜使用。

（6）带下伴血性分泌物，或伴有尿频、尿急、尿痛者，应去医院就诊。

（7）用药部位如有烧灼感等不适时应停药，严重者应向医师咨询。

（8）注意卫生，防止重复感染。用药前应先用温开水清洗外阴；给药时应洗净双手或戴指套。

（9）过敏体质慎用。

【临床应用】（1）带下病：因湿热瘀滞，损及任带所致，症见带下增多，色黄或黄白，质黏腻，臭秽，或伴阴部瘙痒，胸闷心烦，口苦咽干，纳食较差，小便黄少，舌红苔黄腻，脉滑或细滑；霉菌性阴道炎、老年性阴道炎、宫颈糜烂见上述证候者。

（2）阴痒：因湿热下注，损伤任带，带下量多，浸渍阴部所致，症见阴部瘙痒，甚则痒痛，带下色黄，黏腻臭秽，或色白如豆渣样，臭秽，口苦咽干，心烦不宁，小便黄赤，舌红苔黄腻，脉滑数；霉菌性阴道炎、老年性阴道炎见上述证候者。

【不良反应】有服用本品引起发热寒战、白细胞增多、阴道出血、阴道烧灼感、下腹坠胀的文献报道。

【禁　　忌】(1) 对本品过敏者禁用。

(2) 妊娠12周内禁用。

带下病用中成药一览表

药品名	医保目录分类	是否处方药	含有毒药物	类别
妇科千金片（胶囊）	甲类	OTC	无	清热除湿
花红片（颗粒、胶囊）	乙类	OTC	无	清热除湿
宫炎平片（胶囊）	乙类	Rx	无	清热除湿
妇炎消胶囊	乙类	OTC	无	清热解毒
金刚藤糖浆	乙类	Rx	无	清热解毒
保妇康栓	乙类	OTC	无	行气破瘀

（三）乳癖用中成药

乳癖是乳腺组织的既非炎症也非肿瘤的良性增生性疾病。多由于情志不遂，久郁伤肝，或受到精神刺激，急躁易怒，导致肝气郁结，气机阻滞于乳房，经脉阻塞不通，不通则痛，引起乳房疼痛；肝气郁久化热，热灼津液为痰，气滞、痰凝、血瘀，即可形成乳房肿块。或因肝肾不足，冲任失调，使气血瘀滞；或脾肾阳虚，痰湿内结，经脉阻塞而致乳房结块、疼痛、月经不调。常用治疗乳癖的中成药有乳癖消颗粒（胶囊、片）、乳块消颗粒（胶囊、片）等。

乳癖消颗粒（胶囊、片）

【药物组成】鹿角、蒲公英、昆布、天花粉、鸡血藤、三七、赤芍、海藻、漏芦、木香、玄参、牡丹皮、夏枯草、连翘、红花。

【功能主治】软坚散结，活血消痛，清热解毒。用于痰热互结所致的乳癖、乳痈，症见乳房结节、数目不等、大小形态不一、质地柔软，或产后乳房结块、红热疼痛；乳腺增生，乳腺炎早期见上述证候者。

【剂型规格】颗粒剂：每袋装8g（相当于原药材6g）。

【用法用量】颗粒剂：开水冲服，一次8g（一次一袋），一日三次。

【剂型规格】胶囊：每粒装0.32g。

【用法用量】胶囊：口服。一次5～6粒，一日3次。

【剂型规格】片剂：(1) 薄膜衣片每片重0.34g。(2) 薄膜衣片每片重0.67g。(3) 糖衣片片芯重0.32g。

【用法用量】片剂：口服。小片一次5～6片，大片一次3片，一日3次。

【注意事项】(1) 阴疽流注者慎用。

(2) 饮食宜清淡，忌辛辣油腻。

【临床应用】(1) 乳癖：因肝胃火盛，痰瘀互结所致，症见单侧或双侧乳房胀痛、肿块明显，皮温微热；乳腺增生病见上述证候者。

（2）乳痈：因肝胃火盛，痰热互结或乳汁瘀积，化为脓腐所致，症见产后乳房结块无波动、皮肤微红、胀痛；急性乳腺炎见上述证候者。

此外，有用本品治疗甲状腺囊肿的文献报道。

【不良反应】有服用乳癖消片引起水肿、急性荨麻疹的个案报道。

【禁　　忌】（1）对本品过敏者禁用。

（2）孕妇禁用。

乳癖用中成药一览表

药品名	医保目录分类	是否处方药	含有毒药物	类别
乳癖消颗粒（胶囊、片）	甲类	Rx	无	消肿散结
乳块消颗粒（胶囊、片）	乙类	Rx	川楝子	活血化瘀

（四）癥瘕用中成药

癥瘕是指妇女下腹有结块，或胀，或满，或痛。

癥瘕主要可以分为气滞证、血瘀证、痰湿证、热毒证。

血瘀证用中成药　血瘀证表现为：小腹有包块，积块坚硬，固定不移；疼痛拒按，肌肤少泽，口干不欲饮，月经延后或淋漓不断，面色晦暗，舌紫黯，苔厚而干，脉沉涩有力。常用治疗血瘀证的中成药有桂枝茯苓丸（胶囊）、宫瘤清胶囊（颗粒）等。

桂枝茯苓丸

【药物组成】桂枝、茯苓、牡丹皮、赤芍、桃仁。

【功能主治】活血，化瘀，消癥。用于妇人宿有癥块，或血瘀经闭，经行腹痛，产后恶露不尽。

【剂型规格】丸剂：（1）每丸重 6g。（2）每 100 丸重 10g。（3）素丸每 10 丸重 1.5g。（4）素丸每 10 丸重 2.2g。

【用法用量】丸剂：

规格（1）大蜜丸，口服。一次 1 丸，一日 1～2 次。

规格（2）水蜜丸，口服，一次 4g,一日 1～2 次。

规格（3）包衣浓缩水丸（小丸），口服，一次 9 丸，一日 1～2 次。

规格（4）包衣浓缩水丸（大丸），口服，一次 6 丸，一日 1～2 次。

【注意事项】（1）经期及经后 3 天禁服。

（2）忌食生冷、肥腻、辛辣食物。

【临床应用】（1）癥瘕：因瘀血内停，瘀阻冲任所致，症见下腹包块，推之可移，界限清楚，妇女月经不畅，血色暗紫，有小血块，腹痛如刺，痛处拒按，舌暗，有瘀斑，脉沉弦或沉涩，按之有力；子宫肌瘤、慢性盆腔炎性包块、卵巢囊肿见上述证候者。

（2）痛经：因瘀血内阻所致，症见经前或经期小腹刺痛拒按，量多或少，色黯红有血块，血块下后痛减，舌暗或有瘀点，脉沉弦或涩；原发性痛经、子宫内膜异位症见上述证候者。

(3) 闭经：由瘀血内阻所致，症见经闭不行，小腹刺痛拒按，舌暗或有瘀点，脉沉涩；继发性闭经见上述证候者。

(4) 产后恶露不尽：因瘀血阻滞胞脉所致，症见产后恶露淋漓不尽，量少，色紫黯有块，小腹疼痛拒按，舌紫黯或边有瘀点，脉弦涩；产后子宫复旧不全见上述证候者。

此外，有用本品治疗输卵管囊肿、乳房结块、药流后出血的文献报道。

【不良反应】目前尚未检索到不良反应报道。

【禁　　忌】(1) 对本品过敏者禁用。

(2) 孕妇禁用。

(3) 体弱、阴道出血量多者禁用。

桂枝茯苓胶囊

【药物组成】桂枝、茯苓、牡丹皮、桃仁、白芍。

【功能主治】活血，化瘀，消癥。用于妇人瘀血阻络所致癥块、经闭、痛经、产后恶露不尽；子宫肌瘤，慢性盆腔炎包块，痛经，子宫内膜异位症，卵巢囊肿见上述证候者；也可用于女性乳腺囊性增生病属瘀血阻络证，症见乳房疼痛、乳房肿块、胸胁胀闷；或用于前列腺增生属瘀阻膀胱证，症见小便不爽、尿细如线、或点滴而下、小腹胀痛者。

【剂型规格】胶囊：每粒装 0.31g。

【用法用量】口服。一次 3 粒，一日 3 次。饭后服。前列腺增生疗程 8 周，其余适应症疗程 12 周，或遵医嘱。

【注意事项】(1) 体弱、阴道出血量多者慎用。

(2) 忌食生冷、肥腻、辛辣食物。

【临床应用】(1) 癥瘕：因瘀血内停，瘀阻冲任所致，症见下腹包块，推之可移，界限清楚，妇女月经不畅，血色暗紫，有小血块，腹痛如刺，痛处拒按，舌暗，有瘀斑，脉沉弦或沉涩，按之有力；子宫肌瘤、慢性盆腔炎性包块、卵巢囊肿见上述证候者。

(2) 痛经：因瘀血内阻所致，症见经前或经期小腹刺痛拒按，量多或少，色黯红有血块，血块下后痛减，舌暗或有瘀点，脉沉弦或涩；原发性痛经、子宫内膜异位症见上述证候者。

(3) 闭经：由瘀血内阻所致，症见经闭不行，小腹刺痛拒按，舌暗或有瘀点，脉沉涩；继发性闭经见上述证候者。

(4) 产后恶露不尽：因瘀血阻滞胞脉所致，症见产后恶露淋漓不尽，量少，色紫黯有块，小腹疼痛拒按，舌紫黯或边有瘀点，脉弦涩；产后子宫复旧不全见上述证候者。

(5) 乳癖：因瘀血阻络所致，症见乳房疼痛、乳房肿块、胸胁胀闷；女性乳腺囊性增生病见上述证候者。

(6) 癃闭：因瘀血阻络所致，症见小便不爽、尿细如线、或点滴而下、小腹胀痛；前列腺增生见上述证候者。

此外，有用本品治疗中年妇女黄褐斑，无症状性心肌缺血、乳腺增生、免疫性不孕、药物流产不全、盆腔瘀血综合征的文献报道。

【不良反应】服用本品后，偶见胃脘不适，隐痛，停药后可自行消失。

【禁　　忌】(1) 对本品过敏者禁用。

（2）孕妇禁用。

（3）经期及经后 3 天禁服。

癥瘕用中成药一览表

药品名	医保目录分类	是否处方药	含有毒药物	类别
桂枝茯苓丸（胶囊）	乙类	Rx	无	活血化瘀
宫瘤清胶囊（颗粒）	乙类	Rx	土鳖虫、水蛭	活血化瘀

四、眼科用药

（一）风赤疮痍用中成药

风赤疮痍是胞睑皮肤红赤如朱，灼热疼痛，起水疱或脓疱，甚至溃烂的眼病。

风赤疮痍主要可以分为脾经风热证、风火上攻证、风湿热毒证、肝脾毒热证。

1. 风火上攻证用中成药 风火上攻证表现为：胞睑皮肤红赤、痒痛、灼热，起水疱；或伴发热恶寒；舌苔薄黄，脉浮数。常用治疗风火上攻证的中成药有明目上清丸（片）、明目蒺藜丸等。

明目上清丸（片）

【药物组成】桔梗、熟大黄、天花粉、石膏、麦冬、玄参、栀子、蒺藜、蝉蜕、甘草、陈皮、菊花、车前子、当归、黄芩、赤芍、黄连、枳壳、薄荷脑、连翘、荆芥油。

【功能主治】清热散风，明目止痛。用于暴发火眼，红肿作痛，头晕目眩，眼边刺痒，大便燥结，小便赤黄。

【剂型规格】丸剂：每袋（瓶）装9g。

【用与用量】丸剂：口服，一次9g，一日1～2次。

【剂型规格】片剂：（1）素片每片重0.6g。（2）薄膜衣片每片重0.63g。

【用与用量】片剂：规格（1）、（2）口服。一次4片，一日2次。

【注意事项】（1）脾胃虚寒者慎用。

（2）年老体弱者慎用。

（3）服药期间饮食宜清淡，忌辛辣、油腻食物。

（4）使用本品时，应配合治疗暴发火眼的外用眼药，如滴眼剂、洗眼剂和外敷剂等。

（5）有高血压、心脏病、肾病、糖尿病等慢性病严重患者应在医师指导下服用。

（6）暴发火眼常并发角膜疾患，如出现头痛眼痛、视力明显下降，并伴有呕吐、恶心，应及时去医院就诊。

【临床应用】（1）暴风客热：由肝经风热上扰所致，白睛红肿虚浮，甚则眼睑红赤，肿胀，灼热，异物感，眵多如脓，或有身热恶风，耳前淋巴结肿大，大便干结，小便黄赤，舌红苔黄，脉洪数；急性细菌性结膜炎见上述证候者。

（2）睑弦赤烂：由风热夹湿所致，眼睑边缘红赤刺痒，灼热疼痛，甚则眼睑边缘及附近皮肤溃烂流脓，睫毛乱生或脱落，口苦咽干，舌红苔黄，脉数；溃疡性睑缘炎见上述证候者。

【不良反应】目前尚未检索到不良反应报道。

【禁　　忌】（1）对本品过敏者禁用。

（2）孕妇禁用。

【所含有毒药物】蒺藜。

2. 肝脾毒热证中成药　肝脾毒热证表现为：胞睑红赤痒痛，水疱、脓疱簇生，患眼碜涩疼痛，畏光流泪，抱轮红赤或白睛混赤，黑睛生星翳或黑睛生翳溃烂；伴见头痛，发热，口苦；舌红苔黄，脉弦数。常用治疗肝脾毒热证的中成药有黄连羊肝丸等。

黄连羊肝丸

【药物组成】黄连、胡黄连、黄芩、黄柏、龙胆、柴胡、醋青皮、木贼、密蒙花、茺蔚子、炒决明子、石决明（煅）、夜明砂、鲜羊肝。

【功能主治】泻火明目。用于肝火旺盛，目赤肿痛，视物昏暗，羞明流泪，胬肉攀睛。

【剂型规格】丸剂：（1）每丸重 9g。（2）每袋装 6g（每 20 丸重 1g）。（3）每 100 丸重 20g。（4）每瓶装 60g。

【用法用量】丸剂：

规格（1）大蜜丸，口服。一次 1 丸，一日 1～2 次。

规格（2）水蜜丸，口服，一次 6g，一日 1～2 次。

规格（3）小蜜丸，口服，一次 9g,一日 1～2 次。

规格（4）水蜜丸，口服，一次 6g，一日 1～2 次。

【注意事项】（1）阴虚火旺、体弱年迈、脾胃虚寒者慎用。

（2）孕妇慎用。

（3）服药期间宜饮食宜清淡，忌食辛辣、肥甘之品。

（4）本品应用过程中，视力减退严重者，应及时检查，以便采取相应治疗措施。

（5）本品为内治法，有外眼症状者，要配合外用眼药或其他方法治疗，以便尽早取得疗效。

【临床应用】（1）暴风客热：因肝火旺盛所致白睛红赤如火，水肿胀起，眵多干结，目中灼热，口渴咽干，溲赤便秘，舌红苔黄，脉弦数；急性卡他性结膜炎见上述证候者。

（2）天行赤眼：与时疫疠气有关，易于传染，多为双眼发病，白睛红赤或出现小片出血，灼热涩痛，畏光流泪，少眵或无眵；流行性角膜结膜炎见上述证候者。

（3）胬肉攀睛：因肝火上炎所致胬肉初生起于内眦或外眦部，沿白睛渐渐向黑睛攀生，甚则遮蔽瞳神，红赤高起，刺痒磨痛或轻度畏光，每遇过食辛辣厚味，或饮酒之后，或少睡眠，则红赤增甚，胬肉渐长；翼状胬肉见上述证候者。

（4）视瞻昏渺：因肝火上炎所致，表现为眼外观正常，自觉视力逐渐下降，昏渺蒙昧不清，或伴有眼球疼痛，口苦咽干，舌红苔黄，脉弦数；球后视神经炎、视神经萎缩早期见上述证候者。

【不良反应】目前尚未检索到不良反应报道。

【禁　　忌】对本品过敏者禁用。

风赤疮痍用中成药一览表

药品名	医保目录分类	是否处方药	含有毒药物	类别
明目上清丸（片）	甲类	OTC	蒺藜	清热散风
明目蒺藜丸	乙类	OTC	蒺藜	清热散风
黄连羊肝丸	甲类	OTC	无	泻火明目

（二）圆翳内障用中成药

圆翳内障是指随年龄增长而晶珠逐渐混浊，视力缓慢下降，终致失明的眼病。

圆翳内障主要可以分为肝肾不足证、脾气虚弱证、肝热上扰证。

肝肾不足证用中成药　肝肾不足证的表现为：视物昏花，视力缓降，晶珠混浊；或头昏耳鸣，少寐健忘，腰酸腿软，口干；舌红苔少，脉细。或见耳鸣耳聋，潮热盗汗，虚烦不寐，口咽干痛，小便短黄，大便秘；舌红少津，苔薄黄，脉细弦数。常用治疗肝肾不足证的中成药有珍珠明目滴眼液等。

珍珠明目滴眼液

【药物组成】珍珠液、冰片。

【功能主治】清肝，明目，止痛。用于早期老年性白内障、慢性结膜炎、视疲劳等，能近期提高早期老年性白内障的远视力，并能改善眼胀眼痛、干涩不舒、不能持久阅读等症。

【剂型规格】滴眼剂：每支装 8ml、10ml、12ml、15ml。

【用法用量】滴入眼睑内，一次 1～2 滴。一日 3～5 次。

【注意事项】（1）过敏体质者慎用。

（2）药物滴入有沙涩磨痛、流泪频频者停用。

（3）用药后有眼痒，眼睑皮肤潮红，结膜水肿者停用，并到医院就诊。

（4）用药一周后症状未减者应到医院就诊。

【临床应用】（1）圆翳内障：因肝肾阴虚，目失所养所致，症见视力缓慢下降，视物昏花，晶珠轻度混浊；老年性白内障早期见上述证候者。

（2）干涩昏花：因肝阴内耗不能濡养目窍所致，症见眼痒刺痛，干涩不舒，隐涩难开，眼睑沉重；慢性结膜炎见上述证候者。

（3）视力疲劳：肝阴不足、肝气偏旺引起的阅读不能持久，久则模糊，复视，甚则头疼，眩晕，眼胀痛，眼睑垂闭，不敢睁眼，心烦易怒。

【不良反应】有用珍珠明目滴眼液致过敏反应的个案报道。

【禁　　忌】对本品过敏者禁用。

圆翳内障用中成药一览表

药品名	医保目录分类	是否处方药	含有毒药物	类别
珍珠明目滴眼液	甲类	OTC	无	泻火明目

（三）视瞻昏渺用中成药

视瞻昏渺是指眼外观无异常，中老年人出现的视物昏朦，日渐加重，终致失明的眼病。

视瞻昏渺主要可以分为脾虚湿困证、阴虚火旺证、痰瘀互结证、肝肾两虚证。

1. 肝肾两虚证用中成药 肝肾两虚证的表现为：视物模糊，视物变形，眼底可见黄斑区陈旧性渗出，中心凹光反射减弱或消失；常伴有头晕失眠或面白肢冷，精神倦怠，腰膝无力；舌淡红苔薄白，脉沉细无力。常用治疗肝肾两虚证的中成药有明目地黄丸、障眼明片（胶囊）等。

明目地黄丸

【药物组成】熟地黄、酒萸肉、牡丹皮、山药、茯苓、泽泻、枸杞子、菊花、当归、白芍、蒺藜、煅石决明。

【功能主治】滋肾，养肝，明目。用于肝肾阴虚，目涩畏光，视物模糊，迎风流泪。

【剂型规格】丸剂：（1）每丸重 9g。（2）每袋装 6g。（3）每袋装 9g。（4）每 8 丸相当于原生药 3g。

【用法用量】丸剂：

规格（1）大蜜丸，口服。一次1丸，一日2次。

规格（2）水蜜丸，口服。一次 6g，一日 2 次。

规格（3）小蜜丸，口服。一次9g，一日2次。

规格（4）浓缩丸，口服。一次8～10丸，一日3次。

【注意事项】（1）暴发火眼，表现为眼白睛充血发红，怕光，流泪，眼眵多者不宜用。

（2）肝经风热、肝火上扰者慎用。

（3）脾胃虚弱，运化失调者宜慎用。

（4）服药期间忌辛辣、油腻食物。

（5）如有迎风流泪，又有视力急剧下降，应去医院就诊。

【临床应用】（1）视瞻昏渺：因劳神竭视，血少，元气弱或精血亏损所致，眼外观端好，无异常人，自觉视力渐降，朦昧不清；一些慢性视神经视网膜疾病如慢性球后视神经炎，轻度视神经萎缩、视网膜黄斑部的退行性病变见上述证候者。

（2）干涩昏花：因劳瞻竭视，过多思虑，或房劳过度，致伤神水，目干涩不爽，视物昏花，甚则黑睛枯干光损，常伴口干鼻燥，妇女月经不调，白带稀少；角膜结膜干燥症见上述证候者。

（3）溢泪症：因年老体衰，精血不足，筋肉弛缓，眼液失约所致，症见初起迎风流泪，甚则时时泪下，但冲洗泪道检查，仍然通畅；泪道狭窄见上述证候者。

【不良反应】目前尚未检索到不良反应报道。

【禁　　忌】对本品过敏者禁用。

【所含有毒药物】蒺藜。

2. 阴虚火旺证用中成药　阴虚火旺证的表现为：视物变形，视力突然下降，黄斑部可见大片新鲜出血、渗出和水肿；口干欲饮，潮热面赤，五心烦热，盗汗多梦，腰酸膝软；舌质红，苔少，脉细数。常用治疗阴虚火旺证的中成药有复方血栓通胶囊（片）等。

复方血栓通胶囊（片）

【药物组成】三七、黄芪、丹参、玄参。

【功能主治】活血化瘀，益气养阴。用于血瘀兼气阴两虚证的视网膜静脉阻塞，症见视力下降或视觉异常、眼底瘀血征象、神疲乏力、咽干、口干；以及用于血瘀兼气阴两虚的稳定性劳累型心绞痛，症见胸闷、胸痛、心悸、心慌、气短、乏力、心烦、口干。

【剂型规格】胶囊：每粒装 0.5g。

【用法用量】胶囊：口服。一次 3 粒，一日 3 次。

【剂型规格】片剂：（1）每片重 0.35g。（2）每片重 0.4g。

【用法用量】片剂：

规格（1）口服。一次 2 片，一日 3 次。

规格（2）口服。一次 3 片，一日 3 次。

【注意事项】（1）孕妇慎用。

（2）在治疗过程中，应密切观察眼底及相应体征的变化，以防病变发生。

（3）不宜食用辛辣厚味，肥甘滋腻，难于消化之食物。

【临床应用】（1）视瞻昏渺：眼前有黑影一片遮挡，视物不清或有视物变形，眼底检查可见视网膜静脉阻塞的相关征象。伴口苦咽干，舌质淡紫，脉缓涩；视网膜静脉阻塞见上述证候者。

（2）胸痹：由血瘀兼气阴两虚所致胸闷气短，胸痛时作，心悸心慌，倦怠乏力，自汗盗汗，心烦，口干，舌质淡紫，少苔，脉细涩或结代；稳定性劳累型心绞痛见上述证候者。

【不良反应】尚未检索到不良反应报道。

【禁　　忌】对本品过敏者禁用。

视瞻昏渺用中成药一览表

药品名	医保目录分类	是否处方药	含有毒药物	类别
明目地黄丸	甲类	OTC	蒺藜	滋阴养肝
障眼明片（胶囊）	乙类	OTC	无	滋阴养肝
复方血栓通胶囊（片）	甲类	Rx	无	益气养阴

五、耳鼻喉科用药

（一）耳病用中成药

耳聋用中成药　耳聋是指因实邪蒙蔽清窍或脏腑虚损、清窍失养所致的以听力减退为主要特征的病证。耳聋有虚实之分。实者多因外邪、肝火、痰饮、瘀血等实邪蒙蔽清窍所致；虚者多由脾、肾等脏腑虚损、清窍失养所致。常用治疗耳聋的中成药有耳聋左慈丸、通窍耳聋丸等。

耳聋左慈丸

【药物组成】磁石（煅）、熟地黄、山茱萸（制）、牡丹皮、山药、茯苓、泽泻、竹叶柴胡。

【功能主治】滋肾平肝。用于肝肾阴虚，耳鸣耳聋，头晕目眩。

【剂型规格】丸剂：（1）每丸重9g。（2）每8丸相当于原生药3g。（3）每100粒重10g。

【用与用量】丸剂：

规格（1）大蜜丸，口服。一次1丸，一日2次。

规格（2）浓缩丸，口服。一次8丸，一日3次。

规格（3）水蜜丸，口服。一次6g，一日2次。

【注意事项】（1）肝阳上亢、痰瘀阻滞实证不宜用。

（2）饮食宜清淡，忌辛辣刺激及油腻食物。

（3）伴有头痛头晕，血压偏高者，应同时配合服用降压药物。

（4）本品只用于肝肾阴虚证之听力逐渐减退，耳鸣如蝉声者，凡属外耳、中耳病变而出现的耳鸣，应去医院就诊。

【临床应用】（1）耳鸣：因肾阴不足，阴虚阳亢，虚火上扰清窍所致，症见耳内蝉鸣，伴头晕头痛，面红目赤，口苦咽干，烦躁不宁，或有手足心热，盗汗，腰膝酸软，舌红，苔少，脉弦细数；神经性耳鸣见上述证候者。

（2）耳聋：因肾阴不足，阴虚阳亢，虚火上扰清窍所致，症见听力下降，伴头晕头痛，面红目赤，口苦咽干，烦躁不宁，或有手足心热，盗汗，腰膝酸软，舌红，苔少，脉弦细数；神经性耳聋见上述证候者。

此外，本品还有用于中毒性耳聋、老年性耳聋的文献报道。

【不良反应】有本品引起药疹的个案报道。

【禁　　忌】（1）对本品过敏者禁用。

（2）突发耳鸣、耳聋者禁用。

通窍耳聋丸

【药物组成】柴胡、龙胆、芦荟、熟地黄、黄芩、青黛、天南星（矾炙）、木香、青皮（醋炙）、陈皮、当归、栀子（姜炙）。

【功能主治】清肝泻火，通窍润便。用于肝经热盛，头目眩晕，耳聋蝉鸣，耳底肿痛，目赤口苦，胸膈满闷，大便燥结。

【剂型规格】丸剂：每100粒重6g。

【用法用量】口服，一次6g，一日2次。

【注意事项】（1）阴虚火旺、脾胃虚寒者慎用。

（2）服药期间饮食宜选清淡易消化之品，忌食辛辣油腻之品。

（3）本药苦寒，易伤正气，年弱体迈者慎服，且不可过服、久服。

【临床应用】（1）耳聋：由肝胆火盛，循经上扰耳窍所致，症见听力下降，伴头痛，眩晕，面红，目赤，口苦咽干，烦躁易怒，舌红苔薄黄，脉弦数；神经性耳聋见上述证候者。

（2）耳疖：由肝经热盛，正盛邪实，壅塞耳道所致，症见耳道红肿高突，如半球状，或疖肿多发，顶部可见黄色脓头，脓溃则痛减，发热，小便短赤，大便干结，舌质红苔黄，脉弦数；外耳道疖见上述证候者。

（3）脓耳：由于肝胆火热，上攻耳窍所致，症见耳底肿痛，耳鸣，耳聋，口苦，咽干，目眩，检查见鼓膜充血，或有穿孔，舌质红，苔黄，脉弦数；急性中耳炎见上述证候者。

此外，本品有用于治疗突发性耳聋、老年性耳聋、药物中毒性耳聋的报道。

【不良反应】目前尚未检索到不良反应报道。

【禁　　忌】（1）对本品过敏者禁用。

（2）孕妇忌服。

【所含有毒药物】天南星。

耳病中成药一览表

药品名	医保目录分类	是否处方药	含有毒药物	类别
耳聋左慈丸	甲类	OTC	无	滋肾平肝
通窍耳聋丸	乙类	Rx	天南星	滋肾平肝

（二）鼻病用中成药

1. 伤风鼻塞用中成药　伤风鼻塞是因感受风邪所致的以鼻塞、流涕、打喷嚏为主要症状的鼻病。本病多因气候变化，寒热不调，或生活起居不慎，过度疲劳，风邪乘虚侵袭逼窍而为病。因风为百病之长，常夹寒、夹热侵袭人体，故本病之发，又有风寒、风热之分。常用治疗伤风鼻塞的中成药有鼻炎康片、藿胆丸（片、滴丸）、辛夷鼻炎丸等。

藿胆丸（片、滴丸）

【药物组成】广藿香叶、猪胆粉。

【功能主治】芳香化浊，清热通窍。用于湿浊内蕴、胆经郁火所致的鼻塞、流清涕或浊涕、前额头痛。

【剂型规格】丸剂：（1）每瓶装 36g。（2）每 10 丸重 0.24g。（3）每 195 粒约重 3g。

【用法用量】丸剂：口服。一次 3～6g，一日 2 次。

【剂型规格】片剂：片芯重 0.2g。

【用法用量】片剂：口服。一次 3～5 片，一日 2～3 次；儿童酌减或饭后服用，遵医嘱。

【剂型规格】滴丸剂：每丸重 50mg。

【用法用量】滴丸剂：口服。一次 4～6 粒，一日 2 次。

【注意事项】（1）慢性鼻炎属虚寒证者不宜用。

（2）脾虚大便溏者慎用。

（3）孕妇慎用。

（4）忌烟酒、辛辣、鱼腥油腻食物。

【临床应用】（1）伤风鼻塞：因风寒化热，胆火上攻，湿浊内蕴，鼻失通畅所致，症见鼻塞较重，鼻流黏稠黄涕，伴发热，头痛，口渴，咳嗽，痰黄黏稠；急性鼻炎见上述证候者。

（2）鼻渊：因外感风寒化热，湿浊内蕴，胆火上攻鼻窍所致，症见前额部或眉棱骨疼痛，鼻流浊涕，不知香臭，鼻黏膜充血肿胀，头痛明显，伴发热，口苦，咽干，目眩，耳聋耳鸣，舌质红，苔黄，脉弦数；急性鼻窦炎见上述证候者。

此外，尚有治疗便秘、痔疮的报道。

【不良反应】有服用霍胆丸致剥脱性皮炎、麻疹样药疹、过敏反应、四肢浅静脉黑染的个案报道。

【禁　　忌】对本品过敏者禁用。

2. 鼻渊用中成药　鼻渊是指外邪侵袭或脏腑失调所致的以鼻流浊涕、量多不止为主要特征的鼻病。鼻渊的发生，实证多因外邪侵袭，引起肺、脾胃、胆之病变而发病，虚证多因肺、脾脏气虚损，邪气久羁，滞留鼻窍，致病情缠绵难愈。常用治疗鼻渊的中成药有香菊胶囊（片）、辛芩颗粒等。

香菊胶囊（片）

【药物组成】化香树果序（除去种子）、夏枯草、野菊花、黄芪、辛夷、防风、白芷、甘草、川芎。

【功能主治】辛散祛风，清热通窍。用于急慢性鼻窦炎、鼻炎等。

【剂型规格】胶囊：每粒装 0.3g。

【用法用量】胶囊：口服，一次 2～4 粒，一日 3 次。

【剂型规格】片剂：（1）素片每片重 0.3g。（2）薄膜衣片每片重 0.32g。

【用法用量】片剂：规格（1）、（2）口服。一次 2～4 片，一日 3 次。

【注意事项】（1）虚寒者及胆腑郁热所致鼻渊慎用。

（2）凡外感风寒之鼻塞、流清涕者，应在医师指导下使用。

（3）孕妇慎用。

（4）过敏体质者慎用。

（5）服药期间戒烟酒，忌辛辣、鱼腥食物。

【临床应用】（1）鼻渊：因风热袭肺，或肺经郁热，同时兼以表虚不固所致，症见鼻塞，涕黄或白黏，量少，检查见鼻内肌膜红肿，中鼻道有稠涕，窦窍部位压痛，多有头痛、发热、畏寒、咳嗽等症，舌质红，苔薄黄，脉浮数；急、慢性鼻窦炎见上述证候者。

（2）鼻窒：因风热袭肺，或肺经郁热，兼以表虚不固所致，症见鼻塞时轻时重，或交替性鼻塞，冷则塞减，鼻气灼热，鼻涕色黄量少，嗅觉减退；伴有头昏不清，咳嗽痰黄，时有胸中烦热，舌尖红，苔薄黄，脉浮无力；急、慢性鼻炎见上述证候者。

此外，有本品用于治疗甲型 H1N1 流感、感冒、儿童上呼吸道感染、常年性过敏性鼻炎、慢性鼻窦炎鼻息肉鼻内镜术后的文献报道。

【不良反应】未检索到不良反应的报道。

【禁　　忌】对本品过敏者禁用。

鼻病用中成药一览表

药品名	医保目录分类	是否处方药	含有毒药物	类别
鼻炎康片	甲类	OTC	无	宣肺通窍
藿胆丸（片、滴丸）	甲类	OTC	无	清热通窍
辛夷鼻炎丸	乙类	OTC	苍耳子	疏风清热
香菊胶囊（片）	乙类	OTC	无	疏风清热
辛芩颗粒	甲类	Rx	苍耳子	扶正解表

（三）咽喉、口腔病用中成药

1. 喉瘖用中成药　喉瘖是指因外邪侵袭或脏腑虚损、喉失濡养所致的以声音嘶哑为主要特征的喉部疾病。喉瘖有虚实之分。实证者多由风寒、风热、痰热犯肺，肺气不宜，邪滞喉窍，声门开阖不利而致；虚证者多因脏腑虚损，喉窍失养，声门开阖不利而致。常用治疗喉瘖的中成药有黄氏响声丸等。

黄氏响声丸

【药物组成】薄荷、浙贝母、连翘、蝉蜕、胖大海、酒大黄、川芎、儿茶、桔梗、诃子肉、甘草、薄荷脑。

【功能主治】疏风清热，化痰散结，利咽开音。用于风热外束、痰热内盛所致的急、慢性喉瘖，症见声音嘶哑、咽喉肿痛、咽干灼热、咽中有痰，或寒热头痛，或便秘尿赤；急、慢性喉炎及声带小结、声带息肉初起见上述证候者。

【剂型规格】丸剂：（1）炭衣丸每丸重 0.1g。（2）炭衣丸每丸重 0.133g。（3）糖衣丸每瓶装 400 丸。

【用法用量】丸剂：

规格（1）一次 8 丸（每丸重 0.1g），一日 3 次，饭后服用；儿童减半。

规格（2）一次 6 丸（每丸重 0.133g），一日 3 次，饭后服用；儿童减半。

规格（3）一次 20 丸，一日 3 次，饭后服用；儿童减半。

【注意事项】（1）阴虚火旺所致急、慢喉瘖者慎用。

（2）声嘶、咽痛，兼见恶寒发热、鼻流清涕等外感风寒者慎用。

（3）胃寒便溏者慎用。

（4）孕妇慎用。

（5）服药期间饮食宜清淡，忌辛辣、鱼腥油腻食物，戒烟酒。

（6）不宜在服药期间同时服用温补性中成药。

（7）声哑、咽喉痛，同时伴有其他症状，如心悸、胸闷、咳嗽气喘、痰中带血等，应及时去医院就诊。

（8）用于声带小结、息肉之初起，犯声带小结、息肉较重者应当在医生指导下使用。

【临床应用】喉瘖：因风热外束，痰热内盛，壅结喉门所致，症见声音嘶哑，咽喉肿痛，咽干灼热，咽中有痰，或寒热头痛，或便秘，尿赤，舌红，苔黄，脉数；急、慢性喉炎及声带小结、声带息肉初起见上述证候者。

有用本品治疗慢性咽炎、顽固性咳嗽的文献报道。

【不良反应】有服用本品后引起急性喉水肿的个案报道。

【禁　　忌】对本品过敏者禁用。

2. 喉痹用中成药　喉痹是指因外邪壅遏肺胃或脏腑虚损、咽喉失养所致的以咽痛或咽部不适感，咽部红肿，或后底有颗粒状突起为主要特征的咽部疾病。喉痹主要因外邪侵袭上犯咽喉、肺胃热盛上攻咽喉、肺肾阴虚虚火上炎、脾胃虚弱升降失调、脾肾阳虚咽失温煦、痰凝血瘀结聚咽喉所致。常用治疗喉痹的中成药有清咽滴丸、玄麦甘桔颗粒（胶囊）、冰硼散、银黄口服液（颗粒、胶囊、片）（见风热感冒用中成药）、养阴清肺丸（膏、颗粒）（见咳嗽用中成药）等。

清咽滴丸

【药物组成】青黛、甘草、诃子、薄荷脑、冰片、人工牛黄。

【功能主治】疏风清热，解毒利咽。用于风热喉痹，咽痛，咽干、口渴；或微恶风、发热，咽部红肿，舌边尖红，苔薄白或薄黄，脉浮数或滑数，适于急性咽炎见上述证候者。

【剂型规格】滴丸剂：每丸重 20mg。

【用法用量】含服，一次 4～6 粒，一日 3 次。

【注意事项】（1）虚火喉痹者慎用。

（2）孕妇慎用。

（3）过敏体质者慎用。

（4）服药期间饮食宜清淡，忌食辛辣刺激性食物，以免助热生痰。

（5）本药苦寒，易伤胃气，老人、儿童及素体脾胃虚弱者慎服。

（6）不宜在服药期间同时服用温补性中成药。

【临床应用】急喉痹：多因外感风热所致，症见咽部肿痛，咽干，口渴，或微恶风，发热，咽部红肿，舌边尖红，苔薄白或薄黄，脉浮数或滑数；急性咽炎见上述证候者。

此外，有用本品治疗慢性咽炎、急性扁桃体炎、急性化脓性扁桃体炎、慢性鼻咽炎的文献报道。

【不良反应】有服用本品出现胃肠不适、瘙痒的个案报道。

【禁　　忌】对本品过敏者禁用。

3. 口疮用中成药　口疮是指脏腑功能失调所致的以唇、颊、舌、上颚等处肌膜发生黄白色溃烂点且灼热疼痛为主要特征的疾病。口疮主要因心脾积热、阴虚火旺、阳气亏虚所致。常用治疗口疮的中成药有口炎清颗粒、口腔溃疡散、冰硼散等。

口炎清颗粒

【药物组成】天冬、麦冬、玄参、山银花、甘草。

【功能主治】滋阴清热，解毒消肿。用于阴虚火旺所致的口腔炎症。

【剂型规格】颗粒剂：（1）每袋装 3g。（2）每袋装 10g。

【用法用量】颗粒剂：

规格（1）口服。一次 2 袋（无蔗糖），一日 1～2 次。

规格（2）口服。一次 2 袋，一日 1～2 次。

【注意事项】（1）脾胃虚寒者慎用。

（2）过敏体质者慎用。

（3）忌烟、酒及辛辣、油腻食物。

【临床应用】口疮：因阴虚火旺，虚火上炎所致，症见黏膜破溃，口疮反复发作，口渴口干，手足心热，便干尿黄，舌苔薄黄，脉沉细；复发性口疮见上述证候者。

有本品用于治疗口腔扁平苔藓的文献报道。

【不良反应】未检索到服用本品出现不良反应的报道。

【禁　　忌】对本品过敏者禁用。

口腔溃疡散

【药物组成】青黛、枯矾、冰片。

【功能主治】清热，消肿，止痛。用于火热内蕴所致的口舌生疮、黏膜破溃、红肿灼痛；复发性口疮、急性口炎见上述证候者。

【剂型规格】散剂：每瓶装 3g。

【用法用量】用消毒棉球蘸药擦患处，一日 2～3 次。

【注意事项】（1）阴虚火旺者慎用。

（2）用药期间饮食宜清淡，忌食辛辣、油腻食物。

（3）老人、儿童及脾胃虚弱者慎用。

【临床应用】口疮、口糜：多因火热、火毒结聚，循经上攻于口腔肌膜所致，症见口腔黏膜充血肿胀，破溃有渗出，局部疼痛，口干灼热，口渴喜冷饮，便干尿黄，舌红苔黄，脉弦数；复发性口疮、急性口炎等见上述证候者。

【不良反应】未检索到使用本品发生不良反应的报道。

【禁　　忌】对本品过敏者禁用。

咽喉、口腔病用中成药一览表

药品名	医保目录分类	是否处方药	含有毒药物	类别
黄氏响声丸	甲类	OTC	无	化痰利咽
清咽滴丸	乙类	OTC	无	化痰利咽
玄麦甘桔颗粒（胶囊）	乙类	OTC	无	滋阴清热
冰硼散	甲类	Rx	朱砂	清热解毒
银黄口服液（颗粒、胶囊、片）	甲类/乙类	OTC	无	清脏腑热

续表

药品名	医保目录分类	是否处方药	含有毒药物	类别
养阴清肺丸（膏、颗粒）	甲类	OTC	无	润肺化痰
口炎清颗粒	甲类	OTC	无	滋阴清热
口腔溃疡散	甲类	OTC	无	清热凉血

六、骨伤科用药

（一）骨折用中成药

固定完整性或连续性遭到破坏者，称为骨折。骨折主要可以分为上肢骨折、下肢骨折、躯干骨折、骨骺损伤。常用治疗骨折的中成药有接骨七厘散（丸、片）、伤科接骨片等。

伤科接骨片

【药物组成】红花、土鳖虫、朱砂、马钱子粉、没药（炙）、三七、海星（炙）、鸡骨（炙）、冰片、自然铜（锻）、乳香（炙）、甜瓜子。

【功能主治】活血化瘀，消肿止痛，舒筋壮骨。用于跌打损伤，闪腰岔气，伤筋动骨，瘀血肿痛，损伤红肿等症。对骨折需经复位后配合使用。

【剂型规格】片剂。

【用法用量】口服，成人一次4片；十岁至十四岁儿童一次3片；十岁以下禁用。一日3次，以温开水或黄酒送服。

【注意事项】（1）有移位的骨折应先行复位固定后，再用药物治疗。

（2）本品含有乳香、没药，脾胃虚弱者慎用。

（3）用药期间忌食生冷油腻食物。

（4）本品不可随意增加服量，增加时，须遵医嘱。

（5）本品含马钱子，不可过服、久服。如出现中毒症状时，应立即停药并采取相应急救措施。运动员慎服。

（6）本品含朱砂，用药时注意肝、肾功能检测。

【临床应用】（1）筋伤骨折：因暴力撞击导致筋伤骨折，症见骨折或筋伤错位，肿胀疼痛，活动不利；外伤骨折见上述证候者。

（2）跌打损伤：因外伤扭挫，血离其经，瘀血阻络所致，症见肢体肿胀疼痛，局部皮肤青紫，活动受限；急性软组织损伤见上述证候者。

（3）闪腰岔气：因挑担负重、搬物屏气等所致，症见腰痛，活动受限或胸胁胀痛，痛呈走窜，胸闷气急，牵掣痛；急性腰扭伤、胸胁迸伤见上述证候者。

【不良反应】服用本品有发生药疹的文献报道。

【禁　　忌】（1）对本品过敏者禁用。

（2）孕妇禁用。

（3）肝、肾功能不全者禁用。

（4）10岁以下儿童禁用。

【所含有毒药物】土鳖虫、朱砂、马钱子粉。

骨折用中成药一览表

药品名	医保目录分类	是否处方药	含有毒药物	类别
接骨七厘散（丸、片）	甲类	Rx	土鳖虫	接骨续筋
伤科接骨片	甲类	Rx	土鳖虫、朱砂、马钱子粉	接骨续筋

（二）跌打损伤用中成药

跌打损伤包括刀枪、跌仆、殴打、闪挫、刺伤、擦伤、运动损伤，扭伤等，伤处多有疼痛、肿胀、出血或骨折、脱臼等。治疗跌打损伤的中成药，具有活血化瘀、消肿止痛的功能。活血化瘀药能疏通血脉，祛除血瘀，临床用于治疗血瘀证。按药物作用特点不同，可分为养血活血药、活血祛瘀药、祛瘀止痛药、破血散结药。常用治疗跌打损伤的中成药有云南白药（胶囊、膏、酊、气雾剂）、活血止痛散（胶囊）、七厘散（胶囊）、消痛贴膏等。

云南白药（胶囊）

【功能主治】化瘀止血，活血止痛，解毒消肿。用于跌打损伤，瘀血肿痛，吐血、咳血、便血、痔血、崩漏下血，手术出血，疮疡肿毒及软组织挫伤，闭合性骨折，支气管扩张及肺结核咳血，溃疡病出血，以及皮肤感染性疾病。

【剂型规格】散剂。

【用法用量】散剂：刀、枪、跌打诸伤，无论轻重，出血者用温开水送服；瘀血肿痛与未流血者用酒送服；妇科各症，用酒送服；但月经过多、红崩，用温水送服。毒疮初起，服 0.25g，另取药粉，用酒调匀，敷患处，如已化脓，只需内服。其他内出血各症均可内服。

口服。一次 0.25～0.5g，一日 4 次（二至五岁按 1/4 剂量服用；六至十二岁按 1/2 剂量服用）。

凡遇较重的跌打损伤可先服保险子一粒，轻伤及其他病症不必服。

【剂型规格】胶囊。

【用法用量】胶囊：刀、枪、跌打诸伤，无论轻重，出血者用温开水送服；瘀血肿痛与未流血者用酒送服；妇科各症，用酒送服；但月经过多、红崩，用温水送服。毒疮初起，服 1 粒，另取药粉，用酒调匀，敷患处，如已化脓，只需内服。其他内出血各症均可内服。

口服。一次 1～2 粒，一日 4 次（二至五岁按 1/4 剂量服用；六至十二岁按 1/2 剂量服用）。凡遇较重的跌打损伤可先服保险子 1 粒，轻伤及其他病症不必服。

【注意事项】（1）经期及哺乳期妇女慎用。

（2）服药 1 日内，忌食蚕豆、鱼类及酸冷食物。

【临床应用】（1）跌打损伤：因外伤扭挫，血离其经，瘀血阻滞所致，症见伤处青红紫斑，痛如针刺，焮肿闷胀，不敢触摸，活动受限，舌质紫黯；软组织挫伤见上述证候者。也可用于闭合性骨折辅助治疗。

（2）吐血：因热毒灼伤胃络所致，症见血色鲜红，夹有食物残渣，身热，烦躁，牙龈肿痛，便秘，尿赤；胃及十二指肠溃疡出血、食管炎出血见上述证候者。

（3）咯血：因热毒灼伤肺络所致，症见血色鲜红，夹有痰涎，咽痒咳嗽，舌红苔黄，脉数有力；支气管扩张、肺结核咯血见上述证候者。

（4）便血：因热毒壅遏肠道，灼伤络脉所致，症见大便带血，血色鲜红，肛门肿胀；胃及十二指肠溃疡出血、痔疮、肛裂出血见上述证候者。

（5）崩漏：因热毒内盛，冲任失固所致，症见经血非时而下，量多或淋漓不尽，血色鲜红或有瘀块；功能性子宫出血、人流后出血见上述证候者。

（6）手术出血：因手术过程中伤及血脉而引起的出血，有减少出血，促进伤口愈合的作用。

（7）疮疡：因热毒蕴结肌肤所致，症见肌肤红赤，肿胀，微热，疼痛，舌尖红，脉浮数；体表急性感染性疾病见上述证候者。

【不良反应】目前尚未检索到不良反应报道。

【禁　　忌】（1）对本品过敏者禁用。

（2）孕妇禁用。

云南白药膏

【功能主治】活血散瘀，消肿止痛，祛风除湿。用于跌打损伤，瘀血肿痛，风湿疼痛等症。

【剂型规格】贴膏剂。

【用法用量】贴患处。

【注意事项】（1）皮肤破损处不宜用。

（2）经期及哺乳期妇女慎用。

（3）皮肤过敏者停用。

（4）每次贴于皮肤的时间少于 12 小时，使用中发生皮肤发红、瘙痒等轻微反应时可适当减少粘贴时间。

【临床应用】（1）跌打损伤：因外伤扭挫，血离其经，瘀血阻滞所致，症见伤处青红紫斑，痛如针刺，焮肿闷胀，不敢触摸，活动受限，舌质紫黯；软组织损伤见上述证候者。

（2）痹病：因风湿瘀阻经络所致，症见关节疼痛，痛处不移或痛而重着，肢体麻木，筋骨拘急。

【不良反应】目前尚未检索到不良反应报道。

【禁　　忌】（1）对本品过敏者禁用。

（2）孕妇禁用。

云南白药酊

【功能主治】活血散瘀，消肿止痛。用于跌打损伤，风湿麻木、筋骨及关节疼痛，肌肉酸痛及冻伤等症。

【剂型规格】酊剂。

【用法用量】口服，常用量一次 3～5ml，一日 3 次，极量一次 10ml。外用，取适量擦揉患处，每次 3 分钟左右，一日 3～5 次，可止血消炎；风湿筋骨疼痛，蚊虫叮咬，一、二度冻伤可擦揉患处数分钟，一日 3～5 次。

【注意事项】（1）皮肤破损处不宜用。

（2）经期及哺乳期妇女慎用。

（3）皮肤过敏者停用。

（4）服药后 1 日内，忌食蚕豆、鱼类及酸冷食物。

【临床应用】（1）跌打损伤：因外伤扭挫，血离其经，瘀血阻滞所致，症见伤处青红紫斑，痛如针刺，焮肿闷胀，不敢触摸，活动受限，舌质紫黯；软组织损伤见上述证候者。

（2）痹病：因风湿瘀阻经络所致，症见关节疼痛，痛处不移或痛而重着，肢体麻木，筋骨拘急。

（3）冻疮：因风寒侵袭，瘀血阻络所致，症见局部肿胀、麻木、痛痒、青紫，或起水泡，甚至破溃成疮；冻伤见上述证候者。

【不良反应】目前尚未检索到不良反应报道。

【禁　　忌】（1）对本品过敏者禁用。

（2）孕妇禁用。

（3）酒精过敏者禁用。

云南白药气雾剂

【药物组成】三七、重楼等经加工制成的气雾剂。

【功能主治】活血散瘀，消肿止痛。用于跌打损伤，瘀血肿痛，肌肉酸痛及风湿性关节疼痛等症。

【剂型规格】气雾剂。

【用法用量】外用，喷于伤患处，一日 3～5 次。

【注意事项】（1）本品只限于外用，切勿喷入口、眼、鼻。

（2）皮肤过敏者停用。

（3）皮肤破损处不宜用。

（4）使用云南白药气雾剂保险液时先振摇，喷嘴离皮肤 5～10 厘米，喷射时间应限制在 3～5 秒钟，以防止局部冻伤。

（5）使用时勿近明火，切勿受热，应置于阴凉处保存。

【临床应用】（1）跌打损伤：因瘀血阻滞所致，症见伤处青红紫斑，痛如针刺，焮肿闷胀，不敢触摸，活动受限，舌质紫黯；软组织损伤见上述证候者。

（2）痹病：因风湿瘀阻经络所致，症见关节疼痛，痛处不移或痛而重着，肢体麻木，筋骨拘急。

【不良反应】目前尚未检索到不良反应报道。

【禁　　忌】（1）对本品过敏者禁用。

（2）孕妇禁用。

（3）酒精过敏者禁用。

活血止痛散（胶囊）

【药物组成】当归、三七、乳香 （制）、冰片、土鳖虫、煅自然铜。

【功能主治】活血散瘀，消肿止痛。用于跌打损伤，瘀血肿痛。

【剂型规格】散剂：每袋（瓶）装 1.5g。

【用法用量】散剂：用温黄酒或温开水送服。一次 1.5g，一日 2 次。

【剂型规格】胶囊：（1）每粒装 0.25g。（2）每粒装 0.37g。（3）每粒装 0.5g。

【用法用量】胶囊：

规格（1）用温黄酒或温开水送服。一次 6 粒，一日 2 次。

规格（2）、（3）用温黄酒或温开水送服，一次 4 粒，一日 3 次。

【注意事项】（1）饭后半小时服用。

（2）本品含乳香，脾胃虚弱者慎用，且不宜大剂量应用。

（3）经期及哺乳期妇女慎用。

（4）服药期间忌生冷油腻食品。

【临床应用】跌打损伤：因外伤扭挫，血离其经，瘀血阻滞所致，症见伤处青红紫斑，痛如针刺，焮肿闷胀，不敢触摸，活动受限，舌质紫黯，脉弦涩；软组织损伤见上述证候者。

【不良反应】目前尚未检索到不良反应报道。

【禁　　忌】（1）对本品过敏者禁用。

（2）孕妇禁用。

（3）6 岁以下儿童禁用。

（4）肝肾功能异常者禁用。

【所含有毒药物】土鳖虫。

七厘散（胶囊）

【药物组成】血竭、乳香（制）、没药（制）、红花、儿茶、冰片、人工麝香、朱砂。

【功能主治】化瘀消肿，止痛止血。用于跌扑损伤，血瘀疼痛，外伤出血。

【剂型规格】散剂：（1）每瓶装 1.5g。（2）每瓶装 3g。

【用法用量】散剂：规格（1）、（2）口服，一次 1～1.5g，一日 1～3 次；外用，调敷患处。

【剂型规格】胶囊：每粒装 0.5g。

【用法用量】胶囊：口服，一次 2～3 粒，一日 1～3 次；外用，内容物调敷患处。

【注意事项】（1）骨折，脱臼者宜手法复位后，再用药物治疗。

（2）本品应在医生的指导下使用，不宜过量、长期服用。

（3）饭后服用可减轻肠胃反应。

（4）皮肤过敏者不宜使用。

（5）本品含朱砂，用药时注意肝肾功能检测。

【临床应用】（1）跌打损伤：由外伤、扭伤所致，症见伤处肿胀疼痛，青紫，活动受限；软组织损伤见上述证候者。

（2）外伤出血：由外力诸如跌打、刀伤所致，症见出血，肢体局部肿胀，畸形，活动受限，舌质紫黯，脉弦涩；脱臼、骨折、切割伤见上述证候者。

【不良反应】目前尚未检索到不良反应报道。

【禁　　忌】（1）对本品过敏者禁用。

（2）孕妇及肝肾功能不全者禁用。

【所含有毒药物】朱砂。

消痛贴膏

【药物组成】本品系藏族验方，由独一味、姜黄等药味加工制成。

【功能主治】活血化瘀,消肿止痛。用于急慢性扭挫伤、跌打瘀痛、骨质增生、风湿及类风湿疼痛、落枕、肩周炎、腰肌劳损和陈旧性伤痛。

【剂型规格】贴膏剂：每贴装 1.0g、1.2g。

【用法用量】外用。将小袋内湿润剂均匀涂于药垫表面，润湿后直接敷于患处或穴位。每贴敷 24 小时。

【注意事项】（1）孕妇慎用。

（2）若出现过敏反应，应立即停药，并在医生指导下处理。

（3）过敏体质慎用。

【临床应用】（1）跌打损伤：由外伤、扭挫，气血凝滞所致，症见局部肿胀疼痛，皮肤青紫，活动受限，舌质紫黯，脉细涩；急慢性扭挫伤见上述证候者。

（2）骨痹：由肝肾不足，瘀血阻络所致，症见肢体关节疼痛肿胀，活动受限，舌质紫黯，脉细涩；骨性关节炎见上述证候者。

（3）痹病：由外感风湿，痹阻经络所致，症见关节疼痛，屈伸不利，或见晨僵；风湿及类风湿性关节炎、肩周炎见上述证候者。

（4）落枕：由睡姿不良，颈盘受挫，或风湿侵袭，气血凝滞，筋脉不舒所致，症见颈肩疼痛，转输不利，局部僵硬重浊；急性颈椎关节周围炎见上述证候者。

（5）腰痛：由长期劳损，伤及腰脊，气血阻滞所致，症见腰部酸胀疼痛或刺痛，活动受限，遇劳则发；腰肌劳损、陈旧性伤痛见上述证候者。

此外，本品有用于治疗颈椎病、腰椎间盘突出症的文献报道。

【不良反应】使用本品在接触部位有发生瘙痒、红肿、水泡等过敏反应的文献报道。

【禁　　忌】（1）对本品过敏者禁用。

（2）开放性创伤禁用。

跌打损伤用中成药一览表

药品名	医保目录分类	是否处方药	含有毒药物	类别
云南白药（胶囊、膏、酊、气雾剂）	甲类	OTC	无	活血化瘀
活血止痛散（胶囊）	甲类	OTC	土鳖虫	活血化瘀
七厘散（胶囊）	乙类	Rx	朱砂	活血化瘀
消痛贴膏	乙类	OTC	无	活血化瘀

（三）骨痹腰痹用中成药

骨痹腰痹等痹症是因感受风寒湿热之邪，闭阻经络，气血运行不畅，引起以肢体关节疼痛、肿胀、酸楚、麻木、重着以及活动不利为主要症状的病症。常用治疗骨痹腰痹的中成药有颈舒颗粒、颈复康颗粒、腰痹通胶囊、舒筋活血丸（片）、狗皮膏、骨痛灵酊、通络祛痛膏、复方南星止痛膏等。

1. 内用药

腰痹通胶囊

【药物组成】三七、川芎、延胡索、白芍、牛膝、狗脊、熟大黄、独活。

【功能主治】活血化瘀，祛风除湿，行气止痛。用于血瘀气滞、脉络闭阻所致腰痛，症见腰腿疼痛、痛有定处、痛处拒按、轻者俯仰不便、重者剧痛不能转侧；腰椎间盘突出症见上述证候者。

【剂型规格】胶囊：每粒装 0.42g。

【用法用量】口服。一次 3 粒，一日 3 次，宜饭后服用。30 天为一疗程。

【注意事项】（1）消化性溃疡、脾虚便溏者慎用。

（2）服药期间饮食宜清淡，忌生冷、油腻食物。

【临床应用】腰痛：由长期劳损，经络气血运行不畅所致，症见腰腿不适，痛有定处，拒按，轻者仰俯不便，重者则因痛剧而不能转侧，舌黯或有瘀点、瘀斑，脉涩；腰椎间盘突出症，强直性脊柱炎见上述证候者。

【不良反应】目前尚未检索到不良反应的报道。

【禁　　忌】（1）对本品过敏者禁用。

（2）孕妇禁用。

舒筋活血丸

【药物组成】土鳖虫、红花、桃仁、牛膝、骨碎补、续断、熟地黄、白芷、栀子、赤芍、桂枝、三七、乳香（制）、苏木、自然铜（醋煅）、大黄、儿茶、马钱子（制）、当归、冰片。

【功能主治】舒筋通络，活血止痛。用于跌打损伤，闪腰岔气，筋断骨折，瘀血痛。

【剂型规格】丸剂：每丸重 6g。

【用法用量】黄酒或温开水送服。一次 1 丸，一日 2 次，或遵医嘱。

【注意事项】（1）本品含乳香，脾胃虚弱者慎用。

（2）经期及哺乳期妇女慎用。

（3）本品含马钱子，不宜过量服用。

（4）忌食生冷、油腻之品。

【临床应用】（1）跌打损伤：因外伤致肌肉、筋膜、韧带损伤，症见局部瘀血肿胀、剧烈疼痛、关节活动不利；软组织损伤见上述证候者，也可用于闭合性骨折辅助治疗。

（2）闪腰岔气：因突然遭受间接暴力引起腰肌筋膜、腰部韧带损伤和小关节错缝所致，症见腰部疼痛、压痛、肿胀或屈伸不利。

【不良反应】目前尚未检索到不良反应报道。

【禁　　忌】(1) 对本品过敏者禁用。

(2) 孕妇禁用。

【所含有毒药物】土鳖虫、马钱子。

舒筋活血片

【药物组成】红花、香附（制）、狗脊（制）、香加皮、络石藤、伸筋草、泽兰叶、槲寄生、鸡血藤、自然铜（煅）。

【功能主治】舒筋活络，活血散瘀。用于筋骨疼痛，肢体拘挛，腰背酸痛，跌打损伤。

【剂型规格】片剂：每片重 0.3g。

【用法用量】口服。一次 5 片，一日 3 次。

【注意事项】(1) 经期及哺乳期妇女慎用。

(2) 服药期间忌生冷、油腻食物。

【临床应用】(1) 跌打损伤：因外伤致使肌肉、筋膜、韧带损伤，症见局部瘀血肿胀、剧烈疼痛、关节活动不利；软组织损伤见上述证候者。

(2) 痹病：因风湿瘀血闭阻经络所致，症见筋骨疼痛，肢体拘挛，腰背酸痛；风湿性关节炎、类风湿性关节炎见上述证候者。

【不良反应】目前尚未检索到不良反应报道。

【禁　　忌】(1) 对本品过敏者禁用。

(2) 孕妇禁用。

【所含有毒药物】香加皮。

2. 外用药

通络祛痛膏

【药物组成】当归、川芎、红花、山柰、花椒、胡椒、丁香、肉桂、荜茇、干姜、大黄、樟脑、冰片、薄荷脑。

【功能主治】活血通络，散寒除湿，消肿止痛。用于腰部、膝部骨性关节病瘀血停滞、寒湿阻络证，症见：关节刺痛或钝痛，关节僵硬，屈伸不利，畏寒肢冷等。

【剂型规格】贴膏剂：7cm×10cm。

【用法用量】外贴患处。每次 1～2 贴，一日 1 次。用于腰部、膝部骨性关节病 15 天为一疗程；用于颈椎病（神经根型），每次 2 贴，贴 12 小时，每日换药 1 次，21 天为一个疗程。

【注意事项】(1) 关节红肿热痛者慎用。

(2) 对橡胶膏剂过敏者慎用。

【临床应用】骨痹：因外感风寒湿邪，瘀阻脉络，筋骨失养所致，症见腰腿疼痛有定处，重着而痛，肢重步艰，遇寒湿之邪后腰腿疼痛加重，自觉肢端冷痛，得热则痛轻，多有下肢麻木刺痛感，苔白腻，脉沉而迟缓；骨性关节炎、创伤性关节炎、强直性脊柱炎、脊柱关节病见上述证候者。

【不良反应】目前尚未检索到不良反应的报道。

【禁　　忌】(1) 对本品过敏者禁用。

(2) 孕妇禁用。

(3) 皮肤破损处禁用。

复方南星止痛膏

【药物组成】生天南星、生川乌、丁香、肉桂、白芷、细辛、川芎、徐长卿、乳香(制)、没药(制)、樟脑、冰片。

【功能主治】散寒除湿，活血止痛。用于骨性关节炎属寒湿瘀阻证，症见关节疼痛、肿胀、功能障碍，遇寒加重，舌质暗淡或有瘀斑。

【剂型规格】贴膏剂：10cm×13cm。

【用法用量】外贴。选最痛部位，最多贴 3 个部位，贴 24 小时，隔日 1 次，共贴 3 次。

【注意事项】(1) 风湿热痹者慎用。

(2) 本品为外用药品，含毒性成分，不宜长期使用。

【临床应用】骨痹 因寒湿瘀阻脉络，筋骨失养所致，症见关节疼痛、肿胀、屈伸不利、遇寒加重，舌质黯或有瘀斑；风湿性关节炎、类风湿性关节炎见上述证候者。

此外，本品还有可用于治疗肩周炎、急性软组织损伤、颈椎病、膝关节骨质增生、膝关节炎、腰椎间盘突出症的文献报道。

【不良反应】个别患者贴药处局部皮肤发红发痒，出现小水泡。有外用本品致过敏反应的文献报道。

【禁　　忌】(1) 对本品过敏者禁用。

(2) 孕妇禁用。

(3) 皮肤病患者禁用。

(4) 皮肤破损禁用。

【所含有毒药物】生天南星、生川乌。

骨痹腰痹用中成药一览表

药品名	医保目录分类	是否处方药	含有毒药物	类别
颈舒颗粒	甲类	OTC	无	活血通络
颈复康颗粒	乙类	OTC	土鳖虫	活血通络
腰痹通胶囊	乙类	Rx	无	活血通络
舒筋活血丸（片）	甲类	OTC	土鳖虫、马钱子、香加皮	祛风活络
狗皮膏	甲类	OTC	生川乌、生草乌、香加皮	祛风活络
骨痛灵酊	乙类	OTC	无	祛风活络
通络祛痛膏	乙类	OTC	无	祛风活络
复方南星止痛膏	乙类	OTC	生天南星、生川乌	祛风活络

（四）骨质疏松

骨质疏松症是以全身性骨量减少，表现为单位体积骨量降低，矿盐和骨基质比例减少，骨的微观结构退化为特征的，致使骨的脆性增加以及易于发生骨折的全身性骨骼疾病。骨质疏松主要因为肾虚精亏、正虚邪侵、先天不足。常用治疗骨质疏松的中成药有仙灵骨葆胶囊（片）等。

仙灵骨葆胶囊（片）

【药物组成】淫羊藿、续断、丹参、知母、补骨脂、地黄。

【功能主治】滋补肝肾，接骨续筋，强身健骨。用于骨质疏松和骨质疏松症，骨关节炎，骨无菌性坏死等。

【剂型规格】胶囊：每粒装 0.5g。

【用法用量】胶囊：口服。一次 3 粒，一日 2 次；4～6 周为一疗程，或遵医嘱。

【剂型规格】片剂：每片重 0.3g。

【用法用量】片剂：口服，一次 3 片，一日 2 次；4～6 周为一疗程，或遵医嘱。

【注意事项】（1）重症感冒期间不宜服用。

（2）脾胃虚弱及过敏体质者慎用。

（3）服药期间忌生冷、油腻食物。

（4）每一疗程均应常规检测肝肾功能。

【临床应用】（1）骨痿：因肝肾不足，瘀血阻络，筋骨失养所致，症见腰脊疼痛，足膝酸软，乏力困倦，骨脆易折；骨质疏松症见上述证候者。

（2）骨痹：因肝肾不足，瘀血阻络，筋骨失养所致，症见关节肿痛，屈伸不利，腰膝酸软；骨关节炎见上述证候者。

（3）骨蚀：因肝肾不足，瘀血阻络，筋骨失养所致，症见髋部疼痛，动则痛甚，肢节屈伸无力，腰膝酸胀；骨无菌性坏死见上述证候者。

【不良反应】有服用仙灵骨葆胶囊引起腹痛、恶心、欲呕、胃脘不适、食欲减退、大便秘结、口干、咽痛，少数严重病例出现肝功能异常现象的文献报道。

【禁　　忌】（1）对本品过敏者禁用。

（2）孕妇禁用。

骨质疏松用中成药一览表

药品名	医保目录分类	是否处方药	含有毒药物	类别
仙灵骨葆胶囊（片）	甲类	OTC	无	补肾壮骨

第八章　中药商品经销

第一节　中药商品销售

一、中药市场细分和产品定位分析

（一）中药市场划分

1. 国外市场

（1）我国中成药出口额已达 1.53 亿美元。东南亚国家华人较多，各国政府大都承认我国的中药试售药品，中成药得到广泛应用。但除在俄罗斯、越南、澳大利亚等少数几个国家是以药品身份销售之外，其他多以保健品、原料药、食品补充剂身份进入国际市场。销售到美洲和欧洲国家（不包括德国）的中成药数量并不多。

（2）我国的中药材主要出口到日本、韩国、香港、美国、德国等国家和地区，在美洲和欧洲也有一定的销售量。亚洲仍是我国中药材出口的主要市场，2005 年出口值达 3.1 亿美元，同比增长 3.73%。目前在澳大利亚销售的中草药约有 600～800 种，澳大利亚本地没有中药生产，当前的市场格局大致是中国内地出口的药品占 60%，香港转口的药品占 20%，台湾、新加坡、印尼等出口的药品占 20%

（3）日本、韩国受中国文化影响，形成今天的汉医学和汉方药。现在，日本已列入医疗保险目录的汉方制剂达 233 种，而韩国各种药典所记载 506 种药材中，仅 62 种与中药材同名异物，其余均相同。两国还充分利用我国丰富的中药材资源加工生产中药，日本是我国中药材第一大进口国，韩国除高丽参外，其他中药材也主要从中国进口。据了解，日本汉方药、韩国韩药所用原料的 80%来自我国，因此中药进入日本和韩国的难度较小。

（4）欧洲是全球最大的中药消费市场，欧洲国家对中药进口要求较严，与日韩相比，中药进入欧洲市场难度要大些。随着对中药认识的转变，近年来西欧各国进口中药的数量也日渐增多，德、法、英、意、西、比、荷等七国是进口最多的国家。

（5）中药进入美国市场必须先通过 FDA 认证，因此进入难度最大。目前，美国政府正在放宽对中药进口的限制，近期专门出台了《植物药在美上市批准法》和《关于植物药品研究指南》，开始接受有复方制剂的植物药作为治疗药物。目前我国对美国出口的中药产品以中草药萃取物居多，主要用于其国内保健品、植物药的生产。

2. 国内市场

（1）医院中药用药的地区分布情况与西药类似，传统医药发达地区的用药水平远远高于其他地区。排名前 8 位的地区为浙江、江苏、广东、上海、北京、山东、四川、福建。这些省市既是西药销售的重点地区，同时也是中药销售的重点地区，基本与其在全国的经济水平相符。这 8 个地区中药的销售金额占全国中药销售总金额的 62%左右。全国各地区用药水平存在着较大差异。

（2）占医院临床用药主导地位的中药产品以中药西制为主，剂型和生产工艺有别于传统中成药，生产企业的营销模式相对较新。采用先进工艺生产的新剂型中药大有替代原有传统剂型品种的趋势。

（3）在医院临床使用的中药中，注射类产品占有主导地位。中药注射剂将是未来中药生产企业研究开发的热点和市场竞争最激烈的领域。排名在前的产品中，绝大部分都是心脑血管类产品，这是因为，中药在治疗心脑血管疾病中有着独到的作用，甚至可以与西药产品相抗衡。在一些疾病治疗中，中药发挥了较好的作用。如康莱特注射液在治疗肿瘤方面发挥了良好的作用，鱼腥草注射液是医院临床常用的抗病毒产品等。

（二）中药产品分类及定位

药品按来源和性状一般可分为中药材，中药饮片，中成药，化学原料及其制剂，抗生素类，生化药品，血清疫苗，血液制品，放射性药品。

按药品生产方式的不同分类可分为天然药物，化学合成药物，生物技术药物。

按药品来源分类可分为动物性药，植物性药，矿物药，化学药品。

按我国传统习惯分类可分为西药，中药。

二、市场调研以及结果分析和应用

（一）市场调研的程序及方法

市场调研是发现和提出企业营销的问题与需求，系统地、客观地识别、收集、分析和传播信息，从而为提高与修正企业的营销决策的过程。

市场营销的关键是发现和满足消费者的要求。为了判断消费者的要求，实施满足消费者需求的营销策略计划，营销经理需要对消费者、竞争者和市场上的其他力量有相当的理解。特别是近年来许多因素的出现，促使对信息的质和量的需求有了更大的提高。随着经济全球化的发展，国际化营销促使企业对信息有更高更广的需求；随着消费意识的提高，企业的营销决策人员需要对消费者的消费习惯和趋向有更准确和更深入的了解；由于市场的竞争加剧，市场的变化速度加快，则也必须对营销策略和工具有更深层次更快速的了解和反应。

营销调研在整个营销体系中的作用模型：

市场调研是一个科学性很强、工作流程系统化很高的工作。它是由调研人员收集目标材料，并对所收集的材料加以整理统计，然后对统计结果进行分析以便为企业的决策提供正确的预测的方法，市场调研必须围绕一个主题进行，它的工作组成必须依照严格合理的工作程序，具体说来，它包括提出问题，调查收集材料，分析预测问题三个部分。

具体说来，一个调研过程包括以下几步程序：

1. 发现问题，或者提出问题

2. 确定调研课题

（1）确定收集资料的范围

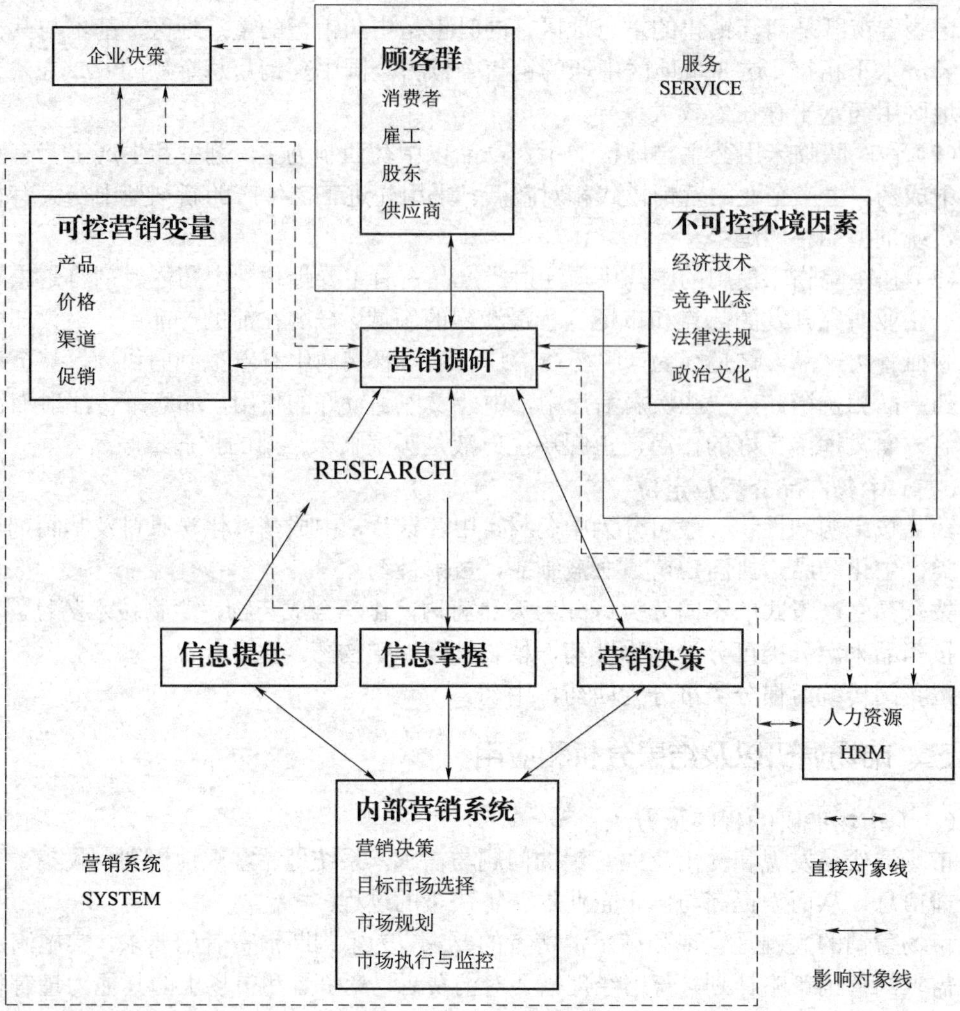

（2）确定调研课题

3. 调研设计

（1）确定调研目的

（2）确定数据的来源

（3）确定调研工具与方法

（4）确定调研人员

（5）选择调查样本

（6）经费与时间预算

（7）制定营销计划

4. 调研计划执行

（1）资料收集

（2）资料加工

（3）资料分析与解释

5. 提交调研报告

（二）市场调研资料分析及应用

市场调查中，常用的资料收集方法有调查法、观察法和实验法，一般来说，前一种方法适宜于描述性研究，后两种方法适宜于探测性研究。企业做市场调查时，采用调查法较为普遍，调查法又可分为面谈法、电话调查法、邮寄法、留置法等。这几种调查方法各有其优缺点，适用于不同的调查场合，企业可根据实际调研项目的要求来选择。资料的整理方法一般可采用统计学中的方法，利用 Excel 工作表格，可以很方便地对调查表进行统计处理，获得大量的统计数据。

1. 调查资料的整理和分析

实地调查结束后，即进入调查资料的整理和分析阶段，收集好已填写的调查表后，由调查人员对调查表进行逐份检查，剔除不合格的调查表，然后将合格调查表统一编号，以便于调查数据的统计。调查数据的统计可利用 Excel 电子表格软件完成；将调查数据输入计算机后，经 Excel 软件运行后，即可获得已列成表格的大量的统计数据，利用上述统计结果，就可以按照调查目的的要求，针对调查内容进行全面的分析工作。

2. 撰写调查报告

撰写调查报告是市场调查的最后一项工作内容，市场调查工作的成果将体现在最后的调查报告中，调查报告将提交给企业决策者，做为企业制定市场营销策略的依据。市场调查报告要按规范的格式撰写，一个完整的市场调查报告格式由题目、目录、概要、正文、结论和建议、附件等组成。

充分了解市场调研的一般规律：

第一，调动一切因素。市场调研是一项繁杂的工作，即使是具备独立的市场部门或专职的市场调研人员的大公司，市场调研工作也不是由市场调研人员“包干到底”，它需要动员起上至总经理下至业务员、门卫等企业一切人员的积极性、创造性方能奏效。

第二，构建良性循环。市场调研应当建立起策划、组织、实施、反馈、修正、实施、评估、再策划的良性循环。

第三，倚重销售人员。总经理、总经理室负责市场调研策划、组织、领导、控制。实践工作还是应由销售人员借工作之便进行调研或临时执行调研任务。这是因为销售人员是冲锋陷阵的战士，他们最了解“敌情”，也是最需要了解“敌情”的人。倚重于销售人员，一方面可以节省公司人力、物力、财力，起事半功倍之效；另一方面可以督促销售人员深入了解市场。

第四，借中间商之力协助完成市场调研工作。经销商或代理商在做好本地市场以获取最大利润这一基本愿望上是与企业完全一致的。在这一前提下，企业可以策划、指导、支持经销商或代理商做好本地区的市场调研工作：了解本地区基本状况、消费状况、购买力水平、竞争品牌状况、当地媒介状况、当地政府的政策、方针、态度，民间组织活动等等。

三、商务谈判的原则和程序

（一）商务谈判程序

商务谈判程序是谈判客观阶段的总体。当彼此具有利害关系或矛盾争议的双方，为了协调一致，或者争取和解，在特约的实践、地点进行一场正规的谈判时，谈判就有了规则和程序了。

商务谈判程序主要包括始谈阶段、摸底阶段、僵持阶段、让步阶段、促成阶段。

典型的谈判议程应包括以下内容：商务谈判的时间、场地、主题、日程和其他事项。

在商务谈判的始谈阶段应创造良好的谈判气氛，做好制造一个轻松愉快的谈判气氛。创造谈判气氛的关键取决于判断人员刚接触的瞬间所采取的方式和态度。

摸底阶段是实质性谈判的开始阶段，是指正式开始谈判以后，没有报价之前，谈判双方通过交谈，相互了解各自的立场观点和意图的阶段。

僵持阶段是指商务谈判在了解双方意图的基础上，通过报价与还价陷入对峙的阶段。报价是指谈判过程中一方或双方提出自己的价格和其他交易条件。报价的方式可分为口头报价及书面报价两种形式。还价是指谈判过程中，一方报价之后，另一方通过争论或采用各种策略或技巧，促使报价方变更其所报价格等交易条件，使谈判向有利于我方目标实现的方向发展的活动。

让步阶段首先需要确定让步的条件，并列出让步的清单，制造出一种和谐的洽谈气氛，制定新的磋商方案，然后确定让步方式，选择合适的让步时机。

促成阶段则需要做好最后的回顾并起草备忘录，起草谈判协议或合同，草拟协议的基本要求，约定协议相关内容并确定协议文本格式，最后审核协议，签约。

（二）商务谈判原则

商务谈判的原则是谈判的指导思想、基本准则，是谈判者在谈判中应遵循的行动指南。

商务谈判的原则主要有：

1. 把人与问题分开

谈判方案和建议应建立在理解对方观点与看法的基础上，尽量多阐述客观情况，避免责备对方，使双方都参与提议与协商，注意保留颜面，不伤感情。

2. 集中于利益而非立场

在立场上讨价还价，违背了谈判的协商原则，无法达成协议。立场上的讨价还价会破坏谈判的和谐气氛，使谈判成为一场意志的较量。集中于利益而非立场需要确认并列出利益清单，了解每一方的利益，认真发现双方的共同利益。

3. 构思彼此有利的方案

需要突破传统的利益分配模式，提出新的选择，寻找共同利益，增强合作的可能性。共同利益在所有谈判中大部分是隐藏的，需要谈判者去发现和挖掘。共同利益是有待掌握的机会，而不是现成的。强调共同利益给双方带来的益处，可以使谈判更为和谐、融洽，有利于谈判的推荐和目标的实现。

4. 坚持客观标准

客观标准是指独立于各方意志之外，为社会公认的合乎情理和切实可用的准则。

（三）商务谈判方法及技巧

在整个中药商品销售过程中，面谈是最关键的环节。如果说接近的目的在于引起客户对中药商品经营企业和企业所经销的药品的注意和兴趣，那么面谈阶段就是要促使客户与推销员所在企业签订合同。面谈过程中，推销员应利用一切手段和方法，将自己企业的优势及所经销的药品和能够给客户带来的利益介绍给客户，进而继续下一步的业务洽谈，直至终结成交。

推销人员应尽快地使顾客了解下列五点：一是你需要告诉顾客一些重要的事情；二是你现在是与他本人而不是公司的其他人洽谈业务；三是你的拜访是简短的；四是你和他的洽谈不使他承担任何义务；五是你不会对他使用强力推销手段。

推销人员在面谈过程中应力争避免犯以下错误：

（1）骄傲自大、自以为是、哗众取宠。

（2）夸大渲染、偏激。

（3）华丽的措辞、虚伪不实、轻浮等。

（4）有气无力、不肯定、不敢负责任、避重就轻。

（5）废话连篇、散漫冗长、无重点内容。

（6）阿谀奉承、虚虚假假。

第二节　中药商品经销的公关和服务

一、市场营销策略的制定和分析

（一）市场营销策略

市场营销策略是指企业在现代市场营销观念下，为实现其经营目标，对一定时期内市场营销发展的总体设想和规划。营销策略是企业开展市场营销的战略性纲领。企业通过分析营销战略环境，确立营销战略定位，执行营销战略，逐步实现营销战略目标。

1. 市场营销策略的内容

公司的营销战略计划的内容十分丰富，制定和选择最佳的市场营销组合，是战略计划的核心内容。任何公司在运用市场营销组合时，营销主管根据各策略的特点，结合营销战略的需要，往往是突出营销组合中某一个或两个因素，兼顾其他的因素。例如，一家仪表制造厂可能特别强调它的产品技术先进；而折扣销售商品，则主要是以价格策略作为自己的竞争手段。这样，一个公司在营销战略中突出什么策略，兼顾什么策略，就要根据公司内外环境做出抉择。这就是营销战略需要讨论的核心内容。以此为核心，用来制定市场细分策略、目标市场策略、市场定位策略、市场进入方法策略和市场进入时间策略等等。

2. 市场营销策略的作用

制定并实施科学、严密的营销策略，可以使公司增加利润，树立起良好的企业形象，使公司在变幻莫测的市场中维持生存和发展。具体来说，营销战略计划在营销活动中起到的积极作用有以下几方面：

（1）增强公司内部各部门工作的协作意识：运用市场营销战略计划，会使各部门增强整体观念，形成一个整体工作系统，彼此相互分工协作，共同满足目标市场的需求，努力实现公司的整体目标。在这个过程中，市场营销战略计划应成为指导和协调各个部门工作的核心。

（2）为改进管理创造条件：营销战略计划会使高层决策者从整体利益、全局利益出发，高瞻远瞩细致周全地考虑问题。对公司可能遇到的各种情况进行预测并制定相应措施，这有助于公司对实际发生的变化做出合理的有效的反映。此外，制定营销战略，还可以加强公司内部各部门之间的信息沟通，减少摩擦和矛盾冲突，促进公司整体利益的实现。

（3）减少管理者的盲目性，开发新的细分市场都极为有利。用开阔的经营观点招待企业生存的条件。树立市场需求观念，把眼光放在广阔的市场上以适应市场变化。

（4）充分利用现有资源。运用同样数量、同样类型的资源去完成新的战略目标。

（5）避免和声誉较高的名牌商品展开正面竞争。名牌商品都处于高度的商品保护地位，如果新商品只是一味模仿而无什么改进，就很难取得成功。

（6）加强企业商品在市场上的地位，增加商品的竞争能力。

（7）厂牌引伸。将成功商品的厂牌用于新的优质商品，使顾客对新商品有良好的印象。

（8）明确规定企业发展方向。企业不但要有具体目标，制定达到目标的措施规划，而且应确定具体的时间进度。

3. 制定市场营销战略规划的程序

虽然营销主管在制定市场营销战略规划只包括选择目标市场和设计市场营销组合两部分。但是，战略的制定还要考虑其他许多因素，要做许多准备工作和配套工作。所以制定战略的程序必然会更复杂一些。下面是制定市场营销战略计划的一般步骤：

（1）确定公司的任务和目标

公司的任务和目标是指在一定时期内，公司营销工作的服务对象和预期所要达到的目的。它是公司营销战略的基础和出发点，要制定公司的市场营销战略，必须首先确定公司的任务和目标，只有在任务和目标明确的前提下，一切营销决策和策略才具有明确的方向和现实的意义。

（2）公司经营状况和实力分析

这一步主要是分析公司内部情况。经营状况分析，包括产品销售额、产销率、成本和利润水平、市场占有率、产品特点、价格水平、销售前景等。公司实力分析，包括公司的财务、原材料供应、工厂设施、技术力量、商誉和管理人员素质。这种分析的目的是发现和评定公司的优势和劣势，以及经营业绩不佳的问题所在，以便在寻找机会和制定新战略时能够扬长避短。

（3）环境和形势分析

市场环境和形势分析是制定公司市场战略的客观依据。对公司经济环境进行研究分析，主要从以下几个方面进行：

第一，一般社会环境（包括社会政治形势、经济形势和社会文化等）的研究。

第二，相关科学技术发展情况（主要包括与本公司产品有关或与材料、工艺、设备等有关的学科的科技发展水平、发展方向、发展趋势和速度等）的分析研究。

第三，资源供应方面情况（如有关的人力、财务和物力的供应来源及渠道等）的调查研究。

第四，市场需求方面（包括市场需求的总量、潜在市场容量、市场占有率、消费者购买行为特点、产品生命周期规律等）的研究。

第五，竞争因素的研究。

第六，企业经营媒介环境的分析。通过外部环境的分析，可发现对企业有利的机会或不利的威胁。

（4）选择目标市场

根据以上分析所发现的适合公司条件的新机会，营销主管可以进一步确定或选择目标市场。

（5）设计市场营销组合

目标市场确定之后，营销主管就可以根据目标市场的特点和需求来设计市场营销组合。

（二）市场营销技巧

1. 熟悉自己推销的产品的特点。熟悉商品的优点、缺点、价格策略、技术、品种、生命周期、规格、宣传促销、竞争产品、替代产品。尤其在客户面前要注意显示对产品非常熟悉。

2. 熟悉自己推销产品的目标客户。这些目标客户要进行分类，哪些是核心客户，哪些是非核心客户，哪些是重点客户，哪些是非重点客户，客户可以分成几类，按照什么方式分类，针对不同的客户类别应该分别采用什么不同的策略和方法。对不同类型的客户所分配的时间和精力是不一样的。

3. 熟悉产品的市场。市场怎样细分，竞争对手有哪些，市场的容量如何，客户的地理分布和产品的时间分布如何，产品市场的短期发展趋势（未来2～3年的发展趋势）。

4. 要作好计划安排，先作好计划，才能提高时间的利用效率，提高销售的效果。在制定计划时，要根据客户的特点作好相应的准备工作。必要时要制定销售进度表，销售进度表一般有几个内容，一个是简短的内容提要，一个是销售的任务目标，一个是实际完成情况。销售进度表以周为单位，每周制定一次，主要目的是为了找出销售的规律，完成或者未完成的原因是什么，是主观原因还是客观原因。向主管或有关负责人简单汇报自己的工作计划，明确当天的销售目标和重点，并详细拟订拜访路线，及补救措施，计划越详细越好。出门之前做好访客准备，先和预定的拜访对象电话联络、确认，并检查所带的销售工具是否齐全。

5.“教育”你的客户：之所以说是“教育”，是因为很多客户不能够更科学地理解消费者的需求，要让客户知道消费者喜欢什么样的购物环境，进而改变自己的不足，改善购物环境，增加销售量。通过“教育”和“管理”你的客户，在整个产品到达消费者的过程中，给客户提供了更多的建议，帮助客户实现了利润的转化。

6. 售后服务：每一次拜访或者销售的结束是下一次的开始，开发一个新客户所需的费用是巩固一个老客户的十倍，因此，只有通过不断的服务，才能够留住客户，使销售更稳固。

二、市场营销大型活动策划和文案编写

（一）活动文案编写知识及方法

营销策划文案或称营销策划书，是营销策划的文字报告形式。营销策划文案从形式

上要规范、鲜明、具体，具有形象性和可操作性。文案的篇幅要与策划内容的繁简相一致，文案的形式要图文并茂，文案的语言要简约、流畅、生动、绘声绘色，文案的结构要严谨、完善、层层递进、环环相扣、彼此照应。

一般情况下，一个完整的营销策划案的内容与格式大体上由前言——正文——结尾——附录四个部分组成。

1. 前言

又可称为导言，是策划案的开头部分。其内容包括：策划专题（介绍专题的由来、背景及其意义）、指导思想（明确策划的理论依据、行为动力、基本要求和最终目标）和重点、难点与关键（重点是指策划操作中需解决的主要问题；难点是指策划过程中可能出现的困难与障碍；关键是指对策划最为紧要并起决定作用的因素。总的要求是：突出重点，明确难点，抓准关键。）

2. 正文

正文是策划案的主体，其内容主要有：

（1）起止时间。说明本方案计划从何年何月何日起开始实施，到何年何月何日止结束。时间安排要经过科学推算，既能留有余地，又能讲究工作效率。

（2）地点环境。阐明本方案操作地域、范围及内外环境。并予以分析说明。

（3）内容对象。指明本专题开发项目、具体任务、主要创意及操作要点，并提出有关要求。

（4）方法手段。明确本专题运行的方式方法，选择操作的科学手段，落实实施的具体措施。方法手段的选择要依据策划的内容、对象而定，要因事制宜，力求科学有效。

（5）程序步骤。安排本专题策划进程，划分运作阶段，并指明各阶段的起止时间、具体任务和主要目标，以保证策划案得以井然有序地贯彻执行。

（6）统计分析。分析策划实施过程中所需人力、物力、财力的基本状况，统计其标准用量，尽可能做到勤俭节约，精打细算，充分利用，少投高效。

（7）人员责任安排。将本专题策划实施过程中各阶段的组织者、指挥者、参与者、责任人等具体安排，明确责权利，落实到人头。程序步骤、统计分析和人员安排可以列表展示。

3. 结尾

结尾是对策划案的总结、预测和建议。其内容主要有：

（1）策划案全文作出简要总结。

（2）对策划案实施过程中可能出现的问题和最终效果进行预测，并提出应对的措施。

（3）对策划案的有关事宜及其操作提出意见和建议。

4. 附录

附录是随策划案附带说明的问题和展示的资料，是方案的附件。其内容主要有：注明本专题所引用的文献资料；列出方案实施中所需的参考书目和经验材料；指出其他注意事项；展示策划操作日程表及组织机构等。最后还需注明策划案设计单位和执笔人的姓名，以及最终定案的时间。

（二）活动策划实施流程

1．活动策划执行流程

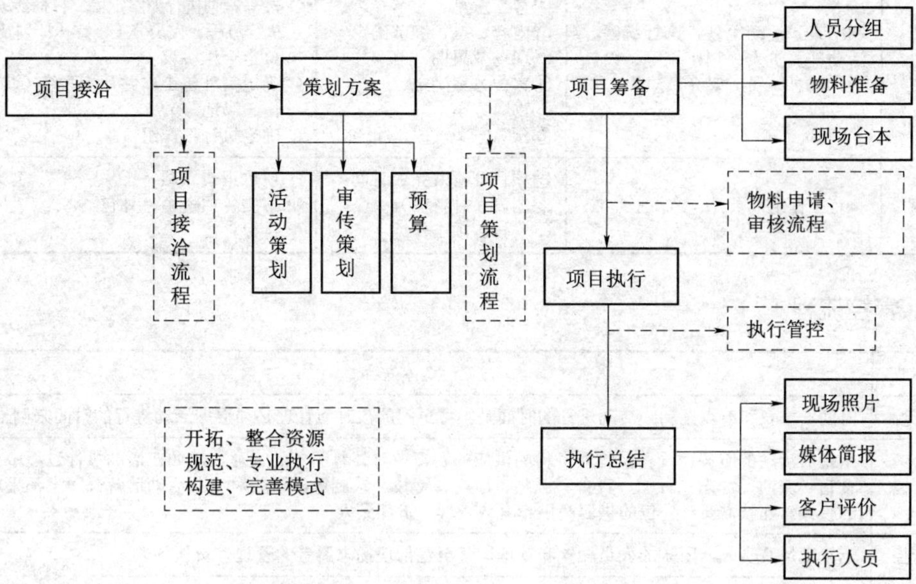

2．接洽流程

	参与人员	准备工作	洽谈重点
初步接触	联络人	①公司宣传册及相关资料 ②本公司自有优势资源、活动经验	①了解项目规模、场地及其可操作性 ②了解合作方关键人物、组织机构，合作意向，资金条件 ③了解对方的想法和建议
细节洽谈（多次）	联络人、活动策划、执行统筹	①自有资源、案例介绍 PPT 文档 ②项目初步策划案框架（包括：活动主题、形式、主要内容建议；执行流程安排；大体预算）	①讨论策划案，获取客户对活动的具体要求及意见 ②获知项目的着重点及难点 ③客户的倾向性
项目汇报	联络人、活动策划、执行统筹、活动部负责人	①根据客户意见修改后的策划案（包含策划执行方案、宣传策划案；详细预算） ②准备汇报用投影仪、手提电脑、方案 PPT 文档 ③策划文案打印、装订成册 ④汇报流程安排：开场人员，主要讲述人员，答疑人员	①项目汇报 ②合同条款认定

3．策划流程

	参与部门	讨论重点	会后工作
初次策划会议	联络人、活动策划、执行统筹、活动部负责人	①项目背景、需求 ②是否值得继续跟进 ③活动概念和形式	①撰写初步策划案 ②报策划总监与分管副总
谈判后协调会议	联络人、活动策划、执行统筹、活动部负责人；制作统筹、设计师、信息专员、媒介负责人	①客户意见 ②策划案大体框架 ③形式和内容设计 ④项目基本成本 ⑤宣传炒作重点	①撰写策划执行方案初稿（含策划方案、宣传方案、预算方案） ②方案由设计师进行精包装

续表

	参与部门	讨论重点	会后工作
细节谈判后协调会议	联络人、活动策划、执行统筹、活动部负责人；制作统筹、设计师、信息专员、媒介负责人、部门总监	①客户意见 ②内容、执行细节确定 ③现场效果图 ④宣传方案确定 ⑤物料方案 ⑥预算方案（成本/报价）	①撰写策划执行方案定稿（包括活动内容、执行流程、人员分工、宣传计划及预算） ②拟定合作协议 ③确定需外包工作并开始联络（演艺、制作、场地等） ④确定执行工作组
合同签订后协调会议	执行工作组成员	①项目分解及完成时间图表（甘特图） ②安排各项工作	①项目正式立项 ②落实各项资源、外包 ③执行管控

4. 管控流程

管控环节	具体内容
时间管控	时间安排表和节点控制。活动进行的时间是不可更改的，时间管理必须根据活动进行的时间来倒推
供应管控	是指对活动的服务、设备及物质资料的供应的管理。对外包服务的管理。比如在活动执行过程中会涉及食宿、交通、灯光、音响、舞台、服装、道具、特技、录制等，这些对专业活动运营公司大都采取外包的模式，那就需要对外包的供应商进行有效管理。责任到人
人力管控	活动现场负责人，团队的人员配置和管理，甚至包括现场志愿者的管理。责任到人
风险管控	风险管理覆盖了活动管理的所有领域，比如活动的安全风险，预算超支等风险等等。组长负责。
责任人	活动组长：×× 活动统筹：×× 联络人：×× 活动记录：××

5. 标准管控工具：表格

（1）任务：把活动管理各个区域的工作分解成为一个个易于管理的任务或活动。

（2）时间段：对每一个任务设置一个时间段（需要考虑的因素是开始和结束的时间）。

（3）优先顺序：设定任务的优先顺序。

（4）节点：因为此表格是用来监控活动的进展情况的，所以对于那些特别重要的任务要指定为节点，并在图表中标记出来。

（5）分工：每一个任务对应参与的人员，节点处找第一负责人。

6. 总结流程

（1）财务结算

（2）尾款催收

（3）劳务结算

（4）制作尾款结算

（5）项目费用结算

（6）资料收集、归档

（7）合同

（8）方案策划、执行台本

（9）宣传（网络、电视、报媒、杂志等）资料收集

（10）现场照片、录像

（11）物料设计稿、照片

（12）工作总结

（13）对内、对外等总结报告

（14）参与人员评估与奖惩

三、公关计划和实施方案的编写

（一）公关方法

公共关系方法林林总总，总结来说，可以将公共关系方法手段归类为如下表：

作用分类	业务拓展公关		关系维护公关			危机公关	
特性分类	开拓型	发展型	服务型		巩固型（防御性）	矫正型	
			渗透式	单纯式		防守型	进攻型
宣传性	新闻发布会、各种媒介宣传、记者招待会、新闻报道、消息、	本组织成就展、演讲会、知识竞赛、新闻发布会、记者招待会、展览会、展销会、博览会、提供新闻稿或材料、特写文章和照片、拍摄电影和电视片	日常报道、宣传手册、	印发公关刊物、制作视听材料、网站宣传、网站合作、网站链接	公布投诉处理结果、改进情况报道	组织好现场新闻、争取公正同情报道、新闻跟踪	
社会性	参加外部节庆活动，赞助福利、慈善和其他公益事业、慰问	参加外部节庆活动，赞助福利、慈善和其他公益事业。拥军、社区活动、助学、扶贫	定期进行社区调查和服务	组织募捐、义卖、义务劳动、领养	对社会大众的意见总结反馈	第一时间向社会公布信息	
征询性	座谈会、市场调查、公众咨询	民意测验、座谈会、市场调查、公众咨询	服务调查问卷、	产品试用	投诉电话、意见箱、公众咨询、负责人接待日、值班经理制、有奖征集建议	热线电话	
交际性	联谊会、招待会、宴会、茶会、专访活动、舞会、电影招待会	周年庆祝、纪念活动、寄送贺卡、宣传信件、文体竞赛活动、有奖活动、价格折扣	服务热线、便民项目、咨询	义务服务项目	座谈会、研讨会、专家鉴定会、参加同业协会、对立合作联盟、公众投诉	座谈会、社区会议、公众听证会、现场参观、	
专门性	开业典礼	节庆活动、专题活动、制造“新闻事件”、新产品推介会	各种服务评选	为节日等特别设计的服务	专题报道	公司召回	

（二）公关对象和模式

1. 公关对象列举分析

（1）根据关系的重要程度分类，可区分为首要公众和次要公众两类：首要公众即关系到组织的生死存亡、决定组织成败的那部分公众对象；次要公众指那些对组织的生存和发展有一定影响，但没有决定愿意的公众对象。

意义：公共关系的资源投入必须区分轻重缓急，不应该绝对地平均使用。首要公众只占公众数量的20%或更少，给组织带来的传播效益却可能占80%，因此公关投入应该占有较大的比重。

（2）根据关系的稳定程度分类，可以区分为临时公众、周期公众和稳定公众，这一划分是制定公共关系临时对策、周期性对策和稳定策略的依据。

临时公众是指因为某一临时的因素、偶发事件或特别活动而形成的公众对象。

周期公众是指按一定规律和周期出现的公众对象。

稳定公众即具有结构和稳定关系的公众对象。

（3）根据公众对组织的态度分类，可以划分为顺意公众、逆意公众和边缘公众三类。

顺意公众指那些对组织的政策、行为和产品赞成意向和支持态度的公众对象。

逆意公众指对组织的政策、行为和产品持否定意向和反对态度的公众对象。

边缘公众则是指对组织持中间态度、观点和意向不明朗的公众对象，其态度倾向往往成为公关竞争中的决定因素，是公关工作中的“必争之地”。

（4）根据公众发展过程的不同阶段，可以将公众划分为四类。

非公众，指与组织无关，其观点、态度和行为不受组织的影响，也不对组织产生作用的公众群体，划分的目的是减少公关传播的盲目性，提高公关工作的准确性和针对性，并避免浪费。

潜在公众：指由于潜在公共关系问题而形成的潜伏公众、隐患公众、隐蔽公众或未来公众。

知晓公众，即已经知晓自己的处境，明确意识到自己面临的问题有关的所有信息，并开始向组织提出有关的权益要求。

行动公众，即以采取实际行动，对组织构成压力，并迫使组织采取相应行动的公众群体。

意义：在公众发展的不同阶段，组织应该采取不同的公关对策；对于潜在公众应该未雨绸缪，加强预测；对于知晓公众应该采取积极主动的心态，及时沟通，主动传播，满足公众被告知的心情；对于行动公众必须采取相应的行动，将压力转变为动力。

（5）根据公众之间的决定性区别，可以将公众划分为消极公众和积极公众。

从传播学的角度来看，消极公众是被动的接受组织“信息弹”的靶子，不对组织施加影响；而积极公众与传播信息的组织存在着互动关系。

积极公众又可根据积极程度的不同发展阶段和卷入问题的程度而分为知晓公众和行动公众。

（6）顾客公众是指购买、使用本组织提供的产品或服务的个人团体或组织，包括个人消费者和社团组织用户；顾客是工商企业组织市场传播的重要目标对象。

（7）社区公众（又称区域关系、地方关系、睦邻关系）指组织所在地的区域关系对象，包括当地的管理部门、地方团体组织、左邻右舍的居民百姓。社区关系直接影响着组织的生存环境，社区关系直接影响着组织的公众形象。

（8）媒介公众是公共关系工作对象中最敏感、最重要的一部分，具有明显的两重性：一方新闻媒介是组织与广大公众沟通的重要中介，另一方面新闻界人士又是需要特别争取的公众对象。

新闻媒介机构及其人士（“把关人”）决定着各种社会信息的取舍、流量和流向，具有“确定议程”和“授予地位”的功能，与“把关人”建立良好的关系，有助于争取媒介报道的机会，使组织的有关信息比较顺利地通过传播过程中的层层关口，有效地发布出去，形成良好的公众舆论环境。良好的媒介关系是运用大众传播手段的前提。

（9）政府公众是指政府行政机构及其工作人员，即组织与政府沟通的具体对象。组织与政府保持良好的目的，是争取政府及其各职能部门对本组织的了解、信任和支持，从而为组织的生存和发展争取良好的政策环境、法律保障、行政支持和社会政治条件。

2. 公关的模式列举分析

公共关系模式的选择是公共关系计划与方案制订与实施的重要内容和必要步骤，各种不同的公共关系类型各有特点，在实际选择与应用时，除选择一种为主的类型外，还可把其他类型结合运用，以发挥各种公共关系类型优势互补的整合效应。如以下公关模式举例：

公关模式		公关对象	公关方法
建设型公共关系		社会公众	开业广告、开业庆典、新产品试销、新服务介绍、新产品发布会、免费试用、免费品尝、免费招待参观、开业折价酬宾、赠送宣传品、主动参加社区活动等
维系型公共关系	硬维系	顾客公众	定期刊发有关组织情况的新闻、播出广告、提供组织的新闻图片、实行会员制、提供累计消费折扣等、邀请用户联谊、定期或不定期发布提醒性广告、经常派发企业小型纪念品或礼品
	软维系	知晓公众	以低姿态宣传为主，如定期广告、组织报道、提供组织的新闻画片、散发印有组织名称的交通旅游图等
宣传型公共关系	对内宣传	内部公众	内部刊物、黑板报、图片宣传栏、宣传窗、员工手册、广播、闭路电视、全体大会、演讲会、座谈会、讨论会、表彰颁奖会、专门恳谈会等。对于内部的特殊公众——股东，采用年终总结报告、季度报告、股东刊物、股东通讯、财务状况通告等形式
	对外宣传	外部公众	对外宣传主要运用大众传播媒介，其表现形式一种是公关广告，另一种是新闻报道
交际型公共关系		行动公众	交际型公共关系活动可以分为团体交往和个人交往。团体交往包括招待会、座谈会、工作午餐会、宴会、茶话会、联谊会、现场参观团队、考察团、团拜和慰问等。个人交往有交谈、上门拜访、祝贺、信件往来、个别参观、定期联络、问候等
征询型公共关系		社会公众	产品试销调查，产品销售调查，市场调查；访问重要用户，访问供应商，访问经销商；征询使用意见，鼓励职工提合理化建议；开展各种咨询业务，建立信访制度和相应的接待机构，设立监督电话，处理举报和投诉等

（三）心理学基础知识

按照马斯洛的需求层次理论，客户的需求分为两个层面、五个层次。一个层面是物质需求，包括：生理的需求和安全的需求。生理的需求指维持人们体内的生理平衡的需要。安全的需求指对保护、秩序、稳定的需求。另外一个层面是精神需求，包括社会需求、尊重的需求、自我实现的需求。社会需求是指人们对爱情、友谊、归属的需要，尊重的需求是指对威信、地位、自我尊重的需要，自我实现的需求是指如何发挥潜能、实现理想的需要。

顾客在消费时，由于每个人的性格、爱好、知识水平、经验、价值观各不相同，在具体购买时心理错综复杂。在对这些错综复杂的心理动机进行分析后，可以总结出以下10种常见的顾客心理：

1. 求实心理

注重产品的实际使用价值，不去追求产品的个别特征。其心理关注点是“实用性”“经济性”，如家庭主妇、老年人、经济收入较低者。

2. 求新心理

追求新颖、时髦、特别、流行、与众不同，关注点是“求新”“求异”，如青年男女、富有创新意识的人、经济收入较好者。

3. 求美心理

追求产品的欣赏和艺术价值、品格和个性，关注点是“美化”“漂亮”，如喜好打扮的中青年妇女、演艺界人士。

4. 求廉心理

关注产品的价格，以追求物美价廉为主要目的，其心理关注点是“便宜”“物美”，如小城镇消费者、经济收入较低者、有节俭习惯的人。

5. 求名心理

重视产品的威望和象征意义，认同名牌，关注点是“品位”“炫耀”，如职业经理人、成功人士、青年男女。

6. 求信心理

对某一种产品充分信任，经常购买，长期使用，关注点是“好感”“信任”“认同”，如充分相信并对某个企业拥有好感的人、易受品牌影响的人。

7. 攀比心理

只想比别人强，要超过别人，把别人当作自己需求的权衡尺度，关注点是“我比你强”，如喜欢争强好胜的人、还不成熟的青少年和儿童。

8. 嗜好心理

倾向比较集中，行为比较理智，以满足个人或家庭的特殊偏好为中心，关注点是“单一”“偏好”“癖好”，如有某一方面爱好的人、老年人、具有专业特长的人。

9. 从众心理

容易受别人的影响，喜欢跟随大趋势，从众心理比较强，关注点是“跟随”“仿效”“同步”，如年轻而缺乏经验的人。

10. 情感心理

受广告、包装、式样、感人的气氛等因素影响而做出购买决定，关注点是“好奇”“情感”，如女士。

营销人员可以根据不同顾客的消费心理特点，对症下药，满足适合各类顾客实际情况的消费需求。要真正地以顾客为中心，从顾客的角度考虑，使顾客能够与营销人员一起，去发掘自己的需求，发现产品的功能、特点给自己带来的价值，以最有利于自己的方式去购买和取得产品，以正确的方法使用产品，满足自己的需求。

只有以顾客为中心的销售技巧才会真正与顾客建立起长久关系，既能保证对顾客服务到位，使顾客的需求得到满足，又能使营销人员的业绩稳定增长。营销人员只有认真思考，真诚、努力为顾客服务，发掘和满足他们的需求，才能获得越来越多的销售技巧，从而不断提高自己的销售业绩。

针对不同的顾客，采取不同的应对策略。营销人员每天与不同的顾客打交道，什么样的人都能碰上。所以，应该对顾客进行研究、分析和总结，针对不同的顾客，采取相应的应对措施。面对不同的顾客，营销人员首先要进行“顾客定位”，也就是判别顾客属于哪种类型。然后根据顾客类型的性格特点，采取更有利于沟通和达成共识的应对方法。要成功地做到这一点，营销人员必须充分了解自身的产品和服务，并具备优良的销售技巧和随机应变的能力。

营销人员在销售的不同阶段，应该采取不同的销售技巧，如在约见顾客阶段，营销人员应懂得接近顾客和处理开场白的技巧。营销人员只有具备了这些随机应变的销售技巧，才能提高销售的成功率和销售业绩。

（四）公关方案编写

1. 策划文案的概念

公共关系策划方案又称为公共关系策划书、公共关系策划文案，是策划全过程最终形成的文件，是公共关系工作方案实施过程的指导性蓝图。策划书与策划一样，是市场经济发展到一定阶段的产物。策划书的问世，使策划劳动有了一种物化的形式，而成为一种特殊的商品。如果策划者是一个社会组织委托提供策划服务的主体，那么，策划书便成为这一智力劳动的载体，并被看作商品而出售给委托方。

2. 公共关系策划方案的构成要素及其写法

一份公共关系策划书其基本的构成一般来说应为：标题、背景分析、主题、目的、时间、地点、活动方式和实施步骤、传播策略、经费预算、效果评估。除了以上主要部分，公共关系策划书往往还有策划者署名、策划日期、附件等内容。

（1）标题：作为一份完整的策划方案，必须具有标题。写法有两种：一是由公共关系活动主体——组织的名称、公共关系活动的主要内容加上策划书这种文体名称构成。另一种是在上一种标题的基础之上再加上一行揭示主题的文字，形成正副标题。

（2）主题

用简洁的语言概括公共关系活动创意内容。

（3）目标（或目的）

用简洁的语言表明本次公共关系活动要达到的目的或目标，为公共关系活动评估提供参照，同时也表明了本次公共关系活动的意义所在。

（4）背景分析

公共关系活动背景分析是公共关系策划方案正文的一项要素。作为活动的主办方或出资方，在特定的时间、地点、推出一项公共关系活动，均有其特定的背景和需要。一份策划方案，只有在充分调查研究的基础之上，首先阐明这一背景和需要，才能引出后面的具体策划内容、方案，也才能说明举办这一活动的迫切性、针对性和意义所在。

公共关系活动背景分析的撰写，并无固定的套路，可视活动的不同性质而定。如一项公益型公共关系专题活动的策划书，与一项品牌推介型公共关系专题活动的策划书，其活动背景分析的撰写重点就有所不同：前者强调社会热点和公众需要，后者着眼于市场竞争态势和企业拓展需要。

但一般说来，都离不开两大块内容：一是社会、公众和市场需要，二是组织自身发展需要。只不过不同的活动各有其不同的侧重点而已。所以，撰写者在写作公共关系活动背景分析这一部分文字时，必须牢牢把握社会、公众、市场需要和组织自身发展需要，并注意用简洁的语言表明这一内容。同时在分析社会、公众、市场需要时，应以一定的调查资料为基础而展开。

（5）活动方式和实施步骤

实施步骤一般分为：准备阶段、实施与传播阶段、善后阶段。在每一个阶段一般都要写明活动时间或时机、场地、人物（包括实施人员）、方式、物品调度等要素，并将其进行动态的组合，从某种意义上说就是公共关系活动在文本上的预演。策划书的可操作性和实践指导性具体体现在这一部分。

（6）传播策略

凡策划和实施一项公共关系专题活动尤其是较为大型的公共关系专题活动，主办（出资）单位自然希望这一活动能产生较大的社会影响，乃至造成一定轰动效应。所以，一旦活动内容确定，则需要围绕活动内容全面设计和制定活动的信息传播策略。这一策略一般包括以下三个方面：①新闻媒介传播。②广告媒介传播：即通过广告发布的形式来传播有关活动的信息。对一个大型公共关系专题活动来说，广告媒介传播往往构成其传播策略的重要部分，是新闻报道的补充和加强。由于广告的费用投入较大，所以，究竟投入多少广告，采取什么形式组合，均是策划文案的这一部分所应谋划和建议的。③其他媒介传播策略：即通过宣传单页或宣传册等媒介传播有关活动的信息。这是大型公共关系活动信息传播的补充手段，但由于定向发送，往往能取得比较好的实际效果。以上三个方面，构成了大型公共关系专题活动的信息的整合传播框架。这三个方面如何配置从而取得最好宣传效果，策划时应该认真考虑，予以合理安排，并在策划文案中加以明确。所以，把这一部分称之为“信息传播策略”，其中“策略”二字尤为重要。

（7）经费预算

进行公共关系活动经费预算，也就是在计划中将资金、人力和时间进行合理分配，以便有效地开展工作。从财力上保证将公共关系工作纳入正轨。通过估算公共关系活动经费，为以后评估公共关系工作的成果及所取得的效益提供比较科学的依据。根据经费情况，便于选用恰当的公共关系活动方式和传播媒介，也容易将公共关系的计划方案具体化，形成时间——经费——活动一览表，保证各项具体任务的实施；保证公共关系活动经费按计划支出，防止透支或以权谋私现象发生。公共关系活动费用的基本构成有十个部分，具体为：场地费用、物资费用、礼仪费用、保安费用、宣传费用、项目开支、餐饮费、劳务费、不可预算的费用、承办费，以上活动经费预算通常是以编制预算书的形式完成。

（8）效果预测与评估

效果预测与评估，构成公共关系专题活动策划文案的最后一个要素，即根据规范化要求，在活动方案、实施计划及经历预算完成之后，应事先对这一活动的成败定出一个评估标准。评估标准制订的依据来自两个方面，一是对活动效果的科学预测，二是行业根据投入产出比率所形成的对这类活动的一般标准和要求。

（9）署名、日期

四、中药行业科技信息和动态掌握以及分析应用

（一）中医科研发展动态

1. 中医药研究现状

中医药是中国文化中最具实践性和济世精神的。五千年来，它为中华民族的繁衍健

康做出了巨大的贡献，古人说："不为良相，则为良医"，中医在中国拥有普遍的认可和敬重，其成就和思想也为世界所关注。

到 1995 年底，全国建有中医院 2552 所；独立的中医药科研机构 77 所和上百个中药新产品开发机构；专业技术人员达数万人。但是长期以来，中药的应用基础研究方法滞后，内容重复，导致中成药的科技含量过低，产品的有效性和安全性缺乏规范可靠的科学数据证明，从原材料到产品缺少可控的质量标准，在中药的作用机理、物质基础、应用理论及新技术、新方法的应用等方面研究都不够深入。

新药的研发费用大、周期长，一项西药在美国一般需要 5～10 年的时间，3～10 亿美元。中国在中医药研究中的投入太少，企业能力又有限，导致中药的研究很难深入。到 1995 年底，国家在各个计划中对中药研究的总投入约为 1700 万元人民币。由于国内中药企业规模小，全国每个生产中药的企业产值平均不到 2000 万元，大多数企业几乎没有能力进行科研。即使稍有力量的，也因为怕担风险，不去开发申报新药，而宁愿花高价去购买新药批号，甚至几个上市中药企业也是如此。在这种情况下，尽管在《新药审批办法》实施以来已批准生产 700 余种新中药，但总的来说，申报速度不快，低水平重复高，产品科技含量低。

与西医药学相比，中医药学有诸多优势。中医药是有系统理论、丰富实践、浩瀚文献、严密制度的科学，是世界上其他三大传统医学体系（埃及、印度、希腊）所不及的，也是迄今保存最为完整的传统医药学。

2. 中医药优势

随着疾病谱的变化，西医药对许多疑难症缺乏有效疗法，而且西医药日益高昂的费用已使发达国家不堪重负。中医药廉价有效，在预防及治疗某些慢性病、疑难病和老年病方面尤有所长，为西医药所不及。

中医从整体看问题，重宏观，重归纳，辨证论治，中药的优势在宏观准确性，劣势在缺乏微观精确性。西药重微观，重分析，虽具有微观精确性，但却无宏观准确性，因而只能解决局部问题，但在解决局部问题的同时，往往会给身体的其他部分带来麻烦。

中药多采用复方，以求各味药间的协同作用，即使单味药，也是个小复方，其不同成分也有协同作用，从而有增效减毒的效果。因此中药往往有双向调节功能。例如，用三七这一味药，既可活血也可止血。然而西药均为单体，纯而又纯，这却往往是其毒副作用的根源：食至精则有害，药至精则有毒。许多事例表明，中药越提纯越无效。

（二）中药市场分析及预测

国内药品的现实消费市场是城市居民，农村是巨大的潜在市场，医药市场容量还将进一步扩大，中药包括中成药、中药材、中药饮片，其中中成药是最重要的组成部分，据《2013–2017 年中国中药行业深度调研与投资战略规划分析报告》数据统计，我国有 80%以上的城市居民自行购买过中成药。巨大的需求为国内中药行业的进一步发展提供了巨大的空间。各省市医药、中药、生物医药"十二五"规划显示，大部分省市预计其中药产业增长率在 20%～25%之间，预测"十二五"期间中药工业将保持年均 12%以上速度的增长，到 2015 年总产值超过 5590 亿。综合各省市规划，预计我国中药行业整体增速高于中医药事业发展"十二五"规划的预算，年增长率可达到 20%以上。这些无不标志着中药科学在中国前所未有的发展，同时也展示了中药事业广阔的发展前景。

参考文献

[1] 高学敏. 中药学 [M]. 北京：中国中医药出版社，2007.

[2] 孙广仁. 中医基础理论 [M]. 北京：中国中医药出版社，2005.

[3] 李范珠. 中药药剂学 [M]. 北京：人民卫生出版社，2012.

[4] 阮时宝. 中成药学 [M]. 北京：人民卫生出版社，2012.

[5] 陈湘君. 中医内科学 [M]. 上海：上海科学技术出版社，2013.

[6] 吴勉华. 中医内科学 [M]. 北京：中国中医药出版社，2012.

[7] 李曰庆. 中医外科学 [M]. 北京：中国中医药出版社，2012.

[8] 马宝璋. 中医妇科学 [M]. 北京：中国中医药出版社，2012.

[9] 彭清华. 中医眼科学 [M]. 北京：中国中医药出版社，2012.

[10] 熊大经. 中医耳鼻喉科学 [M]. 北京：中国中医药出版社，2012.

[11] 王和鸣. 中医骨伤科学 [M]. 北京：中国中医药出版社，2012.

[12] 和丽秋. 消防燃烧学 [M]. 机械工业出版社，2014.

[13] 张贵君. 中药商品学 [M]. 北京：人民卫生出版社，2008.

[14] 吴启南，闫永红. 中药材商品学 [M]. 北京：中国中医药出版社，2013.

[15] 边新红，刘余章. 计算机基础 [M]. 北京：机械工业出版社，2012.

[16] 韦克俭. 公关礼仪与交流沟通技巧 [M]. 北京：清华大学出版社，2014.

[17] 向红梅. 市场调研与需求分析 [M]. 北京：北京邮电大学出版社，2013.

[18] 朱玉华. 客户服务与客户投诉，抱怨处理技巧 [M]. 北京：民主与建设出版社，2013.

[19] 裴慧荣，黄新碧. 中药调剂技术 [M]. 北京：中国医药科技出版社，2013.

[20] 徐良主. 现代中药养护学 [M]. 北京：中国医药科技出版社，1998.

[21] 张明心. 中药储存养护 [M]. 北京：中国医药科技出版社，1999.

[22] 张西玲. 中药养护学 [M]. 北京：中国中医药出版社，2006.

[23] 王世清. 中药加工、贮藏与养护 [M]. 北京：中国中医药出版社，2006.

[24] 中国药典一部（2015 年版）. 北京：中国医药科技出版社，2015.

[25] 国家基本药物临床应用指南（中成药）2012 年版. 北京：人民卫生出版社，2013.